Beurkundungen im Kindschaftsrecht

Eine Darstellung für die Praxis
der Jugendämter, Konsularbeamten,
Notare, Gerichte und Standesämter

begründet von
Dr. iur. Dieter Brüggmann (†), Ministerialrat a.D.,

ab der 5. Auflage fortgeführt von
Prof. Dr. iur. Bernhard Knittel
ehem. Vorsitzender Richter am Oberlandesgericht München
Honorarprofessor an der Technischen Universität München

8. überarbeitete Auflage

Bibliografische Information der Deutschen Nationalbibliothek
Die Deutsche Nationalbibliothek verzeichnet diese Publikation in der Deutschen Nationalbibliografie; detaillierte bibliografische Daten sind im Internet über http://dnb.d-nb.de abrufbar.

Bundesanzeiger Verlag GmbH
Amsterdamer Straße 192
50735 Köln
Internet: www.bundesanzeiger-verlag.de

Weitere Materialien zu diesem Werk finden Sie im Internet unter
www.bundesanzeiger-verlag.de/beurkundungen

Beratung und Bestellung:

Tel.: +49 (0) 221 97668-229
Fax: +49 (0) 221 97668-236
E-Mail: familie-betreuung@bundesanzeiger.de

ISBN (Print): 978-3-8462-0765-9

ISBN (E-Book): 978-3-8462-0766-6

© 2017 Bundesanzeiger Verlag GmbH, Köln

Alle Rechte vorbehalten. Das Werk einschließlich seiner Teile ist urheberrechtlich geschützt. Jede Verwertung außerhalb der Grenzen des Urheberrechtsgesetzes bedarf der vorherigen Zustimmung des Verlags. Dies gilt auch für die fotomechanische Vervielfältigung (Fotokopie/Mikrokopie) und die Einspeicherung und Verarbeitung in elektronischen Systemen. Hinsichtlich der in diesem Werk ggf. enthaltenen Texte von Normen weisen wir darauf hin, dass rechtsverbindlich allein die amtlich verkündeten Texte sind.

Herstellung: Günter Fabritius
Produktmanagement: Uschi Schmitz-Justen
Satz: Cicero Computer GmbH, Bonn
Druck und buchbinderische Verarbeitung: Medienhaus Plump GmbH, Rheinbreitbach

Printed in Germany

Vorwort

Seit Erscheinen der Vorauflage im Jahr 2013 hat zwar der Gesetzgeber den normativen Rahmen für Beurkundungen in Kindschaftssachen zunächst im Wesentlichen unverändert belassen. Das gilt – bis auf allenfalls punktuelle Änderungen – auch für die Materien, auf die sich die Urkundsakte häufig beziehen. Kurz vor Redaktionsschluss dieses Werkes hat der Bundestag allerdings noch durch eine überraschende Neuregelung mit dem Ziel der Eindämmung missbräuchlicher Vaterschaftsanerkennungen zu Aufenthaltszwecken den Urkundspersonen im Fall der Ausländerbeteiligung bei „biologisch unwahren" Anerkennungserklärungen unter bestimmten Voraussetzungen wesentliche neue Prüfungs- und Anzeigeobliegenheiten aufgebürdet. Außerdem wurden ebenso überraschend „in letzter Minute" der Wahlperiode durch das Kinder- und Jugendstärkungsgesetz (KJSG) erweiterte Vorgaben für die Führung des Sorgeregisters nach § 58a SGB VIII und die Auskünfte hieraus gesetzt (für die allerdings bei Redaktionsschluss dieser Auflage die Zustimmung des Bundesrates noch ausstand und das „Ob und Wann" des Inkrafttretens daher nicht sicher feststand.

Im Übrigen hat sich die einschlägige Rechtsprechung in vielfältiger Hinsicht fortentwickelt. Drei besonders markante Beispiele seien genannt: So hat der BGH am 7.12.2016 ausdrücklich entschieden, dass die Beteiligten eines Unterhaltsverhältnisses im gegenseitigen Einvernehmen einen bestehenden gerichtlichen oder urkundlichen Unterhaltstitel außergerichtlich durch einen neuen Vollstreckungstitel im Sinne von § 794 Abs. 1 Nr. 5 ZPO ersetzen können. Mit diesem Beschluss, der wiederholt die Vorauflage dieses Werkes zustimmend zitiert, sind zuletzt in der Rechtsprechung aufgekommene Zweifel an dieser Möglichkeit überzeugend ausgeräumt worden. Auch hat der BGH mit Beschluss vom 3.8.2016 die Grundsätze präzisiert, die nach Art 19 Abs. 1 EGBGB bei der Anknüpfung an die maßgebende Rechtsordnung für die Abstammung eines Kindes gelten. Mit einer Entscheidung vom 14.12.2016 wurde höchstrichterlich daran erinnert, welche Anforderungen an ein Behördensiegel zu stellen sind, was auch bedeutsam für die Siegelführung der Urkundsperson beim Jugendamt ist.

Aber auch weitere Rechtsprechung und neue Literatur waren für die Neuauflage zu berücksichtigen. Außerdem haben sich vor allem in der Gutachtenpraxis des Deutschen Instituts für Jugendhilfe und Familienrecht e.V. neue Fragestellungen ergeben, die in die vorliegenden Erläuterungen eingearbeitet werden konnten. Als besonders aktuelle Beispiele seien genannt: Wie hat eine männliche Urkundsperson damit umzugehen, dass eine muslimische Beteiligte es bei der Identitätsfeststellung ablehnt, den ihr Gesicht verbergenden Schleier abzulegen? Wie ist auf die Weigerung sogenannter „Reichsbürger" zu reagieren, sich mit einem gültigen amtlichen Dokument auszuweisen? Wie können geeignete Dolmetscher für notwendige Übersetzungen gefunden werden, wenn die Beteiligten ausschließlich seltene Sprachen wie z.B. Somali beherrschen? Darf bzw. muss die Urkundsperson eine Vaterschaftsanerkennung aufnehmen, die darauf zielt, ein mittels einer Leihmutterschaft im Ausland geborenes Kind für den deutschen Rechtsbereich seinen Wunscheltern rechtlich zuzuordnen?

Den Vorauflagen war jeweils eine CD-ROM beigefügt, die u.a. wichtige Rechtsgrundlagen (z.B. EU-Verordnungen und internationale Abkommen, Verwaltungsvorschriften) sowie bedeutsame Rechtsgutachten und sonstige Materialien im Volltext enthielt. Dem technischen Fortschritt entsprechend werden diese Begleittexte nunmehr in ein vom Verlag eingerichtetes Internetportal eingestellt. Auf die betreffende Fundstelle wird jeweils im Haupttext verwiesen. Der Verfasser dankt wiederum dem Deutschen Institut für Jugendhilfe und Familienrecht e.V. sowie dem Nomos-Verlag für die Erlaubnis, einige dieser Texte (namentlich DIJuF-Rechtsgutachten sowie DIJuF-Themengutachten), die in der Zeitschrift JAmt bzw. in der Datenbank kijup-online.de veröffentlicht wurden, auch in dieses Internetportal zu übernehmen, um sie für die Nutzer dieses Werkes noch leichter zugänglich zu halten. Auch ist der Autor dem Institut sehr verbunden für die Möglichkeit, von Anfragen aus der jugendamtlichen Praxis und damit jeweils aktuellen Problemstellungen Kenntnis zu erlangen und sich mit dem DIJuF e.V. hierüber auszutauschen.

Aus Gründen der leichteren Lesbarkeit lehnt sich das Werk überwiegend mit der Verwendung von Begriffen wie „Gläubiger", „Schuldner", „Notar", „Rechtspfleger", „Betreuer" usw. an die Rechtssprache an.

Der Verfasser hofft, dass auch die gründlich überarbeitete und erweiterte Neuauflage dem Informations- und Beratungsbedürfnis der Praxis entgegenkommt, vor allem bei den Jugendämtern, aber auch den anderen mit Beurkundungen in Kindschaftssachen befassten Personen und Stellen.

Pullach im Isartal, im September 2017

Bernhard Knittel

Inhalt

Vorwort 5
Literatur 15
Abkürzungen 25

Einleitung 31

Erster Titel: Beurkundungen im Jugendamt
A. Allgemeiner Teil 33
    I. Der verfahrensrechtliche Rahmen: Beurkundungsgesetz als Verfahrensgesetz 33
   II. Der gegenständliche Rahmen: Abschließende Aufzählung der Urkundsermächtigungen 35
  III. Der organisatorische Rahmen: Erteilung der Urkundsermächtigung und die Stellung der Urkundsperson 40
      1. Rechtsgrundlagen 40
      2. Eigenständige Stellung der Urkundsperson und Weisungsfreiheit 43
      3. Besondere Amtspflichten (Unparteilichkeit, Ablehnungsgründe für Amtstätigkeit, Datenschutz) 44
  IV. Die Praxis der Urkundstätigkeit: Allgemeine Grundsätze 67
      1. Zuständigkeit der Urkundsperson 67
        a) Örtliche, sachliche, funktionelle 67
        b) Rechtsfolgen der Verletzung der Zuständigkeit 69
      2. Beurkundung und Beglaubigung als Erscheinungsformen der „öffentlichen Urkunde" (§§ 415, 418 ZPO); Beweiskraft; Bedeutung des Ausdrucks „öffentlich" 69
      3. Öffentliche Beurkundung und öffentliche Beglaubigung: Abgrenzungen; allgemeine Formerfordernisse des Urkundsakts; geschäftliche Behandlung 70
        a) Öffentliche Beurkundung 70
        b) Öffentliche Beglaubigung 75
        c) Fortsetzung: Unterschiede in der Behandlung der erstellten Urkunde 78
        d) Die Ausfertigung 79
        e) Exkurs: Ersetzung zerstörter oder abhanden gekommener Urschriften 87
        f) Die vollstreckbare Ausfertigung 88
        g) Die beglaubigte Abschrift 89
        h) Arten der Siegelung. Sonstige Anforderungen an die Herstellung der Urkunden 91

	4. Urkundstätigkeit in Sonderfällen	96
	a) Sprachunkundige	96
	b) Schreibunfähige, Taube, Blinde, Stumme	99
	5. Kostenfreiheit	102
V.	Prüfungspflichten und Belehrungspflichten	104
	1. Identität der am Urkundsakt Beteiligten	104
	2. Geschäftsfähigkeit	114
	3. Legitimation	119
	a) Bevollmächtigung	119
	b) Gesetzliche Vertretung	121
	4. Andere Wirksamkeitsvoraussetzungen und Wirksamkeitshindernisse aus materiellem Recht	122
	5. Ausländisches Recht	124
	6. Belehrungspflicht: Allgemeine Grundsätze	127
VI.	Urkundsrolle und Namensregister; EDV-Probleme	131
VII.	Art der Aufbewahrung und Aufbewahrungsfristen	134
VIII.	Rechtsmittel gegen die Ablehnung der Urkundstätigkeit	142
	1. Allgemein	142
	2. Gegen die Ablehnung der Vollstreckungsklausel und bezüglich bestimmter urkundstechnischer Amtshandlungen	146
IX.	Konkurrierende Urkundszuständigkeiten	148

B. Besonderer Teil 152
    I. Erklärungen über die Anerkennung der Vaterschaft,
       § 59 Abs. 1 Satz 1 Nr. 1 SGB VIII 152
       1. Beurkundung der Vaterschaftsanerkennung, §§ 1594, 1597 BGB 152
          a) Rechtsnatur, Folgerungen 152
          b) Der Normalfall. Die vorgeburtliche Anerkennung.
             Mehrlingsgeburten. Anerkennung volljähriger Kinder 156
          c) Bedingungsfeindlich. Die Anerkennung während eines Verfahrens zur Vaterschaftsanfechtung. Qualifizierte Anerkennung gemäß § 1599 Abs. 2 BGB 164
          d) Sonstige sachliche Einschränkungen (Anerkennung mit Beschränkung auf die Rechtswirkungen nach deutschem Recht? Inkognito-Anerkennung?) 172
          e) Was der Anerkennung nicht entgegensteht (anderweite, noch nicht wirksam gewordene Vaterschaft eines Dritten) 173
          f) Die Vaterschaftsanerkennung durch den Nicht-Vater 175
          g) Anerkennung durch beschränkt Geschäftsfähige und Geschäftsunfähige 176
          h) Fälle mit Auslandsberührung 178
          i) Anerkennung durch einen Ausländer unter zweifelhaftem oder falschem Namen 185
          j) Belehrungen 189
          k) Geschäftliche Behandlung des Urkundsvorgangs 191

    2. Beurkundung der Zustimmung der Mutter, § 1595 Abs. 1, § 1597 BGB .. 194
        a) Neuregelung durch das KindRG; fehlende Ersetzbarkeit der Zustimmung; Geschäftsfähigkeit 194
        b) Zeitpunkt (vorgeburtliche Zustimmung; Zustimmung zu der während der Anfechtung der Vaterschaft erklärten Anerkennung) 196
        c) Adressatlosigkeit und fehlende Fristgebundenheit der Zustimmung .. 197
        d) Belehrungen 197
        e) Zustimmung der Mutter zu einer unter fremdem Recht erklärten Anerkennung der Vaterschaft 198
    3. Beurkundung der Zustimmung des Kindes, § 1595 Abs. 2, § 1597 BGB 199
        a) Notwendigkeit der Zustimmung des Kindes 199
        b) Beurkundungsbefugnis des Jugendamts 199
        c) Zustimmung des geschäftsunfähigen und des in der Geschäftsfähigkeit beschränkten Kindes 200
        d) Legitimierter gesetzlicher Vertreter 200
        e) Adressatlosigkeit und Unwiderruflichkeit der Zustimmung. 200
    4. Die öffentlich zu beurkundenden Zustimmungen des gesetzlichen Vertreters 201
        a) Die gesetzlichen Fälle. Gemeinsames 201
        b) Belehrungen 203
II. Beurkundung von Unterhaltsverpflichtungen, § 59 Abs. 1 Satz 1 Nr. 3 SGB VIII 204
    1. Allgemeines 204
        a) Rechtlicher Gehalt der Verpflichtungserklärung 204
        b) Reichweite der Beurkundungsermächtigung 209
        c) Übergang auf einen Rechtsnachfolger 213
        d) Unterhalt als Festbetrag oder dynamisiert anhand des Mindestunterhalts 216
        e) Anspruch des Kindes auf dynamisierten Titel 219
        f) Festlegung des Mindestunterhalts; keine Begrenzung auf Minderjährigkeit 221
        g) Bedeutung der Düsseldorfer Tabelle 223
        h) Anrechnung kindbezogener Leistungen; zulässige Dynamisierung auch des anzurechnenden Kindergeldes 224
        i) Formulierungsvorschlag einer Verpflichtungserklärung auf dynamisierten Unterhalt nach dem Mindestunterhalt 227
        j) Unterhaltsverpflichtung und Geschäftsgrundlage 233
        k) Bezeichnung des Empfangberechtigten 239
        l) Fälligkeit, Rückstände; Mehr- und Sonderbedarf; Zinsen 240
        m) Sonderfälle von Beurkundungswünschen 245
        n) Verpflichtungserklärungen im Falle beschränkter Geschäftsfähigkeit und Geschäftsunfähigkeit 247
        o) Die Frage nach der Notwendigkeit familien- bzw. betreuungsgerichtlicher Genehmigung 249

	aa)	§ 1822 Nr. 5, § 1643 Abs. 1 BGB?	250
	bb)	§ 1822 Nr. 12 BGB?	250
p)	Ersetzungsbeurkundungen		251
q)	Prüfung der Angemessenheit des vom Verpflichtungswilligen zugestandenen Unterhalts?		258
r)	Fälle mit Auslandsberührung		259
	aa)	Allgemeines	259
	bb)	Anrechnung von Kindergeld bei im Ausland lebenden Elternteilen	262

2. Die Unterwerfung unter die sofortige Zwangsvollstreckung, § 60 SGB VIII 263
    a) Rechtsnatur, Anwendungsfälle 263
    b) Erfordernisse nach § 60 Satz 1 SGB VIII. Simultangebot für Verpflichtung und Unterwerfung? 264
    c) Die über § 794 Abs. 1 Nr. 5 ZPO maßgebenden Bestimmungen des zivilprozessualen Vollstreckungsrechts. Die Wartefrist des § 798 ZPO insbesondere 266
    d) Belehrungen 266
    e) Die Unterwerfung unter die sofortige Zwangsvollstreckung im Falle der beschränkten Geschäftsfähigkeit und der Geschäftsunfähigkeit des sich Verpflichtenden. Genehmigung des Familien-/Betreuungsgerichtsgerichts? 267
    f) Die Vollstreckungsklausel und ihre Erteilung 267
    g) Die Erteilung der Vollstreckungsklausel gegen den Vater in der Abhängigkeit vom Wirksamwerden seiner Vaterschaftsfeststellung (Vaterschaftsanerkennung) 270
    h) Die Erteilung der Vollstreckungsklausel als antragsgebundener Akt. Antragsberechtigungen 273
    i) Mehrere vollstreckbare Ausfertigungen 280
    j) Die Zustellung der vollstreckbaren Unterhaltsverpflichtung 286
    k) Klauselerteilung in Fällen von Rechtsnachfolge bei Vollübergang der Forderung 288
        aa) Allgemeines und Gemeinsames 288
        bb) Vorgang der „Umschreibung"; Antrag und vorzulegende Erstausfertigung 290
        cc) Grundsätzliches zum Nachweis der Rechtsnachfolge 293
    l) Fortsetzung: Die Klauselerteilung bei Rechtsnachfolge auf der Gläubigerseite 293
        aa) Nicht erforderlich: Bewilligungsbescheid 293
        bb) Allgemeiner Rechtsnachfolge-Nachweis bei privaten Gläubigern 295
        cc) Nachweis der vom Rechtsnachfolger erbrachten Leistungen 297
        dd) Entbehrlichkeit des Nachweises der Rechtswahrungsanzeige 302
        ee) Zur Frage einer sozialrechtlichen Vergleichsberechnung 303
        ff) Rechtsnachfolge durch Abtretung 311

gg) Anhörung des Schuldners vor Umschreibung 312
hh) Mögliche Einwendungen des Schuldners 312
m) Rechtsnachfolgeklausel bei Teilübergang der Forderung 319
n) Klage auf Erteilung der Vollstreckungsklausel, § 731 ZPO 322
o) Rechtsbehelf des Schuldners gegen Erteilung der
Vollstreckungsklausel: Erinnerung gemäß § 732 ZPO 324
p) Mehrere Rechtsnachfolge-Prätendenten, rückwirkende
Abänderung des umgeschriebenen Titels durch Gerichtsbeschluss ... 324
q) Fortsetzung: Rechtsnachfolge auf der Schuldnerseite 325
r) Beurkundung „freitragender" Unterhaltsverpflichtungen von Seiten
des nicht festgestellten Kindesvaters? 326
3. Mitwirkung der Urkundsperson bei der Vorbereitung der
Auslandsvollstreckung 327
a) Allgemeine Vorbemerkung 327
b) Grundsatz Exequaturverfahren 327
c) Vollstreckbarerklärung nach der EuGVO 328
c) Bestätigung von Urkunden als Europäischer Vollstreckungstitel gem.
§§ 1079 ff. ZPO 329
aa) Begriff des Europäischen Vollstreckungstitels 329
bb) Deutsche Verfahrensregelungen 331
cc) Antrag und Zuständigkeit 331
dd) Erteilung der Bestätigung 331
ee) Bekanntgabe 334
ff) Rechtsbehelfe 335
d) Auswirkungen der EG-Unterhaltsverordnung (EuUnterhVO). 339
e) Bezifferung von Urkunden gem. § 245 FamFG 340
aa) Zweck und Gegenstand der Bezifferung 340
bb) Zuständigkeit und Verfahren 342
cc) Rechtsnatur der Bezifferung 343
dd) Wortlaut der Bezifferung 344
ee) Rechtsbehelfe 345
III. Sonstige Urkundsgeschäfte im Jugendamt,
§ 59 Abs. 1 Nr. 2, 4, 6 bis 9 SGB VIII 346
1. Beurkundung der Verpflichtung zur Erfüllung von Ansprüchen
zwischen den Eltern nach § 1615l BGB (§ 59 Abs. 1 Nr. 4 SGB VIII) 346
a) „Nichtehelicher" Vater als Schuldner des Anspruchs.
Voraussetzungen der Erteilung der Vollstreckungsklausel bei
Unterwerfung unter die sofortige Zwangsvollstreckung 346
b) Die Verpflichtungserklärung des beschränkt Geschäftsfähigen und
des Geschäftsunfähigen 349
c) Die Vererblichkeit des Anspruchs und die Verpflichtungserklärung
des Erben 349

d) Fälle mit Auslandsberührung 349
   e) Beurkundung zugunsten des Rechtsnachfolgers 350
2. Beurkundung der Anerkennung der Mutterschaft,
   § 59 Abs. 1 Satz 1 Nr. 2 SGB VIII 350
   a) Grundsätzliches 350
   b) In Betracht kommende ausländische Rechtsordnungen 352
   c) Voraussetzungen 352
   d) Beurkundung der Zustimmung des Vaters zur
      Mutterschaftsanerkennung 353
3. Bereiterklärung zur Annahme eines zur internationalen Adoption
   vorgeschlagenen Kindes 355
   a) Rechtlicher Zusammenhang der Erklärung 355
   b) Inhalt und Rechtsfolgen der Bereiterklärung 355
4. Beurkundung des Widerrufs der Einwilligung in die Adoption durch das
   Kind im Falle des § 1746 Abs. 2 BGB (§ 59 Abs. 1 Satz 1 Nr. 6 SGB VIII) ... 358
5. Beurkundung des Verzichts des „nichtehelichen" Vaters im
   Adoptionsverfahren auf die Übertragung der Sorge gem. § 1747 Abs. 3
   Nr. 3 BGB (§ 59 Abs. 1 Satz 1 Nr. 7 SGB VIII) 359
6. Beurkundung der Sorgeerklärungen der nicht miteinander verheirateten
   Eltern gem. § 1626a Abs. 1 Nr. 1 BGB (§ 59 Abs. 1 Satz 1 Nr. 8
   SGB VIII) 359
   a) Alleinsorge der ne. Mutter; Begründung der gemeinsamen Sorge 359
   b) Rechtsnatur der Sorgeerklärung; Wirksamwerden 361
   c) Inhalt der Sorgeerklärung 363
   d) Unzulässigkeit von Bedingung oder Befristung; vorgeburtliche
      Sorgeerklärung 364
   e) Keine entgegenstehende gerichtliche Sorgeregelung 365
   f) Keine anderweitigen Unwirksamkeitsgründe; vorangegangener
      Sorgeeingriff gegenüber der Mutter 366
   g) Höchstpersönlichkeit der Erklärung; Zustimmungserfordernisse 368
   h) Beurkundung und Belehrung 372
   i) Mitteilungspflicht; Sorgeregister 376
   j) Sonderfall: Umzug einer Mutter mit einem im Ausland geborenen
      Kind ins Bundesgebiet 381
7. Beurkundung einer Erklärung des auf Unterhalt in Anspruch
   genommenen Elternteils nach § 252 FamFG (§ 59 Abs. 1 Satz 1 Nr. 9
   SGB VIII) 385

Zweiter Titel: Beurkundungen anderer Stellen

1. Abschnitt: **Notare, Konsuln** 389
    I. Grundlagen der Befugnisse des Notars 389
    II. Im Einzelnen 389
        1. Konkurrierende Zuständigkeit 389
        2. Die verbleibende Alleinzuständigkeit des Notars 392
            a) Im Rahmen von § 59 Abs. 1 Satz 1 SGB VIII 392
            b) Im Adoptionsrecht 393
                aa) Adoptionsantrag 393
                bb) Einwilligung 394
                cc) Auslandsberührung 395
                dd) Antrag auf Aufhebung der Adoption 396
            c) Ergänzend 397
    IV. Konsularbeamte 397

2. Abschnitt: **Gerichte (Amtsgericht, Verfahrensgericht der Vaterschaftsfestellung)** .. 400

3. Abschnitt: **Standesämter** 404

Anhang I: Gesetztestexte in Auszügen
1. SGB VIII 407
2. Beurkundungsgesetz (BeurkG) 409
3. Konsulargesetz 425
4. Personenstandsgesetz (PStG) 426
5. FamFG 430
6. ZPO 431

Anhang II: Protokollierungshilfen für Sonderfälle
1. Anerkennung der Mutterschaft 433
2. Fehlende Unterlagen; Vaterschaftsanerkennung durch Betreuer eines Geschäftsunfähigen 434
3. Zuziehung eines Dolmetschers 435

Stichwörter 437

Weitere Inhalte finden Sie unter www.bundesanzeiger-verlag.de/beurkundungen, u.a.:
    I. EU-Verordnungen und internationale Abkommen
    II. Deutsche Rechts- und Verwaltungsvorschriften
    III. DIJuF-Themengutachten
    IV. DIJuF-Rechtsgutachten
    V. Formulare und Praxismaterialien

Literatur

I. Kommentare und Monographien

1. Zum Beurkundungsrecht einschließlich §§ 59 f. SGB VIII

Armbrüster/Preuß/Renner, BeurkG-DONot, Kommentar, 7. Aufl. 2015, bis zur 4. Aufl. unter dem Namen „Huhn/vonSchuckmann; Beurkundungsgesetz", Deutscher Notarverlag, zit. Armbrüster/Preuß/Renner/*Bearbeiter*

Bamberger/Roth, Kommentar zum Bürgerlichen Gesetzbuch: BGB, 3. Aufl. 2012, Verlag C.H.Beck, zit. Bamberger/Roth/*Bearbeiter*

Beck'scher Online Kommentar, Verlag C.H.Beck, zit. BeckOK/*Bearbeiter*

Beck'sches Notarhandbuch, Bramring/Jerschke (Hrsg.), 5. Aufl. 2009, Verlag C.H.Beck, zit. *Bearbeiter*, in:

Eylmann/Vaasen (Hrsg.), Bundesnotarordnung, Beurkundungsgesetz, 4. Aufl. 2016, Verlag C.H.Beck, zit. Eylmann/Vaasen/*Bearbeiter*

Ganter/Hertel/Wöstmann, Handbuch der Notarhaftung, 3. Aufl. 2014, Carl Heymanns Verlag, zit. Ganter/Hertel/Wöstmann/*Bearbeiter*

Grziwotz/Heinemann, Beurkundungsgesetz, Kommentar, 2. Aufl. 2015, Carl Heymanns Verlag, zit. Grziwotz/Heinemann/*Bearbeiter*

Hoffmann/Glietsch, Konsularrecht, Sammlung der Völkerrechtlichen Vereinbarungen und Innerstaatlichen Rechtsvorschriften der Bundesrepublik Deutschland über konsularische Beziehungen, Konsularbeamte, ihre Aufgaben und Befugnisse, Loseblatt, Stand: 3/2011, Verlag R.S. Schulz

Lerch, Beurkundungsgesetz, Kommentar, 5. Aufl. 2016, Dr. Otto Schmidt Verlag

Kersten/Bühling, Formularbuch und Praxis der Freiwilligen Gerichtsbarkeit, 23. Aufl. 2010, Carl Heymanns Verlag, zit. *Bearbeiter,* in; Kersten/Bühling

Kunkel/Kepert/Pattar, Sozialgesetzbuch VIII, 6. Aufl. 2016, Nomos Verlagsgesellschaft, zit. LPK-SGB IX/*Bearbeiter*

Kurtze, Die Beurkundung im Jugendamt, 1971; Carl Heymanns Verlag

Riedel/Feil, Beurkundungsgesetz, 1970, Deutscher Fachschriften-Verlag

Rohs/Heinemann, Die Geschäftsführung der Notare, 11. Aufl. 2002, Verlag Hüthig Jehle Rehm

Staudinger, Kommentar zum Bürgerlichen Gesetzbuch mit Einführungsgesetz und Nebengesetzen, Buch 1: Allgemeiner Teil, §§ 125-129; BeurkG, 2012, Verlag Sellier-de Gruyter, zit. Staudinger/Bearbeiter

Winkler, Beurkundungsgesetz, 18. Aufl. 2017, Verlag C.H. Beck

Wolfsteiner, Die vollstreckbare Urkunde – Handbuch mit Praxishinweisen und Musterformulierungen, 3. Aufl. 2011, Verlag C.H.Beck

2. Zum Bürgerlichen Recht

Bamberger/Roth, Kommentar zum Bürgerlichen Gesetzbuch: BGB Band 3: §§ 1297-2385, Rom I-VO, Rom II-VO, EGBGBBGB, 3. Aufl. 2012, Verlag C.H.Beck, zit.: Bamberger/Roth/*Bearbeiter*

Bergmann/Ferid/Henrich, Internationales Ehe- und Kindschaftsrecht mit Staatsangehörigkeitsrecht, Loseblattausgabe, Stand: März 2017, Verlag für Standesamtswesen

Erman, Grunewald/Maier-Reimer/Westermann (Hrsg.), BGB. 14. Aufl. 2014, Verlag Dr. Otto Schmidt, zit. Erman/*Bearbeiter*

Eschbach, Die nichteheliche Kindschaft im internationalen Privatrecht, Diss. im Fachbereich Rechtswissenschaft I der Universität Hamburg, Verlag Mohr Siebeck 1997

Gerhardt/von Heintschel-Heinegg/Klein (Hrsg.), Handbuch des Fachanwalts Familienrecht, 10. Aufl. 2015, Verlag Luchterhand (zit. Gerhardt u.a. – HB FA/*Bearbeiter*)

Gernhuber/Coester-Waltjen, Familienrecht, Lehrbuch, 6. Aufl. 2010, Verlag C.H.Beck

Heilmann (Hrsg.), Praxiskommentar Kindschaftsrecht, 1. Aufl. 2015, Bundesanzeiger-Verlag, zit. PraxKo-KindR/*Bearbeiter*

Herberger/Martinek/Rüßmann u.a., juris PraxisKommentar BGB, Band 4: Familienrecht, 8. Aufl. 2017, zit. jurisPK-BGB/*Bearbeiter*

Johannsen/Henrich (Hrsg.), Familienrecht – Scheidung, Unterhalt, Verfahren, 6. Aufl. 2015, Verlag C.H.Beck, zit. Johannsen/Henrich/*Bearbeiter*

Lipp/Wagenitz, Das neue Kindschaftsrecht, Kommentar, 1999, Verlag W. Kohlhammer

Münchener Anwaltshandbuch Familienrecht, 3. Aufl. 2010, Verlag C.H.Beck, zit. MüAnwHB -FamR/Bearbeiter

Münchener Kommentar zum Bürgerlichen Gesetzbuch, BGB, Band 2: Schuldrecht – Allgemeiner Teil, 7. Aufl. 2016, Verlag C.H.Beck, zit. MüKo/*Bearbeiter*

Münchener Kommentar Kommentar zum Bürgerlichen Gesetzbuch, BGB, Band 9: Familienrecht §§ 1589-1921, SGB VIII, 7. Aufl. 2017, Verlag C.H.Beck, zit. MüKo/*Bearbeiter*

Muscheler, Familienrecht, 3. Aufl. 2013, Verlag Franz Vahlen

Niepmann/Schwamb, Die Rechtsprechung zur Höhe des Unterhalts, 13. Aufl.. 2016, Verlag C.H.Beck, zit. Niepmann/Schwamb/*Bearbeiter*

NomosKommentar BGB Allgemeiner Teil. EGBGB. Heidel/Hüßtege/Mansel/Noack (Hrsg.), 3. Aufl. 2016, Nomos Verlagsgesellschaft, zit. NK/*Bearbeiter*

NomosKommentar BGB Familienrecht. Kaiser/Schnitzler/Friederici (Hrsg.), 3. Aufl. 2014, Nomos Verlagsgesellschaft, zit. NK/*Bearbeiter*

Odersky, Nichtehelichengesetz, 4. Aufl. 1978, Gieseking Verlag

Rauscher, Thomas, Familienrecht, 2. Aufl. 2007, Verlag C.F. Müller

Rühl/Greßmann, Kindesunterhaltsgesetz, Eine einführende Darstellung für die Praxis, 1998, Gieseking Verlag

Schwab, Dieter, Familienrecht, 25. Aufl. 2017, Verlag C.H.Beck,

Soergel, Bürgerliches Gesetzbuch mit Einführungsgesetz und Nebengesetzen. Kommentar. Band 20 Familienrecht 4. §§ 1741-1921, 13. Aufl. 2000, Verlag W. Kohlhammer, zit. Soergel/*Bearbeiter*

Staudinger (Begr.), Bürgerliches Gesetzbuch, Buch 1 Allgemeiner Teil, Einleitung zum BGB; §§ 1-14; VerschG, Neubearb. 2013, Verlag Sellier-de Gruyter; zit. Staudinger/*Bearbeiter*

Staudinger (Begr.), Bürgerliches Gesetzbuch, Buch 4: Familienrecht §§ 1591-1600d, Neubearb. 2011, Verlag Sellier-de Gruyter; zit. Staudinger/*Bearbeiter*

Staudinger (Begr.), Bürgerliches Gesetzbuch Buch 4: Familienrecht: §§ 1601-1615 Neubearb. 2004, Verlag Sellier-de Gruyter, zit. Staudinger/*Bearbeiter*

Staudinger (Begr.), Bürgerliches Gesetzbuch Buch 4: Familienrecht: §§ 1626-1633; RKEG (Elterliche Sorge 1 – Inhaberschaft und Inhalt), Neubearb. 2007. Verlag Sellier-de Gruyter, zit. Staudinger/*Bearbeiter*

Staudinger (Begr.), Bürgerliches Gesetzbuch Buch 4: Familienrecht, §§ 1741-1772 (Adoption), Neubearb. 2004, Verlag Sellier-de Gruyter; zit. Staudinger/*Bearbeiter*

Staudinger (Begr.), Bürgerliches Gesetzbuch Buch 4: Familienrecht §§ 1773-1895 (Vormundschaftsrecht) Neubearbeitung 2013. Verlag Sellier-de Gruyter, zit. Staudinger/*Bearbeiter*

Staudinger (Begr.), Bürgerliches Gesetzbuch Einführungsgesetz zum Bürgerlichen Gesetzbuche/IPRArtikel 19-24 EGBGB; ErwSÜ (Internationales Kindschaftsrecht, Erwachsenenschutzübereinkommen), Nebearb. 2014, Verlag Sellier-de Gruyter, zit. Staudinger/*Bearbeiter*

Wendl/Dose (Hrsg.), Das Unterhaltsrecht in der familienrichterlichen Praxis, 9. Aufl. 2015, Verlag C.H.Beck, zit. Wendl/Dose/*Bearbeiter*

Würdinger, jurisPraxisKommentar BGB, Band 6: Internationales Privatrecht und UN-Kaufrecht, 7. Aufl. 2014, zit. jurisPK-BGB/*Bearbeiter*

3. Zum Verfahrensrecht einschließlich Vollstreckungsrecht

Ahrens, Der Beweis im Zivilprozess, 2015, Verlag Dr. Otto Schmidt

Bahrenfuss (Hrsg.), FamFG, Kommentar, 2. Aufl 2013, Verlag Erich Schmidt, zit. Bahrenfuss/*Bearbeiter*

Baumbach/Lauterbach/Albers/Hartmann, Zivilprozessordnung: ZPO mit FamFG, GVG und anderen Nebengesetzen, 75. Aufl. 2016, Verlag C.H. Beck, zit.: Baumbach/Lauterbach/*Hartmann*

Beck'scher Online-Kommentar ZPO, Vorwerk/Wolf, 24. Edition, Stand 1.3.2017, zit. BeckOK/ *Bearbeiter*

Haußleiter (Hrsg.), FamFG. Gesetz über das Verfahren in Familiensachen und in den Angelegenheiten der freiwilligen Gerichtsbarkeit, 2. Aufl. 2017, Verlag C.H.Beck, zit. Haußleiter/*Bearbeiter*

Holzer, Kommentar zum FamFG, 2011, RWS-Verlag

Keidel (Begr.), Engelhardt/Sternal (Hrsg.), Gesetz über das Verfahren in Familiensachen und in den Angelegenheiten der freiwilligen Gerichtsbarkeit, 19. Aufl. 2017, Verlag C.H. Beck, zit. Keidel/*Berbeiter*

Münchner Kommentar zur Zivilprozessordnung, Krüger/Rauscher (Hrsg.), 5. Aufl. 2016, Verlag C.H.Beck, zit. MüKo/*Bearbeiter*

Musielak/Voit (Hrsg.) Kommentar zur ZPO, 14. Aufl. 2017, Verlag Franz Vahlen, zit. Musielak/Voit/*Bearbeiter*

Musielak/Borth, Familiengerichtliches Verfahren, 5. Aufl. 2015, Verlag Franz Vahlen

Prütting/Helms (Hrsg.), FamFG, Kommentar mit FamGKG, 3. Aufl. 2012, Verlag Dr. Otto Schmidt, zit. Prütting/Helms/*Bearbeiter*

Rahm/Künkel, (Hrsg). Handbuch Familien- und Familienverfahrensrecht. Loseblattwerk. 65. Ergänzungslieferung. Verlag Dr. Otto Schmidt, (zit. Rahm/Künkel/*Bearbeiter*)

Schulte-Bunert/Weinreich (Hrsg.), FamFG.Kommentar, 5. Aufl. 2016, Verlag Luchterhand, zit. Schulte-Bunert/Weinreich/*Bearbeiter*

Stein/Jonas (Hrsg.), Kommentar zur Zivilprozessordnung, 22. Aufl. 2013, Verlag Mohr Siebeck, zit. Stein/Jonas/*Bearbeiter*

Thomas/Putzo (Begr.), Zivilprozessordnung, 38. Aufl. 2017, Verlag C.H.Beck, zit. Thomas/Putzo/*Bearbeiter*

Wieczorek/Schütze (Hrsg.), Zivilprozessordnung und Nebengesetze. Großkommentar, Band 9: §§ 724-802 I, 3. Aufl. 2013, Verlag de Gruyter, zit. Wieczorek/Schütze/*Bearbeiter*

von Wulffen/Schütze (Hrsg.), SGB X, Sozialverwaltungsverfahren und Sozialdatenschutz, Kommentar, 8. Aufl. 2014, Verlag C.H.Beck, zit. von Wulffen/Schütze/*Bearbeiter*

Zöller (Begr.), Zivilprozessordnung, 31. Aufl. 2016, Verlag Dr. Otto Schmidt, zit. Zöller/*Bearbeiter*

4. Zum Sozialrecht einschließlich Jugendhilfe

Eicher/Spellbrink, SGB II, Grundsicherung für Arbeitsuchende, Kommentar, 2. Aufl. 2008, Verlag C.H.Beck

Grube, Unterhaltsvorschussgesetz, Kommentar, 2009, Verlag C.H. Beck

Schlegel/Voelzke (Hrsg.), juris Praxiskommentar – SGB VIII, Kinder- und Jugendhilfe. 2014, zit. jurisPK-SGB VIII/*Bearbeiter*

Wiesner (Hrsg.), SGB VIII. Kinder- und Jugendhilfe. Kommentar, 5. Aufl. 2015, Verlag C.H.Beck, zit. Wiesner/*Bearbeiter*

5. Zum Strafrecht

Schönke/Schröder (Begr.), Strafgesetzbuch: StGB. Kommentar, 29. Aufl. 2014, Verlag C.H.Beck, zit. Schönke/Schroeder/*Bearbeiter*

6. Zu sonstigen Themen

Caspar/Neubauer, „Durchs wilde Absurdistan: Was zu tun ist, wenn ,Reichsbürger' und öffentliche Verwaltung aufeinandertreffen," in **Wilking,** Dirk (Hrsg.) für Demos – Brandenburgisches Institut für Gemeinwesenberatung, „Reichsbürger", Ein Handbuch, 2. Aufl. 2015, S. 93-171 http://www.verfassungsschutz.brandenburg.de/media_fast/4055/Reichsbuerger%20Ein%20Handbuh.pdf, abgerufen am 28.2.2017

Hüllen/Homburg/Krüger, „,Reichsbürger' zwischen zielgerichtetem Rechtsextremismus und Staatsverdrossenheit", in **Wilking** (Hrsg.), „Reichsbürger", Ein Handbuch, 2. Aufl. 2015, S. 13-38

Keil, „Zwischen Wahn und Rollenspiel – das Phänomen der ,Reichsbürger' aus psychologischer Sicht, in **Wilking** (Hrsg.), „Reichsbürger", Ein Handbuch, 2. Aufl. 2015, S. 39-92

II. Aufsätze

1. Zum allgemeinen Beurkundungsrecht

Bergermann, Andrea, Auswirkungen unbewusster Falschbezeichnungen auf Grundstücksverträge und deren Vollzug – falsa demonstratio non nocet? RNotZ 2002, 557-572

Bindseil, Reinhart, Konsularisches Beurkundungswesen, DNotZ 1993, 5-22

Ganter, Hans Gerhard, Aktuelle Rechtsprechung zum Notarhaftungsrecht, DNotZ 2007, 246-262

Kanzleiter, Rainer, Die nachträgliche Berichtigung notarieller Urkunden, DNotZ 1990, 478-493

Krebs, Markus, Jüngste Änderungen der Dienstordnung und ihre Auswirkungen auf die Praxis, MittBayNot 2005, 363-366

Mihm, Katja, Pflicht zur Verlesung notarieller Urkunden bei EDV-Einsatz – Zur Unwirksamkeit der Verlesung vom Bildschirm und zum Umfang der Verlesung von geänderten, neu ausgedruckten Seiten, NJW 1997, 3121

Mihm, Katja, Die Mitwirkungsverbote gemäß § 3 BeurkG nach der Novellierung des notariellen Berufsrechts, DNotZ 1999, 8-26

Münzberg, Wolfgang, Geständnis, Geständnisfiktion und Anerkenntnis im Klauselerteilungsverfahren? NJW 1992, 201-207

Regler, Rainer, Die Notarbeschwerde nach § 15 Abs. 2 BNotO – Änderungen durch das Gesetz über das Verfahren in Familiensachen und in Angelegenheiten der freiwilligen Gerichtsbarkeit (FamFG), MittBayNot 2010, 261-267

Reithmann, Christoph, Berichtigung notarieller Urkunden, DNotZ 1999, 27-37

Roßnagel/Wilke, Die rechtliche Bedeutung gescannter Dokumente, NJW 2006, 2145-2150

Roßnagel/Nebel, Beweisführung mittels ersetzend gescannter Dokumente, NJW 2014, 886-891

Weber, Oskar, Rechtseinheit im Beurkundungswesen. Zum BeurkG, DRiZ 1970, 45-49

Zeiler, Curd-Stefan, Korrektur von unrichtigen Angaben über die Identität von Urkundsbeteiligten durch den Amtsnachfolger eines Notars, NotBZ 2004, 113-115

Zimmer, Maximilian, Die Berichtigung offensichtlicher Unrichtigkeiten in Niederschriften, NotBZ 2010, 172-179

2. Zum Abstammungsrecht

Frank, Rainer, Die unglückselige Mehrfachanknüpfung in Art 19 Abs. 1 EGBGB, StAZ 2009, 65-70

Frank, Rainer, Die Zustimmung des Kindes zur Vaterschaftsanerkennung in den Fällen des § 1595 Abs. 2 BGB, StAZ 2013, 133–136

Funcke, Dorett, Leihmutterschaftsfamilien. Rechtsbeschlüsse und soziale Praktiken, NZFam 2016, 207-212

Gaul, Hans-Friedrich, Die Neuregelung des Abstammungsrechts durch das Kindschaftsrechtsreformgesetz, FamRZ 1997, 1441-1466

Kissner, Peter, Vaterschaftsanerkennung nach dem Tod der Mutter des Kindes – Fachausschuss-Nr. 3793, verhandelt am 9. und 10. November 2006, StAZ 2007, 303-304

Knittel, Bernhard, Kinderrechteverbesserungsgesetz verabschiedet – Kindschaftsrechtsreform in wichtigen Einzelpunkten fortentwickelt, JAmt 2002, 50-54

Lange, Hermann, Das neue Nichtehelichenrecht, NJW 1970, 297-306

Rauscher, Thomas, Vaterschaft auf Grund Anerkennung, FPR 2002, 359-369

Reichard, Heinz, Legitimanerkennung, Anerkennung mit legitimierender Wirkung, Vaterschaftsanerkennung und Legitimation in der standesamtlichen Praxis, StAZ 1986, 194-199

Sachse, Michael, Anhängig – Rechtshängig, StAZ 2003, 53

Schwab/Wagenitz, Thomas, Einführung in das neue Kindschaftsrecht, FamRZ 1997, 1377-1383

Spickhoff, Andreas, Vaterschaft und konsentierte Fremdinsemination, AcP 197, 398-429 (1997)

Voss, Karl Ulrich, Legitimanerkennung, Heirat und Vormundschaftsgericht? StAZ 1985, 62-68

Wagner, Gerhard, Unterhaltsrechtliche Folgen des scheidungsakzessorischen Statuswechsels nach dem Kindschaftsrechtsreformgesetz, FamRZ 1999, 7-15

Wanitzek, Ulrike, Ergänzungen des Abstammungsrechts durch das Kinderrechteverbesserungsgesetz, FamRZ 2003, 730-736

Wengler, Wilhelm, Immer wieder – Die Legitimanerkennung des Islamrechts, StAZ 1985, 269-272

Zypries/Zeeb, Samenspende und das Recht auf Kenntnis der eigenen Abstammung. Kinder, Spender und Väter brauchen bessere Gesetze, ZRP 2014, 54-57

3. Zum Sorgerecht

Dickerhof-Borello, Elisabeth, Die Sorgeerklärung eines geschäftsunfähigen Elternteils, FuR 1998, 70-73 und 157-164

Dodegge, Georg, Voraussetzungen für eine Betreuung des erkrankten Elternteils und die rechtliche Bedeutung der Betreuung für Sorge- und Umgangsverfahren, FPR 2005, 233-239

Fleischer/Kalnbach, Peter Erste Erfahrungen und statistische Zahlen bei der praktischen Umsetzung der §§ 1626a ff. BGB in Verbindung mit §§ 58a, 59 und 87c KJHG auf EDV-Basis, DAVorm 1998, 771-776

Hammer, Stephan, Die rechtliche Verbindlichkeit von Elternvereinbarungen, FamRZ 2005, 1209-1217

Hoffmann, Birgit, Vollmacht/Ermächtigung zur Ausübung von Befugnissen aus der elterlichen Sorge, ZKJ 2009, 156-161

Hoffmann, Birgit, Sorgerechtsvollmacht als Alternative zur Vormund-/Pflegschaft des Jugendamts, FamRZ 2011, 1544-1550

Hoffmann/Knittel, Auskünfte aus einem Sorgeregister durch das registerführende Jugendamt, JAmt 2014, 117-118

Walter, Ute, Betreuung und elterliche Sorge, FamRZ 1991, 765-775

Zimmermann, Stephan, Das neue Kindschaftsrecht, DNotZ 1998, 404-437

4. Zum Unterhaltsrecht einschließlich Verfahrensrecht

Birnstengel, Petra, Gesetz zur Änderung des Unterhaltsrechts und des Unterhaltsverfahrensrechts sowie zur Änderung der Zivilprozessordnung und kostenrechtlicher Vorschriften, JAmt 2016, 2-4

Brüggemann, Dieter, Rechtsnachfolge in Unterhaltsansprüche, Überleitung – gesetzlicher Übergang – Pfändung, DAVorm 1993, 217-231

Eichenhofer, Eberhard, Anm. zu BGH, 21.07.2004 – XII ZR 203/01, FamRZ FamRZ 2004, 1965-1966

Ewers, Franz-Georg, Die Düsseldorfer Tabelle und das neue Kindesunterhaltsrecht, DAVorm 1999, 802-818

Knittel, Bernhard, Der Mindestunterhalt minderjähriger Kinder nach neuem Recht. Zur Formulierung bzw. Tenorierung von Unterhaltsverpflichtungen bei Beurkundungen und Gerichtsurteilen JAmt 2007, 561-571

Knittel, Bernhard, Fortgeltung dynamischer Unterhaltstitel in der Volljährigkeit gem. § 244 FamFG – uneingeschränkt oder nur mit Abstrichen?, JAmt 2013, 446-448

Knittel, Bernhard, Nochmals: Verfahrensrechtliche Handlungsoptionen für das Kind, wenn bereits ein Unterhaltstitel des Sozialleistungsträgers vorliegt, JAmt 2016, 64-68

Knittel, Bernhard, Änderungen von Unterhaltstiteln nur im gerichtlichen Verfahren möglich? NzFam 2016, 970-973

Münzberg, Wolfgang, Geständnis, Geständnisfiktion und Anerkenntnis im Klauselerteilungsverfahren? NJW 1992, 201-207

Rieck, Jürgen, Kindergeld und Auslandsunterhalt, NJW 2014, 1905-1910

Scholz, Harald, Die Düsseldorfer Tabelle und die Berliner Tabelle, Stand – 01-07-1999, FamRZ 1999, 1177-1180

Strauß, Hildegard, Probleme des Kindesunterhaltsgesetzes in der gerichtlichen Praxis, FamRZ 1998, 993-1004

Vossenkämper, Rudolf, Der Kindesunterhalt nach neuem Recht ab 1.1.2008. Hinweise für die Praxis zur Berechnung, Titelumstellung und Tenorierung, FamRZ 2008, 201-210

Zwirlein, Susanne, Der familienrechtliche Ausgleichsanspruch – eine überschießende Rechtsschöpfung, FamRZ 2015, 896-901

5. Zum internationalen Unterhaltsverfahrensrecht

Bittmann, David, Die Voraussetzungen der Zwangsvollstreckung eines Europäischen Vollstreckungstitels – zu OGH, 22.2.2007 – 3 Ob 253/06, IPrax 2008, 445-448

Gebauer, Katharina, Vollstreckung von Unterhaltstiteln nach der EuVTVO und der geplanten Unterhaltsverordnung, FPR 2006, 252-255

Gruber, Urs-Peter, Die neue EG-Unterhaltsverordnung, IPrax 2010, 128-139

Gsell/Netzer, Vom grenzüberschreitenden zum potenziell grenzüberschreitenden Sachverhalt – Art. 19 EuUnterhVO als Paradigmenwechsel im Europäischen Zivilverfahrensrecht, IPrax 2010, 403-409

Halfmeier, Axel, Die Vollstreckungsgegenklage im Recht der internationalen Zuständigkeit, IPrax 2007, 381-388

Heger/Selg, Die europäische Unterhaltsverordnung und das neue Ausländerunterhaltsgesetz – Die erleichterte Durchsetzung von Unterhaltsansprüchen im Ausland, FamRZ 2011, 1101-1111

Hoff/Schmidt, Die Verordnung (EG) Nr. 4/2009 oder „Viele Wege führen zum Unterhalt", JAmt 2011, 433-437

Literatur

Knittel, Bernhard, Vollstreckung dynamischer Unterhaltstitel im Ausland – Neue Aufgaben für die Urkundspersonen beim Jugendamt, JAmt 2006, 477-480

Rellermeyer, Klaus, Der Europäische Vollstreckungstitel für unbestrittene Forderungen, Rpfleger 2005, 389-404

Strasser, Christian, Praxisprobleme bei der Zwangsvollstreckung aus einem Europäischen Vollstreckungstitel, Rpfleger 2007, 249-251

Wagner, Rolf, Die neue EG-Verordnung zum Europäischen Vollstreckungstitel, IPrax 2005, 189-200

Wagner, Rolf, Das Gesetz zur Durchführung der Verordnung (EG) Nr. 805/2004 zum Europäischen Vollstreckungstitel – unter besonderer Berücksichtigung der Vollstreckungsabwehrklage, IPrax 2005, 401-410

Abkürzungen

AdVermG	Gesetz über die Vermittlung der Annahme als Kind und über das Verbot der Vermittlung von Ersatzmüttern vom 20. Juli 1976
AdwirkG	Adoptionswirkungsgesetz – Gesetz über Wirkungen der Annahme als Kind nach ausländischem Recht vom 5.November 2001
a.E.	am Ende
AG	Amtsgericht
Alt.	Alternative
Anm.	Anmerkung
Art.	Artikel
AufenthG	Aufenthaltsgesetz (Gesetz über den Aufenthalt, die Erwerbstätigkeit und die Integration von Ausländern im Bundesgebiet vom 30. Juli 2004)
AUG	Auslandsunterhaltsgesetz (Gesetz zur Geltendmachung von Unterhaltsansprüchen im Verkehr mit ausländischen Staaten vom 19. Dezember 1986)
BAföG	Bundesausbildungsförderungsgesetz vom 6. Juni 1983
BayObLG	Bayerisches Oberstes Landesgericht
BAMF	Bundesamt für Migration und Flüchtlinge
BeckOK	Beck'scher Online-Kommentar
BeckRS	Elektronische Entscheidungsdatenbank in beck-online
betr.	betreffend
BeurkG	Beurkundungsgesetz
BGB	Bürgerliches Gesetzbuch
BGBl.	Bundesgesetzblatt
BGH	Bundesgerichtshof
BGHZ	Entscheidungen des Bundesgerichtshofs in Zivilsachen (Band, Seite)
BDSG	Bundesdatenschutzgesetz
BSHG	Bundessozialhilfegesetz (aufgehoben)
BVerfG	Bundeverfassungsgericht
BVerfGE	Entscheidungen des Bundesverfassungsgerichts (Band, Seite)
C.C.	Code Civil (Frankreich) oder codice civile (Italien)
BGBl.	Bundesgesetzblatt (Jahrgang, Teil, Seite)

Abkürzungen

BGHZ	Entscheidungen des Bundesgerichtshofs in Zivilsachen, Amtliche Sammlung (Band, Seite)
BKGG	Bundeskindergeldgesetz vom 11. Oktober 1995
BKR	Zeitschrift für Bank- und Kapitalmarktrecht (Jahrgang, Seite)
BNotO	Bundesnotarordnung
BSHG	Bundessozialhilfegesetz
BR-Drs.	Drucksachen des Deutschen Bundesrates (Nr. der Drucksache / Erscheinungsjahr)
BT-Drs	Verhandlungen des Deutschen Bundestags – Drucksachen – (Legislaturperi-code/Nr. der Drucksache)
BtPrax	Betreuungsrechtliche Praxis (Jahrgang, Seite)
DA	Dienstanweisung für die Standesbeamten
DAVorm	Der Amtsvormund (Jahrgang, Spalte)
DGVZ	Deutsche Gerichtsvollzieher Zeitung (Jahrgang, Seite)
d.h.	das heißt
DIJuF	Deutsches Institut für Jugendhilfe und Familienrecht e.V.
DIV	Deutsches Institut für Vormundschaftswesen e.V. (Vorgänger des Deutschen Instituts für Jugendhilfe und Familienrecht e.V.)
DJ	Die Justiz – Amtsblatt des Justizministeriums Baden-Württemberg (Jahrgang, Seite)
DNotZ	Deutsche Notar-Zeitschrift (Band, Seite)
DONot	Dienstordnung für Notarinnen und Notare
EGBGB	Einführungsgesetz zum Bürgerlichen Gesetzbuch
EGMR	Europäischer Gerichtshof für Menschenrechte
EStG	Einkommensteuergesetz
EuGVO	EG-Verordnung Nr. 44/2001 (Verordnung des Rates über die gerichtliche Zuständigkeit und die Anerkennung und Vollstreckung von Entscheidungen in Zivil- und Handelssachen, Kurzbezeichnungen EuGVVO, EuGVO oder Brüssel-I-Verordnung, vom 22. Dezember 2000)
EuUnterhVO	Verordnung (EG) Nr. 4/2009 des Rates vom 18.12.2008 über die Zuständigkeit, das anwendbare Recht, die Anerkennung und Vollstreckung von Entscheidungen und die Zusammenarbeit in Unterhaltssachen

EuVTVO	Verordnung (EG) Nr. 805/2004 des Europäischen Parlaments und des Rates vom 21. April 2004 zur Einführung eines Europäischen Vollstreckungstitels für unbestrittene Forderungen
EuZustVO	Verordnung (EG) Nr. 1393/2007 des Europäischen Parlaments und des Rates vom 13. November 2007 über die Zustellung gerichtlicher und außergerichtlicher Schriftstücke in Zivil- oder Handelssachen in den Mitgliedsstaaten (Zustellung von Schriftstücken)
ff.	… und folgende (in Zitaten)
FamFG	Gesetz über das Verfahren in Familiensachen und in den Angelegenheiten der freiwilligen Gerichtsbarkeit vom 17. Dezember 2008
FamFR	Familienrecht und Familienverfahrensrecht (Jahrgang, Seite)
FamRBInt	Der Famlienrechtsberater International – vierteljährliche Beilage zur Zeitschrift „Der Familienrechtsberater" (Jahrgang, Seite)
FamGKG	Gesetz über Gerichtskosten in Familiensachen vom 17. Dezember 2008
FamRZ	Zeitschrift für das gesamte Familienrecht (Jahrgang, Seite)
FEVS	Fürsorgerechtliche Enscheidungen der Verwaltungs- und Sozialgerichte (Nr. Seite)
FGG	Gesetz über die Angelegenheiten der freiwilligen Gerichtsbarkeit
FPR	Familie, Partnerschaft, Recht – Zeitschrift für die Anwaltspraxis, (Jahrgang, Seite)
g.A.	gewöhnlicher Aufenthalt
ggf.	gegebenenfalls
h.M.	herrschende Meinung
HRR	Höchstrichterliche Rechtsprechung (Jahrgang, Nr.)
Hs.	Halbsatz
HuntProt	Haager Protokoll über das auf Unterhaltspflichten anzuwendende Recht vom 23. November 2007
HuntVollstrÜbk	Haager Unterhaltsvollstreckungsübereinkommen – Übereinkommen über die Anerkennung und Vollstreckung von Entscheidungen auf dem Gebiet der Unterhaltspflicht gegenüber Kindern
i.d.F.	in der Fassung
i.d.R.	in der Regel
InVO	Insolvenz und Vollstreckung (Jahrgang, Seite)
IPR	Internationales Privatrecht

IPrax	Praxis des Internationalen Privat- und Verfahrensrechts (Jahrgang, Seite)
i.S.v.	im Sinne von
i.V.m.	in Verbindung mit
JAmt	Das Jugendamt – Zeitschrift für Jugendhilfe und Familienrecht
JurBüro	Das Juristische Büro – Zeitschrift für Kostenrecht und Zwangsvollstreckung, (Jahrgang, Seite)
JWG	Gesetz für Jugendwohlfahrt, vom 11. August 1961, in der Fassung der Bekanntmachung vom 25. April 1977
KG	Kammergericht
KGJ	Jahrbuch für Entscheidungen des Kammergerichts in Sachen der freiwilligen Gerichtsbarkeit (Band, Seite)
KindUFV	Kindesunterhalt-Formularverordnung (Verordnung zur Einführung von Vordrucken für das vereinfachte Verfahren über den Unterhalt minderjähriger Kinder vom 19.Juni 1998)
KJHG	Kinder und Jugendhilfegesetz vom 26. Juni 1990
KonsG	Konsulargesetz – Gesetz über die Konsularbeamten, ihre Aufgaben und Befugnisse vom 11. September .1974
KostO	Kostenordnung
KSÜ	Haager Übereinkommen über den Schutz von Kindern (KSÜ)
LG	Landgericht
MBl.	Ministerialblatt
NÄG	Gesetz über die Änderung von Familiennamen und Vornamen vom 5. Januar 1938
NDV	Nachrichtendienst des Deutschen Vereins für öffentliche und private Fürsorge (Jahrgang, Seite)
NEG	Gesetz über die rechtliche Stellung der nichtehelichen Kinder vom 19. August 1969
NJW	Neue Juristische Wochenschrift – RR: Beilage Rechtsprechungsreport – (Jahrgang, Seite)
NotBZ	Zeitschrift für die notarielle Beratungs- und Beurkundungspraxis
Österr. OGH	österreichischer Oberster Gerichtshof
OLG	Oberlandesgericht
OLGZ	Entscheidungen der Oberlandesgerichte in Zivilsachen (Jahrgang, Seite)

OVG	Oberverwaltungsgericht
PStG	Personenstandsgesetz
PStG-VwV	Allgemeine Verwaltungsvorschrift zum Personenstandsgesetz
RdJB	Recht der Jugend und des Bildungswesens Zeitschrift für Schule, Berufsbildung und Jugenderziehung
RG	Reichsgericht
RGZ	Entscheidungen des Reichsgerichts in Zivilsachen, Amtliche Sammlung (Band, Seite)
RJWG	Reichsjugendwohlfahrtsgesetz vom 9. Juli 1922
Rn.	Randnummer
Rpfleger	Der deutsche Rechtspfleger (Jahrgang, Seite)
RPflG	Rechtspflegergesetz
s.	siehe
s.o.	siehe oben
S.	Seite
SGB	Sozialgesetzbuch
SGB VIII	Sozialgesetzbuch achtes Buch, Kinder- und Jugendhilfegesetz,
StAG	Staatsangehörigkeitsgesetz
StAZ	Das Standesamt (Jahrgang, Seite)
StGB	Strafgesetzbuch
StPO	Strafprozessordnung
UÄG	Gesetz zur Änderung unterhaltsrechtlicher, verfahrensrechtlicher und anderer Vorschriften, vom 20. Februar 1986
UVG	Unterhaltsvorschussgesetz
u.U.	unter Umständen
VGH	Verwaltunbgsgerichtshof
vgl.	vergleiche
VO	Verordnung
VwGO	Verwaltungsgerichtsordnung
VwVfG	Verwaltungsverfahrensgesetz
z.B.	zum Beispiel
ZBlJR	Zentralblatt für Jugendrecht und Jugendwohlfahrt (Jahrgang, Seite); seit 1984: Zentralblatt für Jugendrecht (ZfJ)

Abkürzungen

ZfJ	Zentralblatt für Jugendrecht (ZfJ)
ZGB	Zivilgesetzbuch (Schweiz)
ZPO	Zivilprozessordnung

Einleitung

Beurkundungen in Kindschaftsangelegenheiten werden **in fünf verschiedenen Institutionen** vorgenommen: in den Jugendämtern, den Standesämtern, den Amtsgerichten, den Notariaten sowie den konsularischen Auslandsvertretungen. Allerdings gelten jeweils unterschiedliche Abstufungen der Zuständigkeit; lediglich Notare und Konsulate sind umfassend zu Beurkundungen in allen einschlägigen Materien befugt. Auch sind **die verfahrensrechtlichen Grundlagen** (des Beurkundungsgesetzes, der ZPO, der Bundesnotarordnung, des Personenstandsgesetzes, des FamFG, des SGB VIII und des Konsulargesetzes) nicht für alle Beurkundungen einheitlich. Nur die Vorschriften des BGB über die zu beurkundenden Erklärungen bilden einen einheitlichen Rahmen für das Recht der Beurkundung in Kindschaftsangelegenheiten – als materielles Recht und vereinzelt auch als Verfahrensrecht.

Der Ausdruck **„Kindschaftsangelegenheiten"** ist hier bewusst gewählt. Was im Folgenden der Darstellung zugrunde gelegt wird, deckt sich nicht mit den Kindschaftssachen im Sinne des § 151 FamFG. Es bezeichnet vielmehr sämtliche einer Beurkundung zugänglichen und durch urkundliche Rechtsakte zu gestaltenden Rechtsbeziehungen der Kindschaft als solcher. Dazu gehören Erklärungen zur Herstellung oder Änderung des Abstammungsverhältnisses einschließlich der namensrechtlichen Folgen; ferner, als wichtiges Geschäft der vorsorgenden Rechtspflege, die vollstreckbaren Unterhaltsverpflichtungen. Als vom Gesetz selbst einbezogenes Randgebiet wird auch die Aufnahme einer Leistungsverpflichtung bezüglich der Ansprüche einer „nichtehelichen" Mutter gegen den Erzeuger (§ 1615l BGB) im Text behandelt. Von erheblicher praktischer Bedeutung sind schließlich die Sorgeerklärungen gem. §§ 1626a ff. BGB, mit denen nicht miteinander verheiratete Eltern die gemeinsame Sorge für ein Kind begründen können.

Die **Allzuständigkeit** für die Beurkundungstätigkeit in Kindschaftsangelegenheiten liegt beim **Notar, der gem. § 20** Abs. 1 Satz 1 **BNotO zu „Beurkundungen jeder Art" ermächtigt ist**. Er hat diese Allzuständigkeit nicht nur dort, wo das Gesetz die Beurkundung gerade als notarielle vorschreibt, z.B. in § 1750 Abs. 1 Satz 2, § 1762 Abs. 3 BGB: Dort ist seine Zuständigkeit ausschließlich (wobei ihm der **Konsularbeamte** an deutschen Auslandsvertretungen **gleichgestellt** ist). Beide sind darüber hinaus zur Beurkundung berufen, wo immer die Form der „öffentlichen Beurkundung" vorgeschrieben ist (etwa in § 1626 Abs. 1 Satz 1, § 1746 Abs. 2 Satz 2 BGB), hier freilich in Konkurrenz mit anderen Stellen. Diejenige, die unter ihnen das breiteste Spektrum zuständiger Beurkundungstätigkeit aufzuweisen hat, ist das **Jugendamt**. Es hat das **Amtsgericht,** dem ursprünglich – neben dem Notariat – die Zuständigkeit für die öffentliche Beurkundung allgemein zukam, in einer mehr als 90-jährigen schrittweisen Entwicklung bis auf einen bescheidenen Rest verdrängt (dieser umfasst allerdings nach wie vor wichtige kindbezogene Gegenstände, nämlich die Vaterschaftsanerkennung und die vollstreck-

Einleitung

bare Unterhaltsverpflichtung, neben einer rudimentären Beurkundungsbefugnis im Erbrecht nach § 1945 Abs. 1 BGB). Diese von der Gesetzgebung vorgezeichnete Entwicklung hat die Praxis mit vollzogen. Ganz **überwiegend** werden **Kinschaftsangelegenheiten im Jugendamt beurkundet**, und zwar durch eigene Urkundspersonen. Die Beurkundung im Jugendamt soll deshalb im Folgenden als Modell dienen zugleich für die anderen Sparten.

Erster Titel: Beurkundungen im Jugendamt

A. Allgemeiner Teil

I. Der verfahrensrechtliche Rahmen: Beurkundungsgesetz als Verfahrensgesetz

Die Urkundstätigkeit im Jugendamt, als Vollzug sozialstaatlicher Verwaltung, hat ihren formalen Rahmen im Beurkundungsgesetz vom 28. August 1969. Dort ist das **Verfahren bei öffentlichen Beurkundungen jeder Art** geregelt; sein Adressat ist der allzuständige Notar (§ 1 Abs. 1). In § 1 Abs. 2 erstreckt es die Geltung seiner Bestimmungen auf „andere Urkundspersonen oder sonstige Stellen", soweit sie für die öffentliche Beurkundung zuständig sind. Zu jenen anderen Personen gehört die Urkundsperson im Jugendamt kraft des SGB VIII (§§ 59, 60). Nicht alle Inhalte des Beurkundungsgesetzes sind für die Urkundstätigkeit im Jugendamt einschlägig; so z.B. nicht die Bestimmungen, die die Beurkundung von Verfügungen von Todes wegen, freiwilligen Versteigerungen, eidesstattlichen Versicherungen oder die Beglaubigung firmenrechtlicher Zeichnungsbefugnisse zum Gegenstand haben. Doch alles was im **I. und II. Abschnitt** (Allgemeine Vorschriften und Beurkundung von Willenserklärungen: §§ 1 bis 26 – ausgenommen § 13a Abs. 4, §§ 14, 15), sowie im **IV. Abschnitt** – Behandlungen von Urkunden (§§ 44–54, ausgenommen §§ 50, 53) – gesagt wird, ist **für die Urkundsperson im Jugendamt gleichermaßen verbindlich.** Das Beurkundungsgesetz ist insoweit ihr Verfahrensgesetz. Wo es vom „Notar" spricht, ist dieser über § 1 Abs. 2 auf die Urkundsperson im Jugendamt umzudenken, so in den §§ 22, 25 betreffend die in bestimmten Fällen erforderliche Zuziehung eines zweiten Notars.

Keine unmittelbare Geltung für die Urkundstätigkeit im Jugendamt hat die **Dienstordnung für Notarinnen und Notare (DONot)**, welche vorwiegend „technische" Einzelheiten der notariellen Tätigkeit regelt. Sie wurde am 13. Dezember 1960 von den Justizverwaltungen der einzelnen Bundesländer als bundeseinheitliche Verwaltungsvorschrift beschlossen. Erstmalig ist sie 1961 zusammen mit der BNotO in Kraft getreten.

Eine grundlegende Neufassung wurde im Jahr 2001 in allen Bundesländern in Kraft gesetzt; die aktuellen Fundstellen und der Text am Beispiel Niedersachsen sind aufzurufen im Internetportal der Bundesnotarkammer. sowie unter www.bundesanzeiger-verlag.de/beurkundungen, II Nr. 3. Die DONot ist weder Gesetz noch Rechtsverordnung, sondern eine **reine Verwaltungsanordnung.** Hierbei ist zu beachten, dass es sich um eine im Wesentlichen inhaltsgleiche Verwaltungsvorschrift jedes einzelnen Bundeslandes handelt. Aus der Rechtsnatur der DONot als landesrechtlicher Verwaltungsvorschrift folgt auch, dass die gesetzlichen Regelungen des BeurkG und der BNotO stets vorgehen.

6 Die **Nichtbeachtung der Regelungen der DONot** ist für die Gültigkeit des notariellen Geschäfts grundsätzlich ohne jede Bedeutung (BGH, 6.10.1960 – V ZR 142/60, NJW 1960, 2336). Auch der Beweiswert einer notariellen Urkunde wird durch einen Verstoß gegen die DONot nicht beeinträchtigt.

Das ändert nichts daran, dass die genaue und vollständige Beachtung der DONot eine **Amtspflicht des Notars** darstellt (BGH, 15.2.1971 – NotSt. Brfg. 1/70, DNotZ 1972, 551 [553]). Jedoch ist haftungsrechtlich zu berücksichtigen, dass die dem Notar durch die DONot auferlegten Pflichten nicht gegenüber Dritten bestehen. Verletzungen der DONot können daher für sich allein nach hM auch keine Schadensersatzansprüche nach § 19 BNotO begründen.

7 Sowohl die Bezeichnung der Vorschrift als auch ihr konkreter Inhalt weisen aus, dass sie sich **unmittelbar auf die Amtstätigkeit der Notare bezieht**. Aus ihr lässt sich nicht ableiten, dass darin enthaltene Regelungen mittelbar entsprechend auf die Tätigkeit von Urkundspersonen beim Jugendamt anwendbar seien.

Für eine solche **analoge Anwendung** bedürfte es einer **ausdrücklichen Regelung**, wie sie beispielsweise in den Ausführungsvorschriften der zuständigen Berliner Senatsverwaltung für Bildung, Wissenschaft und Forschung enthalten ist („Ausführungsvorschriften für die Tätigkeit der Urkundspersonen des Jugendamtes – Beurkundungsvorschriften (AV Beurk)" vom 10.11.2016 – BildJugWiss III B 43 (www.bundesanzeiger-verlag.de/beurkundungen, II Nr. 4). Diese Ausführungsvorschriften sind ebenfalls Verwaltungsvorschriften eines Landes und stehen damit auf derselben Ebene wie die DONot. Wenn darin auf einzelne Bestimmungen der DONot verwiesen wird, erlangen diese erst auf diese konkrete Weise ihre Geltungskraft für die Urkundsperson beim Jugendamt.

Bisher fehlen aber solche landesrechtlichen Ausführungsbestimmungen ganz überwiegend, was mit der Achtung vor der kommunalen Selbstverwaltung zu erklären ist. Die Berliner Vorschrift, die ein „Stadtstaat" zugleich für seine „kommunalen" Jugend- bzw. Bezirksämter in Kraft setzen konnte, ist die erste bekannt gewordene umfassende einschlägige Regelung,

8 Bei fehlender Anordung entsprechender Geltung können die für Notare geltenden **Vorgaben der DONot allenfalls als Maßstab herangezogen** werden, um zu gewährleisten, dass die äußere Qualität der Beurkundungstätigkeit der Urkundspersonen nicht hinter derjenigen der Notare zurückbleibt. Dies sollte nach Möglichkeit angestrebt werden. Im Zweifel ist die Orientierung an den Vorgaben der DONot zumindest im Sinne einer **„best practice"** sinnvoll und ratsam. Das gilt insbesondere für die Arbeitsmittel der Urkundsperson, welche den Anforderungen in § 29 Abs. 2 DONot bezüglich der Qualität des verwendeten Papiers, der Tinte und Farbbänder sowie der angewandten Druck- und Kopierverfahren entsprechen sollte.

So hatte beispielsweise das DIV-Gutachten vom 4. November 1991 (DAVorm 1991, 1021) eine Anfrage zur Herstellung von Urkundsformularen mittels eines behördeneigenen Computers beantwortet. Der Anfragende hatte in einem Textverarbeitungssystem beim Jugendamt Urkundenmustersätze gespeichert und fertigte die vollständigen Urkundssätze mit einem Thermo-Drucker aus. Im Rahmen eines Fortbildungsseminars kamen jedoch Zweifel auf, ob dieses Verfahren für Urkunden zulässig ist. Das Gutachten wendete für die Urkundstätigkeit im Jugendamt die technischen Bestimmungen der DONot entsprechend an und führte aus, unter welchen Voraussetzungen danach die Herstellung von Formularen für Urschriften zulässig ist.

Auch für die Führung von **Urkundenregistern und Namensverzeichnissen** ist es ratsam, sich an den Regelungen der DONot zu orientieren (dazu unten Rn. 211 ff.). Dasselbe gilt auch für die Art der Siegelung sowie das von der Urkundsperson verwendete Papier (vgl. Rn. 124 ff.)

Inwieweit die notariellen Vorgaben für **Aufbewahrungsfristen** auch von den Urkundspersonen bei den Jugendämtern zugrunde gelegt werden sollten, wird in Rn. 219 ff. erörtert.

II. Der gegenständliche Rahmen: Abschließende Aufzählung der Urkundsermächtigungen

Die Gegenstände möglicher Beurkundungen im Jugendamt legt der **Katalog des** 9 **§ 59** Abs. 1 Satz 1 **SGB VIII abschließend** fest. Er hat – freilich unter allmählicher schrittweiser Erweiterung – sein Vorbild im Reichsjugendwohlfahrtgesetz (RJWG) von 1922.

Da jugendamtliche Urkunden aus früheren Perioden gelegentlich noch aktuell 10 werden können, soll der nachfolgende Längsschnitt als Orientierung dienen. Denn Gültigkeit und Reichweite der Beurkundung beurteilen sich ausschließlich nach der Gesetzeslage im Zeitpunkt ihrer Vornahme, nicht nach einer späteren, unter der sie gültig hätten vorgenommen werden können, soweit nicht Überleitungsregelungen etwas anderes bestimmen (unten Rn. 11 a.E.).

1. Die Vorschrift des **§ 43** Abs. 2 **RJWG** kannte zunächst nur die Beurkundung der 11 **Anerkennung der Vaterschaft** damaligen Rechts mit bescheidener Reichweite. Ein vor dem 1.7.1970 erklärtes Vaterschaftsanerkenntnis hatte nur die Wirkung, dass der Mann sich nicht darauf berufen konnte, ein anderer habe der Mutter innerhalb der Empfängniszeit beigewohnt (§ 1718 BGB a.F.). Hingegen galten das uneheliche Kind und sein Vater trotz des Anerkenntnisses nicht als verwandt (§ 1589 Abs. 2 BGB a.F.).

Daneben hatte das Jugendamt die Befugnis zur **Beglaubigung der Erklärung über die Einbenennung** (§ 1706 Abs. 2 Satz 2 a.F. BGB). Eine Zuständigkeit zur Aufnahme **vollstreckbarer Unterhaltsverpflichtungen** bestand reichsrechtlich nicht. Sie konnte auf Grund der Ermächtigung in § 801 ZPO **nur landesrechtlich** geschaffen werden, wovon einige Länder, so Preußen und Sachsen, nicht aber z.B. Bayern, in der Folge Gebrauch gemacht haben. Was dagegen die neu geschaffene Urkundszuständigkeit von Anfang an kennzeichnete – und bis zur Reform von

1990 gekennzeichnet hat –, war ihre **Ausübung durch dazu eigens vom** *Landesjugendamt ermächtigte Beamte des Jugendamts*. Diese besondere Qualifizierung erschien damals als eine gesetzgeberische Konsequenz der Amtsvormundschaft des Jugendamts, die gleichzeitig ins Leben trat und die es verbot, die gesetzliche Vertretung des Amtsmündels und die Beurkundungszuständigkeit mit der für diese gebotenen Neutralität bei „dem" Jugendamt als solchem zu vereinigen. Denn schon damals gab es den mit der Ausübung der vormundschaftlichen Obliegenheiten betrauten Amtsvormund. Diesem sollte ein Beamter seines Jugendamts selbstständig gegenüberstehen, dem die Beurkundungsbefugnis verliehen worden war, und zwar durch rechtsförmlichen Akt der übergeordneten Stelle, nicht durch einfache innerdienstliche Organisationsmaßnahme.

Beurkundete Anerkennungen der Vaterschaft aus damaliger Zeit blieben mit dem vorerwähnten Wirkungsgrad bis 1970 in Kraft. Diese Rechtslage änderte das Gesetz über die rechtliche Stellung der nichtehelichen Kinder vom 19. August 1969 (NEG; BGBl. I 1243). Seit dem Inkrafttreten dieses Gesetzes am 1. Juli 1970 ist ein Mann, der seine Vaterschaft anerkannt hat, auch rechtlich als Vater des nichtehelichen Kindes anzusehen (§ 1600a Abs. 1 Satz 1 BGB). Das gilt auch für Vaterschaftsanerkenntnisse, die vor dem 1. Juli 1970 in einer öffentlichen Urkunde erklärt worden sind (Art. 12 § 3 Abs. 1 Satz 1 NEG). Damit wurden die Vaterschaftsanerkenntnisse alten Rechts, die nur für die Unterhaltspflicht des Mannes eine Bedeutung hatten, kraft Gesetzes umgewandelt in Vaterschaftsanerkennungen neuen Rechts, die eine Verwandtschaft des Mannes und des nichtehelichen Kindes mit Wirkung für und gegen alle feststellen.

12 2. Die bundesrechtliche **Novellierung des Jugendwohlfahrtsrechts von 1961** übernahm die Zuständigkeit zur **Aufnahme vollstreckbarer Urkunden** in das Bundesrecht (§ 49 JWG 1961). Im Zuge der Neuregelung des Nichtehelichenrechts wurde das **Änderungs- und Ergänzungsgesetz** vom **27. Juni 1970** (BGBl. I 920) erforderlich. Es passte die bisherigen Beurkundungs- und Beglaubigungszuständigkeiten, namentlich in der Anerkennung der Vaterschaft, dem neuen Statusrecht des nichtehelichen Kindes an. Gleichzeitig erweiterte es aber die Möglichkeit, vollstreckbare Unterhaltsverpflichtungen zu beurkunden, auf alle Kinder, also auch die ehelichen, sowie auf die Ansprüche der nichtehelichen Mutter gegen den Erzeuger. Schließlich bereinigte es eine alte Streitfrage, indem es die Urkundszuständigkeit einem jeden Jugendamt unabhängig von seiner sonst gegebenen örtlichen Zuständigkeit beilegte. Der **Katalog der Urkundsbefugnisse**, und eine äußerlich davon getrennte Regelung, Unterhalts- und unterhaltsähnliche Verpflichtungen durch Unterwerfung unter die sofortige Zwangsvollstreckung titulierbar zu machen, erhielt **im Kern seine heutige Gestalt**. Er ist während der Geltung des JWG 1961 nur noch in Randfragen erweitert worden. So zunächst durch das **Adoptionsgesetz von 1976** in einigen Punkten, nämlich Beurkundungsbefugnisse für Erklärungen nach § 1746 Abs. 2 und § 1747 Abs. 2 Satz 3 BGB; ferner durch das UÄG von 1986 mit der Möglichkeit der Zustellung vollstreckbarer Zahlungs-, insbesondere Unterhaltsverpflichtungen an den Schuldner durch Aushändigung im Jugendamt. Eine versteckte Erweiterung hatte im Übrigen das Nichtehelichengesetz vom 19. August 1969 auf dem Wege der gleichzeitigen Novellierung des Personenstandsgesetzes gebracht; es schuf in § 29b a.F. – nunmehr § 44 Abs. 2 – PStG das Institut der Anerkennung der Mutterschaft und bestimmte in Abs. 3 dieser Vorschrift, dass für deren Beurkundung einschließlich der etwa erforderlichen Zustimmung des gesetzlichen Vertreters der Mutter diejenigen Stellen zuständig seien, vor denen die Anerkennung der Vaterschaft erklärt werden kann.

3. Das Kinder- und Jugendhilfegesetz **(KJHG) von 1990**, als VIII. Buch des SGB in Kraft seit 1. Januar 1991, hat das JWG von 1961 abgelöst und auch das bestehende Urkundswesen im Jugendamt formal **dem System des Sozialgesetzbuchs eingefügt**. Der Katalog der Beurkundungsermächtigung blieb im jetzigen § 59 weitgehend erhalten. Neu aufgenommen wurde unter Nr. 1 die Zuständigkeit zur Beurkundung einer Einwilligung der Mutter in die wirksame Anerkennung der Vaterschaft, welche die Mutter fallweise aus einem (ausländischen) Heimatrecht des Kindes abzugeben hat. Damit wurde einer sich aus Art. 23 EGBGB ergebenden Notwendigkeit Rechnung getragen. Zuvor war diese Zuständigkeit zweifelhaft, vom OLG Stuttgart (15.11.1989 – 8 W 363/89 StAZ 1990, 50) bejaht, im Gutachten des Deutschen Instituts für Vormundschaftswesen in DAVorm 1990, 441 verneint worden. 13

Dass die Anerkennung der Mutterschaft im Katalog unter Nr. 2 ausdrücklich aufgenommen wurde, dient lediglich der Klarstellung. Neu ist seither, dass das SGB VIII im Katalog des § 59 den **Begriff „Kind"** nicht mehr einheitlich verwendet: Nr. 1 (Zustimmung zur Vaterschaftsanerkennung) nimmt durch die Koppelung mit dem „Jugendlichen" auf die Legaldefinition des § 7 Abs. 1 Nr. 1, 2 Bezug; Nr. 5 und 7 auf diejenige des § 7 Abs. 3; Nr. 6 auf diejenige in § 7 Abs. 4. Im Ergebnis ist damit jedoch, abweichend von dem nur generationsmäßig verstandenen „Kind"-Begriff des BGB in den Beurkundungsmaterien der § 1746 Abs. 2, § 1747 Abs. 2 Satz 3 jetzt durchgehend auf das *minderjährige* Kind, sonst auf den generationsmäßigen Begriff „Abkömmling" (in § 59 Abs. 1 Satz 1 Nr. 3 SGB VIII) abgestellt.

4. Wichtige Neuerungen hat die **KJHG-Novelle vom 16. Februar 1993** (BGBl. I 239) gebracht. § 59 Abs. 1 Satz 1 Nr. 3 des Gesetzes in seiner seitherigen Fassung stellt den Rechtszustand wieder her, wie er unter dem JWG 1961 bis zum KJHG bestanden hatte, von diesem aber zunächst abgeschafft worden war: dass der Unterhalt des minderjährigen Kindes auch mit Wirkung in die Volljährigkeit beurkundet werden konnte – und jetzt wieder kann –, sofern der Urkundsakt noch während der Minderjährigkeit vorgenommen wird. Die nunmehrige Neuerung geht sogar noch einen Schritt weiter, indem sie auch die Verpflichtung auf einen Unterhalt für junge Volljährige der Beurkundung im Jugendamt öffnet. 14

Durch das **Kindschaftsrechtsreformgesetz** (BGBl. 1997 I 2942) wurde ab dem **1. Juli 1998** die Vorschrift des § 59 Abs. 1 Satz 1 SGB VIII in mehreren Punkten geändert: Durch Neufassung der Nr. 1 wurde den Änderungen des Abstammungsrechts Rechnung getragen (insbesondere der Zustimmungsbefugnis der Mutter sowie der „qualifizierten" bzw. „scheidungsakzessorischen" Vaterschaftsanerkennung nach § 1599 Abs. 2 BGB). In Nr. 7 wurde anstelle der entfallenen Verzichtser- 15 klärung des Vaters auf die Ehelicherklärung bzw. auf die Adoption seines leiblichen Kindes die Beurkundung des Verzichts auf die Übertragung der Sorge vorgesehen. In Nr. 8 wurde die Zuständigkeit für die Beurkundung von Sorgeerklärungen nach § 1626a Abs. 1 Nr. 1 BGB geregelt. Eine weitere zeitgleiche Änderung beruht auf dem Kindesunterhaltsgesetz (BGBl. 1998 I 666). In Nr. 9 wurde das Jugendamt befugt, eine Erklärung des im vereinfachten Verfahren auf Unterhalt in Anspruch genommenen Elternteils nach § 648 a.F. ZPO – nunmehr § 252 Abs. 2 Satz 2 FamFG – aufzunehmen. Aufgehoben wurde demgegenüber die früher in Nr. 5 enthaltene Bestimmung über die Beglaubigung der Erklärungen zum Familiennamen und zur Einbenennung des nichtehelichen Kindes.

16 Durch das „Gesetz zur Regelung von Rechtsfragen auf dem Gebiet der internationalen Adoption und zur Weiterentwicklung des Adoptionsvermittlungsrechts" vom 5. November 2001 (BGBl. I 2960) wurde die Zuständigkeit der Urkundsperson erweitert: Nach dem durch Art. 4 Abs. 6 des Gesetzes eingefügten § **59** Abs. 1 Satz 1 Nr. 5 **SGB VIII** kann die Urkundsperson die **Bereiterklärung der Adoptionsbewerber** zur Annahme eines ihnen zur **internationalen Adoption** vorgeschlagenen Kindes zur Niederschrift aufnehmen. Rechtsgrundlage für diese Erklärung ist § 7 Abs. 1 des Adoptionsübereinkommens-Ausführungsgesetzes.

17 Mit dem **Kinderrechteverbesserungsgesetz** vom 9. April 2002 (BGBl. I 1239) hat der Gesetzgeber zum einen das Abstammungsrecht ergänzt: Der neu eingefügte § 1600 Abs. 2 BGB schließt, wenn das Kind mit Einwilligung des Mannes und der Mutter durch künstliche Befruchtung mittels Samenspende eines Dritten gezeugt wurde, die Anfechtung der Vaterschaft durch den Mann oder die Mutter aus. Weiterhin wurde durch eine Ergänzung des § 1596 Abs. 1 Satz 4 BGB die Zustimmung der geschäftsunfähigen Mutter zur Vaterschaftsanerkennung ermöglicht. Durch Änderung des § 59 Abs. 1 Satz 1 Nr. 1 SGB VIII wurde auch die Beurkundung des Widerrufs der Vaterschaftsanerkennung durch die Urkundsperson im Jugendamt zugelassen. Schließlich wurde auch ein gesetzgeberisches Versehen der Kindschaftsrechtsreform korrigiert: Der Urkundsperson beim Jugendamt wurde in § 59 Abs. 1 Satz 1 Nr. 8 SGB VIII ausdrücklich die Befugnis zur Beurkundung der Zustimmung des gesetzlichen Vertreters zu einer Sorgeerklärung zugewiesen.

18 Im Zuge der erleichterten **Vollstreckbarkeit von Unterhaltstiteln im EU-Ausland** wurden der Urkundsperson verschiedene Zuständigkeiten zugewiesen:

- die Erteilung von **Bescheinigungen nach der EG-Verordnung Nr. 44/2001** vom 22. Dezember 2000 (www.bundesanzeiger-verlag.de/beurkundungen, I Nr. 2). Ihre volle Bezeichnung lautet: „Verordnung des Rates über die gerichtliche Zuständigkeit und die Anerkennung und Vollstreckung von Entscheidungen in Zivil- und Handelssachen". Geläufige Kurznamen sind: EuGVVO, EuGVO oder **Brüssel I-Verordnung**. In Art. 57 EuGVO ist die Vollstreckbarerklärung inländischer öffentlicher Urkunden für die Verwendung im Ausland geregelt. Das gilt nach Abs. 2 der Vorschrift auch für jugendamtliche Urkunden. Nach Art. 57 Abs. 4 EuGVO ist dem Antragsteller eine „Bescheinigung unter Verwendung des Formblattes in Anhang 6 dieser Verordnung" auszustellen (hierzu näher Rn. 626).

Die Europäische Union hat am 12. Dezember 2012 die **Verordnung (EU) Nr. 1215/2012** über die gerichtliche Zuständigkeit und die Anerkennung und Vollstreckung von Entscheidungen in Zivil- und Handelssachen (**Brüssel-Ia-Verordnung**) verabschiedet. (www.bundesanzeiger-verlag.de/beurkundungen, I Nr. 3). Die Verordnung findet ab dem 10. Januar 2015 in 27 EU-Mitgliedstaaten sowie mittelbar auch im Verhältnis zu Dänemark Anwendung. Sie **ersetzt die Verordnung (EG) Nr. 44/2001** des Rates über die gerichtliche Zuständigkeit und die Anerkennung und Vollstreckung von Entscheidungen in Zivil- und Handelssachen Dadurch entfällt insbesondere das Vollstreckbarerklärungsverfahren, das bislang der Vollstreckung ausländischer Titel vorgeschaltet ist. Die Neuregelung gilt in der Bundesrepublik Deutschland unmittelbar, bedarf jedoch einiger ergänzender Durchführungsvorschriften.

- die **Bestätigung** für vor ihr errichtete Urkunden nach der seit **21. Oktober 2005** geltenden EG-Verordnung Nr. 805/2004 über einen **Europäischen Vollstreckungstitel** für unbestrittene Forderungen (www.bundesanzeiger-verlag.de/beurkundungen, I Nr. 4); vgl. hierzu **§§ 1079 bis 1081 ZPO** i.d.F. des Gesetzes vom 18. August 2005, BGBl I 2477 (nähere Einzelheiten in Rn. 627 ff.),

- die ebenfalls mit Gesetz vom 18. August 2005, BGBl I. 2477 eingeführte **Bezifferung dynamischer Unterhaltstitel** nach zunächst 790 a.F. ZPO, seit 1. September 2009: **§ 245 FamFG**. Diese obliegt für vor ihr errichtete Urkunden ebenfalls der Urkundsperson (§ 60 Satz 3 Nr. 1 SGB VIII). Im einzelnen wird hierzu auf Rn. 648 ff. verwiesen.

- die Erteilung von Auszügen aus Urkunden **nach der seit 18. Juni 2011 geltenden** EG-Unterhaltsverordnung – **EuUnterhVO** (Langbezeichnung: VO (EG) Nr. **4/2009** des Rats vom 18. Dezember 2008 über die Zuständigkeit, das anwendbare Recht und die Anerkennung und Vollstreckung von Entscheidungen und die Zusammenarbeit in Unterhaltssachen; www.bundesanzeiger-verlag.de/beurkundungen, Nr. I 5. Art. 48 Abs. 3 EuUnterhVO schreibt vor: „Die **zuständige Behörde** des Ursprungsmitgliedstaats erstellt auf Antrag jeder betroffenen Partei einen **Auszug** des gerichtlichen Vergleichs oder der öffentlichen Urkunde unter Verwendung, je nach Fall, der in den Anhängen I und II oder in den Anhängen III und IV vorgesehenen Formblätter".

Mit der Ergänzung des **§ 59** Abs. 1 **Satz 1** Nr. 3 **und 4 SGB VIII** durch das Gesetz zur Änderung des Unterhaltsvorschussgesetzes und anderer Gesetze – „Unterhaltsvorschussentbürokratisierungsgesetz" – vom 3. Mai 2013, BGBl I 1108 mit Wirkung vom 1. Juli 2013 wurden in den Gesetzeswortlaut jeweils die Worte **„oder seines gesetzlichen Rechtsnachfolgers"** bzw. „auch des gesetzlichen Rechtsnachfolgers" angefügt: Damit sollte der Schwierigkeit abgeholfen werden, dass zur Beurkundung ihrer Unterhaltsverpflichtung bereite Schuldner nach herkömmlichem Verständnis der Vorschrift nur die Rückstände gegenüber dem Kind

19

selbst urkundlich anerkennen konnten. Wegen zwischenzeitlich infolge von Sozialleistungen für das Kind gesetzlich (z.B. nach § 7 Abs. 1 UVG, § 33 Abs. 1 SGB II) übergegangenen Forderungen konnte ein außergerichtlicher Titel nur vor dem Notar geschaffen werden. Dies bedeutete nicht nur im Hinblick auf die Kosten ein zusätzliches Hemmnis für die Rechtsdurchsetzung zugunsten der öffentlichen Hand (näher hierzu Rn. 381 ff.).

III. Der organisatorische Rahmen: Erteilung der Urkundsermächtigung und die Stellung der Urkundsperson

1. Rechtsgrundlagen

20 a) In all seinen Phasen hatte das (R)JWG daran festgehalten, dass die Ermächtigung dem übergeordneten **Landesjugendamt** vorbehalten sei. Nachdem erstmals das Zuständigkeits-Lockerungsgesetz vom 10. März 1975 (BGBl. I 685) den Ländern die Möglichkeit eröffnete, die Beurkundungsermächtigung auch anderen Behörden zu übertragen, hatte das Landesrecht im steigenden Maße hiervon Gebrauch gemacht und jene **Befugnis auf die Jugendämter** delegiert. Die Regelzuständigkeit des Landesjugendamts war also bereits weitgehend durchlöchert; Bayern allerdings hatte sich darauf beschränkt, an die Stelle des Landesjugendamts die Bezirksregierung treten zu lassen. Nunmehr hat der Bundesgesetzgeber in § 59 SGB VIII generell, und entgegen den von verschiedener Seite erhobenen grundsätzlichen Bedenken (statt vieler: *Brüggemann*, FamRZ 1986, 1064), die Ermächtigung zur Beurkundung zu einer hauseigenen Ermächtigung der Jugendämter herabgestuft. Diese erteilt an seine eigenen Bediensteten – Beamte und Angestellte – jedes Jugendamt selbst.

21 Dafür ist die Bestellung jetzt **Pflichtaufgabe** des Jugendamts (§ 59 Abs. 3 Satz 1 SGB VIII). Sie wird vom Leiter der Trägerkörperschaft oder in seinem Auftrag vom Leiter der Verwaltung des Jugendamts (§ 70 Abs. 2 SGB VIII) ausgesprochen. In Berlin erteilt sie das für den Bereich Jugend zuständige Mitglied des Bezirksamtes (Nr. 3 der Ausführungsvorschriften für die Tätigkeit der Urkundspersonen des Jugendamtes – Beurkundungsvorschriften (AV Beurk) – vom 10.11.2016; www.bundesanzeiger-verlag.de/beurkundungen, II Nr. 4).

Der Jugendhilfeausschuss des Jugendamts (§ 70 Abs. 1 SGB VIII) ist hiermit nicht befasst; es handelt sich um eine *Angelegenheit der laufenden Verwaltung* (vgl. DIV-Gutachten in DAVorm 1994, 624 und 1995, 221).

Wo es in kleineren Jugendämtern an geeigneten Fachkräften für die Urkundstätigkeit fehlt, können mehrere Jugendämter auch eine gemeinsame Urkundsperson bestellen (§ 69 Abs. 4 SGB VIII).

22 b) Die KJHG-Novelle von 1993 (oben Rn. 14) hat eine Unebenheit beseitigt, die das Gesetz im Jahre 1991 geschaffen hatte. § 59 Abs. 1 SGB VIII hatte in der damaligen Fassung die **Qualifikation für die Urkundstätigkeit** im Jugendamt dahin bestimmt, dass die Befähigung zum höheren oder gehobenen Verwaltungsdienst

A.III. Erteilung der Urkundsermächtigung und die Stellung der Urkundsperson

Voraussetzung sei. Das hatte in Ermangelung einer eindeutigen Übergangsregelung schon in den alten Bundesländern zu Verunsicherung geführt, ob daraufhin das Urkundspersonal nicht ausgewechselt werden müsse; in den neuen Bundesländern waren die so bestimmten Erfordernisse zunächst ohnehin nicht zu erfüllen. Nunmehr verfügt § 59 Abs. 3 Satz 2 SGB VIII: „Die Länder können Näheres hinsichtlich der fachlichen Anforderungen an diese Personen regeln". Die Bestimmung gibt nach ihrer Fassung den Ländern einen weiten Spielraum: nicht nur, ob sie das Anforderungsprofil überhaupt zentral regeln wollen und, wenn ja, ob dies durch Rechtsnorm oder durch Verwaltungsanweisung geschehen soll.

Gesetzlich geregelt wurde die Frage erstmals im *Saarland* (§ 37 AGKJHG vom 9. Juli 1993 – Amtsbl. 807 –: Befähigung zum gehobenen Sozial- oder Verwaltungsdienst, oder Angestellte mit vergleichbarer Befähigung). *Bayern* hat in Art. 58 AGSG – Gesetz zur Ausführung der Sozialgesetze vom 8. Dezember 2006, GVBl. 943 – die Staatsregierung ermächtigt, die an die Urkundspersonen zu stellenden Anforderungen durch Rechtsverordnung zu regeln. Eine solche ist bisher nicht ergangen; durch Rundschreiben der Obersten Landesjugendbehörde ist angeordnet, dass die bisherigen Urkundsbeamten, sofern sie dem mittleren Dienst angehören, ihre Tätigkeit weiter ausüben dürfen, und dass im Übrigen das Ermessen der Kommunen entscheide. *Hamburg* hat im § 21 des Ausführungsgesetzes zum SGB VIII vom 25. Juni 1997 (GVBl. 273) abgestellt auf a) die Befähigung zum höheren oder gehobenen Verwaltungsdienst, und, alternativ, b) auf die Befähigung zum gehobenen Sozialdienst oder die Eingruppierung als staatlich anerkannter Sozialpädagoge/in bzw. Sozialarbeiter/in oder dieser Stufe entsprechende[r] Angestellte. In *Berlin* wurde durch Nr. 2 der Ausführungsvorschriften für die Tätigkeit der Urkundspersonen des Jugendamtes – Beurkundungsvorschriften (AV Beurk) vom 10.11.2016 (BildWissForsch III B 43; www.bundesanzeiger-verlag.de/beurkundungen, II Nr. 4) bestimmt: „Zur Urkundsperson soll nur bestellt werden, wer an Qualifizierungsmaßnahmen des Landes oder anerkannter Bildungsträger zum Beurkundungsrecht teilgenommen hat, über ausreichende Fachpraxis im Bereich Vormundschaften/Beistandschaften verfügt und im Übrigen persönlich und fachlich geeignet ist. Als geeignet werden Beamte und Angestellte angesehen, die nach ihrer Persönlichkeit, beruflichen Kenntnissen und Erfahrungen die Gewähr für eine ordnungsgemäße Beurkundung bieten."

23

Noch immer gültig sind die in *Mecklenburg-Vorpommern* herausgegebenen vorläufigen Empfehlungen: erfolgreicher Abschluss des 1. und – demnächst – des 2. Angestelltenlehrgangs; oder abgeschlossene Ausbildung als Sozialarbeiter einschließlich eines in der DDR erlangten Befähigungsnachweises (für bisher langjährig tätig gewesene Urkundspersonen genügt die absolvierte 1. Angestelltenprüfung und regelmäßige Teilnahme an Fortbildungsmaßnahmen des Landes).

24

Ein in *Sachsen-Anhalt* ursprünglich geltender Erlass des Sozialministeriums vom 31. Mai 1991 (MBl. 158), nach dem die widerruflich erteilte Ermächtigung den Mitarbeiter des Jugendamtes „zum Erwerb der Qualifikation des höheren oder gehobenen Verwaltungsdienstes" verpflichtete, ist zum 1. April 2000 ersatzlos außer Kraft getreten.

25 Die übrigen Länder haben landeseinheitliche Regelungen nicht oder noch nicht geschaffen. In *Sachsen* finden sich die Ausführungsregelungen zum SGB VIII im Landesjugendhilfegesetz (LJHG) in der Fassung der Bekanntmachung vom 4. September 2008 (SächsGVBl. Nr. 14, 578). Dieses enthält nach wie vor keine Bestimmungen zur Ausführung von § 59 Abs. 3 Satz 2 SGB VIII.

Das Land *Thüringen* verweist auf Ziff. 4 der vom Landesjugendamt verabschiedeten „Arbeitsorientierungen zu den Aufgabenbereichen: Beistandschaften, Amtsvormundschaften, Amtspflegschaften und Unterhaltsvorschuss (Stand 1. Januar 2003), wo ausgeführt ist: „Bei einem durch das Jugendamt zur Beurkundung ermächtigten Bediensteten wird vorausgesetzt, dass er neben den persönlichen Eigenschaften wie besondere Gewissenhaftigkeit und Zuverlässigkeit eine Berufserfahrung im öffentlichen Dienst von mindestens einem Jahr und die zur Beurkundung notwendigen rechtlichen und formellen Kenntnisse durch den Besuch von Fortbildungsveranstaltungen erworben hat." In *Brandenburg* hat das Landesjugendamt in 1996 „Hinweise zu Aufgabenstrukturen und Verfahrensweisen auf dem Gebiet des Vormundschaftswesens" gegeben, in denen einige grundlegende (Qualitäts-)Anforderungen dargelegt sind.

Erwähnung verdient, dass in einzelnen der Länderkonkretisierungen (Hamburg, Berlin, Mecklenburg-Vorpommern) die Notwendigkeit einer Kenntnis nicht nur des Beurkundungs-, sondern auch des Familien-, teilweise – Hamburg – sogar des Internationalen Privatrechts betont wird.

26 Durch Art. 5 der KJHG-Novelle (Rn. 14) ist bundesgesetzlich **übergangsweise** bestimmt, dass **Beurkundungen aus der Zwischenzeit** bis zu ihrem In-Kraft-Treten – 1. April 1993 – nicht deshalb unwirksam sein sollen, weil der Urkundsperson die Befähigung zum höheren oder gehobenen Verwaltungsdienst fehlte.

27 c) Ob der oder die ermächtigte Beamte bzw. Beamtin oder Angestellte ein **solcher des Jugendamts** sein muss, ist aus § 59 Abs. 1 SGB VIII allein nicht eindeutig zu beantworten. Der Wortlaut scheint das nicht zu fordern; es erschiene nicht unzweckmäßig, etwa den Leiter oder die Leiterin des Rechtsamts oder dort eine – rechtskundige – Fachkraft mit der Urkundsfunktion zu betrauen Indessen spricht § 60 SGB VIII wiederum von den Verpflichtungsurkunden, die von einem Beamten oder Angestellten „des Jugendamts" innerhalb der Grenzen seiner Amtsbefugnisse aufgenommen worden sind. Das dürfte zu dem Schluss zwingen, dass auch im Gesamtbereich des § 59 SGB VIII **nur Beamte oder Angestellte, die dem Jugendamt angehören,** ermächtigt werden können. Eine Aufspaltung der Bestellung für Urkundstätigkeit ohne Verpflichtungserklärungen und solche mit dem Einschluss von Verpflichtungserklärungen kann nicht der Sinn des Gesetzes gewesen sein.

In einem der zunehmend eingerichteten **"Bürgerservicebüros"** von Landratsämtern und Stadtverwaltungen können deshalb wirksame Beurkundungen nur vorgenommen werden, wenn die Urkundsperson organisatorisch dem Jugendamt zugeordnet bleibt.

2. Eigenständige Stellung der Urkundsperson und Weisungsfreiheit

Jedenfalls bleibt festzuhalten: **Inhaber der Urkundsbefugnis** ist, ungeachtet der Erteilung der Ermächtigung, **nicht das Jugendamt selbst.** Insoweit besteht ein Gegensatz zur Urkundszuständigkeit „des Amtsgerichts"; man vergleiche die Eingangsformeln in § 59 SGB VIII einerseits und in § 67 BeurkG andererseits. Nicht „das Jugendamt" beurkundet durch seinen „damit betrauten" Beamten oder Angestellten, wie es der Entwurf des SGB VIII (BT-Drs. 9/5948, 93) nach dem Vorbild der Amtsvormundschaft/ Amtspflegschaft vorgesehen hatte, sondern der zur Beurkundung Ermächtigte *im* Jugendamt. Darin ist die Bundesregierung im Gesetzgebungsverfahren den dezidierten Gegenvorstellungen des Bundesrats gefolgt. Insofern jedenfalls ist das Prinzip einer Eigenständigkeit der Beurkundung ebenso gewahrt wie die oben (Rn. 11) angesprochene Unvereinbarkeit von substantieller Trägerschaft der Amtsvormundschaft/Amtsbeistandschaft – die beim Jugendamt liegt – und der substantiellen Innehabung der Beurkundungsbefugnis, die überwiegend den Angelegenheiten „nichtehelicher" Kinder dient.

28

Damit wird der ermächtigte Beamte/Angestellte die alleinige organschaftliche Verkörperung der Urkundstätigkeit im Jugendamt. Im Wesen seines Amtes liegt es, dass er **weisungsfrei** ist hinsichtlich seiner Entschließung, ob eine Beurkundung vorgenommen oder abgelehnt werden soll, und mit welchem Inhalt und Wortlaut sie ggf. aufzunehmen ist. Es ist eine vergleichbare Weisungsfreiheit, wie sie der **Rechtspfleger beim Amtsgericht** genießt, dem die Urkundsgeschäfte im Rahmen der Geschäftsverteilung übertragen worden sind (§ 3 Nr. 1 Buchst. f; § 9 RPflG). Auch hat die Urkundsperson im Jugendamt die volle Urkundsbefugnis im Funktionskreis des § 59 SGB VIII. Sie gründet sich auf das Gesetz und ist daher **nicht mit Außenwirkung einschränkbar.**

29

Auf die Person des Urkundsorgans sind die Gründe für den **Ausschluss von der Urkundstätigkeit in §§ 6, 7 BeurkG** (unten Rn. 51) abgestellt. Auch die Notwendigkeit der Beiziehung einer zweiten Urkundsperson, wie sonst beim Notar (oben Rn. 4), ist eine person-bezogene.

Zwar führt die Urkundsperson kein eigenes, auf die personale Funktion bezogenes **Siegel** wie der Notar, der Gerichtsvollzieher, der Standesbeamte, sondern das ihres Jugendamts. Doch mag das hingenommen werden, obwohl eine andere (vom Gesetz weder untersagte noch gebotene) Handhabung systemgerechter wäre. Die **dienstrechtliche Stellung der Urkundsperson** im Jugendamt wird durch ihre Eigenständigkeit in der sachlichen Erledigung der einzelnen Urkundsakte im Übrigen nicht berührt. Ihre **Bestellung** sollte durch einen formalisierten Akt, mindestens aber durch den Geschäftsplan der Behörde bewirkt werden, um die Außenwirksamkeit der vorgenommenen Urkundsakte beweiskräftig sicherzustellen. Abgesehen hiervon steht die Bestellung, die erforderte Qualifikation vorausgesetzt, und auch ihre Rücknahme, in der freien Entscheidung des hierzu Berufenen (oben Rn. 21); doch wird eine von der Verwaltungsspitze der Trägerkörperschaft ausgesprochene Bestellung nicht einseitig vom Leiter des Jugendamts zurückgenommen werden dürfen.

3. Besondere Amtspflichten (Unparteilichkeit, Ablehnungsgründe für Amtstätigkeit, Datenschutz)

31 a) Der juristische Rang der Urkundstätigkeit beruft die hierzu Ermächtigten in eine **herausragende Verantwortung**. Sie beurkunden auf der gleichen Ebene wie der Notar: eine Person „öffentlichen Glaubens" (§ 415 ZPO, unten Rn. 66). Was sie erstellen, sind öffentliche Urkunden i.S. der §§ 415, 418 ZPO mit der diesen zukommenden erhöhten Beweiskraft vor Gericht und im außergerichtlichen Rechtsverkehr. Ihrer Sicherung dient die Strafvorschrift gegen Falschbeurkundung im Amt (§ 348 StGB): Ein aufgenommenes Protokoll über Erklärungen der Beteiligten darf nicht in der geringsten Einzelheit abweichen von dem, was die Urkundsperson mit ihrer Unterschrift als im Hergang so, wie protokolliert, geschehen bestätigt. Vor allem ist sie allen am Urkundsakt Beteiligten zur **strikten Neutralität** verpflichtet. Das sind nicht nur diejenigen, welche Erklärungen zu Protokoll geben, sondern auch die, welche es nach dem Inhalt des Urkundsakts unmittelbar „betrifft". Eben dieser Neutralität dient ihre Freiheit von fachlichen Weisungen: Den Beteiligten, und nur ihnen allen gleichmäßig, hat sie die sachgemäße Wahrnehmung ihres Urkundsamts zu verantworten. Wirksamster Ausdruck dieser Pflicht zur Unparteilichkeit ist die **unparteiliche Belehrung**, die sie den Beteiligten schuldet (§ 17 Abs. 1 und 2 BeurkG).

32 Am wenigsten wäre sie der verlängerte Arm des Amtsvormunds (Amtsbeistands) ihres eigenen oder eines fremden Jugendamts, wenn dieser um Aufnahme einer Vaterschaftsanerkennung oder einer Unterhaltsverpflichtung zugunsten des Kindes ersucht. Es ist nicht ihre Aufgabe, vorrangig die Interessen betroffener Kinder im Blick zu behalten und zu wahren. Diese amtsbezogene Neutralität mag vor allem für Urkundspersonen, die zuvor oder neben dieser Tätigkeit die Aufgaben des Vormunds/Beistands im Jugendamt wahrzunehmen hatten bzw. haben, mental eingewöhnungsbedürftig sein. Sie ist aber ein **fundamentaler Teil des notwendigen Amtsverständnisses**. Die Urkundspersonen beim Jugendamt müssen sich bewusst sein, dass ihre Tätigkeit von außen – namentlich aus notarieller Sicht – unter diesem Blickwinkel zuweilen besonders kritisch betrachtet wird: Grziwotz/Heinemann/*Heinemann* § 62 BeurkG Rn. 18, hält es für problematisch, dass „die Urkundsperson als Beamter bzw. Angestellter des Jugendamts auch in dessen Interesse tätig wird, somit die erforderliche Unabhängigkeit und Neutralität gegenüber den Beteiligten nicht gewährleistet erscheint" und verweist hierzu auf die Einschätzung des Bundesrats in der frühen BT-Drs. V/3282, 56. Er sieht deshalb „rechtsstaatliche Bedenken, Beurkundung, Titulierung und Zustellung von Unterhaltsansprüchen in die Hände einer Person zu legen, die vornehmlich auf die Kindesinteressen verpflichtet ist."

Die Kenntnis solcher Einwände sollte den Urkundspersonen Ansporn sein, sich den **Anforderungen ihrer amtsbezogenen Neutralität stets bewusst zu sein** und gegenüber allen Beteiligten, vor allem gegenüber Unterhaltsschuldnern, nicht den geringsten Anschein einer möglichen Parteilichkeit zugunsten von Kindesbelangen aufkommen zu lassen.

b) Die Urkundsperson muss sich namentlich vor Augen halten, dass sie (neben wenigen anderen Stellen) **Inhaber eines staatlichen Monopols** ist, öffentliche Urkunden in der vom Gesetz geforderten Form beweiskräftig zu errichten. In dieser Monopolstellung ist sie gehalten, die bei ihr nachgesuchte Beurkundung – im Grundsatz kostenfrei, vgl. unten Rn. 142 – vorzunehmen, wenn und solange sie ihrer Art nach gemäß dem Katalog des § 59 Abs. 1 Satz 1 SGB VIII zulässig ist. Ob die ihr als Grundlage der Beurkundung mitgeteilten Angaben den tatsächlichen Verhältnissen entsprechen oder nicht – der Anerkennungswillige wirklich der Vater ist, der Verpflichtungswillige sein Einkommen zutreffend angibt –, hat sie grundsätzlich nicht zu prüfen, geschweige denn von ihrer Prüfung die Beurkundung abhängig zu machen. Das abschließende Urteil über die Stichhaltigkeit vorgebrachten Tatsachenmaterials hat die Urkundsperson denjenigen Stellen zu überlassen, vor denen von der Urkunde zur Wahrung, Begründung oder Veränderung von Rechten Gebrauch gemacht werden soll, und die ggf. über die Möglichkeit beweiskräftiger Nachprüfung verfügen. Allenfalls hat sie zu belehren über ihre Zweifel und die etwaigen Folgen, falls die der Beurkundung zugrunde gelegten Tatsachen nicht stimmen sollten. **Ablehnen** darf (und muss) sie eine Urkundtätigkeit nur, wenn mit ihr **erkennbar (!) unerlaubte oder unredliche Zwecke verfolgt** werden (§ 1 Abs. 2, § 4 BeurkG) oder aber die ihr angesonnene Beurkundung von vornherein und ersichtlich **unwirksam** bleiben müsste. Das kann auf Gründen des materiellen Rechts beruhen, etwa auf Handlungsdefiziten des Erklärenden (bei geistiger Verwirrung, § 104 Nr. 2 BGB bzw. Volltrunkenheit, § 105 Abs. 2 BGB) oder inhaltlicher Nichtigkeit der gewünschten Erklärung (Anerkennung der Vaterschaft unter einer Bedingung, § 1594 Abs. 3 BGB). Zu weiteren Beispielen s. Rn. 164 f., 168e, 169, 171, 181, 294, 449, 451, 491, 511, 625.

33

Dasselbe gilt, wenn ein Schuldner die Aufnahme einer **Unterhaltsverpflichtung** mit **Einschränkungen oder Bedingungen** wünscht, die offensichtlich zur **Unbestimmtheit** und damit Unwirksamkeit der Erklärung nach dem Maßstab des § 794 Abs. 1 Nr. 5 ZPO führen würden (näher hierzu DIJuF/*Knittel/Birnstengel*, „Unterhaltsrecht – Bestimmtheit und Vollstreckbarkeit von Unterhaltstiteln", Themengutachten TG-1173, Erstveröffentlichung in www.kijup-online.de = www.bundesanzeiger-verlag.de/beurkundungen III.Nr.1).

34

Als in der Praxis vorgekommene **Beispiele solcher verfehlter Beurkundungsverlangen** seien genannt: „Während einer Arbeitslosigkeit oder einer anderweitigen Erwerbslosigkeit meiner Person in der oben genannten Zeit ist die hier beurkundete Zahlungsverpflichtung automatisch ausgesetzt" oder „Für den Fall einer Veränderung der Lebens- oder Betreuungssituation oder des Vermögens oder des Einkommens des Kindes, der Kindsmutter oder meiner Person oder eine sonstige

Veränderung die eine Verringerung der Unterhaltshöhe über eine Zeitdauer von mehr als drei Monaten begründet, erlischt diese Urkunde automatisch mit sofortiger Wirkung" (eingehend hierzu unten Rn 446 ff).

35 Ein Ablehnungsrecht kann auch dann bestehen, wenn der Schuldner eine **Unterhaltsverpflichtung** *im Wege der Ersetzung eines bestehenden Titels* beurkunden will, **mit deren Höhe die Gläubigerseite** *offenkundig* **nicht einverstanden** ist. Dies kann sich für die Urkundsperson aus freimütigen Angaben des Beurkundungswilligen hierzu ergeben oder aus vorangegangenem Schriftwechsel, den er zum Termin mitbringt.

Denn der Schuldner kann durch eine Beurkundung seine bereits titulierte Unterhaltspflicht **nicht einseitig** auf einen geringeren Betrag festlegen. Eine eigenmächtig vorgenommene Ersetzungsbeurkundung kann allenfalls dann wirksam werden, wenn die Gläubigerseite den hierdurch geschaffenen neuen Titel ausdrücklich oder stillschweigend akzeptiert, z.B. weil ihr der Schuldner zwischenzeitlich – etwa zeitgleich mit dem Zugang der von ihm bewilligten vollstreckbaren Ausfertigung – Nachweise über seine verminderte Leistungsfähigkeit übermittelt (Näher hierzu unten Rn. 366 ff.). Dass die Zustimmung des Gläubigers freilich nicht zu einem wirksamen Verzicht auf gesetzlich zustehenden Verwandtenunterhalt führen kann, ergibt sich aus § 1614 Abs. 1 BGB.

36 Jedenfalls kann die Urkundsperson die Niederschrift derartiger (Ersetzungs-)Erklärungen zwar nicht von einem bereits vorliegenden **ausdrücklichen Einverständnis des Gläubigers** abhängig machen. Die anscheinend vereinzelt auf Fortbildungsseminaren geäußerte gegenteilige Ansicht überzeugt nicht. Denn es nicht ausgeschlossen, dass dieser nachträglich den vom Schuldner zunächst ohne Absprache errichteten neuen Titel akzeptiert und der vollstreckbaren Unterhaltsverpflichtung so im Ergebnis zur Wirksamkeit verhilft (vgl. zur Ersetzung eines bestehenden Titels auf diese Weise BGH, 7.12.2016 – XII ZB 422/15, Rn. 13, NZFam 2017, 111 = JAmt 2017, 152: „… bestehen keine durchgreifenden Bedenken gegen die Annahme, dass mit der Entgegennahme und Verwendung der Urkunde durch den Antragsteller zwischen den Beteiligten ein zumindest konkludentes Einvernehmen darüber hergestellt worden ist, die gerichtliche Unterhaltsentscheidung – soweit es die Festsetzung des Elementarunterhalts betrifft – durch die Jugendamtsurkunde zu ersetzen").

Hat aber die Urkundsperson **Kenntnis von der bereits vorweg erklärten Zustimmungsverweigerung** der Gläubigerseite zu dem Vorhaben des Schuldners, muss sie insoweit nicht tätig werden. Denn niemand kann von ihr verlangen, „für den Papierkorb zu arbeiten".

Hingegen kann die Urkundsperson eine **vom Schuldner gewünschte Ersttitulierung** selbst dann nicht ablehnen, wenn ihr bekannt ist, dass die Gläubigerseite mit dem vom Schuldner gewünschten Verpflichtungsbetrag nicht einverstanden ist (Beispiel: Der gesetzliche Vertreter des Kindes fordert Unterhalt auf der Grundlage eines Tabellenbetrages von 120 % des Mindestunterhalts; der anwaltlich beratene Schuldner ist lediglich bereit, 100 % zuzugestehen und möchte einen entsprechenden Urkundstitel errichten). Ein solcher Titel ist nicht von vornherein wirkungslos, selbst wenn der Gläubiger vorab oder später zum Ausdruck bringt, dass er die Höhe des Unterhalts nicht akzeptiert. Die Gläubigerseite ist dann vielmehr auf eine Abänderung gemäß § 239 FamFG verwiesen (Rn. 371). Zur weiteren Vertiefung wird auf die Ausführungen in Rn. 464 ff. Bezug genommen.

37 Dasselbe gilt übrigens, wenn der Schuldner – wie tatsächlich vorgekommen – von der Urkundsperson verlangt, eine zunächst ohne Befristung auf die Minderjährigkeit beurkundete Unterhaltsverpflichtung (vgl. hierzu Rn. 402) in einer späteren Urkunde **auf die demnächst bevorstehende Vollendung des 18. Lebensjahres zu beschränken.** Mit einem derartigen Eingriff in seine Interessen wird der vorab nicht informierte Gläubiger aller Voraussicht nach nicht einverstanden sein, und zwar selbst dann nicht, wenn zur Verbrämung des eigentlichen Erklärungsziels gleichzeitig eine symbolische Erhöhung der Unterhaltsverpflichtung um 1 Euro zugestanden werden soll. Dass der Schuldner mit seinem derart einseitig den Gläubiger benachteiligenden Vorhaben zugleich einen **„erkennbar unredlichen Zweck" im Sinne von § 4 BeurkG** verfolgt, stellt noch einen weiteren Grund zur Ablehnung eines solchen Ansinnens dar.

38 Wünscht der Schuldner nur die Aufnahme einer Unterhaltsverpflichtung **ohne Unterwerfung unter die sofortige Zwangsvollstreckung**, kann das aber nicht abgelehnt werden. Zwar kann aus der beurkundeten Schuldverpflichtung nicht unmittelbar vollstreckt werden (näher hierzu DIJuF/*Knittel/Birnstengel*, „Unterhaltsrecht – Bestimmtheit und Vollstreckbarkeit von Unterhaltstiteln", Themengutachten TG-1173, Erstveröffentlichung in www.kijup-online.de = www.bundesanzeiger-verlag.de/beurkundungen III. Nr. 1 zu Ziff. 9).

Sie ist dann lediglich als Schuldanerkenntnis gem. § 781 ZPO zu werten, auf dessen Grundlage der Gläubiger gerichtliche Festsetzung (sogar im Urkundenverfahren gem. §§ 592 ff. ZPO i.V.m. § 113 Abs. 2 FamFG) beantragen und mit hoher Wahrscheinlichkeit eine Verurteilung des Schuldners erwirken kann. Die Urkundsperson hat deshalb den Schuldner zu belehren, dass er damit den Anspruch des Kindes auf einen Titel nicht erfüllt. Besteht er gleichwohl auf der Aufnahme dieser unzulänglichen aber nicht unwirksamen Urkunde, muss dem entsprochen werden.

Hingegen trifft das Ablehnungsrecht der Urkundsperson wiederum auf Erklärungen zu, die gegen die **Grenzen der Beurkundungsermächtigung** verstoßen würden (z.B. eine gewünschte Vaterschaftsanerkennung „in geheimer Urkunde"; vgl. dazu OLG Hamm, 31.5.1985 – 15 W 197/84, FamRZ 1985, 1078; näher hierzu Rn. 293).

39 Für eine Ablehnung der Niederschrift genügt nicht der Verdacht, dass die **Vaterschaft** zu einem Kind von einem Mann anerkannt werde, der vermutlich **nicht der Erzeuger** des Kindes ist (vgl. eingehend unten Rn. 298 ff.). Eine Urkundsperson darf die Beurkundung einer Vaterschaftsanerkennung nicht allein deshalb ablehnen, weil ihr bekannt ist oder sie aufgrund triftiger Anhaltspunkte vermuten muss, dass das Kind nicht von dem Anerkennungswilligen abstammt (a.A. aber zu Unrecht: Armbrüster/Preuß/Renner/*Renner*, § 4 BeurkG Rn. 25). Denn es ist nicht ihre Aufgabe, die biologische Richtigkeit der mit der Anerkennung und der diesbezüglichen Zustimmung der Mutter bezeugten Abstammung zu überprüfen (vgl. hierzu ausführlich *DIJuF-Rechtsgutachten* 19.6.2000, DAVorm 2000, 467, www.bundes anzeiger-verlag.de/beurkundungen, IV Nr. 1).

40 Der Gesetzgeber hat es bei der Reform des Nichtehelichenrechts im Jahr 1970 ausdrücklich zugelassen – und mit der Übernahme der früheren Regelungskonzeption im KindRG von 1998 insoweit stillschweigend hingenommen –, dass **auch bewusste Scheinvaterschaften beurkundet** werden können. Eine der maßgebenden Überlegungen hierbei dürfte gewesen sein, dass hierdurch ein Kind immerhin die Chance zu einer sozialen Vaterschaft erhält und Missbräuche seinerzeit nicht in breitem Umfang absehbar waren (vgl. DIJuF-Gutachten 19.6.2000, a.a.O.). Daher ist auch die bewusst wahrheitswidrige Anerkennung der Vaterschaft wirksam (BVerfG, 17.12.2013 – 1 BvL 6/10, Rn. 48 und 79, FamRZ 2014, 449 = JAmt 2014, 88; OLG Koblenz, 12.12.2006 – 11 UF 203/06, Rn. 13, FamRZ 2007, 2098; OLG Hamm, 20.11.2007 – 1 Ss 58/07, Rn. 15, NJW 2008, 1240; Palandt/*Brudermüller*, § 1598 BGB Rn. 2; MüKo/*Wellenhofer*, § 1594 BGB Rn. 4 und § 1598 BGB Rn. 28, jeweils m.w.N.). Auch eine Nichtigkeit wegen § 138 BGB, § 134 BGB i.V.m. § 169 StGB oder § 5 Abs. 4 AdVermiG kommt nicht in Betracht (MüKo/*Wellenhofer*, § 1594 BGB Rn. 4 m.w.N.). Im Leitsatz 3 seiner Entscheidung hat das BVerfG (17.12.2013 a.a.O.) vielmehr ausdrücklich erkannt: „Verfassungsrechtliche Elternschaft (Art. 6 Abs. 2 Satz 1 GG) besteht bei einer durch Anerkennung begründeten rechtlichen Vaterschaft auch dann, wenn der Anerkennende weder der biologische Vater des Kindes ist noch eine sozial-familiäre Beziehung zum Kind begründet hat. Allerdings hängt die Intensität des verfassungsrechtlichen Schutzes davon ab, ob die rechtliche Vaterschaft auch sozial gelebt wird."

41 Deshalb ist die **Herstellung einer rechtlichen Vater-Kind-Beziehung** für sich genommen **kein unerlaubter Zweck**, im Gegenteil sogar von der Rechtsordnung grundsätzlich gewünscht. Dem kann auch nicht entgegengehalten werden, dass vor dem 1. Juli 1998 durch das Erfordernis der Zustimmung des Kindes im Regelfall eine – im neuen Recht mit der jetzt grundsätzlich ausreichenden Zustimmung der Mutter entfallene – Richtigkeitskontrolle bestanden und zumeist gewährleistet habe, dass dem Kind kein anderer Mann als Vater „untergeschoben" oder eine formgerechte Adoption umgangen worden sei (so aber: Armbrüster/Preuß/ Renner/*Preuß*, § 4 BeurkG Rn. 25).

Die hieraus abgeleitete Ansicht, das Beurkundungsorgan dürfe nicht tätig werden, wenn **erkennbar** ist, dass eine **Anerkennung der Vaterschaft bewusst wahrheitswidrig** abgegeben wird, kann somit in dieser Allgemeinheit bei weitem nicht geteilt werden. Zum einen wird sich die Frage der „Erkennbarkeit" häufig nur auf mehr oder weniger klare Indizien stützen und nur selten von dem oder den Beteiligten offengelegt werden, dass eine biologisch unzutreffende Vaterschaft anerkannt werden soll. Zum anderen muss aber das sog. „Unterschieben" oder das Umgehen einer Adoption nicht stets von vornherein einem unredlichen Zweck dienen, wenn es, wie angesprochen, die Herstellung einer sozialen Vaterschaft bezwecken soll. Jedenfalls kann allein aus der erkannten oder vermuteten **unrichtigen Erzeugerschaft noch nicht auf die Unredlichkeit der Anerkennung** als solcher **geschlossen** werden.

Liegt die Annahme nahe, dass mit der Anerkennung dem Mann bzw. der Mutter und dem Kind **ausländerrechtliche Vorteile**, nämlich ein gesicherter Aufenthalt in Deutschland, verschafft werden sollen, ist zu bedenken: Durch die Neufassung des § 1600 BGB zum 1. Juni 2008 wurde in Abs. 1 Nr. 5 BGB ein Anfechtungsrecht der zuständigen Behörde begründet. Dieses setzte nach Abs. 3 der Vorschrift voraus, dass zwischen dem Kind und dem Anerkennenden keine sozial-familiäre Beziehung besteht (oder im Zeitpunkt der Anerkennung oder seines Todes bestanden hat) und durch die Anerkennung rechtliche Voraussetzungen für die erlaubte Einreise oder den erlaubten Aufenthalt des Kindes oder eines Elternteils geschaffen werden. Damit sollte nach der erklärten Absicht des Gesetzgebers der missbräuchlichen Anerkennung einer Vaterschaft zwecks Erlangung ausländerrechtlicher Vorteile für sich oder Dritte entgegengewirkt werden (näher hierzu Gesetzentwurf der Bundesregierung vom 1. September 2006, BT-Drs. 16/3291 und *MüKo/Wellenhofer*, 6. Aufl. 2012, § 1600 BGB Rn. 17). 42

Allerdings hat das BVerfG (17.12.2013 – 1 BvL 6/10, FamRZ 2014, 449 = JAmt 2014, 88) die Vorschrift des § 1600 Abs. 1 Nr. 5 BGB für **verfassungswidrig und damit nichtig** erklärt: Sie sei als absolut verbotene Entziehung der Staatsangehörigkeit anzusehen (Art. 16 Abs. 1 Satz 1 GG), weil der mit der Behördenanfechtung verbundene Wegfall der Staatsangehörigkeit durch die Betroffenen teils gar nicht, teils nicht in zumutbarer Weise beeinflussbar sei. Die Regelung genüge auch nicht den verfassungsrechtlichen Anforderungen an einen sonstigen Verlust der Staatsangehörigkeit (Art. 16 Abs. 1 Satz 2 GG), weil sie keine Möglichkeit biete zu berücksichtigen, ob das Kind staatenlos wird, und weil es an einer dem Grundsatz des Gesetzesvorbehalts genügenden Regelung des Staatsangehörigkeitsverlusts sowie an einer angemessenen Fristen- und Altersregelung fehle. 43

Gleichwohl hat das BVerfG (17.12.2013 a.a.O. Rn. 51) das **Ziel der gesetzlichen Regelung an sich** mit folgenden Ausführungen gebilligt: 44

„Wollen die Mutter und der Anerkennungswillige mit der Vaterschaftsanerkennung gerade die Voraussetzungen für die erlaubte Einreise oder den erlaubten Aufenthalt des Kindes oder eines Elternteils schaffen, bedienen sie sich des familienrechtlichen Instruments der Vaterschaftsanerkennung, um aufenthaltsrechtliche Vorteile herbeizuführen, die das Aufenthaltsrecht an und für sich nicht gewährt. Dass § 1600 Abs. 1 Nr. 5 BGB nun diesen fachrechtlich nicht vorgesehenen Weg, Staatsangehörigkeit und Aufenthaltsrecht zu erwerben, beschränkt, dient der Verwirklichung der Steuerungsziele des Staatsangehörigkeits- und des Aufenthaltsrechts. Auf eine Vaterschaftsanerkennung zu verzichten, die gerade darauf zielt, aufenthaltsrechtliche Vorteile zu erlangen, die das einschlägige Fachrecht zulässigerweise nicht gewährt, ist zumutbar, zumal die in diesem Fall schwachen familiären Interessen an der Vaterschaft das Anfechtungsinteresse nicht überwinden könnten."

Objektive Anhaltspunkte für einen derartigen Missbrauch könnten neben einem Geständnis der Eltern etwa sein, dass der anerkennende Vater bereits mehrfach Kinder verschiedener ausländischer Mütter anerkannt hat oder dass eine Geldzahlung anlässlich der Vaterschaftsanerkennung bekannt wird (BVerfG, 17.12.2013 a.a.O. Rn. 54 unter Hinw. auf BT-Drs. 16/3291, 16).

45 Kurz vor Schluss der 18. Legislaturperiode im Mai 2017 hat sich der Gesetzgeber überraschend entschlossen, einen **neuen Anlauf zur Eindämmung in diesem Sinne missbräuchlicher Vaterschaftsanerkennungen** zu unternehmen. Bei den parlamentarischen Beratungen des Entwurfs eines „Gesetzes zur besseren Durchsetzung der Ausreisepflicht" hat der BT-Innenausschuss im Bericht und der Beschlussempfehlung (BT-Drs. 18/12415) hierzu einschlägige Regelungen vorgeschlagen, die zwei Tage später im Gesetzesbeschluss des Bundestages übernommen wurden. Da auch der Bundesrat das Gesetz passieren ließ, konnte es nach Verkündung am 28. Juli 2017 (BGBl. I 2780) am 29. Juli 2017 in Kraft treten.

Das erklärte Ziel der Änderung ist ein **„präventiver Ansatz zur Verhinderung missbräuchlicher Vaterschaftsanerkennungen".** Diese sollen bereits im Vorfeld mithilfe einer Missbrauchskontrolle durch die Ausländerbehörde verhindert werden, um die daran anknüpfenden statusrechtlichen Folgen erst gar nicht entstehen zu lassen.

46 In den **Grundzügen** sieht die **Neuregelung** Folgendes vor:

- Durch die Schaffung einer **zivilrechtlichen Verbotsnorm im neuen § 1597a BGB** soll klargestellt werden, dass die Anerkennung einer Vaterschaft von der Rechtsordnung missbilligt wird, wenn sie gezielt gerade zum Zweck der Erlangung eines Aufenthaltsrechts erklärt wird. In Abs. 5 der Vorschrift wird die Selbstverständlichkeit betont, dass dies nicht gilt, wenn der Anerkennende der leibliche Vater des Kindes ist.

- Sofern **konkrete Anhaltspunkte für die Annahme eines Missbrauchs** bestehen, muss die beurkundende Stelle (vor allem Urkundsperson beim Jugendamt und Standesamt) die **Beurkundung aussetzen** und dies der zuständigen **Ausländerbehörde mitteilen.**

- Gleichzeitig wird mit § 85a AufenthG – neu – ein **verwaltungsrechtliches Prüfverfahren** eingeführt. In diesem soll die zuständige Ausländerbehörde in Verdachtsfällen feststellen, ob eine missbräuchliche Anerkennung der Vaterschaft i.S.d. § 1597a Abs. 1 BGB vorliegt. Die örtliche Zuständigkeit der Ausländerbehörden ist nicht bundesrechtlich geregelt, sondern ergibt sich aus ergänzendem Landesrecht. Zumeist wird an den gewöhnlichen Aufenthalt des Ausländers oder der Ausländerin angeknüpft (z.B. für Bayern § 5 Abs. 1 Satz 1 Zuständigkeitsverordnung Ausländerrecht – ZustVAuslR).. Im Ausland sind für die entsprechenden Maßnahmen und Feststellungen die deutschen Auslandsvertretungen zuständig.

- Solange die **Beurkundung ausgesetzt** ist, können die Anerkennung und die Zustimmung auch **nicht bei einer anderen beurkundenden Behörde oder Urkundsperson** wirksam aufgenommen werden. Wird das Vorliegen einer missbräuchlichen Anerkennung der Vaterschaft festgestellt, so erlässt die Ausländerbehörde einen entsprechenden **Verwaltungsakt**. Sobald dieser unanfechtbar geworden ist, ist die Beurkundung abzulehnen. Eine wirksame Beurkundung von Anerkennung und Zustimmung ist dann auch bei einer anderen beurkundenden Behörde oder Urkundsperson nicht mehr möglich (§ 1598 Abs. 1 Satz 2 BGB – neu –).

Die nachfolgenden Grundsätze gelten für die entsprechenden Prüfungsobliegenheiten der Urkundspersonen: **47**

Als **„Anzeichen für das Vorliegen konkreter Anhaltspunkte"** nennt § 1597a Abs. 2 Satz 2 BGB –neu – in einer nicht abschließenden („insbesondere)" Aufzählung:

- das Bestehen einer **vollziehbaren Ausreisepflicht** des Anerkennenden oder der Mutter oder des Kindes **(Nr. 1)**; dies soll für die Urkundsperson insbesondere dadurch erkennbar sein, dass der Ausländer im Besitz einer Duldung oder einer Grenzübertrittsbescheinigung ist. Ein Ausländer ist hingegen nicht vollziehbar ausreisepflichtig, wenn er eine Aufenthaltserlaubnis, eine Niederlassungserlaubnis oder ein gültiges Visum besitzt.

- wenn der Anerkennende oder die Mutter oder das Kind einen **Asylantrag** gestellt hat und zugleich die Staatsangehörigkeit eines **sicheren Herkunftsstaates** nach § 29a AsylG besitzt **(Nr. 2)**; in diesen Fällen kann die aus der Anerkennung folgende deutsche Staatsangehörigkeit des Kindes bzw. das aus der Anerkennung folgende Aufenthaltsrecht in Deutschland die einzig zu erwartende Möglichkeit für einen rechtmäßigen Aufenthalt im Bundesgebiet von Kind oder Mutter und somit das Motiv der Anerkennung sein.

- das **Fehlen von persönlichen Beziehungen** zwischen dem Anerkennenden und der Mutter oder dem Kind **(Nr. 3)**; in der Ausschuss-Drucksache wird dies dahingehend konkretisiert, dass „keinerlei Hinweis auf eine vorangegangene tatsächliche Begegnung der Mutter mit dem Mann oder eine zwischen ihnen bestehende soziale oder emotionale Verbindung existiert". Schließlich sei die Prüfung konkreter Anhaltspunkte für eine missbräuchliche Vaterschaftsanerkennung indiziert, wenn „keinerlei persönliche Kontakte zwischen dem Mann und dem Kind bestehen" (BT-Drs. 18/1245, 21).

- den **Verdacht,** dass der Anerkennende **bereits mehrfach die Vaterschaft von Kindern verschiedener ausländischer Mütter anerkannt** hat und damit jeweils die rechtlichen Voraussetzungen für die erlaubte Einreise oder den erlaubten Aufenthalt des Kindes oder der Mutter geschaffen hat, auch wenn das Kind durch die Anerkennung die deutsche Staatsangehörigkeit erworben hat **(Nr.4)**.

- den **Verdacht**, dass dem Anerkennenden oder der Mutter ein **Vermögensvorteil** für die Anerkennung der Vaterschaft oder die Zustimmung hierzu gewährt oder versprochen worden ist **(Nr. 5)**.

Die Gesetzesbegründung hebt ausdrücklich hervor, dass „das Vorliegen eines der vorgenannten Anzeichen für sich genommen noch nicht mit der Annahme konkreter Anhaltspunkte für eine missbräuchliche Anerkennung gleichzusetzen ist. Sie legen das Vorliegen konkreter Anhaltspunkte jedoch nahe" (BT-Drs. 18/1245, 21).

47a Die Kernfrage ist naturgemäß, auf **wie die Urkundsperson die vorgenannten „Anzeichen für das Vorliegen konkreter Anhaltspunkte" feststellen** soll.

Das beginnt bereits mit der Einstiegsfeststellung, dass das Kind, auf welches sich die Anerkennung beziehen soll, **nicht das leibliche Kind des beteiligten Mannes** ist. Andernfalls wäre die gesamte Prozedur unangebracht, wie sich aus § 1597a Abs. 5 BGB – neu– ergibt. Aus gutem Grund hat aber nach einhelliger Meinung die Urkundsperson nicht nach der „biologischen Wahrheit" einer beabsichtigten Vaterschaftsanerkennung zu forschen (dazu Rn. 39 ff. und 298). Daran sollte sich grundsätzlich auch nach Inkrafttreten des § 1597a BGB nichts ändern. Dass aber die Beteiligten **von sich aus freimütig offenbaren**, der zur Anerkennung der Vaterschaft bereite Mann sei gar nicht der Erzeuger, mag in Einzelfällen vorkommen. Es ist aber keinesfalls die Regel und wird dies schon gar nicht werden, wenn künftig Beteiligte damit rechnen müssen, bei einer aus Aufenthaltsgründen berechnend erklärten unwahren Anerkennung womöglich auf Widerstand zu stoßen.

47b Deshalb nochmals zur Klarstellung: Die Urkundsperson trifft **auch künftig nicht etwa die allgemeine Pflicht,** vor jeder Vaterschaftsanerkennung unter Ausländerbeteiligung nach der Erzeugerschaft des Mannes zu fragen. Dass sie diese Frage in Einzelfällen stellen darf und soll, wenn der äußere Gesamteindruck der erschienenen Beteiligten und ihrer Bekundungen einen Missbrauchsverdacht aufkommen lässt, legt die Neufassung des Gesetzes nahe. Was aber, wenn die **Beteiligten behaupten, der erschienene Mann sei tatsächlich der Erzeuger**? Nach wie vor kann schließlich die Urkundsperson ihre Amtshandlung nicht von einem vorherigen DNA-Test abhängig machen. Wortlaut und Begründung des Gesetzes lassen die Urkundsperson ohne Hilfestellung allein. In allen Fällen, in denen sich die Eltern nicht gerade gegenüber der Urkundsperson „verplappern", ist aber schwer erkennbar, wie diese „mit Bordmitteln" zu der gesicherten Erkenntnis kommen soll, das Kind sei entgegen den Angaben der Beteiligten nicht von dem anerkennungswilligen Mann gezeugt worden.

Bereits diese handfeste Praxisüberlegung dürfte ein **Dämpfer für allzu optimistische Hoffnungen des Gesetzgebers** und seiner Berater sein, aufenthaltsmotivierte missbräuchliche Vaterschaftsanerkennungen in größerem Umfang verhindern zu können.

Erst **nach dieser Vorüberlegung** kann es sodann auf die in § 1597a Abs. 2 Satz 2 BGB genannten Anzeichen für das Vorliegen konkreter Anhaltspunkte ankommen. **47c**

Verhältnismäßig einfach zu bewerten ist noch die Vorlage einer **ausländerrechtlichen Duldung** durch die Kindesmutter (oder ggf. den ausländischen „Vater"). Dies kann als Indiz für das Bestehen einer vollziehbaren Ausreisepflicht angesehen werden.

Ebenso kann die **Staatsangehörigkeit** eines maßgebenden Beteiligten einen Anhaltspunkt dafür geben, ob er aus einem **sicheren Herkunftsland** stammt und einen deshalb womöglich von vornherein erfolglosen Asylantrag gestellt hat. Die jeweils aktuelle Liste der sicheren Herkunftsländer ist im Internetportal des Bundesamts für Migration und Flüchtlinge (BAMF) abzurufen. In Deutschland gelten derzeit folgende Länder als sichere Herkunftsstaaten: die Mitgliedstaaten der Europäischen Union, Albanien, Bosnien und Herzegowina, Ghana, Kosovo, Mazedonien (ehemalige jugoslawische Republik), Montenegro, Senegal und Serbien. In einem derartigen Fall sollte die Urkundsperson zumindest nach der Stellung eines Asylantrags fragen.

Besonders heikel ist die Prüfung des etwaigen **Fehlens persönlicher Beziehungen** zwischen Mutter und Scheinvater bzw. diesem und dem Kind. An sich war es schon bisher nicht Aufgabe der Urkundspersonen, zur Prüfung einer möglichen Ablehnung von nach vormaligem Recht gem. § 1600 Abs. 1 Nr. 5 a.F. BGB anfechtbaren Vaterschaftsanerkennungen die sozial-familiären Beziehungen zwischen Mutter und (möglichem) Vater sowie dem Kind zu erforschen und quasi-staatsanwaltschaftliche Ermittlungen in dieser Hinsicht anzustellen. Bei den häufigen vorgeburtlichen Anerkennungen wäre eine derartige Prüfung bezüglich des Kindes ohnehin besonders fragwürdig. **47d**

Dass anderseits die Beteiligten von sich aus freimütig ausplaudern werden, die entsprechenden Beziehungen bestünden nicht und ihre Herstellung sei auch nicht beabsichtigt, ist im Regelfall eher unwahrscheinlich.

Allerdings mag es **Indizien** geben, die schon auf den ersten Blick **gegen eine sozial-familiäre Beziehung** zwischen den „Eltern" bzw. Vater und Kind sprechen könnten (z.B. weit überdurchschnittlicher Altersunterschied, große räumliche Entfernung zwischen den Lebensmittelpunkten, zufällig bekannt gewordene Ablehnung der Eheschließung als Scheinehe o.Ä.). Es ist dann der Urkundsperson freilich nicht verwehrt – entgegen der Üblichkeit bei sonstigen Anerkennungen, bei denen auch stets das knappe Zeitbudget hierfür im Blick zu behalten ist –, in schon nach dem äußeren Anschein etwas ungewöhnlich wirkenden Fällen **z.B. nach den Umständen des Kennenlernens der „Eltern", ihren künftigen Wohn- und Lebensumständen usw. zu fragen.** Gelegentlich mag es dann vorkommen, dass diese sich in einer unvorsichtigen Weise äußern, welche die in den Gesetzesmotiven beispielhaft genannten Verdachtsmomente bestärkt (keinerlei Hinweis auf eine vorangegangene tatsächliche Begegnung der Mutter mit dem Mann oder eine zwischen ihnen bestehende soziale oder emotionale Verbindung). Falls die Urkundsperson hierzu aber **Antworten erhält, die nicht im vorgenannten Sinne eindeutig ausfallen**, ist auch insoweit schwer erkennbar, wie sie Anhaltspunkte für fehlende Beziehungen zwischen Anerkennenden und Mutter bzw. Kind feststellen soll.

47e Dasselbe gilt für das vom Gesetz genannten Merkmal, dass der Anerkennende **bereits mehrfach missbräuchlich die Vaterschaft von Kindern verschiedener ausländischer Mütter** anerkannt habe. Das mag in dem höchst unwahrscheinlichen Fall beachtlich sein, dass ein und derselbe Mann seine Erklärungen immer wieder beim selben Jugendamt aufnehmen lässt. Falls er jedoch in naheliegender Weise bei seinem Vorgehen stets unterschiedliche Jugendämter oder Standesämter aufsucht, wird die jeweils nächste Urkundsperson nur schwerlich entsprechende Anhaltspunkte haben (es sei denn, höchst ausnahmsweise werde einmal in aufsehenerregenden Presseberichten ein solcher „multipler Vater" prangerhaft präsentiert). Hilfreich könnte womöglich ein Datenaustausch der Ausländerbehörden über entsprechende Erkenntnisse sein, sofern auch Jugend- und Standesämter in geeigneter Weise hierin einbezogen werden.

Schließlich bleibt auch offen, auf welche Momente die Urkundsperson den Verdacht stützen sollte, dass dem Anerkennenden oder der Mutter ein **Vermögensvorteil** für die Anerkennung der Vaterschaft oder die Zustimmung hierzu gewährt oder versprochen worden sei. Dass die Beteiligten solches öfter von sich aus erzählen, dürfte ein frommer Wunsch des Gesetzgebers bleiben.

47f In der Zusammenschau lässt sich somit feststellen, dass die konkreten **Voraussetzungen einer Vorlagepflicht der Urkundsperson an die Ausländerbehörde von vornherein nur höchst selten** vorliegen werden. Die Urkundsperson muss zunächst hinreichend überzeugt sein, dass der anerkennende Mann nicht der Erzeuger des Kindes ist. Dass darüber hinaus die Mutter oder der anerkennende Mann vollziehbar ausreisepflichtig sind, mag zwar ein Indiz für eine womöglich missbräuchliche Anerkennung zwecks Aufenthaltserschleichung sein. Für sich genommen reicht dies jedoch noch nicht, wie die Gesetzesbegründung nahelegt. In der ohnehin geringen Zahl einschlägiger Fälle dürfte das **Fehlen von persönlichen Beziehungen** zwischen dem Anerkennenden und der Mutter oder dem Kind der hauptsächliche Anhaltspunkt für eine Vorlagepflicht darstellen. Diesen wird die Urkundsperson aber allenfalls aus seltenen eindeutig verneinenden – oder aus im Einzelfall sehr widersprüchlichen bzw. unglaubwürdigen bejahenden – **Angaben der „Eltern"** gewinnen können.

Bemerkenswert ist übrigens, dass die Gesetzesbegründung sich in dieser Hinsicht etwas seltsam ausdrückt: Der Urkundsperson obliege die Prüfung, ob konkrete Anhaltspunkte für eine missbräuchliche Anerkennung vorliegen. Die Erforderlichkeit einer Prüfung sei indiziert, wenn einer der in § 1597 Abs. 2 Satz 2 Nr. 1 bis 5 BGB genannten Tatbestände vorliege. Das „Indiz" führt damit erst zum „Anhaltspunkt" (BT-Drs. 18/12415, 20).

Das mag noch ohne weiteres einleuchten, wenn es im Fall der Nr. 1 um die bestehende Ausreisepflicht des Ausländers oder der Ausländerin geht. Denn diese ist für

A.III. Erteilung der Urkundsermächtigung und die Stellung der Urkundsperson

sich genommen kein Anhaltspunkt für eine missbräuchliche Anerkennung, sofern hierdurch wirklich eine sozial-familiäre Beziehung hergestellt werden kann. Sollte aber tatsächlich ein „notorischer Vielfach-Anerkenner" am Werk sein oder räumen die Beteiligten eine Geldzahlung für die Anerkennung bzw. Zustimmung ein, wirkt es etwas gekünstelt, dass dies nicht bereits als Indiz für eine Vorlagepflicht ausreicht, sondern erst eine nähere Prüfung geboten sein soll .

Insgesamt ist den **Urkundspersonen zu empfehlen**, sich dem an sich berechtigten Anliegen des Gesetzes nicht etwa von vornherein zu verschließen und damit die nunmehr normierten Gebote generell zu ignorieren. Sie sollten sich aber der **begrenzten Prüfungs- und Ermittlungsmöglichkeiten bewusst** sein, die ihnen in diesem Rahmen zur Verfügung stehen. Soweit sich allerdings Ansatzpunkte zu Fragen an die Beteiligten ergeben, sollten diese auch gestellt und die Antworten aufmerksam registriert und gewürdigt werden.

Bejaht nach alldem die Urkundsperson Anhaltspunkte für eine missbräuchliche Anerkennung der Vaterschaft, hat sie nach § 1597a Abs. 2 Satz 1 BGB die Mutter und den Anerkennenden hierzu anzuhören. Den Beteiligten muss Gelegenheit gegeben werden, die Verdachtsgründe auszuräumen, wobei die Darlegungslast bei ihnen liegt (BT-Drs. 18/12415, 21). Weiterhin sollen die Betroffenen nach der Gesetzesbegründung a.a.O. darauf hingewiesen werden, dass bei Vorliegen konkreter Anhaltspunkte der Vorgang entsprechend den gesetzlichen Vorschriften der zuständigen Ausländerbehörde zur Prüfung vorgelegt und das Beurkundungsverfahren bis zum Abschluss dieses Verfahrens ausgesetzt wird. Die Beschlussempfehlung legt an anderer Stelle (BT-Drs. 18/12415, 17) den Ausländerbehörden für ihr anschließendes Verfahren nahe: „Zum Zwecke der Beweissicherung soll eine Befragung des Anerkennenden schriftlich niedergelegt und die Richtigkeit der Niederschrift von den Beteiligten durch Unterschrift bestätigt werden." Es empfiehlt sich jedoch auch für Urkundspersonen, im gleichen Sinne ein „**Protokoll über die Aussetzung der Beurkundung**" aufnehmen. Nachdem die Beteiligten auf die Aussetzung hingewiesen werden müssen, erscheint dies auch aus Beweisgründen zweckmäßig.

47g

Können die Verdachtsgründe nicht entkräftet werden, muss die Urkundsperson also den Sachverhalt der zuständigen **Ausländerbehörde mitteilen und die Beurkundung auszusetzen**. Dies ist dem Anerkennenden, der Mutter und dem Standesamt, das den Geburtseintrag führt, mitzuteilen (§ 1597a Abs. 2 Satz 3 BGB). Letzteres soll verhindern, dass der Anerkennende als Vater eingetragen wird, obwohl die Anerkennung (womöglich vor einem anderen Jugend- oder Standesamt) während der Aussetzung oder *nach* einer die Missbräuchlichkeit feststellenden Entscheidung der Ausländerbehörde unwirksam ist. Diese Rechtsfolge wird ausdrücklich in § 1598 Abs. 1 Satz 2 BGB – neu – festgeschrieben

Nach der Vorstellung des Gesetzgebers obliegt es sodann der Ausländerbehörde in ein **förmliches Verfahren nach § 85a AufenthG** einzutreten.

Soweit die Theorie. Die Gesetzesmaterialien äußern sich leider nicht zu folgender **naheliegender Variation**: Die überraschten Beteiligten nehmen zur Kenntnis,

47h

dass die Urkundsperson einen Missbrauchsverdacht hat und deshalb die Beurkundung aussetzen will. Bei tatsächlicher Durchführung der anschließenden Prozedur müssen sie damit rechnen, dass ihnen die Ausländerbehörde vielleicht endgültig den Weg zu einer wirksamen Vaterschaftsanerkennung verschließt. Sie erklären daraufhin, dass sie im Hinblick auf die Bedenken der Urkundsperson **von einer Anerkennung der Vaterschaft endgültig Abstand nehmen** wollten. In der Folge suchen sie die Urkundsperson eines anderen Jugendamts auf und lassen dort keinen Verdacht mehr aufkommen.

Was soll die zuerst angegangene Urkundsperson in diesem Fall tun? Wenn Beteiligte erklärtermaßen von einem zunächst geäußerten Beurkundungswunsch absehen, ist **kein Raum mehr für eine Aussetzung** i.S.v. § 1597a Abs. 2 Satz 1 BGB. Eine unabhängig hiervon bestehende Informationspflicht gegenüber der Ausländerbehörde oder dem Standesamt über den zurückgenommenen Beurkundungswunsch ist dem Gesetz nicht zu entnehmen. Eine gleichwohl vorgenommene Benachrichtigung verstieße gegen die allgemeine **Verschwiegenheitspflicht** der Urkundsperson gegenüber den Beteiligten (dazu unten Rn. 51 f.). Deshalb läuft das gut gemeinte Verfahren im Zusammenspiel zwischen beurkundender Stelle und Ausländerbehörde jedenfalls dann leer, wenn die Beteiligten aus ihrer Sicht adäquat reagieren und ihm von vornherein auf die beschriebene Weise die Grundlage entziehen.

47i **Erhält gleichwohl die Ausländerbehörde einmal eine Mitteilung**, dass konkrete Anhaltspunkte für eine missbräuchliche Anerkennung der Vaterschaft i.S.v. § 1597a Abs. 1 BGB bestehen, prüft sie, ob eine solche vorliegt (§ 85a Abs. 1 AufenthG – neu –).

Nach einem in Abs. 2 der Vorschrift aufgestellten Katalog wird eine missbräuchliche Anerkennung der Vaterschaft regelmäßig unter **vier alternativen Voraussetzungen** widerlegbar vermutet. Hinzukommen muss, dass die Erlangung der rechtlichen Voraussetzungen für die erlaubte Einreise oder den erlaubten Aufenthalt des Kindes, des Anerkennenden oder der Mutter ohne die Anerkennung der Vaterschaft und die Zustimmung hierzu nicht zu erwarten ist.

Als **Vermutungstatbestände** nennt das Gesetz, dass

- der Anerkennende oder die Mutter erklärt, dass Anerkennung bzw. Zustimmung gezielt gerade einem Zweck i.S.v. § 1597a Abs. 1 BGB dienen sollen **(Abs. 2 Nr. 1 und 2)**;

- der Anerkennende bereits mehrfach die Vaterschaft zu Kindern verschiedener ausländischer Mütter anerkannt und hierdurch jeweils die rechtlichen Voraussetzungen für die erlaubte Einreise oder den erlaubten Aufenthalt des Kindes oder der Mutter geschaffen hat, auch wenn das Kind durch die Anerkennung die deutsche Staatsangehörigkeit erworben hat **(Abs. 2 Nr. 3)**;

- dem Anerkennenden oder der Mutter ein Vermögensvorteil für die Anerkennung der Vaterschaft und die Zustimmung hierzu gewährt oder versprochen wurde **(Abs. 2 Nr. 4)**.

Das Vorliegen der entsprechenden Voraussetzungen bewirke eine **Erleichterung der Anforderungen an den von der Behörde zu führenden Beweis**, wenn das Verfahren keine Anhaltspunkte für mögliche abweichende Beweggründe bietet (BT-Drs. 18/12415, 17).

Es liegt auf der Hand, dass die **Erwartung des Gesetzgebers ziemlich blauäugig** sein dürfte, die Beteiligten würden sich durch Erklärungen der zuerst genannten Art oder durch die Offenbarung von in Rede stehenden Vermögensvorteilen „selbst ans Messer liefern". Allenfalls die der Umstand, dass es sich bei dem Mann um einen „Vielfach-Anerkennenden" handle, könnte bei entsprechendem (zulässigen?) Datenaustausch der Ausländerbehörden – dazu oben Rn. 47e – gelegentlich einmal zum Auffliegen des Sachverhalts führen. 47j

Dass mit den Kriterien, bei deren Vorliegen im Regelfall begründet wird, „entsprechende **Vorgaben des Bundesverfassungsgerichts** im Beschluss vom 17. 12 2013 – 1 BvL 6/10" aufgegriffen würden (BT-Drs. 18/12415, 17), ist zumindest etwas missverständlich. Das BVerfG hatte angemerkt, dass in derartigen Fällen eindeutig die Missbräuchlichkeit der Vaterschaftsanerkennung zu Aufenthaltszwecken anzunehmen sei, ohne zu bewerten, wie häufig denn so etwas auftreten werde. Als „Vorgabe" für einen gesetzlichen Vermutungstatbestand mit einem z.T. leichten Anflug von Skurrilität (insbesondere bei der vom Gesetzgeber offenbar als lebensnah unterstellten offenherzigen Bekundung von Beteiligten, die Anerkennung oder Zustimmung diene dem Rechtsmissbrauch) wollte der Senat dies wohl kaum verstanden wissen.

In der Gesetzesbegründung a.a.O. wird deshalb auch betont, dass über diese normierten Vermutungstatbestände hinaus eine **missbräuchliche Anerkennung auch in anderen Fällen vorliegen** könne: „Indizien hierfür können beispielsweise sein, dass keinerlei Hinweis auf eine tatsächliche Begegnung der Mutter mit dem Mann und auf eine zwischen ihnen bestehende soziale oder emotionale Verbindung existiert, wenn zudem das aus der Anerkennung folgende Aufenthaltsrecht in Deutschland die einzige zu erwartende Möglichkeit eines rechtmäßigen Aufenthalts im Bundesgebiet für Anerkennenden, Kind oder Mutter ist. Auch das Fehlen von persönlichen Kontakten zwischen Mann und Kind kann Indiz für eine missbräuchliche Anerkennung der Vaterschaft sein." All dies hatte zwar **schon die Urkundsperson bei der Prüfung einer Aussetzungs- und Vorlagepflicht** in Rechnung zu stellen. Allerdings kommen den Ausländerbehörden insoweit weiterreichende Ermittlungspflichten und -befugnisse zu, als sie die Urkundsperson hat. Die Gesetzesbegründung weist insoweit ausdrücklich auf die nach **§ 82 AufenthG bestehenden Mitwirkungspflichten** des Ausländers oder der Ausländerin hin.

Verneint die Ausländerbehörde nach ihrer Prüfung einen Missbrauch, stellt sie das Verfahren ohne weiteres ein und teilt dies der vorlegenden Urkundsperson, den Beteiligten und dem Standesamt schriftlich oder elektronisch mit (§ 85a Abs. 3 Satz 2 AufenthG). Andernfalls erlässt sie einen die **Missbräuchlichkeit der Anerkennung der Vaterschaft feststellenden Verwaltungsakt,** der nach allgemeinen verwaltungsrechtlichen Grundsätzen anfechtbar ist. Nach Eintritt seiner 47k

Bestandskraft oder endgültigen Unanfechtbarkeit gibt die Ausländerbehörde der vorlegenden Urkundsperson und dem Standesamt eine beglaubigte Abschrift mit einem Vermerk über den Eintritt der Unanfechtbarkeit zur Kenntnis.

Damit ist – wie bereits ausgeführt – eine wirksame **Beurkundung der Anerkennung der Vaterschaft umfassend ausgeschlossen** (vgl. § 1598 Abs. 1 Satz 2 BGB). Lassen die Beteiligten die Beurkundung gleichwohl vor einer anderen Stelle vornehmen, ist diese nichtig, was das Standesamt bei der Führung des Geburtsregisters des Kindes zu beachten hat: Eine Beischreibung der Vaterschaft ist demnach unzulässig.

47l Auch wenn die Konzeption **perfektionistisch** wirkt, hat sie doch zwei erhebliche **Schwachstellen.** Diese liegen zum einen in den begrenzten Prüfungs- und Erkenntnismöglichkeiten der Urkundspersonen in womöglich einschlägigen Sachverhalten. Zum anderen legt das Gesetz ein ggf. durchgängiges Verfahren nach erstmaliger Befassung einer Urkundsperson mit einem in diesem Sinne zweifelhaften Beurkundungswunsch zugrunde; hierbei wird in praxisferner Weise nicht berücksichtigt, dass die Beteiligten bei erkennbarem Widerstand der Urkundsperson jederzeit von ihrem Verlangen Abstand nehmen können, wodurch es nicht mehr zu einer Aussetzung der Beurkundung und einer anschließenden definitiven Klärung durch die Ausländerbehörde kommt. Auch wenn konkrete Erfahrungen mit der Neuregelung erst abgewartet werden müssen, erscheint doch die Prognose nicht allzu gewagt: Die **Zahl derjenigen Fälle**, in denen es gelingt, derartige Missbrauchsfälle mit dem jetzt eingeführten gesetzlichen Instrumentarium zu verhindern, dürfte sich **in sehr engen Grenzen halten.**

48 Sollte es sich nicht um eine Beurkundung unter Ausländerbeteiligung handeln, bei der die zuletzt angesprochene Problematik zu beachten wäre, ist für die Urkundsperson regelmäßig kein Grund ersichtlich, die **gewünschte Beurkundung einer nach ihrer Kenntnis biologisch unwahren Vaterschaftsanerkennung** mit Zustimmung abzulehnen. Die Erklärungen der Beteiligten führen bei Vorliegen der übrigen Voraussetzungen zu einer zivilrechtlich wirksamen Anerkennung der Vaterschaft, selbst wenn für die Urkundsperson offenkundig ist, dass der betreffende Mann nicht der Vater des Kindes sein kann.

Der Vorgang ist auch **strafrechtlich ohne Bedeutung**, insbesondere kommt kein Urkundsdelikt in Betracht (OLG Hamm, 20.11.2007 – 1 Ss 58/07, NJW 2008, 1240). Von dieser Rechtsfolge ist ersichtlich auch der Gesetzgeber im Rahmen der Beratungen zum vierten Strafrechtsreformgesetz vom 23. November 1973 (BGBl I 1725) ausgegangen, wenn er in BT-Drs. VI/3521, 11 ausführt: „Alle im Hinblick auf eine Anerkennung abgegebenen Erklärungen sind danach von der Strafbarkeit nach § 169 StGB ausgenommen, und zwar unabhängig davon, ob die Erklärung der Wahrheit entspricht oder im Einzelfall den Interessen des Kindes am meisten gerecht wird. Einer Differenzierung unter strafrechtlichen Gesichtspunkten sind derartige im Rahmen des Anerkennungsverfahrens abgegebene Erklärungen nicht zugänglich."

A.III. Erteilung der Urkundsermächtigung und die Stellung der Urkundsperson

Zur Ablehnung einer Beurkundung, mit der eine rechtskräftig abgelehnte Adoption umgangen werden soll, vgl. unten Rn. 300.

48a Ebenfalls nicht generell als amtspflichtwidrig ablehnen kann die Urkundsperson die Mitwirkung an einer Vaterschaftsanerkennung, die dazu führen soll, die Elternschaft zu dem – zumeist im Ausland geborenen – **von einer Leihmutter ausgetragenen Kind** herzustellen. Bei der Leihmutterschaft trägt eine Frau – die Leihmutter – ein Kind für andere aus, die sog. Wunscheltern, damit diese das Kind nach der Geburt als eigenes aufziehen können (eingehend hierzu *Funcke*, NzFam2016, 207).

In Deutschland ist die Leihmutterschaft verboten – allerdings nur mittelbar durch ein Verbot der künstlichen Befruchtung im Rahmen einer Leihmutterschaft und durch das Verbot der Vermittlung von Leihmüttern und Wunscheltern (§ 1 Abs. 1 Nr. 7 ESchG bzw. § 13c AdVermiG). Auch sollte die Bestimmung des § 1591 BGB, wonach Mutter eines Kindes die Frau ist, die es geboren hat, Leihmutterschaften möglichst entgegenwirken.

48b Im Übrigen gelten aber im deutschen Abstammungsrecht bei der Beurteilung von Leihmutterschaften die üblichen Regeln: Mutter ist die Leihmutter als Gebärende (§ 1591 BGB), Vater ist ggf. ihr Ehemann (§ 1592 Nr. 1 BGB). Ist die Leihmutter unverheiratet, so kann der Wunschvater gem. § 1592 Nr. 2 BGB die **Vaterschaft anerkennen** (jurisPK-BGB/*Duden*, Art. 19 Abs. 1 EGBGB Rn. 102). Darüber hinaus kann die letztlich gewünschte Wunschelternschaft auch durch rechtliche Zuordnung des Kindes zur Wunschmutter mittels **Adoption** durch diese herbeigeführt werden. Entscheidend ist, dass die Adoption dem Kindeswohl i.S.d. § 1741 Abs. 1 Satz 1 BGB dient (OLG Düsseldorf, 17.3.2017 – II-1 UF 10/16 –, juris Rn. 14). Dies ist der Fall, wenn die Annahme die Lebensbedingungen des Kindes so ändert, dass eine merklich bessere Entwicklung seiner Persönlichkeit zu erwarten ist (vgl. Staudinger/*Frank*, § 1747 BGB Rn. 27; MüKo/*Maurer*, § 1741 BGB Rn. 16). Zu berücksichtigen ist das gesetzgeberische Ziel der Adoption, dass das anzunehmende Kind in eine harmonische und lebenstüchtige Familie aufgenommen wird, um ihm dadurch ein beständiges und ausgeglichenes Zuhause zu verschaffen (vgl. MüKo/*Maurer*, a.a.O. Rn. 15). Der Kindeswohldienlichkeit steht für sich genommen nicht entgegen, dass ein Kind von einer Leihmutter geboren wurde (vgl. Staudinger/*Frank*, a.a.O. Rn. 35). In einem solchen Fall gehört es vielmehr zum Kindeswohl, dass das Kind auch dem zweiten Wunschelternteil verlässlich rechtlich zugeordnet werden kann (BGH 10.12.2014 – XII ZB 463/13, Rn. 54 ff., FamRZ 2015, 240; OLG Düsseldorf, 17.3.2017 – II-1 UF 10/16, juris Rn. 14).

48c Dagegen kommt es nicht darauf an, ob die Annahme im Sinne des § 1741 Abs. 1 Satz 2 BGB zum Wohl des Kindes **erforderlich** ist. Der Umstand, dass ein Kind mit Hilfe einer Leihmutter unter Verwendung einer anonymen Eizellspende im Ausland geboren worden ist, rechtfertigt es nicht, die Adoption den erhöhten Kindeswohlanforderungen gemäß § 1741 Abs. 1 Satz 2 BGB zu unterstellen. Einer solchen Konstellation liegt nämlich regelmäßig keine Vermittlung oder Verbringung eines Kindes zum Zweck der Annahme zugrunde (OLG Düsseldorf, 17.3.2017 – II-1 UF

10/16, juris Rn. 17 mit ausführlicher und überzeugender Begründung sowie w.N. auch zum Streitstand). Jedenfalls sprechen hierfür nicht nur der Gesetzeswortlaut, sondern auch systematische Erwägungen. So hat das OLG Düsseldorf 17.3.2017 a.a.O. Rn. 21 ausgeführt: „Zwar diente die Erstreckung des § 1741 Abs. 1 Satz 2 BGB auf die Adoption eines unter Inanspruchnahme einer Leihmutter geborenen Kindes ohne Zweifel dem Ziel des Gesetzgebers, Leihmutterschaften zu verhindern, das insbesondere in den Materialien zur Änderung des Adoptionsvermittlungsgesetzes (BT-Drs. 11/4154, S. 6 ff.) und zum Embryonenschutzgesetz (BT-Drs. 11/5460, S. 9) Ausdruck gefunden hat. Der Anreiz, ein Kind unter Beanspruchung einer Leihmutter im Ausland zur Welt bringen zu lassen, würde gewiss gemindert, wenn die (Stiefkind-)Adoption des so geborenen Kindes in Deutschland nur unter strengen Voraussetzungen zulässig wäre. Derartige auf die Vermeidung von Leihmutterschaften gerichtete **generalpräventive Erwägungen** rechtfertigen jedoch keine Maßnahmen, die dem von einer Leihmutter geborenen, nunmehr als Rechtsträger in die Betrachtung einzubeziehenden, Kind zum Nachteil gereichen, indem sie seine verlässliche rechtliche Zuordnung zu den Eltern als den Personen, die für sein Wohl und Wehe kontinuierlich Verantwortung übernehmen, erschweren (vgl. BGH, FamRZ 2015, 240, Rn. 45 ff.). Die **Prävention von Leihmutterschaften darf nicht auf dem Rücken der betroffenen Kinder ausgetragen werden.**"

48d Die Leihmutter ist durch Geburt des Kindes nach § 1591 BGB dessen rechtliche Mutter und muss als solche ggf. in **die Adoption ihres Kindes einwilligen** (NK/*Dahm*, Rn. 3 vor §§ 1741–1772 sowie NK/*Schilling*, § 1747 BGB Rn. 13 und 28).

Daraus folgt jedenfalls, dass eine Urkundsperson ihre Mitwirkung an einer entsprechenden – ggf. auch vorgeburtlichen – Vaterschaftsanerkennung **nicht mit der Erwägung ablehnen darf,** „die Leihmutterschaft sei in Deutschland **verboten**" oder das gewünschte Rechtsgeschäft könne von vornherein keinen Erfolg haben.

48e Ob und unter welchen Voraussetzungen darüber hinaus die Wunscheltern womöglich nach dem ausländischen Recht des Staates, in dem das Kind zur Welt kommt, mit **Wirkung auch für den deutschen Rechtsbereich unmittelbar rechtliche Eltern dieses Kindes werden** können (z.B. in Indien, Thailand, der Russischen Föderation und verschiedenen Bundesstaaten der USA), und dies z.T. unmittelbar mit Geburt, teilweise aufgrund einer gerichtlichen Entscheidung, ist derzeit noch nicht in allen Einzelheiten geklärt (eingehend hierzu jurisPK/*Duden*, Art. 19 EGBGB Rn. 103 ff.; *Funcke*, NzFam 2016, 207).

48f Über lange Zeit hinweg wurde von der h.M. angenommen, dass § 1591 BGB einen Teil des deutschen **ordre public** darstelle und dessen Umgehung – auch zur Abschreckung möglicher Nachahmer – durch Nichtanerkennung der im Ausland erwirkten Elternschaft sanktioniert werden müsse (hierzu jurisPK/*Duden*, Art. 19 EGBGB Rn. 104 m.w.N.). Die Kinder wurden dabei meist nicht von den Wunscheltern getrennt, sondern auf den Umweg einer Adoption verwiesen.

A.III. Erteilung der Urkundsermächtigung und die Stellung der Urkundsperson

Allerdings hat inzwischen der **BGH** erkannt: Allein die Durchführung einer Leihmutterschaft führe nicht dazu, dass eine Elternschaft der Wunscheltern gegen den ordre public-Vorbehalt verstößt (BGH, 10.12.2014 – XII ZB 463/13, Rn. 34, FamRZ 2015, 240).

Freilich ist die diesbezügliche weitere **Rechtsentwicklung noch offen**, zumal einige Instanzgerichte nach wie vor und z.T. in bewusster Abgrenzung zum BGH restriktiv entscheiden (z.B. OLG Braunschweig, 12.4.2017 – 1 UF 83/13, juris). Zudem hat der **EGMR** (Große Kammer, 24.1.2017 – 25358/12, Paradiso u. Campanelli/Italien) in einer vielfach als Kehrtwende empfundenen Entscheidung eines Falles, in welchem keine biologische Elternschaft vorliegt, die Klage eines italienischen Paares abgewiesen, das in Russland ein Kind von einer Leihmutter zur Welt hatte bringen lassen. Die italienischen Behörden durften nach Meinung des Gerichtshofs dem Paar das Kind wegnehmen, um das nationale Leihmutterschafts-Verbot durchzusetzen. **48g**

Nachdem sich der BGH zuletzt auf die vorherige „leihmutterschaftsfreundliche" Rechtsprechung der EGMR-Sektionen berufen hatte, bleibt abzuwarten, welche Schlussfolgerungen der zuständige Senat aus dieser neuen Tendenz ggf. ziehen wird.

All dies muss die Urkundsperson aber nicht im Einzelnen kennen. Es genügt, wenn sie **über die Möglichkeit der Vaterschaftsanerkennung mit der anschließenden Adoption** durch die Wunschmutter orientiert ist und die Beteiligten entsprechend belehrt. Hierzu gehört aber in jedem Fall der Hinweis auf die notwendige Zustimmung der leiblichen Mutter sowohl zur Vaterschaftsanerkennung als auch zur späteren Adoption. Ferner sollte darauf hingewiesen werden, dass die Anerkennung nur dann wirksam werden kann, wenn die **Leihmutter nicht verheiratet** ist, weil andernfalls die rechtliche Vaterschaft ihres Ehemannes entgegenstehen würde. **48h**

Ist ein Kind in einer von der Rechtsordnung missbilligten Weise gezeugt worden, nämlich durch nach § 173 Abs. 2 Satz 2 StGB mit Strafe bedrohten Beischlaf zwischen leiblichen Geschwistern **(„Inzest")**, ist gleichwohl der Bruder der Mutter auch als **rechtlicher Vater festzustellen**. Die Rechtsordnung geht nicht soweit, aus dem rechtswidrigen Verhalten der Eltern auch die Folge abzuleiten, dass die so entstandene Erzeugerschaft rechtlich nicht anerkannt werde. Schließlich ist ggf. auch der Erzeuger eines mittels einer Vergewaltigung erzeugten Kindes als rechtlicher Vater festzustellen. Das Bekenntnis zu einem durch eine Straftat gezeugten Kind ist kein unerlaubter oder unredlicher Zweck i.S.v. § 4 BeurkG, der zur Ablehnung der Beurkundung führen müsste. Diese Erwägungen gelten gleichermaßen für die Anerkennung wie für gewünschte Sorgeerklärungen. **49**

Im Übrigen kann auch in sonstigen Fällen eine gewünschte Beurkundung einer **Sorgeerklärung** durch einen Kindesvater nicht allein mit der Begründung abgelehnt werden, dieser wolle offenbar seinen **Aufenthalt in Deutschland verlängern**. So kann es nach § 55 Abs. 1 Nr. 4 AufenthG einen besonders schwerwiegenden Grund für ein Bleiberecht im Fall einer drohenden Ausweisung gemäß **50**

§ 53 AufenthG darstellen, wenn der Ausländer mit einem deutschen Familienangehörigen oder Lebenspartner in familiärer oder lebenspartnerschaftlicher Lebensgemeinschaft lebt und sein Personensorgerecht für einen minderjährigen ledigen Deutschen oder mit diesem sein Umgangsrecht ausübt.

Selbst wenn dieses Motiv aufgrund von Erklärungen der Eltern eindeutig im Vordergrund stünde, **ergibt sich hieraus nicht, dass mit der Beurkundung ein unredlicher oder unerlaubter Zweck** verbunden werde. Sollten Ausländerämter allein aus wirksam abgegebenen Sorgeerklärungen mit dem Ergebnis einer gemeinsamen Sorge entsprechende Schlussfolgerungen ziehen, ohne zusätzliche Anforderungen an die Ernstlichkeit der Sorgeausübung durch einen Elternteil zu stellen, darf die Urkundsperson nicht päpstlicher sein als der Papst (vgl. aber z.B. VG Berlin, 27.7.2010 – VG 19 L 156.10, AuAS 2010, 208 zu den Voraussetzungen einer Aufenthaltserlaubnis zum Zwecke des Familiennachzugs: Das bloße Bestehen des Sorgerechts genügt nicht, wenn der Antragsteller hiervon keinen Gebrauch macht). Es ist vom Gesetzgeber nicht beabsichtigt gewesen, vor Abgabe von Sorgeerklärungen den Beteiligten eine Gewissenserforschung abzuverlangen, um die Ernsthaftigkeit des Willens zur gemeinsamen Sorge zu überprüfen. Dann darf aber die Urkundsperson nicht eigene Spekulationen – selbst wenn diese auf recht handfesten Indizien beruhen sollten – an die Stelle eines vom Gesetz nicht vorgesehenen Prüfungsmechanismus setzen.

Die Beurkundungsfähigkeit einer Sorgeerklärung kann auch nicht mit der Erwägung in Frage gestellt werden, sie werde **nur zum Schein** abgegeben. Abgesehen davon, dass ein geheimer Vorbehalt bei Willenserklärungen schon grundsätzlich unbeachtlich ist (§ 116 Satz 1 BGB) und die Sorgeerklärung keine empfangsbedürftige Willenserklärung im Sinne von § 116 Satz 2, § 117 Abs. 1 BGB ist, beschränkt die Vorschrift des § 1626e BGB die Unwirksamkeit von Sorgeerklärungen auf die Fälle, in denen es an einem der Erfordernisse der §§ 1626b bis 1626d BGB mangelt. Bei gegebenem Anlass sollte die Urkundsperson allerdings den oder die Beteiligten ausdrücklich hierüber belehren, dass sie durch Sorgeerklärungen rechtlich gebunden werden, auch wenn sie sich das womöglich nicht so vorgestellt haben.

51 c) Der Sicherung der Unparteilichkeit dienen schließlich Bestimmungen über die **Ausschließung vom Amt** (§§ 6, 7 BeurkG: eigene Beteiligung, Beteiligung der Ehefrau oder in gerader Linie Verwandter, bei Meidung der Unwirksamkeit der Beurkundung). Dasselbe gilt für die in § 3 BeurkG als Sollvorschrift formulierten Verbote einer Vornahme von Beurkundungen in Fällen von **Interessenkollision** oder **Befangenheit** der dort genannten Erscheinungsformen. Einen Sonderfall der letzteren Art nennt § 59 Abs. 2 SGB VIII. Danach soll die Urkundsperson eine Beurkundung nicht vornehmen, wenn ihr in der betreffenden Angelegenheit die **gesetzliche Vertretung eines Beteiligten** obliegt; das bezieht sich in erster Linie auf Beurkundungen einer Vaterschaftsanerkennung und/oder Unterhaltsverpflichtung in Sachen des eigenen Amtsmündels bzw. vom Beistand gesetzlich vertretenen Kindes. Doch bleibt die Verletzung hier wie auch sonst bei Sollvorschriften ohne Wirkung auf die Gültigkeit der Beurkundung. Das ist praktisch geworden bei Außenstellen eines Jugendamts in der Besetzung mit nur einem Beamten/Angestellten, der Amtsvormundschaften/Amtsbeistandschaften führt und zugleich zur Beurkundung ermächtigt ist. Die Verletzung eines Sollgebots hätte allenfalls dienstrechtliche, unter Umständen schadensersatzrechtliche, Folgen.

d) Ist die Urkundsperson Beamter, würde sich das Gesagte bereits aus ihren allgemeinen Dienstpflichten ergeben. Das gilt nicht zuletzt für die **Verschwiegenheitspflicht,** die als Aspekt der unparteilichen Amtsführung alle Urkundspersonen betrifft.

Das Beurkundungsgesetz selbst enthält keine Regelungen über die Verschwiegenheitspflicht. Die für Notare geltende Vorschrift des § 18 BNotO ist für die Urkundsperson beim Jugendamt auch nicht entsprechend anwendbar. 52

Diese unterliegt aber zunächst der **allgemeinen Amtsverschwiegenheit** für Behördenbedienstete nach den jeweils maßgebenden beamtenrechtlichen Vorschriften (vgl. hierzu § 67 Abs. 1 Satz 1 BBG und zur Reichweite des Grundsatzes der Amtsverschwiegenheit BVerwG, 25.11.1982 – 2 C 19/80, NJW 1983, 2343).

Darüber hinaus hat die Urkundsperson gem. § 61 Abs. 1 Satz 2 SGB VIII als „Stelle des Trägers der öffentlichen Jugendhilfe, soweit sie Aufgaben nach diesem Buch wahrnimmt", die Vorschriften über den **Schutz von Sozialdaten,** insbesondere § 64 SGB VIII, §§ 67 bis 85a SGB X zu beachten. Nach § 35 Abs. 1 Satz 1 SGB I hat jeder Anspruch darauf, dass die ihn betreffenden Sozialdaten durch die öffentlichen Träger der Jugendhilfe nicht unbefugt erhoben, verarbeitet oder genutzt werden (Sozialgeheimnis). Sozialdaten in diesem Sinne sind auch die Angaben, die gegenüber einem Urkundsbeamten gemacht werden und die Tatsache der Beurkundung einer Erklärung an sich (§ 67 Abs. 1 Satz1 SGB X). Ein Verarbeiten, insbesondere ein Übermitteln von Sozialdaten ist nur zulässig, wenn die Vorgaben des SGB X und SGB VIII beachtet werden.

Das kann namentlich dann praktisch werden, wenn andere Behörden die Urkundsperson um **Amtshilfe** ersuchen wollen. Nach §§ 3, 4 SGB X sind Sozialleistungsträger zur Amtshilfe verpflichtet. Amtshilfe hat dabei grundsätzlich auch die Urkundsperson beim Jugendamt zu leisten. Eine Amtshilfe setzt jedoch voraus, dass das Übermitteln von Daten rechtlich zulässig ist. Es muss demnach eine entsprechende **Übermittlungsbefugnis** vorhanden sein. 53

Grundsätzlich sind Daten **beim Betroffenen zu erheben** (§ 62 Abs. 2 SGB VIII). Wenn die Daten z.B. aus Vereinfachungsgründen bei Dritten erhoben werden sollen, bedeutet der Vorrang der Erhebung bei dem Betroffenen, dass dieser hierin prinzipiell ausdrücklich einwilligen muss. Eine Datenerhebung „hinter seinem Rücken" oder gegen seinen ausdrücklich erklärten Willen bei Dritten, bei anderen Dienststellen usw. ist grundsätzlich verboten, es sei denn, diese ist eigens gesetzlich erlaubt (z.B. nach § 67a Abs. 2 Satz 2, § 62 Abs. 3 SGB VIII; vgl. zum Ganzen DIJuF/*Smessaert,* Allgemeine Grundsätze des Datenschutzes, Themeneinführung, TE-1143, Fragen 4.1 und 5, Erstveröffentlichung in www.kijup-online.de = www.bundesanzeiger-verlag.de/beurkundungen III Nr. 2). 53a

Ersucht beispielsweise eine UVG-Stelle die Urkundsperson darum, ihr als Voraussetzung der Bewilligung von Unterhaltsvorschuss eilig Abschriften einer soeben aufgenommenen Beurkundung der Vaterschaft samt Zustimmung zu übermitteln, da eine Geburtsurkunde mit Beischreibung der Vaterschaft noch nicht vorgelegt werden kann, darf die Urkundsperson dem nur nachkommen, wenn eine **Einwilligung** der vertretungsberechtigten Kindesmutter vorliegt. Im Regelfall wird hierfür eine schriftliche Erklärung zu verlangen sein. Nicht zu verkennen ist aber, dass weniger geschäftsgewandte Mütter sich auch hiermit schwertun werden und somit der Ablauf der Bewilligung der Sozialleistung weiter verzögert werden kann.

Behauptet die Fachkraft der UVG-Stelle in einem Telefongespräch, die Einwilligung der Mutter in die Übermittlung der Abschriften durch die Urkundsperson sei ebenfalls fernmündlich erteilt worden, sollte sie zumindest um eine **schriftliche (auch per E-Mail) dienstliche Versicherung** hierüber ersucht werden.

53b Kommt der Betroffene seiner Mitwirkungspflicht gegenüber der anderen Behörde nicht nach oder ist eine Erhebung bei ihm aus objektiven Gründen nicht möglich, könnte die Regelung in **§ 69** Abs. 1 Nr. 1 **Alt. 3 SGB X** eine Übermittlungsbefugnis darstellen. Nach dieser Norm können Daten an einen anderen Sozialleistungsträger übermittelt werden, damit dieser seinen Aufgaben nachkommen kann.

Fraglich ist, ob nach **§ 64 Abs. 2 SGB VIII** ergänzend zu prüfen ist, ob durch das Übermitteln der Erfolg einer noch zu gewährenden, bereits gewährten und abgeschlossenen oder gewährten laufenden Leistung nicht in Frage gestellt wird (Wiesner/*Mörsberger*, § 64 SGB VIII Rn. 14). Der Begriff der „Leistung" umfasst allerdings nur Leistungen i.S.d. § 2 Abs. 2 SGB VIII (*LPK*-SGB VIII/*Kunkel,* § 64 Rn. 5; Wiesner/*Mörsberger,* § 64 SGB VIII Rn. 14).

54 Die Regelung in § 64 Abs. 2 SGB VIII stellt jedoch nur eine gesetzliche Konkretisierung des Verhältnismäßigkeitsprinzips dar (*LPK*-SGB VIII/*Kunkel,* § 64 Rn. 5; *Wiesner/Mörsberger, § 64 SGB VIII Rn. 14*). Unabhängig von der Anwendbarkeit oder Nichtanwendbarkeit der Regelung ist daher zu prüfen, ob das Übermitteln von Daten durch die Urkundsperson verhältnismäßig ist. Dies lässt sich aber – in Übereinstimmung mit der in ständiger Gutachtenpraxis vertretenen Auffassung des DIJuF e.V. – nicht bejahen. Der vom Gesetz beabsichtigte **einfache, niederschwellige und zumeist kostenfreie Zugang zu einer Beurkundung** würde **untergraben,** wenn bei einer Beurkundung im Jugendamt **Daten an andere Sozialleistungsträger ohne Einwilligung der Betroffenen** weitergegeben werden könnten. Zudem ermöglicht die Beurkundung vielfach einen Einstieg in eine Beratung bzw. oder wird im Kontext einer Beratung vorgenommen. Dem Übermitteln von Daten aus einer Beratung würde jedoch die Regelung in § 64 Abs. 2 SGB VIII und zudem der besondere Schutz von im Rahmen persönlicher und erzieherischer Hilfen anvertrauten Daten nach § 65 SGB VIII entgegenstehen.

A.III. Erteilung der Urkundsermächtigung und die Stellung der Urkundsperson

Wird der Urkundsperson allerdings nachträglich bekannt, dass sie aufgrund **falscher Angaben einer Mutter zu ihrem zum Familienstand** („ledig" statt richtig: „verheiratet") unzutreffend die Wirksamkeit einer Vaterschaftsanerkennung angenommen und die entsprechenden Abschriften gem. § 1597 Abs. 2 BGB vorbehaltlos dem Standesamt übermittelt hatte, welches daraufhin den Anerkennenden entgegen § 1594 Abs. 2 BGB beigeschrieben hatte, ist sie nicht gehindert, ihre nunmehrigen Erkenntnisse dem Standesamt zu übermitteln. Die Zulässigkeit ergibt sich unmittelbar aus § 69 Abs. 1 Nr. 1 SGB X.

Keinesfalls ist die Urkundsperson befugt, etwa Erkenntnisse aus einer Beurkundung zum Zweck der **Strafverfolgung** weiterzugeben (z.B. über einen **Inzest**, durch den ein Kind gezeugt wurde, zu dem die Vaterschaft vor ihr anerkannt wird). Denn ein etwaiges Strafverfahren, das Erkenntnisse aus einer solchen Beurkundung verwerten würde, hängt nicht allein deshalb mit der Aufgabenerfüllung durch die Urkundsperson zusammen. Auch der Katalog des § 71 SGB X, der die Übermittlung für die Erfüllung besonderer gesetzlicher Pflichten und Mitteilungsbefugnisse vorsieht, enthält keine Befugnisnorm für eine Mitteilung der Urkundsperson an Polizei oder Staatsanwaltschaft. Deshalb kann erst recht **keine Verpflichtung zu einer entsprechenden Strafanzeige** bejaht werden. 55

Zur Frage, ob die **Urkundsperson in ausländerrechtliche Mitteilungspflichten** eingebunden ist, vgl. DIJuF-Rechtsgutachten 20.11.2008, JAmt 2009, 20, www.bundesanzeiger-verlag.de/beurkundungen, IV Nr. 2. Zu allgemeinen Grundsätzen des Datenschutzes im Jugendamt DIJuF/*Smessaert*, Themeneinführung TE-1143, Erstveröffentlichung in www.kijup-online.de = www.bundesanzeiger-verlag.de/beurkundungen, III Nr. 2.

In gerichtlichen Verfahren kommt ggf. ein **Zeugnisverweigerungsrecht nach § 383 Abs. 1 Nr. 6 ZPO** in Betracht. Danach sind zur Verweigerung des Zeugnisses u.a. berechtigt „Personen, denen kraft ihres Amtes (...) Tatsachen anvertraut sind, deren Geheimhaltung durch ihre Natur oder durch gesetzliche Vorschrift geboten ist, in Betreff der Tatsachen, auf welche die Verpflichtung zur Verschwiegenheit sich bezieht."

Zweifelsfrei fallen hierunter Notare, die auch bezüglich eigener Amtshandlungen ein Zeugnisverweigerungsrecht haben (Thomas/Putzo/*Reichold* ZPO § 383 Rn. 6 m.w.N.). Es erscheint naheliegend, dass auch die Urkundsperson beim Jugendamt sich ein entsprechendes Zeugnisverweigerungsrecht berufen könnte.

Für das **strafprozessuale Zeugnisverweigerungsrecht** enthält allerdings § 53 StPO einen Katalog der betroffenen Berechtigten. Dort sind in Abs. 1 Nr. 3 neben zahlreichen anderen Berufsgruppen ausdrücklich „Notare" genannt, nicht aber Urkundspersonen beim Jugendamt. Inwieweit diese Bestimmung analogiefähig ist, wurde bisher, soweit erkennbar, noch nicht in veröffentlichter Rechtsprechung entschieden.

56 e) Das **in § 3** Abs. 1 Nr. 7 **BeurkG** aufgenommene **Mitwirkungsverbot** für die Beurkundungstätigkeit der Notare hat verschiedentlich Zweifel aufgeworfen, inwieweit es entsprechend auch auf Jugendämter anwendbar ist. Die Vorschrift sieht vor, dass der Notar an einer Beurkundung nicht mitwirken soll, wenn es sich handelt um „Angelegenheiten einer Person, für die der Notar außerhalb seiner Amtstätigkeit oder eine Person im Sinne der Nr. 4 ... (Personen, mit denen der Notar sich zur gemeinsamen Berufsausübung verbunden hat) ... außerhalb ihrer Amtstätigkeit in derselben Angelegenheit bereits tätig war oder ist, es sei denn diese Tätigkeit wurde im Auftrag aller Personen ausgeübt, die an der Beurkundung beteiligt sein sollen" (vgl. hierzu *Mihm*, DNotZ 1999, 8). Ist dieses Beurkundungsverbot zu beachten, wenn die **Urkundsperson des Jugendamts in derselben Angelegenheit bereits als Vormund, Pfleger bzw. Beistand tätig** war oder ist? Das würde vor allem die Arbeitsfähigkeit kleinerer Jugendämter beeinträchtigen, in denen Beurkundungs- und Sachbearbeitungstätigkeit von ein und denselben Fachkräften ausgeübt werden müssen.

57 Zu einer derartigen Auslegung zwingt aber die gesetzliche Regelung nicht. Vielmehr ist **§ 3 BeurkG auf die Urkundsperson beim Jugendamt nicht uneingeschränkt anwendbar,** sondern wird zumindest in Teilbereichen durch § 59 Abs. 2 SGB VIII als speziellere Vorschrift verdrängt (vgl. auch BT-Drs. VI/674, 13). Dementsprechend hat etwa die Rechtsprechung § 3 Abs. 1 Nr. 8 (früher Nr. 5) BeurkG – Angelegenheiten einer Person, zu der der Beurkundende in einem ständigen Dienst- oder ähnlichen ständigen Geschäftsverhältnis steht – auf den Urkundsbeamten des Jugendamtes nicht angewendet; vielmehr wurde die Beurkundung eines Geschäfts zugunsten seiner Anstellungsbehörde zugelassen (Kammergericht Berlin, 21.1.1972 – 1 W 1613/71, OLGZ 1973, 112 [116] = Rpfleger 1972, 447). Deshalb ist § 59 Abs. 2 SGB VIII auch gegenüber § 3 Abs. 1 Nr. 7 BeurkG als Spezialnorm anzusehen, so dass dieser für den Mitarbeiter des Jugendamtes nicht gilt (Wiesner/*ders.*, § 59 SGB VIII Rn. 17; MüKo/*Tillmanns*, § 59 SGB VIII Rn. 5 m. w. N. auch zur abw. Ansicht).

58 Unabhängig hiervon trifft aber auch der **Normzweck** des § 3 Abs. 1 Nr. 7 BeurkG auf Mitarbeiter des Jugendamtes nicht zu. Zielrichtung dieses Mitwirkungsverbots war die Sicherung einer unabhängigen und unparteiischen Amtsausübung des Notars, wenn dieser zur gemeinsamen Berufsausübung mit anderen Personen verbunden ist, insbesondere bei Anwaltsnotaren. Eine derartige berufliche Konstellation besteht bei den Mitarbeitern der Jugendämter aber gerade nicht. Deshalb greift das **Mitwirkungsverbot generell** dann **nicht** ein, wenn die Urkundsperson (oder ein sonstiger Mitarbeiter des Jugendamts) in der Eigenschaft als **Mitarbeiter des Jugendamts mit einer Angelegenheit vorbefasst ist oder war** (ebenso *Bundesministerium der Justiz* in einem unveröffentlichten Schreiben vom 18. Februar 1999, Gz. RA 5 – 3830/7/11 1684/98).

Gleichwohl verbleibt allerdings ein **optisch unschöner Eindruck**, wenn dem Schuldner ein und der-/dieselbe Bedienstete des Jugendamts zunächst als interessengebundener Beistand des Kindes und sodann als von Gesetzes wegen zu objektiver und neutraler Belehrung verpflichtete Urkundsperson begegnet. An die grundsätzliche Kritik von dritter Seite an der Urkundstätigkeit beim Jugendamt (oben Rn. 32) sei hier ausdrücklich erinnert. Deshalb sollte **angestrebt** werden, solche Fallkonstellationen **möglichst zu vermeiden**.

IV. Die Praxis der Urkundstätigkeit: Allgemeine Grundsätze

1. Zuständigkeit der Urkundsperson

a) Örtliche, sachliche, funktionelle

Der Katalog des § 59 Abs. 1 Satz 1 SGB VIII umreißt das, wozu die Urkundsperson im Jugendamt ermächtigt ist. Er beschreibt damit ihre **sachliche** Zuständigkeit. 59

Beurkundungen nach § dieser Vorschrift sind eine **andere Aufgabe der Jugendhilfe gem. § 2** Abs. 3 Nr. 1 **2 SGB VIII**. Auch diese Aufgabe wird nach § 6 Abs. 1 Satz 2 SGB VIII nur gegenüber „jungen Menschen, Müttern, Vätern und Personensorgeberechtigten von Kindern und Jugendlichen" erbracht, „die ihren **tatsächlichen Aufenthalt** im Inland haben". Das gilt unabhängig von ihrer Staatsangehörigkeit (vgl. § 6 Abs. 2 Satz 2 SGB VIII).

Diese Voraussetzung ist wohl nicht erfüllt, wenn jemand einen **gewöhnlichen Aufenthalt im Ausland** hat und sich nur tage- und besuchsweise in Deutschland aufhält oder sogar lediglich zu einer einzigen bestimmten Verrichtung hierher einreist. Das kann praktisch werden in **grenznahen Jugendamtsbezirken,** wenn das Kind ausländischer Eltern mit gewöhnlichem Aufenthalt im Ausland in einer deutschen Klinik zur Welt kommt und das zuständige deutsche Standesamt für die Beischreibung der Vaterschaft kostenträchtige Übersetzungen im Ausland beurkundeter Vaterschaftsanerkennungen verlangt (vgl. hierzu *DIJuF-Rechtsgutachten* vom 8.12.2011, www.bundesanzeiger-verlag.de/beurkundungen, IV Nr. 3).

Anders kann dies zu beurteilen sein, wenn mindestens ein Elternteil und damit wohl auch das Kind **deutscher Staatsangehöriger** wäre. In diesem Fall könnten Leistungen der Jugendhilfe unter den Voraussetzungen des § 6 Abs. 3 SGB VIII auch dann gewährt werden, wenn der oder die Deutsche seinen gewöhnlichen Aufenthalt im Ausland hat und dort keine entsprechende Hilfe erlangen kann. Es wäre zumindest erwägenswert, im Wege eines Erst-recht-Schlusses dann auch die Erfüllung sonstiger Aufgaben wie einer Beurkundung für geboten zu halten (wobei sich allerdings die Frage stellen könnte, inwieweit nicht eine mögliche Beurkundung im Ausland vorrangig wäre). 60

Zwar bleiben nach **§ 6** Abs. 4 **SGB VIII** Regelungen des **über- und zwischenstaatlichen Rechts** unberührt. Es ist aber keine einschlägige Vorschrift erkennbar, welche ein deutsches Jugendamt verpflichten könnte, eine Anerkennung der Vaterschaft auch dann zu beurkunden, wenn die Eltern oder das Kind nicht einmal einen tatsächlichen Aufenthalt in Deutschland haben, sondern ausschließlich zum Zweck der Beurkundung einreisen aus dem Land, in welchem sie ihren gewöhnlichen Aufenthalt haben.

61 Was die **örtliche** Zuständigkeit betrifft, wollte der Gesetzgeber die Inanspruchnahme der Beurkundung beim Jugendamt nach Möglichkeit fördern. Sie bietet den Anreiz zur streitlosen Erledigung unter der Gewähr sachkundiger und zugleich neutraler Beratung; auch ist sie grundsätzlich kostenfrei (unten Rn. 142). Daraus erklärt sich die Bestimmung des § 87e SGB VIII. Für die Urkundstätigkeit **ist jedes (beliebige) Jugendamt zuständig.** Die Beteiligten sollen für die Beurkundung das nächstgelegene Jugendamt aufsuchen dürfen, ohne sich unter Zuständigkeitsbedenken hin und herschicken lassen zu müssen. Der Mann, der seine Vaterschaft anerkennen will, soll sich nicht erst zu dem vielleicht entfernten Jugendamt, bei welchem die Beistandschaft geführt wird, bemühen müssen. Überdies kann er auch ein legitimes Interesse daran haben, seine Vaterschaft vor einem Jugendamt anzuerkennen, bei dem er nicht persönlich bekannt ist. Die Zuständigkeit eines jeden Jugendamts gilt nicht nur für Beurkundungen in Angelegenheiten des Kindes, sondern auch für Ansprüche der Kindesmutter nach § 1615l BGB.

62 Ein Jugendamt kann deshalb bei Vornahme einer Beurkundung auch **nicht in Amtshilfe** für ein anderes Jugendamt handeln, selbst wenn es von jenem ersucht wurde, einem Beteiligten einen Termin etwa zur Beurkundung der Vaterschaft anzubieten. Denn Amtshilfe ist ausgeschlossen, soweit die Hilfeleistung der ersuchten Behörde in eigener Zuständigkeit obliegt (§ 3 Abs. 2 SGB X). Zu einem – negativen – **Zuständigkeitsstreit** eines Jugendamtes, in dessen Bereich eine **JVA** liegt, mit dem **Rechtspfleger** des Amtsgerichts vgl. DIJuF-Rechtsgutachten 27.6.2002, www.bundesanzeiger-verlag.de/beurkundungen, IV Nr. 4.

63 § 87e SGB VIII besagt anderseits nicht, dass die Urkundsperson überall im Gebiet der Bundesrepublik urkunden dürfe, beispielsweise im Zusammenhang mit einer Dienstreise. Auch soweit sie in einer „auswärtigen" Sache in Anspruch genommen wird, bleibt ihre Ermächtigung doch stets auf ein **Tätigwerden innerhalb ihres Amtsbezirks** gebunden. Eine Überschreitung dieser Schranke soll allerdings nach der ausdrücklichen Bestimmung des § 2 BeurkG auf die Gültigkeit des Urkundsaktes keinen Einfluss haben. Dass sie innerhalb ihres Amts*bezirks* bei Gefahr im Verzuge oder im Falle zwingender Verhinderung des Erscheinens eines Beteiligten an Amtsstelle auch **außerhalb des Dienst*sitzes*** Urkundstätigkeit ausüben darf, bleibt hiervon unberührt. Das entspricht auch nur einem allgemeinen Grundsatz des Beurkundungsrechts (Grziwotz/Heinemann/*Grziwotz*, § 2 BeurkG Rn. 7 unter Hinw. auf BVerfG, 9.8.2000 – 1 BvR 647/98, NJW 2000, 3486 und BGH, DNotZ 1968, 501).

64 Die sog. **funktionelle** Zuständigkeit ergibt sich aus der erteilten Ermächtigung. Sie gilt dem gesamten Tätigkeitsbereich; deshalb können in ein und derselben Beurkundungsangelegenheit auch mehrere der so Ermächtigten unabhängig voneinander, insbesondere nacheinander, tätig werden.

Für die Beurkundung der Unterwerfung unter die sofortige Zwangsvollstreckung in den Fällen der Verpflichtungserklärungen nach § 59 Abs. 1 Satz 1 Nr. 3 oder 4 hat § 60 SGB VIII die Möglichkeit und das Erfordernis einer Ermächtigung nicht nochmals wiederholt. Beides ist vom Gesetz offenbar vorausgesetzt. Denn § 60

Satz 1 SGB VIII geht davon aus, dass der Schuldner sich „in der Urkunde", durch die er sich verpflichtet und die von einem Beamten oder Angestellten des Jugendamts „innerhalb der Grenzen seiner Amtsbefugnisse aufgenommen worden ist", der sofortigen Zwangsvollstreckung unterworfen hat. Mit der **für die Beurkundung nach § 59 SGB VIII erteilten Ermächtigung** ist deshalb auch diejenige für Beurkundungen **nach § 60 SGB VIII** – Unterwerfung unter die sofortige Zwangsvollstreckung – hinreichend **abgedeckt** (ebenso *Kurtze, S. 43*); aus ihr wiederum folgt die Zuständigkeit zur Erteilung der vollstreckbaren Ausfertigung solcher Unterwerfungsurkunden nach § 60 Satz 3 SGB VIII.

b) Rechtsfolgen der Verletzung der Zuständigkeit

Fehlt es an der Ermächtigung für denjenigen, der „als Urkundsperson" tätig geworden ist (etwa weil er annahm, als der allgemeine innerdienstliche Vertreter des ermächtigten Behördenbediensteten in dessen sonstigen Funktionen im Jugendamt dürfe er ohne weiteres auch dessen Urkundsfunktion wahrnehmen), so begründen seine Akte nur den **unbeachtlichen Schein einer Beurkundung**. Ob die von ihm aufgenommenen Protokolle, wenn von einem Beteiligten unterschrieben, als Privaturkunde (Unterhaltsverpflichtung als Leibrentenversprechen, §§ 759, 761 BGB) aufrechterhalten oder als Beweisindiz für eine Vaterschaft im Vaterschaftsprozess Verwendung finden können, ist eine andere Frage. Sie ist hier nicht zu vertiefen.

65

Die **Überschreitung der sachlichen Zuständigkeit**, d.h. die Vornahme einer vom Katalog des SGB VIII nicht gedeckten Beurkundung, macht diese als solche **unwirksam**. So kann die Urkundsperson z.B. keine Einwilligungen in die Adoption nach den §§ 1746, 1747 BGB wirksam beurkunden. Diese Beurkundung ist dem Notar vorbehalten.

2. Beurkundung und Beglaubigung als Erscheinungsformen der „öffentlichen Urkunde" (§§ 415, 418 ZPO); Beweiskraft; Bedeutung des Ausdrucks „öffentlich"

Der Katalog des § 59 SGB VIII spricht von „beurkunden". Gemeint ist die „öffentliche" Beurkundung, die in den maßgebenden Sachrechtsvorschriften verlangt wird (z.B. § 1597 Abs. 1, § 1626d Abs. 1 BGB). Der Begriff der „öffentlichen Urkunde" ist in § 415 ZPO definiert: Erstellung der Urkunde durch eine öffentliche Behörde innerhalb ihrer Amtsbefugnisse oder durch eine mit öffentlichem Glauben versehene Person (Rn. 67) innerhalb ihres Geschäftskreises in der „vorgeschriebenen" Form, d.h. einer für Beurkundungszwecke eigens vorgesehenen, die erhöhte Beweiskraft sichernden Form.

66

Die **öffentliche Beurkundung** ist, wie § 415 ZPO näher erläutert, der wichtigste Fall einer öffentlichen Urkunde. Sie ist die amtliche Feststellung einer vor der urkundenden Stelle (Behörde oder Urkundsperson) abgegebenen *Erklärung;* die vorgeschriebene Form ist die förmliche, nach den Regeln des Beurkundungsgesetzes (§§ 8 ff.) aufgenommene *Niederschrift*.

Die **öffentliche Beglaubigung** ist eine Erscheinungsform der öffentlichen Urkunde sonstigen Inhalts. Ihr gesetzlicher Ort ist § 418 ZPO; ihre vorgeschriebene Form regelt § 129 BGB, ergänzt durch §§ 39, 40 BeurkG.

67 Der Zusatz **„öffentlich"** zu den Vokabeln Beurkundung und Beglaubigung besagt nicht, dass diese Tätigkeit vor der Öffentlichkeit i.S. der Wahrnehmbarkeit durch einen beliebigen Personenkreis ausgeübt werde. Das Gegenteil ist ja der Fall. Er ist lediglich entlehnt aus der Funktion der „öffentlichen" Behörde bzw. der mit „öffentlichem" Glauben versehenen Urkundsperson. Bei der Behörde wäre eine solche Kennzeichnung entbehrlich. Bei der Urkundsperson ist sie konstitutiv; sie kennzeichnet den Rang ihrer Tätigkeit, insofern ihre Urkunden die erhöhte Beweiskraft von § 415 Abs. 2, § 418 Abs. 2 ZPO genießen. Wer sie bezweifelt, ist zum Gegenbeweis genötigt.

68 Personen öffentlichen Glaubens bilden einen begrenzten Kreis besonders vertrauenswürdiger und auf Grund dieses besonderen Vertrauens in das Urkundsamt berufener Amtsträger. Zu ihnen gehört die Urkundsperson im Jugendamt. Sie führen ein **Dienstsiegel**. Denn auch die Verwendung des Dienstsiegels gehört zu der die öffentliche Urkunde konstituierenden Form (§§ 39, 44 i.V.m. § 47, § 49 Abs. 2 Satz 2 BeurkG). Das Dienstsiegel der Urkundspersonen bei den Jugendämtern ist das ihrer Behörde (oben Rn. 29).

3. Öffentliche Beurkundung und öffentliche Beglaubigung: Abgrenzungen; allgemeine Formerfordernisse des Urkundsakts; geschäftliche Behandlung

a) Öffentliche Beurkundung

69 Sie ist als Wirksamkeitserfordernis vorgeschrieben im hier einschlägigen **materiellen Recht des BGB**

- für die Anerkennung der Vaterschaft (§ 1597 Abs. 1)

- für die Zustimmung der Mutter bzw. gegebenenfalls des Kindes oder ihrer gesetzlichen Vertreter zur Anerkennung der Vaterschaft, ferner der Zustimmung des Mannes, der im Zeitpunkt der Geburt mit der Mutter verheiratet ist, zur Anerkennung (§ 1597 Abs. 1)

- für den Widerruf der Einwilligung des Kindes in die Adoption (§ 1746 Abs. 2 Satz 2)

- für den Verzicht des „nichtehelichen" Vaters auf seine Vorgriffsrechte gegenüber einer Fremdadoption nach § 1747 Abs. 3 Nr. 3

- für die Bereiterklärung der Adoptionsbewerber zur Annahme eines ihnen zur internationalen Adoption vorgeschlagenen Kindes (§ 7 Abs. 1 des Adoptionsübereinkommens-Ausführungsgesetzes)

- für die Sorgeerklärungen der nicht miteinander verheirateten Eltern eines Kindes nach § 1626a Abs. 1 Nr. 1

- sowie im **Recht der Zwangsvollstreckung** als Mittel der Titulierung von Beträgen auf freiwilliger Grundlage durch Unterwerfung unter die sofortige Zwangsvollstreckung; so hier
- für die Verpflichtung zur Erfüllung von Unterhaltsansprüchen eines Abkömmlings
- für die Verpflichtung zur Erfüllung von Ansprüchen des anderen Elternteils nach § 1615l BGB.
- für eine Erklärung des im vereinfachten Verfahren auf Unterhalt in Anspruch genommenen Elternteils nach § 252 FamFG; zu den Besonderheiten aber unten Rn. 760 ff.

Nicht vorgeschrieben, aber auch nicht ausgeschlossen ist sie schließlich als Form einer der vorgenannten **Verpflichtungserklärungen,** wenn sie **ohne Unterwerfung unter die sofortige Zwangsvollstreckung** abgegeben werden soll.

Zu allen diesen Beurkundungen ist die Urkundsperson nach § 59 Abs.1 Satz 1 Nrn. 1 bis 9 SGB VIII ermächtigt.

Die erforderliche **Form** der öffentlichen Beurkundung ist in den §§ 8 bis 13a BeurkG geregelt. Sie vollzieht sich in der Gestalt der **Aufnahme einer Verhandlung.** § 9 Abs. 1 und § 13 Abs. 1 Satz 1, Abs. 3 Satz 1 enthalten die zwingenden Anforderungen *(Mussvorschriften),* deren Außerachtlassung die Verhandlung nichtig macht. Danach muss die Niederschrift **70**

a) die **Bezeichnung der Urkundsperson und der Beteiligten** enthalten. Die Urkundsperson muss mit dieser ihrer Funktion in der Niederschrift kenntlich gemacht sein. Zweckmäßig geschieht das unter Angabe ihrer Ermächtigung und der sie aussprechender Stelle. Sie wird dadurch abgehoben von der Anführung der „Beteiligten"; das sind die mit eigenen Erklärungen (§ 9 Abs. 1 Nr. 2 BeurkG) am Urkundsakt Mitwirkenden. Sie müssen mit mindestens ihrem Familiennamen aufgeführt werden; jedoch genügt zur Erfüllung der Mussvorschrift ein Pseudonym, etwa ein Künstlername. Tritt ein Beteiligter im Namen eines anderen auf, so muss dieser ersichtlich sein, wenn der Urkundsakt für und gegen den Vertretenen wirken soll;

b) die **Erklärungen der Beteiligten wiedergeben**, zweckmäßig in direkter Rede;

c) nach (!) Fertigstellung in Gegenwart der Urkundsperson (nicht notwendig von ihr persönlich; sie kann total heiser sein, bliebe aber für die korrekte Handhabung durch eine Hilfsperson gleichwohl verantwortlich) mit vollständigem Wortlaut **vorgelesen,** von dem oder den Beteiligten **genehmigt** – wörtlich, durch Gesten – und von ihnen eigenhändig **unterschrieben** werden (§ 13 Abs. 1 BeurkG). „Eigenhändig" schließt aus, dass dem Unterschreibenden die Hand geführt worden ist; solche „Hilfen" würden die Beurkundung unwirksam machen. Bei Schreibunfähigkeit greifen andere Vorschriften ein (s. Rn. 138 ff.). Vorlage der Niederschrift zur Durchsicht ersetzt die Verlesung nicht; sie kann höchstens zusätzlich vor Erteilung der Genehmigung von dem oder den Beteiligten verlangt werden. Noch weniger genügt es, die Niederschrift in deren Gegenwart einer Schreibkraft laut zu diktieren. **„Verlesen" bedeutet:** im Zusammenhang zu Gehör bringen, setzt also voraus, dass der Text schriftlich fixiert vorliegt

71 Grundsätzlich sollte die Urkundsperson die Niederschrift **selbst vorlesen**. Ist ihr das z.B. wegen einer Erkältungskrankheit nicht möglich, sollte sie jedenfalls eine Kopie des Urkundentextes in Händen halten und „mitlesen." Diese optische Endkontrolle des Urkundentextes ist effektiver als eine rein akustische (Armbrüster/Preuß/Renner/*Renner*, § 13 BeurkG Rn. 6). Deshalb ist es auch **unzulässig**, wenn die Urkundsperson die Beurkundung **„am Bildschirm"** vornimmt, also nicht den Papierausdruck der Urkunde, sondern den am Bildschirm erscheinenden Text vorliest und erst nach dem „Verlesen" den Text ausdruckt. Vorgelesen werden muss vom Papier, und zwar die Niederschrift selbst (OLG Frankfurt, 30.8.1999 – 1 Not 1/98, DNotZ 2000, 513; *Mihm*, NJW 1997, 3121; *Lerch*, § 13 BeurkG Rn. 7;, Armbrüster/Preuß/Renner/*Renner*, § 29 DONot Rn. 9).

Fertigstellung der Niederschrift in Abschnitten ist zulässig, wenn die an dem jeweiligen Abschnitt Beteiligten nach Verlesung und Genehmigung gesondert unterschreiben. So etwa zunächst die Anerkennung der Vaterschaft und sodann, nachdem der Anerkennende sich entfernt hat, die Zustimmung der Mutter bzw. des Kindes; das Gesamtprotokoll braucht dessen ungeachtet von der Urkundsperson nur einmal, am Schluss, abgeschlossen zu werden (s. unten unter e);

72 d) mit der eigenhändigen **Unterschrift der Urkundsperson abgeschlossen** sein. Gegenwart des oder der Beteiligten ist hierbei nicht mehr erforderlich. Die Urkundsperson kann ihre Unterschrift vollziehen, auch wenn jene sich nach Verlesung, Genehmigung und Unterschriftsleistung entfernt haben; sogar dann, wenn sie nach ihrem letzten Federstrich verstorben sind oder das Bewusstsein verloren haben sollten (die Unterschrift der Urkundsperson bezeugt nur, dass die Erklärungen der Beteiligten formgerecht abgegeben sind); s. auch § 130 Abs. 2 BGB. Zur Frage der Nachholung einer versehentlich unterbliebenen Unterschrift vgl. *DIV-Gutachten* 14. 7. 1997 (DAVorm 1997, 852).

Bei der **Unterschrift** muss es sich um einen individuell gestalteten (nicht notwendig „leserlichen") Schriftzug handeln. Eine Abkürzung (Paraphe) genügt nicht. Als Unterschrift ist nach der Rechtsprechung des Bundesgerichtshofs „ein aus Buchstaben einer üblichen Schrift bestehendes Gebilde zu fordern, das nicht lesbar zu sein braucht. Erforderlich, aber auch genügend ist das Vorliegen eines die Identität des Unterschreibenden ausreichend kennzeichnenden Schriftzuges, der individuelle und entsprechend charakteristische Merkmale aufweist, die die Nachahmung erschweren, der sich als Wiedergabe eines Namens darstellt und der die Absicht einer vollen Unterschriftsleistung erkennen lässt, selbst wenn er nur flüchtig niedergelegt und von einem starken Abschleifungsprozess gekennzeichnet ist. Unter diesen Voraussetzungen kann selbst ein vereinfachter und nicht lesbarer Namenszug als Unterschrift anzuerkennen sein, wobei insbesondere von Bedeutung ist, ob der Unterzeichner auch sonst in gleicher oder ähnlicher Weise unterschreibt. ... In Anbetracht der Variationsbreite, die selbst Unterschriften ein und derselben Person aufweisen, ist jedenfalls dann, wenn die Autorenschaft gesichert ist, bei den an eine Unterschrift zu stellenden Anforderungen ein großzügiger Maßstab anzulegen" (BGH, 27.9.2005 – VIII ZB 105/04, Rn. 8, NJW 2005, 3775).

Unterschreiben **mehrere Beteiligte mit gleichem Familiennamen**, aber ohne unterscheidende Zusätze, so ist dadurch noch kein Wirksamkeitserfordernis verletzt (wer die jeweilige Unterschrift geleistet hat, lässt sich nachträglich durch Unterschriftproben feststellen). Doch erstreckt die Sollvorschrift (unten Rn. 74 unter b) bezüglich des Gebots unterscheidender Kennzeichnung im Eingang des Protokolls sich auch auf die entsprechende Unterschriftsleistung.

Wird die Unterschrift in einer **Ausfertigung** wiedergegeben, welche nicht durch Fotokopieren, sondern als Ausdruck einer gespeicherten Textverarbeitungsdatei erstellt wird, ist es zulässig und üblich, **hinter der Kurzbezeichnung „gez." den ausgeschriebenen Vor- und Nachnamen** des Beteiligten zu setzen, also etwa „gez. Hubert Mayer" (vgl. *Winkler*, § 42 BeurkG Rn. 9). Entscheidend ist der Beglaubigungsvermerk des Notars bzw. der Urkundsperson: Mit ihm wird die Übereinstimmung der Abschrift mit dem Vorbild bescheinigt; gleichgültig ist, mit welchem technischen Verfahren oder mit welcher Kombination technischer Verfahren die Abschrift hergestellt wurde. **73**

Vermieden werden sollte auch bei nur einem Beteiligten die Wiedergabe in folgender Form: „gez. Unterschrift des Vaters" o.Ä. Obwohl die Ansicht vertretbar wäre, dass der anschließende Beglaubigungsvermerk in diesem Fall auch die Tatsache der Unterzeichnung durch den Vater zum Ausdruck bringt, kann diese Art der Wiedergabe der Unterschrift irritieren. Denn sie vermag bei flüchtigem Hinsehen den Eindruck zu erwecken, die Urschrift sei zur Unterzeichnung vorbereitet gewesen, aber tatsächlich nicht unterschrieben worden. Das gilt vor allem dann, wenn daneben der Name der Urkundsperson über deren Dienstbezeichnung ausgeschrieben wird. Es bedeutet vermeidbare Mehrarbeit, wenn die Urkundsperson auf Nachfragen die tatsächliche Unterzeichnung durch den Beteiligten erläutern muss.

Zahlreicher sind die Vorschriften, die die Urkundsperson als so genannte *Soll-Bestimmungen* bei der Protokollierung zwar ebenso zu beachten hat, deren Vernachlässigung aber die Urkunde nicht unwirksam macht (§ 9 Abs. 2, § 10, § 13 Abs. 1 Satz 2 und 4, Abs. 3 Satz 2 BeurkG). Danach soll die Niederschrift **74**

a) **Ort und Tag der Verhandlung** angeben. Geschieht die Beurkundung nicht an Amtsstelle, so sollte die Örtlichkeit (Krankenhaus, Wohnung eines nicht transportfähigen Beteiligten) näher bezeichnet werden. Für die Angabe des Tages der Verhandlung ist zwar der Vorschrift genügt, wenn das Kalenderdatum eindeutig fixierbar ist („Ostermontag"; „Am Tage nach Fronleichnam") und die

Jahreszahl hinzugefügt wird; jedoch sollte grundsätzlich die herkömmliche Schreibweise des Datums verwendet werden;

b) die **Beteiligten so genau bezeichnen**, dass Zweifel und Verwechslungen ausgeschlossen sind (Näheres Rn. 147). Diese Anforderung steht in Zusammenhang mit der Obliegenheit der Urkundsperson in § 10 Abs. 1 BeurkG: Sie soll sich Gewissheit über die Person der Beteiligten verschaffen. § 10 Abs. 2 BeurkG gebraucht in diesem Zusammenhang einen weiter gefassten Beteiligtenbegriff als § 9 Abs. 1 Nr. 1 (oben Rn. 70 unter a) für den Kreis der zur Beurkundung Erschienenen, insofern er die materiell Beteiligten einbezieht: Daher gilt das Gebot der zweifelsfreien Kennzeichnung auch für diejenigen, die durch die Beurkundung sachlich betroffen werden, insbesondere Rechte erwerben sollen, wie das Kind, der andere Elternteil in den Fällen des § 1615l BGB, oder die Adoptionsbewerber im Fall von § 1746 BGB; anzugeben ist, ob die **Urkundsperson die Beteiligten kennt,** oder wie sie sich Gewissheit über ihre Person verschafft hat (s. darüber Rn. 147 ff.);

c) den Beteiligten, wenn sie es verlangen, **vor der Genehmigung zur Durchsicht vorgelegt** werden. Eine Belehrung über dieses Recht ist allerdings nicht vorgeschrieben, wie der Gegenschluss aus § 16 Abs. 2 Satz 3 BeurkG ergibt;

d) die **Verlesung, Genehmigung und eigenhändige Unterschriftsleistung durch die Beteiligten feststellen.** „V.g.u" ist nicht ordnungsgemäß (*Winkler*, § 13 BeurkG Rn. 71), korrekt ist nur der vollständige Wortlaut, also „vorgelesen, genehmigt und unterschrieben". Die Beifügung „eigenhändig" ist überflüssig. Auch die auf Verlangen gewährte Vorlage zur Durchsicht sollte, obwohl das Gesetz dies nicht vorschreibt, in der Niederschrift festgestellt werden;

e) die **amtliche Bezeichnung der Urkundsperson** zu ihrer Unterschrift enthalten. Gemeint ist nicht die Dienst-, sondern die Funktionsbezeichnung („als Urkundsperson beim Jugendamt X").

Die eingeführten Formulare sind zumeist an den vorstehenden Erfordernissen ausgerichtet. Wenn nötig, etwa hinsichtlich des Verlangens der Vorlage zur Durchsicht und der Feststellung, dass dies geschehen sei, wäre das Formular von Hand zu ergänzen.

75 Soweit **ausländische Eigennamen oder Ortsbezeichnungen** mit sogenannten diakritischen **Zusatzzeichen** (Häkchen, Akzenten, kleinen Kreisen über Vokalen wie bei dänischen oder schwedischen Umlauten, Tilden wie in den iberischen Sprachen) geschrieben werden, müssen diese auch für die Beurkundung im Jugendamt verwendet werden. Denn in dieser Gestalt ist die Schreibweise zugleich ein Teil der Identität der Person und ihrer Nachprüfbarkeit (unten Rn. 147 ff.). Die Vorgaben in Nr. A 4.2 der Allgemeinen Verwaltungsvorschrift zum Personenstandsgesetz (PStG-VwV) sind insoweit nur Ausfluss eines allgemeinen Rechtsgedankens. Schwierigkeiten wird dieses Erfordernis dann nicht bereiten, wenn der betreffende Eigen- oder Ortsname lateinisch (nicht: in deutscher Schrift) geschrieben wird. Bei maschinenschriftlicher Erstellung der Urkunde würden solche vervoll-

ständigenden Zeichen von Hand hinzugefügt werden müssen. Unterbliebe das, so wäre die Urkunde dadurch allein noch nicht in ihrer Gültigkeit beeinträchtigt. Nötigenfalls müsste ein später geltend gemachter Zweifel wegen der Identität in dem dann anstehenden (gerichtlichen oder Verwaltungs-)Verfahren geklärt werden.

Stammen die Eigen- oder Ortsnamen aus einer Region, in welcher die Amtssprache sich **anderer als lateinischer Schriftzeichen** bedient – Griechenland; Länder des kyrillischen Duktus wie Russland und andere Nachfolgestaaten der UdSSR, Serbien, Bulgarien; Gebiete islamischer Staatsreligion; Ferner Osten –, so werden sie in den Beurkundungstext nach den amtlichen Regeln der Transliteration (Nr. A 4.2. Satz 2 PStG-VwV), sonst im Wege phonetischer Umschrift in lateinischer Schreibweise übernommen werden müssen. Bei Ortsnamen ist allerdings zu beachten, dass eine allgemein übliche deutsche Schreibweise eines ausländischen Ortes zu verwenden ist (z.B. „Moskau" statt „Moskwa"). Das Problem erübrigt sich, wenn Personalpapiere vorgelegt werden, aus denen sich bereits eine Schreibweise in lateinischer Schrift ergibt. Denn auch der Beurkundungstext hat den Betreffenden so aufzuführen, wie er durch eben diese Papiere sich ausgewiesen hat. Können Legitimationsnachweise, hilfsweise inländische Interimsbescheinigungen oder -bescheide, in lateinischer Schrift nicht vorgelegt werden, wird häufig ohnehin zur Verständigung die Zuziehung eines Dolmetschers notwendig sein (unten Rn. 131). Daraufhin müsste die phonetische Umschrift mit Hilfe des Dolmetschers ermittelt und angewandt werden. Denn dann ist dessen Zuziehung ebenfalls ein Element der Prüfung der Identität; die Zuverlässigkeit der phonetischen Umschrift wäre durch den Dolmetschereid sichergestellt. 76

b) Öffentliche Beglaubigung

Der Katalog des § 59 Abs. 1 Satz 1 SGB VIII enthält seit 1. Juli 1998 nicht mehr irgendwelche **Zuständigkeiten der Urkundsperson zur öffentlichen Beglaubigung** im Sinne des § 129 BGB. Die entsprechenden materiell-rechtlichen Regelungen, die auf beglaubigt abzugebende Erklärungen in Kindschaftsangelegenheiten bezogen waren, sind mit der Reform zum 1. Juli 1998 weitestgehend entfallen. Nur namensrechtliche Erklärungen gegenüber dem Standesamt (vgl. z.B. § 1617 Abs. 1, § 1617a Abs. 2 BGB) bedürfen noch der öffentlichen Beglaubigung. Gleichwohl wurde aufgrund eines redaktionellen Versehens zunächst der Begriff der „Beglaubigung" sowohl in der Überschrift zu § 59 SGB VIII als auch im Normtext in Abs. 1 Satz 2 fortgeführt. Erst zum 1. Januar 2012 hat der Gesetzgeber dies mit Gesetz v. 22. Dezember 2011 (BGBl. I 2975) bereinigt. 77

Dies hat in der jugendamtlichen Praxis zunächst zu Irritationen geführt, soweit nicht klar zwischen „öffentlicher Beglaubigung" und beglaubigter Abschrift unterschieden wurde: Dass die Urkundsperson weiterhin befugt ist, beglaubigte Abschriften der von ihr aufgenommenen Niederschriften zu erteilen (dazu unten Rn. 117), versteht sich von selbst und hat mit der redaktionellen Berichtigung zu § 59 SGB VIII nichts zu tun.

Ebenso versteht es sich, dass die Urkundsperson nicht außerhalb der ihr nach § 59 Abs. 1 Satz 1 SGB VIII zugewiesenen Zuständigkeiten „öffentliche Beglaubigungen" für Erklärungen z.B. des Amtsvormunds gegenüber dem Nachlassgericht oder dem Grundbuchamt vornehmen darf (Dass dieser gegebenenfalls selbst das gesetzliche Formerfordernis durch Erstellung einer gesiegelten und damit beurkundeten Erklärung erfüllen kann, weil die Urkunde gemäß § 129 Abs. 2 BGB stets die öffentliche Beglaubigung ersetzt, steht auf einem anderen Blatt; hierzu näher Rn. 85).

Gleichwohl werden im Folgenden kurz die **Grundzüge der öffentlichen Beglaubigung** dargestellt. Zum einen empfiehlt sich dies in Abgrenzung zur öffentlichen Beurkundung, zum anderen aber auch im Hinblick auf die insbesondere dem Notar und dem Standesbeamten verbliebenen *auf Kinder bezogenen* Beglaubigungsbefugnisse im Namensrecht.

Die öffentliche Beglaubigung unterscheidet sich von der öffentlichen Beurkundung dadurch, dass sie sich beschränkt auf die **Bezeugung der Echtheit der Unterschrift** unter einem darüber stehenden, von wem auch immer aufgesetzten, schriftlichen Text. Bezeugt wird entweder eine die Echtheit garantierende *Tatsache* (und insoweit nicht, wie bei der Beurkundung, eine Erklärung): dass derjenige, dessen Unterschrift beglaubigt wird, diese vor der Urkundsperson vollzogen habe. Er kann den Text aber auch schon unterschriftlich vollzogen mitbringen: dann tritt an die Stelle des Leistens der Unterschrift ihre Anerkennung, d.h. die Erklärung, dass die Unterschrift von dem, der sie damit anerkennt, herrühre (§ 40 Abs. 1 BeurkG), und die Beglaubigung bezieht sich hier auf diese Erklärung, die eine unnötige Schreibübung erübrigt.

78 Auch die Anerkennung der Unterschrift muss **vor der Urkundsperson, d.h. in deren Gegenwart** geschehen. Zwar ist das nur eine Sollvorschrift; auch sie aber macht die Einholung der Anerkennung auf schriftlichem oder telefonischem Wege unstatthaft. Die Unterschrift muss in gleicher Weise wie bei der Unterzeichnung der Niederschrift in der öffentlichen Beurkundung (s.o. Rn. 70 unter c) *eigenhändig* geleistet werden, und ebenso hat die Anerkennung einer Unterschrift sich auf ihr *eigenhändiges* Geleistetsein zu beziehen. Das ergibt sich aus den allgemeinen Anforderungen an jede Art gesetzlich gebotener Schriftlichkeit in § 126 BGB. Eine Schreibhilfe durch Führen der Hand des Schreibenden würde auch hier die so zustande gekommene Unterschrift ungültig machen.

79 Streng genommen müsste die Erklärung des Anerkennens der Unterschrift wiederum eine Niederschrift erfordern. Das Gesetz ignoriert diesen Unterschied; es unterstellt beide Formen dem schlichten Beglaubigungsvermerk der Urkundsperson:

„Vorstehende, vor mir heute – vollzogene – anerkannte – Unterschrift des (der) ..., – ausgewiesen durch ... – persönlich bekannt – wird hiermit beglaubigt"

(folgen: Ort, Datum, Unterschrift der Urkundsperson mit Amtsbezeichnung und Funktionsbezeichnung [„durch Verfügung des ... vom .... zur Urkundstätigkeit ermächtigt"] und Dienstsiegel; § 39, § 40 Abs. 3 BeurkG).

Der Beglaubigung steht nicht entgegen, dass die Unterschrift nicht in lateinischen **80** Buchstaben geleistet wird, sondern in der **Schrift eines anderen Kulturkreises**, dem der Unterzeichner angehört (kyrillisch, japanisch, hebräisch usw.). Entscheidend ist, dass der Beteiligte die Signatur als seine Unterschrift anerkennt (Grziwotz/Heinemann/*Grziwotz*, § 40 BeurkG Rn. 11; Armbrüster/Preuß/Renner/*Preuß*, § 40 BeurkG Rn. 14 m.w.N.; ebenso *Winkler*, § 40 BeurkG Rn. 30 m.N. zur früher h.L.). Handelt es sich nach dem Erscheinungsbild der Signatur um eine – wenn auch in fremden Schriftzeichen abgefasste und daher für den Notar unlesbare – Unterschrift, kann sie auch als solche beglaubigt werden.

Handzeichen (z.B. Kreuze, Fingerabdrücke, Paraphen) werden in der gleichen **81** Form wie eigentliche Unterschriften beglaubigt. Allerdings hätte der Beglaubigungsvermerk das, was beglaubigt werden soll, als „Handzeichen" zu benennen. Nach einer Bemerkung bei *Winkler* (§ 40 BeurkG Rn. 76) und *Riedel/Feil* (§ 40 BeurkG Anm. 48) sollen zur Beglaubigung von Handzeichen ausschließlich Notare und Konsularbeamte, nicht aber andere Urkundsorgane zuständig sein. Doch wäre das in dieser Zuspitzung mindestens missverständlich. Die Begründung hierfür wird bei *Riedel/Feil* a.a.O. (auf die sich *Winkler* bezieht) aus § 126 Abs. 1, § 129 Abs. 1 Satz 2 BGB hergeleitet. Jene Bestimmungen sprechen zwar von dem Erfordernis des „notariell beglaubigten Handzeichens". Doch ist das in keinem anderen Sinne gemeint, als wenn § 126 Abs. 3 BGB von der „notariellen Beurkundung" und § 129 Abs. 1 Satz 1 BGB von der Beglaubigung „durch den Notar" spricht: Es ist die primäre Zuständigkeit des Notars, welche die bis zum Beurkundungsgesetz geltende konkurrierende Beurkundungszuständigkeit der Amtsgerichte – seinerzeit in den genannten Vorschriften des BGB niedergelegt – ablösen und ersetzen sollte.

Der **über der Unterschrift stehende Text** ist **nicht Gegenstand der öffentli- 82 chen Beglaubigung** und daher auch nicht Verantwortungsbereich der Urkundsperson. Seine Formulierung bleibt stets in der Verantwortlichkeit dessen, der die Urkunde unterschreibt. Nur, dass er sie unterschrieben hat und der Text deshalb von ihm stammt oder gebilligt ist (die Urkunde insgesamt nicht gefälscht ist), wird durch die öffentliche Beglaubigung gedeckt. In § 40 Abs. 2 BeurkG ist der Notar ausdrücklich von der Verpflichtung entbunden, den Text der Urkunde inhaltlich auf korrekte Abfassung zu prüfen; er braucht ihn nur daraufhin zu prüfen, ob Gründe bestehen, die Amtstätigkeit zu versagen (§§ 3, 4 BeurkG).

Natürlich könnte das, was der die Beglaubigung der Unterschrift Wünschende in **83** dem darüber stehenden Text erklärt hat, auch zum Gegenstand einer öffentlichen Beurkundung, d.h. mit voller Niederschrift, gemacht werden. Nach § 129 Abs. 2 BGB würde dem Erfordernis der öffentlichen Beglaubigung auch auf diesem Wege genügt; die Beurkundung ist ja die stärkere Urkundsform. So darf insbesondere der Notar verfahren.

Zweierlei ist noch zu bemerken: Die öffentliche Beglaubigung (einer Unterschrift) **84** ist nicht gleichbedeutend mit der sog. **amtlichen Unterschriftsbeglaubigung**. Diese holt man sich – soweit Landesrecht das vorsieht – auf dem Bürgermeisteramt oder dem Ordnungsamt. Sie ist durch § 70 BeurkG zugelassen, hat aber nicht die Kraft der öffentlichen Beglaubigung in denjenigen Fällen, in denen diese vom Gesetz gefordert wird, weil sie von einer Person öffentlichen Glaubens vorgenommen sein muss.

85 Das andere: **Erklärungen des Amtsbeistands/Amtsvormunds**, die dieser in Angelegenheiten des von ihm vertretenen Kindes unter Beidruck des Dienstsiegels seines Jugendamts abgibt, bedürfen keiner Beglaubigung, da **sie bereits öffentliche Urkunden** darstellen (vgl. BGH, 20.6.1966 – IV ZB 60/66, BGHZ 45, 362 [365] = DAVorm 1966, 301; im gleichen Sinne auch BGH, 7.4.2011 – V ZB 207/10, Rpfleger 2011, 544; *Winkler*, § 40 BeurkG Rn. 5). Für die Echtheit einer behördlichen Unterschrift bürgt bereits die Führung und Verwendung des Dienstsiegels. Eine Behörde hat es nicht nötig, die Authentizität ihrer gesiegelten Erklärungen durch einen Notar bescheinigen zu lassen. Das betrifft z.B. die Ausschlagung einer Erbschaft (§ 1945 BGB) – so auch LG Braunschweig, 21.7.1987 – 8 T 416/87, DAVorm 1987, 824 und LG Berlin, 14.10.1993 – 83 T 657/92, DAVorm 1993, 1128 (allerdings unter fragwürdiger Verneinung der Notwendigkeit des Siegelbeidrucks) – oder Erklärungen im Rechtsverkehr über Grundstücke (§ 29 GBO), soweit der Amtsvormund/Amtspfleger im Namen des von ihm vertretenen Kindes tätig wird. Wohlgemerkt: Dieses „Privileg der öffentlichen Urkunde" für seine gesiegelte Erklärung genießt der Amtsbeistand/Amtsvormund nur in der Freistellung von der öffentlichen Beglaubigung, nicht dagegen für die öffentliche Beurkundung. Dort muss er sich dem Beurkundungszwang genauso stellen wie jeder andere gesetzliche Vertreter.

c) Fortsetzung: Unterschiede in der Behandlung der erstellten Urkunde

86 Öffentliche Beurkundung und öffentliche Beglaubigung unterscheiden sich noch in einem anderen Punkt. Die öffentlich beglaubigte Urkunde wird dem, der um die öffentliche Beglaubigung nachgesucht hat, wieder ausgehändigt (§ 45 Abs. 2, § 39 BeurkG). Die bei der öffentlichen Beurkundung aufgenommene **Niederschrift dagegen verbleibt bei der beurkundenden Stelle.** In welcher Art und Weise das beim Jugendamt geschieht – Sammelakten des Urkundsbeamten, Aufbewahrungsfristen (dazu näher Rn. 219 ff.), Archiv –, ist Sache der Verwaltungsanweisung. Der Verbleib der Urschrift an zentraler Stelle ist aus mehreren Gründen geboten. Einmal herausgegeben, wäre sie der Gefahr des Verlustes beim Empfänger ausgesetzt, und die bloße Zurückbehaltung etwa einer beglaubigten Abschrift würde dem Beweischarakter für die Zukunft nicht mehr voll gerecht. Zum anderen muss die Niederschrift je nach ihrem Inhalt u.U. an mehreren Stellen oder durch mehrere Personen Verwendung finden können. Man braucht nur an den Fall zu denken, dass der Vater sich in derselben Urkunde zur Zahlung des Kindesunterhalts und zum Unterhalt bzw. Ersatz von Kosten an die Kindesmutter nach § 1615l BGB verpflichtet hat. Gleiches gilt, wenn das Kind von ein und derselben vollstreckbaren Unterhaltsverpflichtung mehrere vollstreckbare Ausfertigungen benötigt zum Zweck der gleichzeitigen Zwangsvollstreckung an verschiedenen Orten, etwa Lohnpfändung, Sachpfändung (vgl. Kammergericht Berlin, 16.3.2011 – 17

WF 32/11, JAmt 2012, 173). Ferner kann eine einheitlich aufgenommene Vaterschaftsanerkennung und Unterhaltsverpflichtung sich auf Zwillingskinder beziehen. Deshalb bestimmt § 48 BeurkG, dass „die Ausfertigung diejenige Stelle erteilt, die die Urschrift verwahrt".

Damit ist angesprochen, in welche Gestalt die Urschrift transformiert sein muss, um im Außenbereich Verwendung finden zu können: es ist die der Ausfertigung.

d) Die Ausfertigung

Die Ausfertigung **vertritt die Urschrift im Rechtsverkehr** (§ 47 BeurkG). Verlangt das Gesetz den Besitz, die Vorlage, den Zugang, vor allem auch die Zustellung der Urschrift, kann dies bei verwahrten Urkunden nur durch den Besitz, die Vorlage bzw. den Zugang oder die Zustellung einer Ausfertigung erfüllt werden, nicht aber einer beglaubigten Abschrift (Armbrüster/Preuß/Renner/*Preuß*, § 47 BeurkG Rn. 3; *Winkler*, § 47 BeurkG Rn. 8). **87**

Nur da, wo in Fällen mit Auslandsberührung der fremde Staat die Ausfertigung als solche nicht anerkennt, sondern nur die Urschrift gelten lässt, darf diese ausnahmsweise und unter den weiteren Maßgaben des § 45 BeurkG ausgehändigt werden; dann wird eine Ausfertigung zurückbehalten. Gerade bei Vaterschaftsanerkennungen durch Ausländer kann das praktisch werden. Sonst aber ist die Ausfertigung dasjenige Instrument, mit dem die Urschrift der Beurkundung sozusagen verwendbar gemacht wird. Sie kann nach Bedarf von der Urschrift deshalb **auch mehrfach erteilt** werden (Erste, Zweite usw. Ausfertigung).

Die Ausfertigung ist der Sache nach eine in gesetzlich bestimmter Form hergestellte **Abschrift des Originals** (der Urschrift), die von der zuständigen Urkundsperson gefertigt sowie mit dem **Ausfertigungsvermerk** versehen wurde und die dem Zweck dient, die in amtlicher Verwahrung verbleibende Urschrift im Rechtsverkehr zu vertreten (*Lerch*, § 47 BeurkG Rn. 2). Eine Ausfertigung muss die Urschrift daher wortgetreu und richtig wiedergeben (vgl. BGH, 4.6.1981 – III ZR 51/80, NJW 1981, 2345 für gerichtliche Entscheidungen). **88**

Als **allgemeiner Rechtsgrundsatz** ist die Legaldefinition des § 47 BeurkG auf alle öffentlichen Urkunden anwendbar, die zur dauerhaften Aufbewahrung in einer amtlichen Sammlung bestimmt sind, also über den Geltungsbereich des Beurkundungsgesetzes hinaus (vgl. dessen § 58) auch auf standesamtliche Urkunden (Grziwotz/Heinemann/*Heinemann*, § 47 BeurkG Rn. 1 und 3).

Die Ausfertigung ist keine zweite Urschrift; sie ersetzt diese aber im Rechtsverkehr, soweit diese in Verwahrung verbleibt, umfassend. In ihrer inhaltlichen und materiellen Wirkung **steht die Ausfertigung der Urschrift gleich** (Grziwotz/Heinemann/*Heinemann*, § 47 BeurkG Rn. 17). Sie hat dieselbe Beweiskraft wie die Urschrift (OLG Köln, 9.7.2001 – 2 Wx 42/01, RNotZ 2001, 407; *Winkler*, § 47 BeurkG Rn. 4). Wird die Urschrift zerstört oder kommt sie abhanden, so kann eine Ausfertigung nach § 46 BeurkG an die Stelle der Urschrift treten. **89**

Ihre besondere über die bloße – beglaubigte – Abschrift hinausgehende Rechtsqualität erhält die Ausfertigung durch den Ausfertigungsvermerk, der zugleich die Übereinstimmung mit dem Original bescheinigt:

> „Vorstehende (Erste, Zweite, Dritte ....) Ausfertigung, die mit der Urschrift übereinstimmt, wird hiermit dem .... erteilt."

> (folgen: Ort, Datum usw. wie bei der öffentlichen Beglaubigung – Rn. 51 –: § 49 BeurkG).

Bereits an ihrem Kopf ist die Ausfertigung als eine solche zu bezeichnen (§ 49 Abs. 1 Satz 2 BeurkG). Jedenfalls ist es zweckmäßig, durch den entsprechenden Zusatz zu („Erste", „Zweite" usw. zu kennzeichnen, um die wievielte Ausfertigung es sich handelt *(Lerch,* § 49 BeurkG Rn. 4).

90 Wenn die inhaltliche Identität nicht – wie oben vorgeschlagen – durch einen Einschub, sondern in einem eigenen Satz hervorgehoben wird, sollte besser <u>nicht</u> formuliert werden:

> „Die Übereinstimmung dieser vollstreckbaren Teilausfertigung mit der Urschrift wird <u>beglaubigt</u>".

In einem aus der Praxis bekanntgewordenen Fall hat dies zu Irritationen bei einer Gerichtsvollzieherin geführt, die annahm, die ihr vorgelegte Ausfertigung stelle **lediglich eine beglaubigte Abschrift** dar. Diese Beanstandung verkannte, dass das Wesen einer Ausfertigung nach dem vorstehend Dargelegten eine *beglaubigte Abschrift* ist, welche durch die zusätzliche *Bezeichnung als Ausfertigung* sowie den *Ausfertigungsvermerk* eine eigenständige Rechtsqualität im Sinne von §§ 47, 49 BeurkG erhält.

Unabhängig davon konnte sich das Informationsdefizit überhaupt erst dadurch auswirken, dass in dem Ausfertigungsvermerk der Reizbegriff „beglaubigt" enthalten war.

Praxistipp

 Obwohl das nicht falsch ist, wäre von vornherein kein Streit entstanden, wenn der entsprechende Satz gelautet hätte:

> *„Die Übereinstimmung dieser vollstreckbaren Teilausfertigung mit der Urschrift wird* **bestätigt.** *"*

Das entspricht exakt dem Gesetzeswortlaut in § 49 Abs. 2 Satz 1 BeurkG. Auch ein mit dem Beurkundungsrecht weniger vertrautes Vollstreckungsorgan wird deshalb kaum Anlass sehen, eine solche Formulierung anzuzweifeln. Daher erspart es unnötige Diskussionen, wenn die Ausfertigungsvermerke ggf. so gefasst werden.

Dass erst recht der kurz gefasste Einschub: „die mit der Urschrift übereinstimmt" eine solche Erörterung erübrigt hätte, versteht sich von selbst.

91 Erteilt wird die Ausfertigung **von derjenigen Stelle, die die Urschrift verwahrt** (§ 48 Satz 1 BeurkG). Zuständig beim Jugendamt ist jeder mit der Urkundsbefugnis ausgestattete Behördenbedienstete. Es muss nicht derjenige sein, der die Niederschrift aufgenommen hat (oben Rn. 64). Denn die Notwendigkeit der Erteilung einer Ausfertigung kann zu einem beliebigen späteren Zeitpunkt auftreten. Das Gleiche gilt deshalb auch für die Sonderform der vollstreckbaren Ausfertigung (unten Rn. 116, 499 ff.) und folgt hier aus § 60 Satz 3 Nr. 1 SGB VIII, wo die Zuständigkeit zur Erteilung vollstreckbarer Ausfertigungen geregelt ist. Wenn es dort heißt, erteilt würden solche „von den Beamten oder Angestellten des Jugendamts, denen die Beurkundung der Verpflichtungserklärung übertragen ist", so ist damit auf die generelle Zuständigkeit verwiesen (s.o. Rn. 64), nicht auf die im konkreten Falle ausgeübte.

Auf der Urschrift ist zu vermerken, wann und wem eine Ausfertigung erteilt worden ist (§ 49 Abs. 4 BeurkG). Weil die Ausfertigung die Urschrift im Rechtsverkehr vertritt, soll diese nicht ohne Nachweis und Kontrolle beliebig vervielfacht werden können.

Ein **Recht auf Erteilung der Ausfertigung** hat nach § 51 Nr. 1 BeurkG derjenige, der die Erklärung im eigenen Namen hat beurkunden lassen oder in dessen Namen sie abgegeben worden ist. Letzteres kann bei beurkundeten Zahlungsverpflichtungen praktisch werden (§ 59 Abs. 1 Satz 1 Nr. 3, 4 SGB VIII; unten Rn. 175). Ebenso hat ein Recht auf die Ausfertigung sein Rechtsnachfolger. Es kann auch eine Teilausfertigung erteilt werden. Der Berechtigte kann bestimmen, dass weiteren Personen eine Ausfertigung erteilt werden darf oder soll. Der hiernach berechtigte Personenkreis kann auch Einsichtnahme in die Urschrift sowie die Erteilung einer einfachen oder einer beglaubigten Abschrift verlangen (§ 51 Abs. 2 und 3 BeurkG). 92

Unklarheit herrscht vielfach darüber, wie weit die Ausfertigung Gelegenheit gibt, **Schreibfehler, Rechenfehler** und ähnliche offenbare Unrichtigkeiten der Urschrift zu berichtigen. Hierfür setzt die Vorschrift des § 44a Abs. 2 BeurkG gesetzliche Vorgaben: Danach darf die Urkundsperson **„offensichtliche Unrichtigkeiten"** auch nach Abschluss der Niederschrift durch einen von ihr zu unterschreibenden Nachtragsvermerk richtigstellen. Der Nachtragsvermerk ist am Schluss nach den Unterschriften oder auf einem besonderen, mit der Urkunde zu verbindenden Blatt niederzulegen und mit dem Datum der Richtigstellung zu versehen. Ergibt sich im Übrigen, d.h. aus anderen Gründen, nach Abschluss der Niederschrift die Notwendigkeit einer Änderung oder Berichtigung, so hat die Urkundsperson hierüber – gegebenenfalls unter Zuziehung der Beteiligten – eine besondere Niederschrift aufzunehmen (§ 44 Abs. 2 Satz 3 BeurkG). 93

Es kommt für eine zulässige Berichtigung oder Ergänzung nicht darauf an, ob bereits Ausfertigungen von der Urkunde erteilt worden sind oder nicht (*Bergermann*, RNotZ 2002, 557 [568]; *Kanzleiter*, DNotZ 1990, 478 [481 f.]). Die falsche Ausfertigung und hiervon erstellte beglaubigte Abschriften können dem Notar bzw. der Urkundsperson wieder ausgehändigt und gegen eine richtige Ausfertigung bzw. beglaubigte Abschrift ausgetauscht werden (Armbrüster/Preuß/Renner/*Preuß*, § 44a BeurkG Rn. 12).

94 Der Begriff der „offensichtlichen Unrichtigkeit" lehnt sich an die Voraussetzung für die Berichtigung gerichtlicher Entscheidungen in § 319 Abs. 1 ZPO an, wo allerdings von „offenbarer" Unrichtigkeit die Rede ist. Nach ganz h.M. sind die dort geltenden Auslegungsgrundsätze heranzuziehen (OLG Köln, 7.7.2010 – 2 Wx 93/10, FGPrax 2010, 250 [251]; *Lerch*, § 44a BeurkG Rn. 7; *Winkler*, § 44a BeurkG Rn. 18).

Offensichtliche Unrichtigkeiten, zu deren Korrektur die Urkundsperson ermächtigt ist, sind jedenfalls solche Fehler, die die Erklärung der Beteiligten nicht verändern (Grziwotz/Heinemann/*Heinemann*, BeurkG § 44a Rn. 22). Hierzu gehört etwa die **von Ortsnamen** (Heinburg statt Hainburg). Aber auch eine Änderung von „Frankfurt a.M." in „Frankfurt/O." wäre nach der Regelung wohl zulässig, wenn es sich um einen offensichtlichen Fehler handelt. Dass die Unrichtigkeit offensichtlich ist, muss sich nicht aus der Urkunde selbst ergeben; **„offensichtlich"** ist ein Fehler auch dann, wenn dieser aus anderen Umständen für jeden hervorgeht, der diese Umstände kennt; es genügt also, wenn die Unrichtigkeit für die Urkundsperson offensichtlich ist (*Winkler*, § 44a BeurkG Rn. 19).

95 Die Vorschrift des § 44a Abs. 2 BeurkG dürfte auch eine Rechtsgrundlage für die Berichtigung von **„Rechenfehlern"** sein, jedenfalls wenn der Ausrechnungsgang aus der Niederschrift ersichtlich ist und der unterlaufene Fehler hieraus klar zutage liegt. So wie der Notar eine offenkundige Unrichtigkeit, die ihm bei der Umformung der Erklärung eines Beteiligten von Volkssprache in Rechtssprache unterlaufen ist, berichtigen kann (vgl. *Reithmann*, DNotZ 1999, 27 [32]), muss dies auch der Urkundsperson gestattet sein, wenn ihr etwa bei der Aufnahme einer Unterhaltsverpflichtung ein **offensichtlicher** Rechenfehler unterlaufen ist. Berichtigungsfähig ist auch die Angabe einer **falschen Jahreszahl**, z.B. für das Aufrücken eines Kindes in eine höhere Altersstufe des Unterhalts, wenn dieses Versehen offensichtlich ist. Schwieriger zu beurteilen ist es, wenn zwar die einschlägigen Jahreszahlen korrekt angegeben sind, aber der Monat des Aufrückens in die höhere Altersstufe unzutreffend bezeichnet ist (z.B. 1. Oktober 2016 statt richtig: 1. Juni 2016). Zwar spricht auch dann einiges für ein Versehen; fraglich ist aber die „Offensichtlichkeit". Immerhin ist theoretisch denkbar, dass ein Schuldner Gründe dafür haben mag, sich abweichend von der gesetzlichen Verpflichtung erst mit einer gewissen zeitlichen Verzögerung zu dem höheren Unterhalt bekennen zu wollen. Dass die Gläubigerseite dies nicht generell hinnehmen muss, bedarf keiner Hervorhebung. Es geht hier allein darum, ob sie eine Korrektur im Wege der Berichtigung eines offensichtlichen Fehlers durch Nachtragsvermerk verlangen kann, was durchaus zweifelhaft erscheint. Eindeutig berichtigungsfähig ist aber wiederum die Ausweisung eines offensichtlich falschen Kindergeldbetrages (Grziwotz/Heinemann/*Heinemann*, § 44a BeurkG Rn. 24 unter Hinw. auf *DIJuF-Rechtsgutachten* 22.10.2002, JAmt 2002, 506).

96 Auch die unrichtige **Angabe gesetzlicher Vorschriften** in der Niederschrift kann auf diesem Wege berichtigt werden. **Erklärungen eines Beteiligten** können nur berichtigt werden, soweit es sich um einen **„Verlautbarungsmangel"** handelt.

Das Verfahren der Berichtigung nach § 44a BeurkG darf nicht dazu benutzt werden, eine Erklärung nachzuholen, die der Beteiligte nicht abgegeben hat (Armbruster/Preuß/Renner/*Preuß*, § 44a BeurkG Rn. 14 unter Hinw. auf BayObLG, 30.11.2000 – 2Z BR 120/00, DNotZ 2001, 558 [559]). Ist beispielsweise unklar geblieben, ob der Schuldner eine **dynamische Unterhaltsverpflichtung** aufnehmen lassen wollte, weil die Formulierung der Urkunde in undeutlicher Zuordnung auch Festbeträge nennt (vgl. hierzu unten Rn. 420), kann die Urkundsperson dies nicht nachträglich „berichtigen". Im Umkehrschluss ist aber eine Berichtigung möglich, soweit dadurch die von den Beteiligten abgegebenen Willenserklärungen nicht geändert werden, so dass die Möglichkeiten der Berichtigung nach § 44a BeurkG über die in § 319 ZPO vorgesehenen hinausgehen (*Zimmer*, NotBZ 2010, 172 [178]).

Der über die Berichtigung offensichtlicher Unrichtigkeiten aufzunehmende **Nachtragsvermerk** ist nicht Teil der Niederschrift, sondern eine selbstständige Zeugnisurkunde. Er kann an den Schluss der Niederschrift unterhalb der Unterschriften der Beteiligten oder auf ein besonderes Blatt gesetzt werden. Hingegen darf der Nachtragsvermerk nicht an den Rand der Niederschrift gesetzt werden, da sonst eine Verwechslung mit dem Randvermerk nach § 44a Abs. 1 BeurkG über während der Niederschrift vorgenommene Änderungen zu befürchten wäre (Grziwotz/Heinemann/*Heinemann*, § 44a BeurkG *Rn. 30*; ebenso *Winkler*, *§ 44a BeurkG Rn. 32*).

97

Als Zeugnisurkunde im vorgenannten Sinne hat der Nachtragsvermerk – wenn in der vorgeschriebenen Form der **Vermerkurkunde nach § 39 BeurkG** errichtet – ebenfalls die volle Beweiskraft des § 415 ZPO für sich. Als Formerfordernisse sind Unterschrift und Siegel erforderlich. Ferner soll nach § 39 BeurkG der Ort der Ausstellung angegeben werden. Die Angabe des Tages der Ausstellung ist in § 44 a Abs. 2 BeurkG ausdrücklich vorgeschrieben.

Die Gewährung von **rechtlichem Gehör** wird in § 44 a Abs. 2 BeurkG nicht verlangt (*Lerch*, § 44a BeurkG Rn. 14; *Winkler*, § 44a BeurkG Rn. 34). Eine Anhörung der am Beurkundungsverfahren Beteiligten ist nur dann angebracht, wenn sie noch anwesend sind. Sie kann aber auch sonst im Einzelfall ratsam sein, insbesondere dann, wenn wesentliche Daten berichtigt werden sollen (Grziwotz/Heinemann,/*Heinemann*, § 44a BeurkG Rn. 35).

98

Anders wird dies sein, wenn die Urkundsperson nachträglich feststellt, dass eine bestimmte **Erklärung eines Beteiligten** in der Niederschrift **ausgelassen** wurde. In solchen Fällen wird man auf das rechtliche Gehör der Beteiligten nicht verzichten können. Es handelt sich dann nicht mehr um eine „offensichtliche" Unrichtigkeit, die durch einen Nachtragsvermerk richtiggestellt werden kann. In diesen Fällen wird eine **Neubeurkundung** notwendig sein. Dies schließt aber nicht aus, dass die Urkundsperson sofort durch einen (negativen) Richtigstellungsvermerk von sich aus feststellt, dass die Niederschrift, so wie sie vorliegt, jedenfalls nicht in allen Punkten richtig ist (*Reithmann*, DNotZ 1999, 27 [34]).

99

100 Was hingegen ohne weiteres berichtigt werden kann, sind diejenigen Teile des Protokolls, die nicht Erklärungen der Beteiligten, sondern **Feststellungen der Urkundsperson** zum Gegenstand haben. Das kann eine versehentlich unrichtige Datierung der Niederschrift, oder eine unrichtige Wiedergabe des Errichtungsorts (falsche Hausnummer bei Aufnahme der Erklärung am Krankenbett) betreffen. Vor allem aber gehören hierzu eine **falsche Schreibweise des Namens** des oder der zur Beurkundung Erschienenen (denkbar in Fällen des § 10 Abs. 3 Satz 2 BeurkG). Dann ist eine Berichtigung dort geboten, wo ein solcher Fehler die Identität des Namensträgers verundeutlichen kann und dadurch die Verwendbarkeit der Urkunde gefährden würde.

Daraufhin ist eine Klarstellung in der Ausfertigung zulässig auf Grund eines **der Urschrift anzufügenden dienstlichen Vermerks**, wonach der Urkundsperson durch Vorlage amtlicher Papiere die richtige Schreibweise des Namens nachgewiesen worden ist. Ähnlich auch, wenn ein Vorname unrichtig oder unvollständig angegeben worden war. Für zulässig zu halten ist sogar die Berichtigung der Bezeichnung eines Kindes in einer Unterhaltsurkunde, wenn **versehentlich nur der Vorname** angegeben war (z.B. „Ann Sophie"). Durch Vorlage einer Geburtsurkunde des Kindes, aus dem sowohl der Nachname als auch die Zuordnung zu dem Vater, welcher die Unterhaltsverpflichtung aufnehmen ließ, hervorgeht, wird eine hinreichende Tatsachengrundlage für den Nachtragsvermerk geschaffen; dasselbe gilt bei einem falsch aufgenommenen Geburtsdatum des Kindes.

Denn bei der Anführung der Erklärenden im Protokoll mit ihrem Namen handelt es sich um amtliche, die Identität berührende Feststellungen der Urkundsperson (vgl. § 10 BeurkG), die sie selbst deshalb berichtigen kann. Vorausgesetzt ist im Falle der (behaupteten) unrichtigen Schreibweise des Namens eines *unmittelbar* Beteiligten allerdings, dass sich die Urkundsperson, die die Verhandlung aufgenommen hatte und die nunmehr den Vermerk fertigt, persönlich an die Identität des Betroffenen erinnern kann. Auch Datierung und Ortsangabe kann nur derjenige berichtigen, der das Protokoll aufgenommen hat.

101 Daraufhin hätte die Ausfertigungsformel ergänzt zu lauten (vgl. LG Saarbrücken, 3.4.1987 – 5 T 282/87, DAVorm 1987, 538):

> „Ausgefertigt mit dem Bemerken, dass die in der Niederschrift mit dem Namen
>
> ....
>
> bezeichnete Person, die unter diesem Namen Erklärungen abgegeben hat, in richtiger Schreibweise:
>
> ....
>
> zu lauten hat. Dies ist nachträglich durch Vorlage des Bundespersonalausweises Nr. ..., ausgestellt am ... von ..., nachgewiesen";

oder:

> „Ausgefertigt mit dem Bemerken, dass die Niederschrift nicht, wie irrtümlich angegeben, am ...., sondern am .... von dem Unterzeichneten aufgenommen worden ist"

102 Anders liegt es in den Fällen einer **nachträglichen Änderung des korrekt protokollierten Namens** z.B. durch Eheschließung, Adoption, oder Zuteilung eines neuen Namens nach dem NÄG. Hier wird die Identität durch die Abgleichung des Protokolls mit der die Namensänderung ausweisenden Urkunde nachgewiesen, weshalb der Zusatz in der Ausfertigung nicht notwendig auf die persönliche Erinnerung der bei der Beurkundung tätig gewordenen Urkundsperson abgestellt zu sein braucht. Die Formulierung lautet hier:

> „Ausgefertigt mit dem Bemerken, dass die in der Niederschrift mit ihrem Familiennamen
>
> ....
>
> angegebene Person, die unter diesem Namen Erklärungen abgegeben hat, infolge Eheschließung jetzt den Familiennamen
>
> ....
>
> führt. Nachgewiesen durch Heiratsurkunde vom ... Reg. Nr. ... des Heiratsbuchs des Standesamts ..."

Zu den Auswirkungen des **Wechsels des Kindes von einem männlichen auf einen weiblichen Vornamen** nach dem TSG auf den für das Kind bestehenden Unterhaltstitel vgl. *DIJuF-Rechtsgutachten* 28.12.2015, JAmt 2016, 139, www.bundesanzeiger-verlag.de/beurkundungen, IV Nr. 5.

103 Zusätze der vorbezeichneten Art setzen einen vorherigen **dienstlichen Vermerk zur Urschrift** als das Zeugnis der Urkundsperson über den Inhalt des vorgelegten Nachweises voraus (§ 39 BeurkG; *Winkler,* § 8 BeurkG Rn. 17; Armbrüster/Preuß/Renner/*Preuß,* § 44a BeurkG Rn. 16). Deshalb ist auch der Vermerk hierüber (Rn. 97) zu datieren und zu unterschreiben.

104 Die Fassung der Ausfertigungsformel erspart dann die Notwendigkeit, beim Gebrauchmachen von der Ausfertigung jedesmal zusätzlich den urkundlichen Nachweis des Protokollfehlers oder der Namensänderung führen zu müssen. Das kann namentlich in der Zwangsvollstreckung aufgrund einer vollstreckbaren Ausfertigung hilfreich sein: Die Prüfung eines solchen Nachweises, die dort dem Vollstreckungsorgan (Gerichtsvollzieher, Rechtspfleger in der Lohnpfändung) obläge, wird ihm ab- und vorweggenommen durch die auf gleicher Stufe stehende Urkundsperson im Zuge der Erteilung der Ausfertigung. Erforderlichenfalls kann zu diesem Zwecke eine Zweite vollstreckbare Ausfertigung, unter Rückgabe der Ersten, beantragt werden.

105 Hat sich ein **korrekt protokollierter Kindsname** durch Rechtsvorgänge (Einbenennung, Adoption) **geändert,** kann dem durch einen Zusatz zum Ausfertigungsvermerk – insbesondere bei einer vollstreckbaren Ausfertigung nützlich! – Rechnung tragen. Formulierung beispielsweise:

> „Ausgefertigt mit dem Bemerken, dass der Name/Familienname des in der Niederschrift bezeichneten Kindes sich durch Einbenennung geändert hat. Das Kind führt jetzt den Namen … Nachgewiesen durch Randvermerk zur Geburtsurkunde – Geburtenbuch des Standesamts … Nr. …, vom …"

Zur Verfahrensweise, wenn sich nachträglich die Unrichtigkeit eines bei der Beurkundung angegebenen Namens herausstellt – etwa bei der Vaterschaftsanerkennung durch einen Ausländer – vgl. unten Rn. 323 ff.).

106 Die entsprechende Unrichtigkeit der Identitätsbezeichnung – auch zur Anschrift – kann sich grundsätzlich nicht nur aus der Urkunde selbst ergeben, sondern beispielsweise auch aus einer **Bescheinigung des Einwohnermeldeamtes** (LG Gera, 27.10.2003 – 5 T 338/03, NotBZ 2004, 112 m. insoweit zust. Anm. *Zeiler*). Hierbei kann auch der Amtsnachfolger des Notars bzw. der Urkundsperson bei offensichtlichen Fehlern eine Berichtigung von persönlichen Daten der Urkundsbeteiligten vornehmen, also wenn er nicht selbst an der Beurkundung teilgenommen und die Beteiligten gesehen hat (LG Gera 27.10.2003 a.a.O.; hierzu a.A. *Zeiler* a.a.O: nach § 418 Abs. 3 ZPO sei die eigene Wahrnehmung des Notars ausschlaggebend).

107 Zusammenfassend: Im *originalen Urkundentext* darf nach Abschluss des Urkundsvorgangs **nichts geändert, verbessert oder getilgt** werden. Berichtigte Schreibfehler erscheinen in der Ausfertigung oder beglaubigten Abschrift so, wie sie in der Urschrift durch Nachtragsvermerk berichtigt worden sind.

Wird ein **Berichtigungsvermerk** aufgenommen, so ist dessen Ausfertigung mit der Ausfertigung der ursprünglichen Verhandlung – die von den Beteiligten einzufordern wäre – durch Schnur und Siegel zu verbinden (§ 44 Satz 1 BeurkG).

108 Liegen nach pflichtgemäßer Ermessensentscheidung der Urkundsperson die Voraussetzungen für eine Berichtigung der Urkunde nicht vor, kann ein Beteiligter diese auch **nicht im Beschwerdeweg erzwingen**. Für den Notar ist dies auf der Grundlage des § 15 Abs. 2 BNotO allgemeine Meinung (z.B. OLG Frankfurt, 14.3.1996 – 20 W 74/96, DNotZ 1997, 79 [81]; OLG Köln, 20.11.2006 – 2 Wx 20/06, FGPrax 2007, 97 [98]; *Winkler*, § 44a BeurkG Rn. 43; Grziwotz/Heinemann/*Heinemann*, § 44a BeurkG Rn. 38 m.w.N.). Dies folgt aus allgemeinen Erwägungen sowie aus einer Analogie zu § 319 Abs. 3 ZPO (Grziwotz/Heinemann/*Heinemann*, a.a.O). Für die Urkundsperson kann insoweit nichts Anderes gelten (grundsätzlich zum Rechtsweg gegen die Ablehnung ihrer Amtstätigkeit unten Rn. 230).

Gegen eine vorgenommene Berichtigung kann keine Beschwerde eingelegt werden (für den Notar OLG Frankfurt, 20.11.2009 – 20 W 500/05, DNotZ 2011, 48

[49]; Grziwotz/Heinemann/*Heinemann*, a.a.O.; a.A. Eylmann/Vaasen/*Limmer*, § 44a BeurkG Rn. 18).

e) Exkurs: Ersetzung zerstörter oder abhanden gekommener Urschriften

Ist die Urschrift einer Urkunde ganz oder teilweise zerstört worden (z.B. durch Brand oder Überschwemmung) oder abhanden gekommen, richtet sich das **Verfahren der Ersetzung nach § 46 BeurkG**. Zuständig hierfür ist nach Abs. 2 der Vorschrift die Stelle, die für die Erteilung einer Ausfertigung zuständig ist (oben Rn. 91). Es bedarf keines förmlichen Antrags, die Ersetzung kann auch von Amts wegen geboten sein. Voraussetzung ist, dass die Urschrift völlig zerstört oder abhanden gekommen ist. Eine **teilweise** zerstörte Urkunde steht der vollständig zerstörten Urkunde gleich, wenn sie soweit beeinträchtigt ist, dass von ihr eine vollständige Ausfertigung nicht mehr erteilt werden kann. Auch eine versehentlich zerrissene Urschrift ist zerstört; die einzelnen Stücke dürfen nicht etwa wieder zusammengeklebt und mit einer Bescheinigung über den Vorgang verbunden werden, sondern es ist nach § 46 BeurkG zu verfahren (Armbrüster/Preuß/Renner/*Preuß*, § 46 BeurkG Rn. 4). **109**

Eine Ersetzung ist nur bei einem gegebenen Anlass hierfür zulässig. Es muss ein **Rechtsschutzinteresse** für die Ersetzung der Urkunde bestehen *(Winkler,* § 46 BeurkG Rn. 5; Armbrüster/Preuß/Renner/*Preuß,* § 46 BeurkG Rn. 5), z.B. bei einer beantragten Rechtsnachfolgeklausel für eine vollstreckbare Ausfertigung oder bei Erteilung einer weiteren vollstreckbaren Ausfertigung entsprechend § 733 ZPO (hierzu unten Rn. 530 ff.). **110**

Die Ersetzung der Urkunde ist – wie sich aus § 46 Abs. 1 BeurkG ergibt – nur möglich, wenn **noch eine Ausfertigung, eine beglaubigte Abschrift oder eine beglaubigte Abschrift von einer solchen vorhanden** ist, aus der sich der Inhalt der Urkunde sicher ermitteln lässt. Eine einfache Abschrift genügt auch dann nicht, wenn sie zusätzlich durch andere Beweismittel, zum Beispiel eine eidesstattliche Versicherung, bekräftigt werden kann Armbrüster/Preuß/Renner/*Preuß*, § 46 BeurkG Rn. 6). **111**

Ohne entsprechende Grundlage muss der durch die Urkunde begünstigt gewesene Beteiligte notfalls Klärung im streitigen Verfahren suchen (BT-Drs. V 3282, 39).

Legt der Beteiligte, der z.B. eine Rechtsnachfolgeklausel begehrt, eine (vollstreckbare) Ausfertigung der nicht mehr vorhandenen Urschrift vor, ist die Ersetzung unproblematisch. Hat hingegen der Beteiligte ebenfalls keine Ausfertigung mehr im Besitz und verweist auf einen Dritten, z.B. den Schuldner, stehen der Urkundsperson **keine Zwangsmittel** zur Verfügung, um eine Herausgabe zu erwirken. Gegebenenfalls muss derjenige, der die Ersetzung der Urschrift erreichen will, den Einsichtsanspruch **nach § 810 BGB einklagen** (*Lerch*, § 46 BeurkG Rn. 8). Nach § 811 Abs. 1 Satz 2 BGB kann auf die Vorlage bei der zur Ersetzung zuständigen Urkundsperson geklagt werden. Befindet sich hingegen die als Ersatzurkunde geeignete Ausfertigung oder beglaubigte Abschrift **in Gerichts- oder Behördenak-** **112**

113 **Angehört** werden muss der **Schuldner**, wenn er sich in der nicht mehr vorhandenen Urkunde der **Zwangsvollstreckung unterworfen** hat (§ 46 Abs. 3 Satz 1 BeurkG). Die Anhörungsfrist muss so bemessen sein, dass er gegebenenfalls Einwendungen gegen die Ersetzung vorbringen kann (*Winkler*, § 46 BeurkG Rn. 17). Ist sein Aufenthalt dauernd unbekannt, kann die Anhörung unterbleiben (*Lerch*, § 46 BeurkG Rn. 7; Grziwotz/Heinemann/*Heinemann*, § 46 BeurkG Rn. 28).

ten, so kann die zur Ersetzung zuständige Urkundsperson nach den dafür bestehenden Vorschriften Akteneinsicht oder Erteilung einer beglaubigten Abschrift verlangen (*Lerch*, a.a.O.).

114 Ersetzt wird die nicht mehr vorhandene Urkunde, indem die Urkundsperson auf einer ihr vorliegenden Ausfertigung oder beglaubigten Abschrift oder einer davon gefertigten beglaubigten Abschrift **vermerkt, dass diese an die Stelle der Urschrift tritt.** Der Vermerk kann mit dem Beglaubigungsvermerk verbunden werden. Er soll Ort und Zeit der Ausstellung angeben und muss unterschrieben werden. Die Anbringung eines Siegels ist nicht erforderlich, weil der Ersetzungsvermerk kein Vermerk im Sinne von § 39 BeurkG ist, sondern eine Ersatzurkunde für die ebenfalls nicht zu siegelnde Niederschrift schafft (Armbrüster/Preuß/Renner/*Preuß*, § 46 BeurkG Rn. 11).

115 Die Ersetzung der Urschrift soll den Personen, die eine Ausfertigung verlangen können, **mitgeteilt** werden, soweit sich diese ohne erhebliche Schwierigkeiten ermitteln lassen (§ 46 Abs. 3 Satz 2 BeurkG). Eine Verletzung der Mitteilungspflicht beeinträchtigt die Wirkung der Ersatzurkunde nicht. Die Ersatzurkunde tritt **vollwertig an die Stelle der Urschrift.** Sie ist also wie diese in Verwahrung zu nehmen. Ausfertigungen und beglaubigte Abschriften können von ihr wie von der Urschrift erteilt werden. Wird die Urschrift **später aufgefunden**, ist der Ersetzungsvermerk von der Urkundsperson entsprechend § 48 Abs. 1 FamFG von Amts wegen aufzuheben (vgl. *Winkler*, § 46 BeurkG Rn. 22).

Sowohl gegen die Ersetzung der Urschrift wie gegen deren Ablehnung ist nach § 54 BeurkG die **Beschwerde zum Landgericht** eröffnet (vgl. hierzu näher unten Rn. 239). Beschwerdeberechtigt im Sinne von § 58 Abs. 1 FamFG sind die in § 46 Abs. 3 BeurkG genannten Personen.

f) Die vollstreckbare Ausfertigung

116 Die vollstreckbare Ausfertigung ist eine qualifizierte Ausfertigung, die in besonderem Maße in die Rechtsposition des Schuldners eingreift (OLG Celle, 28.5.2009 – 2 W 131/09, FGPrax 2009, 278 [279]; Grziwotz/Heinemann/*Heinemann*, § 47 BeurkG Rn. 19). Sie ist mit einer Vollstreckungsklausel versehen und ermöglicht dem Gläubiger die Einleitung der Zwangsvollstreckung gegen den darin genannten Schuldner durch Zustellung dieser Ausfertigung (vgl. § 52 BeurkG und unten Rn. 488).

g) Die beglaubigte Abschrift

Nicht zu verwechseln mit der Ausfertigung ist, trotz gewisser äußerer Ähnlichkeiten, die beglaubigte Abschrift. Sie ist nicht, wie die Ausfertigung (oben Rn. 87 ff.), für den Rechtsverkehr bestimmt, d.h. zur Verwendung dort, wo mit dem Gebrauchmachen von einer Urkunde bestimmte Rechtslagen erzeugt oder verändert werden sollen. Sie **dient Beweis- oder Benachrichtigungszwecken.** Den Beweis erbringt die beglaubigte Abschrift dafür, dass im Zeitpunkt der Beglaubigung eine Urkunde des beglaubigten Inhalts vorhanden gewesen ist. Der Benachrichtigungszweck ist etwa angesprochen in § 1597 Abs. 2 BGB, § 44 Abs. 3 Satz 1 PStG: Das anerkannte Kind soll verbindliche Kenntnis davon erhalten, dass und von wem es anerkannt worden ist; es soll nach erteilter Zustimmung eine Unterlage über die genauen Personalien des Anerkennenden besitzen; ebenso die Mutter, weil die Anerkennung ihrer Zustimmung bedarf (§ 1595 Abs. 1 BGB), und schließlich der Standesbeamte, damit er bei hinzukommender Zustimmung der Mutter bzw. nötigenfalls auch des Kindes eine Grundlage für die Beischreibung im Geburtsregister hat.

117

Die beglaubigte Abschrift dient – wie gesagt – **nicht dem Rechtsverkehr** im oben beschriebenen Sinne. Sie kann deshalb nicht anstelle der Ausfertigung und mit gleicher Wirkung wie diese verwendet werden. Siehe hierzu OLG Hamm, 8.12.1981 – 15 W 87/81, FamRZ 1982, 845: Die Erklärung der elterlichen Zustimmung zur Adoption eines Kindes, die gegenüber dem – nunmehr zuständigen – Familiengericht gemäß § 1750 Abs. 1 Satz 1 BGB abzugeben ist und mit Einreichung bei diesem wirksam wird (§ 1750 Abs. 1 Satz 3 BGB), muss in Gestalt einer *Ausfertigung* der notariellen Einwilligungsverhandlung (§ 1747, § 1750 Abs. 1 Satz 2 BGB) eingereicht werden; sie kann nicht schon durch Einreichung einer *beglaubigten Abschrift* der Einwilligungsverhandlung wirksam werden. Das Gleiche wird deshalb für den von der Urkundsperson beurkundeten Verzicht des Vaters im Adoptionsverfahren nach § 1747 Abs. 3 Nr. 3 BGB (vgl. § 59 Abs. 1 Satz 1 Nr. 7 SGB VIII) zu gelten haben. Auch hier genügt es nicht, wenn derjenige, der die Erklärung beurkunden lässt, sich lediglich eine beglaubigte Abschrift erteilen lässt, um hiervon Gebrauch zu machen. Die Urkundsperson würde ihn entsprechend zu belehren haben (s. auch Rn. 363).

118

Die **Zuständigkeit zur Erteilung einer beglaubigten Abschrift einer erstellten Urkunde** ist im Gesetz nicht besonders geregelt. Man wird aber anzunehmen haben, dass derjenige, der die Ausfertigung erteilt, auch die dem Grade nach schwächere beglaubigte Abschrift erteilen darf (so auch *Kurtze*, S. 128). Insoweit ist daher auch die Zuständigkeit der Urkundsperson beim Jugendamt ohne weiteres gegeben.

119

Wieweit daneben das Jugendamt als solches, d.h. **durch andere Bedienstete, Abschriften** der in §§ 59, 60 SGB VIII genannten Urkunden **beglaubigen** darf, bestimmt sich nach § 33 Abs. 1 des Verwaltungsverfahrensgesetzes. Denn eine Bestimmung nach § 1 Abs. 1 Satz 2 SGB X, die den § 29 SGB X anwendbar machen würde, ist (noch) nicht ergangen. Von Eil- und Notfällen (wenn eine Urkundsperson aus irgendeinem Grunde nicht zur Verfügung steht) abgesehen, sollte davon kein Gebrauch gemacht werden. Auch sollte der Amtsvormund/Amtsbeistand, sofern er grundsätzlich zu Beglaubigungen ermächtigt ist, Urkunden in Angelegenheiten des von ihm vertretenen Kindes nicht unter der „Firma" und mit dem Dienstsiegel seines Jugendamts beglaubigen; er ist insoweit nicht in erster Linie Behörde, sondern gesetzlicher Vertreter des Beteiligten. Doch könnte die Beglaubigung einer Abschrift von der hierzu nach § 33 Abs. 1 VwVfG befugten Urkundsperson auch eines jeden anderen Jugendamts vorgenommen werden (*Winkler*, § 42 BeurkG Rn. 2 zur Beglaubigung von Abschriften bezüglich „Fremdurkunden" durch Notare).

120 Zur Klarstellung sei für den umgekehrten Fall angemerkt: Allein aufgrund der Ermächtigung zur Beurkundung nach § 59 Abs. 1 Satz 1 SGB VIII ist die **Urkundsperson** beim Jugendamt **nicht** etwa **generell befugt, beglaubigte Abschriften** von irgendwelchen anderen Schriftstücken, die nicht von ihr selbst erstellt wurden, für allgemeine Zwecke des Jugendamts oder gar der Stadt-/Kreisverwaltung insgesamt zu erteilen. Insoweit ist die Urkundsperson beim Jugendamt nur bei entsprechender zusätzlicher Berechtigung, die allerdings nicht automatisch aus ihrer Bestellung gem. § 59 Abs. 1 SGB VIII folgt, auch nach dem Verwaltungsverfahrensrecht (vgl. § 33 VwVfG ggf. i. V. mit speziellen landesrechtlichen Zuweisungsbestimmungen) zu entsprechenden Beglaubigungen von Abschriften innerhalb der Behörde befugt.

Eine Ausnahme sei hervorgehoben: Wenn **§ 12 Satz 1 BeurkG** vorschreibt, dass „vorgelegte **Vollmachten und Ausweise** über die Berechtigung eines gesetzlichen Vertreters …der Niederschrift in Urschrift *oder in beglaubigter Abschrift* beigefügt werden" sollen, wird man hieraus die spezielle Ermächtigung der Urkundsperson folgern können, ggf. selbst eine beglaubigte Abschrift der ihr vorgelegten Vollmachts- oder Ausweisurkunde zu fertigen. Es wäre sinnwidrig, den Beteiligten zuvor zum Notar oder einer anderen zur Fertigung von beglaubigten Abschriften „fremder" Urkunden befugten Person zu schicken, damit die Urkundsperson eine ihr auferlegte gesetzliche Pflicht erfüllen kann.

121 Ein **Vermerk auf der Urschrift** über die Erteilung der beglaubigten Abschrift ist in keinem Falle erforderlich. Der Vorgang sollte allerdings aus Begleitverfügungen ersichtlich sein.

Der **Begriff der „Abschrift"** wird in § 39 BeurkG näher umschrieben: Nach der dort enthaltenen Legaldefinition ist er der Oberbegriff für „Abschriften, Abdrucke, Ablichtungen und dergleichen". Die beglaubigte Abschrift kann **in jeder geeigneten Weise erstellt** werden (Abschrift von Hand, Durchschlag, Ablichtung, Ausdruck eines elektronisch gespeicherten Dokuments, sogar mit elektronischer Signatur, vgl. § 42 Abs. 4 BeurkG). Sie muss mit dem Original wörtlich übereinstimmen. Entscheidend ist die *inhaltliche* **Übereinstimmung** der Abschrift mit der Niederschrift. Sie muss aber **nicht deren optisches Abbild** sein (vgl. *Winkler*, § 42 BeurkG Rn. 8a). So wäre beispielsweise auch zulässig, dass der Notar eine in deutscher Schrift geschriebene Urkunde in lateinische Schrift überträgt und diese „Abschrift" gem. § 42 BeurkG beglaubigt (*Winkler,* § 42 BeurkG Rn. 8b). Ergibt aus technischen Gründen, z.B. Druckerwechsel, der Ausdruck eines gespeicherten Dokuments ein anderes optisches Bild als das Original der Urschrift, steht dies also seiner Eignung für eine beglaubigte Abschrift nicht entgegen.

Die beglaubigte Abschrift muss gemäß § 42 BeurkG die **Urkundenstufe des Originals** (ob Urschrift, Ausfertigung, einfache oder beglaubigte Abschrift) **angeben, als beglaubigte Abschrift bezeichnet sein** und den **Beglaubigungsvermerk** – dahin, dass die Abschrift mit dem vorgelegten Original übereinstimmt – tragen; der Beglaubigungsvermerk muss unter Angabe von Ort und Datum der Beglaubigung und unter Beidruck des Dienstsiegels von dem beglaubigenden Behördenbediensteten, ggf. mit dem Zusatz seiner Funktion (als Urkundsperson des Jugendamts) unterschrieben werden (§ 33 Abs. 2 des Verwaltungsverfahrensgesetzes, § 42 Abs. 1 BeurkG). 122

Der Beglaubigungsvermerk stellt die **Übereinstimmung mit der Hauptschrift** in einer öffentlichen Glauben genießenden Form fest (*Lerch,* § 42 BeurkG Rn. 10 m.w.N.). Als Feststellungsvermerk ist er eine öffentliche Urkunde im Sinne des § 418 Abs. 1 ZPO (OLG Frankfurt, 6.4.1993 – 20 W 65/93, DNotZ 1993, 757 [758]). Hingegen bleibt die beglaubigte Abschrift einer Urkunde als solche eine rein private Urkunde (OLG Köln, 24.11.2008 – 2 Wx 41/08, FGPrax 2009, 6 [9]; Eylmann/Vaasen/*Limmer,* § 42 BeurkG Rn. 3). 123

Jedenfalls außerhalb eines Prozesses – hierzu § 435 ZPO – bringt der Beglaubigungsvermerk **Beweis für die Richtigkeit der Abschrift:** Wenn es sich darum handelt den Wortlaut der Urschrift festzustellen, steht die beglaubigte Abschrift deshalb der Urschrift gleich. Dies gilt auch für die beglaubigte Abschrift einer beglaubigten Abschrift oder einer Ausfertigung.

Dagegen kann die beglaubigte Abschrift einer beglaubigten Abschrift keinen Beweis *für die Übereinstimmung mit der Urschrift* erbringen (*Lerch,* § 42 BeurkG Rn. 17 m.w.N.). Denn es wird nur als identisch bestätigt, was unmittelbar „abgeschrieben" wurde. Ob die zuletzt als Vorlage dienende Kopie tatsächlich mit der Urschrift übereinstimmt, ist zwar aufgrund des Beglaubigungsvermerks darauf zu vermuten. Bewiesen werden kann es durch den letzten Beglaubigungsvermerk allerdings nicht.

Auch auszugsweise beglaubigte Abschriften sind möglich (Näheres: § 42 Abs. 3 BeurkG), ebenso beglaubigte Abschriften von beglaubigten Abschriften (s.o.); doch werden solche in der Beurkundungspraxis des Jugendamts kaum vorkommen.

h) Arten der Siegelung. Sonstige Anforderungen an die Herstellung der Urkunden

Wo im Vorstehenden von der Verwendung des Dienstsiegels gesprochen ist, genügt der **Beidruck des Farbsiegels (Dienststempel)**. Das gilt demgemäß für die Ausfertigung, die Erstellung der beglaubigten Abschrift, den Beglaubigungsvermerk bei der Unterschriftsbeglaubigung und die Vollstreckungsklausel. Ein **Präge-** 124

siegel muss nur verwendet werden, wenn dies gesetzlich besonders vorgeschrieben ist. Aus dem Beurkundungsgesetz kommt für den Funktionsbereich der Urkundsperson beim Jugendamt nur der Fall des § 44 Satz 1 BeurkG in Betracht, wenn ein Urkundsvorgang aus mehreren Blättern oder aus Erstbeurkundung und Nachtragsbeurkundung (Rn. 93 ff.) besteht und die Einzelstücke zur Sicherung der Urkundenidentität durch Schnur und (Präge-)Siegel miteinander verbunden werden müssen. In diesem Falle tritt dann das Prägesiegel an die Stelle des Dienststempels. Die Fälle des § 44 Satz 2 BeurkG sind hier ohne Interesse.

124a In der Beurkundungspraxis tritt immer wieder die Frage auf: Genügt auch ein **lediglich drucktechnisch erzeugtes Behördensiegel** den geltenden Formanforderungen des BeurkG? Das ist allerdings klar zu verneinen.

§ 39 BeurkG erfordert für die „Beglaubigung von Abschriften, Abdrucken, Ablichtungen und dergleichen" eine Urkunde, die „den Beglaubigungsvermerk, die Unterschrift und das Präge- oder Farbdrucksiegel des Notars enthalten muss". Da die Urkundspersonen der Jugendämter die Urschrift in der Urkundensammlung behalten, muss mithin für die Erteilung von beglaubigten Abschriften der Urschrift (§ 42 BeurkG) nach § 39 BeurkG verfahren werden.

Wenn in der Aufzählung des § 39 BeurkG nach den Worten „das Präge- oder Farbdrucksiegel" der in Klammern gesetzte Begriff „(Siegel)" angefügt ist, muss dies nach allgemeinen juristischen Auslegungsgrundsätzen als **verbindliche Legaldefinition** angesehen werden (vgl. *Winkler*, § 39 BeurkG Rn. 21). Der Gesetzgeber legt demnach zugrunde, dass ein in bestimmten Zusammenhängen ausdrücklich vorgeschriebenes Siegel i.S.d. Beurkundungsgesetzes nur ein Präge- oder Farbdrucksiegel sein kann (so auch *Lerch*, § 39 BeurkG Rn. 12 und 15). Folglich ist auch der Siegelbegriff im Rahmen der gesetzlichen Vorgaben für den Ausfertigungsvermerk nach § 49 Abs. 2 Satz 2 BeurkG im gleichen Sinne zu verstehen (*Winkler*, § 49 BeurkG Rn. 9 verweist insoweit ausdrücklich auf seine oben zitierte Kommentierung zu § 39).

124b Die **Siegelung verleiht dem Schriftstück erst die Urkundenqualität** (vgl *Lerch*, § 39 BeurkG Rn. 6): Ein Dienstsiegel ist ein Symbol eines Amtes, mit dem Dokumente rechtsverbindlich gekennzeichnet werden. Der Vorgang der Siegelung setzt die persönliche Prüfung des Dokuments durch die Urkundsperson voraus (insbesondere die Übereinstimmung zwischen Original und beglaubigter oder ausgefertigter Abschrift) und wird zeitnah zu deren Unterschrift vorgenommen. Demgegenüber würde ein vorweg aufgedrucktes „Siegel" auf eine Art „Blankobescheinigung" der vorgenannten Umstände hinauslaufen, was schwerlich mit dem Sinn der Siegelung vereinbar wäre.

Ein **elektronisches „Siegel"** durch **gleichzeitigen Ausdruck** mit den zu beglaubigenden oder auszufertigenden Schriftstücken erfüllt nicht die Anforderungen der genannten gesetzlichen Vorschriften. Da sowohl § 39 als auch § 49 Abs. 2 Satz 2 BeurkG hinsichtlich der Siegelung zwingende Vorschriften („muss") enthalten, ist einer Beglaubigung oder vollstreckbaren Ausfertigung, die nicht mit einem gesetzlich vorgeschriebenen Siegel versehen ist, die jeweilige **urkundliche Qualität abzusprechen**.

Etwas anderes könnte nur dann gelten, wenn das mit ausgedruckte Dienstsiegel den Vorschriften zu elektronischen Signaturen entsprechen würde, was aber sicherlich nicht der Fall ist.

Für die vorgenannte Argumentation spricht auch, dass der **BGH** (14.12.2016 – V ZB 88/16, MDR 2017, 450) **für den Bereich des Grundbuchrechts** entschieden hat: Ein lediglich drucktechnisch erzeugtes Behördensiegel genügt den im Grundbuchverfahren geltenden Formanforderungen des § 29 Abs. 3 GBO für ein Behördenersuchen nicht. Erforderlich ist vielmehr eine individuelle Siegelung mit einem Prägesiegel oder einem Farbdruckstempel. Wenn in § 29 GBO die Anforderung „mit Siegel oder Stempel zu versehen" eine **individuelle Siegelung mit einem Prägesiegel oder einem Farbdruckstempel** voraussetzt, kann angesichts der klaren Vorgaben des BeurkG dort erst recht nichts Anderes gelten.

Auch wenn ein solches Ergebnis – angesichts des scheinbaren Vereinfachungseffekts „durch Nutzung moderner Technik" – möglicherweise auf wenig Verständnis bei manchen Urkundspersonen und auch bei deren Dienstvorgesetzten stoßen mag, kann dies angesichts der gebotenen Formstrenge des Beurkundungsrechts nicht anders beurteilt werden. Soweit Urkundspersonen in einzelnen Jugendämtern in der Vergangenheit mitausgedruckte Dienstsiegel anstelle eines Prägesiegels oder Farbstempels verwendet haben oder womöglich noch weiter verwenden, ist dies **keine korrekte Verfahrensweise** und erfüllt nicht die gesetzlichen Anforderungen an die Urkundsqualität. Dass derartige „Scheinurkunden" bislang im Rechtsverkehr – auch seitens mancher Gerichte – unbeanstandet blieben, kann eine solche gesetzwidrige Praxis nicht rechtfertigen. Hierbei ist zu berücksichtigen, dass z.B. Vollstreckungsgerichte nicht immer mit den Feinheiten des Beurkundungsrechts vertraut sind. Auch mag die Tatsache, dass Gerichte in ihrem eigenen Geschäftsbereich aufgrund spezieller Regelungen (z.B. § 169 Abs. 3 Satz 2 ZPO, § 703b ZPO, § 258 Abs. 2 FamFG) aus Vereinfachungsgründen den drucktechnisch erzeugten Ausdruck des Gerichtssiegels verwenden dürfen, zu dem Fehlschluss verleiten, dies sei auch bei der Herstellung jugendamtlicher Urkunden unbedenklich. Hoffentlich führt die Entscheidung des BGH vom 14.12.2016 a.a.O. trotz ihrer unmittelbar auf das Grundbuchrecht beschränkten Bedeutung zu einer wünschenswerten erhöhten Aufmerksamkeit in der Rechtspraxis auch gegenüber Urkunden, auf die das BeurkG anwendbar ist.

124c

Besteht eine **Urkunde aus mehreren Blättern**, so sollen diese **mit Schnur und Prägesiegel verbunden** werden (§ 44 Satz 1 BeurkG, zu Siegelungstechniken vgl. § 31 DONot). Mit dieser gesetzlichen Vorgabe soll einem Verlust einzelner Blätter vorgebeugt werden. Bei der Heftung ist der Heftfaden anzusiegeln. Nach Auffassung des Gesetzgebers haben sich andere Arten der Verbindung als nicht ausreichend erwiesen (BT-Drs. V/3282, 38). Das betrifft die vielfach anzutreffende Art des Zusammenklammerns oder -klebens der mehreren Blätter, deren Verbindungsstelle mit dem Dienststempel überdeckt wird. Ein solches Verfahren ist anschei-

125

nend zurückzuführen auf die Empfehlung des Bundesministeriums des Innern vom 8. Dezember 1976 – GMBl. 684 –, die derartiges für die Beglaubigung von Abschriften im Bereich der Verwaltung vorsieht. Sie ist hier nicht anwendbar.

Diese Vorschrift des § 44 Satz 1 BeurkG gilt für Urkunden aller Art. Zu heften sind Urschriften, Ausfertigungen und beglaubigte Abschriften, die mehr als einen Bogen oder ein Blatt umfassen (*Winkler*, § 44 BeurkG Rn. 3; *Lerch*, § 44 BeurkG Rn. 1). Im Übrigen ist es zulässig und empfehlenswert, Vorder- und Rückseite eines Blattes zu bedrucken. Das Heften mehrseitiger Urkunden (bis zu vier DIN A4-Seiten) kann ggf. vermieden werden durch Umkopieren auf DIN A3 beidseitig und anschließendes Falten.

126 Bei der **Gestaltung des Prägesiegels** sind **landesrechtliche Vorgaben** über dessen Durchmesser und inhaltliche Gestaltung (z.B. Führung des Stadt- oder Landkreiswappens) zu beachten. Für die Schnur schreibt die für Notare geltende Vorschrift des § 30 Abs. 1 Satz 2 DONot vor, dass der Heftfaden in den Landesfarben gehalten werden soll. Einer Stadt oder einem Landkreis muss es folgerichtig freigestellt sein, einen **Heftfaden in den Stadt- bzw. Landkreisfarben** zu verwenden. Eine etwaige Empfehlung, unbedingt die Landesfarben zu verwenden, wäre nicht schlüssig, weil die Urkundsperson, anders als der Notar (vgl. §§ 1 ff. BNotO), ihre Rechtsstellung nicht vom jeweiligen Land als Bestellungskörperschaft ableitet. Auch dies zeigt, dass eine unbesehene entsprechende Heranziehung von Vorschriften der DONot für die Tätigkeit der Urkundsperson nicht stets zu überzeugenden Ergebnissen führen muss.

Wie die **Heftung** im Einzelnen geschieht, ist gleichgültig; es muss nur sichergestellt sein, dass nicht einzelne Blätter verloren gehen. So ist für den Notariatsbereich entschieden worden, dass die Verbindung mehrerer Bogen durch Klebestreifen nicht genügt und vom Grundbuchamt zurückgewiesen werden kann (OLG Schleswig, DNotZ 1972, 566). Der Faden braucht nicht mit der Nadel angebracht zu werden, sondern kann auch durch maschinell eingestanzte Metallringe gezogen werden, und zwar auch durch nur eine Öse (*Winkler*, § 44 BeurkG Rn. 9).

127 § 44 Satz 1 BeurkG ist eine Soll-Vorschrift. Verstöße haben auf die **Wirksamkeit** der Urkunde keinen Einfluss (vgl. BGH, 24.9.1997 – XII ZR 234/95, BGHZ 136, 357 [366] = NJW 1998, 58), können aber ihren **Beweiswert** beeinträchtigen (OLG Schleswig, a.a.O.) und insoweit den Notar bzw. die Urkundsperson haftpflichtig machen (*Winkler*, § 44 BeurkG Rn. 11). Das Fehlen der erforderlichen festen Verbindung ist ein Mangel im Sinne von § 419 ZPO, so dass der Urkunde keine formelle Beweiskraft mehr zukommt, sondern ihr Beweiswert der freien Beweiswürdigung unterliegt (Armbrüster/Preuß/Renner/*Preuß*, § 44 BeurkG Rn. 6 m.w.N.). Stellt die Urkundsperson fest, dass eine Urkunde falsch geheftet ist, muss sie zur Beseitigung des Mangels die richtige Heftung nachholen (*Winkler*, § 44 BeurkG Rn. 11).

Im Übrigen sind **auch Soll-Vorschriften grundsätzlich** von den Rechtsanwendern **zu beachten**. Ein Notar, der regelmäßig mehrseitige Urkunden auf eine von § 44 Satz 1 BeurkG abweichende Art verbinden würde, müsste spätestens anlässlich einer Geschäftsprüfung mit einer Beanstandung durch den Landgerichtspräsidenten rechnen.

Es erscheint deshalb nicht hinnehmbar, dass eine klare gesetzliche Vorgabe, die über § 1 Abs. 2 BeurkG auch die Urkundsperson beim Jugendamt bindet, von dieser deshalb missachtet werden soll, weil – wie schon in der Praxis vorgekommen – die zuständige Verwaltungsstelle sich aus Kostengründen weigert, die notwendigen Materialien zur Verfügung zu stellen. Allein der Umstand, dass es sich bei § 44 Satz 1 BeurkG um eine Soll-Vorschrift handelt und die Verwaltung – wie in einem konkreten Fall verlautbart – „das Risiko eines Amtshaftungsanspruchs ... als gering und verantwortbar" einschätzt, kann nicht dazu legitimieren, die gesetzliche Vorgabe dauerhaft zu ignorieren. Angesichts der allgemeinen Formstrenge des Beurkundungsrechts und der hoheitlichen Bedeutung der Urkundstätigkeit erscheint es geboten, auch **Vorschriften über die äußere Gestaltung von Urkunden unbedingt einzuhalten,** selbst wenn ein Verstoß nicht die Unwirksamkeit der Beurkundung nach sich zieht bzw. Haftungsansprüche nicht gehäuft auftreten werden.

Im Übrigen trägt die sorgfältige Wahrung der äußeren Formen des Beurkundungsakts auch dazu bei, den **Stellenwert der Tätigkeit der Urkundspersonen** zu unterstreichen. Sie beurkunden – es sei nochmals betont – in ihrem Zuständigkeitsbereich auf derselben Rangstufe wie der Notar. Dies sollte nach Möglichkeit nicht durch unbedachte oder aufgezwungene Nachlässigkeit in vermeintlich unbedeutenden Stilfragen verdunkelt werden.

128 Die unter öffentlichem Glauben erstellte Urkunde muss nach Möglichkeit auch **vor Verfälschung gesichert** sein. Dass Rasuren und Tilgungen im Text des Originals unzulässig sind, wurde bereits erwähnt (Rn. 107). Hinsichtlich der Anforderungen an die technische Beschaffenheit des bei der Herstellung der Urkunde verwendeten Materials sollte auch für die Urkundstätigkeit im Jugendamt maßgebend sein, was den Notaren durch ihre Dienstordnung (DONot) in § 29 Abs. 2 vorgeschrieben ist:

Es ist festes holzfreies weißes oder gelbliches **Papier** zu verwenden. Formblätter sind zulässig, wenn sie in den in § 29 DNotO genannten Druck- oder Kopierverfahren hergestellt sind. Das Farbband der Schreibmaschine – soweit eine solche heutzutage noch verwendet wird – muss schwarz oder blau und lichtbeständig sein (was bei den handelsüblichen Markenfabrikaten vorausgesetzt werden darf). Unzulässig ist die Verwendung eines zweifarbigen Bandes etwa zur Hervorhebung einzelner Stellen der Urkunde in roter Farbe. Ob ein **PC-Drucker fälschungssicher** ist, richtet sich nach der Temperatur, mit welcher der Toner beim Druckvorgang auf das Papier aufgebracht wird. Auskünfte zu einzelnen Gerätetypen können bei der Papiertechnischen Stiftung, Heßstraße 137, 80797 München (Internetportal www.ptspaper.de) erholt werden. Für **Schriftzüge** hat blaue oder schwarze Tinte Verwendung zu finden; daneben sind Kugelschreiber mit schwarzer Farbmine, die mindestens den Anforderungen der DIN 16 554 oder ISO 12757-2 entspricht, zugelassen; nicht dagegen Filzstifte, Bleistifte oder Kopierstifte. Dies bezieht sich nicht nur auf Beurkundungen, sondern **auch auf Beglaubigungen**: Eine Unterschrift in Kopierstift oder Filzschreiber dürfte die Urkundsperson nicht beglaubigen (vgl. *Winkler*, § 40 BeurkG Rn. 23). Erforderlichenfalls wäre die Unterschrift mit zugelassenem Schreibmaterial in Gegenwart der Urkundsperson zu wiederholen.

4. Urkundstätigkeit in Sonderfällen

a) Sprachunkundige

129 Nicht selten werden Urkundsakte unter Beteiligung von **Ausländern** vorgenommen werden.

Niederschriften in einer fremden Sprache darf die Urkundsperson, selbst wenn sie die dazu nötigen Kenntnisse hätte, im Gegensatz zum Notar nicht aufnehmen (§ 1 Abs. 2 i.V.m. § 5 Abs. 2 BeurkG). Sie darf **nur in deutscher Sprache** urkunden. Dann aber muss derjenige, der die Erklärung zu Protokoll gibt, sie in deutscher Sprache auch verstanden haben; anderenfalls könnte er sie später wegen Irrtums anfechten. Hierüber muss die Urkundsperson sich vergewissern. Es kommt deshalb vorab auf die **Feststellung** an, ob der betreffende **Ausländer der deutschen Sprache hinreichend mächtig** ist.

130 Die Feststellung der Fähigkeit, den deutschen Text der aufzunehmenden Urkunde zu verstehen, kann sich selbstverständlich nicht auf ein mehr oder weniger kurzes, in deutscher Sprache geführtes Gespräch über die hiesigen Lebensumstände des Betreffenden beschränken. Er soll ja gerade gedanklich nachvollziehen können, was es heißt, eine Vaterschaft anzuerkennen (samt allen in die Belehrung – unten Rn. 200, 330 – aufzunehmenden Konsequenzen!), eine Unterhaltsverpflichtung, womöglich mit Unterwerfung unter die sofortige Zwangsvollstreckung zu übernehmen, auf die vorgreifliche Rechtsposition des „nichtehelichen" Vaters aus § 1747 Abs. 3 Nr. 3 BGB zu verzichten usw. Erst wenn er das voll versteht – nur hierauf, auf das **„passive Sprachverständnis"** kommt es an; die Fähigkeit, sich in der ihm fremden Sprache aktiv ausdrücken zu können, ist nicht entscheidend (*Winkler*, § 16 BeurkG Rn. 7 m.w.N.) – kann das Protokoll ohne Zuziehung eines Dolmetschers aufgenommen werden. Die **hierüber getroffenen Feststellungen** sollten zur eigenen Sicherheit der Urkundsperson unbedingt **im Protokoll** vermerkt werden. Außerdem ist zweckmäßig die Angabe der **Staatsangehörigkeit** des Betreffenden (bei Vaterschaftsanerkennungen schon durch Art. 4 Satz 1 Halbs. 2 des Übereinkommens über die Erweiterung der Zuständigkeit der Behörden, vor denen nichteheliche Kinder anerkannt werden können, vom 14. September 1961 [unten Rn. 198 unter a)], vorgeschrieben).

131 Andernfalls wird die **Zuziehung eines Dolmetschers** unumgänglich. Die näheren, sehr detaillierten, aber peinlich genau zu beachtenden Bestimmungen enthält § 16 BeurkG; der Veranschaulichung diene der Protokollierungsvorschlag Nr. 3 im Anhang II.

Nach § 16 Abs. 2 Satz 1 BeurkG muss eine Niederschrift, die die Feststellung enthält, dass einer der Beteiligten der deutschen Sprache nicht hinreichend kundig ist, den Beteiligten **anstelle des Vorlesens übersetzt** werden. Dabei hängt die Übersetzungspflicht nicht davon ab, ob eine Sprachunkundigkeit bei einem Beteiligten besteht, sondern ausschließlich davon, ob die **Niederschrift die Feststellung einer nicht hinreichenden Sprachkundigkeit enthält,** unabhängig davon, ob diese Feststellung zutreffend ist oder nicht (BayObLG, 2.3.2000 – 1Z BR 29/99, NJW-RR 2000, 1175; LG Dortmund, 27.1.2005 – 2 O 370/04, NJW-RR 2006, 196).

Hat der Notar bzw. die Urkundsperson festgehalten, ein Urkundsbeteiligter sei der deutschen Sprache „weitgehend mächtig", hat er zum Ausdruck gebracht, dass eine vollständige Sprachfähigkeit nicht vorliegt. Die **nicht vollständige Sprachfähigkeit** ist gleichbedeutend mit Sprachunkundigkeit. Denn auch die nicht vollständige (passive) Sprachfähigkeit versetzt die betroffene Person nicht in die Lage die gesamte Urkunde zu verstehen. Diese muss dann übersetzt werden; ansonsten ist die Beurkundung nichtig (LG Dortmund, 27.1.2005 – 2 O 370/04, NJW-RR 2006, 196).

Für den **Dolmetscher** gelten nach § 16 Abs. 3 Satz 2 BeurkG die **Mitwirkungsverbote** und damit auch die Unwirksamkeitsgründe nach § 6 wie nach § 7 BeurkG entsprechend (so als ob dort jeweils „Dolmetscher" anstelle „Notar" stünde), hingegen nicht der weitergehende Katalog des § 3 BeurkG. Nach § 7 Nr. 3 BeurkG analog ist eine Willenserklärung insoweit unwirksam, als diese darauf gerichtet ist, einer Person, die mit dem Dolmetscher in der Seitenlinie bis zum dritten Grade verwandt ist, einen rechtlichen Vorteil zu verschaffen. **Weder Beteiligte selbst noch die in §§ 6, 7 BeurkG genannten nahen Angehörigen** der Beteiligten können daher Dolmetscher sein, insbesondere nicht ein Kind oder der Ehegatte eines Beteiligten, auch nicht dessen Schwager oder Neffe (OLG Köln, 1.7.1998 – 27 U 6/98, MittBayNot 1999, 59 = OLG-Report 1999, 22; Staudinger/*Hertel*, Vorbemerkungen zu §§ 127a und 128 BGB Rn. 548). In keinem Falle darf demnach die **Kindsmutter als Dolmetscherin** herangezogen werden.

132

Wie genau diese Bestimmung im Einzelfall zu beachten ist, belegt ein Beschluss des OLG Frankfurt (1.2.2016 – 5 UF 286/15, Rn. 7, JAmt 2016, 213).

„Hier hat das Jugendamt den **Cousin des Kindesvaters als Dolmetscher** für die Übersetzung der Sorgeerklärung eingesetzt. Als Sohn der Schwester des Vaters des Kindesvaters ist er in der Seitenlinie im dritten Grade mit dem Kindesvater verwandt. Die zu beurkundende und zu übersetzende Willenserklärung des Kindesvaters, gemeinsam mit der Kindsmutter die elterliche Sorge für das Kind A, geb. am … 2015, ausüben zu wollen, verschafft dem Kindesvater das **Sorgerecht** und ist damit ein **Vorteil zugunsten eines nahen Verwandten.** Denn rechtlich vorteilhaft sind Geschäfte, die die Rechte der betreffenden Person erweitern. Das ist im vorliegenden Verfahren der Fall. Ohne die Sorgeerklärung ist die Kindsmutter alleine zur Ausübung der elterlichen Sorge befugt. Die unter Hinziehung des Cousins des Kindesvaters beurkundete Sorgeerklärung ist mithin unwirksam."

133 Entscheidend für den Dolmetschereinsatz ist, dass eine **Verständigung mit dem Beteiligten überhaupt ermöglicht** wird. Nicht zwingend geboten ist, dass in seine Muttersprache gedolmetscht wird, obwohl dies selbstverständlich angestrebt werden sollte. Ist aber ein Dolmetscher hierfür nicht oder nur unter sehr erschwerten Umständen verfügbar, kann auch eine Übersetzungsperson für eine andere Sprache hinzugezogen werden, welche der Beteiligte hinreichend beherrscht. In den skandinavischen Ländern ist bekanntlich die Kenntnis des Englischen aufgrund intensiven Schulunterrichts weit verbreitet, so dass es nicht vollständig fernläge, für einen Schweden oder Finnen einen Dolmetscher bzw. eine Dolmetscherin für diese Sprache heranzuziehen.

Will im entsprechenden Fall die Urkundsperson auf der sicheren Seite bleiben, sollte sie zu dem zu vereinbarenden Beurkundungstermin einen vereidigten Dolmetscher nach Möglichkeit für die Muttersprache des betreffenden Beteiligten, hilfsweise z.B. für die englische Sprache – falls nach Rückfrage seine hinreichenden englischen Sprachkenntnisse als gesichert gelten können – heranziehen.

134 Sofern nicht solche Dolmetscher bereits im Jugendamt amtsbekannt sind, kann eine Anfrage beim zuständigen **Landgericht** weiterhelfen. Diese Gerichte verfügen im Allgemeinen über **Dolmetscher- und Übersetzerlisten**, weil zumal in Strafprozessen die Notwendigkeit einer kurzfristigen Heranziehung besteht.

Bei der Suche nach Dolmetschern für eine bestimmte Sprache (z.B. Somali) bietet auch das **Justizportal des Bundes und der Länder** eine sinnvolle Hilfestellung durch eine Datenbank (http://www.justiz-dolmetscher.de/suche_action). Eine weitere gezielte Suche ermöglicht ein anderes Internetportal: http://www.uebersetzer-uebersetzungen-dolmetscher.de/Somali/.

Womöglich kann im gegebenen Fall auch eine Anfrage bei einer Institution wie einer „**Fachakademie für Fremdsprachenberufe**" o.Ä. einen Tipp ergeben, da diese staatlich anerkannten Ausbildungseinrichtungen auch einen Überblick sowohl über ehemalige Absolventen als auch den regionalen „Markt" haben dürften.

Zur Tragung der Kosten für die Heranziehung des Dolmetschers vgl. unten Rn. 145.

135 Die zeitweilige Einrichtung von **größeren Unterkünften für Flüchtlinge** in manchen Gemeinden und die sich hieraus ergebende Häufigkeit von Beurkundungen z.B. von Vaterschaftsanerkennungen und Sorgeerklärungen hat verschiedentlich zu Überlegungen geführt, ob nicht zur Kostenersparnis Beurkundungstermine insbesondere unter Hinzuziehung von Dolmetschern für seltenere Sprachen wie Somali als „**Sammeltermine**" abgehalten werden können.

Im Regelfall werden zwar familienrechtliche Beurkundungen in Einzelterminen für die jeweiligen konkreten Beteiligten vorgenommen. Unter den besonderen Gegebenheiten wie hier bestehen aber keine grundsätzlichen Bedenken, auch derartige „Sammeltermine" abzuhalten, wenn dies zu einer rationellen Art und Weise der notwendigen Übersetzung von gleichartigen Belehrungen für die Eltern führen kann. Es wäre in der Tat reine – und für das Jugendamt im Hinblick auf die von ihm zu tragenden Kosten auch teure – Zeitvergeudung, wenn ein notwendigerweise hinzuziehender Dolmetscher die entsprechenden inhaltlich identischen Informationen jedem beteiligten Paar jeweils individuell übersetzen würde.

Allenfalls erscheint es empfehlenswert, die **anwesenden Elternpaare zu Beginn von dem Dolmetscher fragen zu lassen**, ob sie mit dem Vorgehen einverstanden sind. Im Fall ihrer vermutlich zu erwartenden Einwilligung sollten sich auch jegliche datenschutzrechtlichen Bedenken erübrigen. Das gilt erst recht, wenn die Gemeinschaftlichkeit des Termins auf diesen allgemeinen Teil beschränkt wird. Bei der Aufnahme der einzelnen Urkunden und deren Verlesung unter Übersetzung durch den Dolmetscher sollten die jeweils nicht beteiligten Elternpaare gebeten werden, solange in einem Nebenraum zu warten.

136 Zur Ergänzung nur dies: Ist der **zuzuziehende Dolmetscher nicht allgemein vereidigt,** so kommt die Möglichkeit einer Vereidigung ad hoc, wie sie dem Notar zusteht, für die Urkundsperson nicht in Betracht (so zutreffend *Kurtz*e, S. 63; allerdings ist das str.). Denn auch der Rechtspfleger in gleicher Lage (§ 62 BeurkG, § 3 Abs. 1 Buchst. f RPflG) dürfte nicht beeidigen. Die Abnahme von Eiden steht nur dem Richter zu (so § 4 Abs. 2 Nr. 1 RPflG), allenfalls einer zum Richteramt befähigten Person wie dem Notar (§ 5 BNotO). Es bleibt dann nur der Weg, dass alle Beteiligten **auf die Beeidigung verzichten** (§ 16 Abs. 3 BeurkG). Die Eignung des nicht vereidigten Dolmetschers zu beurteilen bleibt Sache der Urkundsperson, deren Gehilfe er ist. Handelt es sich erwiesenermaßen um einen „Muttersprachler", dürfte dies unproblematisch sein, ebenso wie bei bekanntem beruflichen Hintergrund, etwa eines Lehrers für das entsprechende Fach.

137 In der jugendamtlichen Praxis ist gelegentlich erwogen worden, die Zuziehung des Dolmetschers durch Ausarbeitung eines **zweisprachigen Formulars** zu erübrigen. Das ist unzulässig. Der fremdsprachige Textteil wäre unbeachtlich, weil seine Aufnahme der Urkundsperson nicht gestattet ist, und den deutschen Textteil dürfte sie, selbst wenn sie es sich zutraute, mit beurkundungsrechtlicher Wirkung auch nicht etwa – statt des Verlesens der Urkunde – in der einen oder anderen Wiedergabe übersetzen (§ 16 Abs. 2 Satz 1, Abs. 3 Satz 1 BeurkG): Wem das Gesetz die schriftliche Fixierung verbietet, dem kann es nicht die mündliche gestatten. Damit aber ist nach der Muss-Vorschrift des § 16 Abs. 3 BeurkG die Beiziehung des Dolmetschers geboten. Allenfalls könnte eine Standardübersetzung im Rahmen des § 16 Abs. 2 Satz 2 BeurkG nützlich sein; nach dieser Vorschrift kann ein Beteiligter eine schriftliche Übersetzung der Urkunde verlangen.

b) Schreibunfähige, Taube, Blinde, Stumme

138 Die Beurkundung von Erklärungen Schreibunfähiger, Tauber, Blinder, Stummer ist in §§ 22–26 BeurkG näher geregelt.

Zunächst ist als **Grundsatz** zu beachten: Vermag ein Beteiligter nach seinen Angaben oder nach der Überzeugung des Notars – Entsprechendes gilt nach § 1 Abs. 2 BeurkG für die Urkundsperson beim Jugendamt – **nicht hinreichend zu hören,** zu sprechen oder zu **sehen,** so soll zu der Beurkundung ein **Zeuge** oder ein **zweiter Notar** hinzugezogen werden, **es sei denn,** dass alle Beteiligten darauf **verzichten.** Diese Tatsachen sollen in der Niederschrift festgestellt werden (§ 22 Abs. 1 BeurkG). Die Niederschrift soll auch von dem Zeugen oder dem zweiten Notar unterschrieben werden (§ 22 Abs. 2 BeurkG). Fehlt die Unterschrift, ist die Beurkundung dennoch wirksam (*Winkler,* § 22 BeurkG Rn. 28).

An die Stelle des „zweiten Notars" tritt eine **weitere Urkundsperson,** nicht notwendig desselben Jugendamts (vgl. oben Rn. 4).

Ist mit einem stummen oder tauben Beteiligten auch **keine schriftliche Verständigung** möglich, muss eine **Vertrauensperson** hinzugezogen werden, die sich mit dem behinderten Beteiligten zu verständigen vermag. Die Niederschrift soll auch von der Vertrauensperson unterschrieben werden (§ 24 Abs. 1 BeurkG). Allerdings ist die Beurkundung von Willenserklärungen insoweit unwirksam, als diese darauf gerichtet sind, der Vertrauensperson einen **rechtlichen Vorteil zu verschaffen** (§ 24 Abs. 2 BeurkG). Dies kann in Sonderfällen problematisch sein, etwa wenn es um die Anerkennung der Vaterschaft geht: Eine taubstumme und zur Überzeugung der Urkundsperson schreibunkundige Mutter ist zwecks Zustimmung zur Vaterschaftsanerkennung mit erschienen; ihre einzige Vertrauensperson ist der Mann, mit dem sie sich über eine nur ihnen beiden geläufige Zeichensprache verständigen kann.

Letztlich sollte in einem derartigen Fall bedacht werden, dass die Verwandtschaft zu dem Kind durch die biologische Abstammung geschaffen wird und durch die Anerkennung – zumindest im Fall des wirklichen Erzeugers – lediglich verlautbart und mit Rechtswirkung präzisiert wird (MüKo/*Wellenhofer,* §1594 BGB Rn. 17 m.w.N.: „nur statusfestigende und nicht statusbegründende Wirkung"). Das könnte unter Abwägung aller Umstände dafür sprechen, den Ausnahmefall des § 24 Abs. 2 BeurkG zu verneinen, sodass die Mitwirkung des Mannes als Vertrauensperson zulässig wäre. Es wäre jedenfalls wenig überzeugend, wenn man in einer Situation, bei der vieles für die Richtigkeit der Angaben des mutmaßlichen Vaters sprechen dürfte, ein aufwändiges Abstammungsverfahren durch Feststellungsantrag des Kindes unter Beteiligung des Mannes führen lassen würde, nur weil die nach § 24 Abs. 1 BeurkG grundsätzlich mögliche Beurkundung an einer zu engen Auslegung des Abs. 2 der Vorschrift scheitern würde.

139 Auf Verlangen eines hör- oder sprachbehinderten Beteiligten soll ein **Gebärdensprachdolmetscher** hinzugezogen werden (§ 22 Abs. 1 Satz 2 BeurkG). Das setzt einen formfreien Antrag des Betroffenen voraus; die Urkundsperson kann einen solchen Dolmetscher weder von Amts wegen noch auf Antrag eines anderen Beteiligten hinzuziehen (Grziwotz/Heinemann/*Heinemann,* § 22 BeurkG Rn. 26 m.w.N.). Die Auswahl ist der Urkundsperson überlassen, wobei diese aber grundsätzlich dem Vorschlag des Beteiligten folgen sollte (vgl. *Lerch,* § 22 BeurkG Rn. 10).

Für den Gebärdendolmetscher gilt trotz seiner Nähe zum Sprachdolmetscher § 16 Abs. 3 Satz 2 BeurkG weder unmittelbar noch entsprechend (Armbrüster/

Preuß/Renner/*Armbrüster*, § 22 BeurkG Rn. 9; *Winkler*, § 22 BeurkG Rn. 23). Auch die Mitwirkungsverbote nach §§ 26, 27 gelten nur für Zeugen und eine zweite Person, nicht aber für den Gebärdendolmetscher (Eylmann/Vaasen/*Baumann*, § 22 BeurkG Rn. 11; *Winkler*, § 22 BeurkG Rn. 23). Ob als Gebärdensprachdolmetscher fungieren kann, wer bereits als Sprachdolmetscher, Verständigungsperson, Zeuge oder zweite Urkundsperson hinzugezogen wurde, ist strittig (verneinend Grziwotz/Heinemann/*Heinemann*, § 22 BeurkG Rn. 29 m.w.N.; differenzierend *Winkler*, § 22 BeurkG Rn. 24: nicht Zeuge, aber Verständigungsperson). Angesichts der womöglich auftretenden Schwierigkeit, einen geeigneten Gebärdensprachdolmetscher für den jeweiligen Beurkundungsfall zu finden, sollte eine Doppelfunktion aber nicht grundsätzlich ausgeschlossen werden.

Die Unterschrift des Gebärdensprachdolmetschers unter die Niederschrift ist verfahrensrechtlich nicht erforderlich; jedoch ist es unschädlich, wenn die Urkundsperson diesen ebenfalls unterschreiben lässt (Armbrüster/Preuß/Renner/*Armbrüster*, § 22 BeurkG Rn. 11).

Ein Zeuge bzw. eine zweite Urkundsperson muss auch beim Verlesen und Genehmigen der Erklärung eines **Schreibunfähigen** hinzugezogen werden (§ 25 BeurkG). Schreibunfähig ist auch, wer infolge augenblicklicher körperlicher Behinderung (Verletzung der Schreibhand) oder Schwäche seinen Namen nicht zu schreiben vermag. Auch in diesem Falle muss nach § 25 BeurkG verfahren werden; ein Führen der Hand ist, wie schon oben Rn. 70 unter c) bemerkt, nicht zulässig, weil das keine „eigenhändige" Unterschrift (§ 13 Abs. 1 Satz 1 BeurkG) mehr darstellt. Das kann praktisch werden bei Anerkennung einer Vaterschaft durch einen Schwerkranken, der sein Ableben fürchtet und postmortale Feststellungen nicht wünscht. Für öffentliche Beglaubigungen würde in solchen Fällen ein Handzeichen genügen (§ 129 Abs. 1 Satz 2 BGB, § 40 Abs. 6 BeurkG; dazu oben Rn. 81). **140**

Hat die Urkundsperson bemerkt und in der Niederschrift festgestellt, dass ein Beteiligter **nicht hinreichend zu hören vermag**, muss diesem anstelle des Vorlesens die Niederschrift zur Durchsicht vorgelegt werden; in der Niederschrift soll festgestellt werden, dass dies geschehen ist (§ 23 Satz 1 BeurkG). Hierzu bedarf es keines Verlangens des Betroffenen, der auch auf die Vorlage zur Durchsicht nicht verzichten kann (Grziwotz/Heinemann/*Heinemann*, § 23 BeurkG Rn. 5). Wegen der Ersetzungswirkung der Vorlage zur Durchsicht ist das Verlesen der Niederschrift entbehrlich, wenn nur Hörgeschädigte an der Beurkundung beteiligt sind (*Winkler*, § 23 BeurkG Rn. 4). **141**

Ist in der Niederschrift festgestellt, dass ein Beteiligter hörbehindert im Sinne des § 22 Abs. 1 BeurkG ist, so führt der Verstoß gegen die Vorlage zur Durchsicht zur **Unwirksamkeit der Beurkundung** (Griwotz/Heinemann/*Heinemann*, § 23 BeurkG Rn. 14). Allerdings wird vermutet, dass die Urkunde tatsächlich zur Durchsicht vorgelegt und von dem Beteiligten genehmigt worden ist, wenn er sie eigenhändig unterschrieben hat (§ 23 Satz 2 BeurkG).

Fehlt die Feststellung nach § 22 BeurkG, so bleibt die Beurkundung trotz Nichtbeachtung des § 23 wirksam, auch wenn ein Beteiligter tatsächlich hörbehindert war (Eylmann/Vaasen/*Baumann*, § 23 BeurkG Rn. 9; *Lerch*, § 23 BeurkG Rn. 2).

5. Kostenfreiheit

142 Beurkundungen durch die Urkundsperson beim Jugendamt sind grundsätzlich **kostenfrei.** Den Beteiligten dürfen weder Gebühren noch Auslagen in Rechnung gestellt werden. Kostenfrei ist auch die Erteilung von Ausfertigungen und beglaubigten Abschriften. Die Kostenfreiheit ergibt sich jetzt aus **§ 64** Abs. 1 **SGB X**. Wenn dort von dem „Verfahren bei den Behörden nach diesem Gesetzbuch" – nämlich dem SGB – die Rede ist, so ist darin auch das Beurkundungsverfahren als eine „sonstige Aufgabe der Jugendhilfe" (§ 2 Abs. 3 Nr. 12 SGB VIII) inbegriffen.

Die vom Bundesgesetzgeber im Ausgangspunkt vorgegebene Kostenfreiheit von Beurkundungen im Jugendamt hat auch ihren guten Sinn. Sie ist insoweit **am Gemeinwohl orientiert**, als es ganz überwiegend im öffentlichen Interesse liegt, wenn die von der Urkundsperson allgemein angebotenen Beurkundungsmöglichkeiten auch tatsächlich wahrgenommen werden. Das gilt ganz besonders für die freiwillige Anerkennung von Vaterschaften, die einvernehmliche Begründung der gemeinsamen Sorge durch Sorgeerklärungen und die Schaffung von Unterhaltstiteln zugunsten der berechtigten Kinder (und auch zugunsten von Sozialleistungsträgern als Rechtsnachfolger nach erbrachten Zahlungen).

In allen genannten Fällen, die wohl den ganz überwiegenden Teil der Beurkundungstätigkeiten im Jugendamt ausmachen, werden nicht nur aufwändige Gerichtsverfahren vermieden und in diesem Zusammenhang Personalressourcen auch in Jugendämtern und Sozialbehörden geschont. Es liegt ganz allgemein im Interesse der Gemeinschaft, wenn Kindschaftsverhältnisse sowohl hinsichtlich der Abstammung als auch der Ausübung des Sorgerechts und in Unterhaltsbelangen geklärt sind.

143 Allerdings bestimmt seit 1. Oktober 2005 die Vorschrift des § 97c SGB VIII: „**Landesrecht kann abweichend** von § 64 des Zehnten Buches die Erhebung von **Gebühren und Auslagen regeln.**" Brandenburg hat – als bisher einziges Bundesland – in sein AGKJHG mit § 25 Abs. 1 unter der Bezeichnung „Durchführungsbestimmungen" eine solche Regelung aufgenommen. Diese bestimmt: „Die örtlichen Träger der Jugendhilfe regeln die Erhebung von Gebühren und Auslagen für Beurkundungen und Beglaubigungen durch Satzung."

Abgesehen davon, dass auch diese landesrechtliche Bestimmung inzwischen insoweit überholt ist, als das Bundesgesetz nicht einmal mehr in der Überschrift irgendwelche öffentliche Beglaubigungen im Sinne von § 129 BGB durch die Urkundsperson mehr vorsieht, ist festzuhalten: Damit ist eine Rechtsgrundlage für eine Gebührenerhebung durch Satzung geschaffen worden. Somit bleibt im Land Brandenburg kein Raum mehr für Fragen danach, ob denn ein Landkreis überhaupt die Kompetenz habe, eigene Regelungen mit diesem Inhalt zu schaffen.

Eine solche **Gebührensatzung für Beurkundungen** im Jugendamt hat bereits im Jahr 2008 der Landkreis Uckermark eingeführt. Offensichtlich sind dem zahlreiche Landkreise und kreisfreie Städte im Land gefolgt (vgl. etwa die „Satzung zur Erhebung von Gebühren für Beurkundungen und die Durchführung von außergerichtlichen Vaterschaftstests" der Stadt Cottbus vom 18.12.2014, abrufbar im Internet, mit Gebühren von je 30 EUR für die Anerkennung der Vaterschaft sowie die erforderliche Zustimmung).

Angesichts der bekannt angespannten Haushaltslage der meisten Kommunen in Deutschland ist es naturgemäß legitim, auch über zusätzliche Einnahmetatbestände nachzudenken. Es ist nicht zu bestreiten, dass die Einführung von Gebühren in der Größenordnung der beispielhaft zitierten Satzung durchaus zu nennenswerten Mehreinnahmen der Kreiskasse führen kann. Allerdings sollte dabei auch der Nutzen der Beurkundungstätigkeit für die Allgemeinheit, der oben bereits angesprochen wurde, nicht aus dem Blick verloren werden. Deshalb sollte sorgfältig überlegt werden, **inwieweit eine Gebührenerhebung nicht kontraproduktive Wirkungen** hat. **144**

Denn es erleichtert die Arbeit der Beistände keineswegs, wenn im Vergleich zu der bisher niederschwelligen Beurkundung beim Jugendamt nunmehr eine zusätzliche – auch psychologisch mehr oder weniger stark wirkende – Hürde in Form der Kostenerhebung errichtet wird. Das muss abgewogen werden mit den angestrebten Vorteilen. Unabhängig davon, dass manche Elternteile buchstäblich „mit jedem Cent rechnen" müssen, sollte aber auch nicht verkannt werden, dass schon die Gebührenerhebung als solche einen Hemmschuh für die Entschlussfreudigkeit mancher Putativväter, Unterhaltspflichtiger oder zur Übernahme der gemeinsamen Sorge bereiter Elternteile sein kann.

Außerdem hat die Erhebung von Gebühren für jugendamtliche Beurkundungen in verschiedenen Landkreisen Brandenburgs offenbar dazu geführt, dass Landesbürger verstärkt Berliner Jugendämter aufsuchen, wo sie die entsprechenden Erklärungen gebührenfrei aufnehmen lassen können (so ein Bericht der „Berliner Morgenpost" vom 2.2.2014 (http://www.morgenpost.de/brandenburg-aktuell/article124459642/Immer-mehr-Brandenburger-sparen-Aemter-Gebuehren-in-Berlin.html, Abruf 9.5.2017). Auch ein derartiger **„Beurkundungstourismus"** zulasten eines anderen Landes kann nicht gerade als wünschenswerte Folge der Erhebung von Gebühren in einem Land gewertet werden.

Von der bundesrechtlich als Grundsatz vorgegebenen Kostenfreiheit nicht begünstigt sind aber die **Übersetzungen ausländischer Urkunden,** die die Beteiligten zuvor beschaffen müssen, um sie für den Urkundsakt verwenden zu können, namentlich fremdsprachlicher Geburtsurkunden oder Heiratsurkunden. **145**

Allerdings ist die Gestellung des nach § 16 BeurkG erforderlichen Dolmetschers nicht ihre Sache. Die **Kosten der Beiziehung des Dolmetschers**, als eines Gehilfen der Urkundsperson, fallen dem Träger des Jugendamts zur Last. Es ist insoweit unerheblich, ob die Beurkundung auf eine eigene Initiative des Erklärungswilligen zurückgeht oder ob er hierzu von dem Jugendamt als Beistand aufgefordert wurde.

Dem Jugendamt als Träger der Beurkundungsfunktion bleibt es überlassen, mit Dolmetschern häufiger benötigter Fremdsprachen geeignete **Honorierungsabreden** nach Art von § 19 Abs. 2 Satz 5 Hs. 2 SGB X zu treffen (vgl. *DIV-Gutachten* 19.11.1985, ZfJ 1986, 59 [60]).

Da bei der Urkundstätigkeit des Jugendamts keine „Amtshilfe" in Betracht kommt (vgl. oben Rn. 62), können die entsprechenden Kosten auch dann nicht einem anderen Jugendamt als Erstattungsforderung in Rechnung gestellt werden, wenn die Beurkundung auf Ersuchen jenes Jugendamtes zustande kam.

V. Prüfungspflichten und Belehrungspflichten

146 Die Urkundsperson ist weder bloße Schreibhilfe noch bloßer Garant der Innehaltung äußerlicher Urkundsformen. Im Rahmen ihrer Funktion hat sie dafür zu sorgen, dass der Urkundsakt auch materiell nach Möglichkeit gegen Anzweiflungen seiner Bestandskraft gesichert ist. Das bedingt eine Reihe von Prüfungs- und Belehrungspflichten, die ihr im Interesse der materiell Beteiligten – das sind hier wie in Rn. 70 unter b) nicht nur die zur Vornahme des Urkundsakts Erschienenen – obliegen. Die Verletzung dieser Pflichten kann ihre Trägerkörperschaft daher gegenüber den Beteiligten **amtshaftungspflichtig** machen. Einer Abgrenzung bedarf es jedoch, was ihr hier „im Rahmen ihrer Funktion" obliegt: gerade darüber bestehen mancherlei Unklarheiten.

1. Identität der am Urkundsakt Beteiligten

147 Zweifelsfrei ist zunächst, dass die Urkundsperson die Identität des oder der zwecks Beurkundung Erschienenen zu prüfen hat. Das ergibt sich aus dem Gesetz (§ 10 Abs. 2 Satz 1 BeurkG). Denn das Ergebnis der Prüfung ist in der Niederschrift festzuhalten.

Die Urkundsperson kann diesen Punkt nicht ernst genug nehmen. Für die Beurkundung schärft § 10 Abs. 1 und 2 BeurkG es ihr ausdrücklich ein: Sie soll sich Gewissheit über die Person der Beteiligten verschaffen. Die **Person des Erklärenden** soll in der Niederschrift so genau bezeichnet werden, dass Zweifel und Verwechslungen ausgeschlossen sind. Deshalb sollte bei Verheirateten der Geburtsname vermerkt, im Falle mehrerer Vornamen der Rufname unterstrichen werden. Außerdem sollten Stand oder Beruf, Geburtstag sowie die Wohnanschrift angegeben werden. Häufig ist auch die Angabe der Staatsangehörigkeit zweckmäßig, jedenfalls wenn eine Auslandsberührung des Falles in Betracht kommt. Bei einer Vaterschaftsanerkennung sollte stets eine ausländische Staatsangehörigkeit vermerkt werden (zu einem Fall der fehlerhaften Bezeichnung „albanisch" statt „jugoslawisch" vgl. *DIV-Gutachten* 6.7.1995, DAVorm 1995, 982).

Sofern der Erschienene der Urkundsperson nicht von Person bekannt ist, wird er **148** sich durch **Pass, Passersatzpapier** (eines deutschen Konsulats, einer deutschen Grenzdienststelle) oder amtlichen **Personalausweis** auszuweisen haben. **Andere amtliche Ausweise** wie Führerschein, Dienstausweis, Schwerbehindertenausweis, Gesundheitskarte gemäß § 291 Abs. 2 SGB V sind zum Nachweis der Identität nur geeignet, wenn sie mit **Lichtbild** versehen sind und ebenso wie Pass und Personalausweis die **Unterschrift des Inhabers** tragen, weil diese mit der Unterschrift in dem aufzunehmenden Protokoll in Zweifelsfällen verglichen werden können muss (allerdings pflegen Lichtbild und charakteristischer Duktus der Unterschrift über längere Zeiträume „unstimmig" zu werden). Ein solches Dokument muss in dem Sinne **„gültig"** sein, dass es nicht gefälscht ist (bei anderen Dokumenten als Reisepässen oder Personalausweisen ist insbesondere darauf zu achten, dass das Lichtbild nicht problemlos ausgewechselt werden kann). Insoweit trifft die Urkundsperson auch eine Prüfungspflicht, wobei von ihr keine Expertenkenntnisse erwartet werden können.

Ein gültiger Ausweis kann aber auch dann vorliegen, wenn er **„abgelaufen"** ist **149** (Armbrüster/Preuß/Renner/*Renner*, § 26 DONot Rn. 8 m.w.N.). Entscheidend ist, dass die Urkundsperson sich aufgrund des amtlichen Dokuments von der Identität der Person überzeugen kann, das heißt aufgrund des Lichtbildes, ggf. in Verbindung mit der Unterschriftsleistung, keine Zweifel hierüber hat (*Lerch*, § 10 BeurkG Rn. 6). Das ist insbesondere bei älteren Führerscheinen oft nicht der Fall.

Wegen der besonderen Fälschungsrisiken kann die **Vorlage von Kopien** grundsätzlich nicht genügen (Armbrüster/Preuß/Renner/*Renner*, § 26 DONot Rn. 5; Eylmann/Vaasen/*Limmer*, § 10 BeurkG Rn. 9).

Auch **ausländische Personalausweise oder Reisepässe** reichen regelmäßig zur **150** Identifizierung aus. Vorsicht ist gegenüber sonstigen ausländischen Personaldokumenten, z.B. einem Führerschein, angebracht, weil regelmäßig schwer zu beurteilen ist, ob es sich nicht um eine Fälschung handelt. In diesem Fall empfiehlt es sich, das vorgelegte Dokument genau zu benennen und im Übrigen nach § 10 Abs. 3 Satz 2 BeurkG zu verfahren (Armbrüster/Preuß/Renner/*Renner*, § 26 DONot Rn. 9). Ungeeignet als Identitätsnachweis ist z.B. eine bloße **Aufenthaltsgestattung** der Kreisverwaltungsbehörde (vgl. den dem *DIV-Gutachten* 6.7.1995, DAVorm 1995, 982 zugrunde liegenden Fall).

Das gilt allerdings nicht für ein mit **Lichtbild** und ggf. Fingerabdrücken versehenes Dokument des Ausländeramtes über die Aufenthaltsgestattung für einen Asylbewerber, dem durchaus Ausweisqualität zukommen kann (DIJuF-Rechtsgutachten vom 28.7.2003, www.bundesanzeiger-verlag.de/beurkundungen IV Nr. 6).

Dem ohne einschränkenden Zusatz ausgestellten **Reiseausweis für Ausländer** **150a** nach § 5 Abs. 1 AufenthV kommt zwar eine Identifikationsfunktion zu, so dass dieser als Passersatzpapier ein zum Nachweis der Identität des Inhabers **grundsätzlich geeignetes Beweismittel** ist (BGH, 17.5.2017 – XII ZB 126/15, juris Rn. 20; anders hingegen, wenn der Ausweis mit einem einschränkenden Vermerk versehen ist, dass die Angaben zur Identität auf den eigenen Angaben des Inhabers beruhen: vgl. OLG Nürnberg, 25.7.2014 – 11 W 1116/14, StAZ 2015, 84; OLG Karlsruhe, 19.8.2016 – 11 W 50/16 [Wx], StAZ 2017, 75, jeweils zu einem **Reiseausweis für Flüchtlinge**).

Dementsprechend hat das BVerwG (17.3.2004 – 1 C 1/03, BVerwGE 120, 206 = NVwZ 2004, 1250, 1251) dem Reiseausweis für Flüchtlinge eine **(widerlegbare) Identifikationsfunktion** zugemessen. Gleiches gilt jedenfalls im Grundsatz auch für den Reiseausweis für Ausländer. Da dieser gemäß § 4 Abs. 1 AufenthV als Passersatzpapier anerkannt ist, entspricht er seiner Funktion nach insoweit dem Reiseausweis für Flüchtlinge (BGH, 17.5.2017 a.a.O Rn. 21). Beiden Papieren ist zudem gemeinsam, dass sie im Fall einer ungeklärten Identität von der ausstellenden Behörde gemäß § 4 Abs. 6 AufenthV mit dem Zusatz versehen werden können, dass die Personendaten auf den Angaben des Inhabers beruhen. Zwar setzt der Zusatz beim Reiseausweis für Flüchtlinge (wie auch beim Reiseausweis für Staatenlose) voraus, dass ernsthafte Zweifel an den Identitätsangaben des Antragstellers bestehen, was beim Reiseausweis für Ausländer nicht erforderlich ist. Hierin liegt jedoch im Hinblick auf die Identifikationsfunktion kein entscheidender Unterschied. Wie der Reiseausweis für Flüchtlinge soll vielmehr auch der Reiseausweis für Ausländer dem Inhaber als Passersatz zum Identitätsnachweis dienen, um ihm neben der Erfüllung der Passpflicht (vgl. § 3 AufenthG) etwa Reisen ins Ausland zu ermöglichen. (BGH, 17.5.2017 a.a.O Rn. 21 m.w.N.).

Mit der Ausstellung des Reiseausweises für Ausländer (entsprechend dem amtlichen Muster, Anlage D4c zur Aufenthaltsverordnung) wird aber **keine abschließende Feststellung oder Entscheidung über Personalien und Staatsangehörigkeit des Inhabers getroffen**. Dass das Ausweispapier eine verbindliche Feststellung der Personaldaten nicht enthalten kann, ergibt sich bereits daraus, dass eine solche in die völkerrechtliche Personalhoheit des jeweiligen Heimatstaates fällt (BGH, 17.5.2017 a.a.O Rn. 22 m.w.N.).

150b Demgemäß hat der Reiseausweis für Ausländer ebenso wie der Reiseausweis für Flüchtlinge **keine Bindungswirkung** im Personenstandsverfahren bzw. im entsprechenden Gerichtsverfahren und befreit das Gericht nicht von einer **eigenständigen Identitätsprüfung** (BGH 17.5.2017 a.a.O Rn. 23 unter Hinw. auf BVerwG 1.9.2011 – 5 C 27/10, Rn. 14, 21, BVerwGE 140, 311 = FamRZ 2012, 226 für den Fall des mit Einschränkungen versehenen Reiseausweises für Flüchtlinge im Einbürgerungsverfahren). Dem von der deutschen Ausländerbehörde ausgestellten Ausweis kann dabei keine dem vom Heimatstaat des Betroffenen ausgestellten Personalausweis oder Reisepass entsprechende Beweiswirkung zugemessen werden. Vielmehr **entbindet auch ein einschränkungslos ausgestellter Reiseausweis nicht von einer eigenen Prüfung durch das Standesamt bzw. Gericht** (BGH 17.5.2017 a.a.O. Rn. 23).

Jedenfalls darf sich ein Standesamt oder Gericht bei Fehlen einer Geburtsurkunde nicht ohne eigene Prüfung darauf verlassen, dass der Ausländerbehörde – nicht näher bestimmte – weitere Erkenntnisse zur Verfügung gestanden haben müssten, aufgrund derer sie die Identität z.B. eines Vaters für ausreichend geklärt angesehen habe. Vielmehr müssen Standesamt oder Gericht **sich darüber selbst ein Bild verschaffen.** Dazu stehen mehrere Möglichkeiten zur Verfügung. Insbesondere kann etwa die Ausländerakte beigezogen werden sowie der Vater persönlich angehört werden und kann zudem dessen eidesstattliche Versicherung über die Richtigkeit seiner Angaben verlangt werden (BGH 17.5.2017 a.a.O. Rn. 23).

Auch bei Vorlage eines Reiseausweises für Ausländer oder Flüchtlinge empfiehlt sich deshalb der Zusatz, dass sich die **Urkundsperson hierdurch keine Gewissheit von der Identität** des Beteiligten verschaffen konnte, weil dem von der deutschen Ausländerbehörde ausgestellten Ausweis – selbst bei fehlender Einschränkung – nicht dieselbe Beweiswirkung zukommt wie einem vom Heimatstaat des Betroffenen ausgestellten Personalausweis oder Reisepass. **150c**

Es obliegt dann dem Standesamt, nach den zitierten höchstrichterlichen Vorgaben weitere Ermittlungen anzustellen oder ggf. eine eidesstattliche Versicherung des Beteiligten über die Richtigkeit seiner Angaben zu fordern. Hingegen muss die Urkundsperson selbst nicht etwa zur Feststellung der Identität des Beteiligten in dem genannten Fall derartige Ermittlungen betreiben oder eine eidesstattliche Versicherung verlangen. Denn wie mehrfach betont, hat sie lediglich festzuhalten, welche Erkenntnisse zur Identität eines Beteiligten ihr vorliegen. Die abschließende Prüfung der Richtigkeit der Angaben ist nicht ihre Sache.

In der Niederschrift muss regelmäßig das **Dokument nicht genau bezeichnet** werden, durch das die Urkundsperson Gewissheit über die Identität des Beteiligten erlangt hat. Ausreichend ist die auch in der notariellen Praxis vielfach verwendete Feststellung: „Der Erschienene wies sich aus durch amtlichen Lichtbildausweis". Das gilt jedenfalls dann, wenn es sich um deutsche Personalausweise oder Reisepässe handelt. Stammt der Ausweis nicht von einer deutschen Behörde oder handelt es sich um selten vorgelegte Ausweise, z.B. einen Dienstausweis, empfiehlt es sich hingegen, das Dokument in der Urkunde zu benennen und auch nähere Angaben über Ausstellungsdatum, -behörde, Dokumentennummer zu machen (vgl. *Rohs/Heinemann,* Rn. 151). **151**

Unabhängig hiervon nehmen viele Notare allerdings „überobligatorisch" regelmäßig **eine Kopie des jeweiligen Personalausweises oder Reisepasses** zu ihren Beurkundungsakten, womit sie auf der sicheren Seite sind bei jeglichem späteren Zweifel bezüglich der Identität des Beteiligten. Die Urkundsperson *muss* nicht so verfahren, zumal in Fällen mit Beteiligung deutscher Staatsbürger und Identitätsnachweis durch Personalausweis oder Reisepass wohl nur höchst selten spätere Probleme in dieser Hinsicht auftreten dürften. Sie ist aber auch *nicht gehindert*, sich an dieser verbreiteten notariellen Praxis zu orientieren.

Insbesondere können insoweit **keine datenschutzrechtlichen Bedenken** erhoben werden. Die Urkundsperson ist eine zur Identitätsfeststellung berechtigte Behörde im Sinne von § 14 Nr. 1 PAusWG, die demnach nicht nur zur „Erhebung" von personenbezogenen Daten aus dem Ausweis berechtigt ist, sondern diese auch durch „Speichern" in Form einer Ausweiskopie „verwenden" kann.

Keiner weiteren Vertiefung bedarf, dass die Anfertigung einer solchen Kopie besonders dann empfehlenswert ist, wenn es sich um **Fälle einer ungesicherten Identität** handelt, etwa bei Vorlage eines Dokuments der Ausländerbehörde, welches im Wesentlichen auf den Angaben des Betroffenen beruht. Hat die Urkundsperson eine entsprechende Ablichtung zu ihren Vorgängen genommen, erleichtert das ganz wesentlich die spätere Feststellung, dass ein doch noch vorgelegter amtlicher Reisepass sich auf dieselbe Person bezieht, welche seinerzeit zu der Beurkundung erschienen war (näher hierzu DIJuF/*Knittel/Birnstengel*, „Beurkundung von Abstammung und Sorgeerklärungen bei Ausländerbeteiligung", Themengutachten TG-1149, Frage 3, Erstveröffentlichung in www.kijup-online.de = www.bundesanzeiger-verlag.de/beurkundungen, III Nr. 3; vgl. auch unten Rn. 325).

152 Der **Familienname und Vornamen** sind stets so in der Niederschrift aufzuführen, wie sie in diesem **amtlichen Papier** lauten; etwa hiervon abweichende, von Ausländern vorgelegte, Geburtsurkunden sind grundsätzlich nicht maßgeblich. Differenzierend muss dies allerdings gesehen werden, wenn als Ausweis eine von einer deutschen Ausländerbehörde ausgestellte **Aufenthaltsgestattung** vorgelegt wird, deren Daten häufig nur auf Angaben der Betroffenen beruhen, wobei Fehler und Missverständnisse durchaus vorkommen können.

In einem Praxisfall der Beurkundung von Sorgeerklärungen eines afrikanischen Elternpaares mit lediglich einer Aufenthaltsgestattung als Ausweispapier traten folgende Zweifel auf: In der Vaterschaftsanerkennung und dem Geburtenauszug war die Mutter – um es an einem geläufigen Beispielsnamen zu verdeutlichen – mit Maria Mustermann bezeichnet und in der Aufenthaltsgestattung mit Mustermann Maria (**Vor- und Zuname also vertauscht**).

Das Kind heißt nach dem Geburtenauszug – dem Beispiel folgend – Max Mustermann. In der Aufenthaltsgestattung der Mutter Markus Mustermann, also ein **völlig anderer Vorname**.

Bei der zuständigen Ausländerbehörde waren Mutter und Kind aufgrund der Übermittlungen des BAMF wie in der Aufenthaltsgestattung gespeichert. Die Urkundsperson war unsicher, wie die genaue Bezeichnung von Mutter und Kind in den jeweiligen Sorgeerklärungen zu lauten habe.

Da wohl anzunehmen ist, dass im Beurkundungstermin ein Dolmetscher vorhanden ist, sollten die Eltern – insbesondere die Mutter – zunächst um Aufklärung darüber gebeten werden, wie die entsprechenden Angaben denn richtig zu lauten haben. Jedenfalls das Vertauschen von Vor- und Nachname ist kein wirklicher Beinbruch. Auch im Deutschen kommt es schließlich vor, dass ein „Josef Mayer" mal als solcher oder auch als „Mayer Josef" schriftlich oder mündlich angesprochen oder aufgelistet wird, ohne dass dies zu wirklichen Beanstandungen führen kann. Je nach dem Ergebnis der Befragung sollte die **übliche Namensreihenfolge (Vorname und Nachname) aufgenommen** werden und in der Niederschrift klargestellt werden, dass dies auf den Angaben der Mutter beruht. Dass die Aufenthaltsgestattung ggf. eine andere Reihenfolge enthält, dürfte dann im Rechtsverkehr keine unüberwindliche Hürde darstellen.

Sollte sich hingegen herausstellen, dass die **Vaterschaftsanerkennung und der Geburteneintrag** insoweit von den jetzigen Angaben der Mutter abweichen, sollte versucht werden, in Absprache mit der zuständigen Stelle (zuvor tätige Urkundsperson oder Standesamt) eine **Berichtigung** (ggf. Nachtragsvermerk durch die Urkundsperson entsprechend § 44a Abs. 2 BeurkG) in die Wege zu leiten. Dies könnte zumindest der Klarstellung dienen und künftige Irritationen der jetzt aufgetretenen Art zu vermeiden helfen.

Schwieriger ist es mit dem **Vornamen** des Kindes. Auch hier sollte aber zunächst festgestellt werden, wie denn der Vorname nach Einschätzung der Eltern richtig lautet. Hierzu müsste sich schließlich auch der Vater äußern können. Die Eltern werden hoffentlich eine übereinstimmende Antwort geben.

Stimmt der jetzt als richtig bezeichnete Vorname mit dem in Vaterschaftsanerkennung und Geburtenauszug angegebenem Namen überein, ist es empfehlenswert, sich bei der Namensangabe in den Sorgeerklärungen **an Vaterschaftsanerkennung und Geburtenauszug zu orientieren**. Denn im Zweifel wird zur späteren Beantwortung der Frage, auf welches Kind sich die Sorgeerklärungen beziehen, hierauf (zumindest auf den Geburtenauszug) Bezug genommen werden.

Es sollte dann über den Dolmetscher das Einverständnis der Eltern eingeholt werden, die **Ausländerbehörde und damit indirekt das BAMF darauf aufmerksam zu machen**, dass der Name des Kindes falsch registriert wurde. Dies kann zur Berichtigung der Aufenthaltsgestattung führen. Man könnte dies zwar auch den Eltern überlassen, aber es ist vorstellbar, dass eine Initiative der Urkundsperson im Einverständnis mit den Eltern zu einem schnelleren Erfolg führen dürfte.

Falls hingegen der Vorname bei der Vaterschaftsanerkennung und demzufolge im Geburtenauszug falsch angegeben wurde, wäre wieder der Weg über eine Berichtigung, ggf. nach § 44a Abs. 2 BeurkG, das geeignete und auch dringend gebotene Mittel, um hier für baldige Klarheit zu sorgen. Auch insoweit sollte die Urkundsperson nicht nur beratend, sondern auch unterstützend tätig werden, um diejenige Stelle, die zuvor die Anerkennung aufgenommen hat, auf die Problematik hinzuweisen und eine Berichtigung anzuregen.

Die **Vorstellung durch eine andere**, der Urkundsperson als vertrauenswürdig bekannte **Person** als „Erkennungszeugen" kann genügen (Armbrüster/Preuß/Renner/*Renner*, § 26 DNotO Rn. 13). Nicht aber genügt die Vorstellung durch materiell Beteiligte, ausgenommen allenfalls den Amtsvormund/Amtsbeistand (*Winkler*, § 10 BeurkG Rn. 23 f.), geschweige denn die sonst übliche Formel: „Ausgewiesen durch Ladung und Sachkenntnis"; am allerwenigsten die Vorstellung durch die mit erschienene Kindesmutter, denn sie ist sozusagen Partei. **153**

In der Niederschrift hat die Urkundsperson festzustellen, ob sie die erschienenen Beteiligten kennt oder wie sie sich anderenfalls Gewissheit über ihre Persönlichkeit verschafft hat. **154**

Kann die Urkundsperson sich diese Gewissheit nicht verschaffen (Beurkundung im Krankenhaus; Asylbewerber), so hat sie dies unter Angabe „des Sachverhalts", d.h. der zur Identifizierbarkeit getroffenen Feststellungen, **in der Niederschrift zu vermerken**, falls die Beurkundung, etwa wegen Eilbedürftigkeit, gleichwohl verlangt wird; auch dieses Verlangen ist in die Niederschrift aufzunehmen (§ 10 Abs. 3 Satz 2 BeurkG).

155 Die **Nachprüfung der Identität des Erklärenden** muss alsdann von derjenigen **Stelle nachgeholt** werden, **für deren Entscheidung oder Maßnahme die Rechtswirksamkeit der Beurkundung Voraussetzung ist;** beispielsweise vom Standesbeamten im Beischreibungsverfahren, aber auch schon bei der Entscheidung über die Erteilung der Vollstreckungsklausel zu einer vollstreckbar aufgenommenen Unterhaltsverpflichtung (Rn. 491) oder vom Gericht im Prozess um die Feststellung der Wirksamkeit oder Unwirksamkeit der Vaterschaftsanerkennung (§ 169 Nr. 1 FamFG).

156 Doch kann die Urkundsperson, wenn ihr **nachträglich der Identitätsnachweis erbracht** wird, hierüber einen datierten und unterschriebenen Vermerk zur Urschrift aufnehmen; insbesondere kann eine dahingehende Bezeugung in die Ausfertigungsformel übernommen werden (Rn. 100; § 39 BeurkG u. *Winkler*, § 10 BeurkG Rn. 88). Allerdings setzt dieses Verfahren auch hier im Grundsatz voraus, dass der Nachweis vor derjenigen Urkundsperson erbracht wird, welche die Urkunde aufgenommen hat, und diese sich zuverlässig an die Person erinnert (eingehend zur Notwendigkeit objektivierter Feststellungen durch Kopien vorgelegter unklarer „Ausweise" insbesondere bei der Vaterschaftsanerkennung durch Ausländer unten Rn. 325).

Praxistipp

 Wortlaut der Ausfertigungsformel etwa:

„Ausgefertigt mit dem Bemerken, dass der mit seinen Erklärungen an der Verhandlung beteiligte .... (folgt der Name) seine Identität nachträglich durch Vorlage des/der ...., ausgestellt am .... von ...., nachgewiesen hat".

157 Nochmals: Die **Aufnahme einer verlangten Beurkundung**, insbesondere einer Vaterschaftsanerkennung, darf also entgegen in der Praxis verbreiteten Vorstellungen **nicht allein mit der Begründung abgelehnt** werden, die **Identität des Erklärenden sei ungewiss**; außer eigenen Angaben des Mannes existierten keine gesicherten Nachweise zu den Personalien. Die Urkundsperson muss den Sachverhalt allerdings in der Niederschrift insoweit deutlich kennzeichnen.

Sie kann sich auch nicht darauf berufen, es liege der Fall einer Beurkundung vor, die zu keinem rechtlichen Erfolg führen könne (vgl. oben Rn. 33), weil das Standesamt bei dieser Sachlage die Beischreibung verweigern werde. Dass es für die **Wirksamkeit des in öffentlicher Urkunde abgegebenen Vaterschaftsanerkenntnisses ohne Bedeutung** ist, ob sich der Erklärende durch ein gültiges Personaldokument ausweisen konnte, wird auch durch einschlägige Rechtsprechung bestätigt (z.B. Kammergericht Berlin, 24.5.2005 – 1 W 88/05, StAZ 2005, 320).

Auch das BayObLG (16.11.2004 – 1Z BR 87/04, StAZ 2005, 104) vertritt die Auffassung, dass eine Vaterschaftsanerkennung nicht deshalb unwirksam ist, weil der Anerkennende keinen sicheren Nachweis über die von ihm geführten Personalien beibringt. Der Anerkennende kann als Vater im Geburtenbuch eingetragen werden, auch wenn seine Identität aufgrund besonderer Umstände des Einzelfalls (hier: algerischer Asylbewerber mit mehreren Alias-Personalien) nicht durch eine Personenstandsurkunde oder andere öffentliche Urkunden nachgewiesen werden kann, insbesondere sein Name nicht feststeht. Der Umstand, dass die Identität nicht nachgewiesen ist, ist bei der Eintragung durch einen klarstellenden Zusatz kenntlich zu machen (BayObLG, 16.11.2004 – 1 Z BR 87/04, StAZ 2005, 104).

Schon zuvor hatte das OLG Hamm (15.4.2004 – 15 W 480/03, FamRZ 2005, 128) erkannt: „Kann der Standesbeamte die Identität der ausländischen Eltern eines in Deutschland geborenen Kindes nicht feststellen, so können in Anwendung des Annäherungsgrundsatzes in den Geburtseintrag die Namen der Mutter und des Kindes aus der Geburtsanzeige mit einem klarstellenden Zusatz des Inhalts übernommen werden, dass die Vor- und Familiennamen der Mutter und des Kindes nicht festgestellt werden konnten."

Die zunehmende Zahl von **weiblichen Beteiligten muslimischen Glaubens** führt in der Praxis zu Problemen, wenn diese sich weigern, ein gesichtsverhüllendes **Kopftuch mit Schleier** abzulegen, sofern nicht ausschließlich Frauen (als Urkundsperson bzw. Dolmetscherin) anwesend sind. Es liegt es auf der Hand, dass der Einblick in einen Reisepass oder Personalausweis nicht weiterführt, wenn nicht zugleich durch Augenschein festgestellt werden kann, ob eine Übereinstimmung zwischen Lichtbild und Aussehen der betreffenden Person besteht. 157a

Angesichts einer ausdrücklichen Weigerung der Frau hilft es allerdings wohl wenig, etwa Überlegungen in folgende Richtung anzustellen: Sie wünsche eine Amtshandlung einer deutschen Behörde. Dann solle sie sich auch den hierbei üblichen Gepflogenheiten anpassen. Außerdem sei zweifelhaft, ob es wirklich ein zwingendes Gebot des Islam ist, dass Frauen sich unter keinen Umständen unverschleiert gegenüber einem fremden Mann zeigen dürfen. Presseberichten über ein einschlägiges Gerichtsverfahren in München aus dem März 2016 (vgl. etwa http://www.welt.de/regionales/bayern/article153264809/Muslimin-will-vor-Gericht-ihren-Schleier-lueften.html; Abruf 9.5.2017) ist folgende Behauptung zu entnehmen: „Ein islamischer Rechtsgelehrter aus Saudi-Arabien hatte sich bereits 2011 mit dem Thema befasst – und war zu dem Schluss gekommen, dass das Ablegen des Schleiers vor Gericht bei entsprechender Notwendigkeit auch strenggläubigen Frauen erlaubt sein könne."

Es wäre sicherlich hilfreich und konfliktvermeidend, wenn die einschlägige **Beurkundung von einer weiblichen Urkundsperson** vorgenommen werden könnte, bei der das Problem von vornherein nicht auftritt. Dagegen könnte man einen ggf. zur Verfügung stehenden männlichen Dolmetscher bitten, während des heiklen Vorgangs des Schleierlüftens zwecks Identitätsvergleichs kurz den Raum zu verlassen oder sich wenigstens wegzudrehen.

Falls es nicht möglich ist, im konkreten Fall eine weibliche Urkundsperson einzusetzen, wäre immerhin folgende **pragmatische Lösung** vorstellbar: Der Urkundsbeamte bittet eine weibliche Fachkraft des Jugendamts, in einem Nebenraum ohne Anwesenheit weiterer Personen den Identitätsvergleich zwischen Lichtbild und Passinhaberin vorzunehmen und ihm das positive Ergebnis anschließend zu bestätigen. Er nimmt sodann in die Niederschrift einen Vermerk dahingehend auf, dass sich die Beteiligte durch ein konkretes amtliches Dokument ausgewiesen habe und die **Jugendamtsbedienstete Frau X. den Identitätsvergleich vorgenommen und das Ergebnis der Urkundsperson dienstlich versichert** habe. Damit dürfte das Problem zu lösen sein, ohne dass es zu weiteren fundamentalen Konflikten über die Identitätsfeststellung kommt.

157b Vereinzelt wird aus der Praxis von Schwierigkeiten bei Beurkundungsakten berichtet, an denen Personen beteiligt sind, die sich als **„Reichsbürger"** bezeichnen. Mit diesem Begriff werden Personengruppen und Einzelpersonen zusammengefasst, welche die Existenz der Bundesrepublik als souveränen Staat leugnen, dafür aber den Fortbestand des Deutschen Reiches zumeist in den Grenzen von 1937 behaupten. Ebenso häufig glauben sie an die Existenz von Fantasie-Reichsregierungen, welche im Gegensatz zur Regierung der „BRD GmbH" legitim seien (eingehend hierzu *Hüllen/Homburg/Krüger* in Wilking [Hrsg.] Handbuch S. 13).

Als Folge ihrer kruden Ideologie **weigern sich die betreffenden Personen häufig,** einen **Bundespersonalausweis**, Reisepass oder Führerschein zum Identitätsnachweis vorzulegen und präsentieren stattdessen obskure „Dokumente" wie einen „Personenausweis des Deutschen Reichs, Provinz Preußen" o.Ä. Sieht die Urkundsperson in einem solchen Fall etwa bei einer Vaterschaftsanerkennung – für sich genommen zutreffend – die Identität als nicht gesichert an, nimmt sie aber gleichwohl mit einem entsprechenden Vorbehalt in der Niederschrift die gewünschten Erklärungen auf (vgl. dazu oben Rn. 154 f.), verlagert sie allerdings das Problem auf die nächstzuständige Behörde, namentlich das Standesamt.

Gleichwohl erscheint dies als einzig angezeigte Sachbehandlung. Es ist jedenfalls **nicht sinnvoll,** sich auf **inhaltliche Diskussionen** mit derart irregeleiteten Beteiligten einzulassen (so auch *Caspar/Neubauer,* in Wilking [Hrsg.] Handbuch S. 93 [135] m.w.N.). Nach allen einschlägigen Erfahrungen sind sie rationalen Argumenten gegenüber ihren Wahninhalten nicht zugänglich (*Keil,* in Wilking [Hrsg.] Handbuch S. 39 [57]), sondern steigern sich allenfalls in weitere absurde Behauptungen und Aufforderungen hinein. Deren Ziel ist zumeist, die Fachkräfte von Behörden durch Provokation zu verunsichern und unter Stress zu setzen. Dem kann nur durch eine klare und kurz angebundene Haltung begegnet werden. Hierbei hilft es – insbesondere bei Vorankündigung eines entsprechenden Verhaltens im bevorstehenden Termin durch einen Beteiligten, aber auch in genereller Hinsicht –, sich mental auf eine solche Konfrontation vorzubereiten, etwa durch Lektüre der vorstehend zitierten und online verfügbaren sehr instruktiven Abhandlungen.

157c Bei gegebenem Anlass sollte die **Urkundsperson unmissverständlich erklären,** dass sie nach den Gesetzen der Bundesrepublik Deutschland zu handeln habe und das vorgelegte „Dokument" **kein gültiger Ausweis** sei. Wenn die Beurkundung pflichtgemäß mit der Einschränkung nicht nachgewiesener Identitätsangaben aufgenommen würde, könne der Mann **nicht damit rechnen, für den Rechtsverkehr zweifelsfrei als Vater festzustehen.** Es sei ausgeschlossen, dass das Standesamt eine Geburtsurkunde für das Kind unter Angabe seiner Vaterschaft ausstelle oder womöglich eine Erklärung über die Erteilung seines Namens für das Kind wirksam entgegennehme. Auch werde der Rechtsverkehr eine etwaige Erklärung über die Begründung der gemeinsamen Sorge voraussichtlich nicht akzeptieren. In einem dem Verfasser bekannten Einzelfall hat eine solche feste Haltung der – nach entsprechenden Ankündigungen des Beteiligten mental auf die persönliche Begegnung vorbereiteten – Urkundsperson dazu geführt, dass der Mann schließlich doch seinen inzwischen abgelaufenen Personalausweis, eine aktuelle Gesundheitskarte und den Mofaführerschein auf den Tisch warf, sodass die Vaterschaftsanerkennung letztlich problemlos beurkundet werden konnte.

Jedenfalls ist nicht einzusehen, dass die sog. „Reichsbürger" es mit ihrer ideologisch verblendeten Wichtigtuerei etwa mit Erfolg darauf anlegen können, die Behörden vor sich her zu treiben. Sollte sich herumsprechen, dass Urkundspersonen und Standesämter in aller Regel bei derart törichten Verhaltensweisen im Rahmen der Identitätsfeststellung unnachgiebig und konsequent reagieren, werden sich künftige einschlägige Schwierigkeiten zumindest in diesem Bereich wohl eher in Grenzen halten.

158 Die gleichen Anforderungen wie bei der Beurkundung gelten für die Prüfung und Feststellung der **Identität bei der Vornahme einer Unterschriftsbeglaubigung.** § 10 BeurkG ist über § 40 Abs. 4 BeurkG entsprechend anwendbar. Eine Beglaubigung bei Zweifeln über die Identität (insbesondere bei fehlendem oder unvollständigem Nachweis) und mit diesem Vorbehalt, wie bei Beurkundungen, ist jedoch nicht statthaft – § 10 Abs. 2 Satz 2 ist in § 40 Abs. 4 BeurkG nicht in Bezug genommen –; das widerspräche ihrem Wesen.

159 Schließlich sind diejenigen, auf die die zur Niederschrift gegebenen Erklärungen sich beziehen (die **im materiellen Sinne „Beteiligten"**) von dem/ den zur Beurkundung Erschienenen so eindeutig wie möglich zu bezeichnen. In den Formularen ist das entsprechend vorgesehen. Für ein Kind, welches noch keinen Vornamen erhalten hat, hätte die Formulierung etwa zu lauten:

„das am .... von der Frau .... geborene Kind (Geburtenbuch des Standesamts .... Nr. ....) – Vorname noch nicht erteilt –".

Zur praxisgerechten Möglichkeit der Bezeichnung eines Kindes mit Vor- und Nachnamen selbst vor der Geburtsanmeldung vgl aber auch Rn. 268. Über unterlaufene Kennzeichnungsfehler siehe oben Rn. 100.

Die Vorlage einer **Geburtsurkunde** des Kindes – soweit bereits vorhanden – ist zweckmäßig, um durch Abgleich der Daten die Genauigkeit der Bezeichnung des Kindes in der Urkunde zu gewährleisten. Jedoch kann Beurkundung nicht etwa davon abhängig gemacht werden, dass von dem oder den Beteiligten tatsächlich eine solche Geburtsurkunde vorgewiesen wird (so auch *DIJuF – Rechtsgutachten* 20.6.2003, JAmt 2003, 472).

2. Geschäftsfähigkeit

160 § 11 Abs. 1 Satz 1 BeurkG bestimmt: „Fehlt einem Beteiligten nach der Überzeugung des Notars die erforderliche Geschäftsfähigkeit, so soll die Beurkundung abgelehnt werden". Hierbei ist „erforderlich" zunächst bezogen auf die allgemeine Fähigkeit, Rechtshandlungen überhaupt vornehmen zu können, und sodann auf die spezifisch geistige Befähigung zur Vornahme von Erklärungsakten der anstehenden Art.

161 Das materielle Recht unterscheidet **drei Stufen bei der Geschäftsfähigkeit:** volle Geschäftsfähigkeit, beschränkte Geschäftsfähigkeit (§ 106 BGB – diese Gruppe stellen nach Fortfall der Entmündigung zum 1. Januar 1992 durch das Betreuungsgesetz nur noch die Minderjährigen nach vollendetem 7. bis zum vollendeten 18. Lebensjahr) – und Geschäftsunfähigkeit (§ 104 BGB).

162 **Geschäftsunfähigkeit** liegt stets vor bei einem Minderjährigen bis zum vollendeten 7. Lebensjahr (§ 104 Nr. 1 BGB). Sie kann aber auch gegeben sein im Zustand dauernder, die freie Willensbestimmung ausschließender, krankhafter Störung der Geistestätigkeit (§ 104 Nr. 2 BGB). Das gilt sowohl für einen Volljährigen als auch einen Minderjährigen zwischen dem vollendeten 7. und dem vollendeten 18. Lebensjahr, der anderenfalls nach § 106 BGB beschränkt geschäftsfähig wäre.

163 **Erklärungen Geschäftsunfähiger** sind **von der Beurkundung ausgeschlossen**. Ihren Willenserklärungen fehlt – außerhalb des Bereichs der Rechtsgeschäfte des täglichen Lebens, § 105a BGB – jede rechtliche Wirkung. Sie sind nach § 105 Abs. 1 BGB nichtig und deshalb nicht beurkundungsfähig (vgl. aber zum Sonderfall der Sorgeerklärung Rn. 726 f.).

164 Für Geschäftsunfähige werden Erklärungen ausschließlich durch einen gesetzlichen Vertreter abgegeben und beurkundet. Bei einem volljährigen Geschäftsunfähigen, für den eine rechtliche Betreuung nach §§ 1896 ff. BGB besteht, ist das der rechtliche **Betreuer** (§ 1902 BGB). Ist hingegen kein gesetzlicher Vertreter vorhanden, kann für ihn rechtsgeschäftlich nicht gehandelt werden. Dies wäre allenfalls möglich durch einen Stellvertreter aufgrund einer vor Eintritt der Geschäftsunfähigkeit ausgestellten Vollmacht, soweit bevollmächtigtes Handeln im Bereich des § 59 Abs. 1 Satz 1 SGB VIII überhaupt zugelassen ist (Rn. 175).

165 Rechtlich wirkungslos bleibt ferner die zu beurkundende Erklärung eines **beschränkt Geschäftsfähigen**, wenn hierfür die **vorherige Zustimmung,** in § 183 BGB „Einwilligung" genannt, von Seiten **des gesetzlichen Vertreters** fehlt und diese Einwilligung bis zum Abschluss des Beurkundungsvorgangs nicht eingeholt worden ist. Ist das offenkundig der Fall und ist nicht auch der gesetzliche Vertreter zur Abgabe und Protokollierung seiner Einwilligung mit erschienen, so ist die Erklärung des beschränkt Geschäftsfähigen gleichermaßen **nicht beurkundungsfähig**. Denn die zu Protokoll zu gebende Erklärung ist in allen Sparten des § 59

Abs. 1 Satz 1 SGB VIII eine einseitig verlautbarte; ihre Unwirksamkeit ergibt sich aus § 111 BGB. Sie wird auch nicht etwa mit heilbarer Wirkung (§ 111 Satz 2 BGB) „gegenüber" der Urkundsperson abgegeben, sondern *vor* ihr, da die Urkundsperson nicht Adressat der Willenserklärung im Rechtssinne ist, sondern sie durch ihre Mitwirkung an dem Vorgang der Protokollierung erst entstehen lässt (vgl. unten Rn. 257). Die Beurkundung wäre abzulehnen. Eine **behauptete Einwilligung** würde zwar die verlangte Beurkundung – gegen Protokollvermerk – zuzulassen zwingen (oben Rn. 33). Sie gäbe aber zu der **Belehrung** Anlass, dass der Erschienene das Risiko ihrer Unwirksamkeit trägt, wenn die behauptete Einwilligung sich später nicht belegen lasse.

166 Aus dem Bereich des § 59 Abs. 1 Satz 1 SGB VIII betrifft dies namentlich die Abgabe von **Unterhaltsverpflichtungserklärungen**. Abweichend hiervon ist jedoch in der großen Zahl der **Statusbeurkundungen, d.h. der Anerkennung der Vaterschaft und der Zustimmung hierzu** die Erklärung eines beschränkt Geschäftsfähigen zwar an eine Zustimmung des gesetzlichen Vertreters geknüpft, die jedoch auch in Gestalt der *nachträglichen* **Genehmigung** (§ 184 BGB) beigebracht werden kann. Das folgt aus § 1596 Abs. 1 Satz 2 BGB. Mit einer dahingehenden Belehrung (wenn nicht auch hier der gesetzliche Vertreter genehmigend mit erschienen ist) wäre deshalb der beschränkt Geschäftsfähige **zur Beurkundung zuzulassen**. Dass stattdessen an seiner Stelle sein gesetzlicher Vertreter in bestimmten Fällen selbst die beabsichtigte Erklärung zu Protokoll geben könnte, bleibt hiervon unberührt.

167 Überwiegend in seinen Statusangelegenheiten aber muss der beschränkt Geschäftsfähige seine Erklärungen, vorbehaltlich der Genehmigung des gesetzlichen Vertreters, **persönlich** abgeben, teils generell (§ 1596 Abs. 1 Satz 1 BGB), teils nach Erreichen des 14. Lebensjahres (§ 1596 Abs. 2 Satz 2 Hs. 1 BGB). In den Fällen der Einwilligung in die Adoption nach § 1746 Abs. 2 BGB ist das 14 Jahre alt gewordene Kind sogar unbeschränkt handlungsfähig gleich einem Volljährigen.

168 Die **volle Geschäftsfähigkeit** bedarf **keiner besonderen Feststellung** im Protokoll. Die in den gängigen Formularen häufig vorgesehene Rubrik hierfür ist überflüssig, ihre Ausfüllung unschädlich. Der Hervorhebung bedarf, dass ein Volljähriger, für den ein **Betreuer bestellt** ist, hierdurch allein in seiner – im Einzelfall tatsächlich gegebenen – Geschäftsfähigkeit noch nicht beschränkt wird. Sofern nicht unter den Voraussetzungen des § 104 Nr. 2 BGB tatsächlich eine Geschäftsunfähigkeit anzunehmen ist, was im jeweiligen Einzelfall auf der Hand liegen oder konkret durch Gutachten nachgewiesen sein müsste, weil bei Volljährigen von ihrer Geschäftsfähigkeit als Regelfall auszugehen ist, können Betroffene weiterhin rechtlich wirksame Erklärungen abgeben. Das unterscheidet die Betreuung gem. §§ 1896 ff. BGB von dem Rechtszustand vor 1992: Der bis dahin zulässige Ausspruch der „Entmündigung" bedeutete die förmliche Aberkennung der Geschäftsfähigkeit des Betroffenen (vgl. hierzu auch DIJuF/*Hoffmann*, „Sorgerecht und rechtliche Betreuung", Themengutachten TG-1091, www.kijup-online.de).

Jedoch kann die Wirksamkeit seiner Willenserklärungen durch einen vom Betreuungsgericht nach § 1903 BGB angeordneten **Einwilligungsvorbehalt** ganz oder teilweise an die Zustimmung des Betreuers gebunden werden. Dann gilt das vorstehend unter Rn. 165 über die Beurkundungsfähigkeit einwilligungsbedürftiger Willenserklärungen von beschränkt Geschäftsfähigen Gesagte entsprechend.

Ungeachtet dessen kann der **Betreuer auch selbst in Vertretung** des Betreuten (§ 1902 BGB) tätig werden und Erklärungen zur Niederschrift abgeben, soweit das für die Beurkundungsfälle des § 59 Abs. 1 Satz 1 SGB VIII zugelassen ist (Rn. 184). Anderseits kann ein **Betreuer** – was praktisch häufig der Fall ist – **tatsächlich geschäftsunfähig** sein. Dann treffen auf ihn die Ausführungen unter Rn. 162, 171 zu.

168a Besteht ein Unterhaltspflichtiger, für den eine gesetzliche **Betreuung** angeordnet wurde, auf der **persönlichen Erklärung einer vollstreckbaren Unterhaltsverpflichtung**, ist zu bedenken: Zwar kann aus den bereits dargelegten Gründen nicht allein von der Anordnung einer Betreuung auf eine mögliche Geschäftsunfähigkeit geschlossen werden. Ist allerdings für den Betroffenen eine Betreuung mit sehr weitgehenden Aufgabenkreisen einschließlich der Vermögenssorge errichtet worden, ist weiter zu überlegen: Für das gesamte Betreuungsrecht gilt der Grundsatz der Erforderlichkeit (vgl. z.B. § 1896 Abs. 2 Satz 1 BGB). Überdies ist gegen den Willen des Betroffenen die Bestellung eines Betreuers nur dann zulässig, wenn dieser nicht zu einer freien Willensbildung in der Lage ist (§ 1896 Abs. 1a BGB). Deshalb wirft das die Frage auf: Weshalb ist zur Vertretung des Schuldners bei der Vermögenssorge überhaupt ein gesetzlicher Vertreter bestellt worden, wenn dieser doch infolge bestehender Geschäftsfähigkeit selbst handeln kann?

Klarheit hierüber könnte das **medizinische Gutachten** erbringen, welches vor Errichtung der Betreuung gem. § 280 FamFG erstattet werden musste und welches aller Voraussicht nach auch Aussagen zu der vorgenannten Problematik enthält. Damit ließe sich klären, wie der Sachverständige die vorgenannten Voraussetzungen der Betreuung beurteilt hat und welche Rückschlüsse sich daraus auf die vorhandene oder zu verneinende Geschäfts(un)fähigkeit i.S.v. § 104 Nr. 2 BGB des Unterhaltsschuldners ziehen lassen.

Dass eine Bejahung der Geschäftsfähigkeit des Vaters im Zweifelsfall nicht allein auf dessen eigene Einschätzung gestützt werden kann, sollte auf der Hand liegen. Auch die Meinung des Betreuers hierzu wäre unbeachtlich, wenn sie im Widerspruch zu eindeutigen medizinischen Erkenntnissen aus den gerichtlichen Akten stünde. Wenn der Betreuer daran interessiert ist, der Urkundsperson eine eindeutige Beurteilungsgrundlage für die Vorfrage der Geschäftsfähigkeit des Vaters zu liefern, sollte er ihr auch **Einblick in das Gutachten oder zumindest in die einschlägigen Aussagen des Sachverständigen** zu dem genannten Teilaspekt geben.

168b Falls er hierzu nicht bereit ist, steht die Urkundsperson vor einem **Dilemma:** Sie kann nicht ohne Weiteres von der Geschäftsunfähigkeit des Schuldners ausgehen, weil aus dem genannten Grund allein die Errichtung einer Betreuung nicht diese

Rechtsfolge hat. Anderseits könnte aber die Bestellung eines Betreuers in dem hier vorliegenden Umfang ein Indiz für eine tatsächlich vorliegende Geschäftsunfähigkeit, jedenfalls im Vermögensbereich, sein mit der Folge, dass dann die Erklärung des Vaters gem. § 105 Abs. 1 BGB nichtig wäre. Vertretbar wäre es zwar, die Erklärung des Schuldners bei diesen Gegebenheiten gleichwohl **zu beurkunden und einen entsprechenden Vorbehalt aufzunehmen,** der sinngemäß lauten könnte:

> „Bei der Aufnahme dieser Erklärung wurde zugrunde gelegt, dass der Schuldner geschäftsfähig sei, da der Betreuer dies bestätigt habe und allein die Errichtung einer Betreuung dem nicht entgegensteht."

Damit würde aber die Problematik auf den Rechtsverkehr verlagert, der auch keine anderen Beurteilungsmöglichkeiten als die Urkundsperson hat. Die Einlassung des Betreuers zur Geschäftsfähigkeit seines Betreuten hätte – wie bereits bemerkt – nur dann Gewicht, wenn er sich hierbei tatsächlich auf Aussagen des Gutachters stützen könnte. Dann läge es aber nahe, diese auch der Urkundsperson zugänglich zu machen, um verbleibende Zweifel zu zerstreuen.

Ein sinnvoller Ausweg wäre, den **Betreuer die Urkunde mitunterzeichnen zu lassen**. Das ist zwar im Regelfall nicht erforderlich: Entweder ist der Unterhaltspflichtige geschäftsfähig, dann gilt seine Erklärung allein. Oder er ist geschäftsunfähig, dann kann er selbst keine wirksame Verpflichtungserklärung abgeben, sondern nur der Betreuer in seinem Namen (§ 1902 BGB). **168c**

Es könnte aber erwogen werden, Zweifeln von vornherein die Spitze zu nehmen, indem der Betreuer auf der Urkunde **etwa folgende Erklärung abgibt**:

> „Nach meiner Auffassung ist Herr … geschäftsfähig und kann deshalb ungeachtet der bestehenden Betreuung die Verpflichtungserklärung selbst abgeben. Vorsorglich für den Fall, dass dies später in Zweifel gezogen werde, erkläre ich als sein rechtlicher Betreuer mit der gesetzlichen Vertretungsmacht für die Vermögenssorge ebenfalls die vorgenannte Verpflichtung zum Unterhalt in dem in dieser Urkunde festgelegten Umfang sowie die Unterwerfung unter die sofortige Zwangsvollstreckung für Herrn … in dessen Namen."

Damit wäre die urkundliche Unterhaltsverpflichtung in jedem Fall „wasserdicht" abgegeben. Dem Wunsch des Vaters, die Erklärung selbst zu übernehmen, wäre Rechnung getragen, ohne dass dies später im Rechtsverkehr wegen des Verdachts der Unwirksamkeit § 105 Abs. 1 BGB beanstandet werden könnte.

Nur für den Fall, dass der Betreuer weder bereit sein sollte, der Urkundsperson Einblick in das Gutachten zu gewähren noch alternativ eine bekräftigende vorsorgliche Erklärung im letztgenannten Sinne abzugeben, müsste die Entscheidung nach folgender Überlegung getroffen werden: Bestehen **nach dem Gesamteindruck der Situation so überwiegende Zweifel an der Geschäftsfähigkeit**, dass die Urkundsperson die Beurkundung ablehnen könnte? Im jeweils konkreten Fall könnte dies eine vertretbare Haltung sein, insbesondere wenn Betreuer bzw. Vater nicht bereit sind, eine der beiden Brücken zu betreten, welche die Urkundsperson ihnen im oben vorgeschlagenen Sinne zu bauen bereit ist.

169 Ob ein zur Beurkundung Erschienener schon **volljährig oder noch minderjährig** ist, kann nach den äußeren Umständen und in Ermangelung eines amtlichen Ausweises mit Geburtsdatum unter Umständen zweifelhaft sein und unaufklärbar bleiben. Setzt eine Willenserklärung – wie die Unterhaltsverpflichtung – die **vorherige Zustimmung** des gesetzlichen Vertreters voraus und wird diese nicht behauptet, ist die **Beurkundung abzulehnen**, weil sie nicht wirksam werden kann (Rn. 171). In den anderen Fällen ist der Erklärungswillige darüber zu **belehren**, dass und gegebenenfalls bis wann die Genehmigung des gesetzlichen Vertreters (oben Rn. 166) beizubringen sei. Die Urkundsperson hat daraufhin die **Beurkundung** zwar **vorzunehmen**, aber die nicht behobenen **Zweifel im Protokoll** festzustellen (§ 11 Abs. 1 Satz 2 BeurkG).

170 Die Zweifel können sich bei einem Volljährigen auch darauf beziehen, ob für ihn (durch die Umstände nahe gelegt) möglicherweise ein **Betreuer bestellt** und ein Einwilligungsvorbehalt angeordnet worden ist (vgl. oben Rn. 168). Etwa fernmündliche Erkundigungen beim Betreuungsgericht einzuholen ist nicht Sache der Urkundsperson. Wird eine diesbezügliche Frage von dem Erschienenen verneint, nimmt die Urkundsperson die Beurkundung vor und belehrt – zu Protokoll – über das Risiko einer Unwirksamkeit der beurkundeten Erklärung, falls ein Einwilligungsvorbehalt sich bewahrheiten sollte.

171 Bedarf der gesetzliche Vertreter für die von ihm beurkundet abzugebenden Erklärungen einer **Zustimmung des Familien- oder Betreuungsgerichts,** muss diese wegen des einseitigen Charakters des Erklärungsaktes **zuvor erteilt** sein (§ 1643 Abs. 3, § 1831 BGB; näher dazu Rn. 304). Denn ein einseitiges Rechtsgeschäft ohne vorgeschriebene Genehmigung des Gerichts ist unwirksam; eine später erteilte Genehmigung wirkt nicht zurück (Kammergericht Berlin, JW 1928, 1405; Palandt/*Götz*, § 1831 BGB Rn. 3). Das oben in Rn. 169 Ausgeführte gilt entsprechend.

172 Auch ein voll Geschäftsfähiger kann durch **vorübergehende Umstände** (Fieberzustände, massiven Alkoholeinfluss) in seiner Geistestätigkeit und der darauf beruhenden Freiheit der Willensbestimmung zu einem Grade gestört sein, dass in diesem Zustand abgegebenen **Willenserklärungen** in gleichem Maße **nichtig** sind (§ 105 Abs. 2 BGB). Hierfür kann zweifelhaft sein, ob schon die Grenze überschritten ist, jenseits derer es nicht verantwortbar wäre, Erklärungen eines in seiner Wahrnehmungs-, Urteils- und Artikulierfähigkeit sichtlich stark Eingeschränkten diesem noch mit Rechtswirkung zuzurechnen. Auch für diese Fälle gilt das Gebot, die Beurkundung zwar nicht abzulehnen, aber die **Zweifel in der Niederschrift festzuhalten**. Es empfiehlt sich, sie durch die getroffenen Feststellungen im Protokoll zu belegen. Aus der gleichen Zweckrichtung bestimmt das Gesetz in § 11 Abs. 2 BeurkG, in vorbildlicher Vorsorge diese Fallgruppe erweiternd, für *alle* Beurkundungen von **Erklärungen eines Schwerkranken**: Die Urkundsperson hat ihr Augenmerk auf das Vorhandensein der erforderlichen Orientiertheit (klares Bewusstsein, Verständnis der Belehrung, Erfassen der abgegebenen Erklärungen) zu richten und die hierüber getroffenen Feststellungen in der Niederschrift zu vermerken.

Ist eine Beurkundung wegen der vorstehend erörterten Zweifel mit einem **Protokollvorbehalt** versehen worden, muss die **Wirksamkeit** von derjenigen **Stelle geprüft** werden, vor der **von der Beurkundung Gebrauch** gemacht wird. Das kann schon der Standesbeamte bei der Beischreibung sein; er hätte die erforderlich werdenden tatsächlichen Erhebungen dem gerichtlichen Verfahren nach § 49 PStG zu überlassen. 173

In der **öffentlichen Beglaubigung** geht es nur um die Echtheit der Unterschrift als solcher. Es **genügt** eine **beschränkte Geschäftsfähigkeit** dessen, der die Unterschrift in Person vor der zuständigen Urkundsperson leistet oder sie als von ihm herrührend anerkennt; soviel Verständnis ist auch beim beschränkt Geschäftsfähigen vorauszusetzen. Nur die Beglaubigung der Unterschriftsleistung oder Unterschriftsanerkennung eines offenbar Geschäftsunfähigen darf abgelehnt werden (*Winkler*, § 40 BeurkG Rn. 45). 174

3. Legitimation

a) Bevollmächtigung

Ein Handeln durch Bevollmächtigte ist im Funktionsbereich der Urkundsperson selten. Statusrechtliche Erklärungen sind durchweg höchstpersönlich abzugeben. Denkbar bleibt die **Abgabe einer Unterhaltsverpflichtung durch Bevollmächtigte des Unterhaltspflichtigen**. Denn die Erklärung, mit der ein Schuldner in einer Urkunde i.S.v. § 794 Abs. 1 Satz 1 Nr. 5 ZPO eine Unterhaltsverpflichtung auf sich nimmt und sich hierzu der sofortigen Zwangsvollstreckung unterwirft, kann nach ganz überwiegender Auffassung auch durch einen Bevollmächtigten abgegeben werden (BGH, 26.3.2003 – IV ZR 222/02, Rn. 13, NJW 2003, 1594 [1595] und 18.11.2003 – XI ZR 332/02, NJW 2004, 844, Musielak/Voit/*Lackmann*, § 794 ZPO Rn. 36; MüKo/*Wolfsteiner*, § 794 ZPO Rn. 157). 175

Daneben käme allenfalls noch die Beurkundung der Übernahme von Zahlungsverpflichtungen nach § 1615l BGB durch die Erben des inzwischen verstorbenen Kindesvaters in Betracht; hier könnten etwa die mehreren Erben sich durch einen Bevollmächtigten vertreten lassen. Auch wäre daran zu denken, dass die Erben einen beim Tode des Kindesvaters untituliert gebliebenen Unterhaltsrückstand durch einen gemeinsamen Bevollmächtigten vollstreckbar anerkennen wollen, um dem angedrohten Festsetzungsantrag zuvorzukommen (Rn. 379). 176

Das Beurkundungsgesetz schreibt vor, dass **vorgelegte Vollmachten der Niederschrift** in Urschrift oder beglaubigter Abschrift **beizufügen** seien (§ 12 Satz 1; hierzu auch Rn. 120). 177

Zweckmäßige Formulierung (*Winkler*, § 12 BeurkG Rn. 16):

> „Die Vollmacht lag in Urschrift vor und ist in beglaubigter Abschrift dieser Niederschrift beigefügt".

178 Einer **Form** bedarf die Vollmacht für die Abgabe einer Verpflichtungserklärung als solcher nicht (§ 167 Abs. 2 BGB); die Vollmacht kann gültig auch mündlich erteilt sein. Eine andere Beurteilung ergibt sich auch nicht etwa daraus, dass eine **Vollmacht zur Unterwerfung unter die sofortige Zwangsvollstreckung** ermächtigt (vgl. BGH, 26.3.2003 – IV ZR 222/02, Rn. 13, NJW 2003, 1594 [1595] und 17.4.2008 – V ZB 146/07, NJW 2008, 2266 [2267]).

Die Erklärung über die Vollstreckungsunterwerfung ist allerdings keine privatrechtliche, sondern eine ausschließlich auf das Zustandekommen eines Vollstreckungstitels gerichtete einseitige prozessuale Willenserklärung; sie untersteht rein prozessualen Grundsätzen. Die auf Abgabe einer solchen Erklärung gerichtete Vollmacht unterfällt allein den Vorschriften der **§§ 80 ff. ZPO** und nicht denen der §§ 164 ff. BGB. Die ZPO enthält insbesondere in § 80 und § 89 Abs. 2 eigene Regelungen, die eine notarielle Beurkundung der Prozessvollmacht nicht vorsehen. Die **Prozessvollmacht** kann danach **formlos** – sogar durch schlüssiges Verhalten (vgl. § 89 Abs. 2 ZPO) – erteilt werden (BGH, a.a.O.). Sie soll daher auch im Rahmen von § 794 Abs. 1 Nr. 5 ZPO nicht notariell beurkundet werden müssen (BGH, 18.11.2003 – XI ZR 332/02, 2004, 844; 17.4.2008 – V ZB 146/07, NJW 2008, 2266 [2267]; im Erg. zust. bei abw. Begr. MüKo/*Wolfsteiner*, § 794 ZPO Rn. 159; a.A. Zöller/*Stöber*, § 794 ZPO Rn. 33). Im Beurkundungsverfahren ist sie allenfalls gem. § 80 ZPO schriftlich nachzuweisen.

Im Klauselerteilungsverfahren soll die Vollmacht dagegen analog **§ 726 ZPO** in öffentlicher oder öffentlich beglaubigter Urkunde nachgewiesen und in dieser Form gem. § 750 Abs. 2 ZPO auch zugestellt werden müssen (BGH, 16.7.2004 – IXa ZB 326/03, Rn. 9, NJW-RR 2004, 1718 [1719] und BGH, 17.4.2008 a.a.O.; Musielak/Voit/*Lackmann*, § 794 ZPO Rn. 36), was praktisch doch zu einem Formzwang führt.

179 Es ist deshalb nicht in die Hand der Urkundsperson gelegt, ob sie die Vorlage einer schriftlichen Vollmacht verlangen und, wenn sie nicht vorgelegt wird, die Beurkundung ablehnen dürfte, weil eine wirksame Erklärung nicht zustande käme. Die Urkundsperson hat vielmehr die Einlassung des vor ihr auftretenden Vertreters**, bevollmächtigt** zu sein, **als wahr zu unterstellen** und nicht weiter nachzuprüfen. Sie darf die Beurkundung nicht davon abhängig machen, dass ihr die Vollmacht vorgelegt wird; sie wird höchstens die Nachreichung des Bevollmächtigungsnachweises anheimgeben. Wird die **Vollmacht nachgereicht**, ist unter Aufnahme eines Vermerks hierüber (oben Rn. 100 f. – Ausfertigungsvermerk analog dem dortigen Beispiel – und § 39 BeurkG) nach § 12 Satz 1 BeurkG zu verfahren.

180 Sonst aber wird das **Vorliegen der Bevollmächtigung** durch diejenige **Stelle geprüft**, für deren Entscheidung die **Beurkundung die Rechtsgrundlage** bildet. Dies kann etwa das Gericht in dem über die Zahlung aus der Verpflichtungserklärung geführten Prozess sein. Eine Prüfung kann aber auch der Urkundsperson demnächst selbst obliegen, wenn die Verpflichtungserklärung mit einer Unterwerfung unter die sofortige Zwangsvollstreckung verbunden war und die Vollstreckungsklausel erteilt werden soll; hierüber und über die erforderliche Form des Nachweises s. Rn. 512, 567 ff. Auf dieses Risiko hin wird die Beurkundung vorgenommen.

Die Urkundsperson hat **den als Vertreter Auftretenden,** der keine Vollmacht vorzulegen vermag, hierüber **zu belehren** und damit ihrer Pflicht Genüge getan. Stellt sich dann heraus, dass eine Vollmacht nicht, auch nicht nur mündlich, und zwar *vor* der Beurkundung erteilt worden war, bleibt die beurkundete Erklärung ohne Rechtswirkung (§ 180 Satz 1 BGB). Folge: Die Urkundsperson darf und muss die **Beurkundung ablehnen,** wenn der vor ihr **als Vertreter Auftretende** offen erklärt, überhaupt nicht bevollmächtigt zu sein, aber **die Vollmacht „nachreichen",** d.h. nachträglich erwirken zu wollen. Denn zur Beurkundung einer Erklärung, die unwirksam wäre und notwendig unwirksam bliebe, braucht die Urkundsperson nicht tätig zu werden (oben Rn. 33). **181**

Man beachte, dass die Vorlage einer **beglaubigten Abschrift der Vollmacht wertlos** wäre. Die beglaubigte Abschrift beweist nur, dass eine Vollmachtsurkunde im Zeitpunkt der Beglaubigung bestanden hat. Die Vollmacht selbst kann aber durch den Vollmachtgeber längst widerrufen und die Vollmachtsurkunde deshalb zurückgegeben worden sein. **182**

War die **Vollmacht bereits in einer früheren Verhandlung** vor der Urkundsperson vorgelegt worden (etwa: Die Erben des verstorbenen Kindesvaters haben zunächst sich durch Erklärung eines von ihnen zur Zahlung eines Unterhaltsrückstandes vollstreckbar verpflichtet und das Gleiche in einer späteren Verhandlung für Ansprüche der Kindesmutter nach § 1615l Abs. 1 und 2 BGB wiederholt), so genügt in der späteren Verhandlung die **Bezugnahme** auf die Vorlage der Vollmacht in der früheren. **183**

b) Gesetzliche Vertretung

Für die gesetzliche Vertretung gilt Entsprechendes, wenn im Namen des gesetzlich Vertretenen Erklärungen, und hier besonders in Statusangelegenheiten, abgegeben werden sollen. Von vorgelegten Bestellungsurkunden – eines Vormunds, eines Betreuers (§ 290 FamFG), in den oben Rn. 183 genannten „Erben"-Fällen auch eines Nachlassverwalters oder Nachlasspflegers, ggf. von einem Testamentsvollstreckerzeugnis – wird die Urkundsperson nach § 12 Satz 1 BeurkG eine beglaubigte Abschrift zum Beurkundungsvorgang zu nehmen haben. Sie kann aber die **Beurkundung nicht vom Nachweis der gesetzlichen Vertretungsmacht abhängig** machen (das dürfte sie übrigens nicht einmal bei einseitigen Rechtsgeschäften und insoweit abweichend von § 174 Satz 1 BGB, vgl. RG, 12.10.1910 – III 60/10, RGZ 74, 263 [265]). **184**

Selbstverständlich könnte sie grundsätzlich auch nicht etwa von dem Elternteil, der als Inhaber der elterlichen Sorge für sein Kind auftritt (z.B. bei notwendiger Zustim- **185** mung zur Erklärung eines Minderjährigen bei Abstammungsbeurkundungen) den **Nachweis des Bestehens eben dieser elterlichen Sorge verlangen.** Zwar wird das Kind in allen Fällen, in denen die Urkundsperson zum Tätigwerden berufen ist, bei gemeinsamer Sorge von beiden Eltern vertreten sein müssen. Da es sich stets um aus dem Rahmen des Alltags fallende Rechtsgeschäfte handelt, hilft die von der Praxis geduldete Überbrückungsmöglichkeit, dass der eine, allein auftretende Elternteil als durch den anderen mit bevollmächtigt angesehen werden dürfe, hier nicht weiter (vgl. auch § 1687 Abs. 1 BGB zur gemeinsamen Sorge getrenntlebender Eltern). Aber nicht einmal die Gleichzeitigkeit der Erklärungen der beiden Elternteile wäre zu fordern. Die Urkundsperson hat deshalb, wenn zunächst nur der Vater oder nur die Mutter erscheint und Erklärungen abgibt, diese Erklärungen zu beurkunden und darauf aufmerksam zu machen, dass zur Rechtswirksamkeit auch der andere Elternteil demnächst (vor ihr, vor der Urkundsperson eines beliebigen anderen Jugendamts, vor einem Notar, in geeigneten Fällen auch vor dem Rechtspfleger eines beliebigen Amtsgerichts oder vor dem Standesbeamten) der jetzt beurkundeten Erklärung beitreten müsse.

186 Erklärt der eine erschienene Elternteil, er sei Inhaber der alleinigen elterlichen Sorge, z.B. weil er verwitwet oder nicht mit dem anderen Elternteil verheiratet sei oder die Sorge ihm nach Scheidung der Ehe übertragen oder das Ruhen der elterlichen Sorge des anderen Elternteils (§ 1674 Abs. 1, § 1675, § 1678 Abs. 1 Satz 1 BGB) festgestellt worden sei, so gilt Folgendes: Die Urkundsperson wird den Verwitwetenstand, solange ihr nichts Gegenteiliges bekannt ist, als wahr unterstellen dürfen. Für das behauptete Sorgerecht kraft Übertragung nach der Scheidung oder kraft Ruhensbeschlusses sowie mangels Eheschließung mit dem anderen Elternteil oder mangels Abgabe von Sorgeerklärungen wird sie den urkundlichen Nachweis zu erbitten oder die Nachreichung anheim zu geben haben (was natürlich entfällt, wenn die Verhältnisse amtsbekannt sind): **Von einem Nachweis abhängig machen darf sie die Beurkundung auch hier nicht.** Nachzuholen ist der Nachweis, dass die gesetzliche Vertretungsmacht im Zeitpunkt der Beurkundung bestanden habe, soweit nicht bereits gegenüber der Urkundsperson nachgereicht und von ihr vermerkt (Rn. 179), vor derjenigen Stelle, die demnächst über die Wirksamkeit der beurkundeten Erklärung zu befinden hat. Über die Nachweisbedürftigkeit der gesetzlichen Vertretung in der Zahlungsverpflichtung mit Unterwerfung unter die sofortige Zwangsvollstreckung s. Rn. 491.

4. Andere Wirksamkeitsvoraussetzungen und Wirksamkeitshindernisse aus materiellem Recht

187 Mit der Frage nach der Identität, der Geschäftsfähigkeit und der Legitimation sind die möglichen Gesichtspunkte noch nicht erschöpft, die Zweifel an der Wirksamkeit der zu beurkundenden Erklärung aus materiellem Recht nahelegen könnten. Wie hat die Urkundsperson sich gegenüber solchen – anderen – Zweifeln zu verhalten? Beispiele:

- Der **Betreuer** eines i.S. des § 104 Nr. 2 BGB Geschäftsunfähigen will dessen **Vaterschaft zu einem Kinde anerkennen** (die Sachlage ist klar, das Kind droht mit einem Antrag auf gerichtliche Vaterschaftsfeststellung). Hierzu ist der Betreuer legitimiert (§ 1902 BGB), bedürfte aber der Zustimmung des Betreuungsgerichts nach § 1596 Abs. 1 Satz 3 BGB. Diese Zustimmung muss **im Voraus** erteilt sein, also bei der Beurkundung vorliegen; andernfalls ist die Anerkennung unwirksam. Das verlangt jedenfalls die h. M. in Anwendung des § 1831 BGB (oben Rn. 171).

  188

  Doch ist dies bestritten; die Gegenmeinung lässt auch eine nachträgliche Genehmigung mit heilender Kraft zu und stützt sich hierbei auf den Wortlaut des Gesetzes („Genehmigung", was nach § 183 BGB an sich die nachträgliche Zustimmung meint). Die besseren Gründe sprechen jedoch für die h.M.

- Besonders schwierig können Fälle **mit Auslandsberührung sein,** in denen das deutsche Internationale Privatrecht noch Fragen offen lässt oder ein der Beurkundung zugrunde zu legendes ausländisches Recht der Urkundsperson nicht bekannt ist und auch nicht bekannt sein kann. Näheres hierzu unten unter Rn. 195, 312 ff. und 346.

In allen solchen Fällen, wie überhaupt überall da, wo die Urkundsperson aus ihrer Kenntnis des materiellen Rechts Zweifel an der Bestandskraft der gewünschten Erklärung im Hinblick auf rechtliche oder tatsächliche Zusammenhänge hat, ist das Grundmodell der §§ 10, 11 BeurkG hilfreich. Aufgabe der Urkundsperson ist es, Erklärungen entgegenzunehmen und zu beurkunden, die ihrem Gegenstand nach durch den Katalog des § 59 SGB VIII zur Beurkundung im Jugendamt zugelassen sind (Rn. 33). Ob die beurkundete Erklärung unter den Anforderungen des materiellen Rechts auch wirksam wäre, hat die Urkundsperson zwar in den Blick zu nehmen und, wenn die Rechtslage zweifelhaft ist, die Beteiligten hierüber zu belehren (§ 17 Abs. 2 Satz 2 BeurkG). Es ist aber **nicht ihre Aufgabe, solche Zweifel selbst zu entscheiden** und je nach dem Ergebnis die Beurkundung hiervon abhängig zu machen. Das Risiko, dass die Erklärungen im Hinblick auf die Zweifelhaftigkeit der Rechtslage unwirksam bleiben könnten, hat sie den Beteiligten zu überlassen. Denn die Chance, mit der für sie günstigeren Sicht der Sach- und Rechtslage Erfolg zu haben, darf den Beteiligten nicht durch Vorenthaltung der Beurkundung abgeschnitten werden. Die Urkundsperson hat den oder die Erschienenen deshalb auch über das Risiko zu belehren und daraufhin zu fragen, ob gleichwohl die Beurkundung gewünscht werde; beides hat sie in der Niederschrift festzuhalten. Wenn es zur Beurkundung kommen soll und kommt, ist sie von der eigenen Verantwortung frei. Die maßgebende Entscheidung über die Wirksamkeit des Urkundsaktes fällt dann, wie immer, diejenige Stelle, vor der von der beurkundeten Erklärung Gebrauch gemacht werden soll.

191

Erst recht darf die Urkundsperson die **Beurkundung von Erklärungen** nicht ablehnen, die nicht einmal nichtig, sondern **allenfalls anfechtbar** wären. So wenn die besorgten Eltern eines Anerkennungswilligen der Urkundsperson zu verstehen geben, ihr volljähriger Sohn werde demnächst die Vaterschaft anerkennen, weil er

192

von der Kindesmutter erpresst sei oder weil er sich gutgläubig, aber irrtümlich aufgrund falscher Vorspiegelungen für den Vater halte. Sie muss die Erklärung beurkunden und es dem Erklärenden überlassen, sie ggf. mit den gesetzlichen Mitteln aus der Welt zu schaffen, bei der Anerkennung der Vaterschaft etwa durch Anfechtungsantrag nach §§ 1600 ff. BGB. **Vor der Beurkundung den Staatsanwalt zu spielen, ist nicht Sache der Urkundsperson.** Nur wenn erkennbar unerlaubte oder unredliche Zwecke mit der Beurkundung verfolgt werden – und zwar von dem die Beurkundung Wünschenden! –, darf sie ihr Tätigwerden ablehnen, § 4 BeurkG. Siehe dazu das als Ausnahmefall zu nennende Beispiel zur Anerkennung durch den Nichtvater Rn. 300.

5. Ausländisches Recht

193 Nicht selten wird die Urkundsperson im Jugendamt mit Problemen der Anwendbarkeit ausländischen Rechts konfrontiert, namentlich wenn ausländische Mitbürger oder auch Asylbewerber (vgl. aber unten Rn. 199) beteiligt sind. Das beginnt schon bei der Frage, ob überhaupt beurkundet werden dürfe; Beispiele unten in Rn. 197. Sodann aber: Wenn eine Zustimmung des ausländischen Kindes zur Anerkennung der Vaterschaft beurkundet werden soll: Nach welchem Recht bestimmt sich deren Notwendigkeit – oder die einer Zustimmung, die die Kindesmutter aus eigenem Recht zu erteilen hätte? Welches ausländische Recht macht die Verwendung einer im Inland erfolgten öffentlichen Beurkundung von der Vorlage der Urschrift abhängig (§ 45 Abs. 1 BeurkG)? Vor allem: Wieweit gehen bei der den Beteiligten geschuldeten Belehrung (Rn. 333) die **Anforderungen an die Kenntnis eines ausländischen Rechts?** Alle diese Fragen hängen an der Vorfrage, ob ausländisches Recht Anwendung zu finden hat und deshalb von der Urkundsperson zu berücksichtigen ist, oder ob der Fall trotz seiner „Auslandsberührung" gleichwohl dem deutschen Recht untersteht.

194 Über die Maßgeblichkeit des heimischen oder aber des ausländischen Rechts in Fällen mit Auslandsberührung bestimmt vorab aus der Sicht des Landes, dessen Behörden mit dem Falle befasst sind, die Rechtsordnung eben dieses Landes. Auf privatrechtlichem Gebiet ist dies eine Materie des **Internationalen Privatrechts**. Das *deutsche* Internationale Privatrecht ist in den Art. 3 ff. EGBGB geregelt. Es ist eine Handlungsanweisung des deutschen Gesetzgebers an die deutschen Stellen, welches Recht sie bei der Behandlung des anstehenden Falles, der einen Bezug zum Ausland aufweist, zugrunde zu legen haben. Das „internationale" Privatrecht ist kein inter- oder gar übernationales Recht, sondern deutsches Recht zur Lösung grenzüberschreitender Rechtsfälle: Mit seiner Hilfe kann das auf den Fall letztlich anwendbare Sachrecht ermittelt werden, wenn z.B. unter dem jeweiligen Blickwinkel der Staatsangehörigkeit oder des gewöhnlichen Aufenthalts mehrere konkurrierende Rechtsordnungen in Betracht kommen.

195 Die Urkundsperson im Jugendamt muss deshalb **das deutsche Internationale Privatrecht kennen**, namentlich die Art. 3–6, 7, 10, 11, 14, 19–24 EGBGB. Nur so kann sie beurteilen, ob und inwieweit der anstehenden Beurkundung ungeachtet der Auslandsberührung des Falles deutsches Recht zugrunde gelegt werden kann. Müsste dagegen ein ausländisches Recht angewandt werden, so ist die Grenze dessen erreicht, was die Urkundsperson zu beherrschen und an Kenntnisstand einzusetzen hätte. Denn **zur Kenntnis ausländischen Rechts** ist auch der Notar **nicht verpflichtet**, wie sich aus § 17 Abs. 3 Satz 2 BeurkG ergibt. Immerhin ist der Kreis der Fälle, in denen dies akut werden kann, verhältnismäßig klein. Wie dann jeweils zu verfahren ist, wird in den je einschlägigen Abschnitten des Besonderen Teils behandelt. Schon an dieser Stelle sei bemerkt, dass für das im Inland ansässige ausländische Kind der Unterhaltsanspruch ohnehin dem hiesigen Recht untersteht. Auch die Anerkennung der Vaterschaft kann weitgehend unter deutschem Recht beurkundet werden; im Einzelnen siehe darüber unten Rn. 307 ff., 476 ff.

Generell gilt im Übrigen: Stünde die zu beurkundende Erklärung unter ausländischem Recht oder wird sie als eine solche unter ausländischem Recht stehende gewünscht, so mag die Urkundsperson die entsprechende Erklärung nach dem Willen der Parteien kommentarlos aufnehmen. Verfügt sie – möglicherweise aus vergleichbaren Beurkundungsvorgängen in der Vergangenheit – über entsprechende Vorkenntnisse, kann sie vielleicht den zur Beurkundung Erschienenen die insoweit nötigen auslandsrechtlichen Aufschlüsse geben: Dann wäre nach Maßgabe dessen die Formulierung der Niederschrift auszuwählen, evtl. das deutsche Formular abgewandelt anzupassen. **196**

In jedem Falle hätte die **Urkundsperson – zu Protokoll! – darauf hinzuweisen,** dass sie selbst über das ausländische Recht nicht so zuverlässig im Bilde sei, um die Verantwortung für die Rechtswirksamkeit der Beurkundung übernehmen zu können, falls diese (vgl. § 17 Abs. 3 Satz 1 BeurkG; siehe schon oben Rn. 191) gleichwohl gewünscht werde. Äußerstenfalls wäre zu empfehlen, die Beurkundung aufschieben zu lassen, bis seitens der Urkundsperson die notwendigen Erkundigungen über die ausländische Rechtslage eingeholt worden sind.

Von vornherein ausgeklammert werden können Rechtsakte, die im Katalog des § 59 SGB VIII nicht aufgeführt und die schon *ihrer Art nach dem deutschen Recht unbekannt sind*. Sie zu beurkunden ist die Urkundsperson überhaupt nicht berechtigt. Beispiel: die Anerkennung der Vaterschaft durch den Großvater väterlicherseits, wenn der Kindsvater verstorben ist (griechisches Recht). Zwar spricht § 59 Abs. 1 Nr. 1 SGB VIII von „Anerkennung der Vaterschaft" schlechthin, ohne Beschränkung auf den Anerkennenden als Vater. Nur: Die vom Großvater ausgesprochene ist dann eben keine Anerkennung der „Vaterschaft", sondern eine die Aufnahme in die Sippe bezweckende statusrechtliche Erklärung eigener Art. Hier überall wären die Erklärungswilligen an einen Notar oder an ihre hiesige Auslandsvertretung zu verweisen, der (zumeist) die Urkundsbefugnis nach ihrem eigenen Recht zukommt. **197**

Wiederum gehören zum notwendigen Kenntnisstand der Urkundsperson diejenigen **zwischenstaatlichen Abkommen,** an denen Deutschland beteiligt ist und die durch das jeweilige deutsche Zustimmungsgesetz innerstaatliches Recht ge- **198** worden sind, soweit sie sich auf die Beurkundungstätigkeit im Jugendamt auswirken können. Ferner trifft das auf einschlägiges EU-Recht zu. In Betracht kommen namentlich

a) EU-Recht bzw. Multilaterale Übereinkommen

- die Verordnung (EG) Nr. 4/2009 des Rates vom 18. Dezember 2008 über die Zuständigkeit, das anwendbare Recht, die Anerkennung und Vollstreckung von Entscheidungen und die Zusammenarbeit in Unterhaltssachen (**EuUnterhVO**), ABl. L 7 vom 10. Januar 2009, S. 1–79, in Kraft getreten am 18. Juni 2011; (www.bundesanzeiger-verlag.de/beurkundungen I Nr. 5). Art. 15 der EU-Unterhalts-VO verweist auf das Protokoll über das auf Unterhaltspflichten anzuwendende Recht vom 23. November 2007 (HUntProt 2007). Dieses Protokoll ersetzt gemäß der Vorschrift des Art. 18 HUntProt das Haager Übereinkommen über das auf Unterhaltspflichten anzuwendende Recht vom 2. Oktober 1973 (HUntÜ).

- das Übereinkommen über die Zuständigkeit, das anzuwendende Recht, die Anerkennung, Vollstreckung und Zusammenarbeit auf dem Gebiet der elterlichen Verantwortung und der Maßnahmen zum Schutz von Kindern vom 19. Oktober 1996 – **KSÜ** – (ABl. 2003 Nr. L 48 S. 3; www.bundesanzeiger-verlag.de/beurkundungen I Nr. 12). Das Übereinkommen trat für Deutschland am 1. Januar 2011 in Kraft gem. Bekanntmachung v. 7. Dezember 2010 (BGBl. II S. 1527). Es hat das Haager Minderjährigenschutzabkommen – MSA – abgelöst.

- das Übereinkommen über die **Zuständigkeit der Behörden**, vor denen **nichteheliche Kinder anerkannt** werden können, vom 14. September 1961 (www.bundesanzeiger-verlag.de/beurkundungen I Nr. 13; Beitritt der Bundesrepublik Deutschland: BGBl. 1965 II S. 19; hierzu näher Rn. 250);

- das Übereinkommen über die **Feststellung der mütterlichen Abstammung** nichtehelicher Kinder vom 12. September 1962 (www.bundesanzeiger-verlag.de/beurkundungen I Nr. 14; Beitritt der Bundesrepublik Deutschland: BGBl. 1965 II S. 23);

b) Bilaterale Abkommen

- das deutsch-iranische Niederlassungsabkommen vom 17. Februar 1929 (wieder in Kraft laut Bekanntmachung BGBl 1955 II S. 829 mit Wirkung vom 4. November 1954 www.bundesanzeiger-verlag.de/beurkundungen, I Nr. 15, nach welchem Iraner im Inland den familienrechtlichen Bestimmungen ihres Heimatrechts mit Vorrang vor denen des KSÜ (s. dessen Art. 52 Abs. 1) unterstellt bleiben.

199 **Keine Auslandsberührung** schließlich begründet die Eigenschaft von Beteiligten als **Flüchtling mit Wohnsitz im Inland** nach der **Genfer Flüchtlingskonvention** vom 28. Juli 1951 (Beitritt der Bundesrepublik Deutschland: BGBl. 1953 II S. 559) Art. 12, oder als **anerkannter Asylberechtigter** nach § 3 Abs. 2 des Asylverfahrensgesetzes. Dieser Personenkreis hat das **Personalstatut von Inländern**. Ganz allgemein ist auf **Staatenlose** nach Art. 5 Abs. 2 EGBGB das Recht des Staates anzuwenden, in welchem sie ihren gewöhnlichen Aufenthalt oder, mangels eines solchen, ihren Aufenthalt haben; bei hiesigem Aufenthalt also das deutsche Recht.

6. Belehrungspflicht: Allgemeine Grundsätze

Schon in den Darlegungen unter Rn. 74 bis 88 ist wiederholt die Notwendigkeit von Belehrungen über Zweifel der Urkundsperson zur Sprache gekommen. Solche Belehrungen dienen ggf. zu ihrer Absicherung, wenn sie trotzdem die Beurkundung nicht verweigern darf (vgl. § 17 Abs. 2 Satz 2 BeurkG). Daneben aber und in jedem Falle bezwecken Belehrungen die Vergewisserung der Beteiligten über die Rechtslage, insbesondere über die rechtlichen Folgen einer beurkundeten Erklärung. Die Urkundsperson ist hierzu nach § 17 Abs. 1 BeurkG verpflichtet; der Inhalt der zu erteilenden Belehrung im Einzelfall richtet sich nach dem Inhalt der Beurkundung und ist deshalb im Besonderen Teil je an der einschlägigen Stelle zu erörtern. **200**

Vorab ist aber festzuhalten:

Nach § 17 Abs. 1 Satz 1 BeurkG hat die Urkundsperson – wie der Notar – den Willen der Beteiligten zu erforschen, den Sachverhalt zu klären, die Beteiligten über die rechtliche Tragweite des Geschäfts zu belehren und ihre Erklärungen klar und unzweideutig in der Niederschrift wiederzugeben. Der Inhalt der Rechtsbelehrung richtet sich **nach den Umständen des Einzelfalls**. Die Urkundsperson ist nicht gehalten, eine schematische Belehrung vorzunehmen. Sie soll vielmehr die Aufmerksamkeit der Beteiligten auf die wesentlichen Punkte lenken (vgl. für den Notar BGH, 27.10.1994 – IX ZR 12/94, NJW 1995, 330 [331] m.w.N.). Zur rechtlichen Tragweite gehören aber die formellen und materiellen Wirksamkeitsvoraussetzungen, die außerhalb der Beurkundung erforderlichen weiteren Voraussetzungen zur Erreichung der mit dem Rechtsgeschäft beabsichtigten Wirkungen, die unmittelbaren Rechtsfolgen und etwaige Hindernisse beim Vollzug des beurkundeten Rechtsgeschäfts (BGH, 2.6.2005 – III ZR 306/04, Rn. 10, NJW 2005, 3495). **201**

Grundlage jeder Belehrung ist die **Klärung des Willens der Beteiligten und des zugrunde liegenden Sachverhalts.** Allerdings müssen die Beteiligten der Urkundsperson den Sachverhalt vortragen. Zu Nachfragen ins Blaue hinein ist sie nicht verpflichtet (für den Notar: BGH, 9.12.2010 – III ZR 272/09 NJW 2011, 1355 [1356]; Eylmann/Vaasen/*Frenz*, § 17 BeurkG Rn. 6). Offensichtliche Unklarheiten müssen aber angesprochen werden (Beispiel: Ein Mann und die Mutter eines Kindes wollen die Vaterschaftsanerkennung mit Zustimmung erklären. Aus Andeutungen ist zu entnehmen, dass die Mutter noch verheiratet ist, vgl. § 1594 Abs. 2, § 1599 Abs. 2 BGB).

Die **Intensität der Belehrung** hängt auch von der Belehrungsbedürftigkeit der Beteiligten ab. Allerdings entbindet die mit angeblichem rechtlichem Vorwissen begründete Aufforderung, „schnell zu machen", die Urkundsperson nicht von der **202**

Verpflichtung, zu überprüfen, ob es sich wirklich um erfahrene Beteiligte handelt; mitunter trifft die entsprechende Selbsteinschätzung nicht zu (wiederum für den Notar: Grziwotz/Heinemann/*Grziwotz*, § 17 BeurkG Rn. 3). Auch der Umstand, dass ein Beteiligter, z.B. ein Unterhaltspflichtiger, mit einem Rechtsanwalt erscheint oder zuvor von einem Anwalt beraten wurde, lässt die Belehrungspflicht der Urkundsperson nicht entfallen. Jedoch kann die Intensität der notwendigen Belehrung eine andere sein als bei nicht anwaltlich vertretenen Beteiligten (vgl. BGH, 19.1.1982 – VI ZR 182/80, DNotZ 1982, 504; OLG Saarbrücken, 15.11.2005 – 4 U 489/04, RNotZ 2006, 296).

203 Die Belehrungspflicht besteht nach § 17 Abs. 1 Satz 1 BeurkG nur gegenüber den „Beteiligten". Das wird allgemein so verstanden, dass grundsätzlich nur **die formell an der Beurkundung beteiligten Personen** im Sinne des § 6 Abs. 2 BeurkG, deren eigene oder im fremden Namen abzugebende Erklärungen beurkundet werden sollen, zu belehren sind (OLG Koblenz, 27.5.2009 – 1 U 596/08 = BeckRS 2009, 88173; *Winkler*, § 17 BeurkG Rn. 11; Grziwotz/Heinemann/ *Grziwotz*, § 17 BeurkG Rn. 20).

204 **Gegenüber mittelbar (materiell) Beteiligten**, also denjenigen, die im eigenen Interesse bei der Beurkundung anwesend sind oder sich aus Anlass der Beurkundung an den Notar bzw. die Urkundsperson gewandt und diesen eigene Belange anvertraut haben, kann sich allerdings **im Einzelfall ein eigenständiger Prüfungsbedarf** ergeben (vgl. BGH, 30.6.1981 – VI ZR 197/79, Rn. 17, NJW 1981, 2705 und 9.1.2003 – IX ZR 422/99, Rn. 17, NJW 2003, 1940f.; Ganter/Hertel/Wöstmann/*Ganter*, Rn. 1125 ff.). Dem Notar wie der Urkundsperson erwachsen nämlich – unter dem Gesichtspunkt der erweiterten („betreuenden") Belehrungspflicht – Schutzpflichten, wenn aufgrund besonderer Umstände Anlass zu der Besorgnis besteht, einem Beteiligten entstehe ein Schaden, weil er sich wegen mangelnder Kenntnis der Rechtslage oder von Sachumständen, welche das beurkundete Rechtsgeschäft als für seine Vermögensinteressen bedeutsam erscheinen lassen, einer Gefährdung dieser Interessen nicht bewusst ist (BGH, 30.6.1981 a.a.O.; Bamberger/Roth/*Litzenburger*, § 17 BeurkG Rn. 9; Staudinger/*Hertel*, Vorbem. zu §§ 127a, 128 [BeurkG] Rn. 510 ff.). Diese – aus §§ 1, 14 Abs. 1 Satz 2 BNotO sowie § 17 Abs. 1 Satz 2 BeurkG abgeleitete – **„Schadensverhinderungspflicht"** gründet sich letztlich auf das dem Notar als Träger der vorsorgenden Rechtspflege entgegengebrachte besondere Vertrauen (vgl. OLG Koblenz, 27.5.2009 a.a.O.; Bamberger/Roth/*Litzenburger* § 17 *BeurkG* Rn. 9 f.).

Die vorgenannten Grundsätze erfordern aber zumindest eine **Kontaktaufnahme** des nicht formell Beteiligten mit dem Notar bzw. der Urkundsperson (*Winkler*, § 17 BeurkG Rn. 14 a.E.; Grziwotz/Heinemann/*Grziwotz*, § 17 BeurkG Rn. 21, der darüber hinaus auch eine „gebührenrechtliche Beteiligung" fordert, was für die Urkundsperson ohne Bedeutung wäre, sofern nicht ausnahmsweise landesrechtlich eine Gebührenerhebung zulässig ist, dazu Rn. 143).

Ungeklärt ist, ob und inwieweit ggf. sogar **am Beurkundungsgeschäft völlig unbeteiligte Dritte** in den Schutzbereich der den Notar bzw. die Urkundsperson treffenden Amtspflicht einbezogen werden können (im Grundsatz wohl ablehnend BGH, 30.6.1981 – VI ZR 197/79, NJW 1981, 2705 sub 2.a.; s. aber OLG Celle, 15.2.2006 – 3 U 192/05, OLG-Report 2006, 470 ff.: Nach der vom Bundesgerichtshof entwickelten Funktions- und Zwecktheorie – vgl. BNotZ 1960, S. 157 ff. – könnten dem Notar auch gegenüber den an dem beurkundeten Vertrag weder mittelbar noch unmittelbar beteiligten Personen Amtspflichten erwachsen, wenn deren rechtliche und wirtschaftliche Interessen nach der besonderen Natur des Amtsgeschäfts berührt werden; dazu *Ganter,* DNotZ 2007, 246 [247 f.]). **205**

Die Problematik kann insbesondere bei der **Niederschrift von einseitigen Unterhaltsverpflichtungen** bedeutsam sein: Jedenfalls hat die Urkundsperson den Schuldner eingehend über die Rechtslage zu belehren, wenn er Erklärungen abgeben will, die zwar wirksam werden können, aber nicht der materiellen Rechtslage entsprechen (z.B. eine auf die Minderjährigkeit befristete Unterhaltsverpflichtung, unten Rn. 402) oder die den Gläubiger anderweitig benachteiligen können (eine nicht abgesprochene „herabsetzende" Ersetzung eines bestehenden Unterhaltstitels (unten Rn. 464). Inwieweit darüber hinaus die Berechtigung oder gar Verpflichtung besteht, den Gläubiger darüber in Kenntnis zu setzen, dass er eine so titulierte Schuldverpflichtung nicht akzeptieren muss, wird im einschlägigen Zusammenhang zu erörtern sein (unten Rn. 470).

Allen vorgenannten **Belehrungen** ist gemeinsam, dass sie **urkundlich festgestellt** werden müssen. Bei der Beurkundung ist dies zum Inhalt der Niederschrift zu machen. Belehrungen über die rechtlichen Folgen einer Erklärung sind allerdings **nur ihrer Art nach, nicht in allen Einzelheiten** festzustellen. Die Aushändigung eines Merkblatts kann ausreichen, wenn es um Einzelheiten von Rechtsfolgen der Erklärung geht, beispielsweise in erbrechtlichen Fragen oder in Fragen der Staatsangehörigkeit; doch sollte die Belehrung als solche jedenfalls in großen Zügen vorausgegangen sein, damit sichergestellt ist, dass der Merkblattempfänger wenigstens die Zusammenhänge als solche begriffen hat. **206**

Praxistipp

 Auch wenn empfehlenswerte Merkblätter über z.B. über die Rechtsfolgen einer Vaterschaftsanerkennung bzw. Unterhaltsverpflichtung verwendet werden (wie etwa die „Niederschrift über die Belehrung vor der Anerkennung einer Vaterschaft und vor der Abgabe einer Erklärung zur vollstreckbaren Unterhaltsverpflichtung", abrufbar im Internet-Portal des DIJuF e.V. unter „Formulare für Mitglieder" = www.bundesanzeiger-verlag.de/ beurkundungen V Nr. 1), müssen diese ihrem wesentlichen Inhalt nach mit dem oder den Beteiligten besprochen werden. Die Aufforderung, stattdessen das Merkblatt durchzulesen und noch offenbleibende Fragen zu stellen, genügt keinesfalls als ordnungsgemäße Belehrung.

207 Für die **Belehrung über Zweifel und Bedenken der Urkundsperson** ist die Kenntlichmachung in der Niederschrift vorgeschrieben durch § 17 Abs. 2 BeurkG. Dasselbe gilt für die Erklärungen, die die Beteiligten dazu abgegeben haben, insbesondere aber für das Verlangen der Beteiligten, dass die Beurkundung gleichwohl vorgenommen werden solle.

208 Zu unterscheiden ist die Belehrung von der **Beratung** im Jugendamt nach § 18 SGB VIII. Die Beratung wird einem bestimmten, begrenzten Personenkreis geschuldet, nämlich nach Abs. 1 der Vorschrift Müttern und Vätern als Alleinerziehenden. Sie ist Unterstützung bei der Ausübung der Personensorge einschließlich der Geltendmachung von Unterhalts- und Unterhaltsersatzansprüchen. Daneben hat nach Abs. 4 der Bestimmung ein junger Volljähriger bis zum vollendeten 21. Lebensjahr Anspruch auf Beratung bei der Geltendmachung seines Unterhalts- und Unterhaltsersatzanspruchs.

Der Kreis der Beratungspartner ist also enger als derjenige der Urkundstätigkeit. Anderseits ist der Kreis der Beratungsgegenstände weiter gezogen (Unterhaltsersatzansprüche wie diejenigen nach § 844 BGB; der Verpflichtete kann sie nicht im Jugendamt beurkunden lassen). Vor allem aber ist die **Zweckrichtung verschieden**. Die Beratung gibt Ratschläge, was zu unternehmen oder zu veranlassen sei. Sie dient dem Interesse des Kindes bzw. des jungen Volljährigen. Vergleichbar der Anwaltstätigkeit, ist sie vielfach eingebunden in die Parteikonstellation gegenüber demjenigen, gegen den Rechte des Kindes durchgesetzt werden müssen.

Die Beratung wird z.B. darin bestehen, welcher Unterhalt bzw. welche Raten einer Rückstandstilgung verlangt werden sollen oder ob dem Kindesvater ein Entgegenkommen gegenüber einem Herabsetzungsverlangen zu gewähren sei. **Beratung in diesem Sinne ist nicht „neutral"** (obwohl das Jugendamt als Behörde sich nicht blind „vor den Karren eines Elternteils spannen" lassen darf, sondern auf maßvolle, sachangemessene Rechtsdurchsetzung, nicht zuletzt im Interesse des Kindes auf längere Sicht, bedacht sein sollte).

209 Die **Belehrung steht im Zeichen der Neutralität der Urkundsperson.** Sie hat im Grundsatz nur den Zweck, dem zur Beurkundung Erschienenen die Rechtslage darzustellen, so dass er sich in Freiwilligkeit entscheiden kann, ob und wie er eine rechtsverbindliche Erklärung beurkunden lassen will. Dazu wird nicht selten das Aufzeigen der rechtlichen Alternative einer vom Erschienenen zu treffenden Entschließung samt deren Folgen gehören.

Die Belehrung ist **sachlich,** gerade weil sie in der Pflicht gegenüber allen, auch mit gegensätzlichen Interessen Beteiligten, steht.

Ein Beispiel: Der Vater ist bereit, seine Unterhaltspflicht gegenüber dem Kind vollstreckbar beurkunden zu lassen. Er zeigt aber Unkenntnis über deren Höhe. Dann kann er die Urkundsperson bitten, ihn anhand der Angaben über sein Einkommen und seine sonstigen wirtschaftlichen Verhältnisse darüber zu belehren, was er bei einer familiengerichtlichen Entscheidung voraussichtlich zu erwarten hätte; die Belehrung soll sich auch darauf erstrecken, ob der Schuldner aufgrund seiner geschilderten besonderen Umstände mit einer Herabsetzung oder in den Fällen des § 1613 Abs. 3 BGB mit Stundung, Ratenzahlung oder gar Erlass rechnen könnte. Die Entscheidung, was daraufhin beurkundet werden soll, muss die Urkundsperson jedoch strikt dem Erschienenen überlassen. In seinem Interesse ihn hierüber beraten (= Vorschläge machen) zu wollen, sollte sie sich durchaus zurückhalten (so etwas dürfte nicht einmal der mit der Beratungstätigkeit betraute Bedienstete des Jugendamtes, an den etwa *ein Unterhaltspflichtiger* sich wendet; erforderlichenfalls wäre auf die Möglichkeiten nach dem Beratungshilfegesetz zu verweisen). Aus diesem Grunde sollte die **Beratung** nach § 18 SGB VIII auch organisatorisch im Jugendamt nach Möglichkeit **von der Beurkundungsfunktion getrennt** sein.

Auch die **Beratung, die nach § 24** Abs. 1 **BNotO dem Notar obliegt**, lässt sich nicht über § 1 Abs. 2 BeurkG auf die Urkundsperson im Jugendamt ausdehnen. Sie zielt ohnehin auf andere Gegebenheiten als diejenigen, die eine Urkundstätigkeit nach § 59 SGB VIII veranlassen, nämlich auf komplexe Sachverhalte, deren rechtliche Ausgestaltung und Formgebung unter Erörterung mit den Beteiligten erarbeitet, und von denen die günstigste (namentlich unter steuerlichen Gesichtspunkten) empfohlen werden soll (Testamente, Erbverträge, Gesellschaftsverträge, Auseinandersetzungen). Das gelegentlich gebrauchte Bild von der Urkundsperson als dem „Notar des Jugendamts" sollte nicht in diesem Sinne missverstanden werden. **210**

VI. Urkundsrolle und Namensregister; EDV-Probleme

Die zunehmende Verbreitung von „integrierten Fachverfahren für das Aufgabenspektrum der Kinder- und Jugendhilfe" wie etwa **PROSOZ 14plus**, welche auch **Beurkundungsmodule** enthalten, hat verschiedentlich Fragen zur Automation bestimmter Verfahrensweisen bei der Urkundsperson hervorgerufen. Das bezog sich zunächst auf etwaige Regelungen, welche die Führung eines **Urkundsregisters/Urkundsverzeichnisses** vorsehen. **211**

Aus dem eingangs aufgezeigten Regelungsrahmen (Rn. 4 ff.) sollte deutlich werden: Da dies im Beurkundungsgesetz nicht geregelt ist und die Dienstordnung für Notarinnen und Notare mit ihrer Vorgabe der Führung einer „Urkundenrolle" (§ 8 DONot) nicht allgemein entsprechend anwendbar ist (vgl. oben Rn. 5), kommt es zunächst darauf an, ob dies durch spezielle Verwaltungsvorschrift vorgegeben ist.

So wurde in Nr. 3**5 der für Berlin einschlägigen AV (www.bundesanzeigerverlag.de/beurkundungen II Nr. 4)** ausdrücklich eine entsprechende Führung angeordnet:

> „Bei jedem Jugendamt ist ein Beurkundungsregister zu führen. Das Beurkundungsregister kann auch digital geführt werden

Dass ein solches Register schon deshalb erforderlich ist, um eine vollständige **Kontrolle** über die beurkundeten Vorgänge zu haben und jeden **Anschein einer Manipulation** zu vermeiden, sollte auf der Hand liegen. Deshalb ist auch insoweit bei Fehlen einer landesinternen oder kommunenspezifischen Ausführungsvorschrift die Orientierung an den Vorgaben der DONot zumindest im Sinne einer „best practice" ratsam.

212 Die DONot spricht darüber hinaus ausdrücklich vom **„Namensverzeichnis"** (§ 13 DONot), das zusätzlich zu führen sei. Ob dies jeweils auch für die Urkundsperson beim Jugendamt gilt, hängt wiederum von den Vorgaben einschlägiger Ausführungsvorschriften ab.

In **Berlin** schreibt die Verwaltungsvorschrift in ihrer aktuell geltenden Fassung ausdrücklich nur ein *Beurkundungsregister* (also eine „Urkundenrolle" im notariellen Sprachgebrauch) vor. Die in der Vorläufernorm enthaltenen und zum Teil missverständlichen Verweise unter anderem auf § 13 DONot, also die Regelung zum Namensregister, sind entfallen.

213 Gründe der Praktikabilität sprechen jedenfalls dafür, **zusätzlich ein alphabetisches Namensverzeichnis** auch dann zu führen, wenn dies nicht ausdrücklich vorgeschrieben sein sollte oder die Rechtslage insoweit unklar ist. *Bettendorf,* in: Beck'sches Notarhandbuch S. 1681 f., Rn. 63 f. erläutert dessen Zweck dahingehend, dass es das **Auffinden von Vorgängen erleichtern** solle. Werden Bücher mit festem Einband geführt, so sei in der Regel das Namensverzeichnis in jedem einzelnen Band enthalten. Die Dienstordnung gestatte jedoch auch das Führen eines Namensverzeichnisses für die Urkundenrolle sowie für mehrere Bände der Urkundenrolle gemeinsam oder unabhängig von den Bänden in Karteiform. Bei der Verwendung von Loseblattsammlungen werde das Namensverzeichnis in der Regel fortlaufend über mehrere Jahre hin als **Kartei** geführt. Alternativ könne das Namensverzeichnis nach Abschluss des Jahres als alphabetisches Verzeichnis erstellt und z.B. der durch Schnur und Siegel verbundenen Loseblattsammlung der Urkundenrolle oder des Verwahrungsbuches beigefügt werden. In dieser Form werde häufig bei der Erstellung der Bücher über eine EDV-Anlage verfahren.

214 Verschiedentlich wurde auch gefragt, ob die Führung des Urkundsregisters/Urkundsverzeichnisses lediglich **in EDV-Form** ausreichend oder ob dieses **ausgedruckt** vorliegen, müsse, und wenn ja wie oft (täglich, jährlich)?

Nach der DONot ist ein **allein EDV-gestützter Eintrag nicht ausreichend**. Erst mit dem Ausdruck wird er zur Urkundenrolle, erst das ausgedruckte Papier macht den Eintrag zur Urkunde. Zu beachten ist, dass der EDV-gestützte Eintrag spätestens 14 Tage nach Aufnahme in die Datei ausgedruckt werden muss. Jedenfalls verfährt die notarielle Praxis regelmäßig so, dass sie alle 14 Tage alles ausdruckt, was in diesem Zeitraum eingetragen wurde.

Denn **§ 17** Abs. 1 Satz 3 **DONot** bestimmt bei automationsgestützter Führung der Urkundenrolle, dass diese an dem Tag auszudrucken ist, an dem bei manueller Führung der Urkundenrolle die Eintragung vorzunehmen wäre. Der Ausdruck ist daher **spätestens 14 Tage nach der Beurkundung** vorzunehmen (§ 17, § 8 Abs. 3 DONot). Bei einer Eingabe in den Datenspeicher vor diesem Zeitpunkt muss der Ausdruck noch nicht veranlasst werden (*Bettendorf*, in: Beck'sches Notarhandbuch S. 1675, Rn. 31 f.).

Die vollbeschriebenen Seiten und gegebenenfalls die letzte abgeschlossene jedoch nicht voll beschriebene Seite bilden die **Urkundenrolle** (§ 17 Abs. 1 Satz 4 DONot). Die Seiten müssen dabei **fortlaufend nummeriert** sein. Sie sind in Schnellheftern oder Aktenordnern abzulegen (§ 14 Abs. 1 Satz 3, § 4 DONot). Sollten wiederholende Ausdrucke schon vollbeschriebener und wegen Ablauf der Eintragungsfrist abgelegter Seiten entstehen, so sind die Neuausdrucke dieser Seiten zu vernichten und nicht mit den bisher abgelegten Seiten auszutauschen. Dies ergibt sich aus dem Änderungsverbot des § 7 Abs. 2 DONot i. V. mit den Bestimmungen zur Loseblattführung in § 14 DONot, die den Dokumentationscharakter der Bücher und damit auch der Urkundenrolle sicherstellen sollen (*Bettendorf* a.a.O.). **215**

Wenn bei dem Druck eine Wiederholung der letzten noch nicht vollbeschriebenen und noch nicht abgeschlossenen Seite entsteht, muss dagegen der frühere Ausdruck der noch nicht abgeschlossenen Seite und nicht der neue Ausdruck vernichtet werden. Dies wurde bei Neufassung des § 17 Abs. 1 DONot in 2005 sprachlich klargestellt (*Bettendorf* a.a.O.).

Hingegen ist für das **Namensverzeichnis** zu beachten: Die Eintragungen sind nach § 13 Abs. 2 DONot zeitnah, spätestens zum Vierteljahresschluss vorzunehmen. Dieser Zeitpunkt bestimmt jedoch nicht den Zeitpunkt des Ausdrucks. Die Namensverzeichnisse sind als ganzes erst zum Jahresschluss auszudrucken (§ 17 Abs. 2 Satz 2 DONot). Das Namensverzeichnis wird als alphabetisches Verzeichnis anders als die Urkundenrolle nicht fortlaufend in Folge ergänzt, sondern aufgrund der alphabetischen Einordnung bei dem jeweiligen Buchstaben erweitert. Der Ausdruck eines Verzeichnisses muss daher immer die Buchstaben von A–Z umfassen. Wenn im laufenden Jahr ein Namensverzeichnis schon ausgedruckt wurde, so ist dieser Ausdruck zu vernichten, da der neue Ausdruck keinen wiederholenden Ausdruck darstellt (§ 17 Abs. 2 Satz 3 DONot; zum Ganzen *Bettendorf* a.a.O. S. 1681 f., Rn. 63 f.). **216**

Werden **Bücher** wie die Urkundenrolle, und **Verzeichnisse** wie das Namensverzeichnis automationsgestützt geführt, dürfen die jeweils eingesetzten notarspezifischen Fachanwendungen und ihre Fortschreibungen **keine Verfahren zur nachträglichen Veränderung der mit dem Ausdruck abgeschlossenen Eintragungen** enthalten (§ 17 Abs. 1 Satz 1 DONot). Der Notar hat nach Satz 2 der Vorschrift eine Bescheinigung des Erstellers darüber einzuholen, dass die jeweils eingesetzte Anwendung solche Veränderungen nicht ermöglicht (*Kersten*, in: Würzburger Notarhandbuch S. 183; vgl. auch *Krebs*, MittBayNot 2005, 363 [364], der die Vorschrift wie folgt interpretiert: Werden Bücher mit dem Computer geführt, darf die eingesetzte Notarsoftware keine Ausdrucke erlauben, welche den Vorgaben des § 7 Abs. 2 DONot nicht entsprechen. Zur Neufassung von § 17 Abs. 1 Satz 1 und Satz 2 DONot vgl. *Bettendorf/Wegerhoff*, DNotZ 2005, 484 [488] nebst EDV-Empfehlungen für Notarinnen und Notare, Notarprüferinnen und **217**

Notarprüfer und Softwarehersteller im Hinblick auf eine dienstordnungsgerechte Führung der Bücher, Verzeichnisse und Übersichten im Notariat, DNotZ 2005, 497.

218 Auch ohne ausdrückliche Vorgaben wie etwa in der früheren Fassung der Berliner Ausführungsvorschriften sollte die Praxis der Jugendämter sich bei der Führung von **Urkundsrolle und Namensverzeichnis** an den einschlägigen Vorschriften der **DONot orientieren**.

Zum **Sorgeregister** ist zu bemerken: Soweit im Landesrecht entsprechende Verweise fehlen (wie zB in den Berliner AV), ist die Praxis hier freier. Das Sorgeregister beim „Geburtsjugendamt" stellt eine auf § 58a SGB VIII beruhende Spezialität dar, die einem spezifischen Zweck dient: der im Grundsatz alleinsorgeberechtigten Mutter den Nachweis zu ermöglichen, dass sie dieses Alleinsorgerecht nicht durch die Abgabe von Sorgeerklärungen verloren hat („Negativattest"; vgl. näher unten Rn. 746). Schon das spricht dafür, das entsprechende Register zwar mit Sorgfalt zu führen, es aber von vornherein nicht zwingend denselben förmlichen Anforderungen zu unterwerfen, die für die Beurkundung der Erklärung bei der Urkundsperson selbst gelten.

VII. Art der Aufbewahrung und Aufbewahrungsfristen

218a Das Gesetz gibt zwingend vor, dass die **Urschrift** einer öffentlichen Urkunde grundsätzlich vom Notar – bzw. in entsprechender Geltung von der Urkundsperson beim Jugendamt – **verwahrt werden muss** (§ 45 Abs. 1 BeurkG).

Im Zuge der Überprüfung der Möglichkeiten der Digitalisierung in Jugendämtern ist die Frage aufgekommen, wie eine **Digitalisierung der Urschriften** der durch die Urkundspersonen erstellten Urkunden rechtlich zu bewerten ist. Die digitalisierten Urschriften könnten dabei in einem zentralen Dokumentenmanagementsystem abgelegt werden (vgl. dazu *DIJuF-Rechtsgutachten* 16.3.2015, JAmt 2015, 139 = www.bundesanzeiger-verlag.de/beurkundungen, IV Nr. 7).

Schon in der Vergangenheit schloss § 45 Abs. 1 BeurkG ein Scannen der Papierdokumente und eine Bearbeitung der elektronischen Dokumente nicht aus, wohl aber das Vernichten der Papieroriginale (vgl. allg. *Roßnagel/Wilke*, NJW 2006, 2145 [2146]). Unklar war lediglich der **Beweiswert des Ausdrucks eines derartigen Scans** (hierzu eingehend *Roßnagel/Wilke*, NJW 2006, 2145 [2147 ff.] zur vormaligen Rechtslage).

218b Inzwischen hat der Gesetzgeber mit dem Ziel, den elektronischen Rechtsverkehr mit den Gerichten und überhaupt die elektronische Aktenführung zu erleichtern, mit Gesetz vom 10.Oktober 2013 (BGBl. 2013 I 3788) die Vorschrift des **§ 371b Satz 1 ZPO eingeführt**. Sie besagt:

„Wird eine öffentliche Urkunde nach dem Stand der Technik von einer öffentlichen Behörde oder von einer mit öffentlichem Glauben versehenen Person in ein elektronisches Dokument übertragen und liegt die Bestätigung vor, dass das elektronische Dokument mit der Urschrift bildlich und inhaltlich übereinstimmt, finden auf das elektronische Dokument die Vorschriften über die Beweiskraft öffentlicher Urkunden entsprechende Anwendung."

Nach dieser neuen, mit Wirkung vom 17.10.2013 in Kraft getretenen Bestimmung ist das **ersetzende Scannen öffentlicher Urkunden ohne Beweisverlust möglich**. Sie ist als Beweisregel anwendbar in allen gerichtlichen Verfahren außer dem Strafverfahren und dem Grundbuchverfahren (*DIJuF-Rechtsgutachten,* JAmt 2015, 139 [140] m.w.N. = www.bundesanzeiger-verlag.de/beurkundungen, IV Nr. 7).

Die Bestimmung bezweckt die Herstellung von **Rechtssicherheit beim ersetzenden Scannen** und damit die **weitere Verbreitung der elektronischen Aktenführung** (Musielak/Voit/*Huber*, § 371b ZPO Rn. 1). Sie findet Anwendung, wenn eine öffentliche Urkunde nicht im Original, sondern nur in gescannter Form vorgelegt wird. Der Scan muss durch eine öffentliche Stelle, also eine öffentliche Behörde oder eine mit öffentlichem Glauben versehene Person, durchgeführt werden. Dies kann u.a. sowohl ein Notariat als auch eine Urkundsperson beim Jugendamt sein. 218c

So kann der Beweis für Erklärungen, die in einer notariellen bzw. gleichgestellten Urkunde dokumentiert sind, nunmehr auch dadurch angetreten werden, dass der **Beweisführer die Urkunde in gescannter Form einreicht,** sofern die in § 371b ZPO enthaltenen Formanforderungen an das Scanprodukt eingehalten werden (Musielak/Voit /*Huber,* § 371b ZPO Rn. 4).

Der Scan muss **„nach dem Stand der Technik"** vorgenommen worden sein. Leitlinien hierfür enthält die „Technische Richtlinie Rechtssicheres Scannen" (TR-RESISCAN; dazu *Roßnagel/Nebel*, NJW 2014, 886 [887]). Die dort genannten Standards müssen aber nicht zwingend eingehalten werden. Vielmehr können auch abweichende Scanverfahren durchaus dem Stand der Technik entsprechen (vgl RegE BT-Drs. 17/12634, 34). Erste Erfahrungen mit dem neuen Recht haben aber gezeigt, dass der Beweiswert erhöht wird, wenn die Empfehlungen der TR-RESISCAN eingehalten und dies durch Zertifizierung oder Transfervermerk nachgewiesen werden kann (*Roßnagel/Nebel*, NJW 2014, 886 [891]).

Weil es sich bei dem elektronischen Dokument lediglich um ein beglaubigtes Abbild der eigentlichen Urkunde handelt, fordert § 371b Satz 1 ZPO eine **Bestätigung darüber,** dass der Scan bildlich und inhaltlich **mit dem Original übereinstimmt**. Technisch bedingte Abweichungen in Größe und Farbe sind jedoch unschädlich, sofern sie den beweisrelevanten Inhalt der Urkunde nicht beeinträchtigen (RegE BT-Drs. 17/12634, 34). Ist unklar, ob und inwieweit die Abweichungen zu einer derartigen Beeinträchtigung führen, ist die Bestätigung unter Vermerk der Abweichungen auszustellen (BeckOK/*Bach* – Stand 1.3.2017 –, § 371b ZPO Rn. 7). 218d

Die Bestätigung unterliegt **keinem besonderen Formerfordernis**. Ein mit dem Ausdruck der Urkunde in geeigneter Form verbundener Beglaubigungsvermerk

– sei es unmittelbar im Anschluss an den Textausdruck oder auch auf gesondertem Papier in fester Verbindung mit dem eigentlichen Textausdruck – genügt hierfür.

218e Liegen die Voraussetzungen vor, finden auf den Scan im oben beschriebenen Rahmen die Vorschriften über die Beweiskraft öffentlicher Urkunden entsprechende Anwendung.

Der **Scan steht somit in seiner Beweiskraft der gescannten Originalurkunde gleich**. Er begründet grundsätzlich vollen Beweis für die beurkundete Erklärung (§ 415 ZPO analog).

Demzufolge ist die Urkundsperson beim Jugendamt nicht gehindert, die von ihr erstellte Niederschrift einer gemäß § 59 Abs. 1 S. 1 SGB VIII aufgenommenen Erklärung einzuscannen. Dieser Vorgang hat aber im hier vorliegenden Zusammenhang keine ersetzende Funktion. Vielmehr darf die **Originalniederschrift nach dem Einscannen nicht etwa vernichtet werden**, sondern muss nach den allgemeinen Vorgaben des BeurkG weiterhin verwahrt werden (*DIJuF-Rechtsgutachten*, JAmt 2015, 139 [141] = www.bundesanzeiger-verlag.de/beurkundungen, IV Nr. 7).

218f Die Urkundsperson kann auch **beglaubigte Abschriften, Ausfertigungen sowie vollstreckbare Ausfertigungen mittels Digitalisierung** der Urschriften der im Jugendamt erstellten Urkunden anhand eines Ausdrucks dieses Scans erteilen. Diese können grundsätzlich in allen für die Beistandschaft und Amtsvormundschaft einschlägigen gerichtlichen Verfahren vorgelegt werden, insbesondere in Verfahren auf Festsetzung bzw. Abänderung des Unterhalts sowie bei Anträgen auf Zwangsvollstreckungsmaßnahmen.

Lediglich **zwei hier relevante Ausnahmen** sind zu beachten: Soll durch entsprechende Strafanzeige ein Ermittlungsverfahren wegen des Vorwurfs der Unterhaltspflichtverletzung gem. § 170 StGB eingeleitet werden, genügt nicht die Vorlage einer Ausfertigung der Unterhaltsverpflichtung als Scan. Dasselbe gilt für den Antrag auf Eintragung einer Sicherungshypothek beim Grundbuchamt (vgl. oben Rn. 218a).

218g Die Urkundsperson muss lediglich die **Übereinstimmung des Scans mit der Originalniederschrift in einem diesbezüglichen Vermerk bestätigen**.

Nun wäre allerdings der Rationalisierungsgewinn durch eine derartige elektronische Verwaltung der Niederschriften begrenzt, wenn für diese Bestätigung jedes Mal die Originalniederschrift zu Vergleichszwecken herangezogen werden müsste. Nach sachgerechtem Verständnis der Neuregelung sollte es genügen, wenn die Niederschrift nach den Regeln über den Stand der Technik eingescannt und hierbei die Korrektheit des Vorgangs überprüft wurde und zugleich technische Vorkehrungen dagegen getroffen wurden, dass das eingescannte Dokument nachträglich nochmals verändert werden konnte. Dann müsste es auch möglich sein, die in § 371b Satz 1 ZPO vorausgesetzte Bestätigung zu erteilen, **ohne dass der Ausdruck nochmals mit der Originalniederschrift verglichen wird**. Hierfür spricht schließlich auch, dass die genannte Vorschrift auch auf solche Dokumente anwendbar ist, für die keine allgemeinen Aufbewahrungspflichten gelten und die deshalb nach dem Scannen vernichtet werden können. In diesen Fällen liegt auf der Hand, dass ein erneuter Vergleich zwischen Originalurkunde und Ausdruck des Scans nicht möglich ist (so auch *DIJuF-Rechtgutachten,* JAmt 2015, 139 [141] = www.bundesanzeiger-verlag.de/beurkundungen IV Nr. 7). Allerdings wird auf diese spezielle Problematik weder in den Gesetzesmaterialien noch in der bisher vorliegenden Literatur zu § 371b ZPO näher eingegangen.

Die zunehmende Raumnot in Landratsämtern und Rathäusern lässt immer wieder die Frage dringlich werden, wie lange Urkunden und die mit ihnen zusammenhängenden Unterlagen aufzubewahren seien. Das Beurkundungsgesetz enthält hierzu keine Vorgaben. Auch sonstige bindende Rechtsvorschriften, etwa landesweite Verwaltungsanweisungen, existieren im Hinblick auf die Kommunalhoheit hierfür nicht. **219**

Auf den ersten Blick könnte nahe liegen, die für Notare geltende Vorschrift des § 5 Abs. 4 DONot heranzuziehen. Danach sind u.a. Urkundenrolle, Namensverzeichnis zur Urkundenrolle und Urkundensammlung **dauernd aufzubewahren; für Nebenakten gilt eine siebenjährige Aufbewahrungsfrist,** die aber der Notar bei der letzten inhaltlichen Bearbeitung durch schriftliche Bestimmung verlängern kann. Die Aufbewahrungsfrist beginnt mit dem ersten Tag des auf die letzte inhaltliche Bearbeitung folgenden Kalenderjahres. Nach Ablauf der Aufbewahrungsfrist sind die Unterlagen zu vernichten, sofern nicht im Einzelfall ihre weitere Aufbewahrung erforderlich ist. **220**

Die einzige einschlägige Landesvorschrift hat die Berliner Senatsverwaltung für Bildung, Wissenschaft und Forschung in den „Ausführungsvorschriften für die Tätigkeit der Urkundspersonen des Jugendamtes – Beurkundungsvorschriften (AV Beurk)" – vom 10.11. 2016 (BildJugWiss III B 43) erlassen (oben Rn. 5, 23, 211). Als Stadtstaat konnte Berlin derartige Vorschriften für seine Jugendämter schaffen, ohne in Konflikt mit der kommunalen Selbstverwaltung zu geraten.

In Anlehnung an die für Notare geltende Regelung wurde bestimmt:

„**37. Aufbewahrung**

(1) Die Urschriften der Urkunden und die beglaubigten Erklärungen sind, jahrgangsweise und nach der fortlaufenden Nummer des Registers geordnet, **100 Jahre** lang aufzubewahren, die vor dem 1. Januar 1950 entstandenen Unterlagen bis auf weiteres dauernd, wobei keine Konservierungspflicht besteht (§ 5 Abs. 4, § 18 DONot). Gesiegelte Leistungsaufstellungen im Rahmen der Rechtsnachfolge sind zu Urschrift zu nehmen und aufzubewahren. Es besteht eine Pflicht zur sorgfältigen Aufbewahrung (§ 61 Abs. 1 GGO I). Bei der Aktenvernichtung sind die Vorschriften des Gesetzes über die Sicherung und Nutzung von Archivgut des Landes Berlin (Arch GB) zu beachten"

Es ist nicht zu verkennen, dass die Urkundsperson mit einer **zumindest 100 Jahre dauernden Aufbewahrung der Urkunden auf der sicheren Seite** ist, weil damit jedem Bedürfnis nach einem späteren Zugriff auf die Niederschrift Rechnung getragen werden kann. Soweit es die räumlichen Verhältnisse erlauben, sollte **221** diese Maßgabe deshalb befolgt werden. Besteht aber bei sehr **beschränkter räumlicher Kapazität** ein unabweisbares Bedürfnis dafür, nicht nur Nebenakten, sondern auch Urkunden auszusondern, ist dies jedenfalls nicht allein deshalb untersagt, weil die für Notare geltende dauernde Aufbewahrungsfrist zwingend auch für Urkundspersonen im Jugendamt entsprechend heranzuziehen wäre.

222 Zu bedenken ist vor allem, dass die für Notare geltende lange Aufbewahrungsfrist uneingeschränkt für sämtliche notariellen Urkunden vorgeschrieben ist und dies bei einem Teil der Urkunden auch sinnvoll ist, weil diese auch nach vielen Jahrzehnten noch zur Rekonstruktion von strittig gewordenen Rechtsverhältnissen (im Erbrecht, im Grundstücksrecht) benötigt werden können. Die **Beurkundungstätigkeiten im Jugendamt sind hingegen schon grundsätzlich von zeitlich begrenzter Wirkung.** Mit jedem Jahr nach Erreichen der Volljährigkeit des Kindes, auf welches sich die Beurkundung bezog, nimmt tendenziell die Wahrscheinlichkeit ab, dass nochmals die Urschrift einer Urkunde benötigt wird, wobei dies in Unterhaltssachen namentlich deshalb in Frage kommen kann, weil eine zweite vollstreckbare Ausfertigung oder eine Teilausfertigung eines Titels für eine Rechtsnachfolgeklausel benötigt wird. Zumindest im letztgenannten Fall könnte dann, wenn die Originalniederschrift bei der Urkundsperson nicht mehr vorhanden ist, immerhin mit Hilfe der eingereichten vollstreckbaren Ausfertigung nach § 46 BeurkG eine „Ersatzurschrift" rekonstruiert werden (vgl. oben Rn. 109). Der mögliche Schaden, dem durch die Länge der Aufbewahrungsfrist vorzubeugen ist, lässt sich damit auf die Fälle eingrenzen, in welchen auch der Gläubiger nicht mehr über die ihm erteilte vollstreckbare Ausfertigung des Titels verfügt und somit entsprechend § 733 ZPO i.V.m. § 60 Abs. 3 Nr. 2 SGB VIII eine weitere vollstreckbare Ausfertigung beantragt.

223 Bei der Festlegung von derartigen Höchstfristen könnte man zwar zugrunde legen, wie lange die Urschrift einer Urkunde in Unterhaltsangelegenheiten äußerstenfalls unter Ausschöpfung aller theoretisch in Betracht kommenden Fristen benötigt werden kann. Jedoch erscheint es als praxisgerechtes Vorgehen, hierbei auch in Erwägung zu ziehen, **wie wahrscheinlich** es sein kann, dass ein urkundlicher Unterhaltstitel tatsächlich noch nach einem derart langen Zeitraum für die Erteilung vollstreckbarer Ausfertigungen **benötigt** wird.

224 Das beginnt schon mit der Überlegung, dass auch nach der erstmals zum 1. Juli 1998 eingeführten Dynamisierung des Kindeunterhalts kaum einmal ein **zeitnah zur Geburt des Kindes errichteter Unterhaltstitel unverändert** den gesamten Zeitraum, für welchen Unterhalt verlangt wird, hindurch Geltung beanspruchen kann. Es wird häufig vorkommen, dass infolge einer Veränderung der Verhältnisse der Titel ersetzt wird, sei es durch freiwillige Neubeurkundung oder Abänderungsentscheidung gem. §§ 238 f. FamFG. Soweit die Unterhaltsverpflichtung auch Rückstände betrifft, die *zur Zeit der Beurkundung bereits bestanden*, gilt zwar hierfür – abweichend vom praktischen Regelfall der dreijährigen Verjährung – die 30-jährige Verjährungsfrist nach § 197 Abs. 1 Nr. 3 i.V.m. Abs. 2 BGB. Andererseits sollte nicht übersehen werden, dass nach der gesetzlichen Tilgungs-

reihenfolge des § 366 Abs. 2 BGB in allen Fällen, in denen nicht ausdrücklich eine wirksame Tilgungsbestimmung des Schuldners vorliegt, d.h. vor allem auch im Fall der Zwangsvollstreckung, eingehende Zahlungen zunächst auf die Rückstände anzurechnen sind, sodass diese als erste getilgt werden. Die Wahrscheinlichkeit dafür, dass – sofern beim Schuldner überhaupt etwas zu holen ist – nach Jahrzehnten noch Rückstände offen sind, die bereits bei Titelerrichtung bestanden, dürfte deshalb verhältnismäßig gering sein.

Ferner kommt hinzu, dass nicht allein die Verjährung die äußerste Grenze der Vollstreckbarkeit eines Unterhaltsanspruches darstellt, sondern auch die **Verwirkung** als Fall einer illoyal verspäteten Rechtsausübung i.S.v. § 242 BGB von Amts wegen zu beachten ist. Auch titulierte Unterhaltsansprüche können verwirkt sein, wenn sie der Gläubiger über mehrere Jahre hinweg nicht geltend gemacht hat und der Schuldner hieraus das berechtigte Vertrauen ableiten durfte, er werde insoweit nicht mehr in Anspruch genommen (BGH, 10.12.2003 – XII ZR 155/01, FamRZ 2004, 531; eingehend hierzu DIJuF/*Knittel/Birnstengel*, „Verwirkung von Kindesunterhalt", Themengutachten TG-1003, Erstveröffentlichung in www.kijup-online.de = www.bundesanzeiger-verlag.de/beurkundungen, III Nr. 4). **225**

Deshalb müssten derart viele Umstände zusammentreffen, die einen Gläubiger von Kindesunterhalt dazu veranlassen könnten, sich auch **noch mehrere Jahrzehnte nach der Volljährigkeit** an die Urkundsperson mit dem Verlangen nach einer vollstreckbaren Ausfertigung zu wenden, dass ein solcher Fall als **wenig wahrscheinlich** betrachtet werden muss.

Bei Urkunden über **Kindesunterhalt** dürfte deshalb eine Aufbewahrungsfrist von **30 Jahren** nach Errichtung des Titels in der Regel ausreichend sein (a.A. LPK-SGB VIII /*Trautmann*, § 59 Rn. 86: mindestens 50 Jahre wegen der Verjährungshemmung bis zum Ablauf des 21. Lebensjahres und der nachfolgenden 30-jährigen Vollstreckungsverjährung).

Eine kürzere Aufbewahrungsfrist erscheint naturgemäß angezeigt für **Unterhaltsverpflichtungen gegenüber dem anderen Elternteil gemäß § 1615 l Abs. 2 BGB**, da diese von Gesetzes wegen im Regelfall auf den Zeitraum von drei Jahren nach der Geburt befristet sind. Insoweit dürfte eine **10-jährige Aufbewahrungsfrist** im Allgemeinen ausreichen, um allen wesentlichen in Betracht kommenden Fallgestaltungen Rechnung zu tragen. In Abs. 2 ermöglicht die Vorschrift auch eine Unterhaltstitulierung über die Dreijahresfrist hinaus, wenn es unter Berücksichtigung der Belange des Kindes grob unbillig wäre, danach einen Unterhaltsanspruch zu versagen. Jedoch ist wohl anzunehmen, dass die ohnehin begrenzte Zahl von Fällen, in denen die genannte gesetzliche Ausnahme greift, nicht durch eine freiwillige Beurkundung vor dem Jugendamt gelöst wird, sondern zumeist durch familiengerichtliche Entscheidung. Deshalb sollte es auch insoweit kaum zu Problemen mit einer auf zehn Jahre begrenzten Aufbewahrung aller entsprechenden Beurkundungsvorgänge bei dem Jugendamt kommen. **226**

Bei Niederschriften über die **Anerkennung der Vaterschaft und die Zustimmungserklärungen** hierzu ist zwar nicht zu verkennen, dass ein unmittelbarer **226a**

Zugriff auf die entsprechende Niederschrift nur selten erforderlich sein wird, weil gemäß § 1597 Abs. 2 BGB beglaubigte Abschriften der Erklärungen nicht nur dem Vater, der Mutter und dem Kind zu übersenden sind, sondern auch dem Standesbeamten. Dieser nimmt sodann die Änderung des Geburtseintrags vor. Sind seit dieser Eintragung fünf Jahre verstrichen, so ist die Anerkennung wirksam, auch wenn sie den Erfordernissen der §§ 1594 bis 1597 BGB nicht genügt (vgl. § 1598 Abs. 2 BGB). Die Notwendigkeit eines Zugriffs auf den Beurkundungsvorgang zur Überprüfung der sachlichen Richtigkeit dürfte daher nach mehr als fünf Jahren kaum in Betracht kommen.

Gleichwohl kann das **Verlangen nach späterer Einsicht in den Beurkundungsvorgang** biografische Hintergründe auf Seiten des betroffenen Abkömmlings haben. Der Wunsch nach Kenntnis der Umstände der eigenen Vergangenheit kommt nicht selten auch noch Jahre oder Jahrzehnte nach Eintritt der Volljährigkeit auf. Aus diesen Gründen kann ein völlig anders gelagertes Interesse an einer Aufbewahrung der Akten bestehen als es bei der früher oder später doch abgewickelten Unterhaltsrealisierung der Fall ist. In seltenen Ausnahmefällen kann auch – wie aus einer unter Rechtspflegern geführten Diskussion bekannt ist – in einem Erbfall streitig werden, ob eine wirksame Vaterschaftsanerkennung vorliegt.

Aufgrund von Erfahrungen aus Einzelfällen, in denen Zweifelsfragen aus den fünfziger Jahren des letzten Jahrhunderts aufgetreten waren, erscheint es sinnvoll, für diese Beurkundungsvorgänge eine **Aufbewahrungsdauer von 70 Jahren** vorzusehen. Jedenfalls ist diese Zeitdauer wohl die äußerste Grenze, für die sich einer Aufbewahrung der Vaterschaftsanerkennung und Zustimmungserklärungen bei den Urkundsstellen der Jugendämter rechtfertigen lassen dürfte.

226b Am einfachsten zu beantworten ist die Frage nach Aufbewahrungsfristen für Niederschriften über **Sorgeerklärungen** gemäß § 59 Abs. 1 Satz 1 Nr. 8 SGB VIII.

Hier ist es vorstellbar, dass hin und wieder ein Elternteil an die Urkundsperson herantritt, weil er zum Nachweis der eingetretenen gemeinsamen Sorge eine Ausfertigung der abgegebenen Sorgeerklärungen benötigt und über diese nicht mehr verfügt. Er kann auch nicht etwa darauf verwiesen werden, sich auf dem in § 58a SGB VIII vorgezeichneten Weg eine Auskunft aus dem Sorgeregister zu holen, weil diese nur eine Negativbescheinigung für die allein sorgeberechtigte Mutter darstellt, nicht aber als Positivbescheinigung über die Abgabe von Sorgeerklärungen gedacht ist.

Allerdings entfällt ein Bedürfnis für den Rückgriff auf die Niederschrift über Sorgeerklärungen zeitnah mit der **Volljährigkeit des Kindes**, weil dann auch die Sorge der Eltern endet. Um auf der sicheren Seite zu sein, könnten die Unterlagen noch für einen begrenzten Zeitraum danach aufbewahrt werden, weil nicht auszuschließen ist, dass rückblickend Streit zwischen den Eltern untereinander oder mit einem Dritten darüber entsteht, ob zu einem bestimmten Zeitpunkt während der Minderjährigkeit des Kindes Alleinsorge der Mutter oder gemeinsame Sorge bestand. Jedoch dürfte im Allgemeinen ein Bedürfnis für einen derartigen, ohnehin auf Ausnahmefälle beschränkt Nachweis spätestens zwei Jahre nach Eintritt der Volljährigkeit entfallen sein.

Da die ganz überwiegende Zahl der Sorgeerklärungen wohl im verhältnismäßig engen zeitlichen Zusammenhang zur Geburt abgegeben werden dürfte, also wenige Monate vor oder nach der Niederkunft, erscheint es im Sinne einer einfachen schematischen Handhabung sinnvoll, eine **Aufbewahrungsfrist von 20 Jahren nach dem Beurkundungstermin** vorzusehen.

Diese Empfehlungen erscheinen grundsätzlich ausgewogen und können einen **Anhaltspunkt für Jugendämter** liefern, welche aus zwingenden Gründen der Raumnot auch ihre Urkundensammlung nicht zeitlich unbegrenzt aufbewahren können. Dass ein Jugendamt bei einer noch längeren Aufbewahrung, wie sie für Notare vorgeschrieben ist, jeglichen Einwänden und allen auch noch so fernliegenden Eventualitäten vorbeugen kann und diese deshalb nach Möglichkeit einhalten sollte, sei nochmals betont. Ebenso ist selbstverständlich, dass sich die Urkundspersonen in Berlin an die für sie geltende Vorgabe (s.o. Rn. 220) zu halten haben. **227**

Bei der **Aufbewahrung von Nebenakten** könnte sich allerdings empfehlen, auf die einschlägige Regelung der Dienstordnung für Notarinnen und Notare zurückzugreifen, da insoweit kein wesentlicher Unterschied zur Amtstätigkeit der Urkundsperson zu erkennen ist Nebenakten sind nach der Definition in § 22 Abs. 1 DONot „nicht zur Urkundensammlung zu nehmende Schriftstücke, z.B. Schriftwechsel mit den Beteiligten sowie mit den Gerichten und Behörden" Für sie legt § 5 Abs. 4, 4. Spiegelstrich DONot eine **Aufbewahrungsfrist von 7 Jahren** fest; allerdings kann die Notarin oder der Notar spätestens bei der letzten inhaltlichen Bearbeitung schriftlich eine längere Aufbewahrungsfrist bestimmen, z.B. bei Verfügungen von Todes wegen oder bei Regressgefahr. **228**

Diese Frist ist das Ergebnis eines Kompromisses: Bei der Ausarbeitung der Novelle zur DONot in 2000/2001 war zunächst eine Aufbewahrungszeit von 30 Jahren erwogen worden. Die Bundesnotarkammer hat jedoch Kapazitätsprobleme in vielen Notariaten vorausgesagt. Letztlich wurde die zitierte Vorschrift formuliert (vgl. Armbrüster/Preuß/Renner/*Renner*, D § 5 Rn. 17).

Diese Frist sollte auch in der jugendamtlichen Beurkundungspraxis bei der Aufbewahrung von Nebenakten zugrunde gelegt werden.

Noch weiter verkürzt werden kann allerdings die Dauer der Aufbewahrung von **Schriftwechsel in Zusammenhang mit der Erteilung von schriftlichen Auskünften gemäß § 58a SGB VIII** über die Abgabe von Sorgeerklärungen und das (Nicht-)Vorliegen bestimmter gerichtlicher Entscheidungen zur elterlichen Sorge. **229**

Der **Aussagewert** erteilter Auskünfte gem. § 58a SGB VIII ist ohnenhin **zeitlich begrenzt**. Die Bestätigung des registerführenden Jugendamts, dass die Mutter bisher keine Sorgeerklärungen für ein bestimmtes Kind abgegeben habe bzw. dass keine einschlägige gerichtliche Entscheidung ergangen sei mit der Folge, dass sie die Alleinsorge nicht auf diese Weise verloren habe, kann bereits unmittelbar danach überholt sein, etwa wenn die Eltern doch die gemeinsame Sorge durch Sorgeerklärungen begründet haben (Rn. 749). Der Rechtsverkehr ist deshalb gut beraten, wenn darauf geachtet wird, dass das Ausstellungsdatum eines einer solchen Auskunft nicht zu lange zurückliegt.

Folglich kann aber auch das registerführende Jugendamt bei der Ausstellung derartiger Auskünfte **keine wesentlichen Erkenntnisse** daraus ziehen, ob und mit welchem Inhalt bereits früher derartige Bestätigungen erteilt wurden. Jedenfalls ist kein zwingender Grund dafür ersichtlich, Anfragen und den Abdruck entsprechender Auskünfte über einen bestimmten, verhältnismäßig kurzen Mindestzeitraum hinaus aufzubewahren.

Allenfalls könnte damit bewiesen werden, dass eine entsprechende Anfrage beantwortet wurde, wenn die Mutter später das Gegenteil behauptet. Auch könnte bei späterem Streit über den Inhalt einer erteilten Auskunft der Nachweis hierüber geführt werden. Es ist aber wohl unwahrscheinlich, dass überhaupt entsprechende Meinungsverschiedenheiten häufig auftreten und zudem nicht binnen spätestens zwei bis drei Jahren geklärt werden können.

Soweit nicht allgemeine Dienstvorschriften des kommunalen Trägers die Aufbewahrung von Schriftverkehr des Jugendamts umfassend regeln, wäre es ausreichend, die Aufbewahrung von Anfragen und erteilten Auskünften auf einen Zeitraum dieser Größenordnung zu beschränken.

VIII. Rechtsmittel gegen die Ablehnung der Urkundstätigkeit

1. Allgemein

230 Die Frage, ob und welche Rechtsbehelfe gegeben sind, wenn die Urkundsperson beim Jugendamt **eine Urkundstätigkeit aus welchen Gründen immer ablehnt**, ist im Gesetz nicht ausdrücklich geregelt.

Größere praktische Bedeutung wird das Problem kaum gewinnen. Für das Gros der Fälle bliebe das Ausweichen auf die Beurkundung durch die Urkundsperson eines anderen Jugendamtes, welche womöglich keine gleichartigen Bedenken hat. Im Übrigen könnte der Beteiligte sich auch an einen – für Beurkundungen nach § 20 BNotO allzuständigen – Notar oder, je nach Gegenstand der Erklärung, an den Rechtspfleger eines Amtsgerichts oder einen Standesbeamten wenden. Teilweise besteht dort ebenfalls **Kostenfreiheit**. Nach Aufhebung des § 55a KostO zum 1. August 2013 durch das GNotKG vom 23. Juli 2013 (BGBl. I 2013, 2613) ist dies allerdings an etwas versteckter Stelle geregelt: Anlage 1 (zu § 3 Abs. 2 GNotKG), Vorbemerkung 2 Abs. 3 für Notare, die über Vorbemerkung 1 Abs. 2 auch für die Amtsgerichte gilt (vgl. auch unten Rn. 792 und 799).

Jedenfalls sind dort **bereichsspezifisch geregelte Beschwerdemöglichkeiten** nach § 15 BNotO, § 49 PStG, § 11 Abs. 1 RPflG eröffnet.

231 Wünscht ein Beteiligter aber gleichwohl eine gerichtliche Klärung, ob die Urkundsperson beim Jugendamt zu Recht eine Beurkundung abgelehnt hat, muss hierfür ein **Rechtsmittel** zur Verfügung stehen, weil die **Urkundsperson eine staatliche Aufgabe wahrnimmt** (Art. 19 Abs. 4 Satz 1 GG). Fraglich ist allein, ob das Verwaltungsgericht oder eine Zivilkammer des Landgerichts angerufen werden kann.

Nach § 40 Abs. 1 Satz 1 VwGO ist der Verwaltungsrechtsweg in allen öffentlich-rechtlichen Streitigkeiten nichtverfassungsrechtlicher Art gegeben, soweit die Streitigkeiten nicht durch Bundesgesetz einem anderen Gericht ausdrücklich zugewiesen sind.

Aus der **Behördeneigenschaft** des Jugendamts wird z.T. gefolgert, dass diese Vorschrift anwendbar sei (LG Wuppertal, 13.5.2005 – 6 T 232/05, JAmt 2005, 470 m. abl. Bespr. *Knittel* in JAmt 2005, 440; dem LG Wuppertal folgend aber jurisPK-SGB VIII/*Bregger, Rn. 19*; vgl. auch den Meinungsstand zur vergleichbaren Problematik in den speziellen Anwendungsfällen des § 54 BeurkG; dazu unten Rn. 240). Jedoch tritt auch der Notar als Träger eines öffentlichen Amts bei der Ausführung von Amtsgeschäften zu den Beteiligten in ein öffentlich-rechtliches Rechtsverhältnis. Das Wesen der notariellen Tätigkeit ist aber die vorsorgende Rechtspflege vor allem auf dem Gebiet der freiwilligen Gerichtsbarkeit. Deshalb hat der Gesetzgeber die **Beschwerde zum Landgericht nach § 15** Abs. 1 Satz 1, Abs. 2 **BNotO** als umfassendes Rechtsmittel gegen die Verweigerung notarieller Amtstätigkeit zur Verfügung gestellt und somit uneingeschränkt den Rechtsweg zu den Gerichten der freiwilligen Gerichtsbarkeit, d. h. den ordentlichen Gerichten, eröffnet. Das gilt unabhängig davon, ob die vom Notar abgelehnte Amtstätigkeit tatsächlich der freiwilligen Gerichtsbarkeit zuzuordnen ist oder eine sonstige Angelegenheit (z.B. Unterhaltsbeurkundungen oder Vaterschaftsanerkennungen) betrifft. **232**

Das ist auch durchaus konsequent, weil andernfalls **Verwaltungsgerichten die Prüfung zivilrechtlicher Vorfragen aufgebürdet** würde. Denn zumeist lässt sich nur im Wege einer solchen Prüfung klären, ob ein Notar z.B. eine bestimmte Amtshandlung zu Recht wegen Fehlens ihrer Voraussetzungen oder Unmöglichkeit des von dem Beteiligten beabsichtigten rechtlichen Erfolgs abgelehnt hat. Auch die Verfolgung unerlaubter oder unredlicher Zwecke als Grund für die Verweigerung einer Amtstätigkeit lässt sich wohl nur dann hinreichend sicher feststellen, wenn zumindest auch zivilrechtliche Fragen beantwortet werden.

Diese Erwägungen **treffen aber ebenfalls zu auf die Urkundsperson beim Jugendamt,** die Aufgaben auf dem Gebiet des Zivilrechts (Errichtung von Unterhaltstiteln, Niederschrift von Vaterschaftsanerkennungen, Sorgeerklärungen usw.) wahrnimmt, für die auch der Notar zuständig wäre. Es handelt sich hierbei zwar nicht um Amtsgeschäfte der freiwilligen Gerichtsbarkeit. Jedoch bedienen sich Notar wie Urkundsperson über das Beurkundungsgesetz nahezu vollständig derselben verfahrensrechtlichen Instrumente (vgl. § 1 Abs. 2 BeurkG). **233**

Deshalb wird im Schrifttum zu Recht die Auffassung vertreten, dass die Zuweisung des Rechtswegs zu den ordentlichen Gerichten auf **eine Analogie zu § 15** Abs. 1 **Satz 1 und** Abs. 2 **BNotO** gestützt werden könne; ergänzend wird darauf hingewiesen, dass auch über Rechtsbehelfe gegen eine Verweigerung der Urkundstätigkeit des Rechtspflegers **gem. § 11 RPflG** jeweils ordentliche Gerichte entscheiden (Armbrüster/Preuß/Renner/*Preuß*, § 4 BeurkG Rn. 32; ebenso *Kurtze*, S. 57). Auch die Berliner Ausführungsvorschriften für die Tätigkeit der Urkundspersonen des Jugendamtes vom 10.11.2016 legen in Nr. 41 zugrunde, dass dieser Rechtsweg gegen die Versagung der Urkundstätigkeit gegeben ist. Allerdings enthalten sie zusätzlich eine spezifische Vorgabe: „Lehnt die Urkundsperson eine Beurkundung oder eine Amtshandlung nach §§ 45, 46, 51 BeurkG ab, so hat sie die für Beurkundungen zuständige Leitung darüber in Kenntnis zu setzen."

Da im Übrigen auch einschlägige Entscheidungen des Standesamts gem. **§ 49** Abs. 1 **PStG** vom Amtsgericht überprüft werden. wäre andernfalls die Urkundsperson beim Jugendamt die einzige Stelle, gegen deren Ablehnung einer Urkundstätigkeit auf dem Gebiet des Zivilrechts das Verwaltungsgericht anzurufen wäre.

234 Eine solche Rechtsanalogie hat gleichwohl das LG Wuppertal (13.5.2005 – 6 T 232/05, JAmt 2005, 470) mit vier Argumenten abgelehnt, die jedoch sämtlich nicht zu überzeugen vermögen.

Der Behauptung, eine Rechtswegzuweisung bedürfe einer **ausdrücklichen Regelung** statt einer Analogie zu anderen Vorschriften, ist entgegenzuhalten: Zumindest in einem Fall hat dies der BGH (3.7.1997 – IX ZB 116/96, NJW 1998, 231) anders gesehen. Dieser war weitgehend mit der hier erörterten Problematik vergleichbar: Er betraf den Rechtsweg für eine Notarbeschwerde wegen Amtsverweigerung in den neuen Bundesländern. Die für den maßgeblichen Zeitraum dort noch in Geltung gewesene DDR-Verordnung über die Tätigkeit von Notaren in eigener Praxis vom 20. Juni 1990 (VONotO – GBl DDR I 475 ff.) sah keine dem § 15 BNotO entsprechende Beschwerdemöglichkeit vor. Gleichwohl hat der BGH – zur Vermeidung der sonst gegebenen Zuständigkeit des Verwaltungsgerichts nach § 40 Abs. 1 VwGO, die er aus zutreffenden Gründen für sachlich unangemessen hielt – den Rechtsweg zu den ordentlichen Gerichten mit einer entsprechenden Anwendbarkeit des § 15 Abs. 1 Satz 1, Abs. 2 BNotO gerechtfertigt. Die vermeintlich entgegenstehende Behauptung, es sei stattdessen eine ausdrückliche Zuweisungsnorm erforderlich, hat der BGH keiner Erwähnung für wert befunden.

235 Mit den Gründen dieser höchstrichterlichen Entscheidung lässt sich auch das zweite Argument des LG Wuppertal (13.5.2005 a.a.O.) widerlegen: Es bedürfe keiner Analogie, weil infolge der alternativ möglichen Zuständigkeit des Verwaltungsgerichts keine **Regelungslücke** gegeben sei. Der BGH (3.7.1997 a.a.O.) hat hierzu ausgeführt:

„Zwar besteht, falls keine abweichende Zuweisungsnorm gegeben ist, insofern keine Regelungslücke, als § 40 Abs. 1 VwGO eingreift. Wenn es indessen ein ganz **unangemessenes Ergebnis** wäre, die Betroffenen auf den **Verwaltungsrechtsweg** zu verweisen, dann stellt sich das Fehlen einer Zuweisungsnorm selbst als Lücke dar."

236 Das wohl schwächste Begründungselement der zitierten landgerichtlichen Entscheidung ist die Betonung des **angeblichen Hauptunterschieds der Tätigkei-**

ten von **Notar und Urkundsperson**: Das Jugendamt habe im Gegensatz zum Notar auch das **Kindeswohl** zu wahren und ggf. von Amts wegen in Konfliktfällen zu intervenieren. Es gerate deshalb in eine „Spannungslage", wie sie beim Notar nicht auftreten könne. Dieser Einwand verkennt vollständig die eigenständige und sachlich **unabhängige Stellung der Urkundsperson**, die weisungsfrei und in ihrer Amtstätigkeit neutral zu handeln hat. Entsprechende Beurkundungen nimmt nicht „das Jugendamt", sondern die „Urkundsperson beim Jugendamt" vor, die insoweit behördenintern eine dem Rechtspfleger vergleichbare unabhängige Stellung hat (Rn. 29). Auch diesem würde wohl niemand ernstlich eine „Spannungslage" bezüglich seiner Beurkundungstätigkeit in Kindschaftssachen allein deshalb unterstellen, weil der Familienrichter desselben Gerichts im gegebenen Fall zu Eingriffen in die elterliche Sorge nach § 1666 BGB berufen wäre.

Soweit das LG Wuppertal (13.5.2005 a.a.O.) die Analogiefähigkeit des § 15 BNotO schließlich deswegen verneint, weil – anders als beim Jugendamt – „die Urkundstätigkeit des Notars traditionell als **Teil der freiwilligen Gerichtsbarkeit** verstanden" werde, führt diese Überlegung nicht weiter. Die entsprechende Anwendung dieser Vorschrift wird gerade nicht mit einer – tatsächlich nicht gegebenen – vollständigen Identität der jeweiligen Urkundstätigkeiten befürwortet: Die Gemeinsamkeit, welche eine einheitliche Rechtswegzuweisung legitimiert, liegt allein darin, dass die in § 59 Abs. 1 Satz 1 SGB VIII genannten Aufgaben auch vom Notar erfüllt werden können, obwohl sie keine Angelegenheiten der freiwilligen Gerichtsbarkeit betreffen. Wenn aber dessen Weigerung, eine Beurkundung in diesen Fällen vorzunehmen, vom Landgericht zu überprüfen ist, besteht **kein triftiger Grund** dafür, die **gleiche Fallkonstellation bei der Urkundsperson des Jugendamts vor das Verwaltungsgericht** zu tragen. Soweit sich die Kammer für ein solches Ergebnis noch auf ein Urteil des LG Hamburg (16.4.1993 – 303 O 11/93, ZfJ 1994, 245) zur Frage der Amtshaftung einer Urkundsperson bei abgelehnter Beurkundung beruft, setzt sie sich bedauerlicherweise nicht auseinander mit der seinerzeit von *Brüggemann* an gleicher Stelle geäußerten überzeugenden Kritik an dieser Entscheidung. **237**

Jedenfalls erscheint es unbefriedigend, in derartigen Fällen die Ablehnung der Beurkundungstätigkeit als Verwaltungsakt aufzufassen und – nach Durchführung eines Widerspruchsverfahrens – das Verwaltungsgericht über diese im Wesentlichen dem Zivilrecht zuzuordnende Materie entscheiden zu lassen. Wenn über eine gleichartige Weigerung des Notars gem. **§ 15** Abs. 1 **Satz 1 und** Abs. 2 **BNotO** das Landgericht zu befinden hat, liegt eine **Analogie** vor allem zu dieser Vorschrift nahe. Dies kann nicht überzeugend mit den vom LG Wuppertal angeführten Einwänden in Abrede gestellt werden. **238**

Beschwerdegericht ist eine Zivilkammer des Landgerichts, in dessen Bezirk die Urkundsperson ihren Amtssitz hat. Für das Verfahren gelten die Vorschriften des FamFG (§ 15 Abs. 2 BNotO entsprechend). Zu näheren Einzelheiten des Verfahrens wird auf die Hinweise zur vergleichbaren Vorschrift in § 54 BeurkG verwiesen (dazu unten Rn. 241).

2. Gegen die Ablehnung der Vollstreckungsklausel und bezüglich bestimmter urkundstechnischer Amtshandlungen

239 Lehnt die Urkundsperson es ab, die **Vollstreckungsklausel** (§ 60 Satz 3 Nr. 1 SGB VIII) **zu erteilen,** so gibt § 54 BeurkG das besondere Rechtsmittel der Beschwerde. Diese ist eröffnet sowohl für den ursprünglichen Titelgläubiger als auch für den Rechtsnachfolger, der eine Umschreibung des Titels auf sich beantragt (Kammergericht Berlin 20.11.1973 – 1 W 125/73, NJW 1974, 910; MüKo/*Wolfsteiner*, § 797 ZPO Rn. 25). Für den Sonderfall, dass die Rechtsnachfolgeklausel abgelehnt wird, weil der Antragsteller den Nachweis der Rechtsnachfolge durch öffentliche oder öffentlich beglaubigte Urkunden nicht führen kann, steht diesem die **Klage auf Erteilung der Vollstreckungsklausel** gemäß § 731 ZPO zur Verfügung (dazu unten Rn. 618 ff.).

Die **Beschwerde ist auch gegeben bei der Ablehnung**

- der Erteilung einer einfachen Ausfertigung, einer beglaubigten oder einfachen Abschrift oder für die Verweigerung der Einsicht in die Urkundensammlung (§ 51 BeurkG);
- der Herausgabe einer Urschrift für den Gebrauch im Ausland (§ 45 BeurkG);
- der Ersetzung einer Urschrift (§ 46) sowie die Vornahme der Ersetzung einer Urschrift.

240 Zwar wird auch insoweit (vgl. oben Rn. 232) verbreitet unter Hinweis auf die Begründung des Regierungsentwurfs (BT-Drs. V/3282, 41) die Anwendbarkeit des § 54 BeurkG verneint, weil das Jugendamt eine **Behörde** sei und es für die Überprüfung seiner Entscheidungen im Urkundsverfahren an einer „ausdrücklichen Zuweisung" zur ordentlichen Gerichtsbarkeit im Sinne des § 40 Abs. 1 VwGO fehle (*Winkler*, § 54 BeurkG Rn. 1; *Weber*, DRiZ 1970, 49; ebenso *Lerch*, § 54 BeurkG Rn. 4, der allerdings eine entsprechende Anwendung befürwortet).

Jedoch kann in der **Verweisung in § 1** Abs. 2 **BeurkG auf § 54 BeurkG** durchaus eine Rechtswegzuweisung gesehen werden, die auch dann gilt, wenn eine Verwaltungsbehörde zuständig ist, etwa der Konsularbeamte, der Standesbeamte oder die Urkundsperson beim Jugendamt (Kammergericht Berlin, 20.11.1973 – 1 W 125/73, NJW 1974, 910; Grziwotz/Heinemann/*Heinemann*, § 54 BeurkG Rn. 4; Armbrüster/Preuß/Renner/*Preuß*, § 54 BeurkG Rn. 7; *Wolfsteiner*, Rn. 47.28 und MüKo/*Wolfsteiner*, § 797 ZPO Rn. 41; ebenso zu § 245 FamFG für den Rechtsbehelf des Gläubigers auch Zöller/*Geimer*, § 245 FamFG Rn. 7; *Rellermeyer*, Rpfleger 2005, 389 [400]). Da die entsprechende Urkundstätigkeit der Notare insoweit hinsichtlich des Rechtsmittelverfahrens der **freiwilligen Gerichtsbarkeit zugewiesen** wird, ist kein überzeugender Grund ersichtlich, dies für Urkundspersonen anders zu beurteilen (Armbrüster/Preuß/Renner/*Preuß*, § 54 BeurkG Rn. 7; Grziwotz/Heinemann/*Heinemann*, § 54 BeurkG Rn. 4). Schließlich spricht auch die **Sachnähe** möglicher Beschwerdegegenstände zum Zivilrecht für eine **Zuweisung an die ordentlichen Gerichte** (Kammergericht Berlin, 20.11.1973 – 1 W 125/73, NJW 1974, 910 Grziwotz/Heinemann/ *Heinemann*, § 54 BeurkG Rn. 4).

Über die Beschwerde entscheidet eine **Zivilkammer des Landgerichts**, in dessen Bezirk die Urkundsperson ihren Sitz hat (§ 54 Abs. 2 Satz 2 BeurkG). Beschwerdeberechtigt ist nur, wer in den Fällen der Amtsverweigerung die Vornahme einer Amtshandlung, etwa die Erteilung einer Vollstreckungsklausel, beantragt hatte, und hierdurch in eigenen Rechten verletzt ist (§ 59 Abs. 1 und 2 FamFG). Im Fall der Ersetzung einer Urschrift sind beschwerdeberechtigt der nach § 46 Abs. 3 BeurkG anzuhörende Schuldner bzw. die zu verständigenden Personen, sofern sie durch die Ersetzung in ihren Rechten gemäß § 59 Abs. 1 FamFG beeinträchtigt werden (Grziwotz/Heinemann/*Heinemann*, § 54 BeurkG Rn. 18).

241

Nach § 63 Abs. 1 FamFG ist die Beschwerde **binnen eines Monats** nach Bekanntgabe der Entscheidung zu erheben. Das gilt nach überwiegender Auffassung auch für die Beschwerde nach § 54 BeurkG (LG Bielefeld, 18.10.2010 – 23 T 676/10, BKR 2011, 333; Grziwotz/ Heinemann/*Heinemann*, § 54 BeurkG Rn. 20 m.w.N. zum Meinungsstand).

242

Trifft die Urkundsperson eine beschwerdefähige Endentscheidung, sind die Vorschriften über den **Beschluss** in §§ 38 ff. FamFG entsprechend anwendbar.

Lehnt die Urkundsperson die Vornahme einer Amtshandlung i.S.d § 54 Abs. 1 BeurkG ab oder nimmt sie eine Ersetzung nach § 46 BeurkG vor, muss sie daher diese Entscheidung den Beteiligten durch Erlass und Bekanntgabe eines entsprechenden Beschlusses mitteilen (vgl. § 46 Abs. 2 Satz 3 BeurkG). Der Beschluss muss nach Maßgabe des § 38 Abs. 2 und 3 FamFG enthalten (vgl. als Orientierungshilfe den ausführlichen Formulierungsvorschlag im *DIJuF-Rechtsgutachten* 22.6.2015, JAmt 2015, 303 = www.bundesanzeiger-verlag.de/beurkundungen IV Nr. 8):

- die Bezeichnung der Beteiligten, ihrer gesetzlichen Vertreter und Bevollmächtigten
- die Bezeichnung der Urkundsperson
- die Beschlussformel
- die Begründung und
- die Unterschrift.

Ferner ist der Beschluss mit einer **Rechtsbehelfsbelehrung** nach § 39 FamFG zu versehen. Diese muss „die Beschwerde" als statthaften Rechtsbehelf benennen und klarstellen, dass diese bei der Urkundsperson als Ausgangsinstanz einzulegen ist. Ferner muss sie die einzuhaltenden Form- und Fristbestimmungen in §§ 63, 64 FamFG zutreffend bezeichnen.

243

Obwohl eine förmliche Zustellung nicht vorgeschrieben ist, empfiehlt sich zur Feststellung des Laufs der Beschwerdefrist eine beweissichere Bekanntgabe des Beschlusses, zumindest durch eingeschriebenen Brief mit Rückschein oder durch förmliche Zustellung nach § 132 BGB.

244 Die Beschwerde ist gem. § 64 Abs. 1 FamFG fristgerecht **bei der Urkundsperson, nicht beim Landgericht** einzulegen (*Wolfsteiner*, Rn. 47.12; *Winkler*, § 54 BeurkG Rn. 14). Sie muss nach Abs. 2 der Vorschrift schriftlich oder zur Niederschrift der Urkundsperson erhoben werden und in jedem Fall eigenhändig und handschriftlich unterzeichnet werden. Zulässig ist die Einlegung mittels Telefax entsprechend § 130 Nr. 6 ZPO.

Hält die Urkundsperson die Beschwerde für begründet, kann sie ihr **abhelfen.**

Diese Abhilfeentscheidung sollte nicht nur durch Vornahme der begehrten Amtshandlung vollzogen werden. Vielmehr sollte die Urkundsperson eine wiederum beschwerdefähige Abhilfeentscheidung erlassen. Diese sollte mit Rechtsbehelfsbelehrung versehen sein, jedenfalls soweit ein anderer Beteiligter als Beschwerdeführer nach § 54 BeurkG in Betracht kommt (*Regler*, MittBayNot 2010, 261 [266]).

245 **Hilft die Urkundsperson nicht ab**, muss sie das durch begründeten Beschluss feststellen (*Wolfsteiner*, Rn. 47,14; *Winkler*, § 54 BeurkG Rn. 16; *Regler*, MittBayNot 2010, 261 [266 f.]; a. A. Grziwotz/Heinemann/*Heinemann*, § 54 BeurkG Rn. 27) und gemäß § 68 Abs. 1 Satz 1 FamFG das Rechtsmittel unverzüglich dem zutändigen Landgericht als Beschwerdegericht vorlegen

Am **weiteren Verfahren** ist die **Urkundsperson nicht beteiligt** (zum Notar: BVerfG, 7.2.2013 – 1 BvR 639/12, Rn. 9, NJW 2013, 1588; *Winkler*, BeurkG § 54 Rn. 11 und 16 m.w.N.; zu § 15 BNotO: BGH, 5.4.2001 – III ZB 48/00, Rn. 11, NJW 2001, 2181). Sie hat die Stellung einer Instanz und damit im Beschwerdeverfahren weder Anspruch auf rechtliches Gehör noch die Befugnis, Rechtsmittel gegen eine Anweisung des Landgerichts zur Vornahme der Amtshandlung einzulegen. Auch können ihr keine Kosten auferlegt werden (BVerfG, 7.2.2013 a.a.O; OLG Köln 10.5.1993 – 2 Wx 15/93, NJW-RR 1994, 756; vgl. auch OLG Frankfurt 25.11.1996 – 20 W 196/95 u.a., JurBüro 1997, 256, jeweils für den Notar).

Hält das Gericht die Beschwerde für begründet, so hat es einen etwa ergangenen **Beschluss der Urkundsperson aufzuheben** und die Sache zur Entscheidung an diese **zurückzuverweisen**, da es die beantragte Amtshandlung nicht selbst vornehmen kann (zum Notar: LG Krefeld, 17.1.2011 – 7 T 188/10, BKR 2011, 245 [246]; *Winkler*, BeurkG § 54 Rn. 24).

IX. Konkurrierende Urkundszuständigkeiten

246 Die Beurkundungsfunktion im Jugendamt steht in der Konkurrenz mit derjenigen **anderer Urkundsorgane**. Die Konkurrenz ist durch § 59 Abs. 1 Satz 2 SGB VIII ausdrücklich bestätigt. Ihre Dichte ist unterschiedlich.

Am umfassendsten ist sie beim **Notar**: In seiner Allzuständigkeit nach dem Beurkundungsgesetz kann er auf allen denjenigen Gebieten tätig werden, die die Ermächtigung nach §§ 59, 60 SGB VIII umfasst.

Dem Notar ist hierin gleichgestellt der **deutsche Konsularbeamte** im Ausland nach § 10 Abs. 2 des Konsulargesetzes vom 11. September 1974; auch er beurkundet in gleichem Umfang und mit gleicher Wirkung wie der Urkundsbeamte im Jugendamt. Vollstreckbare Ausfertigungen von Verpflichtungsverhandlungen kann er allerdings nicht erteilen, hierüber sowie zu einigen sonstige Besonderheiten vgl. Rn. 794 ff. sowie den Abdruck von § 10 KonsG im Anhang I.

Der **Standesbeamte** konkurriert wiederum nur für die Beurkundung in Statussachen (sämtliche Erklärungen im Zuge der Anerkennung der Vaterschaft und der Mutterschaft; § 44 PStG).

Das **Verfahrensgericht** (jeder Instanz) **im Abstammungsverfahren** konkurriert für Erklärungen im Zuge der Anerkennung der Vaterschaft; sie können zum Sitzungsprotokoll abgegeben werden (§ 180 FamFG; Rn. 650 f.). Im Verfahren um die **familiengerichtliche Übertragung der gemeinsamen Sorge** bei nicht miteinander verheirateten Eltern gem. § 1626a Abs. 1 Nr. 3 BGB können Sorgeerklärungen und Zustimmungen des gesetzlichen Vertreters eines beschränkt geschäftsfähigen Elternteils auch im Erörterungstermin zur Niederschrift des Gerichts erklärt werden (§ 155a Abs. 5 FamFG; unten Rn. 808).

Das Amtsgericht der freiwilligen Gerichtsbarkeit – in der Person des **Rechtspflegers**, § 3 Nr. 1 Buchst. f RPflG (dazu unten Rn. 795 ff.) – beurkundet die Anerkennung des „nichtehelichen" Kindes in dem gleichen Umfang wie das Verfahrensgericht (§ 67 Abs. 1 Nr. 1 BeurkG), darüber hinaus auch die Anerkennung der Mutterschaft (§ 44 Abs. 2 PStG). Daneben hat es die weitere Zuständigkeit zur Beurkundung von Zahlungsverpflichtungen auf den Kindesunterhalt und der Ansprüche nach § 1615l BGB (§ 67 Abs. 1 Nrn. 2, 3 BeurkG). Auch kann es für diese Ansprüche die Unterwerfung unter die sofortige Zwangsvollstreckung beurkunden (§ 794 Abs. 1 Nr. 5 ZPO). Hingegen ist es nicht zuständig für die der Urkundsperson des Jugendamts gestatteten Beurkundungen im **Adoptionsrecht** (§ 59 Abs. 1 Satz 1 Nrn. 5 bis 7 SGB VIII); diese Urkundsbefugnisse teilt die Urkundsperson des Jugendamts allein mit dem Notar und dem Konsularbeamten.

Soweit die Beurkundungen sich in Stufen vollziehen oder miteinander kombiniert werden können, sind die vorgenannten **Zuständigkeiten austauschbar.** Es könnte, um einen Extremfall zu bilden, die Vaterschaft vorgeburtlich vor dem Standesbeamten – einem beliebigen – anerkannt, das Anerkenntnis nach der Geburt wegen eines bei der Beurkundung unterlaufenen Formfehlers mit Erfolgsaussicht angefochten, im Verfahren jedoch die Vaterschaft erneut zur Sitzungsniederschrift anerkannt, daraufhin die Verpflichtung zur Unterhaltszahlung vor einem Notar abgegeben, theoretisch die Unterwerfung unter die sofortige Zwangsvollstreckung vor der Urkundsperson des Jugendamts erklärt werden. Die Urkundsperson des Jugendamts sollte sich in derartigen Fällen je die **Ausfertigung oder beglaubigte Abschrift der bei anderen Stellen vorausgegangenen Beurkundung(en) vorlegen lassen,** um eine geeignete Grundlage für ihren eigenen Beurkundungsvorgang zu haben. In dieser hätte sie dann auf die früheren Protokolle Bezug zu nehmen.

247

248 Entsprechendes gilt auch für den Fall, dass ein **anderes Jugendamt** als das bisher tätig gewordene mit der Beurkundung des nachfolgenden Vorgangs **befasst** wird (§ 87e SGB VIII), beispielsweise für die Zustimmung zur Vaterschaftsanerkennung nach § 1595 BGB. Der zugrunde liegende, bei dem früheren Jugendamt beurkundete Ausgangstatbestand sollte in der nunmehrigen Urkunde so genau wie möglich bezeichnet werden. Eine Ausfertigung oder eine beglaubigte Abschrift desselben wäre zu diesem Zwecke vorzulegen, es sei denn, die jetzige Beurkundung sei eilbedürftig wie z.B. zur Wahrung der Frist nach § 1597 Abs. 3 Satz 1 BGB.

249 Verzichten ließe sich auf die spezifizierte Verknüpfung mit einem vorausgegangenen Vorgang dann, wenn ein **Rechtsakt beurkundet** werden soll, **der aus sich heraus Bestand** hat. Das betrifft z.B. die isolierte Unterhaltsverpflichtung, die zwar eine festgestellte Vaterschaft zur Grundlage haben muss, aber ihres Nachweises nicht bedarf, um protokolliert werden zu können (Rn. 510), oder den Verzicht des Kindesvaters nach § 1747 Abs. 3 Nr. 3 BGB, der aus Anlass eines laufenden Adoptionsverfahrens abgegeben wird. Hier beschränkt sich die Bezugnahme im Protokoll auf die Angaben des Erschienenen unter Ergänzung durch etwa vorgelegte Urkunden.

250 Sind die vorausgegangenen **Urkundsakte von einer ausländischen Stelle** vorgenommen worden, so können sie nicht ohne weiteres einer Anschlussbeurkundung im Jugendamt zugrunde gelegt werden. Zu bejahen ist dies für Urkunden aus dem Bereich des **Übereinkommens über die Zuständigkeit der Behörden, vor denen nichteheliche Kinder anerkannt werden können, vom 14. September 1961** (Rn. 198). Nach Art. 4 desselben nehmen die Standesbeamten und die sonst nach dem Ortsrecht dafür zuständigen Behörden jedes Vertragsstaates eine Anerkennung der Vaterschaft in öffentlicher Urkunde mit gleicher Wirkung wie die zuständigen deutschen Stellen entgegen. Vertragsstaaten sind z.Zt. (2017) außer der Bundesrepublik Deutschland: Belgien, Frankreich, Griechenland, Italien, die Niederlande, die Schweiz, Spanien, Portugal und die Türkei. Auch solche in einem Vertragsstaat aufgenommenen Vaterschaftsanerkennungen können deshalb für die deutschen Urkundspersonen als Grundlage für weitere Beurkundungen (Zustimmung der Mutter, Unterhaltsverpflichtungen) in Betracht kommen. Nach Art. 5 des Übereinkommens bedürfen die betreffenden ausländischen Vaterschaftsanerkennungen **keiner Legalisation**. Doch wird die Urkundsperson, sofern sie nicht über hinreichende einschlägige Sprachkenntnisse verfügt, die Vorlage einer von einem vereidigten Übersetzer gefertigten **Übersetzung** verlangen dürfen; eine solche zu beschaffen ist nicht ihre Sache.

251 Sonst aber sind Beurkundungen ausländischer Stellen für eine Verwendung im Inland den inländischen gleichgestellt nur unter der Voraussetzung, dass sie als **den deutschen öffentlichen Urkunden gleichwertig** erachtet werden können. Das ist der Fall, wenn die ausländische Beurkundung vorgenommen hat

- eine dem deutschen Notar vergleichbare Urkundsperson, und zwar nach Vorbildung, Verantwortlichkeit – nicht zuletzt für den Urkundeninhalt, die Belehrung der Beteiligten- und standesrechtlicher Überwachung (völlig herrschende Meinung; statt vieler: MüKo/*Spellenberg*, Art. 11 EGBGB Rn. 87 ff.; s.a. BGH, 16.2.1981 – II ZB 8/80, BGHZ 80, 76; BGH, 17.12.2013 – II ZB 6/13, Rn. 14, BGHZ 199, 270).

oder

- ein ausländisches, behördliches Standesamt im Rahmen seiner Zuständigkeit.

252 Soweit es auf die Mitwirkung der ausländischen Urkundsperson bei der Niederlegung der Erklärung ankommt, indem die zu beurkundende Willenserklärung vom Erklärenden mündlich abgegeben und von der Urkundsperson inhaltlich aufgenommen wird, gilt insoweit: Hinsichtlich ihrer Vorbildung und Stellung im Rechtsleben, also in *persönlicher Hinsicht*, **entsprechen dem deutschen Notar** der österreichische, bestimmte englische Notare und grundsätzlich das lateinische Notariat des romanischen Rechtskreises, wohl auch der niederländische und der israelische Notar. In der **Schweiz** ist das Notariatswesen nicht bundeseinheitlich geregelt, so dass Ausbildung, Stellung und Funktion der Notare und ihres Verfahrens für jeden Kanton gesondert zu untersuchen sind. Hierfür kommt es nicht auf den konkreten Einzelfall an, sondern insbesondere auf die dortige gesetzliche Regelung. Die Gleichwertigkeit wurde bejaht für Basel-Stadt, Bern, Genf, Zürich, Zug und auch Luzern (zum Ganzen MüKo/*Spellenberg*, Art. 11 EGBGB Rn. 89 m.w.N.). Das gilt auch bezüglich der DDR für ihre ehemaligen Staatlichen Notariate.

Nicht dem deutschen Notar vergleichbar ist grundsätzlich der englische und amerikanische **notary public**. Seine Tätigkeit ist im Wesentlichen nur eine beglaubigende bzw. die eines „berufsmäßigen Zeugen." Er ist auch zumeist kein Jurist. Jedenfalls in den USA wird er für eine bestimmte Zeitdauer aus der Mitte der Bürger bestellt; rechtskundig vorgebildet auf gleichem Niveau wie in der Bundesrepublik braucht er nicht zu sein. Anders ist dies nur im im Staat Louisiana und in Puerto Rico, wo der notary public dem Notar des lateinischen Notariats nahe kommt (MüKo/*Spellenberg*, Art. 11 EGBGB Rn. 89).

253 Die (nicht seltenen) „Anerkennungen der Vaterschaft" vor einem solchen notary public sind zudem nicht in der Art einer Beurkundung abgefasst, d.h. einer Niederschrift über einen die Abgabe von Erklärungen umfassenden Hergang. Vielmehr sind sie der Sache nach nur eine **Beglaubigung der Unterschrift** des Anerkennenden unter Zuziehung und Mitunterschrift von Beglaubigungszeugen, so dass der gelegentlich eingewandte Hinweis auf die Zulänglichkeit der sog. Ortsform (Art. 11 EGBGB) nicht verfangen würde. Werden also Vaterschaftsanerkennungen solchen Ursprungs vorgelegt mit dem Ziel, eine Feststellung der Vaterschaft unter deutschem Recht herbeizuführen, könnte eine Beurkundung der Zustimmung der Mutter hierzu eine Feststellung der Vaterschaft im Inland nicht bewirken. Die Beurkundung der Anerkennung der Vaterschaft müsste dann beispielsweise durch ein deutsches Konsulat im Aufenthaltsland des Anerkennungswilligen wiederholt werden.

Allerdings kann die **Anknüpfung an das Heimatrecht des Vaters** (falls dieser US-amerikanischer Staatsbürger ist) bei Hinzutreten der Zustimmung der Mutter aus Art. 23 Satz 1 EGBGB eine Feststellung der Vaterschaft für ein deutsches Kind mit inländischer Wirkung begründen. Sofern das Recht des maßgeblichen Bundesstaates, nach dem sich die Anerkennung richtet, eine solche Erklärung vor einem „notary public" für ausreichend erklären würde – was allerdings im jeweiligen Einzelfall nachzuprüfen wäre, vgl. hierzu die Darstellungen bei *Bergmann/Ferid/ Henrich*, Internationales Ehe- und Kindschaftsrecht, USA –, wäre hierdurch die nach Art. 11 Abs. 1 EGBGB zu beachtende Form gewahrt.

B. Besonderer Teil

I. Erklärungen über die Anerkennung der Vaterschaft, § 59 Abs. 1 Satz 1 Nr. 1 SGB VIII

254 Zur Verdeutlichung der auf den ersten Blick verwirrenden Regelung der §§ 1594 – 1599 BGB sei die schematische Übersicht auf der gegenüberliegenden Seite vorangestellt. Eingerahmt dargestellt sind jeweils diejenigen Personengruppen, die die erforderlichen Erklärungen rechtsgültig abzugeben haben. Die Übersicht beantwortet zugleich die Frage nach der jeweils erforderlichen Geschäftsfähigkeit.

1. Beurkundung der Vaterschaftsanerkennung, §§ 1594, 1597 BGB

a) Rechtsnatur, Folgerungen

255 Anerkennung der Vaterschaft ist die Erklärung, „Vater des (mit Geburtsdatum, Geburtsort und Kindesmutter näher bezeichneten) Kindes zu sein". Sie ist **persönlich** zu erklären; Stellvertretung durch Bevollmächtigte ist ausgeschlossen (§ 1596 Abs. 4 BGB).

Der **Begriff „Anerkennung"** war bis zum In-Kraft-Treten des KindRG 1998 doppeldeutig, er wurde gleichermaßen für die Erklärung des anerkennenden Mannes als auch für den zusammengesetzten Vorgang der Statusverlautbarung (Anerkennung, Zustimmung etc.) verwendet. §§ 1594 ff. BGB verwenden den Begriff nunmehr einheitlich für die Anerkennung i.S. der Erklärung des Mannes (*Rauscher*, FPR 2002, 359 [360]).

Eine heute nur noch vereinzelt vertretene Ansicht (z.B. Palandt/*Brudermüller*, § 1594 BGB Rn. 4: „Doppelnatur") sieht in der Anerkennung der Vaterschaft gem. § 1592 Nr. 2, §§ 1594 ff., BGB (auch) eine Wissenserklärung, bezogen auf den Umstand des Geschlechtsverkehrs mit der Mutter des Kindes. Dies wird der Natur der Anerkennung nicht gerecht. Denn diese ist seit dem NEhelG 1969 auf die Verlautbarung einer Verwandtschaftsbeziehung gerichtet. Die heute h.M. sieht sie zutreffend als reine Willenserklärung (BayObLG, 17.7.2000 – 1Z BR 96/00, StAZ 2000, 369 = JAmt 2001, 253; MüKo/*Wellenhofer*, § 1594 BGB Rn. 4;

B.I. Anerkennung der Vaterschaft

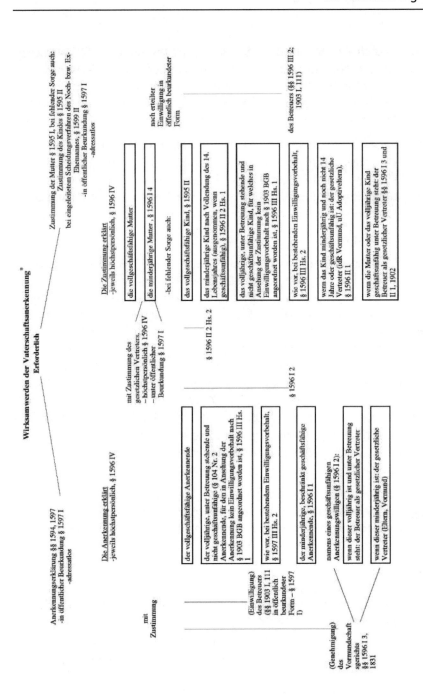

153

Staudinger/*Rauscher* § 1592 BGB Rn. 51). Inhalt der Erklärung ist die Vaterschaft des Erklärenden, deren biologisches Vorhandensein der Erklärende nicht kennt, auf deren Verlautbarung aber seine Erklärung gerichtet ist (*Rauscher* FPR 2002, 359 [360]). Im Übrigen wäre zumindest die Anerkennungserklärung des Nichtvaters (unten Rn. 298) nicht mehr als bloße Wissenserklärung zu deuten.

Die Kontroverse ist für den Auftrag der Urkundsperson ohne praktische Bedeutung. Vielmehr muss die Urkundsperson im Hinblick auf ihre Belehrungspflichten und die Erteilung der Vollstreckungsklausel zu einer vollstreckbaren Unterhaltsverpflichtung (unten Rn. 502 f.) einige andere, aus dem Wesen der Vaterschaftsanerkennung zu ziehende, Folgerungen kennen.

256 Ein wichtiger Punkt vorab:

Nach der bis zum In-Kraft-Treten des KindRRG am 1. Juli 1998 geltenden Fassung des § 1600c BGB war zur Wirksamkeit der Vaterschaftsanerkennung die Zustimmung des Kindes erforderlich. Nach dessen Tod konnte daher die Vaterschaft nicht freiwillig anerkannt werden; vielmehr kam in diesem Fall nur noch die gerichtliche Feststellung gemäß § 1600n Abs. 2 BGB a.F. in Betracht (vgl. Palandt/*Diederichsen*, 57. Aufl., § 1600a BGB Rn. 4; *Hepting/Gaaz* § 29 PStG Rn. 29). Seit der Neuregelung zum 1. Juli 1998 kann auch die **Vaterschaft zu einem verstorbenen Kind anerkannt** werden, weil bei dessen Minderjährigkeit grundsätzlich die Zustimmung der Mutter ausreicht (BayObLG, 17.7.2000 – 1Z BR 96/00, JAmt 2001, 253 = StAZ 2000, 369 und 17.7.2000 – 1Z BR 57/00, FamRZ 2001, 1543 jeweils mit näherer Begründung). Allerdings ist in diesem Fall eine Neubestimmung des Kindesnamens nach dem Vaternamen nicht mehr möglich (BayObLG, 17.7.2000 – 1Z BR 57/00 a.a.O.).

Hiervon zu unterscheiden ist die Anerkennung der Vaterschaft zu einer **Totgeburt,** die dem Geburtseintrag für das tot geborene Kind beizuschreiben ist. Diese Vaterschaftsanerkennung hat lediglich registerrechtliche Bedeutung und entfaltet keinerlei rechtliche Außenwirkung (AG Münster, 25.2.2003 – 22 III 7/01, StAZ 2003, 273).

257 Zunächst ist die **Erklärung „adressatlos".** Sie äußert, einmal zu Protokoll gegeben, ihre Wirkung aus sich heraus dahin, so dass sie im Regelfall nur noch der Zustimmung der Mutter bedarf, um die Vaterschaft festzustellen. Sie ist nicht im Sinne der Terminologie des BGB „einem anderen gegenüber" abzugeben mit der dann zwingenden Folge, dass sie nur wirksam wäre, wenn sie diesem auch zugeht („empfangsbedürftig", vgl. § 130 Abs. 1 Satz 1 BGB). Insbesondere wird die Anerkennung der Vaterschaft weder der Urkundsperson noch dem Kinde, noch der Kindesmutter noch dem Standesbeamten gegenüber erklärt.

"Gegenüber" der **Urkundsperson** nicht: Die Anerkennung wird „vor" ihr abgegeben und hat nicht sie zum Adressaten, sondern bedarf nur ihrer Mitwirkung am Zustandekommen der Erklärung. Denn existent wird jede beurkundete Erklärung erst mit dem Abschluss des Protokolls durch die Urkundsperson. Auch „gegenüber" der **Mutter** oder dem **Kind** wird die Anerkennung nicht erklärt, und dies selbst dann nicht, wenn die Mutter, das Kind bzw. sein gesetzlicher Vertreter bei der Vaterschaftsanerkennung zugegen sind (Anerkennung der Vaterschaft und Zustimmung der Mutter bzw. – in den Fällen des § 1595 Abs. 2 BGB – des Kindes werden im Rechtssinne nicht gegeneinander ausgetauscht).

Denn ob Mutter bzw. Kind anwesend ist oder nicht: Die Vaterschaftsanerkennung bedarf, um abgegeben zu sein, überhaupt nicht eines Zugangs bei der Mutter oder dem Kinde als Adressaten. Vielmehr gilt, dass sie **mit der Protokollierung** auch bei Abwesenheit der Mutter oder des Kindes **abgegeben** ist – und zwar endgültig abgegeben ist, sozusagen „steht": weder braucht der Mutter oder dem Kinde in diesem Falle eine Ausfertigung des Protokolls zuzugehen (was anderenfalls für einen Zugang im Rechtssinne unumgänglich wäre; vielmehr erhalten diese nach § 1597 Abs. 2 BGB nur eine beglaubigte Abschrift nachrichtlich zur Kenntnisnahme), noch wäre es auch sonst erforderlich, dass Mutter oder Kind im Nachhinein mit einem Zugang der Vaterschaftsanerkennung an dem Erklärungsvorgang beteiligt sind (sie können ihre Zustimmung im Voraus erklärt haben – unten Rn. 343; auch hier erhalten sie die beglaubigte Abschrift lediglich zur Kenntnisnahme nachrichtlich). **258**

Erst recht erhält der **Standesbeamte** die beglaubigte Abschrift der Vaterschaftsanerkennung nur zur Benachrichtigung, nicht als rechtsförmlicher Adressat. Bei der Anerkennung der Vaterschaft wäre ein solcher Zusatz eines „Adressaten" nicht nur verfehlt, sondern auch gefährlich, weil er als Bedingung des Wirksamwerdens der Erklärung (durch Zugang) aufgefasst werden könnte, was nach § 1594 Abs. 3 BGB deren Unwirksamkeit zur Folge hätte.

Weiterhin gilt: Weil die Anerkennung der Vaterschaft keine Adressaten hat, ist sie grundsätzlich auch nicht widerrufbar, im Gegensatz zur Widerrufbarkeit zugangsbedürftiger Willenserklärungen bis zu deren Zugang beim Empfänger (§ 130 Abs. 1 Satz 2 BGB). Die Erklärung der Anerkennung der Vaterschaft ist mit dem Abschluss der Niederschrift **unwiderruflich** geworden. Sie ist konstituierender Akt im stufenweisen Vollzug der außergerichtlichen Feststellung der Vaterschaft. Deren Unterschied zur gerichtlichen Feststellung besteht gerade darin, dass sie „zweiaktig" ist, sich aus Anerkennung der Vaterschaft und Zustimmung der Mutter, u.U. des Kindes, zusammensetzt. Die Anerkennung der Vaterschaft kann sich nur noch durch die Zustimmung der Mutter bzw. ggf. zusätzlich des Kindes vollenden. Bis dahin kann der Anerkennende nicht mehr zurück, es sei denn um den Preis eines Anfechtungsantrags nach den §§ 1600 ff. BGB, §§ 169 ff. FamFG, für den die ihn treffende Beweislast erheblich erschwert ist (§ 1600c Abs. 1 BGB). Sind allerdings **nach Ablauf eines Jahres** nach Beurkundung die notwendigen Zu- **259** stimmungen nicht erteilt, gibt § 1597 Abs. 3 BGB ein **Widerrufsrecht** (hierzu Rn. 290).

259a Die vorgenannten Grundsätze gelten auch für die **vorgeburtliche Anerkennung der Vaterschaft**. Zwar treten die vollen, statusmäßigen Rechtswirkungen der Anerkennung erst mit der (Lebend-)Geburt des Kindes ein (OLG München, 3.12.2009 – 31 Wx 129/09, JAmt 2010, 242 = FamRZ 2010, 743 m.w.N.). Das bedeutet aber nicht, dass die vor der Geburt erklärte Anerkennung allein deshalb in einem rechtsgeschäftlichen Sinn schwebend unwirksam wäre. Sie ist rechtsgeschäftlich wirksam und unterliegt auch schon vor der Geburt des Kindes der **besonderen Bindungs- und Bestandswirkung nach § 1598 Abs. 1 BGB,** d.h. sie kann grundsätzlich nicht mehr durch einseitigen Willensakt oder übereinstimmende Willenserklärungen des Anerkennenden und der Mutter des Kindes aus der Welt geschafft werden. Der **Widerruf ist nach Maßgabe des § 1597 Abs. 3 BGB ausgeschlossen**; dasselbe gilt für die Anfechtung wegen Irrtums nach § 119 ff. BGB (OLG München, 3.12.2009 – 31 Wx 129/09, Rn. 10, JAmt 2010, 242 = FamRZ 2010, 743 m.w.N.).

259b Die vorgeburtliche Anerkennung entfaltet auch schon **vielfältige Rechtswirkungen**, etwa in Bezug auf eine dadurch schon vor der Geburt mögliche gemeinsame Sorgeerklärung (§ 1626b Abs. 2 BGB) und die Fürsorge für die Leibesfrucht (§ 1912 Abs. 2 BGB) oder als Vorfrage für den pränatalen Unterhaltsanspruch der Mutter sowie Schwangerschafts-, Entbindungs- und ggf. Beerdigungskosten (vgl. § 1615l Abs. 1, § 1615m, § 1615n BGB), wobei ein Teil dieser Rechtswirkungen auch dann nicht entfällt, wenn das Kind nicht lebend geboren wird (OLG München, 3.12.2009 – 31 Wx 129/09, Rn. 10).

Diese Auffassung stimmt überein mit der bereits zuvor in einem *DIJuF-Rechtsgutachten* (3.4.2001, JAmt 2001, 585; zustimmend zitiert bei Staudinger/*Rauscher*, § 1597 BGB Rn. 23) vertretenen Auslegung. Soweit erkennbar gibt es nur eine ausdrückliche Gegenstimme in der Literatur (MüKo/*Wellenhofer*, § 1597 BGB Rn. 10: „Wirksamkeitserfordernis ist letztlich auch die Geburt des Kindes selbst, so dass eine pränatale Anerkennung bis zur Geburt widerrufen werden kann"), die sich aber nicht mit der vorgenannten Rechtsprechung auseinandersetzt und sich auch zu Unrecht in Fn. 25 auf das zitierte *DIJuF-Rechtsgutachten* beruft.

b) Der Normalfall. Die vorgeburtliche Anerkennung. Mehrlingsgeburten. Anerkennung volljähriger Kinder

260 Die Anerkennung der Vaterschaft ist **schon vor der Geburt des Kindes** möglich (§ 1594 Abs. 4 BGB). Sie kann aber frühestens mit der Geburt ihre volle Wirksamkeit entfalten (BGH, 24.8.2016 – XII ZB 351/15, Rn. 29, FamRZ 2016, 1849; jurisPK-BGB/*Nickel*, § 1594 BGB Rn. 23; MüKo/*Wellenhofer*, § 1594 BGB Rn. 41). Heiratet die Mutter nach der Anerkennung aber vor der Geburt einen anderen als den anerkennenden Mann, führt dies nach überwiegender Auffassung gemäß § 1592 Nr. 1 BGB zur Vaterschaft des Ehemanns (Gernhuber/Coester-Waltjen,

§ 52 I Rn. 5; MüKo/*Wellenhofer*, § 1594 BGB Rn. 42; Palandt/*Brudermüller*, § 1594 BGB Rn. 8; w.N. bei BGH, 24.8.2016 a.a.O.; a.A. *Lipp/Wagenitz* § 1594 BGB Rn. 8; *Muscheler*, Familienrecht Rn. 540).

Die Anerkennung kann allerdings **grundsätzlich nicht vor einer Zeugung** erklärt werden. (sog. „präkonzeptionelle Anerkennung"). Dem steht im Regelfall § 1594 Abs. 3 BGB entgegen, wonach die Erklärung nicht unter eine Bedingung gestellt werden darf. Insoweit läge aber die stillschweigende Bedingung vor, dass es zu einer Zeugung kommt (MüKo/*Wellenhofer*, § 1594 BGB Rn. 41 m.w.N.). Die Anerkennung muss daher, um Wirksamkeit zu erlangen, nach der Zeugung wiederholt werden.

Allerdings wird in der Literatur zu Recht befürwortet, für den Spezialfall der Zustimmung zu einer **heterologen Insemination** (Fremdsamenspende) die Anerkennung bereits vor der Zeugung zuzulassen (MüKo/*Wellenhofer*, a.a.O.; Erman/*Hammermann*, § 1594 BGB Rn. 14; *Spickhoff*, AcP 197 (1997), 398 [426]). In diesem Fall erscheint es wegen des engen sachlichen Zusammenhangs in der Tat sinnvoll, die Zustimmung zur Insemination und die Anerkennung der Vaterschaft zum selben Zeitpunkt zu erklären. Allerdings ist dies umstritten. Nach anderer Auffassung wird zwar ein gesetzgeberisches Bedürfnis für die Zulassung der präkonzeptionellen Anerkennung in solchen Fällen gesehen (vgl. *Zypries/Zeeb*, ZRP 2014, 54; PraxKoKindR/*Grün*, § 1594 BGB Rn. 18). Nach derzeitiger Rechtslage sei jedoch eine Anerkennung ohne Bezug auf eine bereits bestehende Schwangerschaft nicht zulässig, zumal sich gar nicht klären lasse, ob eine dann entstehende Schwangerschaft auf der artifiziellen Zeugung beruht (PraxKoKindR/*Grün*, a.a.O.; Staudinger/*Rauscher*, § 1594 BGB Rn. 50). Wird eine präkonzeptionelle Anerkennung der Vaterschaft von ärztlicher Seite zur Bedingung einer heterologen Insemination erhoben, sollte den Beteiligten dringend geraten werden, alsbald **nach der Geburt des so gezeugten Kindes die Anerkennung nochmals zu wiederholen**, um jeden diesbezüglichen rechtlichen Zweifel auszuschließen.

261

Dann ist aber folgerichtig, diesen Grundsatz auch dann anzunehmen, wenn ein Mann förmlich die Zustimmung zu einer **homologen** Insemination, also zur künstlichen Befruchtung der Frau mit seinem eigenen Samen, erklärt.

262

Praxistipp

▶ *Formulierungsvorschlag*

„Ich erkenne an, der Vater des bzw. der aus der Schwangerschaft der Frau ... durch eine von uns beantragte IVF-Behandlung gezeugten Kindes bzw. Kinder zu sein."

In einem Fall ist die Frage praktisch geworden, ob eine so formulierte Anerkennung – und eine entsprechende Sorgeerklärung! – nach der Geburt eines Kindes **auch für weitere auf gleichem Wege gezeugte Kinder desselben Paares** gelten. Die Auslegung des objektiven Erklärungsinhalts aus der Sicht eines verständigen Betrachters gem. §§ 133, 157 BGB ergibt: Diese Erklärungen sollen sich auf

263

das Kind bzw. die Kinder beziehen, die womöglich *aus der Schwangerschaft* hervorgehen, welche die Mutter und der Mann *seinerzeit mit einer künstlichen Befruchtung herbeizuführen hofften*. Nachdem hieraus ein Kind hervorgegangen war, waren Vaterschaftsanerkennung und Sorgeerklärung „verbraucht". Sollten die Eltern beabsichtigen, künftig nochmals ein Kind auf diesem Wege zu zeugen, bedürfte es einer erneuten Anerkennung und Sorgeerklärung.

264 Bei der Vaterschaftsanerkennung zu einem mit Einwilligung des Mannes und der Mutter durch künstliche Befruchtung gezeugten Kind besteht besonderer Anlass, darüber zu **belehren**, dass die Anfechtung der Vaterschaft durch den Mann – wie auch durch die Mutter – durch § 1600 Abs. 5 BGB ausgeschlossen ist. In diesem Fall ist **allein das Kind zur Vaterschaftsanfechtung berechtigt**. Solange es minderjährig ist, kann sein gesetzlicher Vertreter die Vaterschaft nur anfechten, wenn dies dem Wohl des Kindes dient (§ 1600a Abs. 4 BGB). Diese Voraussetzung dürfte aber wohl dann zu verneinen sein, wenn die Möglichkeit zur anschließenden Feststellung des wirklichen Erzeugers, des Samenspenders, infolge der Verschwiegenheit der an dem Vorgang beteiligten Ärzte bzw. medizinischen Einrichtungen praktisch aussichtslos erscheint (vgl. *Knittel*, JAmt 2002, 50 [52]; *Wanitzek*, FamRZ 2003, 730 [734], dort auch grundlegend zum Begriff und der Zulässigkeit der künstlichen Befruchtung).

265 Für den Normalfall geben die eingeführten Formulare den Gang der Beurkundung und die an sie im Einzelnen zu stellenden Anforderungen dem Gesetz entsprechend wieder. Die Variante der **vorgeburtlichen Anerkennung** (§ 1594 Abs. 4 BGB) berücksichtigen sie im Allgemeinen nicht. Hier wird die Möglichkeit von **Mehrlingsgeburten** nicht außer Betracht gelassen werden dürfen. *Kurtze* (S. 11) ist der Meinung, dass die Anerkennungserklärung sich nur auf *ein* (erwartetes) Kind beziehen könne, und dass bei einer Mehrlingsgeburt deshalb die Anerkennung wiederholt werden müsse. Doch hat sich diese Ansicht nicht durchgesetzt; das übrige Schrifttum (Staudinger/*Rauscher*, Rn. 49; MüKo/*Wellenhofer*, Rn. 41; Bamberger/Roth/*Hahn*, Rn. 8; Erman/*Hammermann*, Rn. 12, je zu § 1594 BGB m.w.N.) nimmt übereinstimmend an, dass die vorgeburtliche Anerkennung, wenn es zu einer Mehrlingsgeburt gekommen sei, sich auf *alle geborenen* Kinder erstrecke.

Praxistipp

- *Zu empfehlen ist aber vorsorglich eine Fassung, die die Anerkennung „des oder der aus der gegenwärtigen Schwangerschaft der Frau … zu erwartenden Kindes (Kinder) …"*
  zum Gegenstand der Erklärung macht.
- *Nach der Geburt ist von Amts wegen ein Zusatzvermerk zur Urschrift zu setzen, betreffend den (oder die) Vornamen und Familiennamen des Kindes (der Kinder), der dann in die Formel einer etwaigen späteren Ausfertigung zu übernehmen wäre.*

Die Anerkennung **lebender Mehrlingsgeburten** in ein und derselben Urkunde zu erklären, ist unbedenklich. Auch eine damit verbundene vollstreckbare Unterhaltsverpflichtung kann zugunsten der Mehrlingskinder in dieser Urkunde sammelweise übernommen werden (freilich nur so, dass die einzelnen Unterhaltsansprüche getrennt ausgeworfen und nicht etwa in einer Summe zusammengefasst werden); die vollstreckbaren Ausfertigungen werden daraufhin je für das einzelne Kind aus dem ihm geltenden Teil der Verpflichtungsurkunde erteilt. **266**

Auch das **volljährig gewordene Kind** kann anerkannt werden. Für diese Beurkundung ist die Urkundsperson beim Jugendamt unverändert zuständig. **267**

§ 59 Abs. 1 Satz 1 Nr. 1 SGB VIII enthält für die Anerkennung der Vaterschaft keinen auf das Kind bezüglichen Alterszusatz, so dass eine Beschränkung auf das minderjährige Kind (anders aber für dessen etwa erforderliche Zustimmung, vgl. Rn. 351) hier nicht besteht. Zwar könnte man daran denken, eine Altersgrenze des Kindes, zu dem die Vaterschaft anerkannt werden soll, bei **27 Jahren** zu ziehen. Denn die Beurkundung im Jugendamt ist eine „andere Aufgabe" im Sinne von § 2 Abs. 3 Nr. 12 SGB VIII, die „zugunsten junger Menschen und Familien" erbracht wird (§ 2 Abs. 1 SGB VIII). Als **„junger Mensch"** im Sinne des Gesetzes gilt, wer noch nicht 27 Jahre alt ist (§ 7 Abs. 1 Nr. 4 SGB VIII). Die Beurkundung einer Anerkennung der Vaterschaft zu einem Abkömmling jenseits dieser Altersgrenze käme somit nicht mehr einem „jungen Menschen" zugute.

Man könnte sie aber auch als Aufgabenerfüllung **„zugunsten von Familien"** verstehen, weil auf diese Weise eine familiale rechtliche Bindung zwischen Vater und volljährigem Kind – wenigstens im ersten Teilschritt – geschaffen wird. Gleichwohl erscheint es ungewöhnlich, wenn in seltenen Ausnahmefällen ein Mann die Vaterschaft etwa zu einem 35-jährigen „Kind" vor dem Jugendamt beurkunden lassen möchte. Im Hinblick darauf, dass die Zustimmungserklärung ohnehin nur vor dem Standesbeamten bzw. Notar protokolliert werden könnte, sollte auch der Vater dorthin verwiesen werden, um die Anerkennung außerhalb jedes Zweifels zu stellen (veröffentlichte Rechtsprechung hierzu ist allerdings nicht bekannt). Besteht der Mann jedoch auf der Beurkundung vor dem Jugendamt, ist dem nach entsprechender Belehrung nachzukommen und die Entscheidung über die Wirksamkeit des Beurkundungsaktes dem zuständigen Standesamt bei der Beischreibung der Vaterschaft zu überlassen**.**

Im Einzelfall kann die **Bezeichnung des Kindes** problematisch sein, wenn die Eltern wünschen, nach Vaterschaftsanerkennung und Sorgeerklärung dem Kind den **Namen des Vaters** zu erteilen und das Kind bereits **unter diesem Namen bei der Geburt registrieren** zu lassen. Dieser Wunsch ist häufig ideell begründet. Er hat aber zuweilen auch einen konkreten finanziellen Hintergrund, seit mit der ersten Stufe der Föderalismus-Reform im Jahr 2006 das Recht, Gebühren für personenstandsrechtliche Vorgänge festzusetzen, auf die Länder überging und diese in unterschiedlichem Umfang hiervon Gebrauch gemacht haben. So ist z.B. in Nordrhein-Westfalen einschlägig die „Allgemeine Verwaltungsgebührenordnung – AVerwGebO NRW" (https://recht.nrw.de/lmi/owa/pl_text_anzeigen?v_id= **268**

5820031106093134318). Sie sieht unter Tarifstelle Nr. 5b.3.1 einen **Gebührentatbestand** vor für die „Beurkundung oder Beglaubigung einer Erklärung, Einwilligung oder Zustimmung zur **Namensführung** auf Grund familienrechtlicher Vorschriften." Die zugeordnete Gebühr beträgt 21 EUR.

Erscheinen die Eltern vorab vor der Urkundsperson beim Jugendamt, wäre es jedenfalls **unzulässig**, nach deren Wunsch bereits den **Namen des Vaters** in Vaterschaftsanerkennung und Sorgeerklärung einzutragen. Denn vor der Namensbestimmung gegenüber dem Standesamt durch nicht miteinander verheiratete Eltern gemäß § 1617 Abs. 1 Satz 1 BGB führt das Kind den Namen der Mutter **(§ 1617a Abs. 1 BGB)**. Die beabsichtigte spätere Namensbestimmung durch die Eltern kann von der Urkundsperson beim Jugendamt nicht bereits bei der rechtlichen Zuordnung der Vaterschaft und der Begründung der gemeinsamen Sorge vorweggenommen werden.

Anders ist dies beim **Vornamen:** Die Vornamensgebung gehört zum Kreis der Rechte und Pflichten, die aus dem Sorgerecht für das Kind fließen (Staudinger/*Hilbig-Lugani,* § 1616 BGB Rn. 22 m.w.N.). Die Vornamenserteilung ist dem Standesamt mit der Geburt des Kindes anzuzeigen, spätestens aber während des auf die Beurkundung der Geburt folgenden Monats (§§ 18, 22 PStG). Die Anzeige des Namens an das Standesamt (§ 21 Abs. 1 Nr. 1 PStG) bedeutet nicht den Zugang einer rechtsgestaltenden Willenserklärung i.S.v. § 130 BGB, sondern ist – wie die nachfolgende Eintragung ins Geburtenregister – rein deklaratorisch (BayObLG, 14.6.1999 –1Z BR 77/99 StAZ 1999, 331 [332]; OLG Hamm, 7.12.2011 – I-15 W 585/10, Rn. 8 StAZ 2012, 206). Die Entscheidung des allein Sorgeberechtigten bzw. die Einigung der Eltern bei gemeinsamer Sorge ist nicht nur die maßgebende, sondern auch die unverzichtbare **materiell-rechtliche Basis einer wirksamen Vornamenserteilung;** auch ein eingetragener Name ist ohne die erforderliche Einigung, etwa nur auf die Anzeige eines Elternteils hin „nicht erteilt", das Kind nicht Namensträger geworden (Staudinger/ *Hilbig-Lugani,* § 1616 BGB Rn. 23).

Wenn deshalb die – vor Anmeldung der Geburt – gemeinsam zur Anerkennung der Vaterschaft samt Zustimmung erschienenen Eltern der Urkundsperson beim Jugendamt erklären, das Kind solle aufgrund ihrer gemeinsamen Vorstellungen – zumindest aber nach der Entscheidung der vor der Aufnahme von Sorgeerklärungen noch allein hierzu befugten Mutter mit dem beispielhaft genannten Familiennamen „Gruber" – etwa den Vornamen „Sofia" tragen, bestehen keine Bedenken, bei der Niederschrift vor der Urkundsperson das Kind mit dem Namen „Sofia Gruber" zu bezeichnen. Es ist also keineswegs erforderlich – wie teilweise gehandhabt – umständlich zu formulieren, anerkannt werde „die Vaterschaft zu dem am ... geborenen Kind ... der Frau ..." (vgl. aber Rn. 159 für den Fall, dass der Vorname des Kindes noch nicht feststeht).

269 Allerdings bedeutet das nicht, dass die Eltern durch die entsprechende Vorabbeurkundung unter dem zunächst geführten Geburtsnamen des Kindes benachteiligt würden, nämlich durch den vermeintlichen Zwang, das Kind auch zunächst unter

B.I. Anerkennung der Vaterschaft

diesem Namen beim Standesamt registrieren zu lassen und sodann im Anschluss eine womöglich gebührenpflichtige Namensänderung vornehmen zu lassen.

Das Gesetz geht offensichtlich davon aus, dass gemeinsam sorgeberechtigte Eltern, die keinen Ehenamen führen, die ihnen in § 1617 Abs. 1 Satz 1 BGB eingeräumte Befugnis zur Bestimmung des Kindesnamens mit der Anmeldung der Geburt ausüben können und darin **keine** (ggf. gebührenpflichtige) **Namensänderung** liegt. BeckOK/*Enders* – Stand 1.2.2017 –, § 1617 BGB Rn. 11 bemerkt hierzu: „Die Bestimmung des Nachnamens durch Erklärung erfolgt gegenüber dem Standesamt (Abs. 1 S. 2). Zuständig zur Entgegennahme der Erklärungen ist das Standesamt, das die Geburt des Kindes beurkundet hat (§ 45 Abs. 2 S. 1 PStG). Die **Eintragung in das Geburtenregister selbst hat nur deklaratorische Bedeutung.** Eine gemeinsame Erklärung muss nicht abgegeben werden, es genügt, dass dem Standesamt zwei inhaltlich kongruente Erklärungen vorliegen (FamRefK/*Wax* Rn. 5). Rn. 11.1. Die Erklärung ist grds formlos möglich. Eine öffentliche Beglaubigung ist nur erforderlich, wenn die Eltern den Namen des Kindes erst nach der Beurkundung der Geburt bestimmen (§ 1617 Abs. 1 S. 2)."

Und in Rn. 2 a.a.O. wird hierzu ergänzend ausgeführt: „Wird die gemeinsame Sorge erst nach der Geburt begründet, die Erklärung zur Namenserteilung aber noch vor der Erstbeurkundung abgegeben, kann aus Vereinfachungsgründen unmittelbar der erteilte Name eingetragen werden (OLG Frankfurt, FGPrax 2005, 122, 123 f.: **registerrechtliche Unschärfe**), § 1616 Rn. 17."

270 In der zitierten Entscheidung des **OLG Frankfurt** (4.2.2005 – 20 W 274/04) wird insoweit bemerkt: „Zwar sieht § 31 a Abs. 2 Satz 2 2. Halbsatz PStG vor, dass es der Eintragung eines Randvermerkes über die Änderung des Geburtsnamens nicht bedarf, wenn die Erklärung der Eltern zur Bestimmung des Geburtsnamens des Kindes noch vor der Beurkundung der Geburt des Kindes abgegeben worden ist. Des Weiteren bestimmt § 265 Abs. 4 Satz 4 der Dienstanweisung für den Standesbeamten, dass in das Geburtenbuch nur der geänderte Name des Kindes einzutragen ist, wenn die gemeinsame Sorge der Eltern zwar nach der Geburt des Kindes begründet wird und diese aber noch vor der Beurkundung der Geburt einen Geburtsnamen bestimmen. In diesem Fall wird eine „registerrechtliche Unschärfe" in Kauf genommen, damit **das Kind im Geburtenbuch sogleich mit dem endgültig vorgesehenen Namen** erscheinen kann (vgl. Hepting/Gaaz, PStG, § 21 Rn. 85; MüKo/von *Sachsen-Gessaphe*, a.a.O., § 1617 Rn. 12). Dies führt jedoch nicht zu einer unmittelbaren Anwendung des § 1617 Abs. 1 BGB auf diese Fälle (so wohl: Hepting/Gaaz, a.a.O.), sondern gestattet aus Gründen der Vereinfachung nur die unmittelbare Beurkundung eines Namens, den das Kind so zum Zeitpunkt seiner Geburt noch nicht erworben hatte. Denn es wird hier lediglich **aus Vereinfachungsgründen** darauf verzichtet, den von dem Kind mit der Geburt erworbenen, zum Zeitpunkt der Beurkundung der Geburt jedoch bereits wieder geänderten Namen in das Geburtenbuch einzutragen."

271 Folgt man der Auffassung des OLG Frankfurt a.a.O. und der zitierten Kommentarliteratur, können und müssen zwar Vaterschaftsanerkennung und Sorgeerklärungen vor der Urkundsperson **mit dem Namen** aufgenommen werden, den das **Kind zur Zeit der Geburt führt**, also regelmäßig dem Namen der Mutter (§ 1617a Abs. 1 BGB). Anschließend wird die Anmeldung der Geburt beim Standesamt mit dem – von den inzwischen gemeinsam sorgeberechtigten Eltern – **endgültig gewünschten Kindesnamen** (z.B. nach dem Namen des Vaters „Hansen") vorgenommen, was nach den zitierten Fundstellen registerrechtlich unproblematisch ist.

Das mag zwar eine etwas lockere Betrachtung sein, die sich über die strikte formale Logik der einzelnen Schritte des Ablaufs hinwegsetzt. Wenn dies aber auf der Standesamtsseite so gehandhabt werden kann, besteht für das – bezüglich der vorangegangenen Beurkundungen jeweils zuständige – Jugendamt kein Anlass, dieses Vorgehen in Zweifel zu ziehen.

Nur zur Klarstellung sei bemerkt: Die Erklärungen der nach der Geburt gemeinsam sorgeberechtigt gewordenen Eltern **bestimmen den Kindesnamen neu mit Rückwirkung bis zur Geburt** (Staudinger/*Hilbig-Lugani*, § 1617 BGB Rn. 35). Das Kind muss also nicht etwa den Namen „Sofia Hansen, geb. Gruber" tragen, sondern heißt fortan „Sofia Hansen".

272 Allerdings sollten die Eltern die spätere Anmeldung der Geburt und damit die endgültige Namenserteilung, die auch in der Geburtsurkunde ausgewiesen wird, **der Urkundsperson** beim Jugendamt **mitteilen** und belegen. Diese kann anschließend einen Nachtragsvermerk erstellen, welcher sinngemäß lautet: Durch nachträgliche Vorlage der Geburtsurkunde stehe nunmehr zur Überzeugung der Urkundsperson fest, dass das Kind den Geburtsnamen ... führe (vgl oben Rn. 102 ff.). Die Erklärungen zur Vaterschaftsanerkennung und Zustimmung sowie die Sorgeerklärungen werden sodann erneut ausgefertigt mit dem Bemerken, dass der Name des Kindes nachträglich in ... geändert worden sei. Die entsprechenden beglaubigten Abschriften bzw. Ausfertigungen werden den Eltern sowie, bezüglich der Vaterschaftsanerkennung und Zustimmung, dem Standesamt übermittelt. Hinsichtlich der Sorgeerklärungen darf nicht vergessen werden, auch das Sorgeregister entsprechend zu benachrichtigen.

Trotz eindringlicher Belehrung durch die Urkundsperson wird es freilich immer ein Teil der betroffenen Eltern aus **Nachlässigkeit** unterlassen, die später dokumentierte endgültige Namensbestimmung dem Jugendamt mitzuteilen. Dann entsteht ein Problem, wenn später die Eltern im Rechtsverkehr ihre gemeinsame Sorge für das Kind mit dem endgültig bestimmten Namen durch Sorgeerklärungen nachweisen wollen, die noch den ursprünglichen Geburtsnamen des Kindes enthalten. Das ist aber nicht ein Problem der Urkundsperson.

273 Haben die Eltern **noch keine gemeinsame Sorge beurkundet**, könnte ihrem Wunsch nach Eintragung des Kindes mit dem von ihnen gewünschten Geburtsnamen durch das Standesamt noch auf andere Weise entsprochen werden: Wird die Anerkennung der Vaterschaft und die Zustimmungserklärung der Mutter gem. § 29a Abs. 1 PStG von dem Standesbeamten beurkundet, *kann dieser in demselben Beurkundungstermin auch* Namenserklärungen nach § 31a PStG aufnehmen.

Hierbei könnte er zwar nicht eine Namensbestimmung nach § 1617 Abs. 1 BGB beurkunden oder beglaubigen, weil dies die gemeinsame Sorge voraussetzt, welche nicht miteinander verheiratete Eltern wiederum durch eine vor dem Jugendamt zu beurkundende Sorgeerklärung erlangen können. Jedoch kann die allein sorgeberechtigte **Mutter gem. § 1617a** Abs. 2 **BGB** dem Kind durch Erklärung gegenüber dem Standesbeamten **den Namen des Vaters erteilen**, wenn dieser einwilligt. Nun setzen zwar die entsprechenden Erklärungen eine logische Abfolge voraus, wonach die Anerkennung der Vaterschaft der Einwilligung in die Namenserteilung vorangehen muss. Jedoch wäre es ein überaus formalistischer Standpunkt, dass bei zeitlich unmittelbar aufeinander folgenden Erklärungen *innerhalb eines Beurkundungstermins* die Anerkennung der Vaterschaft zunächst den Namen der Mutter als Geburtsnamen des Kindes ausweisen müsse, wenn gleich danach das Kind durch Erklärung der Mutter mit Zustimmung des „frisch gebackenen" Vaters dessen Namen erhält. Wenn man bei gemeinsamer Sorge „beide Augen zudrückt" und die Namensbestimmung mit der Anmeldung zusammenfallen lässt (s. oben Rn. 269 ff.), gibt es keinen wirklich zwingenden Grund, im Fall der Alleinsorge der Mutter stattdessen einen sehr strikt-formalen Maßstab anzulegen. Eine etwaige Behauptung eines Standesamts, dass in diesem Fall erst angemeldet werden müsse und die – regelmäßig nur im Minutenabstand – danach vorgenommene Namensbestimmung durch die Eltern nach § 1617a Abs. 2 BGB ein gebührenpflichtiger Änderungstatbestand sei, könnte nicht wirklich überzeugen.

Selbst wenn ein Standesbeamter dies entgegen praktischer Vernunft anders sehen sollte, kann jedenfalls in einem dritten Schritt die Geburt des Kindes bereits mit dem Namen des Vaters als Geburtsnamen beurkundet werden. Wenn dieses Ergebnis erreicht wird, dürfte es den Eltern gleichgültig sein, ob die Namensbestimmung auf der Rechtsgrundlage des § 1617 Abs. 1 oder § 1617a Abs. 2 BGB getroffen wurde (soweit nicht im jeweiligen Einzelfall hierdurch eine Gebührenpflicht ausgelöst wird). **274**

Anschließend können die Eltern **beim Jugendamt Sorgeerklärungen unter Bezeichnung des Kindes mit seinem endgültigen und tatsächlich gewünschten Namen** beurkunden lassen. Dieses Vorgehen erscheint einfach und rechtlich praktikabel. Die Eltern müssen ohnehin zwei Beurkundungstermine – nämlich einen beim Jugendamt für die Sorgeerklärung und einen beim Standesamt für die Beurkundung der Geburt und die Namensbestimmung – wahrnehmen.

Vor diesem Hintergrund ist zu bemerken: In der Praxis entstehen immer wieder **Meinungsverschiedenheiten zwischen örtlichen Standesämtern und Jugendämtern,** ob – noch nicht ab Geburt bereits gemeinsam sorgeberechtigte – Eltern mit dem Wunsch, dem Kind den Namen des Vaters zu erteilen, zunächst die Urkundsperson beim Jugendamt aufsuchen müssen, um Sorgeerklärungen aufnehmen zu lassen. Aus den zuletzt unter Rn. 273 f. dargelegten Gründen ist dies nicht zwingend der Fall. Wenn wie dort beschrieben verfahren wird, kann die Geburt des Kindes sogleich mit dem endgültig gewünschten Namen angemeldet werden, ohne dass zuvor die gemeinsame Sorge begründet werden muss. Da- **274a** durch fallen einerseits **keine zusätzlichen Gebühren** für die Namenserteilung beim Standesamt an; anderseits wird der Urkundsperson beim Jugendamt die Umständlichkeit erspart, die bereits aufgenommenen Niederschriften später mit Bekanntwerden der endgültigen Geburtsanmeldung des Kindes im Wege des **Nachtragsvermerks** zu berichtigen.

Bei derartigen Kontroversen sollten Jugendämter in **Absprache mit den örtlichen Standesämtern** versuchen, dass den betroffenen Eltern eine einheitliche Information hierüber erteilt wird, damit nicht Standesamt und Jugendamt insoweit unterschiedliche Auskünfte geben. Wenn die Eltern darüber orientiert sind, dass die Beurkundung der Anerkennung der Vaterschaft mit anschließend möglicher Namenserteilung im gewünschten Sinne beim Standesamt kostenneutral möglich ist, werden sie im Allgemeinen bereit sein, diesen Weg zu gehen. Die anschließende Aufnahme von Sorgeerklärungen vor dem Jugendamt erfordert zwar einen weiteren Termin. Ein solcher bliebe den Eltern aber auch dann nicht erspart, wenn sie zunächst das Jugendamt aufsuchen.

Falls Eltern trotz entsprechender Information aber in wenig vernunftgemäßer Weise darauf bestehen sollten, zuerst die Vaterschaftsanerkennung beim Jugendamt mit darauf folgender Sorgeerklärung aufnehmen zu lassen, können sie nicht abgewiesen werden. Das Gesetz sieht insoweit **keine zwingende Reihenfolge der Beurkundungstermine** vor. Es ist aber zu hoffen, dass im Sinne einer Richtschnur nach entsprechendem Meinungsaustausch auch das jeweilige Standesamt dahingehend überzeugt werden kann, dass das empfohlene Vorgehen zulässig und für alle Beteiligten die einfachste Lösung ist.

c) Bedingungsfeindlich. Die Anerkennung während eines Verfahrens zur Vaterschaftsanfechtung. Qualifizierte Anerkennung gemäß § 1599 Abs. 2 BGB

275 Die Anerkennung der Vaterschaft kann **nicht unter einer Bedingung oder Zeitbestimmung** erklärt werden (§ 1594 Abs. 3 BGB). So darf etwa eine Anerkennung nicht dahingehend eingeschränkt werden, sie solle erst ab einem bestimmten Alter des Kindes gelten, und auch nicht mit dem Vorbehalt versehen werden, sie solle nur wirksam werden, wenn ein noch einzuholendes Abstammungsgutachten die Vaterschaft bestätigt (NK/*Gutzeit,* § 1594 BGB Rn. 12).

Keine Bedingung im Rechtssinne ist es, wenn der Erzeuger des Kindes seine Vaterschaft anerkennen will, **während noch ein Verfahren um die Anfechtung der bisherigen Vaterschaft anhängt,** und er hierbei z.B. wörtlich oder sinngemäß den Vorbehalt macht „für den Fall, dass die bisher bestehende Vaterschaft erfolgreich angefochten wird". Der BGH (17.12.1986 – IVb ZB 79/86, BGHZ 99, 236 = DAVorm 1987, 260) hat zum früheren Recht einen derartigen Vorbehalt ausdrücklich zugelassen. Allerdings kann dann die Vaterschaft am Rande des Geburtseintrags erst vermerkt werden, wenn dem Anfechtungsantrag gegen die zuvor existierende Vaterschaft rechtskräftig stattgegeben wurde.

276 Hiermit hatte die Rechtsprechung zugleich eine weitere Klippe der **Unwirksamkeit im früheren Recht** umsteuert: Denn war zu einem nichtehelichen Kind die

Vaterschaft anerkannt oder rechtskräftig festgestellt worden, blieb eine weitere Anerkennung unwirksam, d.h. unheilbar nichtig (vgl. § 1600b Abs. 3 BGB a.F.). Die Regelung bezog sich zwar nach ihrem Wortlaut nicht ausdrücklich auf scheineheliche Kinder. Jedoch konnte insoweit nichts anderes gelten, zumal § 1593 BGB a.F. „die Geltendmachung der Nichtehelichkeit" eines ehelich geborenen Kindes nur nach rechtskräftiger erfolgreicher Anfechtung der Ehelichkeit zuließ.

Der BGH ließ aber eine unter der **Rechtsbedingung einer künftigen erfolgreichen Anfechtung** der Ehelichkeit erklärte Anerkennung zu mit zwei Konsequenzen: Zum einen verstieß diese Anerkennung nicht gegen den Grundsatz des § 1600b Abs. 1 BGB a.F., wonach unter einer Bedingung erklärte Anfechtungen unwirksam waren. Denn es handelte sich insoweit nicht um eine echte Bedingung, sondern eben um eine Rechtsbedingung. Zum anderen konnten derartige Anerkennungen folgerichtig nicht allein deshalb als unwirksam behandelt werden, weil bereits die Vaterschaft eines anderen Mannes bestand. Um aber den zuvor dargelegten Grundsatz nicht völlig aufzugeben, wurde zusätzlich verlangt, dass die **Anfechtung bereits** in nach außen erkennbarer Weise von einem hierzu Berechtigten **in Gang gesetzt** worden war, und sei es auch nur durch Antrag auf Bestellung eines Ergänzungspflegers für das Kind (BGH, 17.12.1986 a.a.O.; vgl. auch Kammergericht Berlin, 28.3.1977 – 3 W 3946/71, DAVorm 1977, 606). Ohne diese Voraussetzung blieb eine Anerkennung der Vaterschaft für das Kind sozusagen im Voraus, für den Fall, dass (irgendwann einmal) die bisher bestehende Vaterschaft erfolgreich angefochten werden sollte, unwirksam und die Beurkundung deshalb unzulässig (Soergel/*Gaul,* 12. Aufl. § 1600b a.F. BGB Rn. 6; LG Dortmund, 31.8.1989 – 17 S 99/89, NJW-RR 1990, 12). **277**

Diese Grundsätze können nicht mehr für das seit 1. Juli 1998 geltende Recht herangezogen werden: Der Gesetzgeber hat die Regelung des § 1600b Abs. 3 BGB a.F. nunmehr erweiternd auf alle „Vaterschaften" ausgedehnt, jedoch mit einer nur kleinen und gleichwohl nicht unwesentlichen Änderung. Statt „unwirksam" soll die Anerkennung nunmehr „nicht wirksam" sein, „solange die Vaterschaft eines anderen Mannes besteht" (§ 1594 Abs. 2 BGB nF). Hieraus wird gefolgert, dass der Gesetzgeber derartige Anerkennungen nicht für nichtig, sondern für **schwebend unwirksam** hält (so z.B. *Lipp/Wagenitz* § 1594 BGB Rn. 6 unter Hinweis auf BT-Drs. 13/4899, 84 re. Sp.; Erman/*Hammermann,* Rn. 3; Palandt/*Brudermüller, Rn. 6;* Staudinger/*Rauscher,* Rn. 35, je zu § 1594 BGB; *Gaul,* FamRZ 1997, 1441 [1449]). **278**

Das erscheint auch deshalb konsequent, weil sog. „qualifizierte" oder „scheidungsakzessorische" Anerkennungserklärungen, welche unter den Voraussetzungen des § 1599 Abs. 2 BGB vor Rechtskraft der Scheidung abgegeben werden, schon der Natur der Sache nach nicht nichtig sein können und es nicht sinnvoll ist, insoweit sonstige Anerkennungserklärungen unterschiedlich zu behandeln. **279**

Denn eine Änderung der Vaterschaftszuordnung durch bloße **Anerkennung ohne vorherige Anfechtung** ist nunmehr in § 1599 Abs. 2 BGB geregelt.

Durch dieses zum 1. Juli 1998 eingeführte Verfahren eröffnet das Gesetz einen erleichterten Wechsel der väterlichen Abstammung, der im Gegensatz zur vorausgegangenen Rechtslage keiner Mitwirkung des (Familien-)Gerichts und auch keiner Beteiligung des Kindes mehr bedarf. Der **Statuswechsel beruht vielmehr weitgehend auf dem entsprechenden Willen** der (rechtlichen) Eltern und eines anerkennungsbereiten Dritten. Anstelle der gerichtlichen Überprüfung der biologischen Vaterschaft ist die vom Gesetz vorausgesetzte hinreichende Wahrscheinlichkeit der Nichtvaterschaft des Ehemannes bei einer Geburt des Kindes nach Anhängigkeit des Scheidungsantrags getreten.

280   Diese Regelung hat die nach früherer Rechtslage – nach der Scheidung – erforderliche Anfechtung der Ehelichkeit (nunmehr: Vaterschaft) ersetzt und fasst diese mit der anschließenden Anerkennung zusammen. Nach der früheren Rechtslage war zur Beseitigung der bestehenden Vaterschaft ein gerichtliches (Anfechtungs-)Verfahren erforderlich, an dem vor allem auch das von dem Statuswechsel betroffene Kind notwendig zu beteiligen war und das eine gerichtliche Prüfung der biologischen Vaterschaft voraussetzte (zur Entstehung und rechtspolitischen Kritik Staudinger/*Rauscher*, § 1599 BGB Rn. 4 ff.; *Wagner*, FamRZ 1999, 7).

Die wesentliche Besonderheit der geltenden Regelung besteht somit darin, dass die mit der Geburt eingetretene Vaterschaft nunmehr ohne gerichtliches Verfahren beseitigt werden kann und die Neuregelung mit dem Statuswechsel insoweit dieselben Rechtsfolgen hat wie ein – auch nach heutiger Rechtslage noch mögliches – Anfechtungsverfahren (BGH, 23.11.2011 – XII ZR 78/11, Rn. 16, FamRZ 2012, 616).

Für diesen Vaterschaftswechsel gelten **vier Voraussetzungen:**

281   • Die Ehe der Mutter mit dem nach § 1592 Nr. 1, § 1593 BGB vermuteten Vater muss **rechtskräftig geschieden** worden sein. Die formelle Rechtskraft tritt ein, wenn die Frist für das hierfür eröffnete Rechtsmittel abgelaufen ist, sofern kein Rechtsmittelverzicht erklärt wurde (vgl. § 45 FamFG). In Ehe- und Abstammungssachen wird den Beteiligten von Amts wegen ein Rechtskraftzeugnis auf einer Ausfertigung ohne Begründung erteilt (§ 46 Satz 3 FamFG).

Auf die Rechtskraft des in Deutschland ergangenen Scheidungsbeschlusses ist im Rahmen von § 1599 Abs. 2 BGB auch dann abzustellen wenn einer oder gar beide beteiligten Ehegatten nicht die deutsche Staatsangehörigkeit haben. Lediglich *ausländische* Entscheidungen in Ehesachen, welche den Status der Eheleute betreffen, also auch Scheidungsurteile oder -beschlüsse, bedürfen unter den Voraussetzungen des **§ 107 FamFG ggf. einer Anerkennung** durch die zuständige Landesjustizverwaltung.

282   • Das Kind wurde während der Ehe, aber **nach Einreichung des Scheidungsantrages** (= Anhängigkeit) geboren. Auf die *Zustellung* des Antrags, die zur Rechtshängigkeit führt, kommt es nicht an (näher hierzu *Sachse*, StAZ 2003, 53).

Wurde zunächst ein Scheidungsantrag gestellt, sodann aber zurückgenommen, z.B. weil das Trennungsjahr noch nicht abgelaufen war, gilt nach § 22 Abs. 1 und 2 FamFG das erste Verfahren als beendet. Auch wenn die Vorschrift nicht ausdrücklich wie in der vergleichbaren Regelung in § 269 Abs. 3 Satz 1 Hs. 1 ZPO besagt, dass der Rechtsstreit „als nicht anhängig geworden anzusehen" sei, muss diese Rechtsfolge hier doch sinngemäß gelten.

Eine **Ausnahme** hiervon kommt allenfalls in Betracht, wenn das Kind während der Anhängigkeit eines Scheidungsantrags geboren wurde, dieser aus rein **formalen Gründen zurückgenommen und alsbald erneut gestellt** wurde; der Zweck des § 1599 Abs. 2 wird durch diese „technische Diskontinuität" des Verfahrens nicht berührt (vgl. OLG Köln, 15.9.2006 – 16 Wx 196/06, StAZ 2007, 21: Rücknahme zur Regelung von Rentenansprüchen; Staudinger/*Rauscher*, § 1599 BGB Rn. 103). Der Ausnahmefall wird aber nur höchst selten anzunehmen sein, jedenfalls nicht bei einem mehrmonatigen Abstand zwischen Rücknahme des ersten und Einreichung des zweiten Scheidungsantrags. Das gilt insbesondere bei einem zunächst verfrühten Scheidungsantrag: Denn die Einführung der qualifizierten Vaterschaftsanerkennung nach § 1599 Abs. 2 BGB wurde sinngemäß vor allem damit begründet, dass es für die betroffenen Mütter unzumutbar sei, sich auf ein Anfechtungsverfahren einzulassen, obwohl durch den Ablauf des Trennungsjahres vor dem zulässigen Antrag auf eine Ehescheidung die ganz überwiegende Wahrscheinlichkeit dafür belegt sei, dass das Kind nicht von dem Ehemann stammen könne (vgl. MüKo/*Wellenhofer*, § 1599 BGB Rn. 55 unter Hinw. auf BT-Drs. 13/4899, 32). Würde man hingegen einen zunächst wieder zurückgenommenen Scheidungsantrag, der schon vor Ablauf des Trennungsjahres gestellt worden war, als ausreichend für die Voraussetzungen des § 1599 Abs. 2 BGB ansehen, widerspräche das der Motivation des Gesetzgebers.

- Ein anderer Mann hat **die Vaterschaft anerkannt,** und zwar spätestens bis zum Ablauf eines Jahres nach Rechtskraft des Scheidungsurteils.

283

Die „qualifizierte" oder „scheidungsakzessorische" Vaterschaftsanerkennung ist schon **vor der Geburt** des Kindes möglich (MüKo/*Wellenhofer*, Rn. 57; Staudinger/*Rauscher*, Rn. 90; Erman/*Hammermann*, Rn. 46, je zu § 1599 BGB; DIV-Gutachten 11.4.2000, DAVorm 2000, 320 [321] und 21.7.1999, DAVorm 2000, 125.; a. A. *Kemper*, DAVorm 1999, 191). Dies folgt aus der entsprechenden Anwendbarkeit des § 1594 Abs. 4 BGB auf die Zustimmung des Scheinvaters (vgl. § 1599 Abs. 2 Satz 2, Hs. 2 BGB). Diese ergibt nur Sinn, wenn auch – wie im Regelfall – die vorgeburtliche Anerkennung zulässig ist. Im Übrigen ist für die Anerkennung selbst nur § 1594 Abs. 2 BGB ausgeschlossen, nicht aber Abs. 4 dieser Vorschrift. Für eine pränatale Anerkennung besteht auch durchaus ein Bedürfnis, z.B. bei Geburt des Kindes kurz vor Rechtskraft des Scheidungsurteils sowie im Hinblick auf den allgemeinen Wunsch vieler Eltern, den Status des Kindes schon bei der Geburt geklärt zu haben.

Insbesondere ist eine vorgeburtliche Anerkennung bereits *vor Anhängigkeit des Scheidungsantrages* möglich, denn § 1599 Abs. 2 Satz 1 Halbs. 1 BGB bezieht sich nur auf den *Geburts*zeitpunkt (Staudinger/*Rauscher,* a.a.O.).

284 • Der (ehemalige) Ehemann der Mutter und gesetzlich vermutete Vater des Kindes hat der Anerkennung des Dritten formgerecht **zugestimmt.**

Die **Zustimmungserklärung des „Scheinvaters"** ist bedingungs- und befristungsfrei zu erklären sowie öffentlich zu beurkunden (§ 1599 Abs. 2 Hs. 2 i.V.m. § 1594 Abs. 3 und 4, § 1597 Abs. 1 BGB). Die Beurkundung ist auch vor dem Jugendamt gemäß § 59 Abs. 1 Satz 1 Nr. 1 SGB VIII möglich. Beglaubigte Abschriften der Zustimmung sind dem Vater, der Mutter und dem Kind sowie dem Standesbeamten in entsprechender Anwendung des § 1597 Abs. 2 BGB zu übersenden.

285 Liegen diese Voraussetzungen vor, tritt die Vaterschaftsvermutung der § 1592 Nr. 1, § 1593 BGB automatisch außer Kraft. Die neue Vaterschaft durch Anerkennung wird wirksam, ohne dass die zuvor bestehende im Wege der Anfechtung beseitigt werden muss. Die Vorschrift des § 1594 Abs. 2 BGB gilt in diesem Falle nicht (vgl. § 1599 Abs. 2 Satz 1, Hs. 2 BGB). Diese Regelung soll **Anfechtungsverfahren vermeiden**, wenn die im Wege der Regelvermutung des § 1592 Nr. 1 BGB getroffene rechtliche Zuordnung des Kindes zu dem Ehemann der Mutter im Zeitpunkt der Geburt mit großer Wahrscheinlichkeit der wirklichen Lage nicht entspricht, nämlich infolge der Trennungs- und Scheidungssituation zwischen den Eheleuten, und ferner ein anderer Mann die Vaterschaft für das Kind übernommen hat, wodurch sein Personenstatus gesichert wird (vgl. BT-Drs. 13/4899, 53; *Lipp/Wagenitz,* § 1599 BGB Rn. 4; zu unterhaltsrechtlichen Folgen des „scheidungsakzessorischen Statuswechsels" *Wagner,* FamRZ 1999, 7; zur Eintragung in das Familienbuch StAZ 1999, 81).

286 Zuweilen ist bei der gewünschten vorgeburtlichen Beurkundung der Anerkennung der Vaterschaft **zweifelhaft**, ob später die Voraussetzung des § 1599 Abs. 2 BGB erfüllt sein kann, dass das **Kind erst nach der Anhängigkeit eines Scheidungsantrags geboren wird**. Das gilt namentlich dann, wenn voraussichtlich zum Zeitpunkt der Geburt das Trennungsjahr gem. § 1565 Abs. 1 BGB noch nicht abgelaufen sein wird. Gleichwohl darf die Urkundsperson auch in diesem Fall die Beurkundung nicht wegen absehbarer Wirkungslosigkeit ablehnen, zumal in Ausnahmefällen bei besonderer Härte eine Scheidung auch vor Ablauf des Trennungsjahres beantragt werden kann (vgl. § 1565 Abs. 2 BGB). Es ist jedenfalls nicht Sache der Urkundsperson, dies abschließend zu beurteilen. Sie muss allerdings die Beteiligten über die Problematik belehren. Im Übrigen wäre die **gewünschte Erklärung schließlich in keinem Falle nichtig, sondern allenfalls schwebend unwirksam** (vgl oben Rn. 278) und könnte nach erfolgreicher Anfechtung der Vaterschaft Wirksamkeit erlangen.

287 Ebenfalls kann im Zeitpunkt der Beurkundung **zweifelhaft** sein, ob das **Kind** tatsächlich **noch vor** der **Rechtskraft des die Scheidung aussprechenden Beschlusses geboren** wird. Es kann sich dann zur Klarstellung empfehlen, für die

Zustimmung des mit erschienenen Ehemannes einen Vorbehalt dahingehend aufzunehmen, dass sie für den Fall einer Geburt vor rechtskräftigem Abschluss des Scheidungsverfahrens erklärt werde. Darin läge eine **zulässige Rechtsbedingung**.

Erforderlich ist ein solcher Vorbehalt allerdings nicht. Liegt der Geburtstermin, wie sich später herausstellt, erst danach, bedarf es im Ergebnis keiner Zustimmung des früheren Ehemannes der Mutter, weil dieser rechtlich nicht mehr als Vater des Kindes gilt. Eine gleichwohl vorsorglich beurkundete Zustimmung des Mannes geht dann ins Leere, sie ist rechtlich unerheblich. Wird der Urkundsperson der Scheidungsbeschluss mit Rechtskraftvermerk vorgelegt, ist insoweit keine „Berichtigung" der Niederschrift über die qualifizierte Vaterschaftsanerkennung gemäß § 1599 Abs. 2 BGB geboten. Allenfalls kann in einem Nachtragsvermerk festgehalten und den Beteiligten zur Kenntnis gebracht werden, dass mit der Rechtskraft des Scheidungsbeschlusses und der danach liegenden Geburt die **vorsorglich erklärte Zustimmung des früheren Ehemannes gegenstandslos** geworden ist und rechtlich bedeutsam allein die Anerkennung des leiblichen Vaters sowie die Zustimmung der Mutter sind.

Dem Gesetzeswortlaut ist nicht eindeutig zu entnehmen, **ob alle Wirksamkeitsvoraussetzungen binnen Jahresfrist vorliegen müssen**, also insbesondere auch die erforderlichen Zustimmungen, einschließlich der des Ehemannes nach Abs. 2 Satz 2. 288

Diese Frage war lange in der Rechtsprechung umstritten. Jedoch hat sie inzwischen der BGH, (27.3.2013 – XII ZB 71/12, Rn. 18, FamRZ 2013, 944) geklärt: Die **Jahresfrist des § 1599 Abs. 2 Satz 1 BGB gilt nur für die Anerkennung.** Dass damit nicht der „Gesamtvorgang" gemeint ist, sondern allein die Anerkennungserklärung, liegt schon aufgrund der ausschließlichen Erwähnung der Frist in § 1599 Abs. 2 Satz 1 BGB nahe. Denn die Zustimmungserklärungen sind ohne entsprechende Verweisung in § 1599 Abs. 2 Satz 2 BGB geregelt. Auch die Dauer des zwischen Anerkennung und Zustimmung möglichen Schwebezustands zwingt nicht zu einer Einschränkung dieses „scheidungsakzessorischen Statuswechsels". Zur Beseitigung eines unerwünscht langen Schwebezustandes dient, wie bei der Anerkennung im Allgemeinen, die Möglichkeit des Widerrufs gemäß § 1597 Abs. 3 BGB Eine weitergehende Einschränkung als der dem Anerkennenden offen stehende Widerruf der Anerkennung lässt sich dem Gesetz somit nicht entnehmen.

Denn – wie bereits in Rn. 259 angesprochen – kann der **Anerkennende seine Erklärung widerrufen**, wenn sie ein Jahr nach der Beurkundung noch nicht wirksam geworden ist (§ 1597 Abs. 3 Satz 1 BGB). Dass diese Vorschrift in § 1599 Abs. 2 Satz 2 Hs. 2 BGB ausdrücklich ausgenommen ist, spricht nicht dagegen. Denn die dort genannten entsprechend anwendbaren Vorschriften betreffen nur die Zustimmungserklärung des Scheinvaters. Der Ausschluss des § 1597 Abs. 3 BGB aus der Verweisungskette besagt somit nur, dass der zur Zeit der Geburt mit der Mutter verheiratete Mann kein Widerrufsrecht hat. 289

289a Zwar wird die Wirksamkeit der Anerkennung in der Regel deshalb noch fehlen, weil noch eine erforderliche Zustimmung (der Mutter, des Kindes) aussteht oder eine Zustimmungserklärung eines gesetzlichen Vertreters zur Anerkennung bzw. unmittelbaren Zustimmung noch nicht abgegeben wurde. Es ist aber kein rechtliches Hindernis dafür erkennbar, die Vorschrift des § 1597 Abs. 3 Satz 1 BGB auch auf den Fall anzuwenden, dass **zwar alle Zustimmungserklärungen vorliegen, aber das Scheidungsverfahren binnen eines Jahres nach der Anerkennung noch nicht abgeschlossen** ist. Mit dem Wortlaut der Vorschrift wäre eine entsprechende Differenzierung ohnehin nicht vereinbar. Dieser setzt nur voraus, dass die Anerkennung ein Jahr nach der Beurkundung noch nicht wirksam geworden ist. Hierbei wird nicht nach Gründen differenziert.

Zwar ist nicht zu verkennen, dass die mit der Kindschaftsrechtsreform zum 1. Juli 1998 eingeführte Regelung an die Stelle des früheren § 1600e Abs. 3 Satz 2 BGB getreten ist, welcher vorsah: Die nach damaligem Recht erforderlichen Zustimmungen zur Anerkennung der Vaterschaft konnten nur bis zum Ablauf von sechs Monaten seit der Beurkundung der Anerkennungserklärung erteilt werden. Andernfalls wurde die Anerkennung durch Zeitablauf kraftlos.

Anstelle der damals vorgesehenen Automatik wollte der Gesetzgeber nunmehr – unter Zugrundelegung einer auf ein Jahr verlängerten Frist – die Entscheidung dem Anerkennenden überlassen, ob er gleichwohl an der Gültigkeit seiner Anerkennung festhalten wolle. Insoweit ist ein vordergründiger Zusammenhang zwischen der jetzt geltenden Vorschrift und dem Ausbleiben von Zustimmungen nicht zu bestreiten.

289b Möglicherweise war dem Gesetzgeber in diesem spezifischen Zusammenhang auch nicht bewusst, dass das neu eingeführte Instrument der **qualifizierten Vaterschaftsanerkennung** gem. § 1599 Abs. 2 BGB eine weiter modifizierte Fallgestaltung brachte, in welcher **ebenfalls ein Schwebezustand eintreten** kann, bis die Vaterschaftsanerkennung wirksam wird. Schließlich hängt die Dauer eines Scheidungsverfahrens – unbeschadet taktischer Verzögerungsmöglichkeiten – vorwiegend von objektiven Gegebenheiten ab, welche die Beteiligten nicht in der Hand haben.

Jedoch wäre **nachstehende Schlussfolgerung wohl gewagt**: Der Gesetzgeber wollte die Entscheidungsfreiheit des Anerkennenden nach Ablauf eines Jahres ausschließlich für den Fall wiederherstellen, dass die notwendigen Zustimmungen zu seiner Anerkennung noch nicht vorliegen. Hätte er erkannt, dass der Wortlaut der neu eingeführten Vorschrift in § 1597 Abs. 3 Satz 1 BGB auch den Widerruf für den Fall ermöglicht, dass die Rechtskraft der Scheidung noch nicht eingetreten ist, hätte er diesen Fall ausdrücklich ausgenommen. Deshalb müsse im Wege einer einschränkenden Auslegung (sogenannte „teleologische Reduktion") der Anwendungsbereich der Vorschrift so eingeengt werden, dass dieser Fall ausgenommen ist.

289c Für eine derart **einengende Auslegung des Gesetzestextes sind keine hinreichend überzeugenden Gründe ersichtlich**. Hierbei ist auch zu berücksichtigen, dass der Gesetzestext des § 1599 Abs. 2 BGB eine verhältnismäßig große Variationsbreite von Fallgestaltungen zulässt. Die gesetzliche Anforderung, ein Dritter müsse spätestens bis zum Ablauf eines Jahres nach Rechtskraft des Scheidungsausspruchs die Vaterschaft anerkannt haben, öffnet ein breites Zeitfenster, welches von einer vorgeburtlichen Anerkennung bis zu einer womöglich erst ca. zwei Jahre nach der Geburt abgegebenen Erklärung reichen kann. All dies spricht nicht dafür, den eindeutigen Wortlaut des § 1597 Abs. 3 Satz 1 BGB dahingehend zu begrenzen, dass der Anerkennende **im Fall der qualifizierten Vaterschaftsanerkennung nur dann widerrufen könne, wenn nach Jahresfrist eine notwendige Zustimmungserklärung noch ausstehe**, nicht aber wenn bei Vorliegen aller anderen Zustimmungen der gerichtliche Scheidungsausspruch noch nicht rechtskräftig sei. Die Annahme, im letzten Fall fehle es an einer „Schutzbedürftigkeit", erscheint nicht hinreichend überzeugend.

Allerdings wird die Problematik – wie eine Durchsicht der führenden Kommentarliteratur ergibt – bisher **in keiner Erläuterung zu § 1597 BGB ausdrücklich behandel**t. Auch Rechtsprechung zu dieser Frage liegt nicht vor. Beides spricht dafür, dass eine derartige Situation wohl nur relativ selten auftreten wird. **289d**

Zu einer gerichtlichen Entscheidung würde es ohnehin allenfalls dann kommen, wenn in dieser spezifischen Lage der Widerruf einer Anerkennung für wirksam gehalten würde und im Zuge einer daraufhin für notwendig gehaltenen Anfechtung der Vaterschaft des früheren Ehemannes nunmehr das Familiengericht die gegenteilige Auffassung vertreten und ein Rechtsschutzbedürfnis für das Anfechtungsverfahren verneinen würde. Alternativ könnte die Frage in einem personenstandsrechtlichen Verfahren zu Beurteilung gestellt werden, wenn sich das Standesamt im Hinblick auf einen Widerruf weigern würde, die Vaterschaft beizuschreiben und andere Beteiligte es hierzu durch richterliche Entscheidung nach § 49 PStG hierzu anhalten wollten.

Der **Widerruf** des Anerkennenden muss **öffentlich beurkundet** werden (§ 1597 Abs. 3 Satz 2 i.V.m. Abs. 1 BGB). Diese Beurkundung ist nunmehr auch **vor dem Jugendamt** möglich, nachdem der Gesetzgeber mit dem Kinderrechteverbesserungsgesetz vom 9. Dezember 2002 (oben Rn. 17) den Katalog der Zuständigkeiten in § 59 Abs. 1 Satz 1 Nr. 1 SGB VIII um den Widerruf der Anerkennung erweitert hat. Der zum Widerruf entschlossene Mann muss nicht mehr an den Standesbeamten (§ 44 Abs. 1 Satz 2 PStG) oder einen Notar (vgl. § 20 BNotO) verwiesen werden. **290**

Da der Widerruf ebenfalls einseitig und nicht empfangsbedürftig ist, kann es ausnahmsweise dazu kommen, dass die Zustimmung ohne Kenntnis des bereits beurkundeten Widerrufs ins Leere abgegeben wird, weil die **Anerkennung bereits widerrufen** ist *(Rauscher,* FPR 2002, 359 [366]). Denkbar ist aber, dass eine bereits widerrufene Anerkennung der Vaterschaft nochmals erklärt wird. Für diese kann dann die erklärte Zustimmung bedeutsam sein (Palandt/*Brudermüller,* § 1597 BGB Rn. 5; PraxKo-KindR/*Grün,* § 1597 BGB Rn. 15).

Umgekehrt ist der **Widerruf der Anerkennung unwirksam**, wenn bereits vor dessen Beurkundung die Anerkennung durch Beurkundung der erforderlichen Zustimmung wirksam geworden ist (OLG Brandenburg, 25.3.1999 – 9 UF 239/98, NJW-RR 2000, 741 [742]).

291 Ist die Anerkennung wirksam geworden, kann der Mann die Vaterschaft nach §§ 1600 ff. BGB **anfechten**. In diesem Fall lebt nicht etwa die Vaterschaft des früheren Ehemanns wieder auf, sondern wird das Kind **vaterlos** (BGH, 23.11.2011 – XII ZR 78/11, Rn. 16, FamRZ 2012, 616; Staudinger/*Rauscher*, § 1599 BGB Rn. 111).

d) Sonstige sachliche Einschränkungen (Anerkennung mit Beschränkung auf die Rechtswirkungen nach deutschem Recht? Inkognito-Anerkennung?)

292 In der Nähe von Bedingung und Zeitbestimmung stehen sachliche Einschränkungen, mit denen die Vaterschaftsanerkennung verbunden werden soll. Auch sie sind unzulässig. Hauptfall ist die Einschränkung, wonach in Fällen mit Auslandsberührung die Vaterschaftsanerkennung **nur für diejenigen Wirkungen** ausgesprochen werden solle, die sich **aus deutschem Recht** ergeben, etwa für das Kind, um einen Erwerb der Staatsangehörigkeit des Vaters nach dessen Heimatrecht (Wehrpflicht!) auszuschließen. Eine solche qualitativ-beschränkte „Teil-Vaterschaft" gab es schon früher nicht (BGH, 19.3.1975 – IV ZB 28/74, Rn. 13 ff, BGHZ 64, 129 = NJW 1975, 1069) und ist unter der Rechtslage nach dem Gesetz zur Neuregelung des Internationalen Privatrechts vom 25. Juli 1986 vollends ausgeschlossen.

293 Ein anderer Fall ist die Anerkennung mit der Maßgabe, dass sie **geheim bleibe** und weder dem Standesbeamten noch den übrigen Beteiligten mitgeteilt werden dürfe. Der Zusatz mutet der Urkundsperson etwas Gesetzwidriges zu, so dass schon deshalb die Beurkundung abzulehnen ist. Eine **Inkognito-Anerkennung gibt es seit dem Nichtehelichengesetz nicht mehr** (dazu OLG Frankfurt, 14.9.1972 – 20 W 91/72, FamRZ 1972, 657 = DAVorm 1972, 500; OLG Karlsruhe, FamRZ 1972, 97). Sie kann auch nicht – derartiges ist anfangs versucht worden – auf dem Umweg erreicht werden, dass der Anerkennende der Urkundsperson zur Auflage macht, die nach § 1597 Abs. 2 BGB vorgeschriebene Mitteilung an den Standesbeamten in versiegeltem Umschlag zu übersenden mit der Maßgabe, dass der Umschlag erst unter bestimmten, näher bezeichneten Voraussetzungen geöffnet werden dürfe. Die Mitteilungspflicht nach § 1597 Abs. 2 BGB ist eine öffentlich-rechtliche und kann nicht von privater Seite gesteuert werden. Auch würde die Übersendungspflicht nicht dadurch erfüllt, dass nur der Urkundenkörper in den Bereich des Adressaten gelangt; nicht das Papier, sondern der Inhalt ist Gegenstand der (Mitteilung durch) „Übersendung"; s. dazu auch OLG Hamm, 31.5.1985 – 15 W 197/84, FamRZ 1985, 1078 (1080).

Praxistipp 294

 Wird gleichwohl – was nach heutigem Rechtsbewusstsein kaum noch vorkommen dürfte – „geheime Anerkennung" verlangt, ist die Beurkundung abzulehnen (OLG Frankfurt, 14.9.1972 a.a.O.).

e) Was der Anerkennung nicht entgegensteht (anderweite, noch nicht wirksam gewordene Vaterschaft eines Dritten)

Folgende Umstände stehen einer Beurkundung der Vaterschaftsanerkennung nicht entgegen:

- der Umstand, dass ein **anderer Mann die Vaterschaft bereits anerkannt** hat (vgl. dazu oben Rn. 278). Das gilt unabhängig davon, ob diese Anerkennung bereits (durch Zustimmung der Mutter bzw. des Kindes) Wirksamkeit erlangt hat. Ist das noch nicht der Fall, kann die Mutter dann wählen, welcher von beiden Anerkennungen sie – wenn überhaupt – zustimmen will (zur früheren Rechtslage bei alleiniger Zustimmung des Kindes MüKo/*Mutschler*, § 1600b Rn. 5; Soergel/*Gaul* § 1600b Rn. 7; Odersky, § 1600b Anm. III 2b). Liegen **zwei pränatale Vaterschaftsanerkennungen** vor, so entfaltet diejenige Anerkennung, bei der zuerst der zweiaktige Tatbestand von Erklärung und Zustimmung jeweils in der vorgeschriebenen Form erfüllt ist, eine Sperrwirkung nach § 1594 Abs. 2 BGB gegenüber der späteren Anerkennung (OLG München, 3.12.2009 – 31 Wx 129/09, FamRZ 2010, 743 = JAmt 2010, 242).

Zulässig ist es auch, die Anerkennung zu beurkunden, während ein Vaterschaftsverfahren gegen einen anderen Mann schwebt oder bereits rechtskräftig zur Feststellung dieses Mannes als Vater geführt hat. Auch die Abstammung eines Kindes von dem – zur Zeit der Geburt – Ehemann der Mutter hindert nach geltendem Recht nicht mehr die Anerkennung (oben Rn. 278).

Praxistipp

 *Will ein Beteiligter die Vaterschaft zu einem Kind anerkennen, zu dem bereits die Vaterschaft eines anderen Mannes besteht – sei es infolge „ehelicher" Geburt oder durch eine vorangegangene wirksame Anerkennung oder Feststellung –, kann ihn die Urkundsperson somit **nicht mehr allein mit der Begründung abweisen, die** von ihm beabsichtigte **Erklärung sei unwirksam, also nichtig**.*

*Er muss vielmehr darüber belehrt werden, dass die Vaterschaftsanerkennung – unbeschadet notwendiger Zustimmungserklärungen – **schwebend unwirksam** ist und keine Rechtswirkungen haben kann, bis entweder die bestehende Vaterschaft durch rechtskräftigen Beschluss nach Anfechtung beendet wurde oder – im Fall des § 1599 Abs. 2 BGB – die Rechtskraft der Scheidung eingetreten ist.*

295 • In geeigneten Fällen muss auch darüber belehrt werden, dass der Anerkennende – selbst wenn er glaubhaft der Erzeuger sein sollte – **grundsätzlich nicht die bestehende Vaterschaft eines anderen Mannes anfechten** kann. Denn er gehört nicht zum Kreis der nach § 1600 BGB Anfechtungsberechtigten, der auf den Scheinvater, die Mutter und das Kind beschränkt ist. Allerdings besteht seit der Neufassung der Vorschrift durch das „Gesetz zur Änderung der Vorschriften über die Anfechtung der Vaterschaft usw." vom 23. April 2004 (BGBl. I, 598) die Möglichkeit der Anfechtung des Mannes, der an Eides statt versichert, der Mutter des Kindes während der Empfängniszeit beigewohnt zu haben (§ 1600 Abs. 1 Nr. 2 BGB nF). Das setzt freilich nach Abs. 2 der Vorschrift voraus, dass zwischen dem Kind und dem Scheinvater **keine „sozialfamiliäre Beziehung"** besteht. Eine solche sozial-familiäre Beziehung ist aber zu bejahen, wenn der Scheinvater für das Kind tatsächliche Verantwortung trägt. Das ist im Regelfall anzunehmen, wenn er mit der Mutter des Kindes verheiratet ist oder mit dem Kind längere Zeit in häuslicher Gemeinschaft zusammengelebt hat (§ 1600 Abs. 3 Satz 2 BGB nF).

296 • der Umstand, dass das anzuerkennende **Kind bereits adoptiert** ist. Denn auch einem Vaterschaftsfeststellungsantrag stünde die Adoption nicht entgegen (OLG Celle, 8.7.1980 – 14 U 201/79, DAVorm 1980, 940; Staudinger/*Rauscher*, § 1600d BGB Rn. 14). Die Adoption stellt ein Kindschaftsverhältnis her, das zwar an die Stelle der leiblichen Verwandtschaft tritt, diese aber nicht rückwirkend ersetzt. Auch kann die Adoption möglicherweise aufgehoben werden; alsdann wäre es für eine Feststellung der Vaterschaft vielleicht zu spät (der Anerkennungswillige ist in der Zwischenzeit verstorben; für ein postmortales Verfahren fehlen jetzt die Beweismöglichkeiten). Zudem bestehen, ungeachtet der zivilrechtlichen Beendigung des Verwandtschaftsbandes, die öffentlich-rechtlichen Zeugnisverweigerungsrechte in gerichtlichen Verfahren fort. Bei vor dem 1. Juli 1998 geborenen Kindern, für die sich die Vaterschaft nach den bisherigen Vorschriften richtet (vgl. Art. 224 § 1 Abs. 1 EGBGB), ist freilich eine andere Frage, ob die Adoptiveltern namens des Kindes demnächst ihre Zustimmung zu der Anerkennung der Vaterschaft geben werden mit der Wirkung, dass die Vaterschaft rückwirkend ab Geburt des Kindes bis zu Wirksamwerden des Adoptionsbeschlusses begründet worden wäre; dieselbe Frage stellt sich bei der Vertretung des Kindes im Rahmen seiner Zustimmung nach neuem Recht gemäß § 1596 Abs. 2 BGB. Doch hat das mit der Beurkundung der Anerkennung als solcher nichts zu tun.

297 • der Umstand, dass bereits eine **rechtskräftige gerichtliche Entscheidung** vorliegt, welche die beantragte **Feststellung der Vaterschaft des Anerkennungswilligen** aufgrund sachverständiger Begutachtung **ablehnt**.

Diese seltsame Konstellation ist in einem vom DIJuF e.V. begutachteten Fall aufgetreten: Ein zunächst von Seiten des Jugendamts als Beistand eingeleitetes Feststellungsverfahren unter Einbeziehung eines bestimmten Mannes als Beteiligten endete mit negativem Ergebnis. Trotz dieser rechtskräftigen Entscheidung war der Mann später bereit, die Vaterschaft anzuerkennen. Dass eine Anerkennung durch den Nichtvater rechtlich möglich ist, wird anschließend noch zu vertiefen sein (unten Rn. 298 ff.). Auch ein rechtskräftig abgelehnter Feststellungsantrag stellt **kein rechtliches Hindernis** dafür dar, anschließend doch eine freiwillig beurkundete Anerkennung der Vaterschaft durch den betreffenden Beteiligten aufzunehmen.

Zwar würde die **Rechtskraft der ablehnenden Entscheidung** hindern, dass nochmals ein gleichgerichteter Antrag auf Feststellung unter Einbeziehung desselben Mannes gestellt wird. Es gibt aber für die Vaterschaftsanerkennung keine Regelung, die sinngemäß der für Sorgeerklärungen geltenden Einschränkung in **§ 1626b** Abs. 3 **BGB** entsprechen würde: Nach dieser Vorschrift ist eine Sorgeerklärung unwirksam, soweit eine gerichtliche Entscheidung über die elterliche Sorge nach §§ 1671, 1672 BGB getroffen oder eine solche Entscheidung nach § 1696 Abs. 2 BGB geändert wurde.

Der hieraus zu ziehende **Umkehrschluss** bekräftigt ebenfalls die Annahme, dass die gerichtliche Ablehnung der Feststellung der Vaterschaft eines bestimmten Mannes diesen nicht daran hindert, zu einem späteren Zeitpunkt freiwillig die Vaterschaft zu dem Kind anzuerkennen.

f) Die Vaterschaftsanerkennung durch den Nicht-Vater

Es entspricht inzwischen ganz herrschender Auffassung, dass es auf die biologische Richtigkeit der Anerkennung nicht ankommt (PraxKoKindR/*Grün*, § 1594 BGB Rn. 3 m.w.N.; vgl. dazu bereits Rn. 39 ff.). Auch die bewusst unrichtige Anerkennung ist wirksam und begründet bei Vorliegen der formalen Voraussetzungen die Vaterschaftszuordnung zu dem Kind, die ebenso verfassungsrechtlich geschützt ist wie eine auf wahrheitsgemäßer Anerkennung der Vaterschaft beruhende Elternschaft (BVerfG, 17.12.2013 – 1 BvL 6/10, FamRZ 2014, 449 = JAmt 2014, 88).

298

Die bloße **Wahrheitswidrigkeit der Vaterschaftsanerkennung** macht diese noch **nicht nichtig** (auch nicht nach § 134 oder § 138 BGB). Sie ist insbesondere auch **nicht wegen Versuchs der Personenstandsfälschung nach § 169** Abs. 2 **StGB strafbar** (OLG Hamm, 20.11.2007 – 1 Ss 58/07, FamRZ 2008, 1783; Schönke-Schröder/*Lenckner/Bosch*, § 169 StGB Rn. 7 m.w.N.; völlig herrschende Meinung). Denn der Gesetzgeber hat sich bei der Reform des Nichtehelichenrechts 1969 bewusst dafür entschieden, die Anerkennung der Vaterschaft nicht von einem Nachweis der biologischen Abstammung abhängig zu machen (vgl. *DIV-Rechtsgutachten 19.6.2000,* DAVorm 2000, 467 = www.bundesanzeigerverlag.de/beurkundungen IV Nr. 1). Damit kann jeder Mann, der mit der Kindesmutter nicht verheiratet ist, mit deren Zustimmung durch Anerkennung gesetzlicher Vater des anerkannten Kindes werden, selbst wenn es offensichtlich unmöglich ist, dass er der Erzeuger des Kindes sein kann. Die Urkundsperson hat sich folglich bei der Entgegennahme der Beurkundung der Vaterschaftserklärung um die tatsächlichen Abstammungsverhältnisse grundsätzlich nicht zu kümmern, weder Zweifeln nachzuforschen noch einen eigenen Kenntnisstand in Betracht zu ziehen. Das gilt selbst dann, wenn der anerkennungswillige Mann vor der Beurkundung offen erklärt, nicht der biologische Vater zu sein.

298a Im Fall einer **Ausländerbeteiligung** kann allerdings der Verdacht bestehen, dass die „biologisch unwahre" Anerkennung allein zu dem Zweck erklärt wird, Mutter und Kind bzw. dem anerkennenden Mann ein Aufenthaltsrecht zu sichern, auf welches diese sonst keinen Anspruch hätten. Dann sind die **in § 1597a BGB geregelten Pflichten der Urkundsperson** zur Prüfung des Sachverhalts und ggf. zur Aussetzumg der Beurkundung zwecks Vorlage an die zuständige Ausländerbehörde zu beachten (hierzu eingehend Rn. 45 bis 47k).

299 Nicht die Urkundsperson, sondern die Mutter und ggf. der gesetzliche Vertreter des Kindes – in der Regel der Amtsvormund – haben nach § 1595 Abs. 1 und 2 BGB die Entscheidung darüber, ob es durch Zustimmung zu einer wirksamen Vaterschaftsanerkennung kommen soll oder nicht.

Praxistipp

 Dieser Entscheidung darf die Urkundsperson aus ihrer vermeintlich besseren Kenntnis nicht durch Ablehnen der Beurkundung vorgreifen wollen. Abgelehnt werden dürfte die Beurkundung vielmehr nur, wenn mit ihr erkennbar unerlaubte oder unredliche Zwecke verfolgt werden (§ 4 BeurkG).

300 Das wird bei der Anerkennung der Vaterschaft nur höchst ausnahmsweise anzunehmen sein; zu näheren Einzelheiten wird auf Rn. 41 ff. Bezug genommen.

Ein solcher Ausnahmefall kann womöglich zu bejahen sein, wenn dadurch eine in Frage gestellte **Adoption umgangen** werden soll. Etwa: Der Anerkennungswillige hat die Kindesmutter geheiratet und das nicht von ihm stammende Kind adoptieren wollen, ist aber charakterlich haltos und zur Erziehung nicht geeignet, so dass der Ausspruch der Adoption rechtskräftig abgelehnt wird. Daraufhin will er nunmehr eine Anerkennung der Vaterschaft beurkunden lassen. Die Mutter wäre geneigt, dieser Anerkennung zuzustimmen.

g) Anerkennung durch beschränkt Geschäftsfähige und Geschäftsunfähige

301 Beschränkte Geschäftsfähigkeit (§ 1596 Abs. 1 und 2 BGB) und Geschäftsunfähigkeit (§ 1596 Abs. 1 Satz 3 BGB) auf Seiten des Anerkennungswilligen sind rechtserheblich nur für den **Zeitpunkt der Abgabe der Anerkennungserklärung.** Fehlende oder vorhandene Geschäftsfähigkeit im Zeitpunkt der Zeugung spielen keine Rolle.

302 Der **in der Geschäftsfähigkeit Beschränkte** gibt die Anerkennungserklärung in Person ab. Nur er kann anerkennen, nicht auch stattdessen sein gesetzlicher Vertreter für ihn (also über seinen Kopf hinweg), auch nicht mit Genehmigung des Familiengerichts. Dafür muss der gesetzliche Vertreter der Anerkennungserklärung zustimmen; darüber siehe Rn. 356. Eine Genehmigung des Familiengerichts hierfür ist nicht erforderlich.

Die Fallgruppe der **Geschäftsunfähigkeit** hat sich seit dem In-Kraft-Treten des Betreuungsgesetzes zum 1. Januar 1992 erheblich zurückgebildet. Da ein Kind vor Vollendung des 7. Lebensjahres (§ 104 Nr. 1 BGB) als Erzeuger und damit als Anerkennender von vornherein nicht in Betracht kommt, bleiben als Anwendungsgebiet nur die Fälle eines Erzeugers, der „sich in einem die freie Willensbestimmung ausschließenden Zustand krankhafter Störung der Geistestätigkeit befindet, sofern dieser Zustand nicht seiner Natur nach ein vorübergehender ist" (§ 104 Nr. 2 BGB). Das kann dann auch ein Jugendlicher bis zur Vollendung des 18. Lebensjahres sein, der ohne die psychische Krankheit als beschränkt geschäftsfähig zu gelten hätte. Er hat einen gesetzlichen Vertreter in Gestalt von Eltern oder Vormund. Als volljähriger Geschäftsunfähiger *kann* er einen rechtlichen Betreuer nach den §§ 1896 ff. BGB haben. Ist dies der Fall, so ist der Betreuer nach Maßgabe seines Aufgabenkreises der gesetzliche Vertreter (§ 1902 BGB). Für den – minderjährigen oder volljährigen – Geschäftsunfähigen gibt der gesetzliche Vertreter die Anerkennungserklärung ab, und zwar bei Minderjährigen mit Genehmigung des Familiengerichts, bei Volljährigen mit Genehmigung des Betreuungsgerichts (§ 1596 Abs. 1 Satz 3 BGB).

303

Die **Genehmigung muss vorher erteilt sein** (vgl. bereits Rn. 171), andernfalls wäre die Anerkennung der Vaterschaft durch den gesetzlichen Vertreter unwirksam. Das folgt, nach herrschender Auffassung, ungeachtet des Wortlauts des Gesetzes, aus § 1831 Satz 1 BGB (MüKo/*Wellenhofer*, Rn. 7; Palandt/*Brudermüller*, Rn. 4; Erman/*Hammermann*, Rn. 8; BeckOK/*Hahn*, Rn. 4, je zu § 1596 BGB; *Lange*, NJW 1970, 297 [299]; a.A. Staudinger/*Rauscher*, § 1596 BGB Rn. 10; Gernhuber/Coester-Waltjen, § 52 Rn. 57 in Fn. 158); siehe hierzu oben Rn. 180, 184 auch zu der Frage, wie die Urkundsperson zu verfahren hat, wenn der Betreuer erklärt, entweder eine zustimmend ergangene Bescheidung durch das Betreuungsgericht noch nicht vorweisen zu können, oder aber sie jedenfalls nachträglich erwirken zu wollen.

304

Der Grundsatz der höchstpersönlich auszusprechenden Anerkennung gilt nach § 1596 Abs. 3 Hs. 1 BGB auch für den **unter Betreuung stehenden anerkennungswilligen Kindesvater,** sofern er nicht geschäftsunfähig ist (oben Rn. 303). Nur wenn das Betreuungsgericht – was aber kaum jemals praktisch werden dürfte – einen **Einwilligungsvorbehalt** nach § 1903 BGB ausgesprochen hat dahingehend, dass der Betreute zu einer Vaterschaftsanerkennung die Einwilligung des Betreuers benötigt, müsste diese Einwilligung zuvor erteilt sein, also bei der Beurkundung der Anerkennungserklärung des Betreuten vorliegen (§ 1596 Abs. 3 Hs. 2; § 111 BGB). Der Unterschied zu dem minderjährigen Anerkennenden liegt in Folgendem: Letzterer bedarf für seine Anerkennungserklärung zwar ebenso einer „Zustimmung" des gesetzlichen Vertreters (§ 1596 Abs. 1 Satz 2 BGB), die nach der Begriffsbestimmung des § 184 BGB jedoch auch die nachträgliche Genehmigung umfasst. Hingegen reduziert sich die „Einwilligung" in § 1903 BGB

305

– wie auch sonst – auf die im Voraus erteilte Zustimmung (vgl. den Wortlaut des § 183 BGB).

306 Sämtliche Zustimmungen müssen öffentlich beurkundet werden (§ 1597 Abs. 1 BGB). Denn sie sind Wirksamkeitsvoraussetzung für die Anerkennung und auf den durch die öffentliche Beurkundung bewirkten Schutz soll nicht verzichtet werden (BT-Drs. 13/4899, 85).

h) Fälle mit Auslandsberührung

307 aa) **Art. 19** Abs. 1 Satz 1 **EGBGB** bestimmt, dass die Abstammung eines Kindes dem Recht des Staates unterliegt, in welchem das **Kind seinen gewöhnlichen Aufenthalt** hat **(Aufenthaltsstatut).** Sie kann im Verhältnis zu jedem Elternteil auch nach dem Recht des Staates bestimmt werden, dem dieser Elternteil angehört (**Personalstatut,** Art. 19 Abs. 1 Satz 2 EGBGB). Ist die Mutter verheiratet, kann die Abstammung auch nach ihrem **Ehewirkungsstatut** im Sinne von Art. 14 Abs. 1 EGBGB zum Zeitpunkt der Geburt bestimmt werden (Art. 19 Abs. 1 Satz 3 Hs. 1 EGBGB).

Die einzelnen **Anknüpfungsalternativen** stehen nebeneinander und sind grundsätzlich **gleichrangig** (BGH, 3.5.2006 – XII ZR 195/03, Rn. 12, FamRZ 2006, 1745 m.w.N.; 3.8.2016 – XII ZB 110/16, Rn. 8, FamRZ 2016, 1847 = JAmt 2016, 616; krit. zu dieser „unglückseligen Mehrfachanknüpfung" bei mehreren Putativvätern mit unterschiedlicher Staatsangehörigkeit *Frank,* StAZ 2009, 65). Deshalb besteht kein Vorrang des Aufenthaltsstatuts (BayObLG, 11.1.2002 – 1Z BR 51/01, FamRZ 2002, 686 [687]; Staudinger/*Henrich,* Art. 19 EGBGB Rn. 23).

307a **Führt nur die Anknüpfung an das Personalstatut zu einer wirksamen Vaterschaft –** und zwar nach einer ausländischen Rechtsordnung –, ist dieses maßgebend. Das gilt unabhängig davon, ob damit tatsächlich der genetische oder soziale Vater festgestellt wird. Ein Beispiel: Ein Kind mit gewöhnlichem Aufenthalt in Deutschland wird nach der Scheidung der Ehe seiner Mutter geboren. Der **geschiedene Ehemann hat die türkische Staatsangehörigkeit**. Dann ist das Abstammungsstatut gemäß Art. 19 Abs. 1 Satz 2 EGBGB an das Personalstatut des geschiedenen Ehemanns anzuknüpfen, wenn weder eine Anerkennung der Vaterschaft durch einen anderen Mann noch eine gerichtliche Vaterschaftsfeststellung vorliegen. Die Anknüpfung an das Personalstatut des geschiedenen Ehemanns der Kindesmutter führt dazu, dass dieser **dem Kind als rechtlicher Vater zugeordnet** wird, weil er nach Art. 285 Abs. 1 des türkischen ZGB auch dann noch als rechtlicher Vater des Kindes gilt, wenn dieses von der geschiedenen Ehefrau vor Ablauf von 300 Tagen nach Beendigung der Ehe geboren worden ist (BGH, 3.8.2016 – XII ZB 110/16, Rn.14, FamRZ 2016, 1847 = JAmt 2016, 616). Dieselbe Konstellation kann auf den geschiedenen Ehemann nach spanischem, griechischem, polnischem oder belgischem Recht zutreffen (BGH, 3.8.2016 a.a.O. Rn. 9; jurisPK-BGB/*Duden,* Art. 19 EGBGB, Rn. 59 m.w.N.).

Die Zuordnung zu einem Vater – mag es auch nicht der genetische oder soziale Vater sein – ist für das Kind allein aufgrund der unterhalts- und erbrechtlichen Folgen **vorteilhafter als die Vaterlosigkeit** (jurisPK-BGB/*Duden*, Art. 19 EGBGB Rn. 61).

Die Anknüpfungsmöglichkeiten für die Vaterschaft nach Art. 19 Abs. 1 EGBGB (Aufenthaltsstatut, Staatsangehörigkeitsstatut, Ehewirkungsstatut) können zu Schwierigkeiten führen, wenn **mehrere Männer als rechtliche Väter in Frage kommen** (vgl. *Frank*, StAZ 2009, 65). Als Beispiel kann der Fall einer Frau dienen, die sich während der Schwangerschaft scheiden lässt und bei Geburt einen neuen Partner hat. Sind in diesem Fall nur Rechtsordnungen anwendbar, die wie das deutsche Recht keine Vaterschaftsvermutung zugunsten des geschiedenen Ehemanns kennen, so ist das Ergebnis eindeutig, wenn der neue Partner der Mutter die Vaterschaft anerkennt. Sieht das Heimatrecht des geschiedenen Ehemanns hingegen eine rechtliche Vaterschaft des geschiedenen Ehemanns vor (s.o. Rn. 307a), so würden dem Kind theoretisch zwei Väter zugeschrieben, falls der neue Partner der Mutter nach seinem Heimatrecht oder dem Recht des gewöhnlichen Aufenthaltsortes des Kindes die Vaterschaft wirksam anerkannt hat (vgl. jurisPK-BGB/*Duden*, Art. 19 EGBGB Rn. 59). **308**

Doch ist eine **doppelte (mehrfache) Vaterschaft zu vermeiden**. Der Umgang mit der konkurrierenden Elternschaft muss sich gemäß dem Ziel des Art. 19 Abs. 1 EGBGB am Kindeswohl orientieren.

Die wohl überwiegende Meinung in Rechtsprechung und Literatur vertritt mit unterschiedlichen Begründungen die Ansicht, dass diejenige Rechtsordnung maßgeblich sein soll, die dem Kind schon mit der Geburt zu einem Vater verhelfe **(Prioritätsgrundsatz)**. Hierzu wird teilweise auf das sog. **Günstigkeitsprinzip** verwiesen, weil es dem Wohl des Kindes im Hinblick auf seine unterhalts- und erbrechtliche Absicherung am besten entspreche, wenn ihm schon zum frühestmöglichen Zeitpunkt ein Vater zugeordnet werde (vgl. BGH, 3.8.2016 – XII ZB 110/16, Rn. 11, FamRZ 2016, 1847; s.a. OLG Nürnberg, 14.9.2015 – 11 W 277/15, FamRZ 2016, 920 [922] m. Anm. *Henrich*; OLG Hamm, 27.3.2014 – 15 W 421/13, FamRZ 2014, 1559 [1560]; OLG Köln, 7.6.2013 – 25 UF 40/13, StAZ 2013, 319 [320]; NK/*Bischoff*, Art. 19 EGBGB Rn. 24). Dabei ist das Kindeswohl nicht konkret nach den Umständen des Einzelfalls zu bewerten, sondern die für das Kind günstigere Lösung ist **abstrakt, typisierend zu bestimmen** (*Sturm*, StAZ 2003, 353 [357]). Die günstigere Rechtsordnung ist diejenige, die dem Kind zuerst zu einem Vater „verhilft" (vgl. Erman/*Hohloch*, Art. 19 EGBGB Rn. 17). Eine Bewertung nach den konkreten Umständen des Einzelfalls würde dem Erfordernis der Rechtssicherheit und Rechtsklarheit in Statusfragen widersprechen (vgl. MüKo/*Helms*, Art. 19 EGBGB Rn. 14). Deshalb sind die Vermögensverhältnisse der in Betracht kommenden Väter, der Umfang ihrer persönlichen Zuwendung, die Vor- und Nachteile einer deutschen Staatsangehörigkeit für das Kind und sonstige Lebensumstände nicht erheblich (Kammergericht Berlin, 29.11.2016 – 1 W 7/16, juris Rn. 11). **308a**

Teilweise wird der Prioritätsgrundsatz nicht aus einem kindeswohlbezogenen Günstigkeitsprinzip hergeleitet, sondern aus dem formalen Ordnungskriterium, **308b** dass a**lle nach Art. 19 Abs. 1 EGBGB berufenen Rechte gleichrangig** seien (*Frank*, StAZ 2009, 65 [67]) und diejenige Rechtsordnung, die dem Kind zeitlich als erstes einen Vater zuordne, demzufolge nur durch eine Vaterschaftsanfechtung wieder verdrängt werden könne (MüKo/*Helms*, Art. 19 EGBGB Rn. 16).

Allerdings wird **hiergegen kritisch eingewandt**, dass es nicht im Sinne des nach Art. 19 Abs. 1 EGBGB maßgeblichen Kindeswohls sei, wenn durch das Prioritätsprinzip zum Zeitpunkt der Geburt dem (wahrscheinlich) biologischen Vater die Anerkennungsmöglichkeit genommen bzw. bis zur rechtswirksamen Beseitigung der nach ausländischem Recht begründeten Vaterschaft hinausgezögert wird. Die schematische Bevorzugung der Rechtsordnung, die eine nach dem Kindschaftsreformgesetz im deutschen Recht gerade abgeschaffte Vaterschaftsvermutung des geschiedenen Ehemanns enthalte, sei nicht überzeugend (OLG Karlsruhe, 2.2.2015 – 11 Wx 65/14 Rn. 19, FamRZ 2015,1616 unter Hinw. auf MüKo/*Helms*, EGBGB Rn. 16). Selbst Vertreter der h.M. gestehen zu, dass sie zu praktisch unbefriedigenden Ergebnissen führen kann (*Helms*, FamRZ 2012, 618 in einer Anm. zu BGH, 23.11.2011, XII ZR 78/11).

308c Deshalb hat die Rechtsprechung folgende Lösungsmöglichkeiten gesucht: Liegen die Voraussetzungen eines qualifizierten Vaterschaftsanerkenntnisses (**„scheidungsakzessorischen Statuswechsels")** nach § 1599 Abs. 2 BGB vor, gebührt im Abstammungsverfahren dem deutschen Recht der Vorrang vor einer ausländischen Rechtsordnung, wenn jenes ein Gerichtsverfahren für die Feststellung des wahren Vaters erfordert (BGH, 23.11.2011 –XII ZR 78/11, FamRZ 2012, 616 m. zust. Anm. *Helms* unter Bestätigung von Kammergericht Berlin, 8.12.2010 – 3 UF 100/09, JAmt 2011, 470). Das folgt aus dem **Rechtsgedanken des Art. 20 EGBGB**: Nach Satz 1 der Vorschrift kann die Abstammung nach jedem Recht angefochten werden, aus dem sich ihre Voraussetzungen ergeben. Abzustellen ist hierbei auf die jeweilige zur Anfechtung berechtigte Person. Der frühere Ehemann der Mutter hat dementsprechend die Wahl, ob er sich statt eines nach ausländischem (oder deutschem) Recht durchzuführenden Anfechtungsverfahrens an dem im deutschen Recht erleichterten Statuswechsel nach § 1599 Abs. 2 BGB beteiligt, indem er seine Zustimmung zur Vaterschaftsanerkennung durch den Erzeuger erteilt und damit eine gerichtliche Vaterschaftsanfechtung entbehrlich macht (BGH, 23.11.2011 a.a.O. Rn. 18 ff.).

308d Freilich kann der Prioritätsgrundsatz den Wertungskonflikt zwischen verschiedenen gemäß Art. 19 Abs. 1 EGBGB berufenen Rechten für sich genommen nicht auflösen, wenn eine – alle Wirksamkeitsvoraussetzungen erfüllende – **vorgeburtliche – Vaterschaftsanerkennung** durch den mutmaßlichen Erzeuger des Kindes (etwa nach deutschem Recht) mit einer nachwirkenden Vaterschaftsvermutung zugunsten des geschiedenen Ehemannes der Kindesmutter nach dem gemäß Art. 19 Abs. 1 Satz 2 oder 3 BGB berufenen Auslandsrecht konkurriert. Weisen die alternativ berufenen Rechtsordnungen dem Kind deshalb **schon bei der Geburt unterschiedliche Väter** zu, wird von der überwiegenden Auffassung nach dem Günstigkeitsprinzip derjenigen Rechtsordnung der Vorzug gegeben, die **zum**

wirklichen Vater des Kindes führt (vgl. BGH, 3.8.2016 – XII ZB 110/16, Rn. 12, FamRZ 2016, 1847, unter Hinw. auf Staudinger/*Henrich,* Art 19 EGBGB Rn. 38; ebenso BayObLG, 11.1.2002 – 1Z BR 51/01, FamRZ 2002, 686; jurisPK-BGB/*Duden*, Art. 19 EGBGB, Rn. 72).

Die Bestimmung des für das Kind „günstigeren" Rechts – und ob danach die Vaterschaft auf der Basis der Anerkennung als festgestellt gelten kann – trifft diejenige inländische **Stelle, die über die Anerkennungswirkungen zu befinden hat**: die Urkundsperson bei der Erteilung der Vollstreckungsklausel zu der vom Anerkennenden übernommenen Unterhaltspflicht (unten Rn. 511), der Standesbeamte bei der Beischreibung, das Familiengericht im Feststellungsverfahren nach §§ 169 ff. FamFG. Denn um die Geltungskraft der anerkannten Vaterschaft im Inland geht es. Die Wege des Art. 19 Abs. 1 EGBGB sind hierbei gleichwertig. Allerdings können die Anforderungen sehr unterschiedlich sein: teils geringer, teils schärfer, teils (im Ergebnis) auf gleicher Ebene wie das deutsche Recht. 309

Daraus ergeben sich für die Beurkundung im Jugendamt nachstehende Folgerungen (bb] bis gg]):

bb) Die Urkundsperson hat zunächst die **Anerkennung der Vaterschaft als solche zu Protokoll zu nehmen.** Nach einer der Rechtsordnungen des Art. 19 Abs. 1 EGBGB muss sie *immer* Wirkungen haben. Welche Wirkungen die Anerkennungserklärung aus sich heraus für die Feststellung der Vaterschaft nach je den beteiligten Rechtsordnungen hat: ob sie allein schon genügt (Frankreich, Österreich); ob zu ihrer Wirksamkeit noch Zustimmungen erforderlich sind (der Kindesmutter aus eigenem Recht, ggf. ergänzend die Zustimmung des Kindes – so jetzt das BGB wie zahlreiche andere Rechtsordnungen –), ist nicht Vorbedingung für eine Beurkundung der Anerkennung. Denn diese hat ja stets der erste Schritt zu sein. Nach welcher Rechtsordnung, als der für das Kind günstigsten, die anerkannte Vaterschaft demnächst wirksam werden könnte, hätte die Urkundsperson in der Beurkundung allenfalls für eine Belehrung zu interessieren, wenn sie die nötige Übersicht hierüber besäße. Da sie aber nur ihr eigenes Recht zu kennen braucht (Rn. 195) und ein etwa günstigeres ausländisches Recht oft nicht kennen kann, wird sie **von den Erfordernissen des deutschen Rechts auszugehen** haben und an ihnen die Beurkundung ausrichten. Damit sichert sie zugleich die Feststellbarkeit der Vaterschaft gegenüber einem dem Kinde weniger günstigen fremden Recht des Auslands ab, das Kind kann – wenn es darauf ankommen sollte – auch nach dem betreffenden ausländischen Recht als anerkannt gelten. 310

cc) Das ist deshalb zugleich das nächstliegende Verfahren, weil es die in der Praxis gängigsten Fälle einer ebenso einfachen wie eindeutigen Lösung zuführt. Es sind die Fälle der Anerkennung der Vaterschaft zu einem Kind einer nicht verheirateten Mutter, welches, ob deutsch oder ausländisch, mit **gewöhnlichem Aufenthalt im Inland** lebt. Hier wird gemäß Art. 19 Abs. 1 Satz 1 EGBGB **schlechthin nach deutschem Recht** beurkundet, auch unter Benutzung des deutschen Formulars. Durch beurkundete Zustimmung der Mutter und erforderlichenfalls des Kindes wird die Vaterschaft festgestellt. Demgemäß sind auch die Benachrichtigungen 311 nach § 1597 Abs. 2 BGB (dazu Rn. 334) zu veranlassen. Die Staatsangehörigkeit der Kindeseltern ist, mit gewissen sogleich zugleich zu behandelnden Einschränkungen, ohne Interesse.

312 dd) In zwei Richtungen kann eine **ausländische Staatsangehörigkeit des Kindes und der Eltern** für Beurkundung und Beurkundungsvorgang Bedeutung gewinnen.

Ist das **Kind Ausländer** – dann ist es in aller Regel auch die Mutter, insofern das Kind seine Nationalität von ihr ableitet –, bleibt **Art. 23 EGBGB** zu beachten. Wenn danach das Heimatrecht des Kindes abweichend vom deutschen innerstaatlichen Recht die Zustimmung anderer oder weiterer Personen aus bestehendem familienrechtlichen Verhältnis fordert, dann will auch Deutschland die Feststellung der Vaterschaft durch Anerkennung nur gelten lassen, nachdem einem solchen auslandsrechtlichen Erfordernis Genüge geschehen ist. Das Kind soll nicht neuen familienrechtlichen Bindungen durch Begründung eines Vaterschaftsbandes abweichend von seinem Heimatrecht unterworfen sein dürfen. Hauptsächlich betrifft das eine **Zustimmung des Kindes,** soweit diese nicht gem. § 1595 Abs. 2 BGB ohnehin nach deutschem Recht zusätzlich zur Zustimmung der Mutter erforderlich ist.

Praxistipp

*Die Urkundsperson sollte auf diese Eventualität hinweisen und Angaben eines Elternteils über ein solches Erfordernis des ausländischen Rechts aufmerksam registrieren. Sie wird nach allem gut beraten sein, das **Kind,** gesetzlich vertreten durch seine Mutter, **vorsorglich zustimmen zu lassen**.*

Zum anderen ist bei einem **ausländischen Anerkennenden** ggf. zu prüfen, ob er **von seiner Person her befähigt** ist, eine Anerkennung der Vaterschaft rechtsgültig auszusprechen. Denn auch dies ist eine Frage, die zunächst nach deutschem Internationalen Privatrecht beurteilt werden muss.

313 Die Unterstellung der Vaterschaftsanerkennung unter das deutsche Recht, nachdem das Kind hier lebt, lässt den ausländischen Anerkennenden nicht schon deshalb „volljährig" sein, weil *nach deutschem Recht* hierfür die Vollendung des 18. Lebensjahres ausschlaggebend ist, falls er nach seinem Heimatrecht erst zu einem späteren Zeitpunkt **volljährig** wird.

Das deutsche Internationale Privatrecht erklärt für die Geschäftsfähigkeit einer Person deren Heimatrecht als maßgeblich (Art. 7 Abs. 1 EGBGB). Insoweit wird auch die hier sich stellende Frage der Volljährigkeit nach der Rechtsordnung des Heimatstaates des Anerkennenden beurteilt, und zwar unabhängig von dem für die Anerkennung als solche heranzuziehenden Sachrecht (sog. **selbstständige Anknüpfung**).

Problemlos ist das nur dort, wo jenes Heimatrecht auch für die Geschäftsfähigkeit auf das am gewöhnlichen Aufenthaltsort des Betroffenen geltende Recht zurückverweist (vgl. Art. 4 Abs. 1 Satz 2 EGBGB). Denn dann gelten dessen Maßstäbe: Ein junger Ausländer, der in seinem Heimatland erst mit 20 Jahren volljährig wird, aber in Deutschland lebt und hier die Vaterschaft anerkennt, wird dabei mit 18 Jahren als volljährig behandelt, wenn das Internationale Privatrecht seines Heimatstaates insoweit auf das Recht seines „Wohnsitz"-Staates zurückverweist; die Anerkennung bedarf also keiner Mitwirkung seines wo auch immer lebenden gesetzlichen Vertreters. Nimmt hingegen das ausländische IPR die Verweisung an, indem es hinsichtlich der Volljährigkeit das Personalstatut für maßgebend erklärt, ist das nach dem ausländischen Sachrecht maßgebende Lebensalter zu beachten.

Eine vergleichende Tabelle zur Volljährigkeit in verschiedenen Ländern der Erde findet sich im Internet als Wikipedia-Eintrag „Volljährigkeit". In Zweifelsfällen ist die Rechtssammlung von *Bergmann/Ferid/Henrich,* Internationales Ehe- und Kindschaftsrecht, zu konsultieren, die jeweils auch die Vorschriften zum Volljährigkeitsalter der einzelnen Rechtsordnungen enthält.

Gilt der Anerkennende nach dem maßgebenden ausländischen Recht nicht als volljährig, hätte sein **gesetzlicher Vertreter der Anerkennung der Vaterschaft zuzustimmen**, wofür wiederum keine strengere Form als die des betreffenden Auslandsrechts zu verlangen wäre. Da die Urkundsperson das Heimatrecht des ausländischen Anerkennenden nicht zu kennen braucht (oben Rn. 195), häufig auch nicht kennen kann, genügt es, bei der Beurkundung **auf die sich hieraus ergebende mögliche Rechtslage hinzuweisen** und dem Anerkennenden an die Hand zu geben, sich um eine nach seinem Heimatrecht benötigte Zustimmung seines gesetzlichen Vertreters zu bemühen, falls er nach diesem Recht noch nicht volljährig sein sollte (jenes Recht kann vielleicht von dem Zustimmungserfordernis gegenüber seiner Vaterschaftsanerkennung freistellen). Das Gesagte gilt im Übrigen sinngemäß für denjenigen Anerkennenden, der ggf. nach seinem Heimatrecht „entmündigt" worden ist (soweit solche einschneidenden Rechtsakte überhaupt noch vorgesehen sind, was auch vor dem Hintergrund der „UN-Konvention über die Rechte von Menschen mit Behinderungen" zunehmend seltener werden dürfte). **314**

ee) Hat das anzuerkennende **Kind** seinen **gewöhnlichen Aufenthalt im Ausland,** so stünde eine Anerkennung der Vaterschaft dann unter deutschem Recht, wenn der Vater Deutscher ist. Danach wäre im gegebenen Falle zu fragen und die Bejahung der Frage im Protokoll zu vermerken. **315**

Praxistipp

> In allen Fällen sollte, um die Anwendung des Günstigkeitsprinzips für die später damit befassten deutschen Stellen offen zu halten und dafür weiterführende Grundlagen zu geben, eine **gegenwärtige ausländische Staatsangehörigkeit der Beteiligten im Protokoll festgehalten** werden.

316 Für den Anerkennenden ist das bereits in Art. 4 des Haager Übereinkommens über die Erweiterung der Zuständigkeit der Behörden, vor denen nichteheliche Kinder anerkannt werden können (oben Rn. 198; www.bundesanzeiger-verlag.de/beurkundungen, I Nr. 5) vorgeschrieben.

317 ff) Sollte ein ausländischer **Anerkennungswilliger** verlauten lassen, er **wünsche die Vaterschaft nach seinem Heimatrecht**, so steht nichts im Wege, dies im Protokoll zum Ausdruck zu bringen, wenngleich es der Anwendung des Günstigkeitsprinzips nicht vorzugreifen vermöchte. Er kann dafür Gründe haben. Beispielsweise macht er geltend, sein Heimatrecht verlange nur die Anerkennungserklärung ohne weitere Erfordernisse.

Praxistipp

 Dann hat ihn Urkundsperson zu belehren, sie sei über die Rechtslage nach dem Heimatrecht des Erschienenen nicht zuverlässig informiert; wenn er überzeugt sei, keine weiteren Zustimmungen zu benötigen, und er sich um solche auch nicht bemühen werde, bleibe das sein Risiko; die beglaubigte Abschrift der Anerkennungsverhandlung werde gleichwohl nicht nur an das Geburtsstandesamt übersandt, sondern auch an den gesetzlichen Vertreter des Kindes und an die Kindesmutter.

Denn davon ist die Urkundsperson nicht entbunden. Sie kann ohnehin die Mutter nicht hindern, mindestens vorsorglich die Zustimmung zur Anerkennung der Vaterschaft zu erklären. Auch müssten beide, Kindesmutter und Kind, über die geschehene Anerkennung unterrichtet sein, um rechtliche Schritte gegen deren vielleicht unerwünschte Einseitigkeit nach dem vom Vater angegebenen Recht (z.B. Österreich!) ergreifen zu können.

318 Möglich ist aber auch, dass der Vater sein Heimatrecht als maßgebende Rechtordnung angibt, um die Gültigkeit seiner Vaterschaft auch in seinem Heimatland gesichert zu sehen

Die **Sicherung der Gültigkeit der Vaterschaftsanerkennung im Ausland** ist zwar nicht Aufgabe des deutschen Urkundsorgans. Immerhin hätte es aber auch hierauf hinzuweisen. Dieser Hinweis muss allerdings klar und unmissverständlich sein. Verfehlt wäre eine – tatsächlich in einem EDV-Programm für Beurkundungen verwendete – Formulierung, die sowohl auf die Vaterschaftsanerkennung als auch die Unterhaltsverpflichtung bezogen war: „Es wurde von der Urkundsperson darauf hingewiesen, dass ausländisches Recht bedeutsam sein könnte. Eine inhaltliche Belehrung fand jedoch nicht statt" (vgl. *DIJuF-Rechtsgutachten* 16.10.2002, JAmt 2003, 19). Dieser Text ist für die Beteiligten verwirrend und rätselhaft.

B.I. Anerkennung der Vaterschaft

Praxistipp

 Richtig müsste es etwa heißen: „Die Anerkennung der Vaterschaft und die Unterhaltsverpflichtung werden nach deutschem Recht beurkundet. Sie sind jedenfalls in Deutschland gültig. Ob nach dem Heimatrecht eines der Beteiligten weitere Erklärungen oder Formerfordernisse erforderlich sind, damit die Anerkennung der Vaterschaft auch dort als wirksam gilt, wird hierbei nicht geprüft".

Sollten nach Angabe des Erschienenen bestimmte Formulierungen durch das fremde Recht vorgeschrieben sein, wäre dem zu entsprechen (das gilt allerdings nicht für die so genannte Legitimanerkennung, einer Rechtseinrichtung des islamischen Rechtskreises, deren Beurkundung dem Notar vorbehalten ist; darüber unten Rn. 622). Schließlich kann Bedeutung gewinnen, ob der ausländische Staat die Vorlage des Originals des Anerkennungsprotokolls verlangt. Dann wäre nach § 45 Abs. 1 BeurkG zu verfahren, wobei die Urkundsperson sich auf die glaubhafte Darstellung über die auslandsrechtliche Notwendigkeit verlassen darf; zu Nachforschungen über das Auslandsrecht ist sie auch insoweit nicht verpflichtet. **319**

Eine **Wiederholung der Anerkennung im Inland** ist möglich. Ihr Zweck kann z.B. sein, die Vaterschaft hier auf einen einfacher nachzuvollziehenden Rechtsboden zu stellen. Bis zum 30. Juni 1998 stand dem die Vorschrift des § 1600b Abs. 3 BGB a.F. entgegen. War die Vaterschaft anerkannt oder rechtskräftig festgestellt, so war eine weitere Anerkennung unwirksam. Mit der Aufhebung dieser Bestimmung durch das KindRG gilt aber nunmehr lediglich noch die Einschränkung des § 1594 Abs. 2 BGB. Danach ist die Anerkennung der Vaterschaft – nur dann – nicht wirksam, solange die Vaterschaft *eines anderen* Mannes besteht (vgl. oben Rn. 278). **320**

i) Anerkennung durch einen Ausländer unter zweifelhaftem oder falschem Namen

Ein praktisch häufig auftretendes Problem bei Vaterschaftsanerkennungen unter Ausländerbeteiligung sind Zweifel an der Identität des Erklärenden oder gar die **Angabe eines** – wie sich erst später herausstellt – **falschen Namens des Anerkennenden.** **321**

Nach eindeutiger obergerichtlicher Rechtsprechung ist die *Wirksamkeit einer Vaterschaftsanerkennung* **nicht davon abhängig, dass die Identität des Anerkennenden zweifelsfrei** nachgewiesen worden ist (hierzu eingehend Rn. 157).

Dieselben Grundsätze gelten im Übrigen bei **Zweifeln an der Identität der Mutter** des Kindes (OLG München, 19.10.2005 – 31 Wx 53/05, StAZ 2005, 360 und 23.7.2008 – 31 Wx 37/08, FamRZ 2008, 2227). Der Eintragung eines Vaters im Geburtenregister, der die Vaterschaft mit Zustimmung der Mutter anerkannt hat, stehen fehlende Personenstandsurkunden zur Mutter nicht entgegen. Ein **Nachweis nicht bestehender Ehe der Mutter** zum Zeitpunkt der Geburt kann nur verlangt werden, wenn für eine solche Ehe konkrete Anhaltspunkte bestehen

(OLG Karlsruhe, 25.7.2013 – 11 Wx 35/13, StAZ 2014, 210). Denn auch wenn das Standesamt nach § 73 PStG i.V.m. § 33 Satz 1 Nr. 2 PStV bei Anzeige der Geburt eines Kindes nicht miteinander verheirateter Eltern die Vorlage der Geburtsurkunden beider Elternteile sowie ggf. die Erklärungen über Vaterschaftsanerkennungen und gemeinsame Sorgerechtsausübung verlangen soll, kann der Vaterschaftsanerkennung nicht deshalb die Wirksamkeit versagt werden, weil nicht durch öffentliche Urkunden belegt ist, dass die Kindesmutter zum Zeitpunkt der Geburt nicht verheiratet war und deshalb die – rechtlich vorrangige – Vaterschaft eines anderen Mannes nicht in Betracht kommt (OLG Karlsruhe, 25.7.2013 a.a.O. Rn. 19). Sind **konkrete Anhaltspunkte für eine frühere Ehe nicht ersichtlich**, kann der Standesbeamte keine weiteren Nachweise über eine im Ausland nicht bestehende Ehe verlangen. Die rein theoretische Möglichkeit einer bei der Geburt bestehenden Ehe der Kindesmutter reicht nicht aus, eine Vaterschaftsanerkennung anzuzweifeln und mit dieser Begründung dem Kind die abstammungsrechtliche Zuordnung zum Anerkennenden vorzuenthalten (OLG Karlsruhe 25.7.2013, a.a.O. Rn. 23).

322 Die Urkundsperson beim Jugendamt bzw. der die Anerkennung beurkundende Standesbeamte haben sich zwar **über die Identität** des anerkennungswilligen Mannes und der Mutter **nach Möglichkeit Gewissheit zu verschaffen und zu vermerken**, auf welcher Grundlage die in der Niederschrift festgehaltenen Daten ermittelt wurden. Jedoch kann die Wirksamkeit der Anerkennung keineswegs bezweifelt und eine Beischreibung der Vaterschaft abgelehnt werden, wenn bspw. bei ausländischen Asylbewerbern kein gültiger Reisepass vorgelegt wird, sondern die Angaben zur Person des Erklärenden nur mit einem provisorischen Ausweisdokument z.B. der Ausländerbehörde belegt werden (vgl. dazu Rn. 157).

323 Das bedeutet: Mit der Beurkundung der Anerkennung der Vaterschaft und der erforderlichen Zustimmungen ist die Anerkennung wirksam, d.h. die Vaterschaft im Rechtssinne begründet (vgl. MüKo/*Wellenhofer*, § 1594 BGB Rn. 7 und 9). Damit können sich Vater und Kind auf den **verfassungsrechtlichen Schutz aus Art. 6 GG** berufen, welcher z.B. Abschiebungen erschwert oder ggf. ausschließt. Das Ausländeramt kann sich auch nicht auf Zweifel an der Identität des Vaters stützen. Denn es steht insoweit fest, dass ein bestimmter Mann – wenngleich unter einem zweifelhaften Namen – die Vaterschaft zu einem bestimmten Kind wirksam anerkannt hat.

Somit ist eine **unter falschem Namen erklärte Vaterschaftsanerkennung wirksam,** bedarf aber einer **Berichtigung** nach Aufdeckung der Falschangabe (vgl. hierzu näher DIJuF/*Knittel/Birnstengel*, Beurkundung von Abstammung und Sorgeerklärungen bei Ausländerbeteiligung, Themengutachten TG-1149, Fragen 2 bis 4, Erstveröffentlichung in www.kijup-online.de = www.bundesanzeiger-verlag.de/beurkundungen, III Nr. 3).

Die Berichtigung ist in Form eines Nachtragsvermerks entsprechend § 44a Abs. 2 BeurkG möglich (oben Rn. 100 ff.).

Praxistipp

*Ein Nachtragsvermerk muss in einem derartigen Fall sinngemäß zum Ausdruck bringen, dass sich nachträglich die Unrichtigkeit der bei der Beurkundung angegebenen Personalien des Vaters herausgestellt habe und dessen Name, Geburtsdatum und Geburtsort richtig wie folgt lauteten: „… …".
Dies sei zur Überzeugung der Urkundsperson auf folgende Weise nachgewiesen worden: „ … "*

Es dürfte sich von selbst verstehen, dass die Urkundsperson eine solche Berichtigung **nicht einfach auf Grund von Angaben Dritter** vornehmen kann. Hinweise der Mutter allein sollten deshalb keinesfalls zum Anlass einer entsprechenden Berichtigung genommen werden, selbst wenn diese eine Kopie eines neueren Personaldokuments des Vaters vorlegen könnte. Wenn der Vater auf Grund des Einreiseverbots gehindert ist, persönlich im Jugendamt zu erscheinen, sollte von ihm zumindest eine entsprechende schriftliche Erklärung und die Vorlage einer beglaubigten Ablichtung seines gültigen Reisepasses verlangt werden. Von dem Grundsatz, dass bei der Identitätsfeststellung Kopien nicht das Original eines Ausweisdokuments ersetzen können (vgl. oben Rn. 149 a.E.), ist ausnahmsweise abzugehen, wenn in einem derartigen Fall die Vorlage des Originaldokuments nicht möglich ist. Die Urkundsperson wäre aber in jedem Fall auf der sicheren Seite, wenn der Vater eine entsprechende eidesstattliche Versicherung vor einer deutschen konsularischen Vertretung abgeben würde. Nach § 10 Abs. 1 Nr. 1 KonsG sind die Konsularbeamten befugt, auch eidesstattliche Versicherungen zu beurkunden. **324**

Es mag Fälle geben, in denen der **Bezug** der nunmehr vorgebrachten Tatsachen **zu der ursprünglichen Beurkundung schwierig festzustellen** ist. Das ist vor allem dann naheliegend, wenn die Urkundsperson tatsächlich keine konkrete Erinnerung mehr an den Vorgang hat bzw. inzwischen ein Wechsel der Urkundsperson eingetreten ist. **325**

Soweit allerdings geltend gemacht wird, die Zuordnung der verlangten Korrektur zu dem ursprünglichen Beurkundungsvorgang scheitere auch daran, dass keine **Unterlagen über die Identitätsfeststellung** mehr vorliegen, kann das – jedenfalls auf Dauer gesehen – nicht recht überzeugen.

Praxistipp

*Vaterschaftsanerkennungen von Ausländern, insbesondere Asylbewerbern mit nur vorläufigen Ausweispapieren, sollte schon bei der Niederschrift besondere Aufmerksamkeit gewidmet werden. Das kann z.B. dadurch geschehen, dass – ggf. abweichend von der sonstigen Übung – **Kopien der vorgelegten Ausweispapiere** gefertigt und zum Vorgang genommen werden (naher dazu auch oben Rn. 151).*

326 Dann sollte eine Berichtigung nicht daran scheitern, dass die **Urkundsperson keine konkrete Erinnerung** mehr an den Vorgang hat bzw. als Nachfolger/-in im Amt hieran gar nicht beteiligt war. Die Ablehnung derartiger Vorkehrungen trotz erkannter Notwendigkeit aufgrund gehäufter Vorkommnisse wäre letztlich eine Art von „Organisationsverschulden" der Behörde. Das hätte zwar keine unmittelbaren rechtlichen Auswirkungen, soll aber verdeutlichen, dass sie sich nicht ohne weiteres darauf berufen darf, sie könne schließlich nichts dafür, wenn die Personengleichheit zwischen damaligem Erklärenden und jetzt um Berichtigung bittenden Mann nicht aufklärbar sei.

Im Übrigen könnte daran gedacht werden, dass auch **glaubhafte Bekundungen der Mutter** in Zweifelsfällen zur Überzeugung der Urkundsperson darüber beitragen können, dass es sich bei dem seinerzeit Erklärenden um dieselbe Person handelt, die nun um eine Berichtigung ihrer Personalangaben bittet.

Ferner ist zu überlegen, ob nicht die **Urkundsperson von Amts wegen ermitteln** kann, indem sie beispielsweise die Ausländerbehörde um Überlassung einer Kopie der damaligen Duldungsbescheinigung oder eines ähnlichen vorläufigen Ausweises bittet bzw. darum ersucht, dass sie wenigstens ein authentisches Passbild aus den Akten erhält, welches dem Asylbewerber damals unter seinen Identitätsangaben zugeordnet war.

327 Es ist zwar unbestreitbar, dass das Problem durch die **falschen Identitätsangaben des Elternteils** geschaffen wurde, welcher seine wahre Identität womöglich auch dem anderen Elternteil seinerzeit nicht offenbart hatte, so dass dieser hinsichtlich der Personalangaben gutgläubig war. Jedoch berechtigt das die Urkundsperson nicht etwa, abzuwarten, bis dieser Elternteil nunmehr von sich aus nachweist, dass er mit dem seinerzeit Erklärenden identisch war.

Immerhin geht es um das **Wohl und die Interessen des Kindes**, auf welches sich die Vaterschaftsanerkennung und womöglich auch die Sorgeerklärung beziehen. Es wäre ein nicht haltbarer Zustand, von einer wirksamen früheren Vaterschaftsanerkennung auszugehen, aber eine Berichtigung hinsichtlich der Identität des Vaters, welche erst der Anerkennung zur Wirkungskraft im Rechtsverkehr verhilft, ohne weitere Anstrengungen zu verweigern mit dem Argument, eine Berichtigung scheitere an der fehlenden Nachweisbarkeit, dass der jetzt auftretende Mann identisch sei mit dem seinerzeit Erklärenden.

Wenn die Urkundsperson selbst keine Erinnerung mehr an den Vorgang hat, muss sie **zu einer Aufklärung** insoweit **beitragen**, als sie Beweismittel wie eine glaubhafte Erklärung der Mutter bzw. eine Amtshilfe der Ausländerbehörde im vorgenannten Sinne akzeptiert oder sich gar aktiv um sie bemüht.

Das steht auch nicht im Widerspruch zu der Annahme, dass die Urkundsperson bei Unklarheiten hinsichtlich eines ihr erstmals vorgelegten Ausländerreiseausweises oder Flüchtlingsausweises nicht zu weiteren Ermittlungen gehalten ist (oben Rn. 150c). In jener Situation kann sie diese den Stellen überlassen, vor denen später von der Urkunde Gebrauch gemacht werden soll. Hier wird aber die Urkundsperson selbst zu einer weiteren Amtshandlung aufgefordert, nämlich der Berichtigung einer unter falschem Namen abgegebenen Erklärung. Dem kann sie sich nicht durch Verweis auf andere Stellen entziehen, sondern muss die hierfür notwendige Aufklärung als Voraussetzung ihres weiteren Vorgehens selbst betreiben.

Folgendes **Dilemma** ist zudem zu bedenken: Wenn man die grundsätzlich zulässige Berichtigung der seinerzeit aufgenommenen Personalangaben im Wege eines Nachtragsvermerks im konkreten Fall **ablehnt** mit dem Argument, es sei **nicht nachweisbar**, dass der jetzt erschienene Mann tatsächlich mit dem seinerzeitigen Vaterschaftsprätendenten **identisch** sei, **schließt** das folgerichtig auch **eine gültige erneute Bekundung** einer Vaterschaftsanerkennung **aus.** Denn eine Anerkennung ist bekanntlich nach § 1594 Abs. 2 BGB nicht wirksam, solange die Vaterschaft eines anderen Mannes besteht. Auf der Grundlage der „Zwei-Personen-These" könnte also nunmehr die Situation nicht etwa dadurch bereinigt werden, dass der Mann mit seinem neuen Pass und der neuen Identität die Vaterschaft anerkennt. Da Jugendamt und womöglich auch Standesamt nicht ausschließen können und wollen, dass die Vaterschaft seinerzeit von einem anderen Mann erklärt wurde, kann also eine Nachbeurkundung in dieser Konstellation nicht zur Rechtsklarheit führen. **328**

Liegen die Voraussetzungen einer Berichtigung vor, hat die Urkundsperson beglaubigte Abschriften unter Berücksichtung des Nachtragsvermerks an die in § 1597 Abs. 2 BGB genannten Personen und Stellen zu übermitteln, also dem Vater, der Mutter, dem Kind sowie dem Standesbeamten. **329**

j) Belehrungen

Der Fertigung der Niederschrift, spätestens ihrer Genehmigung vor Vollziehung der erforderlichen Unterschriften, hat eine eingehende Belehrung des Anerkennungswilligen **über die Rechtsfolgen der Anerkennung** vorauszugehen (§ 17 Abs. 1 BeurkG). Die Urkundsperson hat über den Unterschied von Anerkennung der Vaterschaft und Namenserteilung zu belehren. Sie muss darüber aufklären, dass mit der Anerkennung die Vaterschaft noch nicht hergestellt ist, sondern dass sie noch der nicht fristgebundenen Zustimmung der Mutter und gegebenenfalls des Kindes bedarf, wenn diese nicht in derselben Verhandlung erklärt werden. Zu belehren ist auch über das Widerrufsrecht, falls die Anerkennung ein Jahr nach der Beurkundung noch nicht wirksam geworden ist (§ 1597 Abs. 3 BGB). Wird die Zustimmung *nachträglich* erteilt, wird der Vater – im Gegensatz zur Rechtslage vor dem 1. Juli 1998 – durch Übersendung einer beglaubigten Abschrift hiervon in Kenntnis gesetzt (§ 1597 Abs. 2 BGB). **330**

Bei **beschränkter Geschäftsfähigkeit des Anerkennenden** ist darüber zu belehren, dass die Genehmigung seines gesetzlichen Vertreters nachzubringen sein wird; es sei denn der gesetzliche Vertreter hätte in derselben Verhandlung seine Zustimmung mit zu Protokoll gegeben. **331**

Dem **Anerkennenden ist deutlich zu machen, was der Status der Vaterschaft bedeutet:** in personenrechtlicher (Zeugnisverweigerungsrecht), unterhaltsrechtlicher und erbrechtlicher Hinsicht (gegenseitige Unterhaltspflichten sowie Erb- und Pflichtteilsrechte). Auch über die Möglichkeit, persönlichen Umgang mit dem Kind zu haben (§ 1626 Abs. 3 Satz 1, § 1684 Abs. 1 BGB) – wobei nach dem Wortlaut des Gesetzes sogar eine Pflicht zum Umgang besteht! –, muss der Anerkennende in Kenntnis gesetzt werden. Er ist auch auf das Recht hinzuweisen, sich von der Kindesmutter über die persönlichen Verhältnisse des Kindes unterrichten zu lassen (§ 1686 BGB). Hinweisbedürftig ist auch die Möglichkeit, durch Sorgeerklärungen beider Elternteile eine gemeinschaftliche Sorge begründen zu können (§ 1626a Abs. 1 Nr. 1, §§ 1626b ff. BGB). Wegen der Möglichkeit, sich eines Merkblatts zu bedienen, s.o. Rn. 206. Ein Beispiel für ein Merkblatt ist auf dem Internet-Portal des DIJuF e.V. unter „Formulare" zu finden (s. a. www.bundesanzeiger-verlag.de/beurkundungen, V Nr. 1).

Hat der Anerkennende die Absicht, die Kindesmutter zu heiraten, ist er über die hierdurch begründete gemeinsame Sorge (§ 1626a Abs. 1 Nr. 2 BGB) aufzuklären; im anderen Falle ferner darüber, dass und unter welchen Voraussetzungen dem Kind *sein* Name erteilt werden kann (§ 1617a Abs. 2 BGB).

332 Immer wieder kommt es vor, dass der Erschienene zur Anerkennung der Vaterschaft zwar „halb" entschlossen ist, aber seine **Zweifel an der Vaterschaft** nicht verhehlt. Mit der Neutralität des Beurkundungsamtes wäre es nicht vereinbar, den Erschienenen zur Anerkennung zu drängen. Die Urkundsperson sollte belehren über die Risiken und die Chancen einer gerichtlichen Feststellung der Vaterschaft (§ 1600d BGB). Zu dieser Belehrung gehört dann auch, darauf aufmerksam zu machen, dass bei einer nachträglichen Anfechtung der anerkannten Vaterschaft sich die Beweislast für den Anfechtenden entscheidend verschlechtert (§ 1600c Abs. 1 BGB), sofern er sich nicht auf Anfechtungsgründe des § 1600c Abs. 2 BGB stützen kann.

333 Ist der **Anerkennende Ausländer**, ist er darüber zu belehren, dass das **Rechtsverhältnis zwischen ihm und dem Kinde**, solange es seinen gewöhnlichen Aufenthalt im Inland hat, in allen Eltern-Kind-Beziehungen **dem deutschen Recht untersteht** (Art. 21 EGBGB), und zwar auch dann, wenn die Vaterschaft als solche unter Ausnutzung der Alternativen des Art. 19 Abs. 1 EGBGB unter dem Heimatrecht des Vaters anerkennungsfähig, vielleicht sogar „anerkannt" sein sollte, und unabhängig davon, welche Nationalität die Mutter oder das Kind hat.

333a Zu dem Rechtsverhältnis zwischen Eltern und Kind gehört allerdings nicht dessen **erbrechtliche Stellung** nach dem Vater. Seit 17. August 2015 ist insoweit das Kollisionsrecht innerhalb der EU grundlegend geändert worden. Seit diesem Stichtag gilt unionsweit (außer im Vereinigten Königreich, Irland und Dänemark) die Europäische Erbrechtsverordnung (Verordnung EU Nr. 650/2012, EU-ErbVO = www. www.bundesanzeiger-verlag.de/beurkundungen, I Nr. 7). Diese neue EU-Verordnung regelt, welches Erbrecht auf einen internationalen Erbfall anzuwenden ist. Danach unterliegt grundsätzlich die gesamte Rechtsnachfolge von Todes wegen dem Recht des Staates, in dem der Erblasser zum Zeitpunkt seines Todes seinen letzten gewöhnlichen Aufenthalt hatte (Art. 21 Abs. 1 EU-ErbVO). Versterben hier ansässige ausländische Staatsangehörige in Deutschland, gilt daher in der Regel deutsches Erbrecht. Hierbei spielt es keine Rolle, ob sie EU-Bürger waren oder nicht. Die EU-ErbVO ist gem. ihrem Art. 20 universell, d.h. als „loi uniforme" auch gegenüber Nicht-Mitgliedstaaten der EU anwendbar (nähere Einzelheiten bei DIJuF/*Knittel/Knörzer*: Erbrecht – Vormundschaft oder Pflegschaft für ausländische Kinder nach dem Tod eines Elternteils, Themengutachten TG-1204, Fragen 2 und 3, Erstveröffentlichung in www.kijup-online.de = www.bundesanzeiger-verlag.de/beurkundungen, III Nr. 5).

Auch die Gestaltung des Familiennamens folgt für das ausländische nichteheliche Kind eigenen Regeln (Art. 10 Abs. 1 und 3 EGBGB). Da die Urkundsperson ein hiernach maßgebendes Auslandsrecht nicht zu kennen braucht (Rn. 195), darf – und sollte – sie sich einer Belehrung über dessen Inhalt enthalten. Die Frage des Familiennamens zu würdigen, ist Sache des Standesamts bei der Beischreibung. **333b**

k) Geschäftliche Behandlung des Urkundsvorgangs

Nach § 1597 Abs. 2 BGB hat die Urkundsperson dem Vater, der Mutter und dem Kinde, ggf. zu Händen seines gesetzlichen Vertreters (Beistand/Vormund) eine **beglaubigte Abschrift der Anerkennungsverhandlung zu übermitteln.** Die gleiche beglaubigte Abschrift erhält ferner der Standesbeamte, und zwar nach § 44 Abs. 3 PStG derjenige des Geburtsortes des Kindes (wenn dieser außerhalb der Bundesrepublik Deutschland liegt: der Standesbeamte des Standesamtes I in Berlin). Über den Zweck dieser Benachrichtigungen vgl. Rn. 117. **334**

Die Übersendung beglaubigter Abschriften der Anerkennung und aller wirksamkeitsrelevanten Erklärungen ist **nicht konstitutiv und daher lediglich als Ordnungsvorschrift** zu behandeln (Palandt/*Brudermüller*, § 1597 BGB Rn. 3; Staudinger/*Rauscher*, § 1598 BGB Rn. 9; *Rauscher*, FPR 2002, 359 [367] m.w.N).. Denn mit der Beurkundung der Anerkennung der Vaterschaft und der erforderlichen Zustimmungen ist die Anerkennung wirksam, d.h. die Vaterschaft im Rechtssinne begründet (vgl. MüKo/*Wellenhofer* § 1594 BGB Rn. 7 und 9 und oben Rn. 323). Deshalb ist auch der **Widerruf** einer vorgeburtlichen Vaterschaftsanerkennung nicht mehr möglich, wenn zwar eine Zustimmung der Schwangeren zu der Anerkennungserklärung vorliegt, diese Erklärungen jedoch noch nicht dem Standesamt zugegangen sind (*DIJuF-Rechtsgutachten*, 11.4.2014, JAmt 2014, 189).

Darüber, was insoweit im Falle einer **vorgeburtlichen Anerkennung** der Vaterschaft zu veranlassen ist, sagt das Gesetz nichts. Denn zu diesem Zeitpunkt gibt es logischerweise noch kein Standesamt, das in dieser Sache tätig geworden ist. Bei vorgeburtlichen Erklärungen stellt sich daher stets das Problem, dass der Ort der künftigen Geburt noch nicht feststeht und die Urkundsperson deshalb nicht sicher sein kann, an welches Standesamt Ausfertigungen der Erklärungen über Anerkennung und Zustimmung gem. § 1597 Abs. 2 BGB zu übermitteln sind. **334a**

Zu dieser Amtshandlung ist die Urkundsperson aber grundsätzlich nur in der Lage, wenn sie weiß oder hinreichend sicher vermuten kann, wo die Geburt des Kindes voraussichtlich stattfinden wird oder stattgefunden haben könnte.

334b Theoretisch bieten sich **drei Verfahrensweisen** an:

- Die Ausfertigungen könnten „auf Verdacht" **an dasjenige Standesamt** geschickt werden, welches **voraussichtlich die Geburt beurkunden** wird. Das erscheint relativ einfach, wenn aller Voraussicht nach das Kind in einem überschaubaren örtlichen Rahmen geboren werden wird, sei es bei einer Hausgeburt oder in einer – zum Wohnort der Mutter – ortsnahen Klinik, und jeweils die Zuständigkeit ein- und desselben Standesamts berührt ist. Es mag sein, dass damit eine Wahrscheinlichkeit von 80 bis 90 % bezüglich einer zutreffenden Adressierung der Übersendung an das künftig zuständige Standesamt erzielt werden kann. Schwieriger kann dies allerdings schon werden, wenn in Großstädten verschiedene Standesämter zuständig sind und noch nicht absehbar ist, ob das Kind zuhause (womöglich im Landkreis!) oder in einer von mehreren in Betracht kommenden Kliniken geboren wird. Dann ist entweder von vornherein unklar, an welches Standesamt die Mitteilung zu adressieren ist oder sie landet möglicherweise bei dem – wie sich später herausstellen wird – unzuständigen Standesamt. Es wäre wohl keine überzeugende Lösung, gleich auf Verdacht mehrere in Betracht kommende Standesämter mit den Abschriften „zu versehen".

- Alternativ könnte daran gedacht werden, die Ausfertigungen zunächst **bei der Urkundsperson zurückzuhalten** und die Mutter zu bitten, sich nach der Geburt erneut zu melden, damit die Vorgabe des § 1597 Abs. 2 BGB erfüllt werden kann.

- Die dritte Möglichkeit besteht darin, die für den Standesbeamten bestimmten Ausfertigungen **der Mutter mitzugeben und ihr anheimzustellen**, diese selbst nach der Geburt dem Standesamt zu übermitteln. Für diese Variante könnte immerhin sprechen, dass schließlich die Geburt beim zuständigen Standesamt angemeldet werden muss und zudem die Tatsache der bereits vorgeburtlichen Vaterschaftsanerkennung für das Interesse der Eltern spricht, von vornherein für geklärte Abstammungsverhältnisse des Kindes zu sorgen.

334c Angesichts der dargestellten Rechtslage kann es nur mittelbar um „Gesetzlichkeit" gehen, weil feststeht, dass die Mitteilungen im Ergebnis das Standesamt erreichen müssen. Die für den Regelfall der nachträglichen Beurkundung problemlose **Übersendung durch die Urkundsperson an das eindeutig feststehende Standesamt ist aber hier nicht möglich**. Eine verbindliche Regelung für das vorgeschriebene Vorgehen fehlt. Es kann daher nur darum gehen, bei den drei optional zur Verfügung stehenden Handlungsweisen diejenige auszuwählen, die am ehesten zielführend ist.

In überschaubaren ländlichen Gebieten dürfte sich die Variante 1 empfehlen. Allerdings sollte mit dem zuständigen Standesamt besprochen werden, wie dort die

Frage beurteilt und wie mit vorsorglich übermittelten Ausfertigungen umgegangen wird. Soweit die Eltern einen hinreichend zuverlässigen Eindruck machen, könnte auch die Variante 3 gewählt werden.

Relativ ungünstig erscheint die Variante 2, weil die Urkundsperson dann in jedem Fall auf eine Rückmeldung der Eltern angewiesen ist. Dann stellt sich aber die Frage, warum diesen nicht gleich die Ausfertigung in die Hand gegeben wird. Im Übrigen steht nirgends geschrieben, dass nicht auch die **Varianten 1 und 3 kombiniert** werden könnten. Denn es gibt schließlich keine Begrenzung der für den Standesbeamten bestimmten Abschriften auf lediglich eine einzige. Wenn je eine beglaubigte Abschrift sowohl dem mutmaßlich vorrangig in Betracht kommenden Standesamt als auch einem Elternteil zum Zweck der Vorlage nach der Geburt überlassen werden, erhöht sich deutlich die Wahrscheinlichkeit, dass am Ende jedenfalls das eigentlich zuständige Standesamt die notwendige Kenntnis erhält. Wenn hierbei nach dem Grundsatz verfahren wird „doppelt genäht hält besser", kann allenfalls Nutzen und jedenfalls kein Schaden entstehen (so auch DIJuF/*Knittel/Birnstengel*, Vorgeburtliche Erklärungen zu Vaterschaft, Sorge und Unterhalt auch bei Minderjährigkeit von Elternteilen, Themengutachten TG-1038, Frage 9, Erstveröffentlichung in www.kijup-online.de = www.bundesanzeiger-verlag.de/beurkundungen, III Nr. 17),

Ist die **unverheiratete Mutter minderjährig**, wäre die beglaubigte Abschrift vorsorglich auch dem für den gewöhnlichen Aufenthalt der Schwangeren zuständigen Jugendamt zu übersenden, da nach der Geburt des Kindes die gesetzliche Amtsvormundschaft eintritt (§ 1791c Abs. 1 BGB). **334d**

Zu übersenden sind auch Anerkennungen, die wegen des Bestehens einer anderweitigen Vaterschaft (noch) gemäß 1594 Abs. 2 schwebend unwirksam sind; dieser Umstand sollte jedoch bei Übersendung an den Standesbeamten mitgeteilt werden, soweit er der Urkundsperson bekannt ist, um unrichtige Eintragungen der noch nicht wirksamen Anerkennung im Geburtenbuch zu vermeiden (vgl *DIJuF-Rechtsgutachten* 3.4.2001, JAmt 2001, 585; Staudinger/*Rauscher,* § 1597 BGB Rn. 18).

Hat die Mutter die Zustimmung zur Vaterschaftsanerkennung nicht erteilt und hat das Familiengericht wegen kindeswohlgefährdendem Nichtbetreibens der Vaterschaftsfeststellung einen **Ergänzungspfleger** bestellt, bestehen keine datenschutzrechtlichen Bedenken, diesem eine **beglaubigte Abschrift** der – noch nicht widerrufenen – Vaterschaftsanerkennung zu übermitteln. Der Ergänzungspfleger nimmt insoweit als gesetzlicher Vertreter des Kindes dessen Informationsanspruch wahr. Der Fall ist nicht anders zu behandeln als ein Antrag des gesetzlich vertretenen Kindes, wegen Verlusts der erstmals erteilten beglaubigten Abschrift eine weitere Abschrift zu erteilen (vgl. *DIJuF-Rechtsgutachten* 9.2.2004, www.bundesanzeiger-verlag.de/beurkundungen, IV Nr. 9). **335**

Die Beurkundung der Anerkennung der Vaterschaft wird meist **mit einer Unterhaltsverpflichtung** verbunden sein. In diesem Falle kann die beglaubigte Abschrift sich auf den die Anerkennung der Vaterschaft betreffenden Teil der Nieder- **336** schrift *beschränken*; die für den Standesbeamten bestimmte beglaubigte Abschrift sollte dies sogar (Datenschutz!).

Die Anerkennung der Vaterschaft kann aber auch isoliert erklärt worden sein. Etwa: Der Anerkennende hatte schon vorläufig Unterhaltszahlungen aufgenommen, will sich aber vor endgültiger urkundlicher Verpflichtung ein genaueres Bild darüber verschaffen, was er zu zahlen haben wird. Oder: Er wollte, als Ausländer mit Anschauungen eines anderen Rechtskreises, das Kind erst einmal „haben", jedoch keine Unterhaltsverpflichtungen im Inland eingehen. Er kann dann eine Ausfertigung verlangen (oben Rn. 92). Auch hat er einen Anspruch auf (grundsätzlich kostenfreie) Erteilung einer beglaubigten Abschrift. Sie kann als Unterlage für eine spätere Beurkundung der Unterhaltsverpflichtung vor anderen Stellen dienen – einem anderen Jugendamt, einem Notar, einem Amtsgericht oder, wenn er sie einem Testament würde beifügen wollen, zum Beleg dafür, dass und warum er das (bis dahin vor der eigenen Familie verheimlichte) „nichteheliche" Kind darin bedacht hat.

2. Beurkundung der Zustimmung der Mutter, § 1595 Abs. 1, § 1597 BGB

a) Neuregelung durch das KindRG; fehlende Ersetzbarkeit der Zustimmung; Geschäftsfähigkeit

337 Durch das KindRG wurde seit 1. Juli 1998 das Wirksamwerden der Anerkennung der Vaterschaft **zwingend an die Zustimmung der Mutter geknüpft.** Diese hat aus eigenem Recht und nicht nur als gesetzliche Vertreterin des Kindes ein Mitwirkungsrecht bei der Vaterschaftsanerkennung (*Schwab/Wagenitz,* FamRZ 1997, 1377 [1378]). Das Zustimmungserfordernis folgt aus der Mutterschaft als solcher und ist nicht Ausfluss des Sorgerechts. Die Zustimmung des Kindes, auf die es im früheren Recht allein ankam und die dem gesetzlichen Vertreter oblag (im Altbundesgebiet regelmäßig der Amtspfleger, in den neuen Ländern zumeist die Mutter), ist nach § 1595 Abs. 2 BGB nur dann als ergänzendes Element notwendig, wenn der Mutter insoweit die elterliche Sorge nicht zusteht (vgl. unten Rn. 349). Zur Kritik an dieser Regelung vor allem unter dem Gesichtspunkt des Selbstbestimmungsrechts des Kindes – das sich u.U. einen Mann als Vater „aufnötigen" lassen muss – und hinsichtlich möglicher Interessenkollisionen bei der Mutter vgl. *Lipp/Wagenitz,* § 1595 BGB Rn. 3; *Gaul,* FamRZ 1997, 1449 (1450).

338 Die Zustimmung der Mutter kann **nicht ersetzt** werden (zur Begründung BT-Drs. 13/4899 S. 54; Palandt/*Brudermüller,* § 1595 BGB Rn. 3). Dies gilt auch im Fall ihrer Geschäftsunfähigkeit oder ihres unbekannten Aufenthaltes. Dann bleibt nur der Weg eines Antrags des Kindes oder des Mannes auf Feststellung der Vaterschaft nach § 169 Nr. 1 FamFG.

339 Ist die **Mutter verstorben** und eine Zustimmung deshalb objektiv unmöglich, sollte allein die Zustimmung des Kindes ausreichen (ebenso Staudinger/*Rauscher* Rn. 15; MüKo/*Wellenhofer,* Rn. 8; NK-*Gutzeit,* Rn. 5; Erman/*Hammermann,* Rn. 8; jurisPK-BGB/*Nickel, Rn. 13* jeweils zu § 1595 BGB; Gernhuber/Coester-Waltjen,

§ 52 Rn. 52; *DIJuF-Rechtsgutachten* 13.4.2000, DAVorm 2000, 473 und 26.7.2000, DAVorm 2000, 757 [758]; a.A. RegE BT-Drs. 13/4899, 54; LG Koblenz, 1.8.2002 – 2 T 487/02, StAZ 2003, 303; Palandt/*Brudermüller*, Rn. 3; BeckOK/*Hahn*, Rn. 4, je zu § 1595 BGB; *Kissner*, StAZ 2007, 303; hierzu eingehend auch *Frank*, StAZ 2013, 133).

Denn höchstpersönliche Beteiligungsrechte – vgl. insoweit auch die Einwilligung der Eltern in die Adoption nach § 1747 Abs. 1 Satz 1 BGB – setzen voraus, dass der Erklärungsbefugte am Leben ist. Andernfalls kann die Erklärung weder durch Dritte, etwa Erben, abgegeben noch gerichtlich ersetzt werden (so auch BayObLG, 7.7.2004 – 1Z BR 67/04, FamRZ 2005, 388 zur Einwilligung des verstorbenen anderen Elternteils bei der Einbenennung nach § 1618 BGB). Sie ist schlicht **entbehrlich geworden**, denn die Rechte der Mutter können nicht mehr betroffen sein Gerade nach dem Tod der Mutter spricht auch das Interesse des Kindes eher für eine effiziente und auch zeitnahe Vaterschaftsfeststellung. Jedenfalls in klaren Abstammungssituationen gewährleistet eine verantwortliche Prüfung der Zustimmungsfähigkeit seitens des Vormunds des Kindes die Wahrnehmung seiner Interessen. Zwar kann nach dem Tod der Mutter auch deren tatsächliches Wissen um die Verhältnisse nicht mehr einfließen (so *Kissner*, StAZ 2007, 303 [304]). Jedoch mag dies in der vom Vormund zu treffenden Entscheidung berücksichtigt werden (Staudinger/*Rauscher*, § 1595 BGB Rn. 15).

Die Problematik ist noch immer **nicht in der Rechtsprechung abschließend geklärt**. Zu verweisen ist lediglich auf einen stattgebenden Kammerbeschluss des BVerfG (26.2.2008 – 1 BvR 1624/06, NJW 2008, 2835), in dem die Frage indirekt behandelt worden war. Es ging um die Vaterschaftsanerkennung eines Mannes, der nicht der Erzeuger des Kindes war, nachdem die Mutter bereits lange vorher verstorben war. Das BVerfG hat gerügt, dass im Verfahren nicht hinreichend aufgeklärt wurde, wer als gesetzlicher Vertreter des Kindes der Anerkennung zustimmen konnte. 340

Offensichtlich waren dabei weder die Vorinstanzen, darunter das OLG Bremen, noch das BVerfG der Auffassung, nach dem Tod der Mutter sei *nur ein gerichtliches Feststellungsverfahren* in Betracht gekommen.

Gleichwohl verbleibt bis zu einer ausdrücklichen höchstrichterlichen Entscheidung der Streitfrage ein rechtliches Risiko, wenn der Vater lediglich mit Kindeszustimmung die Vaterschaft anerkennen will.

Ist die **Mutter minderjährig** und deshalb nach § 106 BGB beschränkt geschäftsfähig, benötigt sie zur Wirksamkeit ihrer persönlich zu erklärenden Zustimmung ihrerseits die Zustimmung ihres gesetzlichen Vertreters (§ 1596 Abs. 1 Satz 4 BGB). Regelmäßig werden dies die Eltern sein, ausnahmsweise auch ein Vormund. 341

Die **geschäftsunfähige Mutter** kann nicht wirksam zustimmen (§ 105 BGB). Ihre Erklärung konnte aber nach dem Gesetzeszustand ab 1. Juli 1998 auch nicht stellvertretend durch einen gesetzlichen Vertreter (z.B. einen Betreuer) abgegeben werden, da § 1596 Abs. 1 Satz 4 BGB nicht auch Satz 3 der Vorschrift für entspre- 342 chend anwendbar erklärte. Es war strittig, ob dies ein Redaktionsversehen war oder, wofür die besseren Gründe sprechen, auf einer bewussten Entscheidung des Gesetzgebers beruhte (vgl. *Knittel,* JAmt 2002, 50 [52]; *Wanitzek,* FamRZ 2003, 730 [735] mit Darstellung des Meinungsstandes). Jedenfalls lag hierin eine – wenngleich zu rechtfertigende – Ungleichbehandlung gegenüber dem geschäftsunfähigen Mann bei der Abgabe der Vaterschaftsanerkennung (vgl. oben Rn. 303).

Durch das Kinderrechteverbesserungsgesetz vom 9. April 2002 wurde die Verweisung des § 1596 Abs. 1 Satz 4 BGB auch auf Satz 3 erstreckt, wodurch die **Zustimmung der geschäftsunfähigen Mutter** zur Vaterschaftsanerkennung **durch den gesetzlichen Vertreter mit Genehmigung** des Familiengerichts bzw. des Betreuungsgerichts erklärt werden kann (Staudinger/*Rauscher,* § 1596 BGB Rn. 19).

Der gesetzliche Vertreter einer volljährigen geschäftsunfähigen Mutter kann nur ein **rechtlicher Betreuer** im Sinne von §§ 1896 ff. BGB sein. Seine Entscheidung darüber, ob die Zustimmung zur Vaterschaftsanerkennung zu erklären ist, hat er an § 1901 BGB auszurichten: Nach Abs. 2 Satz 1 und 2 der Vorschrift hat er die Angelegenheiten der geschäftsunfähigen Mutter so zu besorgen, wie es ihrem Wohl entspricht, wozu die Möglichkeit gehört, im Rahmen ihrer Fähigkeiten ihr Leben nach ihren eigenen Wünschen und Vorstellungen zu gestalten. Nach Abs. 3 Satz 1 und 3 der Vorschrift muss der Betreuer ihren Wünschen entsprechen, soweit dies ihrem Wohl nicht zuwiderläuft, und vor der Erledigung wichtiger Angelegenheiten diese mit ihr besprechen.

Es ist zu hoffen, dass die mit der jetzigen Regelung verbundene **Ungleichbehandlung geistig behinderter Mütter gegenüber geschäftsfähigen Müttern** durch die Einführung einer Fremdentscheidung über die Zustimmung zur Vaterschaftsanerkennung in der Praxis abgefedert wird durch die Beteiligungsobliegenheiten des Betreuers gegenüber der Mutter (*Knittel,* JAmt 2002, 50 [52]; krit. auch *Wanitzek,* FamRZ 2003, 730 [735]: Vorzugswürdig wäre die Streichung des Satzes 3 des § 1596 Abs. 1 BGB gewesen mit dem Ziel, die Möglichkeit der Vertretung auch des geschäftsunfähigen Mannes durch seinen gesetzlichen Vertreter auszuschließen. Damit wäre die für Mann und Mutter gleichermaßen als problematisch anzusehende aufgezwungene Fremdbestimmung im Sinne einer Gleichbehandlung für beide beseitigt worden, statt sie auf beide zu erweitern. In jedem Fall bleibe schließlich die Möglichkeit einer gerichtlichen Feststellung der Vaterschaft, so im Erg. auch Staudinger/*Rauscher,* § 1595 BGB Rn. 17).

b) Zeitpunkt (vorgeburtliche Zustimmung; Zustimmung zu der während der Anfechtung der Vaterschaft erklärten Anerkennung)

343 Die Zustimmung der Mutter geschieht in öffentlicher Beurkundung. Sie **muss nicht der Vaterschaftsanerkennung nachfolgen**, sondern kann ihr mit gleicher Wirkung vorausgehen (MüKo/*Wellenhofer,* § 1595 BGB Rn. 6; Staudinger/ *Rauscher,* § 1595 BGB Rn. 32 m.w.N.). Dann ist sie als Zustimmung zu einer „demnächst zu erklärenden Anerkennung der Vaterschaft zu dem Kinde durch ... (genaue Bezeichnung des Kindesvaters)" abzugeben.

Ebenso wie die Vaterschaftsanerkennung ist die Zustimmung der Mutter auch **vorgeburtlich** möglich (§ 1595 Abs. 3 i.V.m. § 1594 Abs. 4 BGB). Im Übrigen kann sie nach den genannten Bestimmungen weder unter einer Bedingung noch einer Zeitbestimmung abgegeben werden. **344**

c) Adressatlosigkeit und fehlende Fristgebundenheit der Zustimmung

Die Zustimmungserklärung der Mutter ist – ebenso wie die Anerkennung selbst – **nicht empfangsbedürftig**, hat also keinen Adressaten (vgl. oben Rn. 257). Lediglich ist eine beglaubigte Abschrift nach § 1597 Abs. 2 BGB dem Vater, dem Standesbeamten und ggf. dem Kind – soweit dieses nicht von der Mutter gesetzlich vertreten wird – zu übersenden. Das dient aber nur der Kenntnisnahme dieser Personen und ist nicht Wirksamkeitsvoraussetzung der zuvor abgegebenen Erklärung (BT-Drs. 13/4899, 85). **345**

Hieraus folgt: Im Gegensatz zur empfangsbedürftigen Zustimmungserklärung des Kindes nach früherem Recht können keine Zugangsprobleme auftreten. Die Erklärung der Mutter wird mit ihrer Protokollierung **unwiderruflich.**

Die Zustimmung ist – im Gegensatz zur Zustimmung des Kindes nach früherem Recht – **nicht binnen einer bestimmten Frist** abzugeben mit der Folge, dass andernfalls die Anerkennung kraftlos würde. Jedoch hat die Mutter zu beachten, dass der **Anerkennende** nach § 1597 Abs. 3 Satz 1 BGB seine Erklärung **widerrufen** kann, wenn sie ein Jahr nach ihrer Beurkundung infolge einer fehlenden Zustimmung noch nicht wirksam geworden ist.

d) Belehrungen

Auch die Mutter ist über die Rechtsfolgen ihrer Zustimmung zu belehren, und zwar zunächst zum Verfahren (Wirksamwerden, Unwiderruflichkeit ihrer Erklärung). Materiell-rechtlich ist die Belehrung nur sozusagen spiegelverkehrt die gleiche wie gegenüber dem anerkennenden Kindesvater (vgl. oben Rn. 330, 333). Allenfalls käme hier noch die **Staatsangehörigkeit** hinzu. Zwar braucht die Belehrung insoweit nicht den möglichen Erwerb einer ausländischen Staatsangehörigkeit aus der Person des Anerkennenden nach dessen Heimatrecht zu umfassen. Denn ausländisches Recht muss, wie bereits bemerkt (Rn. 195), die Urkundsperson nicht kennen. Wohl aber sollte der Hinweis nicht fehlen, dass das Kind einer ausländischen oder staatenlosen Mutter, wenn der Kindesvater Deutscher ist, mit der durch ihre Zustimmung wirksam festgestellten Vaterschaft die deutsche Staatsangehörigkeit erwirbt, sofern der Anerkennende schon im Zeitpunkt der Geburt deutscher Staatsangehöriger gewesen ist. Die Anerkennungserklärung muss abgegeben worden sein, bevor das Kind das 23. Lebensjahr vollendet hat (§ 4 Abs. 1 StAG). **346**

In einschlägigen Fällen ist ggf. auf den **Erwerbstatbestand des § 4 Abs. 3 StAG** hinzuweisen: Durch die Geburt im Inland erwirbt ein Kind ausländischer Eltern die deutsche Staatsangehörigkeit, wenn ein Elternteil seit acht Jahren rechtmäßig seinen gewöhnlichen Aufenthalt im Inland hat und ein unbefristetes Aufenthaltsrecht besitzt. Für Staatsangehörige der Schweiz oder deren Familienangehörige genügt eine Aufenthaltserlaubnis auf Grund des maßgebenden Abkommens über die Freizügigkeit vom 21. Juni 1999 zwischen der Gemeinschaft und ihren Mitgliedstaaten einerseits und der Schweizerischen Eidgenossenschaft andererseits (BGBl. 2001 II, 810).

e) Zustimmung der Mutter zu einer unter fremdem Recht erklärten Anerkennung der Vaterschaft

347 Unterstünde die Anerkennung der Vaterschaft in einer der Alternativen des Art. 19 Abs. 1 EGBGB ausschließlich einer fremden Rechtsordnung (z.B. Heimatrecht des Vaters), so wäre zunächst zu prüfen, ob nach dieser Rechtsordnung eine Zustimmung des Kindes vorgeschrieben ist. In zahlreichen Rechtsordnungen ist das nicht der Fall. Daraufhin gibt Art. 23 Satz 1 EGBGB die Frage weiter an das (davon etwa verschiedene) Heimatrecht des Kindes. Sieht dieses die Zustimmung des Kindes vor, so ist sie zusätzlich zu der Rechtslage nach dem Heimatrecht des Vaters erforderlich, um die Anerkennung der Vaterschaft für das Inland wirksam zu machen. Ganz unabhängig hiervon unterstellt Art. 23 Satz 2 EGBGB die Frage nach der Notwendigkeit der Kindeszustimmung in jedem Falle dem deutschen Recht (also dem § 1595 Abs. 2 BGB), wenn das Wohl des Kindes es erfordert. Angesichts dieser Gemengelage von Zustimmungsnotwendigkeiten, die die Urkundsperson beim Jugendamt regelmäßig überfordern dürfte, empfiehlt es sich, den Beteiligten **vorsorglich auch eine Zustimmung des Kindes** bzw. des gesetzlichen Vertreters und deren Beurkundung nahezulegen.

Praxistipp

 *Die Erklärung der Mutter sollte deshalb in diesen Fällen **ausdrücklich auch als im Namen des Kindes abgegebene Zustimmung protokolliert** werden.*

348 Auch für die Zustimmung der Mutter gilt die Vorschrift des § 1597 Abs. 2 BGB: Sie ist in beglaubigter Abschrift ihr selbst sowie dem Vater, dem gesetzlichen Vertreter des Kindes und dem Standesbeamten zu übermitteln. Zur Frage, ob die Mutter auf einer Schwärzung ihrer Anschrift bestehen kann, um unerwünschte Umgangskontakte zwischen Vater und Kind zu blockieren vgl. *DIJuF-Rechtsgutachten 6.2.2002,* www.bundesanzeiger-verlag.de/beurkundungen, IV Nr. 10).

3. Beurkundung der Zustimmung des Kindes, § 1595 Abs. 2, § 1597 BGB

a) Notwendigkeit der Zustimmung des Kindes

Die Zustimmung des Kindes zur Vaterschaftsanerkennung ist – im Gegensatz zum früheren Recht – nur dann zusätzlich erforderlich, wenn der **Mutter insoweit die elterliche Sorge nicht zusteht** (§ 1595 Abs. 2 BGB). Dies ist dann der Fall, wenn das Kind volljährig ist – auch dann reicht somit nicht allein *seine* Zustimmung aus! –, die elterliche Sorge der minderjährigen Mutter nach § 1673 Abs. 2, § 1675 BGB ruht (hierzu oben Rn. 341) oder der Mutter überhaupt das Sorgerecht insoweit nach § 1666 Abs. 1 BGB entzogen worden ist. Zur Frage, ob das Kind persönlich oder nur durch einen gesetzlichen Vertreter zustimmen kann und welche Genehmigungserfordernisse ggf. bestehen, vgl. Rn. 352, 356. **349**

Ist die **Mutter sorgeberechtigt**, vertritt sie das minderjährige Kind: Dessen Zustimmung ist nicht erforderlich, auch wenn es bereits älter als 14 Jahre ist: Die Bestimmung des 1596 Abs. 2 Satz 2 BGB ist nur anwendbar, wenn die Zustimmung des Kindes überhaupt nach 1595 Abs. 2 BGB erforderlich ist (BeckOK/*Hahn*, § 1596 BGB Rn. 4).

Soweit in seltenen Ausnahmefällen noch heute die Anerkennung der Vaterschaft zu einem **vor dem 1. Juli 1998 geborenen Kind** zu beurkunden ist, muss die **Übergangsregelung** in Art. 224 § 1 EGBGB beachtet werden: Danach richtet sich die Vaterschaft zu diesem Kind „nach den bisherigen Vorschriften". Wann die Anerkennung erklärt wird, ist insoweit unerheblich. **350**

Damit gilt **§ 1600d** Abs. 2 Satz 1 a.F. **BGB:** *„Für ein Kind, das geschäftsunfähig oder noch nicht vierzehn Jahre alt ist, kann nur sein gesetzlicher Vertreter der Anerkennung zustimmen".*

Diese spezielle Problematik hat sich durch **Zeitablauf mit dem 1. Juli 2016 erledigt**, da es ab diesem Zeitpunkt keine minderjährigen Kinder mit Geburtsdatum vor dem 1. Juli 1998 mehr geben kann.

Zu beachten ist allerdings, dass auch nach dem genannten Datum vereinzelt noch eine Vaterschaftsanerkennung **nach Eintritt der Volljährigkeit** zu einem vor dem 1. Juli 1998 geborenen Kind vorkommen kann. Auch dann bleibt es bei der Anwendbarkeit des früheren Rechts, so dass die Zustimmung der Mutter, die seither nach § 1595 Abs. 1 BGB nF vorliegen muss (und zwar auch dann, wenn das Kind nicht mehr unter ihrer elterlichen Sorge steht; vgl. PraxKoKindR/*Grün* § 1595 BGB Rn. 4) in diesen Fällen entbehrlich ist.

b) Beurkundungsbefugnis des Jugendamts

Auch die Zustimmung des minderjährigen Kindes kann nach § 59 Abs. 1 Satz 1 Nr. 1 SGB VIII vor der Urkundsperson des Jugendamtes erklärt werden. **Die Urkundsbefugnis endet** jedoch **mit der Volljährigkeit** des Kindes. Das ergibt sich aus der Fassung des Gesetzes, die *hier auf die Zustimmung „des Kindes, des Jugendlichen ..." abstellt* und damit die Legaldefinition des § 7 Abs. 1 Nr. 1, 2 in Be- **351** zug nimmt (Rn. 13). Das volljährige Kind ist deshalb für die Beurkundung seiner Zustimmung an den Standesbeamten (§ 44 Abs. 1 PStG, Rn. 655), sonst an den Notar verwiesen.

c) Zustimmung des geschäftsunfähigen und des in der Geschäftsfähigkeit beschränkten Kindes

352 Ist das **Kind geschäftsunfähig** – bis zur Altersstufe von einschließlich 6 Jahren; darüber hinaus, wenn es schon während der Minderjährigkeit an weitgehender Ausschaltung seiner Geistes- und Willenskräfte (oben Rn. 303) leidet –, so kann nur sein gesetzlicher Vertreter der Anerkennung der Vaterschaft zu diesem Kind zustimmen. Ebenso erteilt der gesetzliche Vertreter unmittelbar die Zustimmung namens des **beschränkt geschäftsfähigen Kindes** noch bis zu dessen vollendeten 14. Lebensjahr. *Danach* kann das dann zum „Jugendlichen" gewordene Kind die Zustimmung nur in Person erteilen (und hat es damit in der Hand, ob überhaupt zugestimmt werden soll); der gesetzliche Vertreter wirkt hier nur noch durch Genehmigung der Kindeserklärung mit, und zwar ebenfalls in öffentlich beurkundeter Form (§ 1596 Abs. 2 Satz 2 Hs. 2, § 1597 Abs. 1 BGB).

Eine Genehmigung des Familiengerichts ist in keinem dieser Fälle erforderlich.

353 Der **gesetzliche Vertreter** kann im Übrigen immer nur persönlich handeln; er **kann sich nicht vertreten lassen**. Sofern Eltern ihre Zustimmung zu erteilen hätten – etwa Adoptiveltern des an Kindes Statt angenommenen „nichtehelichen" Kindes, zu welchem die Vaterschaft für die Zeit bis zur Adoption nachträglich anerkannt werden soll (oben Rn. 296) –, kann also der eine Elternteil nicht den anderen zur Abgabe der Zustimmungserklärung ermächtigen.

d) Legitimierter gesetzlicher Vertreter

354 Gesetzlicher Vertreter des Kindes bei Fällen mit ausschließlichem Inlandsbezug wird in der Regel sein: ein Amtsvormund bei Minderjährigkeit der Mutter (§ 1791c Abs. 1 und 2 BGB); ein Vormund bei Sorgerechtsentzug gegenüber der Mutter gemäß §§ 1666, 1773 BGB; ein Pfleger bei vorgeburtlicher Zustimmung zur Zustimmungserklärung einer minderjährigen Mutter (vgl. § 1912 Abs. 1 BGB); die Adoptiveltern bei einer nachträglichen Vaterschaftsanerkennung zu einem bereits adoptierten Kind (vgl. oben Rn. 296). Ein Beistand scheidet denknotwendig deshalb aus, weil seine Berufung zum Tätigwerden für das Kind die Alleinsorge der Mutter voraussetzt. Besteht diese aber, ist auch einzig die Mutter zur Erklärung der Zustimmung befugt.

e) Adressatlosigkeit und Unwiderruflichkeit der Zustimmung.

355 Für die Zustimmung des Kindes gilt ebenfalls § 1597 BGB. Auch sie ist **adressatlos**, d.h. bedarf keines Zugangs und wird mit ihrer Beurkundung **unwiderruflich**. Sie ist ebenfalls nicht innerhalb einer bestimmten Frist abzugeben; allerdings ist das Widerrufsrecht des Anerkennenden nach § 1597 Abs. 3 Satz 1 BGB zu beachten, wenn die Anerkennung binnen eines Jahres – auch durch versäumte Zustimmung des Kindes – nicht wirksam geworden ist (vgl. oben Rn. 259, 290).

4. Die öffentlich zu beurkundenden Zustimmungen des gesetzlichen Vertreters

a) Die gesetzlichen Fälle. Gemeinsames

356 In Betracht kommen drei Fälle, in denen für die Anerkennung der Vaterschaft eine öffentlich zu beurkundende Zustimmung des gesetzlichen Vertreters gefordert wird:

- die Zustimmung zu der **durch den beschränkt Geschäftsfähigen ausgesprochenen Anerkennung** der Vaterschaft (§ 1596 Abs. 1 Satz 1 und 2 BGB), Rn. 302;

- die Zustimmung zu der Erklärung, mit welcher die **beschränkt geschäftsfähige Kindesmutter der Vaterschaftsanerkennung zustimmt** (§ 1596 Abs. 1 Satz 4 BGB), Rn. 341;

- die Zustimmung **zur Anerkennung** der Vaterschaft, die **das Kind ausspricht,** nachdem es das **14. Lebensjahr vollendet** hat, also im Sprachgebrauch des SGB VIII „Jugendlicher" ist (§ 1596 Abs. 2 Satz 2 BGB), Rn. 352. Gleichstehend: die Einwilligung des Betreuers zur Zustimmung des unter Betreuung stehenden volljährigen Kindes, wenn ein Einwilligungsvorbehalt für die Zustimmung zur Vaterschaftsanerkennung nach § 1903 BGB besteht, was allerdings in der Praxis sehr selten vorkommen dürfte; s. dazu aber Rn. 357 a.E.

357 Allen drei Fallgruppen ist gemeinsam, dass der beschränkt Geschäftsfähige nicht nur selbstständig handeln darf, sondern nur er es in seiner Person überhaupt kann. Der **gesetzliche Vertreter ist** nicht befugt, die gleiche Erklärung in dessen Namen abzugeben, sondern **wirkt in der bloßen Form der Zustimmung mit.** Dafür ist eine Vorschaltung des Familiengerichts im Gesetz nicht vorgesehen und nicht erforderlich (vgl. Kammergericht Berlin, DAVorm 1970, 430).

Wie die Anerkennungserklärung selbst kann auch die Zustimmungserklärung **nicht wegen Willensmängeln im Sinne von §§ 119 ff. BGB angefochten** werden (Staudinger/*Rauscher*, § 1595 BGB Rn. 38 m.w.N.). § 1598 Abs. 1 BGB ist Spezialvorschrift hinsichtlich rechtsgeschäftlicher Unwirksamkeitsgründe; die Zustimmung kann, sofern sie nach §§ 1595 bis 1597 BGB wirksam ist, nicht isoliert beseitigt werden. Es kommt nur eine Anfechtung der durch die Anerkennung verlautbarten Vaterschaft wegen objektiver Unrichtigkeit gemäß § 1599 Abs. 1, §§ 1600 ff. BGB in Betracht (Kammergericht Berlin, 13.8.1986 – 18 W 4288/86, NJW-RR 1987, 388; MüKo/*Wellenhofer, Rn. 12*; BeckOK/*Hahn*, Rn. 3, jeweils zu § 1595 BGB; .*Rauscher*, FPR 2002, 359 [363, 367]).

358 Die Zustimmung kann vor und nach der Erklärung, auf welche sie sich bezieht, abgegeben werden (vgl. auch die Unterscheidung zwischen Einwilligung und Genehmigung in §§ 182 bis 184 BGB). Die §§ 107, 111 BGB gelten insoweit nicht.

Ausnahme von der nachträglichen Beibringbarkeit: Die Einwilligung des Betreuers im Fall der Rn. 356 a.E.; sie muss vorher erteilt sein, um die Zustimmungserklärung des volljährigen Kindes wirksam werden zu lassen.

359 Auch die Zustimmung (Genehmigung) des gesetzlichen Vertreters ist **nicht fristgebunden**. Jedoch muss auf das dem Mann in § 1597 Abs. 3 BGB eingeräumte Widerrufsrecht für den Fall fehlender Wirksamkeit der Anerkennung nach einem Jahr nach der Beurkundung Bedacht genommen werden (vgl. oben Rn. 345, 355).

360 Wird der beschränkt Geschäftsfähige während der schwebenden Unwirksamkeit – also vor Erteilung oder Verweigerung der Zustimmung – **volljährig,** entfällt das Erfordernis der Zustimmung des gesetzlichen Vertreters. Die Anerkennung durch den zunächst nicht voll Geschäftsfähigen wird aber mit dem Eintritt der Volljährigkeit nicht automatisch wirksam; das würde dem Schutzzeck des § 1596 Abs. 1 Satz 2 BGB widersprechen. Vielmehr tritt entsprechend § 108 Abs. 3 BGB seine Genehmigung an die Stelle der Zustimmung des gesetzlichen Vertreters (Staudinger/*Rauscher*, § 1596 BGB Rn. 4; *DIJuF-Rechtsgutachten* 6.11.2002, JAmt 2002, 503). Er muss seiner Anerkennung unter Einhaltung der Formvorschriften des § 1597 BGB zustimmen.

361 Aus Gründen der Rechtsklarheit sollte die entsprechende Erklärung jedenfalls des Anerkennenden auch tatsächlich **als Genehmigung und nicht als Neuvornahme des Rechtsgeschäfts beurkunde**t werden. Zur Verdeutlichung sei nur auf folgendes hingewiesen: Grundsätzlich wirkt „eine nachträgliche Zustimmung (Genehmigung) auf den Zeitpunkt der Vornahme des Rechtsgeschäfts zurück, soweit nicht ein anderes bestimmt ist" (§ 184 Abs. 1 BGB).

Für die **Zustimmung zur Vaterschaftserkennung** und die diesbezügliche Zustimmung eines gesetzlichen Vertreters dürfte aus § 1597 Abs. 3 BGB insoweit eine „andere Bestimmung" zu entnehmen sein. Denn die Möglichkeit des Widerrufs der Anerkennung nach dieser Vorschrift würde an rechtlicher Bedeutung einbüßen, wenn nach einer entsprechenden Erklärung des Mannes noch die Zustimmung mit Rückwirkung nachgeschoben werden könnte (vgl. auch OLG Brandenburg, 25.3.1999 – 9 UF 239/98, DAVorm 2000, 58 = NJW-RR 2000, 741, welches das Wirksamwerden einer Vaterschaftsanerkennung auf den Tag der Beurkundung der Zustimmung der Kindesmutter festgelegt hat.

Es ist aber fraglich, ob die Einschränkung des Rückwirkungsgrundsatzes einer Genehmigung gem. § 184 Abs. 1 BGB auch für die **Anerkennung selbst** zu gelten hat, wofür kein auf der Hand liegender Grund ersichtlich wäre. Zumindest würde eine Neuvornahme die Frage aufwerfen, ob die bereits vorliegenden Zustimmungen der Mutter und ggf. des Kindes sich auch hierauf beziehen. All dies spricht für eine **Beurkundung einer** *Genehmigung der bereits vorliegenden Anerkennung* durch den volljährig gewordenen Mann entsprechend § 108 Abs. 3 BGB. Hingegen könnte die – ihrer eigenen Genehmigung bedürftige – Zustimmung der Mutter zur Anerkennung im Zweifel auch als Neuvornahme aufgenommen werden.

Für die Formulierung der von dem oder der nunmehr Volljährigen zu erklärenden Genehmigung der noch immer schwebend unwirksamen Anerkennung oder Zustimmung zur Vaterschaftsanerkennung gibt es **keine starre Vorgabe**. Es sollte nur zum Ausdruck kommen, dass dem oder der Beteiligten die rechtlichen Zusammenhänge bewusst sind und die erforderliche nachträgliche Zustimmung zu der seinerzeitigen Erklärung nunmehr in der gebotenen Form erklärt wird. **362**

Praxistipp

 *Eine solche **Erklärung der volljährig gewordenen Mutter** könnte etwa lauten:*

„Mir ist nach Belehrung bekannt, dass meine am ... beurkundete Zustimmung zur Anerkennung der Vaterschaft des ... für mein Kind ... noch nicht wirksam ist, weil während meiner Minderjährigkeit die damals von Gesetzes wegen erforderliche Zustimmung meines gesetzlichen Vertreters zu meiner Erklärung nicht erteilt wurde. Diese Zustimmung kann nach Eintritt meiner Volljährigkeit nicht mehr nachgeholt werden, weil ich nunmehr selbst für meine rechtserheblichen Erklärungen verantwortlich bin. Vielmehr ist meine eigene Genehmigung meiner früheren Erklärung in entsprechender Anwendung des Rechtsgedankens des § 108 Abs. 3 BGB erforderlich.

In Kenntnis dieser Zusammenhänge und im Bewusstsein, dass damit nunmehr die Anerkennung der Vaterschaft für ....durch.... endgültig wirksam wird, genehmige ich hiermit meine bereits zur Niederschrift aufgenommene Zustimmung zu dieser Anerkennung in der hierfür erforderlichen urkundlichen Form.

Ort, Datum Unterschriften"

Weigert sich die Mutter nach Eintritt ihrer Volljährigkeit, ihre eigene Erklärung zu genehmigen, kommt eine gerichtliche Ersetzung ihrer Zustimmungserklärung nicht in Betracht, weil sie gesetzlich nicht vorgesehen ist (MüKo/*Wellenhofer,* § 1595 Rn. 8 m. umfangr. Nachw. in Fn 24). Vielmehr muss der Anerkennungswillige – bzw. der Vormund als gesetzlicher Vertreter des Kindes – dann den Weg der gerichtlichen Feststellung nach § 1600d BGB beschreiten. Nichts Anderes ergäbe sich, wenn – entgegen der bestehenden Gesetzeslage – ein Gericht die Zustimmung der Mutter ersetzen könnte; denn auch dieses könnte nur entscheiden, wenn die Vaterschaft bewiesen ist (MüKo/*Wellenhofer,* § 1595 BGB Rn. 8). **362a**

b) Belehrungen

Eine Belehrung des gesetzlichen Vertreters über die Bedeutung seiner Zustimmung wird sich dann erübrigen, wenn dieser ein Amtsvormund ist. Für die übrigen Fälle ist auf **zwei Besonderheiten** hinzuweisen: **363**

Hatte die Urkundsperson zugleich mit der Anerkennung der Vaterschaft die Zustimmungserklärung des Jugendlichen beurkundet und bei der damit verbundenen Belehrung den Eindruck gewonnen, dass der betreffende beschränkt Geschäftsfähige die **Belehrung nicht voll verstanden** hatte, so wird sie jetzt die Belehrung **gegenüber dem gesetzlichen Vertreter nachzuholen** haben. Denn dieser hat es in der Hand, durch Verweigerung des Ausspruchs der Genehmigung das Wirksamwerden einer von seinem Sorgebefohlenen vielleicht übereilt ausgesprochenen Anerkennung der Vaterschaft oder Zustimmung zu dieser noch zu verhindern.

In formeller Hinsicht belehren sollte die Urkundsperson – wenn nur ein Elternteil beurkunden lassen will und nicht zugleich erklärt, alleinsorgeberechtigt zu sein – darüber, dass die **Genehmigung durch beide Elternteile zu erteilen** und deshalb auch noch die Erklärung des anderen Elternteils erforderlich und zu beurkunden ist (Rn. 185).

II. Beurkundung von Unterhaltsverpflichtungen, § 59 Abs. 1 Satz 1 Nr. 3 SGB VIII

1. Allgemeines

a) Rechtlicher Gehalt der Verpflichtungserklärung

364 Die Urkundsperson im Jugendamt ist befugt, die Verpflichtung zur Erfüllung von Unterhaltsansprüchen eines Abkömmlings zu beurkunden, sofern die unterhaltsberechtigte Person zum Zeitpunkt der Beurkundung das 21. Lebensjahr noch nicht vollendet hat (§ 59 Abs.1 Satz 1 Nr. 3 SGB VIII). **Abkömmlinge** sind gem. § 1589 Abs. 1 BGB sämtliche Verwandte absteigender Linie (vgl. Palandt/*Brudermüller*, Rn. 1 vor § 1589 BGB). Deshalb zählen hierzu auch die **Enkel im Verhältnis zu den Großeltern**. Somit umfasst die Beurkundungsbefugnis auch die Unterhaltsverpflichtung eines Großelternteils gegenüber einem Enkel (zur nachrangigen Unterhaltspflicht von Großeltern vgl. DIJuF/*Knittel/Birnstengel*, Ersatzhaftung der Großeltern für den Kindesunterhalt, Themengutachten TG-1002, Erstveröffentlichung in www.kijup-online.de = www.bundesanzeiger-verlag.de/beurkundungen III Nr. 6).

Wesentlich ist, dass entgegen verbreiteten Vorstellungen und Wünschen insbesondere sorgeberechtigter Mütter die **Großeltern „quer durch die Linien" haften,** bei Ausfall des baruntehaltspflichtigen Vaters also auch die Eltern der Mutter bei entsprechender eigener Leistungsfähigkeit anteilig in Anspruch genommen werden können (vgl. OLG Jena, 6.9.2005 – 1 WF 240/05, JAmt 2006, 108; OLG Hamm, 28.1.2005 – 11 WF 313/04, FamRZ 2005, 1926 [Ls.]; OLG Frankfurt, 11.12.2003 – 2 UF 181/03, FamRZ 2004, 1745 [1746]; OLG Karlsruhe, 22.12.2014 – 5 WF 86/14, Rn. 12, FamRZ 2015, 1507).

365 Die Erklärung, durch die ein Unterhaltspflichtiger seine Unterhaltspflicht auf sich nimmt und beurkunden lässt, ist eine **einseitige Willenserklärung**. Ihrem Inhalt nach bestätigt sie eine gegebene Unterhaltspflicht. Sie begründet sie nicht; die Unterhaltspflicht beruht auf dem materiellen Rechtsgrund der Verwandtschaft zum

Kind. Aber das formalisierte Bekenntnis zu ihr verstärkt die Rechtsstellung des unterhaltsberechtigten Kindes: Ist die Unterhaltsverpflichtung vollstreckbar beurkundet worden (dazu unten Rn. 368), kann das Kind unmittelbar hieraus gegen den Schuldner vorgehen. Ist das nicht der Fall, wird ein gerichtliches Festsetzungsverfahren erforderlich, das gelegentlich um den Grund, meist aber um die Höhe der Unterhaltspflicht geführt wird. Das Kind als Gläubiger kann sich darin maßgebend auf die urkundliche Verpflichtungserklärung als Schuldanerkenntnis stützen und es dem Unterhaltspflichtigen überlassen, diese zurückzufordern. Ein möglicher Rückforderungsgrund wäre die Behauptung, die Verpflichtungserklärung sei nicht durch eine gesetzliche Unterhaltspflicht gedeckt und irrtümlich erteilt; die Voraussetzungen eines Herausgabeanspruchs wegen ungerechtfertigter Bereicherung aus § 812 Abs. 1 BGB hätte *der Schuldner* dann zu beweisen.

366 Darüber hinaus *kann* die beurkundete Unterhaltsverpflichtung auch nachträglich zu einer **vertraglichen Verfestigung der Unterhaltshöhe** führen. Sie wird zwar in keinem Falle – und schon gar nicht die in der Regel mit ihr verbundene Unterwerfung unter die sofortige Zwangsvollstreckung – „gegenüber dem Kind" erklärt. Sonst müsse sie dem Kind zugehen, würde erst mit dem Zugang beim Kinde wirksam und könnte bis dahin, sogar noch gleichzeitig mit dem Zugang, widerrufen werden (§ 130 Abs. 1 Satz 2 BGB). Aber der sich Verpflichtende kann sich eine – einfache – Ausfertigung erteilen lassen und sie dem Kinde zu Händen des gesetzlichen Vertreters übersenden mit dem Ziel, ein **Einverständnis über die Höhe des Unterhalts** herbeizuführen (bzw. die Urkundsperson im gleichen Sinne ermächtigen, der Gläubigerseite eine vollstreckbare Ausfertigung zu erteilen): Dadurch verwendet er seine beurkundete Verpflichtung als **Vertragsangebot**, welches das Kind, wenn es damit einverstanden ist, nicht nur entgegennimmt, sondern im Rechtssinne annimmt. Diesen Gedanken hat der BGH (2.12.2009 – XII ZB 207/08, Rn. 19, FamRZ 2010, 195 = JAmt 2010, 200) wie folgt angesprochen: „Nur wenn der Unterhaltsschuldner mit dem außergerichtlichen Titel den vollen Unterhalt anerkennen und der Unterhaltsgläubiger *sich darauf einlassen würde*, wäre eine spätere Anpassung im Wege der Abänderungsklage nach § 323 ZPO möglich, was eine Vollstreckung aus einem einheitlichen Titel ermöglichen würde. Eine solche *Vereinbarung des vollen Unterhalts* liegt allerdings nicht vor, wenn die Parteien – wie hier – schon außergerichtlich über die Höhe des vollen Unterhalts streiten und sich nicht auf einen Betrag einigen können."

366a Diese Betrachtung hat der BGH (7.12.2016 – XII ZB 422/15, Rn. 24, FamRZ 2017, 370 m.Anm. *Knittel*) später wie folgt bekräftigt „Darüber hinaus sind die Regeln der Störung der Geschäftsgrundlage auch in solchen Fällen anzuwenden, in denen der Unterhaltspflichtige dem Unterhaltsberechtigten eine einseitig erstellte Jugendamtsurkunde übermittelt und sich der Unterhaltsberechtigte nicht auf die bloße Entgegennahme der Urkunde und eines darin liegenden Schuldanerkenntnisses (§ 781 BGB) beschränkt, sondern er darüber hinaus durch sein Verhalten unzweideutig zu erkennen gibt, den vom Unterhaltspflichtigen einseitig titulierten Betrag als **eine – auch für ihn bindende – vertragliche Festlegung des gesamten gesetzlichen Unterhaltsanspruchs** akzeptieren zu wollen (*Graba*

FamRZ 2005, 678, 681 f.; vgl. auch Johannsen/Henrich/*Brudermüller* Familienrecht 6. Aufl. § 239 FamFG Rn. 22; Bumiller/Harders/*Schwamb* FamFG 11. Aufl. § 239 Rn. 11)."

366b Das unterstreicht hinreichend deutlich, dass einseitig beurkundete Schuldnererklärungen nicht ohne ausdrückliche oder stillschweigende Billigung durch die Gläubigerseite wirksam werden können; das setzt eine zustimmende Reaktion der Gegenseite voraus. Diese kann auch stillschweigend durch Entgegennahme und Gebrauch des Titels zum Ausdruck kommen.

Eine weitere Möglichkeit ist schließlich, dass ein **Einverständnis über die Unterhaltshöhe schon vorher** erzielt worden war. Haben sich die Beteiligten schon im Voraus darüber geeinigt, dass ein bestimmter Unterhalt als Gesamtunterhalt zu zahlen ist und dass dieser in einer Jugendamtsurkunde tituliert wird, sind beide Beteiligte an die vereinbarten Grundlagen der Unterhaltsbemessung gebunden (BGH, 7.12.2016 a.a.O.). In diesem Fall hätte die Beurkundung das Festgelegte nunmehr urkundlich gemacht.

367 Zur **Beurkundung eines Einverständnisses**, insbesondere einer „Zustimmung" des Kindes zu der Verpflichtungserklärung wäre die Urkundsperson **allerdings in keinem Falle ermächtigt** (vgl. BGH, 7.12.2016 – XII ZB 422/15, Rn. 9, FamRZ 2017, 370). Erst recht wäre sie nicht befugt, einen förmlichen „Unterhaltsvertrag" zwischen dem Kind und einem *gesetzlich nicht unterhaltspflichtigen* Dritten zu beurkunden, der den Lebensbedarf des Kindes, aus welchen Gründen immer, sicherstellen will. Auch verbietet der Wortlaut der Befugnisnorm in § 59 Abs. 1 Satz 1 Nr. 3 SGB VIII, die einseitige Verpflichtungserklärung eines solchen Dritten aufzunehmen. Das gilt unabhängig davon, ob ein entsprechender Vertrag zugrunde liegt oder ob sie einem erst abzuschließenden Vertrag als Unterlage dienen soll. Sonst könnte allzu leicht versucht werden, das Formerfordernis der notariellen Beurkundung für Schenkungsversprechen (§ 518 BGB) durch eine Titulierung im Jugendamt gegenstandslos zu machen. Dass die Beurkundung nach § 59 Abs. 1 Satz 1 Nr. 3 SGB VIII eine einseitige Verlautbarung des Erklärenden zum Gegenstand hat, spielt eine Rolle im Zusammenhang mit der Frage, ob für sie eine Genehmigung des Familiengerichts beigebracht werden muss; darauf wird später (unten Rn. 453 ff.) zurückzukommen sein.

368 Schließlich hat die Verpflichtungserklärung in ihrer beurkundeten Gestalt noch eine letzte Tragweite, die freilich die wichtigste und in der Praxis fast stets genutzte ist: Wird in ihr der übernommene Unterhalt auch beziffert übernommen – bzw. seit 1. Januar 2008 durch Bezugnahme auf einen Prozentsatz des Mindestunterhalts gem. § 1612a BGB –, so lässt sie sich durch Unterwerfung des Unterhaltsschuldners unter die sofortige Zwangsvollstreckung zu einem **Vollstreckungstitel** ausbauen.

369 Zu betonen ist aber: Der Unterhaltsschuldner kann die Höhe seiner gesetzlichen Unterhaltspflicht **nicht willkürlich** dadurch **selbst bestimmen,** dass er ohne Zustimmung des gesetzlichen Vertreters des Kindes eine Verpflichtungserklärung über einen Betrag beurkunden lässt, der unterhalb der nach seinen wirtschaftlichen Verhältnissen objektiv geschuldeten Unterhaltshöhe liegt. Dementsprechend kommt einem **Urkundstitel, mit dem sich der Gläubiger nicht einverstanden** erklärt hat – und sei es auch nur durch stillschweigende Entgegennahme und anschließenden Gebrauch hiervon ohne Protest gegen die Höhe des Verpflichtungsbetrags –, grundsätzlich **keine Bindungswirkung** zu.

Jedoch könnte in der Übersendung einer vollstreckbaren Ausfertigung der ohne diesbezügliche Absprache errichteten unzureichenden Unterhaltsurkunde das Angebot an die gesetzlichen Vertreter des Kindes liegen, sich mit dem Unterhalt in der aufgenommenen Höhe zufriedenzugeben. Der Schuldner könnte später womöglich behaupten, durch die widerspruchslose Entgegennahme der vollstreckbaren Ausfertigung und der entsprechend angepassten Unterhaltszahlungen sei dieses **Angebot stillschweigend angenommen und damit vertraglich verfestigt** worden (vgl. oben Rn. 368). Zum selben Ergebnis führt die Auffassung, in der Errichtung der Urkunde könne jedenfalls in Verbindung mit der Entgegennahme durch den Unterhaltsberechtigten ein Schuldanerkenntnis gesehen werden mit dem Inhalt, dass die Unterhaltsrente zumindest, aber auch nur, in der beurkundeten Höhe geschuldet ist (Prütting/Helms/*Bömelburg*, § 239 FamFG Rn. 28).

370 Um einem solchen Eindruck entgegenzutreten, muss der Gläubiger **dem Schuldner unmissverständlich mitteilen**: Die übersandte vollstreckbare Ausfertigung entspreche hinsichtlich der Höhe der vollstreckbar übernommenen Unterhaltsverpflichtung (und ggf. auch in ihrer zeitlichen Reichweite) nicht dem berechtigten Verlangen des Kindes. Der Pflichtige werde ersucht, sich erneut ins Jugendamt zu begeben und einen Titel entsprechend der bereits an ihn ergangenen Aufforderung zu errichten, worauf ihm die vorliegende vollstreckbare Ausfertigung ausgehändigt werde. Andernfalls müsse er mit einem Antrag auf gerichtliche Entscheidung seitens des Kindes rechnen.

Als Geste der deutlichen Unterstreichung dieser Auffassung läge es an sich nahe, von vornherein die **unzureichende vollstreckbare Ausfertigung dem Schuldner „zurückzugeben"**, nachdem diese auf dessen Antrag hin von der Urkundsperson übersandt worden war. Dies wäre aber nur dann sinnvoll, wenn sie für die Gläubigerseite völlig ohne Nutzen wäre, weil diese nunmehr einen Festsetzungsantrag über den vollen Unterhalt stellen könnte.

371 Das ist aber nach wohl h.M. nicht der Fall. Vielmehr geht die Rechtsprechung – schon aus Gründen des Kostenrisikos für die Beteiligten – ganz überwiegend davon aus, dass eine eigenmächtig vom Schuldner beurkundete **Unterhaltsverpflichtung,** die hinter dem vom Gläubiger verlangten Betrag zurückbleibt, **als solche grundsätzlich existent** sei, unabhängig davon, ob der Gläubiger sie danach ausdrücklich akzeptiert habe oder nicht (z.B. OLG Naumburg, 5.11.2001 – 8 WF 233/01, FamRZ 2002, 1045 und OLG Naumburg, 25.2.2002 – 8 WF 251/01, FamRZ 2003, 160; vgl. auch Thomas/Putzo/*Hüßtege,* § 249 FamFG Rn. 4 in Zusammenhang mit dem vereinfachten Unterhaltsverfahren unter Betonung der Maßgeblichkeit des Zeitpunkts der Antragszustellung für das etwaige Entgegenstehen eines anderweitig errichteten Urkundstitels sowie mit der Ansicht, dass sich in ent-

sprechender Höhe u.U. hierdurch die Hauptsache ganz oder teilweise erledigen könne; im Ergebnis auch MüKo/*Macco*, § 249 FamFG Rn. 16). Ganz überwiegend wird dem Gläubiger in diesem Fall das Rechtsschutzbedürfnis dafür abgesprochen, einen Festsetzungsantrag über den vollen gesetzlichen Kindesunterhalt zu stellen, also ohne Berücksichtigung der bereits vorliegenden Urkunde (so z.B. OLG Zweibrücken, 22.3.2011 – 6 WF 207/10, FamRZ 2011, 1529; im Erg. auch OLG Brandenburg, 17.2.2015 – 13 UF 258/13, Rn. 48, NZFam 2015, 720; Rahm/Künkel/*Schneider* 65. ErgL 2010, I 3 F Rn. 349; *Bömelburg*, FamRB 2011, 277 [278]). Daher ist dem Unterhaltsgläubiger ein Abänderungsverfahren unter Bezugnahme auf die unzureichende Urkunde zu empfehlen (*DIJuF-Rechtsgutachten* 3.6.2014, JAmt 2014, 456 = www.bundesanzeiger-verlag.de/beurkundungen, IV Nr. 11).

372 Denn letztlich ist – ungeachtet einer nicht ganz eindeutigen höchstrichterlichen Rechtsprechung hierzu – wohl anzunehmen, dass der BGH den **Abänderungsantrag gem. § 239 FamFG als den richtigen Rechtsbehelf** für das Vorgehen des Gläubigers bei einer unabgesprochenen und aus Gläubigersicht zu niedrigen Beurkundung ansieht (so auch *Bömelburg* FamRB 2011, 277 [278]; im Ergebnis ebenfalls Wendl/Dose/*Schmitz* § 10 Rn. 38 m.w.N.; ebenso bereits aus früherer obergerichtlicher Rspr: OLG Naumburg 23.5.2003 – 3 WF 76/03, OLGR Naumburg 2003, 541; OLG Düsseldorf 18.4.2006 – II-4 UF 18/06, FamRZ 2006, 1212; zu näheren Einzelheiten *DIJuF-Rechtsgutachten* 3.6.2014, a.a.O.).

Will der Unterhaltsgläubiger von vornherein jedes Risiko und jegliche Diskussion mit Schuldner und Familiengericht in dieser Richtung vermeiden, kann nur angeraten werden, **von der Einleitung eines vereinfachten Verfahrens gem. §§ 249 ff. FamG abzusehen** und sogleich ein streitiges Hauptsacheverfahren (mit dem Ziel der Abänderung des unzureichenden Urkundstitels) in Erwägung zu ziehen. Das gilt natürlich erst recht, wenn die Gläubigerseite sich entschließt, die Urkunde als teilweise Erfüllung des Titulierungsanspruchs des Kindes zu betrachten und nur noch um den Differenzbetrag mit dem Vater zu streiten (**„Zusatzklage"**; hiervon ist jedoch abzuraten, s. *DIJuF-Rechtsgutachten* 3.6.2014 a.a.O.). Denn insoweit ist von vornherein im Hinblick auf § 249 Abs. 2 FamFG kein vereinfachtes Verfahren möglich.

373 Hat eine Urkundsperson eine zuvor vom Schuldner nicht mit der Gläubigerseite abgesprochene Unterhaltsverpflichtung beurkundet und wird die auf Wunsch des Schuldners dorthin übersandte **vollstreckbare Ausfertigung vom Gläubigervertreter mit einem ablehnenden Schreiben zurückgeschickt,** hat die Urkundsperson diese zum Vorgang zu nehmen. Sie ist nicht dem Schuldner auszuhändigen (vgl. dazu unten Rn. 522 ff.). Allerdings sollte dieser von der Urkundsperson über die Zurückweisung des Titels durch den Gläubigervertreter informiert werden. Im Übrigen ist erfahrungsgemäß damit zu rechnen, dass Gläubiger auch nach spontaner Rücksendung der vollstreckbaren Ausfertigung an die Urkundsperson sich wieder melden und um erneute Zusendung ersuchen, wenn ihnen bewusst wird, dass sie das Ziel eines höheren Unterhalts nur im Wege der Abänderung des bestehenden Titels erreichen können (vgl. oben Rn. 372). Es erscheint dann aber fraglich, ob die ursprünglich vom Schuldner erteilte Bewilligung der Übersendung einer vollstreckbaren Ausfertigung an die Gläubigerseite noch immer Bestand hat.

In dieser Konstellation dürfte sich **folgendes Vorgehen als praktikabel** darstellen: Die Urkundsperson teilt den Sachstand dem Schuldner bzw. dessen Anwalt mit und ersucht um eine Erklärung, ob die **Bewilligung der Erteilung einer vollstreckbaren Ausfertigung** ungeachtet des zwischenzeitlichen Ablaufs **aufrechterhalten** werde. In diesem Fall werde die vollstreckbare Ausfertigung erneut an die Gläubigerseite übersandt werden. Andernfalls sehe sich die Urkundsperson hieran gehindert und werde dies der von der Mutter des Kindes beauftragten Anwaltskanzlei mitteilen. Dass bei endgültiger Verweigerung der vollstreckbaren Ausfertigung kein zur Vollstreckung geeigneter Titel vorliege und deshalb die Gläubigerseite nicht gehindert wäre, den von ihr beanspruchten Unterhalt in voller Höhe gerichtlich geltend zu machen, dürfe als bekannt vorausgesetzt werden. 373a

Es empfiehlt sich, das entsprechende Schreiben auch der anwaltlichen Vertretung der Mutter in Kopie zur Kenntnis zu bringen.

Sollte der Schuldner sich einsichtig zeigen und persönlich oder über seinen Anwalt die Ermächtigung zur Erteilung einer vollstreckbaren Ausfertigung erneuern, wäre damit die Angelegenheit für die Urkundsperson sehr einfach zum Abschluss zu bringen.

Im Fall einer – womöglich vernunftwidrigen – Verweigerung einer solchen Ermächtigung sollte die Urkundsperson den Standpunkt einnehmen, dass sie sich aus dem oben dargelegten Grund **gehindert sehe, nochmals die vollstreckbare Ausfertigung an die Gläubigerseite zu übersenden.** Bei zu erwartendem Protest des Gläubigeranwalts sollte dessen Antrag förmlich abgelehnt und auf das ihm zu benennende Rechtsmittel (Anrufung der zuständigen Kammer des Landgerichts entsprechend § 54 Abs. 1 BeurkG) verwiesen werden (dazu oben Rn. 239 ff.).

b) Reichweite der Beurkundungsermächtigung

Die Verpflichtung muss eine solche **aus gesetzlicher Unterhaltspflicht** sein oder doch (Rn. 367) sein können. Das Gesetz unterscheidet nicht zwischen „ehelichen" und „nichtehelichen" Kindern, zumal seit In-Kraft-Treten des KindUG zum 1. Juli 1998 insoweit praktisch keine Unterschiede mehr bestehen. 374

In der Regel und vorrangig geht sie auf den laufenden Unterhalt. Es kann aber auch eine **Unterhaltspflicht für die Vergangenheit** übernommen und beurkundet werden: unproblematisch dann, wenn der Unterhaltspflichtige zuvor zum Zweck der Geltendmachung des Unterhalts zur Auskunft aufgefordert, gemahnt oder bereits gerichtliche Festsetzung beantragt worden war (§ 1613 Abs. 1 BGB). Wenn es daran mangelt, wäre zwar die rückständige Unterhaltspflicht von Rechts wegen erloschen. Gleichwohl wird die Beurkundung nicht von einem Nachweis der Mahnung oder des Festsetzungsantrags abhängig zu machen sein, zumal der 375

Verpflichtungswillige den Zweck verfolgen kann, mit seiner Bereitschaft zur Übernahme des Rückstands einer sittlichen Pflicht zu genügen, was dann im Hinblick auf § 814 BGB – Ausschluss der Rückforderung bei Leistung in Kenntnis fehlender Verpflichtung hierzu! – das Fehlen jener Voraussetzungen unschädlich machen würde. Doch kann nach Lage des Falles Klarstellung und Belehrung insoweit geboten sein.

Ohne die vorgenannten Einschränkungen kann im Übrigen Unterhalt für die Vergangenheit gefordert werden für **Sonderbedarf,** soweit dessen Entstehung höchstens ein Jahr zurückliegt (§ 1613 Abs. 2 Nr. 1 BGB). Ohne jede Beschränkung ist dies ferner möglich für den Zeitraum, in dem das Kind aus rechtlichen Gründen an der Geltendmachung des Unterhalts gehindert war (§ 1613 Abs. 2 Nr. 2a BGB). Das betrifft namentlich den Zeitraum **rückwirkend ab Geburt** des Kindes, solange die Vaterschaft nicht anerkannt oder festgestellt war (vgl. § 1594 Abs. 1, § 1600d Abs. 4 BGB; hierzu eingehend DIJuF/*Knittel*/*Birnstengel,* Geltendmachung des Kindesunterhalts rückwirkend ab Geburt bei erst spät feststehender Vaterschaft, Themengutachten TG-1189, Stand: 6/2016, Frage 1 Erstveröffentlichung in www.kijup-online.de = www.bundesanzeiger-verlag.de/beurkundungen III Nr. 7).

Dasselbe gilt für Zeiträume, in denen die Geltendmachung des Unterhalts aus tatsächlichen Gründen, die in den Verantwortungsbereich des Pflichtigen fallen, nicht möglich war (§ 1613 Abs. 2 Nr. 2 BGB), z.B. wenn dieser ohne Verständigung des Gläubigers häufig den Aufenthalt gewechselt hatte.

376 Was die **zeitliche Erstreckung der zu beurkundenden Unterhaltspflicht** für die Zukunft anlangt, so setzt § 59 Abs. 1 Satz 1 Nr. 3 SGB VIII eine Schranke nur dahin, dass „die unterhaltsberechtigte Person

– als Abkömmling

– im Zeitpunkt der Beurkundung das 21. Lebensjahr noch nicht vollendet hat". Damit ist ein Mehrfaches gesagt:

377 aa) Zum einen beschränkt das Gesetz die Beurkundung **nicht auf den Minderjährigenunterhalt.** Beurkundet werden kann auch die Verpflichtung zum Unterhalt für den inzwischen volljährig gewordenen oder demnächst volljährig werdenden Abkömmling: Nur auf eine Vornahme der Beurkundung vor Vollendung des 21. Lebensjahres kommt es an. Wird dieser Zeitpunkt beachtet, so ist darin eingeschlossen die weitere Möglichkeit, auch einen bis zum 18. Geburtstag (oder später) aufgelaufenen **Unterhaltsrückstand** noch nachbeurkunden zu lassen.

Beim **Volljährigenunterhalt**, wann immer er zur Beurkundung kommt, ist allerdings zu beachten, dass seine Bemessung strukturell und in seiner Höhe nunmehr eigenen Regeln folgt (soweit es sich nicht um nach § 1603 Abs. 2 Satz 2 BGB „privilegierte" Schüler handelt, die sich noch in der allgemeinen Schulausbildung befinden und im Haushalt mindestens eines Elternteils wohnen; sie sind im Wesentlichen minderjährigen Kindern gleichgestellt, wenngleich mit der wichtigen Einschränkung, dass beide Elternteile für den Barunterhalt haften).

B.II. Beurkundung von Unterhaltsverpflichtungen

Das volljährige Kind kann **nicht mehr Unterhalt auf der Basis des Mindestunterhalts** fordern (§ 1612a Abs. 1 BGB). Eltern schulden den Unterhalt nur noch unter Vorabzug ihres eigenen *angemessenen* Lebensbedarfs (§ 1603 Abs. 1 und Abs. 2 Satz 1 BGB) und haften zudem bei Leistungsfähigkeit anteilig nach Maßgabe ihrer Einkommen; auch ist das Kind im Range nachgesetzt (§ 1609 BGB) und genießt das Privileg der gehemmten Verjährung nach § 207 Abs. 1 Satz 2 Nr. 2a BGB nur bis zur Vollendung des 21. Lebensjahres (näher hierzu DIJuF/Knittel/ Knörzer, „Unterhaltsanspruch privilegierter volljähriger Schüler gem. § 1603 Abs. 2 Satz 2 BGB", Themengutachten TG-1085, Erstveröffentlichung in www.kijup-online.de = www.bundesanzeiger-verlag.de/beurkundungen III Nr. 8).

In den gängigen **Unterhaltsformularen** ist der Unterhalt des **volljährigen** Kindes meist **gesondert erfassbar**, insoweit er auf feste Beträge geht. Die genannten Unterschiede legen es nahe, den Urkundsakt beurkundungstechnisch zu trennen, falls zum selben Zeitpunkt sowohl eine Beurkundung auf (noch) Minderjährigenunterhalt wie auf (künftigen) Volljährigenunterhalt unter Zugrundelegung eines anderen Bedarfs und ggf. nunmehr von Haftungsanteilen der Eltern vorgenommen werden soll und hierfür unterschiedliche Formulare eingeführt sind.

bb) Zum anderen kann – immer unter der Voraussetzung einer Vornahme einer Beurkundung vor Vollendung des 21. Lebensjahres – ein Unterhalt des Abkömmlings **auch für die Zeit über das 21. Lebensjahr hinaus** übernommen und beurkundet werden. Hierbei wird es sich meist um fortdauernden Ausbildungsunterhalt im Studium handeln. Ein solcher Titel behält seine Wirksamkeit auch dann, wenn er ausnahmsweise für Zeiträume verwendet werden soll, die **über das 27. Lebensjahr des Kindes hinausreichen** (etwa bei unverschuldet verlängerter Ausbildung oder bei Behinderung des Unterhaltsberechtigten). Die bis zur 5. Auflage (dort Rn. 193) vertretene Ansicht, aus der Definition des „jungen Menschen" § 7 Abs. 1 Nr. 4 SGB VIII folge eine Beschränkung der Wirksamkeit im Jugendamt entsprechend seiner Aufgabenstellung (§ 2 Abs. 1 und 3 Nr. 12 SGB VIII) beurkundeter Unterhaltsverpflichtungen auf diese Altersgrenze, war bereits in nächstfolgender Auflage aufgeben worden. Maßgebend ist die **zulässig vorgenommene Beurkundung vor Vollendung des 21. Lebensjahres**, mit der ein wirksamer Titel geschaffen wurde. Ein automatischer Wegfall der Wirksamkeit ist im Gesetz nicht vorgesehen. Ihn mittelbar allein aus den Begriffsbestimmungen in § 7 Abs. 1 SGB VIII zu folgern, erscheint nicht zwingend: Indem § 59 Abs. 1 Satz 1 Nr. 3 die Altersgrenze von 21 Jahren nennt, macht die Vorschrift deutlich, dass diese *allein für die Wirksamkeit des Titels* beachtlich sein soll. Eine hiervon abweichende Auslegung würde auch zu wenig praxisgerechten Ergebnissen führen.

378

Wer als Unterhaltspflichtiger die beurkundete Verpflichtung übernimmt, ist gleichgültig. Es genügt, dass er zum Kreis der gesetzlich Unterhaltspflichtigen gehört; ob er im konkreten Falle Unterhalt (oder vielleicht ein anderer vor ihm oder neben ihm) schuldet, hat die Urkundsperson nicht zu erörtern und deshalb auch die Beurkundung nicht hiervon abhängig zu machen. Im Regelfall werden Unterhaltsverpflichtungen des Vaters zu beurkunden sein. Aber auch Großeltern (das

379

Gesetz spricht von „Abkömmlingen"; vgl. Rn. 364), auch die ggf. barunterhaltspflichtige Mutter, können sich vor der Urkundsperson des Jugendamts zur Unterhaltszahlung verpflichten.

Verpflichten können sich ferner die **Erben des Kindesvaters** für den bei dessen Tode noch rückständigen, untituliert gebliebenen Unterhalt; mehrere Erben grundsätzlich als Gesamtschuldner (§ 2058 BGB); doch können ihre Verpflichtungserklärungen, wenn sie nicht durch einen gemeinsamen Bevollmächtigten, einen Nachlassverwalter, Nachlasspfleger oder Testamentsvollstrecker abgegeben werden – Rn. 175, 184 –, nacheinander beurkundet werden. Die Erbeneigenschaft dessen, der sich verpflichtet oder verpflichten lassen will, bedarf wiederum keines Nachweises.

380 Nicht vor der Urkundsperson zur Niederschrift aufgenommen werden kann eine Verpflichtung auf künftigen Unterhalt, die **im Namen des Nachlasses vom Nachlassverwalter** anerkannt werden soll.

Denn der Tod des Vaters und Erblassers hat auch seine Unterhaltspflicht gegenüber dem Kind zum Erlöschen gebracht (§ 1615 Abs. 1 BGB). Wenn der Nachlassverwalter ihnen nunmehr einen „notdürftigen Unterhalt" aus dem Nachlass bewilligen will, geht es nicht um die Erfüllung eines Anspruchs auf Kindesunterhalt. Vielmehr soll den Kindern *als Erben*, die aber vorerst wegen der Nachlassverwaltung keinen Zugriff auf ihr Erbe haben, vorläufig Unterhalt hieraus gewährt werden (zur Zulässigkeit als Verwaltungsmaßnahme mit Genehmigung des Nachlassgerichts vgl. Palandt/*Weidlich*, § 1985 BGB Rn. 8). Dies hat eine **andere rechtliche Qualität** als die in § 59 Abs. 1 Satz 1 Nr. 3 SGB VIII umschriebene Verpflichtung zur Erfüllung von Unterhaltsansprüchen. Das zeigt sich schon daran, dass der Nachlassverwalter ggf. einen notdürftigen Unterhalt auch einem Erben gewähren kann, welcher *nicht* Abkömmling des Erblassers ist, etwa einer Nichte oder einem Bruder des Verstorbenen. Wenn in den zuletzt genannten Fällen ohne jeden Zweifel keine urkundliche Verpflichtung beim Jugendamt aufgenommen werden kann, ändert sich an diesem Ergebnis nichts allein dadurch, dass hier die Erben „zufällig" auch Abkömmlinge des Erblassers sind und der notdürftige Unterhalt deshalb in Höhe des gesetzlichen Mindestunterhalts festgelegt werden soll.

Es wäre in einem derartigen – tatsächlich vorgekommenen – Fall ohnehin **nicht verständlich**, warum der Nachlassverwalter meint, für eine nur vorübergehend geplante vorläufige Unterhaltszahlung einen **Titel schaffen** zu müssen. Es würde vollauf genügen, gegenüber der Mutter eines Kindes als gesetzliche Vertreterin ein entsprechendes Schuldanerkenntnis abzugeben und nach Genehmigung durch das Nachlassgericht die Zahlungen zu erbringen. Es ist kaum zu erwarten, dass die Mutter für die absehbar kurze Übergangszeit bis zur Klärung der erbrechtlichen Fragen auf einem vollstreckbaren Titel bestehen würde, wenn notdürftiger Unterhalt in Höhe des Mindestunterhalts tatsächlich an das Kind in seiner Eigenschaft als Erbe gezahlt wird. Auch die Genehmigung des Nachlassgerichts hierfür dürfte nur vom Inhalt dieser Maßnahme des Verwalters abhängen, nicht aber von der Form ihrer Durchführung.

Wenn der Nachlassverwalter aber dennoch der Auffassung ist, dass er eine vollstreckbare Verpflichtungsurkunde schaffen sollte, kann er sich hierwegen nur an einen **Notar** wenden, der als solcher nach § 20 Abs. 1 Satz 1 BNotO befugt ist, „Beurkundungen jeder Art vorzunehmen". Die Urkundsperson beim Jugendamt ist aufgrund ihres beschränkten Aufgabenkatalogs nicht der richtige Adressat für einen derartigen Beurkundungswunsch.

c) Übergang auf einen Rechtsnachfolger

381 Rückständige Unterhaltsansprüche des Kindes können im Zeitpunkt der Beurkundung bereits **auf andere übergegangen** sein. Das ist zum einen möglich bei Deckung des Kindesbedarfs durch einen nachrangig haftenden Verwandten unter den Voraussetzungen des § 1607 Abs. 2 Satz 2 BGB oder durch den Scheinvater (§ 1607 Abs. 3 Satz 2 BGB). Häufig gehen aber auch Unterhaltsforderungen auf die öffentliche Hand über, z.B. nach Leistung von Grundsicherung (§ 33 SGB II), Sozialhilfe (§ 94 Abs. 1 SGB XII), Unterhaltsvorschuss (§ 7 Abs. 1 UVG) oder Ausbildungsförderung (§ 37 BAföG).

382 In all diesen Fällen konnte die **Urkundsperson im Jugendamt** in der Vergangenheit **keine Verpflichtung zur Zahlung an den Übergangsgläubiger beurkunden.** Denn hierauf erstreckte sich die Ermächtigung in § 59 Abs. 1 Satz 1 Nr. 3 SGB VIII herkömmlicherweise nicht (vgl. *Brüggemann,* DAVorm 1993, 218 [225]; *DIV-Gutachten* 20.7.1998, ZfJ 1998, 390). Bereits in den Vorauflagen (bis zur 6. Aufl.) wurde angeregt, dass der Gesetzgeber die Beurkundungsbefugnis nach dieser Vorschrift auch auf übergegangene Ansprüche ausdehnt. Der Erklärungswillige war nämlich früher an den Notar zu verweisen, erhält dort aber keine Kostenfreiheit hinsichtlich der Notargebühren, wenn Gläubiger nicht mehr das Kind selbst ist. Das erschwerte naturgemäß die Bemühungen insbesondere der zuständigen Ämter, Schuldner zu entsprechenden freiwilligen Beurkundungen zu veranlassen.

383 Mit der Ergänzung der Vorschrift durch das Gesetz zur Änderung des Unterhaltsvorschussgesetzes und anderer Gesetze (Unterhaltsvorschussentbürokratisierungsgesetz)" vom 3. Mai 2013, BGBl I 1108 m.Wirk.v. 1. Juli 2013 wurde § 59 Abs. 1 Satz 1 Nr. 3 um den Einschub ergänzt: „;oder seines gesetzlichen Rechtsnachfolgers" Damit soll die Möglichkeit geschaffen werden, dass die Urkundsperson beim Jugendamt **Unterhaltsverpflichtungen auch zugunsten eines Rechtsnachfolgersvollstreckbar beurkunden** kann, wenn dieser Leistungen an das Kind erbracht hat und deshalb dessen Unterhaltsanspruch auf ihn übergegangen ist. Dies können Sozialleistungsträger sein wie z.B. das Land (§ 7 Abs. 1 UVG), die Kommune bzw. das Jobcenter (§ 33 Abs. 1 SGB II) oder das Sozialamt (§ 94 Abs. 1 SGB XII). In Betracht kommen aber auch Privatpersonen in den Fällen des Anspruchsübergangs nach § 1607 BGB (z.B. Großeltern oder der Scheinvater). Der Umstand, dass die Bundesregierung ohne wirklich überzeugenden Grund die Änderungsvorschrift in das Unterhaltsvorschussentbürokratisierungsgesetz aufgenommen hat – statt die bereits zuvor gegebene Möglichkeit im Rahmen des

BKISchG zu nutzen –, darf nicht zu dem Fehlschluss verleiten, es ginge allein um den Anspruchsübergang nach § 7 Abs. 1 UVG.

In all diesen Fällen soll die Schaffung von Titeln zugunsten der betreffenden Rechtsnachfolger erleichtert werden, indem die Urkundsperson bei Bereitschaft eines Unterhaltspflichtigen zur Abgabe der entsprechenden Erklärung auf der neu geschaffenen Rechtsgrundlage tätig werden kann und ihn nicht wie bisher zur kostenpflichtigen Niederschrift einer solchen Erklärung an den Notar verweisen muss.

384 Der Gesetzeswortlaut und das Ziel der Neuregelung sind **auf den Fall der bereits übergegangenen Ansprüche abgestellt.** Zwar könnte man die Vorschrift womöglich auch so deuten, dass auch künftig fällig werdende Ansprüche von den Worten „für die Zeit nach einem gesetzlichen Übergang" erfasst werden. Es ist aber nicht erkennbar, dass hierfür überhaupt ein Bedürfnis bestehen könnte.

Bei **gerichtlichen Titeln** liegt auf der Hand, dass diese ggf. **auch für die Zukunft** zugunsten des Landes oder des sonstigen Sozialleistungsträgers geschaffen werden müssen (vgl. z.B. § 7 Abs. 4 Satz 1 UVG). Das Kind ist hilfebedürftig, weil der Unterhalt ausbleibt. Ein Titel liegt noch nicht vor. Auch ist oft nicht absehbar, dass ein solcher demnächst zugunsten des Kindes errichtet wird. Damit der Träger in absehbarer Zeit im Rückgriffswege zu seinem Geld kommt, muss er selbst das Gericht bemühen.

385 Hiermit überhaupt **nicht vergleichbar** ist aber die Situation, dass **der Schuldner im Jugendamt erscheint** und bereit ist, nunmehr seine Unterhaltsverpflichtung für die Vergangenheit – gegenüber dem Sozialleistungsträger und in Höhe der etwaigen Differenz für das Kind, jeweils in einer Summe – anzuerkennen und etwa *zugleich einen Titel über den Kindesunterhalt für die Zukunft zu schaffen.*

Warum sollte dieser denn überhaupt auf den Sozialleistungsträger als Gläubiger ausgestellt werden? Wenn nunmehr endlich ein vollstreckbarer Titel zugunsten des Kindes über den künftigen Unterhalt geschaffen wird und der Schuldner auch bereit und in der Lage ist, den Kindesunterhalt zu erfüllen, kann dieser unmittelbar an den gesetzlichen Vertreter des Kindes gezahlt werden. Damit kann mit sofortiger Wirkung die Sozialleistung eingestellt werden. Ein **Bedürfnis,** einen **Titel** etwa **zugunsten des Landes oder des Jobcenters** zu schaffen, **besteht** dann überhaupt **nicht mehr**: Mit der Möglichkeit und Bereitschaft des Unterhaltsschuldners, die laufenden Zahlungen an das Kind zu richten, entfällt jede Notwendigkeit zur Weitergewährung der Sozialleistung.

386 Es ist deshalb kaum vorstellbar, dass ein Schuldner der Urkundsperson beispielsweise erklärt, das Jobcenter habe ihn aufgefordert, einen Titel auch über den künftigen Kindesunterhalt in Höhe der weiterhin zu erbringenden SGB II-Leistungen nach Maßgabe des § 33 SGB II aufnehmen zu lassen. Wenn das doch einmal aufgrund nicht zu Ende gedachter Überlegungen des Leistungsträgers geschehen sollte, hat die Urkundsperson im Rahmen ihrer **Belehrungspflicht entsprechend § 17 BeurkG auf die oben angesprochene Alternative hinzuweisen,** um dem

B.II. Beurkundung von Unterhaltsverpflichtungen

Kind zu einem Titel über den künftigen Unterhalt zu verhelfen. Das entspricht nicht nur dem gesetzlichen Grundsatz der Nachrangigkeit der entsprechenden Sozialleistungen gegenüber der Erfüllung des unmittelbaren Unterhaltsanspruchs. Es trägt auch der praktischen Erfahrung Rechnung, dass ein erstmals zugunsten des Sozialleistungsträgers geschaffener Unterhaltstitel die weitere unmittelbare Verfolgung des künftig fällig werdenden Unterhalts für das Kind erschwert, weil dann zunächst der Träger auf seinen Titel über denselben Unterhaltsanspruch für die Zukunft verzichten muss, um eine Titulierung unmittelbar für das Kind zu ermöglichen (hierzu eingehend *Knittel* JAmt 2016, 64-68).

Sollte in – hoffentlich wenigen – Ausnahmefällen einmal der Sozialleistungsträger **aus sachfremden Gründen** (Bequemlichkeit, Erhöhung der Rückholquote durch zahlungsbereite Schuldner) ein Interesse an der objektiv unnötigen Fortführung der Sozialleistung haben, darf einem darin liegenden **Gesetzesverstoß nicht durch eine zweckwidrige Auslegung des § 59** Abs. 1 Satz 1 Nr. 3 **SGB VIII Vorschub geleistet** werden. Am Bespiel des UVG: Anspruch auf die Sozialleistung hat das Kind nur bei planwidrigem Ausbleiben der Unterhaltsleistung des Schuldners; plangemäße Nichtzahlung z.B. wegen einer Freistellung durch den vertretungsberechtigten Elternteil erfüllt nicht die die Voraussetzungen des § 1 Abs. 1 Nr. 3a UVG (vgl. z.B. Nds. OVG, 12.2.2007 – 4 LA 94/07, FEVS 58, 441; UVG-RL Nr. 1.5.2; ebenso zur Zeugung durch anonyme Samenspende VGH BW, 3.5.2012 – 12 S 2935/11, ZFSH/SGB 2012, 409). Die Fortzahlung des Unterhaltsvorschusses trotz konkret bestehender Möglichkeit, den bürgerlich-rechtlichen Unterhalt nach freiwilliger Titulierung durch den Schuldner nunmehr unmittelbar für das Kind einzuziehen, wäre in diesem Sinne **gesetzwidrig,** noch dazu mit dem kuriosen Begleitumstand, dass dabei die Behörde selbst – durch Ersuchen an den Unterhaltspflichtigen um zukunftsgerichtete Beurkundung zu ihren Gunsten zwecks fortgesetzter Leistungsgewährung – dazu beiträgt, dass Zahlungen unmittelbar an das Kind jedenfalls künftig plangemäß ausbleiben.

388 Abgesehen von der gebotenen zweckorientierten und deshalb einschränkenden Auslegung des § 59 Abs. 1 Satz 1 Nr. 3 SGB VIII wäre auch der entsprechend anwendbare **§ 4 BeurkG zu beachten:** Die Urkundsperson soll die Beurkundung als **amtspflichtwidrig** ablehnen, wenn ihre Mitwirkung bei Handlungen verlangt wird, mit denen erkennbar unerlaubte oder unredliche Zwecke verfolgt werden. Die Beurkundung in der konkret beschriebenen Situation vor dem Hintergrund des beschriebenen Gesetzesverstoßes des Leistungsträgers würde diese Voraussetzung erfüllen. Dasselbe gilt auch dann, wenn der Schuldner sinngemäß erklären sollte, er zahle lieber „an den Staat" als zu Händen der ihm inzwischen verhassten Kindesmutter und sei daher mit der fortgesetzten Leistungsgewährung bei anschließendem Rückgriff gegen ihn durchaus einverstanden.

389 Auch für den Maßstab des § 4 BeurkG in allen hier denkbaren Motivkonstellationen ist zudem der bereits zuvor angesprochene Gesichtspunkt zu bedenken: Jede zukunftsgerichtete Titulierung zugunsten des Sozialleistungsträgers **erschwert es dem Kind, für ebenfalls künftige Zeiträume** einen eigenen **Titel** über den ihm zustehenden vollen Unterhalt zu erwirken Bei gerichtlichen Titeln steht dem die Rechtskraft des Beschlusses entgegen, (eingehend hierzu *Knittel* JAmt 2016, 64). Bei urkundlichen Titeln wäre es der zeitliche Vorrang der zuerst errichteten Urkunde für einen anderen Gläubiger. Die Beurkundung einer Unterhaltsverpflichtung für einen Träger ohne einen nach dem Sozialleistungsverhältnis objektiv gerechtfertigten Grund wäre deshalb allein im Hinblick auf diese Rechtsfolge eine **Benachteiligung des Kindes zu einem „erkennbar unredlichen Zweck"** und der Urkundsperson auch aus diesem Grund verwehrt

d) Unterhalt als Festbetrag oder dynamisiert anhand des Mindestunterhalts

390 Das seit 1. Juli 1998 geltende Kindesunterhaltsrecht kennt nur noch den Individualunterhalt (in Abgrenzung zu dem zuvor für nichteheliche Kinder geschuldeten Regelunterhalt). Zunächst wurde die Möglichkeit eingeführt, diesen **als Prozentsatz eines Regelbetrages** gemäß § 1612a a.F. BGB zu titulieren. Die Regelbeträge wurden in der Regelbetrag-VO in drei Altersstufen festgelegt (vgl. § 1612a Abs. 3 a.F. BGB). Sie wurden in einem – erstmals mit dem 1. Juli 1999 begonnenen zweijährigen Turnus durch Rechtsverordnung des Bundesministeriums der Justiz an die wirtschaftliche Entwicklung angepasst (§ 1612a Abs. 4 a.F. BGB).

391 Seit 1. Januar 2008 ist stattdessen der **Mindestunterhalt** eingeführt worden: Nach 1612a Abs. 1 Satz 1 BGB kann ein minderjähriges Kind von einem Elternteil, mit dem es nicht in einem Haushalt lebt, den Unterhalt als Prozentsatz des jeweiligen Mindestunterhalts verlangen. Ab der Unterhaltsrechtsreform 2008 orientierte sich der Mindestunterhalt zunächst am steuerlichen Freibetrag für das sächliche Existenzminimum eines Kindes (Kinderfreibetrag; § 1612a Abs. 1 Satz 2 a.F. 2 BGB). Diese rechtstechnische Anknüpfung an Änderungen im Einkommensteuergesetz hat in der Vergangenheit zu Friktionen geführt. So konnte etwa der Mindestunterhalt erst zum 1. August 2015 mit Inkrafttreten der Änderungen des Einkommensteuergesetzes erhöht werden, obwohl nach dem sächlichen Existenzminimum eine Erhöhung bereits zum 1.Januar 2014 angezeigt gewesen wäre (hierzu *Birnstengel*, JAmt 2016, 2 m.w.N).

391a Um die **Abhängigkeit des Mindestunterhalts von Änderungen im Steuergesetz** zu beenden, zugleich aber die sachlich gerechtfertigte Anbindung an das steuerfrei zu stellende sächliche Existenzminimum der Kinder aufrechtzuerhalten, wurde **§ 1612a BGB entsprechend geändert** (vgl. BT-Drs. 18/5918, 15). So lautet Abs. 1 Satz 2 der Vorschrift i.d.F. des Gesetzes vom 25. November 2015: „Der Mindestunterhalt richtet sich nach dem steuerfrei zu stellenden sächlichen Existenzminimum des minderjährigen Kindes." Dass der existenznotwendige Bedarf von Kindern von der Einkommensteuer verschont bleiben muss, hat das BVerfG (10.11.1998 – 2 BvR 1057/91 u.a., BVerfGE 99, 216 ff.) entschieden.

Der so definierte **Mindestunterhalt beträgt monatlich entsprechend dem Alter des Kindes**

– für die Zeit bis zur Vollendung des sechsten Lebensjahrs (erste Altersstufe) 87 Prozent,

- für die Zeit vom siebten bis zur Vollendung des zwölften Lebensjahrs (zweite Altersstufe) 100 Prozent und
- für die Zeit vom 13. Lebensjahr an (dritte Altersstufe) 117 Prozent

des **steuerfrei zu stellenden sächlichen Existenzminimums** des minderjährigen Kindes.

In § **1612a Abs. 4 BGB** wurde festgelegt:

„Das Bundesministerium der Justiz und für Verbraucherschutz hat den Mindestunterhalt erstmals zum 1. Januar 2016 und dann alle zwei Jahre durch Rechtsverordnung, die nicht der Zustimmung des Bundesrates bedarf, festzulegen."

Der Mindestunterhalt richtet sich ab Januar 2016 folglich **nicht mehr nach dem steuerrechtlichen Kinderfreibetrag,** sondern knüpft unmittelbar an das steuerfrei zu stellende sächliche Existenzminimum minderjähriger Kinder an. Das sächliche Existenzminimum ist alle zwei Jahre dem Bericht der Bundesregierung zu entnehmen (vgl. den Zehnten Existenzminimumbericht vom 30. Januar 2015, BT-Drs. 18/3893 für 2016). Entsprechend soll der Mindestunterhalt per **Rechtsverordnung des Bundesministeriums der Justiz** und für Verbraucherschutz (BMJV) angepasst werden, erstmals zum 1. Januar 2016 und danach alle zwei Jahre.

392

Nach der **ersten Mindestunterhaltsverordnung** (BGBl. I 2015, 2188) erhöhte sich der Mindestunterhalt wie folgt:

Tab.: Mindestunterhalt nach erster Mindestunterhaltsverordnung

	ab 1.1.2016	ab 1.1.2017
erste Altersstufe	335 EUR	342 EUR
zweite Altersstufe	384 EUR	393 EUR
dritte Altersstufe	450 EUR	460 EUR

Mit dieser Verordnung wird „an eine bis einschließlich 2007 geltende Tradition angeknüpft, nach der es Sache des Bundesministeriums der Justiz war, die Höhe dieser im Kindesunterhalt zentralen Größe durch Rechtsverordnung zu bestimmen" (BT-Drs. 18/5918, 15).

Der im Einzelfall maßgebende Titel wird jeweils nach Änderung des Mindestunterhalts durch eine entsprechende Rechtsverordnung „gleitend" angepasst, ohne dass es – wie im früheren Recht des Regelunterhalts vor dem 1. Juli 1998 – hierzu einer gerichtlichen Entscheidung bedarf. Die Anpassung ergibt sich vielmehr **aus der Bezugnahme im Titel auf den jeweils geltenden Mindestunterhalt.**

Da der Gesetzeswortlaut dem Kind den Anspruch auf den Mindestunterhalt nur gibt, wenn es mit dem Barunterhaltspflichtigen **nicht in einem Haushalt lebt,** bedeutet das im Umkehrschluss: Ein mit beiden Elternteilen in einem Haushalt zusammenlebendes Kind hat keinen Anspruch auf Barunterhalt nach dieser Vorschrift. Insoweit gilt das Bestimmungsrecht der Eltern über die Art der Gewährung

393

des Unterhalts gemäß § 1612 Abs. 2 Satz 1 BGB. Selbstverständlich ist aber unbeschadet des fehlenden gesetzlichen Anspruchs *zulässig*, eine entsprechende Barunterhaltsverpflichtung zu beurkunden. Ein Unterhaltsschuldner ist nicht gehindert, in vollstreckbarer Form auch solche Verpflichtungserklärungen abzugeben, die über den gesetzlichen Anspruch des Gläubigers hinausgehen. Zieht etwa eine ihr Kind betreuende Mutter „probeweise" mit dem Vater zusammen und möchte gleichzeitig für den Fall vorsorgen, dass die Lebensgemeinschaft in absehbarer Zeit wieder aufgehoben wird, kann sie ein entsprechendes Ansinnen an den Vater stellen. Ist dieser bereit, über seine gesetzliche Verpflichtung hinaus einen Urkundstitel aufnehmen zu lassen, damit er vom Kind gewissermaßen „auf Vorrat" gehalten und bei Bedarf verwendet werden kann, besteht für die Urkundsperson kein Grund, ein entsprechendes Ersuchen auf Vornahme der Beurkundung abzulehnen.

394 Der dynamische Mindestunterhalt ist aber nicht die ausschließliche Form des gesetzlichen Unterhalts. Nach wie vor kann Unterhalt als **Festbetrag** gefordert und tituliert werden. Das Kind hat im nunmehr geltenden Recht somit die **Wahl**: Es kann Individualunterhalt als statischen Unterhalt oder auf der Grundlage des Mindestunterhalts verlangen.

Aufgrund des genannten Wahlrechts kann das Kind beispielsweise einen Unterhalt in Höhe eines **Festbetrages** von monatlich 400 Euro abzüglich anzurechnender kindbezogener Leistungen fordern (Im Hinblick auf die Rechtsklarheit und auf künftige Abänderungen empfiehlt es sich, den an sich geschuldeten Euro-Betrag und die anzurechnenden Leistungen gesondert auszuweisen, so auch *Lipp/Wagenitz*, § 1612a BGB Rn. 29). Allerdings kommt das Kind dann nicht in den Genuss der gemäß § 1612a BGB möglichen Dynamisierung des Unterhalts. Änderungsbegehren müssen wie bisher mit einem Abänderungsantrag nach §§ 238 f. FamFG verfolgt werden. Zur Möglichkeit einer Indexklausel zur Erhöhung des Festbetragsunterhalts vgl. unten Rn. 446.

395 In der Praxis wird die Dynamisierung des Minderjährigenunterhalts **hauptsächlich von den Jugendämtern als Beiständen** im Rahmen des Vereinfachten Verfahrens gem. §§ 249 ff. FamFG beantragt bzw. dem Schuldner anlässlich einer Beurkundung abverlangt. Unter Rechtsanwälten stößt sie hingegen noch immer auf verbreitete Skepsis (Wendl/Dose/*Klinkhammer*, § 2 Rn. 365). Zu empfehlen ist die Geltendmachung dynamischen Unterhalts jedenfalls dann, wenn nur ein oder zwei Kinder Unterhalt begehren und mit wesentlichen Veränderungen des Einkommens des Schuldners und anderer unterhaltsrechtlich bedeutsamer Umstände in absehbarer Zeit nicht zu rechnen ist.

Hingegen ist mit Wendl/Dose/*Klinkhammer*, a.a.O. **von einer Dynamisierung abzuraten**,

- wenn sich die Grundlagen der Unterhaltsbemessung voraussichtlich ändern werden, also wenn *Einkommensänderungen bevorstehen*, z.B. die Veränderung der Steuerklasse im Jahr nach der Trennung, oder wenn mit dem Hinzutreten weiterer Unterhaltsberechtigter (Kinder aus zweiter Ehe) zu rechnen ist.

- in *Mangelfällen,* weil dann bereits geringe Veränderungen des Einkommens die Leistungsfähigkeit und damit die Unterhaltshöhe beeinflussen können; zudem ändert sich das „Verteilungsgefüge" (hierzu *Strauß,* FamRZ 1998, 993 [997], wenn ein Kind in die nächste Altersstufe gelangt und bei ihm ein höherer Einsatzbetrag zu berücksichtigen ist; im Erg. ebenso mit abw. Begründung für das seit 1. Januar 2008 geltende Recht *Vossenkämper,* FamRZ 2008, 201 [208]).

- in Fällen mit *Auslandsberührung* da der ungewöhnliche Titel zu Schwierigkeiten bei der Vollstreckung im Ausland führen kann (s. aber unten Rn. 648 ff. zur Möglichkeit einer Bezifferung durch die Urkundsperson für Zwecke der Auslandsvollstreckung).

Dann können sich die Vorteile der Dynamisierung, die gerade in der Vermeidung von Abänderungsverfahren bestehen, nicht auswirken. Dasselbe gilt dann, wenn sich das Kind in der letzten Altersstufe befindet und in überschaubarer Zeit höchstwahrscheinlich durch eigenes Einkommen nicht mehr bedürftig sein wird.

e) Anspruch des Kindes auf dynamisierten Titel

Jedenfalls kann aber das Kind *und nur dieses bzw. sein gesetzlicher Vertreter* entscheiden, ob es den Unterhalt als dynamischen verlangt oder ausnahmsweise die statische Form als Festbetrag vorzieht. **396**

Wenn aber erklärtermaßen das **Kind das Wahlrecht ausübt** mit dem Ziel, einen dynamisierten Titel zu erwirken, kann sich der **Schuldner dem nicht entziehen**. Er muss einer entsprechenden Forderung der Gläubigerseite nachkommen (MüKo/*Born,* § 1612a BGB Rn. 27; Wendl/Dose/*Klinkhammer,* § 2 Rn. 358 m.w.N.).

Das Wahlrecht zwischen statischem und dynamischem Unterhalt kann sowohl bei der erstmaligen Festsetzung des Unterhalts als auch im Rahmen eines **Abänderungsverfahrens** ausgeübt werden. Allein der Wunsch, nunmehr statt des zunächst akzeptierten statischen den dynamischen Unterhalt zu erhalten, reicht jedoch nicht aus. Vielmehr muss der Abänderungsantrag gem. §§ 238, 239 FamFG aus anderen Gründen eröffnet sein; es müssen sich also die Verhältnisse, die dem Titel zugrunde liegen, wesentlich geändert haben (Wendl/Dose/*Klinkhammer,* § 2 Rn. 358 a.E.).

Im gleichen Sinne hat unmissverständlich das **OLG Celle** (14.2.2007 – 8 WF 43/07, juris) entschieden: „Denn nicht der Unterhaltsschuldner, sondern nur das minderjährige Kind als Unterhaltsgläubiger kann zwischen statischem und dynamischem Kindesunterhalt wählen (§ 1612a Abs. 1 BGB). Hier hat das beklagte Kind dynamischen Kindesunterhalt gewählt, wie aus dem Alttitel ersichtlich ist. Diese einmal getroffene **Wahl darf** der klagende Kindesvater als **Unterhaltsschuldner nicht unterlaufen.** Der klagende Kindesvater kann also mit seinem Klageantrag, der auf eine Titulierung statischen Kindesunterhaltes gerichtet ist, nicht durchdringen."

397 Dieser klare Grundsatz hat auch dann Bedeutung, wenn der Schuldner unter Verstoß gegen das in § 1612a Abs. 1 Satz 1 BGB normierte Recht des Kindes auf dynamischen Unterhalt **ausdrücklich nur einen Festbetragstitel beurkunden** lässt. Damit wird nicht etwa das Rechtsschutzbedürfnis des Kindes beseitigt, einen Antrag zum Familiengericht auf Festsetzung eines Prozentsatzes des Mindestunterhalts in dynamisierter Form zu stellen.

Dies hat das **OLG Hamm** (20.9.2010 – 13 WF 207/10, FamRZ 2011, 1158) anerkannt, indem es in einem einschlägigen Fall dem antragstellenden Kind Verfahrenskostenhilfe bewilligte mit folgender Begründung:

Der Antragsgegner sei durch die Errichtung eines **statischen Unterhaltstitels** dem Anspruch des Kindes aus § 1612a BGB nicht nachgekommen. Deshalb sei es nicht mutwillig im Sinne von § 114 ZPO, wenn das Kind VKH für die **gerichtliche Festsetzung des Mindestunterhalts** beantrage. Dies gelte jedenfalls dann, wenn das Kind von vornherein einen dynamischen Titel verlangt habe. Nicht zu entscheiden und im Übrigen einzelfallabhäng sei, ob Mutwilligkeit angenommen werden könne, wenn das Kind zunächst einen statischen Titel akzeptiert habe und nunmehr dessen Dynamisierung verlange.

Ebenso entschieden hat das **OLG Dresden** (3.1.2011 – WF 1189/10, FamRZ 2011, 1407 [Ls.]): Es obliege der Entscheidung des Unterhaltsberechtigten, ob der Unterhalt in statischer oder in dynamisierter Form tituliert werden soll. Daher sei ein Abänderungsantrag zulässig, wenn ein Unterhaltstitel unter Missachtung des vom Berechtigten ausgeübten Wahlrechts gemäß § 1612a BGB entstanden ist, weil sonst das Wahlrecht des Berechtigten gegenstandslos würde.

398 Wurde dem Schuldner nicht ausnahmsweise ein fehlendes Gläubigerinteresse an einem dynamisierten Titel über den Mindestunterhalt signalisiert, genügt er dem geltend gemachten Recht des Kindes auf eine dem Gesetz entsprechende Unterhaltsverpflichtung nicht, wenn er darauf besteht, nur einen Festbetragstitel beurkunden zu lassen. Dem kann auch nicht entgegengehalten werden, dass *gegenwärtig* der beurkundete Festbetrag doch dem entspreche, was das Kind aufgrund eines dynamischen Titels verlangen könnte. Es geht um **das Recht auf einen dynamisierten Titel als solches** mit den damit verbundenen Vorteilen bei künftigen Änderungen des Unterhalts, und nicht um die Frage, ob sich *gegenwärtig* ein Unterschied im Zahlbetrag zwischen beiden Verpflichtungsformen ergibt.

Praxistipp

 Hierauf sollte die Urkundsperson in einem entsprechenden Fall nachdrücklich hinweisen. Besteht der Schuldner gleichwohl auf der Aufnahme einer derart eingeschränkten Verpflichtung, muss die Urkundsperson dem aber – jedenfalls im Regelfall – nachkommen.

Denn sie ist grundsätzlich verpflichtet, von einem Beteiligten gewünschte Erklärungen – soweit diese nicht erkennbar unerlaubten oder unredlichen

Zwecken im Sinne von § 4 BeurkG dienen sollen – aufzunehmen, selbst wenn sie Zweifel an der rechtlichen Wirksamkeit hat.

Die Urkundsperson muss lediglich über ihre Sicht der Rechtslage aufklären; die Verantwortung für die Wirksamkeit der Erklärung im Rechtsverkehr trägt dann der betreffende Beteiligte (vgl. oben Rn. 33).

Diese weitgehende Pflicht der Urkundsperson zur Vornahme gewünschter Amtshandlungen findet nur dort ihre Grenze, wo die beabsichtigte Erklärung von **vornherein ersichtlich unwirksam** wäre (oben Rn. 33 ff.). Das ist aber hier nicht der Fall: Vollstreckbare Verpflichtungen über einen Festbetrag sind weiterhin grundsätzlich zulässig und werden auch zum Teil aus gutem Grund so gefordert und tituliert (s.o. Rn. 395). Der Gläubiger hat nur das **Wahlrecht**, ob er sie akzeptiert oder zurückweist (Rn. 366 f.) Lediglich dann, wenn eine ausdrückliche Erklärung der Gläubigerseite bekannt ist, dass sie sich mit einem statischem Unterhalt keineswegs zufrieden geben und in jedem Fall die gerichtliche Durchsetzung des dynamisierten Unterhalts verlangen werde, könnte sich die Urkundsperson ggf. auf den oben zuletzt genannten Grundsatz berufen. Denn ihr kann – wie bereits betont, vgl. Rn. 36 – nicht ernstlich angesonnen werden, „für den Papierkorb zu arbeiten" (was jedenfalls insoweit der Fall wäre, als die vom Schuldner gewünschte Verpflichtungserklärung im Ergebnis nicht die vorgestellten Wirkungen haben kann, sondern voraussichtlich sogleich einer gerichtlichen Abänderung unterliegt). **399**

f) Festlegung des Mindestunterhalts; keine Begrenzung auf Minderjährigkeit

Das Kind kann den Unterhalt als Prozentsatz des Mindestunterhalts der *jeweiligen* Altersstufe abzüglich anzurechnender kindbezogener Leistungen verlangen (§ 1612a Abs. 1 BGB). Damit erhöht sich nicht nur der Unterhalt automatisch, wenn der Mindestunterhalt per Rechtsverordnung des Bundesministeriums der Justiz und für Verbraucherschutz (BMJV) angepasst wird. Zusätzlich ändert sich der Unterhalt entsprechend dem in der **höheren Altersstufe** auch höheren Lebensbedarf, wenn das Kind mit Vollendung des sechsten bzw. zwölften Lebensjahres die zweite bzw. dritte Altersstufe erreicht. **400**

Zu beachten ist hierbei, dass die dritte Altersstufe zwar nach § 1612a Abs. 3 BGB vom 13. Lebensjahr an gilt, aber **nicht auf die Vollendung des 18. Lebensjahres beschränkt** ist (*Rühl/Greßmann*, Rn. 108). Ein insoweit offen gehaltener Titel gilt auch über die Volljährigkeit des Kindes hinaus (vgl. § 244 FamFG). Der Gesetzgeber wollte nicht, dass das Kind gezwungen wird, sich nach Eintritt der Volljährigkeit sogleich einen neuen Titel schaffen zu müssen, wenn es – wie in der Regel – noch unterhaltsbedürftig ist (BT-Drs. 13/7338, 23; BGH, 4.10.2005 –VII ZB 21/05, FamRZ 2005, 2066 = JAmt 2006, 267). **401**

Allerdings ermöglicht dieser Titel **keine Dynamisierung in die vierte Altersstufe** der Düsseldorfer Tabelle (*Ewers,* DAVorm 1999, 801 [817]). Vielmehr wird der zuletzt maßgebende Unterhaltsbetrag aus der dritten Altersstufe auch nach der Volljährigkeit entsprechend der Anpassung der Regelbeträge weiter dynamisiert (*Lipp/Wagenitz,*, § 1612a BGB Rn. 40; *Prütting/Helms/Bömelburg*, § 244 FamFG Rn. 6). Ein bei Eintritt der Volljährigkeit vorhandener Titel stellt sich somit nicht automatisch auf die von der Düsseldorfer Tabelle für volljährige Kinder entwickelte vierte Altersstufe und ihre Prozentsätze um.

401a Das besagt aber keinesfalls, dass ein während der Minderjährigkeit errichteter Titel, der auf den für die dritte Altersstufe geltenden Prozentsatz des Mindestunterhalts verweist und dessen Fortgeltung der Gesetzgeber sowohl materiell-rechtlich in § 1612a Abs. 1 Satz 3 Nr. 3 BGB ermöglicht als auch vollstreckungsrechtlich in § 244 FamFG angeordnet hat, nunmehr mit Eintritt der Volljährigkeit gewissermaßen „kastriert" werden müsse und **nur noch als statischer bzw. Festbetragstitel zu betrachten** sei.

Für eine solche Einschränkung, die sich nicht überzeugend systematisch begründen ließe, besteht auch nach der Interessenlage der Parteien des Unterhaltsverhältnisses kein Anlass: Beiden stünde die Möglichkeit offen, den Titel im Rahmen von § 238 f. FamFG abändern zu lassen, wenn sie sich aus ihrer jeweiligen Sicht Vorteile durch ein höheres oder niedrigeres Ergebnis einer Unterhaltsfestsetzung auf der Grundlage der Regelungen über den Volljährigenunterhalt versprechen sollten. Solange sie hiervon absehen, muss der dynamische Titel auch **mit allen aus § 1612a BGB folgenden Konsequenzen einschließlich der Anpassung bei einer Erhöhung des Mindestunterhalts fortgelten** und muss hieraus in entsprechender Höhe vollstreckt werden können. Eine hiervon abweichende Annahme würde den Sinn der gesetzlichen Regelung verkennen und den mit ihr bezweckten Schutz der Interessen des Titelgläubigers nach Eintritt der Volljährigkeit übergehen (dazu eingehend *Knittel*, JAmt 2013, 446 mit krit. Anm. zu OLG Celle, 14.3.2013 – 10 WF 76/13, JAmt 2013, 488).

401b Anderseits muss aber auch das **Kindergeld unverändert nach Maßgabe des Titels angerechnet** werden. Es wäre ein unzulässiger Eingriff in die nach dem Willen des Gesetzgebers auch nach dem 18. Lebensjahr fortgeltende vollstreckbare Unterhaltsverpflichtung, wenn man allein wegen des Eintritts der Volljährigkeit den Titel unter Anrechnung des vollen Kindergelds nach § 1612 b Abs. 1 Nr. 2 BGB „umrechnen" und dabei den Zahlbetrag gleich um – derzeit – 96 EUR kürzen wollte.

Ein solches Vorgehen verstieße nicht nur gegen die dargestellte gesetzliche Systematik, sondern wäre auch **in sich widersprüchlich:** Es würde den Gläubiger im Rahmen des § 244 FamFG gleichzeitig als „ein bisschen minderjährig" (hinsichtlich der Höhe des nur bis zum 18. Geburtstag geltenden Mindestunterhalts) und „ein wenig volljährig" (bezüglich der Anrechnung des nunmehr vollen Kindergelds) behandeln. Dass diese **Kumulation zweier Nachteile** zulasten des Kindes für sich genommen schon nicht überzeugen kann, sollte auf der Hand liegen und stellt ein zusätzliches Argument gegen eine vermeintlich nur modifizierte Fortgeltung des „Minderjährigen-Titels" dar (*Knittel*, JAmt 2013, 446 [447]).

402 Da das Kind ein Anrecht auf einen nicht bis zu seinem 18. Geburtstag beschränkten Vollstreckungstitel hat, darf ihm dieses nicht dadurch genommen werden, dass der Unterhaltsschuldner **gegen den Willen des Kindes** einen nur **bis** zum Eintritt seiner **Volljährigkeit befristeten Titel** schafft. Denn hierdurch wäre das Kind gehindert, einen seinem materiell-rechtlichem Anspruch entsprechenden Titel zu erhalten. Deshalb hat der Minderjährige auch in den Fällen, in denen ohne eine zuvor mit ihm getroffene Übereinkunft der Unterhaltsverpflichtete einen auf die Zeit der Minderjährigkeit befristete beschränkte vollstreckbare Verpflichtung aufnehmen ließ, **Anspruch auf unbefristete Festsetzung** seines Unterhaltsanspruches in Form eines dynamisierten Titels über einen bestimmten Prozentsatz des jeweiligen Mindestunterhalts (OLG Hamm, 9.11.2011 – 8 WF 37/11, mit Ls. und Kurzwiedergabe abgedruckt in FamFR 2011, 201).

Praxistipp

*Hierüber muss ihn die Urkundsperson **belehren**, wenn der Schuldner – wie häufig aufgrund entsprechender anwaltlicher Beratung – wünscht, den Titel auf die Vollendung des 18. Lebensjahres des Kindes zu beschränken. Besteht der Unterhaltspflichtige gleichwohl hierauf, kann die Urkundsperson das **nicht ablehnen**, weil die entsprechende Beurkundung nicht von vornherein unwirksam wäre.*

Denn immerhin besteht die theoretische Möglichkeit, dass sich die Gläubigerseite vorerst mit dieser Verpflichtung in nur eingeschränktem Umfang zufriedengibt. Das könnte insbesondere der Fall sein, wenn bereits mit erheblicher Wahrscheinlichkeit absehbar ist, dass das Kind nach Eintritt der Volljährigkeit aufgrund eigenen Einkommens nicht mehr bedürftig sein wird. Gleichwohl müsste der Schuldner ausdrücklich **darauf hingewiesen** werden, dass diese Art der Beurkundung im Regelfall **nicht ausreicht**. Weist die Gläubigerseite eine solchermaßen eingeschränkte Verpflichtungserklärung zurück, ist er nicht davor geschützt, dass ein Antrag auf gerichtliche Festsetzung (ggf. unter Abänderung des vorliegenden Titels) des dem Kind zustehenden Unterhalts im gesetzlich gewährleisteten Umfang gestellt wird.

g) Bedeutung der Düsseldorfer Tabelle

Auch im geltenden Kindesunterhaltsrecht hat die **Düsseldorfer Tabelle** eine herausragende Bedeutung für eine gleichmäßige Ermittlung des Kindesbedarfs anhand der Leistungsfähigkeit des Unterhaltsverpflichteten (vgl. hierzu *Scholz*, FamRZ 1999, 1177 ff.; *Ewers*, DAVorm 1999, 801 ff.). Die Düsseldorfer Tabelle wird seit 1. Januar 1979 von den Familiensenaten des OLG Düsseldorf herausgegeben und von allen Oberlandesgerichten des Bundesgebietes, z.T. mit gewissen Modifikationen, zur Bemessung des Unterhalts minderjähriger Kinder verwendet. Sie wird dabei zumeist in die eigenen Tabellen oder Leitlinien integriert. Seit dem Inkrafttreten der Unterhaltsrechtsänderung am 1. Januar 2008 gilt sie auch für das Beitrittsgebiet, nachdem die zwischen Ost und West unterschiedliche Bedarfsbemessung entfallen ist (Wendl/Dose/*Klinkhammer*, § 2 Rn. 315).

403

Die Düsseldorfer Tabelle baut auf dem gesetzlichen Mindestunterhalt auf, der in § 1612a Abs. 1 BGB festgelegt ist. Die Richtsätze der ersten Einkommensgruppe der Tabelle entsprechen dem gesetzlichen Mindestunterhalt.

Für die weiteren von ihr definierten Einkommensgruppen gibt sie jeweils Unterhaltsbeträge als Prozentsatz des maßgebenden Mindestunterhalts an.

404 Die Düsseldorfer Tabelle ist ein **Hilfsmittel für die Bemessung des angemessenen Unterhalts** im Sinne des § 1610 BGB. Die in der Tabelle ausgewiesenen Richtsätze sind Erfahrungswerte. Sie **typisieren den Lebensbedarf des Kindes** – ausgerichtet an den Lebensverhältnissen der Eltern und an seinem Alter – auf der Grundlage durchschnittlicher Lebenshaltungskosten. Hierdurch soll eine gleichmäßige Behandlung gleicher Lebenssachverhalte erreicht werden (BGH, 13.10.1999 – XII ZR 16/98, Rn. 21, FamRZ 2000, 358).

Die Düsseldorfer Tabelle ist keine Rechtsquelle, sondern – wie die anderen Unterhaltstabellen und Leitlinien – nur eine Richtlinie *(Wendl/Dose/Klinkhammer,* § 2 Rn. 317).

Im Regelfall sollte sich aber auch die Titulierung des Unterhaltsanspruchs als Prozentsatz des Mindestunterhalts an ihr orientieren, d.h. insbesondere nicht willkürlich gegriffene Prozentsätze als „Zwischenstufen" der Tabellenwerte festlegen.

h) Anrechnung kindbezogener Leistungen; zulässige Dynamisierung auch des anzurechnenden Kindergeldes

405 Das auf das Kind entfallende Kindergeld ist gem. **§ 1612b** Abs. 1 **BGB** zur **Deckung seines Barbedarfs** zu verwenden, und zwar zur Hälfte, wenn ein Elternteil seine Unterhaltspflicht durch Betreuung des Kindes erfüllt, in allen anderen Fällen in voller Höhe. In diesem Umfang mindert es den Barbedarf des Kindes.

Ist das Kindergeld wegen der Berücksichtigung eines nicht gemeinschaftlichen Kindes erhöht, ist es im Umfang der Erhöhung nicht bedarfsmindernd zu berücksichtigen (§ 1612b Abs. 2 BGB).

406 Nach den Rechtsänderungen zum 1. Juli 1998 war zunächst sehr umstritten ob das anzurechnende **Kindergeld als Festbetrag** angegeben werden muss oder ob eine **dynamische Formulierung möglich** ist. Zu näheren Einzelheiten wird auf die 6. Aufl. (Rn. 288) verwiesen.

Die Kontroverse hatte folgenden Ausgangspunkt:

Ein Titel, aus dem die Zwangsvollstreckung betrieben werden soll, muss **hinreichend bestimm**t sein. Das ist nur dann der Fall, wenn er den Anspruch des Gläubigers ausweist und Inhalt und Umfang der Leistungspflicht bezeichnet. Bei einem Zahlungstitel muss der Anspruch sich zumindest aus dem Titel ohne weiteres errechnen lassen. Notfalls hat das Vollstreckungsorgan den Inhalt des Titels durch Auslegung festzustellen. Dabei muss der Titel jedoch aus sich heraus für eine Auslegung genügend bestimmt sein oder jedenfalls sämtliche Kriterien für seine Bestimmbarkeit eindeutig festlegen (BGH, 7.12.2005 – XII ZR 94/03, Rn. 25, FamRZ

2006, 261). Es genügt, wenn die **Berechnung mit Hilfe offenkundiger**, insbesondere aus dem Bundesgesetzblatt oder dem Grundbuch ersichtlicher **Umstände** möglich ist *(Zöller/Stöber,* § 704 ZPO Rn. 4 und § 794 ZPO Rn. 28; Musielak/Voit/*Lackmann,* § 704 ZPO Rn. 6 f.).

Die seinerzeitigen in der Rspr. verbreitet geäußerten **Zweifel** an der Bestimmtheit eines Titels, in dem das anzurechnende Kindergeld nicht beziffert ist, sind **inzwischen überholt.** Die jeweils geltenden Kindergeldbeträge ändern sich nicht ständig und ergeben sich ohne weiteres aus dem Gesetz. Dem Vollstreckungsorgan bereitet es keine Schwierigkeiten, die Höhe des geltenden Kindergeldsatzes festzustellen. Durch die zum 1. Januar 2002 in Kraft getretene Änderung des § 647 Abs. 1 Satz 2 Nr. 1c ZPO a.F. ist auch im Gesetz festgeschrieben worden, dass eine Bezifferung nicht erforderlich ist. In der Gesetzesbegründung (Beschlussempfehlung und Bericht des Rechtsausschusses BT-Drs. 14/7349, 25) ist ausgeführt: „Durch die Streichung der Worte ‚mit dem anzurechnenden Betrag' soll klargestellt werden, dass der Festsetzungsbeschluss – wie bisher auch schon weitgehend praktisch gehandhabt – die Anrechnung der kindbezogenen Leistungen, insbesondere des Kindergelds, auch dynamisch tenorieren kann, so dass bei künftigen Kindergelderhöhungen eine Änderung der Titel nicht erforderlich wird."

407

Diese Vorschrift, die im Wesentlichen in das neue Recht übernommen wurde (§ 251 FamFG), galt bzw. gilt zwar nur für das vereinfachte Unterhaltsverfahren. Das Bestimmtheitserfordernis unterscheidet sich jedoch nicht danach, ob ein Titel im vereinfachten Verfahren oder im ordentlichen Erkenntnisverfahren zustande gekommen ist. Für die Bestimmbarkeit einer zu vollstreckenden Urteils- oder Beschlussformel kann es **keinen Unterschied** bedeuten, **in welchem Verfahren** der Titel ergangen ist, weil sich das Bestimmtheitsgebot aus den Erfordernissen des Vollstreckungsrechts, nicht aus denen des Erkenntnisverfahrens ergibt. Beide Arten von Titeln werden nach einheitlichen Verfahrensvorschriften vollstreckt.

Es entspricht daher der heute überwiegenden Auffassung, dass eine **Bezifferung des anzurechnenden Kindergelds nicht erforderlich** ist (vgl. den Wortlaut der Tenorierung des Urteils des BGH, 28.5.2008 – XII ZB 34/05, FamRZ 2008, 1428 = JAmt 2008, 449; ebenso z.B. OLG Brandenburg, 7.1.2010 – 9 UF 127/08, ZFE 2010, 154; OLG Dresden, 15.2.2011 – 23 WF 576/10, NJW-RR 2011, 1305; jurisPK/*Viefhues,* § 1612b BGB Rn. 34). Allerdings muss der **Anteil** des Kindergeldes, **der abzuziehen ist, angegeben** werden, z.B. „die Hälfte".

408

Ebenso muss ersichtlich sein, **ob das Kindergeld für ein erstes, zweites oder ein weiteres Kind** anzurechnen ist (OLG Dresden, 15.2.2011 a.a.O. m.w.N.). Unbeachtlich wäre der Einwand: Solange sich der Schuldner nicht auf die Anrechnung eines höheren Kindergeldes berufe, sei das (niedrigere) Kindergeld für ein erstes und zweites Kind anzurechnen. Dies mag für das Erkenntnisverfahren zutreffen. Dem Vollstreckungsorgan sind solche Überlegungen jedoch nicht zu überlassen. Auch insoweit ist ein Vollstreckungstitel nur ausreichend konkret, wenn sich aus ihm ergibt, ob das anzurechnende Kindergeld dasjenige für ein erstes/zweites oder ein weiteres (insoweit in der Ziffernfolge genau zu bezeichnendes) Kind ist. Nur dann kann das Vollstreckungsorgan anhand der allgemein zugänglichen Kindergeldsätze das anzurechnende Kindergeld berechnen ohne die Ermittlung von weiteren Tatsachen, die sich aus dem Titel selbst nicht ergeben (OLG Düsseldorf, 28.11.2001 – 9 UF 291/01, Rn. 17, FamRZ 2002, 1215; Palandt/*Brudermüller*, § 1612a BGB Rn. 23).

409 **Ungeeignet** zur Vollstreckung wäre allerdings eine Urkunde, die – ein tatsächlich vorgekommenes Beispiel aus dem Jahr 2012 – die Anrechnung des Kindergeldes wie folgt formuliert:

„Auf die vorstehenden Beträge ist der jeweilige hälftige Kindergeldanteil nach § 1612b BGB für ein

erstes/zweites gemeinsames Kind	in Höhe von derzeit 92,– EUR
drittes gemeinsames Kind	in Höhe von derzeit 95,– EUR
viertes und weiteres gemeinsames Kind	in Höhe von derzeit 107,50 EUR
anzurechnen."	

Die **Aufzählung sämtlicher in Betracht kommender hälftiger Kindergeld-Beträge** ersetzt nicht die erforderliche Angabe des konkret maßgebenden Betrages.

409a Nach der bis zum 31. Dezember 2007 geltenden Fassung des § 1612b Abs. 1 BGB ging das Gesetz von einer vorrangigen Kindergeldberechtigung des nicht barunterhaltspflichtigen Elternteils aus. Daraus ergab sich, dass eine Verrechnung des den Eltern zustehenden Kindergeldes mit dem Unterhalt eine **beiderseitige – wenn auch bei einem Teil nachrangige – Kindergeldberechtigung** voraussetzte (BGH, 21.7.2004 – XII ZR 203/01, Rn. 10 = FamRZ 2004, 1639 mit Anm. *Heimann* und Anm. *Eichenhofer*, FamRZ 2004, 1965; Wendl/Dose/*Scholz*, 8. Aufl. 2011, § 2 Rn. 735). Der BGH a.a.O, hatte dieses Ergebnis zugleich mit der Entstehungsgeschichte und dem Ziel der Vorschrift begründet.

409b Mit Wirkung vom 1. Januar 2008 hat aber der Gesetzgeber die **vorherige komplizierte Regelung in § 1612b a.F. BGB aufgegeben**. Das UÄndG vom 21. Dezember 2007 (BGBl. I 3189) hat die Bedeutung des Kindergelds im Unterhaltsrecht grundlegend verändert und durch dessen Vorwegabzug beim Unterhaltsbedarf ersetzt. Das Kindergeld ist in jeder Einkommensstufe der Düsseldorfer Tabelle **in dem von § 1612b BGB bestimmten Umfang vom Tabellenunterhalt abzusetzen.** Auf die Frage einer Kindergeldberechtigung des barunterhaltspflichtigen Elternteils kommt es insoweit nicht mehr an.

Das Kindergeld ist als zweckgebundene, existenzsichernde Leistung **für das Kind zu verwenden** und mindert dessen individuellen Unterhaltsbedarf (BGH, 15.2.2017 – XII ZB 201/16, Rn. 17, NZFam 2017, 312). Das Wort „verwenden" bringt dabei zum Ausdruck, dass das Kind Anspruch auf die Auszahlung des Kindergelds oder die Erbringung entsprechender Naturalleistungen gegenüber demjenigen hat, der das Kindergeld ausgezahlt erhält. Die Hälfte des Kindergelds, die dem betreuenden Elternteil zusteht, unterstützt ihn bei der Erbringung der Betreuungsleistung (BT-Drs. 16/1830, 30). Das geschieht beispielsweise, indem sie ihm Ausgaben ermöglicht, die **im Zusammenhang mit der Betreuungsleistung entstehen**, jedoch nicht zum unterhaltsrechtlichen Bedarf des Kindes zählen, wie etwa ein eigenes Eintrittsgeld des betreuenden Elternteils bei der Begleitung des Kindes zu einer Veranstaltung oder in eine Einrichtung (BGH, 15.2.2017 a.a.O unter Hinw.auf die Senatsbeschlüsse 27.5 2009 – XII ZR 78/08, Rn. 54 f., FamRZ 2009, 1300 und 24.6.2009 – XII ZR 161/08, Rn. 31 f., FamRZ 2009, 1477 Rn. 31 f.).

i) Formulierungsvorschlag einer Verpflichtungserklärung auf dynamisierten Unterhalt nach dem Mindestunterhalt

Ein Formulierungsvorschlag für eine volldynamische Unterhaltsverpflichtung könnte somit etwa lauten: **410**

> „Ich verpflichte mich, für mein Kind ..., geb. am 1. Dezember 2016, ab 1. Dezember 2016 gem. § 1612a BGB den nachstehenden Unterhalt zu zahlen, und zwar monatlich im voraus zum ... eines jeden Monats; die rückständigen Beträge sofort,
>
> ab dem 1. Dezember 2016 100 % des Mindestunterhalts der ersten Altersstufe,
>
> ab dem 1. Dezember 2022 100 % des Mindestunterhalts der zweiten Altersstufe,
>
> ab dem 1. Dezember 2028 100 % des Mindestunterhalts der dritten Altersstufe.
>
> Dieser Unterhalt vermindert sich um die Hälfte des jeweiligen gesetzlichen Kindergelds für ein erstes Kind."

Die **Angabe der Rechtsgrundlage** ist in diesem Zusammenhang sinnvoll. Bei der Formulierung einer **urkundlichen Verpflichtung** sollte aber die maßgebende Bestimmung des BGB **ausdrücklich genannt** werden.

Verbreitet wird empfohlen, den sich bei dynamischer Kindergeldanrechnung derzeit ergebenden **Zahlbetrag erläuternd in** den Tenor der Unterhaltsverpflichtung mit **aufzunehmen** (etwa: „zu zahlen sind demnach derzeit ... EUR"). Neben dem Informationsgewinn für Gläubiger und Schuldner, die hieraus die sich zur Zeit der Beurkundung ergebende Höhe der Unterhaltszahlung ablesen können, bewirkt dies auch, dass die Vollstreckbarkeit des Titels jedenfalls in dieser Höhe auch dann gewahrt ist, wenn im Streitfall ein Gericht grundsätzliche Vorbehalte gegen die genannte Art der Kindergeldanrechnung haben sollte (was allerdings nach dem jetzigen Rechts- und Diskussionsstand kaum noch anzunehmen sein dürfte). **411**

Allerdings birgt dies zwei **Risiken**: Zum einen muss sorgfältig darauf geachtet werden, dass der Zusatz wirklich nur als Erläuterung zu verstehen ist. Es **darf nicht der geringste Zweifel erlaubt sein, dass als Obersatz die Verpflichtung des Schuldners zur Zahlung eines dynamisierten Unterhalts anhand von Regelbeträgen erklärt ist.** Derartige Zweifel treten vor allem dann auf, wenn in einem Vordruck zum Zweck der Erläuterung der Festbeträge zusätzlich die Rubrik ausgefüllt wird, welche alternativ für die Unterhaltsverpflichtung anhand von Festbeträgen vorgesehen ist. In diesem Fall stehen gleichrangig zwei sich einander ausschließende Arten der Unterhaltsverpflichtung nebeneinander. **412**

Darüber hinaus sind in der Vergangenheit vereinzelt in der Rechtsprechung Unterhaltstitel **als nicht vollstreckungsfähig beanstandet** worden, welche neben einer klaren Verpflichtung zum Unterhalt anhand des damals maßgebenden Regelbetrags **auch die Angabe eines Festbetrags** enthielten, selbst wenn diese offensichtlich erläuternd gemeint war (z.B. OLG Naumburg, 23.7.2001 – 8 WF 104/01, juris Rn. 4 und 22.7.2003 – 3 WF 112/03, FuR 2004, 375). Das OLG Naumburg, a.a.O. hat den Tenor insoweit als widersprüchlich und damit unbestimmt angesehen. Das erscheint sehr problematisch; es soll aber verdeutlichen, dass in diesem Punkt nicht nur auf die in sich schlüssige und klare Formulierung des Titels geachtet werden muss, sondern gegebenenfalls auch eine bekannt gewordene ablehnende Haltung des zuständigen Oberlandesgerichts zu berücksichtigen ist.

413 *Beispiel*

 Mit dem vorgenannten Vorbehalt könnte sinngemäß folgender erläuternder Zusatz aufgenommen werden:

„Demnach sind nach gegenwärtiger Rechtslage folgende Zahlungen zu leisten:

ab dem 1. Juli 2017 342,– EUR – 96,– EUR = 246,– EUR;

ab dem 1. Juli 2023 393,– EUR – 96,– EUR = 297,– EUR

ab dem 1. Juli 2029 460,– EUR – 96,– EUR = 364,– EUR.

Im Fall einer Anhebung des gesetzlichen Mindestunterhalts gem. § 1612a BGB oder einer Erhöhung des Kindergeldbetrags können sich die genannten Beträge ändern."

An dieser Stelle werden bewusst die Begriffe „Anhebung" bzw. „Erhöhung" gebraucht. Anders als bei dem auf variableren Messgrößen beruhenden Regelbetrag erscheint eine künftige Absenkung des Mindestunterhalts, nämlich aufgrund der allgemeinen Preisentwicklung für den Lebensbedarf von Kindern, derart unwahrscheinlich, dass dies ebenso vernachlässigt werden kann wie eine politisch kaum vorstellbare Verringerung des Kindergelds. Hier stattdessen den neutralen Begriff „Änderung" zu verwenden, wäre nicht nur weniger ehrlich gegenüber den Beteiligten des Unterhaltsverhältnisses, sondern würde auch die Formulierung des Satzes sprachlich erschweren.

414 Aus Gründen der Übersichtlichkeit wurde das vorgenannte Beispiel so gewählt, dass das **Kind am Monatsbeginn geboren** wurde.

Läge der Geburtstag hingegen beispielsweise am 8. Juli, bedürfte es

- der vorangestellten Angabe, dass der Unterhalt ab diesem Datum geschuldet werde,

- der zusätzlichen konkreten Einzelberechnung für den anteilig auf den Juli entfallenden Unterhaltsbetrag.

Zur Klarstellung: Es gibt **keine allgemeine Vorschrift** des Zivilrechts dahingehend, dass der **Monat stets zu 30 Tagen** zu rechnen wäre. Die häufig genannte Regelung des § 191 BGB betrifft eher praxisferne Sonderfälle, die allenfalls den Umkehrschluss zulassen, dass ansonsten die konkrete Zahl der Tage des Monats maßgebend sei. Soweit aus Gründen der Verwaltungsvereinfachung in Richtlinien, z.B. Nr. 2.2.1 VwUVG, die pauschale Zugrundelegung von 30 Tagen für jeden Kalendermonat vorgeschrieben wird, kommt dem keine allgemeine Bindungswirkung für andere Rechtsgebiete zu.

Eine weitere Klarstellung: Der **Tag der Geburt** ist in diesem Zusammenhang mitzuzählen. Ein etwaiger Hinweis auf § 187 Abs. 1 BGB könnte nicht überzeugen, weil es nicht um den Beginn einer Frist geht, sondern um die Aufspaltung eines Monats in Abschnitte vor und mit dem Einsetzen des Unterhaltsbedarfs. Im Übrigen wird bei der Berechnung des Lebensalters der Tag der Geburt nach der Sondervorschrift des § 187 Abs. 2 Satz 2 BGB mitgezählt. Das trifft zwar im wörtlichen Sinne nicht genau die hier vorliegende Problematik, spricht aber jedenfalls gegen eine Berechnung nach der Fristenregel des § 187 Abs. 1 BGB.

Der Kindergeldanspruch entsteht bereits im Geburtsmonat und besteht uneingeschränkt bis zum 18. Geburtstag des Kindes. Auch wenn das Kind am Monatsletzten, z.B. am 31. Juli, geboren wird, erhalten die Erziehungsberechtigten **für den vollen Monat der Geburt** – in diesem Beispiel Juli – Kindergeld (vgl. dazu http://www.kindergeld.org/).

Für ein im Juli geborenes Kind mit einem Anspruch auf 100 % des Mindestunterhalts ergibt sich somit folgende **Berechnung**:

Anzusetzen sind unter Einschluss des Geburtstages (31 – 7 =) 22 Bedarfstage.

Der Tabellenunterhalt beträgt 342 EUR, davon stehen dem Kind also ([342 x 22] : 31=) 242,70 EUR zu. Nach bedarfsdeckender Anrechnung des hälftigen Kindergelds für den Monat Juli in Höhe von 96 EUR verbleibt ein Restanspruch 146,70, aufgerundet 147 EUR.

Hingegen würde eine etwaige Berechnung des Unterhaltsanspruchs dergestalt, dass zunächst das Kindergeld zur Minderung des rechnerisch vollen Barbedarfs für den Monat Juli angesetzt und erst danach die taggenaue Kürzung vorgenommen wird, zu einem verzerrten und deshalb unrichtigen Ergebnis führen. Denn wenn nur der Unterhaltsbedarf anteilig nach Maßgabe der Tage, an denen er tatsächlich ab der Geburt aufgetreten ist, gekürzt werden muss, das Kindergeld aber für den Geburtsmonat ohne Kürzung ausgezahlt wird, müssen die Rechenschritte auch getrennt und in der richtigen Reihenfolge durchgeführt werden.

Es sei angemerkt, dass sich die in Rn. 413 genannte Formel einer Beurkundung (bzw. sinngemäß des Tenors einer gerichtlichen Entscheidung) auch mit gewissen Variationen schlanker oder komprimierter fassen lässt. Beispielhaft sei folgender Vorschlag erwähnt:

415

Beispiel

 „Ich verpflichte mich, ab 1. Juli 2017 einen monatlichen, jeweils zum … eines Monats fälligen Unterhalt in Höhe des jeweiligen Mindestunterhalts der Altersstufe eins abzüglich hälftiges gesetzliches Kindergeld für ein erstes Kind, damit derzeit 246 EUR, sowie ab 1. Juli 2023 in Höhe des jeweiligen Mindestunterhalts der Altersstufe zwei abzüglich hälftiges Kindergeld, sowie ab 1. Juli 2029 in Höhe des jeweiligen Mindestunterhalts der Altersstufe drei abzüglich hälftiges Kindergeld zu bezahlen."

Insoweit müssen Rechtsanwender entscheiden, ob der Schwerpunkt vornehmlich auf Knappheit und Prägnanz oder vielmehr Übersichtlichkeit und Verständlichkeit der Formulierung gelegt werden soll. Jedenfalls für Beurkundungszwecke sollten die zweitgenannten Gesichtspunkte besonders beachtet werden.

416 Eine Bezugnahme statt auf den Mindestunterhalt auf den **„Unterhalt nach der Düsseldorfer Tabelle"** – wie in notariellen Urkunden gelegentlich anzutreffen – wäre für sich genommen nicht hinreichend bestimmt. Das gilt jedenfalls dann, wenn damit lediglich allgemein zum Ausdruck gebracht würde, dass sich der Schuldner auf der Grundlage dieser Tabelle verpflichten wolle, ohne dass sich daraus die Höhe seiner Unterhaltsverpflichtung entnehmen ließe (vgl. hierzu DIJuF/*Knittel/Birnstengel*, Unterhaltsrecht – Bestimmtheit und Vollstreckbarkeit von Unterhaltstiteln, Themengutachten TG-1173, Nr. 2.2, Erstveröffentlichung in www.kijup-online.de = ww.bundesanzeiger-verlag.de/beurkundungen III Nr. 1).

Wenn hingegen sodann formuliert wird:

„Aufgrund des Alters der Kinder und des bereinigten Nettoeinkommens des Erschienenen zu 1. von gerundet 4.000,00 EUR wird der Unterhalt derzeit nach der Gruppe 8 der Düsseldorfer Tabelle bemessen. Somit erfolgt die Festlegung des Unterhaltsbetrages derzeit

a. für Leon nach der ersten Altersstufe. Dies bedeutet derzeit einen Unterhaltbetrag von 402,00 EUR usw."

wird hinreichend erkennbar, wozu sich der Schuldner verpflichtet hat, auch wenn das Wort „Mindestunterhalt" vermieden wird. Wenn allerdings, wie in der Vergangenheit wiederholt – zuletzt in 2008 – geschehen, strukturelle Veränderungen an der Düsseldorfer Tabelle vorgenommen und die Einkommensgruppen anderen Beträgen zugeordnet werden, erweist sich eine solche Formulierung wiederum als wenig praktikabel. Es sollte darum mit Konsequenz daran festgehalten werden, einen **Prozentsatz des Mindestunterhalts** festzulegen statt auf Einkommensgruppen der Düsseldorfer Tabelle zu verweisen.

B.II. Beurkundung von Unterhaltsverpflichtungen

Praxistipp **417**

 Es kann im Übrigen nicht nachdrücklich genug an Urkundspersonen appelliert werden, bei der Ausfüllung der zur Aufnahme von Unterhaltsverpflichtungen zur Verfügung gestellten Vordrucke mit größter Sorgfalt vorgehen.

Aus Anfragen an das DIJuF e.V., die der Autor auswerten konnte, wird immer wieder deutlich, **dass Nachlässigkeiten** hier **verhängnisvolle Folgen** haben können. Das betrifft namentlich unsorgfältige Angaben zu Prozentsatz, Altersstufen, Festbetrags- und dynamischen Unterhalt (dazu näher DIJuF/*Knittel/Birnstengel* TG-1173, a.a.O. Nr. 2.3).

Ein Beispiel: **418**

Der Satz

> „Ich verpflichte mich, dem vorgenannten Kind ab 1. April 2014 Unterhalt als Prozentsatz des jeweiligen Mindestunterhalts nach § 1612a Abs. 1 BGB in der zur Zeit geltenden Fassung (dynamisierter Unterhalt) zu zahlen."

enthält zwar eine grundsätzliche Verpflichtung zur Zahlung des Mindestunterhalts; er hat aber **für sich genommen noch keinen vollstreckungsfähigen Inhalt**. Denn es fehlt die Angabe des konkreten Prozentsatzes. Findet sich dieser erst anschließend in der Formulierung

> „ab 1. April 2014 105,0 % der 1. Altersstufe vermindert um das auf ein erstes Kind entfallende hälftige Kindergeld"

ist diese Aussage zwar klar und durchaus vollstreckbar. Damit ist der Unterhalt *für die erste Altersstufe* tituliert. Wenn sodann aber jegliche Bezifferung des Mindestunterhalts für die zweite und dritte Altersstufe fehlt, stellt das einen gravierenden Mangel dieser Urkunde dar. Mehrere befragte Rechtspfleger bei Vollstreckungsgerichten hatten zutreffend die Vollstreckungsfähigkeit dieses Titels für die zweite und dritte Altersstufe verneint. Das setze voraus, dass **alle Altersstufen richtig angegeben** und hinsichtlich des Prozentsatzes beziffert sind oder formuliert ist: „105 % des Mindestunterhaltes der jeweiligen Altersstufe".

Der von dem betreffenden Jugendamt verwendete Urkundentext enthält die Fußnote:

> „Die Bezifferung hat informatorischen Charakter und gilt bis zur Änderung des Kindergeldes oder einer Änderung der unterhaltsrechtlichen Mindestsätze und/oder der einschlägigen Unterhaltstabellen."

Dies kann sich aber selbstverständlich nur auf die konkrete Angabe eines Zahlbetrages beziehen. Hingegen ist es unbedingt erforderlich, **den Prozentsatz des Mindestunterhalts** anzugeben, und zwar jeweils **für alle Altersstufen**. Ob die in Rede stehende Urkundsperson zu ihrer unverständlichen Verfahrensweise möglicherweise durch die Fußnote veranlasst wurde, muss offenbleiben. Jedenfalls kann man aus dem Hinweis auf die Unverbindlichkeit der Bezifferung im Sinne eines konkreten Zahlbetrages keineswegs ableiten, dass auch der unbedingt erforderliche Prozentsatz des Mindestunterhalts weggelassen werden dürfe.

419 Ein weiteres Beispiel:

> „Ich verpflichte mich, an das Kind ... unter Ersetzung der Urkunde ... ab 1. Juni 2015 Unterhalt in Höhe von 100 % des Mindestunterhalts der zweiten Altersstufe abzüglich hälftigen Kindergeldes für ein erstes Kind zu zahlen."
>
> Zur Zeit ergeben sich folgende Anrechnungs- und Zahlbeträge:
>
> „Ab 1. Juni 2015... EUR abzüglich ... Kindergeldanteil ... EUR (zweite Altersstufe)."

Das Vollstreckungsgericht meinte zutreffend, dass in der vorliegenden Urkunde für das Kind **nur die Unterhaltsansprüche der zweiten Altersstufe** geregelt seien. Mit Vollendung des entsprechenden Lebensjahres ende die jeweilige Altersstufe, so dass von einer zeitlichen Begrenzung der Abänderungsurkunden auszugehen sei.

Auf Rückfrage hat das Jugendamt mitgeteilt, „dass diese abweichende Titulierung mit dem damaligen Urkundenprogramm zusammenhängt. In diesem Programm war lediglich die (beispielhafte) Benennung einer Altersstufe vorgesehen. Damit war eine zeitliche Begrenzung der Urkunde nicht beabsichtigt."

Ohne die Worte „in Höhe von 100% der zweiten Altersstufe" wäre klar, dass der jeweilige Mindestunterhalt nach den Altersstufen gem. § 1612a BGB gemeint war. Die **eingefügten Worte stehen aber im Widerspruch zu der eigentlich gewollten Grundaussage**, weil sie eben nicht zum Ausdruck bringen, dass auf die *jeweilige* Altersstufe abzustellen sei, sondern ausdrücklich die zweite Altersstufe nennen.

Dies bedeutet jedenfalls eine **Verunklarung der beabsichtigten Verpflichtungserklärung.** Die Einfügung der Worte an dieser Stelle ist unüblich und auch unnötig. Der Absicht einer beispielhaften Nennung des tatsächlich geschuldeten Zahlbetrages wird durch die spätere Anführung einige Sätze weiter entsprochen.

Die Erklärung, so wie sie dasteht, lässt **zwei denkbare Auslegungen** zu: Die wohlwollendere könnte besagen, dass sich der Schuldner **jedenfalls zum Mindestunterhalt der zweiten Altersstufe** verpflichten wollte. Eine darüber hinausgehende Verpflichtung zur Zahlung des Mindestunterhalts der dritten Altersstufe nach entsprechendem Vorrücken des Kindes lässt sich der Urkunde nicht entnehmen. Wenn für Zeiträume nach Vollendung des 12. Lebensjahres vollstreckt werden soll, kann dies nur auf den Mindestunterhalt der zweiten Altersstufe beschränkt werden.

Die weniger wohlwollende Auslegung würde besagen: Die Erklärung ist **in sich widersprüchlich**, weil nicht klar wird, ob der Schuldner eine Verpflichtung auch für die Beträge der dritten Altersstufe gewollt hat oder sich betragsmäßig nur für die zweite Altersstufe verpflichten wollte. Unklare Erklärungen stellen aber keinen Titel im Sinne von § 794 Abs. 1 Nr. 5 ZPO dar und sind deshalb nicht vollstreckungsfähig.

Würde man sich die oben genannte wohlwollende Auslegung zu eigen machen, könnte allerdings nicht eingewandt werden, der Titel sei nur auf die zweite Altersstufe beschränkt und habe für Zeiträume nach dem 12. Lebensjahr des Kindes keine Gültigkeit mehr. Er enthält vielmehr gerade keine zeitliche Beschränkung, ist allerdings betragsmäßig nur in Höhe der festgesetzten Unterhaltsverpflichtung für die zweite Altersstufe vollstreckbar.

Jedenfalls sollte die Urkundsperson bei der Ausfüllung der von ihr verwendeten Vordrucke oder Schreibprogramm-Muster strikt auf folgendes achten: **420**

Praxistipp

 *Wenn informatorisch der **derzeitige Zahlbetrag angegeben** wird, muss dies von der eigentlichen Verpflichtungserklärung zum Unterhalt **getrennt formuliert** werden. Es darf nicht der geringste Zweifel daran erlaubt sein, dass es sich um eine dynamische Verpflichtung handelt und nicht etwa gleichrangig die Zahlung eines Festbetrages zugesagt wird.*

*Die mit Worten bzw. durch Ankreuzen von Rubriken ausgefüllte und somit vorformulierte **Erklärung des Schuldners** muss einen **schlüssigen und vollständigen Inhalt** haben. Ihr muss insbesondere der zugrunde gelegte Prozentsatz des Mindestunterhalts zu entnehmen sein. Auch muss klar sein, für welche Altersstufen diese Verpflichtung gelten soll.*

j) Unterhaltsverpflichtung und Geschäftsgrundlage

Die Problematik der späteren Abänderbarkeit von Unterhaltiteln hat verschiedentlich zu der Frage geführt, ob hierauf **bereits bei der Titelerrichtung** in Form einer **Angabe der Geschäftsgrundlage** Bedacht genommen werden müsse. Vereinzelt wurde sogar die Befürchtung geäußert, die Urkundsperson bzw. der Träger des Jugendamts könne in Haftung genommen werden, wenn dies unterlassen werde. **421**

Vorab ist zu den **materiell-rechtlichen Voraussetzungen einer Abänderung** zu bemerken:

Auch bei der Abänderung einer Urkunde – ebenso wie bei einem insoweit gleichstehenden Verfahrensvergleich – muss stets der Antragsteller Tatsachen vortragen, die, ihre Richtigkeit unterstellt, die Abänderung des Titels rechtfertigen (§ 239 Abs. 1 Satz 2 FamFG). Andernfalls ist der Abänderungsantrag unzulässig. Anders als bei § 238 Abs. 1 Satz 2 FamFG im Falle der Abänderung einer gerichtlichen Entscheidung bestimmen sich die Abänderungsvoraussetzungen bei nicht der Rechtskraft fähigen Titeln jedoch nicht danach, ob eine wesentliche tatsächliche oder rechtliche Veränderung seit Errichtung des Titels eingetreten ist, sondern **allein nach dem materiellen Recht**. Somit kommt es bei **Vergleichen** darauf an, welche Voraussetzungen die Parteien für eine Änderung vereinbart haben, im Übrigen sind die Regeln über die **Störung bzw. den Wegfall der Geschäftsgrundlage** entsprechend § 313 BGB anwendbar (BGH, 4.5.2011 – XII ZR 70/09, FamRZ 2011,

1041 = JAmt 2011, 339; 7.12.2016 – XII ZB 422/15, Rn. 24, FamRZ 2017, 370 = JAmt 2017, 152).

422 Auch **Jugendamtsurkunden**, denen eine **Vereinbarung** der Parteien **zugrunde liegt** (vgl. oben Rn. 367), sind danach nicht frei abänderbar. Im Rahmen der Abänderung ist vielmehr stets der Inhalt der Vereinbarung der Parteien zu wahren. Eine Abänderung kommt nur dann in Betracht, wenn diese wegen nachträglicher Veränderungen nach den Grundsätzen über den Wegfall oder die Änderung der **Geschäftsgrundlage** (§ 313 BGB) geboten ist (BGH, 6.2.2008 – XII ZR 14/06, Rn. 26, FamRZ 2008, 968; 4.5.2011 – XII ZR 70/09, Rn. 23, FamRZ 2011, 1041 = JAmt 2011, 339; 7.12.2016 – XII ZB 422/15, Rn. 24, FamRZ 2017, 370 = JAmt 2017, 152). Fordert etwa – wie häufig – der Gläubiger den Schuldner auf, einen bestimmten von der Gläubigerseite aufgrund der vorliegenden Einkommensdaten errechneten Unterhaltsbetrag zu beurkunden und kommt dem der Schuldner nach, ist nicht in Zweifel zu ziehen, dass hierdurch eine Geschäftsgrundlage für die als solche einseitige Beurkundung durch den Schuldner geschaffen wurde. Dasselbe wäre anzunehmen, wenn ohne solche vorausgegangenen Verhandlungen der Unterhaltspflichtige – sei es in der Urkunde selbst, sei es in einem begleitenden Schreiben – zum Ausdruck bringt, **auf welcher Tatsachengrundlage** (insbesondere Einkommenshöhe) er sich in vollstreckbarer Form zur Zahlung eines bestimmten Betrages verpflichtet habe. Nimmt dies der Gläubiger widerspruchslos hin, wird man ebenfalls hierin eine Geschäftsgrundlage sehen können, die dazu führt, dass der Titel nur unter den Voraussetzungen des § 313 BGB abgeändert werden kann.

423 Manchmal **fehlt** es aber an jeder diesbezüglichen **begleitenden Festlegung**, etwa weil sich der Schuldner unaufgefordert und ohne zusätzliche Erläuterung zu einem bestimmten Unterhaltsbetrag verpflichtet hat oder weil er in Abweichung von einer konkreten Forderung des Gläubigers eine niedrigere Verpflichtung übernommen und dies der Gläubiger hingenommen hat. Dann kommt eine materiellrechtliche Bindung an eine Geschäftsgrundlage nicht in Betracht. Anders ist das wiederum, wenn der Gläubiger darüber hinaus durch sein Verhalten unzweideutig zu erkennen gibt, den vom Unterhaltspflichtigen einseitig titulierten Betrag als eine – auch für ihn bindende – vertragliche Festlegung des gesamten gesetzlichen Unterhaltsanspruchs akzeptieren zu wollen (BGH, 7.12.2016 – XII ZB 422/15, Rn. 24, FamRZ 2017, 370).

424 Hat das unterhaltsberechtigte **Kind an der Erstellung der Jugendamtsurkunde nicht** in einer der beschriebenen Arten **mitgewirkt**, scheidet auch eine sonstige Bindung aus. Es kann im Wege des Abänderungsantrags folglich ohne Bindung an die vorliegende Urkunde einen höheren Unterhalt verlangen (BGH, 3.12.2008 – XII ZR 182/06, Rn. 14, FamRZ 2009, 314; 4.5.2011 – XII ZR 70/09, Rn. 25, FamRZ 2011, 1041 = JAmt 2011, 339; vgl. auch oben Rn. 372).

425 Hingegen kann der **Unterhaltsschuldner**, der **einseitig die Jugendamtsurkunde erstellt** hat, nicht ohne weiteres im Wege des Abänderungsantrags eine Herabsetzung seiner Unterhaltsschuld durchsetzen. Auch dann liegt der Urkunde keine Geschäftsgrundlage zugrunde, deren Wegfall oder Änderung dargelegt werden müsste. Weil die einseitig erstellte Jugendamtsurkunde regelmäßig zugleich zu einem **Schuldanerkenntnis nach § 781 BGB** führt, muss eine spätere Herabsetzung der Unterhaltspflicht die Bindungswirkung dieses Schuldanerkenntnisses beachten (BGH, 14.2.2007 – XII ZB 171/06, Rn. 11, FamRZ 2007, 715; 4.5.2011 – XII ZR 70/09, Rn. 25, FamRZ 2011, 1041 = JAmt 2011, 339 unter Hinw. auf BT-Drs. 16/6308, 258 und auf Wendl/Dose/*Schmitz*, § 10 Rn. 280). Der Unterhaltspflichtige kann sich von dem einseitigen Anerkenntnis seiner laufenden Unterhaltspflicht also nur dann lösen, wenn sich eine nachträgliche Änderung der tatsächlichen Umstände, des Gesetzes oder der höchstrichterlichen Rechtsprechung auf die Höhe seiner Unterhaltspflicht auswirken (BGH, 4.5.2011 – XII ZR 70/09, Rn. 25, FamRZ 2011, 1041). Der Schuldner muss deshalb nicht nur vortragen, dass die bisherige Unterhaltsleistung für ihn wegen Änderung der Verhältnisse nach § 242 BGB **unzumutbar** geworden ist, sondern auch die seiner damaligen Verpflichtung nach Grund und Höhe **zugrunde liegenden Umstände** darlegen (OLG Hamm, 16.11.2011 – II-8 UF 96/11, 8 UF 96/11, Rn. 25, FamFR 2012, 33).

Insoweit ist zu unterscheiden: Lag bereits zur Zeit der Errichtung der Jugendamtsurkunde aufgrund der damals gegebenen Verhältnisse eine **Unterschreitung des Selbstbehalts** vor, ist der Unterhaltspflichtige hieran auch bei einer Anpassung an die geänderten Verhältnisse festzuhalten (OLG Hamm, 16.11.2011 a.a.O.). Für die Verpflichtung zu **erhöhten Unterhaltszahlungen** für die Zeit **ab dem Wechsel der Altersstufe** eines Kindes kann hingegen eine Bindungswirkung für die Zukunft ausscheiden. Denn regelmäßig ist auch bei einem in der Errichtung der Jugendamtsurkunde zu sehenden Schuldanerkenntnis anzunehmen, dass der Schuldner sich nicht zu anderen als den gesetzlichen Leistungen verpflichten will. Ferner stellt auch das **Erreichen einer höheren Altersstufe durch das Kind eine Änderung tatsächlicher Verhältnisse dar** (so auch BGH, 7.12.2016 – XII ZB 422/15, Rn. 30, FamRZ 2017, 370). **426**

Auch liegt regelmäßig in dem Anerkenntnis des Schuldners eine **Prognose** dahingehend, dass er zur Zahlung der aufgrund der Titulierung zukünftig fälligen Unterhaltsbeträge im gleichen Maße wie zum Zeitpunkt der Errichtung der Jugendamtsurkunden in der Lage sein werde, also dass seine Leistungsfähigkeit nicht – oder ggf. nicht noch weitergehend – unterschritten wird. **Ändern sich jedoch die tatsächlichen Verhältnisse entgegen der prognostizierten Erwartung nicht** mit der Folge, dass für zukünftige Zeiträume eingegangene höhere Unterhaltsverpflichtungen nicht – mehr – geleistet werden können, so erweist sich die Prognose als nicht mehr tragfähig, weshalb eine Bindungswirkung an die für deutlich erst in der Zukunft liegende Zeiträume eingegangene Unterhaltsverpflichtung nicht mehr gegeben ist (OLG Hamm, 16.11.2011 a.a.O.).

Dasselbe gilt z.B., wenn der Schuldner urkundlich eine Verpflichtung anerkannt hat, als er noch davon ausgehen konnte, **alsbald eine vollzeitige Erwerbstätigkeit** zu finden, die Unterhaltsleistungen in der anerkannten Höhe ermöglichen würde. Stellt sich erst in der Folgezeit heraus, dass er als ungelernter Arbeiter keine solchen Einkünfte erzielen kann und deswegen eine Erstausbildung sinnvoll ist, berechtigt diese spätere Erkenntnis zur Abänderung des Anerkenntnisses, da er auf der Grundlage der tatsächlich erzielbaren Einkünfte nur geringere und ab Beginn der Ausbildung keine Unterhaltsleistungen mehr erbringen kann (BGH, 4.5.2011 – XII ZR 70/09, Rn. 27, FamRZ 2011, 1041).

427 Die **Angabe eine Geschäftsgrundlage** in der Urkunde oder der Nachweis, dass eine solche anderweitig durch Parteivereinbarung geschaffen wurde, **erschwert** somit eine **Abänderung nach oben.** Das Fehlen solcher Angaben oder Nachweise erleichtert hingegen der Gläubigerseite die Abänderung, die sich dann ausdrücklich nach den Maßgaben des materiellen Rechts richtet, also nur nach der aktuellen Höhe der gesetzlichen Unterhaltspflicht. Auch relativ geringfügige Erhöhungen oder Verringerungen der Zahlungspflicht können dann schon ein Abänderungsverlangen der jeweils interessierten Seite stützen. Eine gerichtliche Abänderung eines Titels setzt also – im Gegensatz zu einer verbreiteten Fehlannahme – keineswegs voraus, dass die Geschäftsgrundlage der Unterhaltsverpflichtung erkennbar sei.

Nach ständiger Rechtsprechung des BGH ist nämlich ein **Unterhaltsvergleich grundsätzlich auch dann abänderbar,** wenn sich die tatsächlichen Verhältnisse geändert haben, die **dem Vergleich zugrunde liegenden Umstände aber nicht mehr nachvollziehbar** sind. Der nach den geänderten Umständen geschuldete Unterhalt ist dann unabhängig von der früheren Vereinbarung allein nach den gesetzlichen Vorschriften zu berechnen (BGH, 26.11.1986 – IVb ZR 91/85, FamRZ 1987, 257 [259]; 3.5.2001 – XII ZR 62/99, FamRZ 2001, 1140 [1142] und 25.11.2009 – XII ZR 8/08, FamRZ 2010, 192).

427a Wenn die Parteien sich im Zeitpunkt des Vergleichs verbindlich verpflichten wollten, spricht dies zwar dafür, dass sie eine **Abänderung für den Fall ausgeschlossen** haben, dass die **tatsächlichen Verhältnisse im Zeitpunkt des Vertragsschlusses** einen anderen Unterhaltsbetrag ergeben, als von ihnen pauschal vereinbart wurde. Für den Fall einer **späteren Änderung der tatsächlichen Verhältnisse** sagt dies aber nichts aus. Auch dann bleibt es vielmehr bei der grundsätzlichen Abänderbarkeit des Prozessvergleichs nach § 313 BGB, wobei den Abänderungskläger allerdings die Darlegungs- und Beweislast dafür trifft, dass sich die maßgeblichen Verhältnisse seit dem Vergleichsschluss überhaupt wesentlich geändert haben (BGH, 25.11.2009 – XII ZR 8/08, Rn. 22, FamRZ 2010, 192).

Der Ausschluss der Abänderbarkeit wäre insoweit Teil der Vereinbarung und nicht bloß dessen Geschäftsgrundlage. Dafür, dass die Parteien in ihrem Vergleich ausdrücklich auch eine Abänderbarkeit für den Fall einer späteren Änderung der tatsächlichen Verhältnisse ausgeschlossen haben, trägt derjenige die Darlegungs- und Beweislast, der sich auf einen solchen Ausschluss beruft.

Umgekehrt wird dem **Schuldner** durch die Bezugnahme auf eine erkennbare Geschäftsgrundlage ggf. die **Abänderung erleichtert**. Denn er muss dann nicht erst von sich aus mühsam die Grundlagen zusammentragen und nachweisen, auf denen er seinerzeit das Schuldanerkenntnis abgegeben hat, wenn er sich hiervon lösen will.

Weder dem BeurkG noch dem FamFG ist zu entnehmen, dass die **Urkundsperson** generell **Sorge zu tragen hätte** für eine Angabe einer konkreten Geschäftsgrundlage in der Urkunde. Dies ist nirgendwo konkret vorgeschrieben. Nicht weiterführend sind auch Hinweise auf Rechtsprechung, die sich mit den Folgen des Fehlens tatsächlicher Angaben in Urkunden Vergleichen oder Anerkenntnisurteilen befasst (z.B. OLG Nürnberg, 14.10.2003 – 10 WF 3007/03 FamRZ 2004, 1053 = JAmt 2004, 56; BGH, 4.7.2007 – XII ZR 251/04, FamRZ 2007, 1459 und BGH, 25.11.2009 – XII ZR 8/08, FamRZ 2010, 192). Denn ihnen ist keineswegs zu entnehmen, dass diese Angaben *zwingend* in die entsprechenden Titel aufzunehmen sind. 428

Eine entsprechende Forderung lässt sich auch nicht auf die unrichtige Annahme stützen, der Titel sei nur in einem derartigen Fall abänderbar (s.o. Rn. 427). Die gelegentlich zu hörende Befürchtung einer „Haftung" der Urkundsperson bei diesbezüglichen „Versäumnissen" ist deshalb nicht begründet.

Hinzu kommt folgendes: Vielfach wird sich eine **Geschäftsgrundlage des Beurkundungswunsches schon aus anderweitigen Umständen** ergeben, z.B. einem vorangegangenen Schriftwechsel zwischen Schuldner und Gläubigervertreter. Wenn die Urkundsperson unabhängig hiervon Ermittlungen beginnt, z.B. nach Einkommen, Steuerklasse des Schuldners usw. fragt, kann sie möglicherweise Angaben aufnehmen, die im Widerspruch zu vorherigen Informationen oder Verständigungen liegen. Wenn überhaupt die Gefahr einer **Haftung** begründet erscheinen kann, dann in der Übernahme derartiger „freischwebender" Angaben zu einer mutmaßlich angenommenen Geschäftsgrundlage, die später Anlass zu widersprüchlichem Vortrag in einem Gerichtsverfahren über das tatsächlich vor der Beurkundung Vereinbarte geben könnte.

Gleichwohl mag es angeraten sein, dass die Urkundsperson den erklärungswilligen Beteiligten regelmäßig **danach fragt, auf welcher konkreten Tatsachengrundlage die Höhe der Unterhaltsverpflichtung beruht**, die er vollstreckbar anerkennen will. Erwidert der Unterhaltspflichtige, dass dies auf einer von der Gegenseite vorgelegten anwaltlichen oder jugendamtlichen Berechnung beruhe, die er als Schuldner nicht in Zweifel ziehe, so ergibt sich hieraus eindeutig die Geschäftsgrundlage des sodann errichteten Urkundstitels. Es erscheint dann aber **nicht geboten,** dies **in allen Einzelheiten** in die Niederschrift **aufzunehmen.** Allenfalls erwogen werden könnte ein kurzer Hinweis darauf, dass die Anerkennung der Unterhaltsverpflichtung z.B. auf dem Schreiben des Jugendamts vom … beruhe. Damit wäre alles Notwendige vermerkt. 429

Lediglich dann, wenn der Schuldner *ohne* **Absprache mit der Gegenseite** – oder in ausdrücklicher Abweichung von deren Forderungen – einen Unterhaltsbetrag anerkennen will, mag es sinnvoll erscheinen, dies in der Urkunde näher zu vermerken. Hierzu kann aber ggf. bereits wieder die **Bezugnahme auf anderweitige Schriftstücke** genügen, etwa wenn der Anwalt des Schuldners die nach seiner 430

Ansicht richtige Berechnung der Gläubigerseite mitgeteilt hat. Akzeptiert der Vertreter des Kindes diese Sicht, auch durch widerspruchslose Entgegennahme der vollstreckbaren Ausfertigung der Urkunde und Gebrauchmachen hiervon, entsteht auch in diesem Sinn eine Bindung als Geschäftsgrundlage (vgl. oben Rn. 422).

431 Problematisch können somit allenfalls diejenigen Fälle sein, in denen der Schuldner eine Unterhaltsverpflichtung anerkennen will, **ohne dass sich deren Höhe aus anderweitigen Schriftstücken, die der Gegenseite bereits bekannt sind, rekonstruieren lässt**. Steht die Urkundsperson vor dieser besonderen Situation, mag es empfehlenswert sein, dass sie in einer gesonderten Anlage zur Niederschrift konkrete Angaben des Schuldners hierzu aufnimmt. Das gilt umso mehr, wenn der Schuldner in Einzelfällen unsicher sein sollte, wie hoch seine gesetzliche Verpflichtung ist und er die Urkundsperson um entsprechende Prüfung und Belehrung bittet (die objektiv und neutral sein muss und nicht die Grenze zur Beratung überschreiten darf, was manchmal eine Gratwanderung darstellen kann).

Praxistipp

 In diesem Fall werden sich die von der Urkundsperson festzuhaltenden Angaben regelmäßig in erster Linie darauf zu beschränken haben, dass der Pflichtige von einem Nettoeinkommen in folgender Höhe ausgehe, von dem er ggf. nach seiner Meinung berücksichtigungsfähige Schuldendienste in Höhe von … sowie berufsbedingte Aufwendungen abgezogen habe. Auch die Angabe der Steuerklasse sowie die Berücksichtigung gleichrangiger Unterhaltsverpflichtungen mögen hierzu gehören.

In Sonderfällen kann auch die Angabe bestimmter Umstände (z.B. eine demnächst zu beginnende oder abgeschlossene Ausbildung) naheliegen

432 Es sei aber nochmals betont, dass derartige ausführliche und eigenständige **Tatsachenangaben eher selten** vorkommen dürften, weil in der überwiegenden Mehrzahl der Fälle die Bereitschaft zur Anerkennung der Unterhaltsverpflichtung doch auf vorangegangenen Verhandlungen mit der Gläubigerseite beruht, welche dann bereits die Geschäftsgrundlage der Verpflichtung darstellen. Es ist dann nicht zwingend erforderlich, aber andererseits in manchen Fällen zur Klarstellung hilfreich, wenn ein kurzer Hinweis hierauf – z.B. unter Angabe des Datums eines Schreibens mit der maßgebenden Berechnung – in die Urkunde aufgenommen wird.

Ob hierbei das Wort „Geschäftsgrundlage" verwendet wird, ist unerheblich. Zweckentsprechend und sachlich angemessen wäre bereits eine Angabe wie „… verpflichte ich mich aufgrund der mir im Schreiben des Jugendamts X vom …. bekannt gegebenen Berechnung dazu,…."

k) Bezeichnung des Empfangberechtigten

Häufig wird bei der Aufnahme von Unterhaltsverpflichtungen formuliert, dass der Kindesunterhalt **„zu Händen des gesetzlichen Vertreters"** oder „des jeweiligen gesetzlichen Vertreters" zu erbringen sei. Es bedarf aber einer kritischen Prüfung, inwieweit diese herkömmliche und verbreitete Textfassung notwendig und sinnvoll ist. **433**

Nach § 362 Abs. 1 BGB erlischt das Schuldverhältnis, wenn die geschuldete Leistung „an den Gläubiger" bewirkt wird. Hierbei tritt aber nach allgemeiner Auffassung die **Erfüllung nur** ein, wenn **der Gläubiger zur Annahme der Leistung befugt** ist. Diese Empfangszuständigkeit deckt sich mit der Verfügungsmacht (Palandt/*Grüneberg*, § 362 BGB Rn. 4 unter Hinw. auf § 362 Abs. 2 und §§ 1812, 1813 BGB; MüKo/*Fetzer*, § 362 BGB Rn. 12). Die Leistung an den Gläubiger befreit daher nicht, wenn ihm die Verfügungsmacht über die Forderung entzogen ist – z.B. nach Eröffnung eines Insolvenzverfahrens oder bei Pfändung einer Forderung – bzw. wenn er **geschäftsunfähig** ist. Deshalb wird niemand ernstlich auf den Gedanken kommen, die Aushändigung des Unterhalts in bar an ein Kind unter 7 Jahren befreie den Schuldner. Er wird immer zu Händen des zur Annahme der Zahlung befugten gesetzlichen Vertreters des Kindes leisten.

Auch **bei beschränkt Geschäftsfähigen** – also Kindern zwischen dem 7. und 18. Lebensjahr – wird ganz **überwiegend angenommen**, dass ihnen die **Empfangszuständigkeit für ihnen geschuldete Leistungen fehle**, sofern nicht der gesetzliche Vertreter eingewilligt hat (Palandt/*Grüneberg*, a.a.O. und § 107 BGB Rn. 2; MüKo/*Fetzer*, § 362 BGB Rn. 12 m.w.N.). Wird die geschuldete Sache an den beschränkt Geschäftsfähigen übereignet, erwirbt er zwar Eigentum, die Forderung erlischt aber nicht. Allerdings ist diese Frage nicht unumstritten (vgl. Palandt/*Grüneberg*, § 107 Rn. 2 m.w.N.). Allein dieser Meinungsstreit um die Empfangszuständigkeit bei beschränkter Geschäftsfähigkeit kann es rechtfertigen, in einem Titel über Kindesunterhalt hervorzuheben, dass die Leistung zu Händen eines gesetzlichen Vertreters zu erbringen sei (was bei geschäftsunfähigen Kindern eine Selbstverständlichkeit ist und bei Kindern zwischen 7 und 18 Jahren zumindest nach h.M. auch). **434**

Entschließt man sich aber zu einer derartigen Angabe, genügt die Bezeichnung **„zu Händen des zur Annahme befugten gesetzlichen Vertreters"**. Dies ist jedenfalls etwas genauer als die Bezeichnung „des jeweiligen gesetzlichen Vertreters", weil schließlich auch mehrere gesetzliche Vertreter existieren können, von denen aber nur einer den Unterhalt geltend machen kann (z.B. in Fällen gemeinsamer Sorge – vgl. § 1629 Abs. 2 Satz 2 BGB –, bei Teilentzug der elterlichen Sorge unter Bestellung eines Pflegers oder bei Berechtigung einer Pflegeperson zur Geltendmachung von Unterhalt gem. § 1688 Abs. 1 BGB). **435**

Hingegen wäre es **nicht angebracht, ausdrücklich § 1629 BGB zu zitieren**. Dies trifft zwar den Fall, dass der andere Elternteil zur Geltendmachung des Unterhalts befugt ist (wechselt diese Befugnis auf denjenigen Elternteil, welcher die Erklärung abgegeben hat, wird der Titel ohnehin für den laufenden Unterhalt gegenstands- **436** los und bleibt für Rückstände nur insofern von Bedeutung, als der Unterhaltsanspruch auf einen Dritten z.B. § 7 Abs. 1 UVG oder § 33 Abs. 1 SGB II übergegangen ist (vgl. BGH, 1.3.2017 – XII ZB 2/16, juris). Zur Geltendmachung von Rückständen *im Namen des Kindes* wäre der andere Elternteil nicht mehr befugt). Jedoch ist die Formulierung „zu Händen desjenigen, der die Unterhaltsansprüche des Kindes nach § 1629 BGB geltend machen darf", **trotz seiner Scheingenauigkeit zu eng**. Bei wörtlichem Verständnis erfasst er nicht die Fälle der Unterhaltsdurchsetzung durch einen Vormund, einen Pfleger oder eine Pflegeperson.

Die Formulierung „zu Händen des zur Annahme befugten gesetzlichen Vertreters" ist demnach die umfassendste und sowohl der Fassung „des jeweiligen gesetzlichen Vertreters" als auch einem Text unter Hinweis auf § 1629 BGB vorzuziehen.

l) Fälligkeit, Rückstände; Mehr- und Sonderbedarf; Zinsen

437 Für den laufenden Unterhalt ist bei der Beurkundung darauf zu achten, dass die Unterhaltszahlungen **monatlich im Voraus** (§ 1612 Abs. 3 Satz 1 BGB) fällig gestellt werden; zweckmäßig **auf einen bestimmten Kalendertag** oder mit einer Klausel: „spätestens bis ....". Es gibt keine gesetzliche Bestimmung, welche die *genaue* Fälligkeit des Unterhaltsanspruchs regelt. In § 1612 Abs. 3 Satz 1 BGB ist lediglich bestimmt, dass eine Unterhaltsrente im Voraus zu zahlen sei. Ob der Gläubiger aber jeweils z.B. am 1., 3. oder 5. eines Monats oder zu einem späteren Datum über den Betrag verfügen können soll, **muss anlässlich der Titulierung festgelegt** werden.

Zu diesem Datum muss aber der Geldbetrag **beim Gläubiger eingegangen** sein. Zwar wurde von der früher h.M. aus dem Zusammenhang von §§ 269 und 270 BGB gefolgert: Es genüge, wenn der Schuldner das Geld vor Ablauf der Leistungsfrist *abgesandt* und das Beförderungsunternehmen ordnungsgemäß ausgewählt hat, z.B. durch fristgerechte Einzahlung auf eine Postanweisung oder Zahlkarte (RG, 11.1.1912 – VI 480/10, RGZ 78, 137 [140]; BGH, 7.10.1965 – II ZR 120/63, BGHZ 44, 178 [179] = NJW 1966, 46; OLG Köln, 11.1.1990 – 7 U 51/89, NJW-RR 1990, 285). Die Gefahr des rechtzeitigen Eingangs des Geldes (Verspätungs- bzw. Verzögerungsgefahr) sollte in diesem Fall der Gläubiger tragen (vgl. die Nachw. bei: BeckOK /*Unberath*, § 270 BGB Rn. 15).

Dies ist aber überholt durch die sog. **Zahlungsverzugsrichtlinie 2000/35/EG vom 29. Juni 2000** (ABl. L 200 vom 8. August 2000, S. 35; neugefasst durch Richtlinie 2011/7/EU vom 16. Februar 2011, ABl. L 48 vom 23. Februar 2011, S. 1) und die Rechtsprechung des EuGH (3.4.2008 – C-306/06, NJW 2008, 1935). Danach ist Art. 3 Abs. 1 Buchst. c Ziff. ii der Richtlinie dahin auszulegen, dass bei einer Zahlung durch Banküberweisung der geschuldete Betrag **dem Konto des Gläubigers rechtzeitig gutgeschrieben** sein muss, wenn das Entstehen von Verzugszinsen vermieden oder beendet werden soll. Auch wenn die Richtlinie nur Geldschulden zwischen Unternehmen betrifft, erfordert eine stimmige Systematik des BGB insoweit eine einheitliche Auslegung: **Bei allen Geldschulden** trägt der Schuldner nunmehr die **Verzögerungsgefahr**. Für die Rechtzeitigkeit der Leistungshandlung kommt es nicht auf die Vornahme der Leistungshandlung am Wohnort des Schuldners an, sondern auf den Erhalt der Leistung durch den Gläubiger (Palandt/*Grüneberg*, § 270 BGB Rn. 6; BeckOK/*Unberath*, § 270 BGB Rn. 18 m.w.N.).

Praxistipp

 Auch über die Notwendigkeit der pünktlichen Zahlung zum Fälligkeitstermin sollte der Schuldner gesondert und eindringlich belehrt werden.

In gerichtlichen Beschlüssen bzw. bei Verfahrensvergleichen wird nicht selten auf enge finanzielle Verhältnisse des Schuldners Rücksicht genommen. **438**

Legt dieser dar, dass er über keine Rücklagen verfüge und Lohnzahlungen erst zur Monatsmitte erhalte, neigen viele Familienrichter dazu, mit Blick auf die angestrebte befriedende Wirkung ihrer Entscheidung auch einen entsprechenden Fälligkeitstermin im Beschluss zu bestimmen. Bei einer Beurkundung ist der **Schuldner nicht gehindert, selbst eine derartige Festlegung** (z.B. Fälligkeit zur Monatsmitte) **zu treffen**. Es ist dann Sache des Gläubigers, zu entscheiden, ob er eine derartige Fälligkeit akzeptiert.

Übergeht die Urkundsperson einen Wunsch des Schuldners nach einer entsprechend vom Üblichen abweichenden Festlegung des Fälligkeitstermins und hat der Gläubiger bereits eine Ausfertigung erhalten, kann der Fälligkeitstermin auf Protest des Schuldners nicht mehr einseitig verändert werden. Das ist kein Fall einer zulässigen Berichtigung nach § 44a Abs. 2 BeurkG.

Betrifft die Verpflichtungserklärung **sowohl rückständigen wie laufenden Unterhalt,** so sollte bei der Beurkundung klargestellt werden, wie künftige Zahlungen zu verrechnen seien. Denn die Bestimmung hierüber, sofern noch nichts vereinbart ist, trifft der Unterhaltsschuldner (nicht das unterhaltsberechtigte Kind). **439**

Höchst zweckmäßig ist die Aufnahme einer Bestimmung des Schuldners in die Urkunde, wonach **Zahlungen zunächst auf den laufend geschuldeten Unterhalt anzurechnen sind.**

Fehlte eine solche Schuldneranordnung, träte sonst der differenzierend abgestufte **Verrechnungsmechanismus des § 366** Abs. 2 **BGB** in Kraft, der hier bei mehreren geschuldeten Unterhaltsraten analog anwendbar wird (BGH, 5.4.1965 – VIII ZR 10/64, NJW 1965, 1373). Er läuft in der Regel darauf hinaus, dass **vorab die Rückstände getilgt** werden, die jeweils älteren zuerst. Dem Interesse der Beteiligten dürfte es in der Regel besser entsprechen, die Anrechnung von Zahlungen zunächst auf den laufenden Unterhalt zu bestimmen. **440**

Wenn das Kind Leistungen nach dem **UVG** erhält, werden dementsprechend aufgrund spezialgesetzlicher Regelung in § 2 Abs. 3 Nr. 1 UVG eingehende Unterhaltsbeträge ohne Rücksicht auf eine Tilgungsbestimmung auf den Monat des Zahlungseingangs angerechnet. Dasselbe gilt nunmehr gem. § 11 Abs. 2 Satz 1

SGB II auch für Zahlungen an einen Empfänger von Leistungen nach diesem Gesetz.

Die verbreitet anzutreffende Vorstellung insbesondere bei geminderter Leistungsfähigkeit des Schuldners, es genüge eine Verpflichtung in Höhe des hälftigen Kindergeldes, weil dem Kind ja im Übrigen die Unterhaltsvorschussleistung in voller Höhe zukomme, geht fehl, weil sie das vorgenannte Anrechnungsgebot nicht berücksichtigt.

Eine ansonsten beachtliche Tilgungsbestimmung nach § 366 Abs. 1 BGB gilt allerdings von vornherein nicht in der **Zwangsvollstreckung**: Hierfür ist die gesetzliche Reihenfolge in § 366 Abs. 2 der Vorschrift entsprechend anwendbar (BGH, 23.2.1999 – XI ZR 49/98, BGHZ 140, 391 = NJW 1999, 1704).

441 Auch die unterhaltsrechtliche Verpflichtung zur Abdeckung von **Sonderbedarf** des Kindes (§ 1613 Abs. 2 Nr. 1 BGB) wird, soweit sie mit feststehender Bezifferung beurkundet werden soll (und kann), sich immer auf Zurückliegendes beziehen (etwa die Säuglingserstausstattung; vgl hierzu DIJuF/*Knittel/Birnstengel*, Sonderbedarf beim Kindesunterhalt (Einzelfragen), Themengutachten TG-1124, zu Frage 1, Erstveröffentlichung in www. kijup-online = www.bundesanzeiger-verlag.de/beurkundungen, III Nr. 9). Dann ist die Verpflichtung neben einem laufenden Unterhalt mit gesondertem Betrag auszuweisen; ebenso kann *nachträglich* eine gesonderte betragsmäßige Beurkundung in Betracht kommen (etwa für die Kosten einer kieferorthopädischen Behandlung (vgl. das zitierte DIJuF-Themengutachten a.a.O. zu Frage 2).

Die **restriktive höchstrichterliche Rechtsprechung** zur Anerkennung von Sonderbedarf (BGH, 15.2.2006 – XII ZR 4/04, FamRZ 2006, 612 = JAmt 2007, 220), die darauf abstellt, ob der Bedarf mit Wahrscheinlichkeit vorauszusehen war und deshalb bei der Bemessung der laufenden Unterhaltsrente nicht berücksichtigt werden konnte, hat jedoch die Anwendbarkeit des § 1613 Abs. 2 Nr. 1 BGB sehr eingeschränkt. Es wird verhältnismäßig selten vorkommen, dass die Urkundsperson eine Verpflichtung zur Zahlung von Sonderbedarf aufzunehmen hat.

442 Häufiger kann die Aufnahme einer Verpflichtung zu **Mehrbedarf** sein, wobei seit dem Rechtsprechungswandel des BGH (26.11.2008 – XII ZR 65/07, FamRZ 2009, 962) die **Kindergartenkosten** besondere Praxisbedeutung erlangt haben. Lange blieb unklar, ob die ausdrücklich auf den pädagogischen Wert der Vorschulerziehung im Kindergarten bezogenen Ausführungen auch die Anerkennung sonstiger Formen der Kindesbetreuung, etwa in einer Kita für unter Dreijährige oder im Schulhort nach dem Unterricht, einschließen, zumal bei diesen häufig im Vordergrund steht, die (vollschichtige) Berufstätigkeit des eigentlich betreuenden Elternteils zu ermöglichen. In einer späteren Entscheidung (11.1.2017 – XII ZB 565/15, Rn. 37, FamRZ 2017, 437) hat aber der BGH unter Bezugnahme auf den Beschluss vom 26.11.2008 a.a.O. mit sehr knapper Begründung ausgeführt, dass „die vom Senat für Kindergartenkosten aufgestellten Grundsätze auch hinsichtlich der Hortkosten gelten, zumal diese ebenfalls regelmäßig pädagogisch bedingt sind". Damit ist nicht mehr zu bezweifeln, dass neben Kindergartenkosten auch die Kosten der Unterbringung eines Kindes in der Kita oder im Schulhort (bzw. des Besuchs einer offenen Ganztagsschule – OGS) abzüglich der anteiligen Verpflegungskosten zum Mehrbedarf des Kindes zählen.

Im Allgemeinen wird der verpflichtungswillige Schuldner bereits mit **konkreten Forderungen der Gegenseite** hierzu bei der Urkundsperson vorsprechen. Es ist dann ggf. ihre Sache, ihn über die Rechtsgrundlagen des Mehrbedarfs zu belehren. Von besonderer Bedeutung hierbei ist, dass sich ggf. **auch der betreuende Elternteil** nach Maßgabe der beiderseitigen Einkommensverhältnisse hieran beteiligen muss (zu näheren Einzelheiten DIJuF/ *Knittel/Birnstengel,* Mehrbedarf und Sonderbedarf beim Kindesunterhalt, Themengutachten TG-1090, Erstveröffentlichung in www.kijup-online.de = www.bundesanzeiger-verlag.de/beurkundungen III Nr. 10). Wenn das Einkommen des anderen – erwerbstätigen – Elternteils nicht bekannt ist, wäre es somit voreilig, wenn der Schuldner sich zur alleinigen Haftung für den zusätzlichen Kindesbedarf bekennt. Ebenso bedeutsam ist, dass eine Verpflichtung zum Mehrbedarf erst dann in Betracht kommt, wenn der **Grundunterhalt aller gleichrangigen minderjährigen Kinder** gesichert ist. **443**

Denn § 1609 BGB spiegelt die **besondere Schutzbedürftigkeit minderjähriger und privilegiert volljähriger Kinder** wider. An erster Stelle soll ihr Existenzminimum sichergestellt werden. Wird neben dem Tabellenunterhalt des minderjährigen Kindes Mehrbedarf (z.B. Kosten eines Kindergartenbeitrags) geltend gemacht, so ist dieser gegenüber dem Tabellenunterhalt nachrangig (OLG Stuttgart, 7.3.2012 – 11 UF 331/11, FamRZ 2012, 1573 [Ls.]; *Riegner,* FamFR 2012, 225; Niepmann/Schwamb/*Schwamb*, Rn. 105). Schuldet der Unterhaltspflichtige mehreren Kindern im ersten Rang Unterhalt und reicht die Verteilungsmasse nicht aus, um den jeweiligen Zahlbetrag der Düsseldorfer Tabelle befriedigen zu können, so kann der Mehrbedarf z.B. nur eines Kindes keine Berücksichtigung finden, da vorrangig das Existenzminimum aller Kinder abzusichern ist (Gerhardt u.a – HB FA/*Gerhardt*, 6. Kap. Rn. 745). Hat der Unterhaltsverpflichtete Kindesunterhalt an mehrere Berechtigte der ersten Rangstufe zu leisten und reicht die Verteilungsmasse nicht aus, um den Bedarf aller zu befriedigen, so kann folglich der Mehrbedarf eines oder mehrerer Kinder nicht berücksichtigt werden. **443a**

Es ist dringend empfehlenswert, dass die Urkundsperson sich mit den hierbei auftretenden Rechtsfragen besonders vertraut macht – falls sie es nicht schon aufgrund ihrer weiteren dienstlichen Aufgaben in Beistandsfällen ist –, um dem Schuldner eine **sachgerechte Belehrung** bieten zu können. Die bereits zitierten DIJF-Themengutachten sind eine fundierte Hilfestellung hierzu. **443b**

Unterhaltsverpflichtungen zu zusätzlichem Bedarf sollten jeweils **in einer gesonderten Ziffer der Urkunde** niedergelegt werden, um die Unterscheidung zum Grundunterhalt (auch hinsichtlich einer etwaigen Abänderbarkeit) hervorzuheben. Zur Titulierung von Mehr- und Sonderbedarf im gerichtlichen Verfahren siehe wiederum DIJuF/*Knittel/Birnstengel*, Themengutachten TG-1090 (oben Rn. 443), Fragen 7 und 8). Daraus lassen sich auch Schlussfolgerungen auf die Formulierung einer entsprechenden Unterhaltsverpflichtung ziehen.

444 Für die Befugnis der Urkundsperson, auch eine **Verpflichtung zur Zahlung von Verzugszinsen** zu beurkunden, ist zu beachten:

Unterhaltsschulden sind beim Vorliegen des Schuldnerverzuges gemäß § 288 Abs. 1 BGB wie andere Geldschulden zu verzinsen (BGH, 28.5.2008 – XII ZB 34/05, FamRZ 2008, 1428 = JAmt 2008, 449). Seit der Neuregelung des § 288 Abs. 1 BGB zum 1. Mai 2000 betragen die Verzugszinsen für Geldforderungen 5 Prozentpunkte über dem Basiszinssatz der europäischen Zentralbank. Der Basiszinssatz, der sich zum 1. Januar und 1. Juli eines jeden Jahres verändern kann, wurde in § 247 BGB näher definiert.

Verzugszinsen i.S.v. § 288 Abs. 1 BGB gelten als **objektiver Mindestschaden**; ob dem Gläubiger tatsächlich ein Schaden entstanden ist oder nicht, ist hierfür gleichgültig (vgl. BGH, 26.4.1979 – VII ZR 188/78, BGHZ 74, 231; Palandt/*Grüneberg*, § 288 BGB Rn. 4). Dies folgt auch aus Abs. 4 der Vorschrift, nach der die Geltendmachung eines „weiteren Schadens" nicht ausgeschlossen ist. Nun spricht zwar § 59 Abs. 1 Satz 1 Nr. 3 SGB VIII nur von der „Verpflichtung zur Erfüllung von Unterhaltsansprüchen". Jedoch stehen Verzugszinsen in einem so **engen Zusammenhang mit der Hauptforderung,** dass es gerechtfertigt erscheint, die Beurkundungsbefugnis des § 59 Abs. 1 Satz 1 Nr. 3 SGB VIII auch hierauf zu erstrecken.

Dem kann wohl auch nicht entgegengehalten werden, dass § 1613 Abs. 1 BGB hinsichtlich der Geltendmachung des Unterhalts für die Vergangenheit ausdrücklich „Erfüllung" und „Schadenersatz wegen Nichterfüllung" nebeneinander aufführt, weil die verschiedenen Vorschriften unterschiedliche Regelungsgehalte haben und daher auch einen unterschiedlichen Grad an Genauigkeit der Formulierung erfordern. Jedenfalls gibt es keine Anhaltspunkte dafür, dass der Gesetzgeber im Rahmen der SGB VIII-Vorschrift die Beurkundung von Verpflichtungen zu Verzugszinsen ausdrücklich ausnehmen wollte, zumal hierfür auch kein zwingender Grund ersichtlich wäre.

445 Allerdings ist zu unterscheiden: Unproblematisch sind jedenfalls Zinsen auf Rückstände, sofern der **Schuldner nachweislich in Verzug war.** Solange die Leistung nicht kalendermäßig bestimmt ist – was vor einer entsprechenden Festlegung durch einen Titel nicht anzunehmen ist –, setzt dies eine Mahnung gem. § 286 Abs. 1 BGB voraus.

Hat der Schuldner bereits in der Vergangenheit nicht oder nur unpünktlich gezahlt, ist es gerechtfertigt, auch **Verzugszinsen für künftige Unterhaltsforderungen** aufzunehmen. Ohne diese Voraussetzung erscheint es aber bedenklich, von vornherein Verzugszinsen für künftigen Unterhalt zu beurkunden. Denn der Gläubiger könnte ggf. auch vor Gericht eine Festsetzung von Verzugszinsen für künftige Leistungen nicht durchsetzen. Nach § 259 ZPO kann Klage auf künftige Leistung grundsätzlich nur erhoben werden, „wenn den Umständen nach die Besorgnis gerechtfertigt ist, dass der Schuldner sich der rechtzeitigen Leistung entziehen werde". Dies ist regelmäßig der Fall, wenn der Schuldner den Anspruch ernsthaft bestreitet (BGH, 14.12.1998 – II ZR 330/97, NJW 1999, 954 m.w.N.).

B.II. Beurkundung von Unterhaltsverpflichtungen

Diese Voraussetzung muss hier allerdings auf die Nebenforderung „Verzugszinsen" bezogen werden. Es genügt demnach nicht, dass der Schuldner den Grund oder die Höhe seiner Unterhaltspflicht in Abrede stellt. Voraussetzung wäre vielmehr seine bekannt gewordene Vorstellung, er könne sich auch im Fall einer Verurteilung folgenlos der Zahlungspflicht entziehen und werde den gem. § 288 Abs. 1 BGB geschuldeten Verzugsschaden bestreiten. Dies wird freilich bei der Ersttitulierung von Unterhalt nur selten anzunehmen sein, so dass ein Zinsantrag betreffend die noch nicht fälligen Raten im Regelfall unzulässig ist. Die h.M. in der Rechtsprechung lehnt es deshalb ab, ohne entsprechenden Anlass zu zukünftigen Zinsen zu verurteilen (vgl. z.B. OLG Koblenz, 18.3.1980 – 15 UF 675/79. FamRZ 1980, 583 [585]; OLG Frankfurt, 5.6.1984 – 3 UF 197/83, FamRZ 1985, 704 [706]; *DIJuF-Rechtsgutachten* 9.2.2009, JAmt 2009, 81).

Wenn aber eine ungewisse Zinsforderung, die im Fall des Verzuges bei künftig erst fällig werdenden Leistungen entstehen wird, derzeit noch nicht klageweise tituliert werden kann, besteht auch **kein Anspruch** gegen den Schuldner, dies **im Rahmen einer freiwilligen Beurkundung zuzugestehen**. Ist er in eigener Unkenntnis der Rechtslage hierzu anwaltlich aufgefordert worden, muss er zumindest von der Urkundsperson hierauf **hingewiesen** werden.

m) Sonderfälle von Beurkundungswünschen

446 Es kommt vor, dass ein Schuldner einen Festbetragsunterhalt beurkunden will, dieser jedoch – nach den ihm mitgeteilten Vorstellungen des Gläubigers – an einen **Index der Lebenshaltungskosten** gebunden sein soll, z.B. in folgender Weise:

> „Bis zum 31. Oktober 2019 sollen sich die Beträge automatisch um den Prozentsatz erhöhen, um den sich der Preisindex für die gesamten Lebenshaltungskosten aller privaten Haushalte im Bundesgebiet auf der Basis von 1991 = 100 Punkten gegenüber dem Stand des 1. Januar 1999 verändert, wobei jedoch die Änderung immer nur vom 1. Januar eines jeden Kalenderjahres an für die Zukunft zu berücksichtigen ist."

Eine solche Verpflichtung ist **grundsätzlich zulässig**. In der Rechtsprechung ist wiederholt entschieden worden, dass eine Anpassungsklausel auf der Basis eines Lebenshaltungskostenindex des Statistischen Bundesamtes **hinreichend bestimmt und zur Zwangsvollstreckung geeignet** ist (LG Kempten, 4.5.1995 – 4 T 938/95. DGVZ 1996, 28; LG Lüneburg, 3.7.1992 – 8 T 24/92, DGVZ 1992, 173; AG Viechtach, 21.4.1993 – F154/92, FamRZ 1996, 671). Das LG Lüneburg, a.a.O. hat ausdrücklich hervorgehoben, dass es einem Gerichtsvollzieher zuzumuten sei, den zu vollstreckenden Betrag aufgrund der betreffenden Preisindexzahlen zu errechnen.

Im Übrigen ist es für die Gerichte nicht ungewöhnlich, im Rahmen der Vollstreckbarerklärung ausländischer Unterhaltsentscheidungen sogar die Anpassung eines Titels an den jeweiligen Landesindex vorzunehmen (vgl. z.B. LG München II, 20.10.1993 – 11 O 6039/93, DAVorm 1994, 126 und Kammergericht Berlin, 29.5.2000 – 3 W 876/00, DAVorm 2000, 1141 zur Anpassung einer Unterhaltsrente an die Entwicklung der Lebenshaltungskosten nach dem finnischen Indexgesetz).

447 Gelegentlich bestehen Schuldner auf einem **Vorbehalt der Abänderung,** etwa bei Wegfall einer bisher ausgeübten unternehmerischen Tätigkeit. Ein solcher Vorbehalt ist unschädlich, wenn er als Hinweis auf das Verfahren nach § 238 f. FamFG nur eine Selbstverständlichkeit zum Ausdruck bringt. Es sollte aber der Klarheit willen darauf geachtet werden, dass eine solche Formulierung nicht als auflösende Bedingung verstanden werden kann, weil dies den Gläubiger benachteiligen kann (vgl. näher hierzu *DIJuF-Rechtsgutachten* 16.12.2003, www.bundesanzeiger-verlag.de/beurkundungen, IV Nr. 12).

Praxistipp

 Im Übrigen sollte darauf geachtet werden, dass mehr oder minder durchdachte „Sonderwünsche" eines Unterhaltsschuldners nicht zu Unklarheiten oder gar fehlender Vollstreckbarkeit seiner Erklärung führen.

448 Als **Beispiele für gänzlich verfehlte Formulierungswünsche eines Schuldners** – aus der Gutachtenpraxis des DIJuF e.V. – seien genannt.

> „Während einer Arbeitslosigkeit oder einer anderweitigen Erwerbslosigkeit meiner Person in der oben genannten Zeit ist die hier beurkundete Zahlungsverpflichtung automatisch ausgesetzt."

Eine solche Einschränkung macht die im vorangegangenen Text übernommene Unterhaltsverpflichtung vollständig ungeeignet zu einer Vollstreckung. Denn ein Vollstreckungsgericht oder ein Gerichtsvollzieher können der Urkunde nicht entnehmen, ob der Schuldner „arbeitslos oder anderweitig erwerbslos" ist und deshalb die Verpflichtung nicht gelten soll.

Dasselbe gilt für die völlig unbestimmte – und insoweit zusätzlich auch für einen Arbeitgeber als etwaigen Drittschuldner dunkel bleibende – Formulierung:

> „Für den Fall einer Veränderung der Lebens- oder Betreuungssituation oder des Vermögens oder des Einkommens des Kindes, der Kindsmutter oder meiner Person oder eine sonstige Veränderung, die eine Verringerung der Unterhaltshöhe über eine Zeitdauer von mehr als drei Monaten begründet, erlischt diese Urkunde automatisch mit sofortiger Wirkung."

Eine solche Erklärung kann niemals zu einer hinreichend bestimmten und damit vollstreckbaren Unterhaltsverpflichtung führen.

Die vom Schuldner gewünschten Einschränkungen einer möglichen Vollstreckung können allenfalls dann, wenn sie tatsächlich vorliegen, konkret gegen eine beabsichtigte Vollstreckungsmaßnahme vorgebracht und ggf. mit dem Rechtsbehelf der Vollstreckungsgegenklage nach § 767 ZPO verfolgt werden.

449 Dass etwa „die Unterhaltsverpflichtung bei Tod des Vaters oder des Kindes endet" – so ein weiterer Schuldnerwunsch zur Aufnahme in seine Unterhaltsverpflichtung –, steht einerseits im Gesetz und bedarf keiner besonderen Hervorhebung. Andererseits wird hiervon aber die Erfüllung von Unterhaltspflichten durch die Erben bzw. zugunsten von Erben nicht berührt. Eine Erklärung, die das von vornherein anders regeln will, wäre insoweit unwirksam wegen Verstoßes gegen das Verbot, auf künftigen Unterhalt zu verzichten (§ 1614 Abs. 1 BGB). Auch hier gilt wieder, dass die Urkundsperson den Schuldner eingehend über die Anforderungen an eine hinreichend bestimmte Verpflichtungserklärung zu belehren hätte. Bleibt er bei seinem sachwidrigen Ansinnen, kann eine Beurkundung abgelehnt werden, weil sie das Ziel einer inhaltlich wirksamen Urkunde nicht erreichen würde.

n) Verpflichtungserklärungen im Falle beschränkter Geschäftsfähigkeit und Geschäftsunfähigkeit

450 Ein **beschränkt Geschäftsfähiger** kann eine Unterhaltsverpflichtung nicht in eigener rechtlicher Verantwortung übernehmen. Die Sonderregelung des § 1596 Abs. 1 Satz 1 und 2 BGB aus der Anerkennung der Vaterschaft hat hier keinen Platz. Er *kann* sie in Person abgeben (oder sein gesetzlicher Vertreter in seinem Namen), dann aber nur **mit vorheriger Einwilligung des gesetzlichen Vertreters** – bei Eltern: des Inhabers der Vermögenssorge (*Kurtze*, S. 76) –:§ 111 BGB; auch die Möglichkeit nachträglicher Genehmigung wie nach § 1596 Abs. 1 Satz 2 BGB gibt es hier nicht (*MüKo/Schmitt,* § 111 BGB Rn. 14; BeckOK/*Wendtlandt,* – Stand 1.2.2017 – § 111 BGB Rn. 9). Die Einwilligungserklärung ist der Urkundsperson vorzulegen; da eine strengere Form hier nicht vorgeschrieben ist, genügt schriftliche Erteilung (§ 182 Abs. 2 BGB).

451 Ohne das müsste die **Beurkundung abgelehnt** werden. Auf die bloße Angabe des beschränkt Geschäftsfähigen, die Einwilligung sei erteilt, braucht die Urkundsperson sich hier ausnahmsweise nicht einzulassen. Auf die Gefahr, dass die angebliche Einwilligung nicht erteilt ist und die gewünschte Verpflichtungserklärung damit unwirksam wäre, muss nicht beurkundet zu werden. Die Beurkundung ist ohnehin jederzeit nachholbar. Hatte der beschränkt Geschäftsfähige mit seiner Verpflichtung zugleich die Unterwerfung unter die sofortige Zwangsvollstreckung erklärt, hätte die Einwilligung des gesetzlichen Vertreters sich auch hierauf zu erstrecken, könnte insoweit allerdings auch nachgereicht werden. Das wäre Voraussetzung für die Erteilung der Vollstreckungsklausel (Rn. 491, 511).

Eine vorgelegte Einwilligungserklärung des gesetzlichen Vertreters wäre analog § 12 BeurkG im Original oder in beglaubigter Abschrift (unter Rückgabe des Originals) der Niederschrift beizufügen (zur Befugnis der Urkundsperson, in diesem Fall eine Abschrift zu beglaubigen: oben Rn. 120).

Das Gesagte gilt für die Verpflichtungserklärung des unter **Betreuung** stehenden und nicht i.S.v. § 104 Nr. 2 BGB geschäftsunfähigen Volljährigen nur, soweit das Betreuungsgericht den Vorbehalt einer Einwilligung des Betreuers nach § 1903 BGB für Unterhaltsverpflichtungen angeordnet hat. Denn andernfalls wäre der geschäftsfähige Betreute nicht gehindert, selbst die Erklärung aufnehmen zu lassen. Zur empfehlenswerten Vorgehensweise bei nicht aufklärbaren Zweifeln an der Geschäftsfähigkeit oben Rn. 168a.

452 Einfacher liegt es deshalb, wenn der **gesetzliche Vertreter mit erschienen** ist. Dann könnte er (nicht nur der Anerkennung der Vaterschaft, wenn diese gleichzeitig beurkundet worden ist, sondern auch) der Unterhaltsverpflichtungserklärung des Anerkennenden an Ort und Stelle zustimmen. Die Frage ist, ob die Urkundsperson auch diese Zustimmung mit beurkunden kann. Der Wortlaut des Gesetzes scheint dem entgegenzustehen. Die Genehmigung des gesetzlichen Vertreters und die Zuständigkeit zu ihrer Beurkundung ist in § 59 SGB VIII zwar bei der Vaterschaftsanerkennung durch den in der Geschäftsfähigkeit beschränkten Kindesvater erwähnt, nicht aber bei der Verpflichtung auf den Unterhalt, die derselbe Kindesvater eingeht. Aber es wäre sinnwidrig, daraus folgern zu wollen, der mit erschienene gesetzliche Vertreter müsse die Zustimmung zur Unterhaltsverpflichtung auf ein besonderes Blatt schreiben und bei der Beurkundung vorlegen. Denn: Er kann ja auch selbst die Unterhaltsverpflichtung im Namen seines Sohnes oder Mündels erklären, und diese seine Erklärung könnte die Urkundsperson ganz unzweifelhaft beurkunden, zumal § 1596 Abs. 2 Satz 1 BGB mit seiner 14-Jahre-Alterszäsur hier nicht gilt. Wenn aber der gesetzliche Vertreter in dieser seiner Eigenschaft die Unterhaltspflicht selbst zu Protokoll geben kann, muss er auch die schwächere Form **der Zustimmung zur gleichzeitigen Unterhaltsverpflichtung** durch seinen Sohn oder Mündel zur Niederschrift erklären können: Beide Formen der Begründung der Verpflichtung sind gleichwertig.

Ist der **minderjährige Unterhaltsschuldner** z.B. infolge geistiger Behinderung oder psychischer Krankheit **geschäftsunfähig**, gibt sein gesetzlicher Vertreter (Eltern, Vormund) die Verpflichtungserklärung ab. Für den unter **Betreuung** stehenden, *geschäftsunfähigen* Schuldner handelt in dessen Namen der Betreuer (§ 1902 BGB). Voraussetzung ist, dass ihm der entsprechende Aufgabenkreis der Betreuung zugewiesen ist. Das ist jedenfalls dann der Fall, wenn ihm die Wahrnehmung der Vermögenssorge für den Betroffenen zusteht oder weitergehend eine Betreuung in allen Angelegenheiten angeordnet wurde.

Bei der Abfassung der Urkunde muss darauf geachtet werden, dass deutlich wird: Es handelt sich um eine **Verpflichtungserklärung des Vaters, bei der der Betreuer als gesetzlicher Vertreter auftritt.** Es ist auch schon vorgekommen, dass am Ende durch Ungenauigkeit bei der Formulierung der Eindruck entstand, Unterhaltsschuldner sei der Betreuer. Das muss selbstverständlich vermieden werden. Eine beglaubigte Kopie des Betreuerausweises sollte zur Niederschrift der Unterhaltsverpflichtung genommen werden.

Beispiel 452a

🔧 *Die Formulierung der Verpflichtungserklärung könnte in diesem Fall lauten:*

„Der/Die Erschienene erklärt, unter Vorlage des Betreuerausweises, als rechtlicher Betreuer des

Herrn … …

geb. am … in …

wohnhaft in …

Staatsangehörigkeit: …

zu handeln und die Unterhaltsverpflichtung zu dem Kind … … anerkennen zu wollen.

Der Betreuerausweis wurde in Urschrift vorgelegt, eine Kopie ist dieser Niederschrift beigefügt.

Nachdem der/die Erschienene über die Bedeutung einer Unterhaltsverpflichtung und der Unterwerfungsklausel belehrt wurde, erklärt er/sie Folgendes:

Unterhaltsverpflichtung

Herr … verpflichtet sich, für sein Kind usw.

Wegen dieser Verbindlichkeit unterwirft sich Herr … der sofortigen Zwangsvollstreckung aus dieser Urkunde.

Soweit sich nach § 239 FamFG eine Änderung der Unterhaltsrente ergeben kann, bleibt diese Änderung dem Kind und Herrn … vorbehalten.

Ich beantrage, dem Kind eine vollstreckbare Ausfertigung dieser Urkunde und Herrn … eine Abschrift der vollstreckbaren Ausfertigung zu meinen Händen zu erteilen."

o) Die Frage nach der Notwendigkeit familien- bzw. betreuungsgerichtlicher Genehmigung

453 Einer **gerichtlichen Genehmigung** bedarf die Verpflichtungserklärung **als solche nicht**: weder aus der Person des unterhaltsberechtigten Kindes, noch – und vor allem – aus der Person des nicht voll geschäftsfähigen Verpflichtungswilligen. Hierbei ist es unerheblich, ob er die Erklärung selbst mit Zustimmung seines gesetzlichen Vertreters (im Betreuungsverhältnis: mit der fallweise nach § 1903 BGB erforderlichen Einwilligung seines Betreuers) abgibt, oder ob der Vertreter in seinem Namen (Rn. 450–452) handelt. Die Vorschriften in § 1822 Nr. 5 und § 1643 Abs. 1 BGB (für den verpflichtungswilligen, insbesondere den minderjährigen Kindesvater) bzw. § 1822 Nr. 12 BGB (für beide Teile) sind hier aus folgenden Gründen nicht anwendbar:

aa) § 1822 Nr. 5, § 1643 Abs. 1 BGB?

454 Zwar würde die übernommene Unterhaltsverpflichtung des minderjährigen Kindesvaters aus der Zwangsläufigkeit des biologischen Zusammenhanges sich weit in seine Volljährigkeit erstrecken. Die Verpflichtungserklärung ist jedoch einseitig, wie oben unter Rn. 365 näher dargelegt. **Auf solche einseitigen Erklärungen findet § 1822 Nr. 5 BGB,** der von „Verträgen" spricht, **keine Anwendung**. Auch eine entsprechende Heranziehung der Vorschrift wird von Rechtsprechung und Schrifttum allgemein abgelehnt (vgl. z.B. *MüKo/Wagenitz*, § 1822 BGB Rn. 38 m.w.N.). Der Katalog des § 1822 BGB ist eng auszulegen und einer Analogie grundsätzlich nicht fähig (BGH in ständiger Rspr. z.B. 25.1.1974 – V ZR 69/72, NJW 1974, 1134 m.w.N.; grundlegend, obwohl noch für das alte Alimentenrecht ergangen: Kammergericht Berlin, DAVorm 1970, 430; siehe ferner zusammenfassend mit Zitaten: Soergel/*Zimmermann*, § 1822 BGB Rn. 30).

455 Es bedarf also schon deshalb nicht der Vorlage einer zuvor erteilten Genehmigung des Familiengerichts bzw. Betreuungsgerichts.

bb) § 1822 Nr. 12 BGB?

456 Die Vorschrift betrifft den **Vergleich** (§ 779 BGB), d.h. eine im Wege gegenseitigen Nachgebens geschlossene Übereinkunft zur Beilegung eines Streits oder zur Beseitigung einer bezüglich eines Rechtsverhältnisses bestehenden Ungewissheit. Voraussetzung ist ferner, dass der Wert dessen, worüber die Parteien „auseinander sind" oder worüber die Ungewissheit besteht – die streitige oder im Ungewissen liegende Differenz also – **mehr als 3.000 EUR** beträgt. Bei Unterhaltsverpflichtungen geht ein solcher Streit bzw. eine solche Ungewissheit zumeist um die Höhe des Geschuldeten; die Wertgrenze von 3.000 EUR, bezogen auf die Gesamtdauer der Unterhaltsberechtigung, wird durchweg erreicht.

457 Ist ein **unter Vormundschaft oder Pflegschaft stehendes Kind** mit seinem Unterhaltsanspruch beteiligt, so wird der Vergleich aus seiner Person der Genehmigungspflicht nach § 1822 Nr. 12 BGB unterworfen; die Gegenseitigkeit des Nachgebens nimmt dem etwaigen Verzicht auf das Mehr des geforderten Unterhalts zugleich den rechtlichen Makel des Unentgeltlichen (vgl. § 1614 Abs. 1 BGB: unzulässiger Verzicht auf künftigen Unterhalt). Hat **auch der Unterhaltspflichtige** mit seinem Betreuer einen gesetzlichen Vertreter, für den die Vorschrift des § 1822 BGB entsprechend gilt (§ 1908i Abs. 1 Satz 1 BGB), so ist die Genehmigungsnotwendigkeit parallel damit auch aus dessen Person gegeben. Soweit auf der einen und/oder der anderen Seite ein Elternteil an dem Vergleichsabschluss namens des von ihm vertretenen Kindes tätig geworden ist, besteht eine Notwendigkeit zur Einholung der familiengerichtlichen Genehmigung freilich nicht, weil § 1822 Nr. 12 in § 1643 Abs. 1 BGB nicht aufgeführt wird.

458 Doch wie auch immer: Der **Vergleich ist Vertrag**. Die einseitige Verpflichtungserklärung des einen Teils könnte höchstens das Ergebnis der Vergleichsverhandlungen wiedergeben. **Was beurkundet wird, ist nicht der Vergleich** (dazu wäre die Urkundsperson auch nicht ermächtigt). Der Vergleich als solcher und die Beurkundung der einseitigen, vorausgegangenen oder nachfolgenden Verpflichtungserklärung sind zwei rechtlich voneinander gesonderte und gesondert zu beurteilende Tatbestände. Die Notwendigkeit einer Genehmigung des Vergleichs ist beurkundungsrechtlich ohne Bedeutung; allenfalls könnte, wenn die Genehmigung versagt wird, die Verpflichtungserklärung zurückgefordert werden. Eine Belehrung dürfte nicht geboten sein.

p) Ersetzungsbeurkundungen

Gegenstand der Beurkundungsermächtigung nach § 59 Abs. 1 Satz 1 Nr. 3 SGB VIII sind **nicht nur Erstverpflichtungen**. Auch einer Änderung derjenigen Verhältnisse, die die – titulierte – Höhe einer Unterhaltsverpflichtung begründen, kann durch **(Ersetzungs-)Beurkundung** Rechnung getragen werden. Solche Beurkundungen stehen dann in ihrer Wirkung auf der Ebene des Abänderungsbeschlusses nach § 239 FamFG. Sie dienen in aller Regel dazu, gerichtliche Verfahren dieser Art und die Kosten hierfür zu sparen, wenn der Unterhaltsschuldner sich freiwillig auf den höheren Unterhalt verpflichtet, der sonst gegen ihn gerichtlich durchgesetzt werden könnte; das Rechtsschutzinteresse auf Inanspruchnahme des Gerichts nimmt er dem Kinde allerdings nur, wenn er sich gleichzeitig der sofortigen Zwangsvollstreckung aus der Ersetzungsbeurkundung unterwirft (Rn. 488 ff.). **459**

Grundlage der Ersetzungsbeurkundung können beurkundet vorausgegangene Unterhaltsverpflichtungen sein, außerdem aber **Titel aller Art**: Urteile nach dem vor dem 1. September 2009 maßgebenden Verfahrensrecht einschließlich ergangener Abänderungsurteile nach § 323 ZPO, Beschlüsse nach dem FamFG, auch im vereinfachten Verfahren nach §§ 249 ff. sowie gerichtliche Vergleiche über den Unterhalt (BGH, 7.12.2016 – XII ZB 422/ 15, Rn. 11, FamRZ 2017, 370 m. Anm. *Knittel*). **460**

Aus der Gutachtenpraxis des DIJuF e.V. ist bekannt, dass zu dieser Frage bei manchen Jugendämtern gelegentlich Unsicherheit aufkommt. Mögliche Missverständnisse wurden in der Vergangenheit gefördert durch einzelne obergerichtliche Entscheidungen, welche die Meinung vertraten, Unterhaltstitel könnten nur in den hierfür vorgesehenen gerichtlichen Verfahren gemäß §§ 238 f. FamFG abgeändert werden (OLG Brandenburg, 12.10.2005 – 9 UF 108/05, JAmt 2006, 264 und 26.5.2015 – 10 WF 43/15, NZFam 2016, 568; OLG Köln, 31.3.2015 – 26 WF 27/15, NZFam 2015, 719; krit. hierzu *Knittel*, NZFam 2016, 970).

Daran ist allein richtig, dass eine **förmliche Abänderung** ausschließlich der Familiengerichtsbarkeit anhand der genannten Vorschriften vorbehalten ist (BGH, 7.12.2016, a.a.O. Rn. 10). Indessen steht es dem Unterhaltspflichtigen frei, mit der Erstellung einer (neuen) Jugendamtsurkunde einen **weiteren Vollstreckungstitel im gleichen Unterhaltsverhältnis** unter Erhöhung oder Herabsetzung der Unterhaltsverpflichtung zu erzeugen, während es dem Unterhaltsberechtigten auf der anderen Seite unbenommen bleibt, auf seine Rechte aus dem ursprünglichen Unterhaltstitel ganz oder teilweise zu verzichten (arg. § 238 Abs. 3 Satz 2, § 240 **460a**

Abs. 2 Satz 3 FamFG). Die Beteiligten des Unterhaltsverhältnisses sind deshalb aus Rechtsgründen nicht daran gehindert, im Einvernehmen einen bestehenden (gerichtlichen oder urkundlichen) Unterhaltstitel durch einen neuen Unterhaltstitel zu ersetzen (BGH, 7.12.2016 aaO Rn. 11 unter ausdrücklicher Bezugnahme auf die 7. Aufl. dieses Werkes Rn. 306 und 308 sowie m.w.N.).

460b Maßgeblich ist insoweit allein das bestehende **Einvernehmen des Unterhaltsberechtigten und des Unterhaltspflichtigen** über die Ersetzung des bisherigen Unterhaltstitels und nicht – darüber noch hinaus – in verfahrensrechtlicher Hinsicht auch deren gemeinsame Mitwirkung an der Schaffung des neuen Unterhaltstitels. Auch der BGH hatte in der Vergangenheit keine grundlegenden rechtlichen Bedenken gegen die Annahme, dass sich der Unterhaltspflichtige beim Vorliegen eines solchen Einvernehmens in einer Jugendamtsurkunde auch unter „Abänderung" einer vorherigen Jugendamtsurkunde zur Zahlung eines höheren Kindesunterhalts an den Unterhaltsberechtigten verpflichten und der auf diese Weise erstellte ersetzende Unterhaltstitel Gegenstand eines Abänderungsantrags sein kann (vgl. BGH, 2.10.2002 – XII ZR 346/00, FamRZ 2003, 304, 305 und 3.12.2008 – XII ZR 182/06, Rn. 13 FamRZ 2009, 314). Unzweifelhaft ist freilich, dass dem Unterhaltsberechtigten eine vom Unterhaltspflichtigen einseitig erstellte (ersetzende) Jugendamtsurkunde **nicht aufgedrängt** werden kann, so dass an die Feststellungen zum Vorliegen eines Einvernehmens der Beteiligten über die Ersetzung des bisherigen Titels jedenfalls dann strenge Anforderungen zu stellen sind, wenn die Unterhaltsverpflichtung in der neuen Jugendamtsurkunde herabgesetzt worden ist (BGH, 7.12.2016, a.a.O. Rn. 12 unter Hinw. auf die 7. Aufl. dieses Werkes Rn. 464).

460c Ist ein Schuldner unbestritten leistungsunfähig, kann er gleichwohl nicht von der Urkundsperson verlangen, zwecks Ersetzung eines bisherigen Titels eine **Unterhaltsverpflichtung über null EUR aufzunehmen** (*DIJuF – Rechtsgutachten* 22.6.2015, JAmt 2015, 303 = www.bundesanzeiger-verlag.de/beurkundungen IV Nr. 8). Bei einem Einverständnis des Gläubigers mit einer Herabsetzung oder dem Wegfall der Verpflichtung zur Zahlung von Unterhalt ist es nicht erforderlich, einen neuen Titel zu errichten, da die Erklärung des Gläubigers, auf die Vollstreckung zu verzichten, den bestehenden Titel entsprechend einschränkt (zum Vollstreckungsverzicht bei begründetem Herabsetzungsverlangen des Schuldners DIJuF/*Knittel*/*Birnstengel* Themengutachten TG-1020, Erstveröffentlichung in www.kijup-online.de = www.bundesanzeiger-verlag.de/beurkundungen III Nr. 11). Die Beurkundung einer Unterhaltsverpflichtung in Höhe von null EUR scheidet in jedem Fall aus: Denn Sinn der Beurkundung ist es nach § 794 Abs. 1 Nr. 5 ZPO, dass der Schuldner sich wegen des Anspruchs der sofortigen Zwangsvollstreckung unterwerfe. Bei einem Titel in Höhe von null EUR gibt es jedoch keine zu vollstreckende Forderung. Beharrt ein Schuldner auf einer derartigen Beurkundung, ist zu empfehlen, das Ansinnen förmlich zurückzuweisen (vgl. dazu oben Rn. 242 und Formulierungsvorschlag im DIJuF – Rechtsgutachten 22.6.2015 a.a.O.).

461 Bei der Ersetzungsbeurkundung muss auf **den zu ersetzenden Titel** unter genauer Bezeichnung **Bezug genommen** werden. Hierbei ist darauf zu achten, dass in sprachlich korrekter Weise und unter Beachtung der vom BGH betonten Unterscheidung nicht von dessen „Abänderung" die Rede ist. Soweit allerdings in der Vergangenheit Unterhaltsverpflichtungen aufgenommen wurden, die im Einvernehmen der Parteien an die Stelle eines früheren Titels treten sollten und bei denen in sprachlich ungenauer Weise angegeben wurde, dass hierdurch der vorangegangene Beschluss oder die Urkunde bzw. der Vergleich „abgeändert" werden sollte, führt allein dies nicht zur Unwirksamkeit der neuen Urkunde. Schließlich ist durch **Auslegung** jederzeit feststellbar, was die Parteien gewollt haben. Im Übrigen hat auch der BGH im Beschluss vom 7.12.2016 nicht etwa die zugrunde liegende Urkunde allein deshalb beanstandet, weil in ihr begrifflich unscharf von „Abänderung" die Rede war.

Es bedarf aber in jedem Fall der Klarstellung, dass und ab wann die neue Urkunde an die Stelle des früheren Titels tritt. Das gilt jedenfalls bei vorangegangenen **gerichtlichen Entscheidungen**. Deren Rechtskraft kann nur „überspielt" werden, wenn eine spätere Beurkundung klar zum Ausdruck bringt, dass der gerichtliche Titel durch die spätere Urkunde ersetzt werden soll (was *im Ergebnis* selbstverständlich mit Einverständnis des Gläubigers möglich ist, unten Rn. 464).

Liegt bereits ein – im Gegensatz zu gerichtlichen Entscheidungen nicht der Rechtskraft fähiger – **Urkundstitel** vor und wird zeitlich danach eine weitere Urkunde über denselben Unterhaltsanspruch errichtet, tritt der spätere, vom Gläubiger letztlich akzeptierte, Titel an die Stelle des Ersteren. Das gilt selbst dann, wenn der diesbezügliche Wille des Erklärenden nicht ausdrücklich in dem zweiten Urkundentext hervorgehoben wird. Zu Grundsatzfragen von Titelkonkurrenzen in verschiedenen Fallgruppen vgl. im Übrigen die DIJuF-Rechtsgutachten vom 16.8.2005 (JAmt 2005, 461) und vom 18.7.2006 (JAmt 2006, 351 = www.bundesanzeiger-verlag.de/beurkundungen IV Nr. 13 und 14).

Praxistipp **462**

 *Wünscht der Schuldner nur eine **zeitweilige Erhöhung** seiner Unterhaltspflicht, muss dies in der neuen Urkunde verdeutlicht werden, etwa durch die Worte, der ursprüngliche Prozessvergleich werde „vorübergehend" ersetzt oder „nach Ablauf des 30. Juni 2017 soll wieder die Verpflichtung aus dem Vergleich vom 17. Dezember 2012 gelten".*

Das Unterlassen einer entsprechenden Klarstellung durch die Urkundsperson in dem von ihr vorformulierten Text zwingt sonst zu einer **Auslegung** der vom Schuldner abgegebenen Erklärung. Hierbei ist keinesfalls gewiss, dass eine als „Abänderung" bzw. richtigerweise „Ersetzung" bezeichnete Urkunde mit einer sodann zeitlich begrenzten Verpflichtung anschließend zum Wiederaufleben der früheren Verpflichtung führt. Möglich und plausibel ist auch die Annahme, der alte Titel sei durch die spätere Beurkundung vollständig ersetzt worden; nach Ablauf der bewusst zeitlich begrenzten Erhöhungsperiode müsse neu tituliert werden. Derartige Unklarheiten lassen sich durch deutliches Ansprechen des Gewollten im Urkundentext vermeiden.

463 Vorsorglich sollte die Urkundsperson einen Schuldner, der die **Ersetzung eines bereits vor längerer Zeit beurkundeten Titels** wünscht, befragen, ob er sicher sei, dass er **zwischenzeitlich keine weitere Urkunde** errichtet habe. In einem vom DIJuF e.V begutachteten Fall hatte der Pflichtige die Erstbeurkundung in 2000 vorgenommen und in 2002 eine „Abänderungsbeurkundung". Im Jahr 2006 ließ er eine dritte – im Hinblick auf die bevorstehende Volljährigkeit des Kindes zeitlich befristete – Verpflichtung aufnehmen, die von der Gläubigerseite auch akzeptiert wurde. Offensichtlich hatte der Schuldner dabei vergessen, dass er vier Jahre zuvor bereits den ersten Titel durch eine Neubeurkundung ersetzt hatte und erklärte, er wolle die Urkunde aus 2000 „abändern" lassen. Diese Vergesslichkeit stiftete eine gewisse Verwirrung, weil ein Sozialleistungsträger der Urkundsperson später alle drei vollstreckbaren Ausfertigungen „zur Auswahl" präsentierte und um eine Rechtsnachfolgeklausel bat. Diese hätte allenfalls auf der Grundlage der dritten und damit zuletzt maßgebenden Urkunde erteilt werden können. Infolge deren zeitlicher Befristung lag aber der Sozialleistungszeitraum erst *nach* dem Bewilligungszeitraum dieses Titels. Jedenfalls wäre eine **erhebliche Unklarheit vermieden** worden, wenn der Schuldner durch eine entsprechende Frage daran erinnert worden wäre, dass er rechtserheblich gar nicht mehr die längst überholte Urkunde aus dem Jahr 2000 hätte durch Ersetzung „abändern" können.

464 Berechtigt die Änderung der Verhältnisse nicht zu einer Heraufsetzung, sondern zu einer **Minderung** des Unterhalts, so kann der Schuldner diese nicht ohne weiteres durch eine Ersetzungsbeurkundung erreichen. Denn allein durch **einseitige Erklärung** vermag der Unterhaltspflichtige seine **Unterhaltsverpflichtung nicht zu ermäßigen**. Insoweit unterscheidet sich die Rechtslage nicht von der Erstbeurkundung: Auch dort kann der Schuldner nicht willkürlich die Höhe seiner Unterhaltspflicht selbst festlegen, wenn der Gläubiger nicht in irgendeiner Form wenigstens nachträglich sein Einverständnis mit dem errichteten Titel zum Ausdruck bringt (vgl. oben Rn. 366). Zur Frage, ob die Urkundsperson gleichwohl eine derartige Unterhaltsverpflichtung aufnehmen muss, wenn ihr nicht bekannt ist, inwieweit die Gläubigerseite hiermit einverstanden ist bzw. wenn sogar im Vorfeld eine ausdrückliche Ablehnung des vom Schuldner angestrebten und aus ihrer Sicht zu niedrigen Betrages geäußert wurde, vgl. Rn. 35 f..

Ein ausdrückliches Einverständnis wäre zwar von vornherein in materiell-rechtlich eindeutiger Weise möglich, wenn sich Gläubigervertreter und Schuldner vertraglich **einigen** würden auf eine Minderverpflichtung; soll dies in vollstreckbarer Form geschehen, wäre damit zugleich eine entsprechende Um-Titulierung verbunden. Zur Aufnahme eines Vertrages zwischen den Unterhaltsparteien ist aber die Urkundsperson nicht ermächtigt (höchstens der Notar wäre es).

Zur Vermeidung eines hier lauernden Missverständnisses sei nochmals betont: Die fehlende Ermächtigung zu *Vertrags*beurkundungen ist **strikt von der Frage zu** trennen, ob die Urkundsperson eine *einseitige* **Verpflichtungserklärung** mit dem Inhalt einer **Herabsetzung** des geschuldeten Betrages, bezogen auf einen bereits vorliegenden Titel, aufnehmen darf. Unabhängig von dem jeweiligen Ergebnis der Änderung ist die **Urkundsperson jedenfalls im formellen Sinne zu deren Niederschrift ermächtigt**, weil es sich um eine Unterhaltsverpflichtung im Sinne von § 59 Abs. 1 Satz 1 Nr. 3 handelt (ob die Erklärung auch materiell-rechtliche Wirkungen hat, hängt von ihrer Akzeptanz auf der Gläubigerseite ab, dazu unten Rn. 468 ff.).

Einer ausdrücklichen Vereinbarung zwischen Gläubiger und Schuldner im Fall eines berechtigten Herabsetzungsverlangens bedarf es auch nicht unbedingt: Droht ein Antrag auf gerichtliche Abänderung, so könnte das Kind dem Unterhaltspflichtigen das Rechtsschutzinteresse hierfür immer noch dadurch nehmen, dass es schriftlich auf **das Recht aus einem Titel** (den es hat) in dem rechtlich gebotenen Umfang **verzichtet.** Eine entsprechende Beurkundung einer *einvernehmlichen* Herabsetzung wäre weder erforderlich noch im Katalog des § 59 Abs. 1 Satz 1 SGB VIII vorgesehen. Wollte das Kind entgegen einem so erklärten Verzicht in vollem Umfange vollstrecken, so hätte der Unterhaltspflichtige hiergegen die Vollstreckungsgegenklage (§ 767 ZPO), zu der ihn die Verzichtserklärung berechtigt.

465

Praxistipp 466

 *Erscheint ein Unterhaltspflichtiger, um einen früheren Titel **zu seinen Gunsten** ersetzen zu lassen, hat ihn die Urkundsperson über diese Zusammenhänge zu **belehren**. Die Urkundsperson sollte vorsorglich auch stets **fragen**, ob bereits eine Haltung der Gläubigerseite zu dem Vorhaben des Schuldners bekannt ist.*

Stellt sich heraus, dass ein Einvernehmen mit dem Gläubiger über eine Herabsetzung des Unterhalts *bisher nicht* vorliegt, wird gleichwohl die **Beurkundung nicht abgelehnt** werden können.

Schließlich verfolgt der Schuldner jedenfalls dann keinen erkennbar unredlichen Zweck im Sinne von § 4 BeurkG, wenn der geminderte Unterhaltsbetrag – zumindest nach seiner subjektiven Überzeugung – seiner nunmehrigen wirtschaftlichen Leistungsfähigkeit entspricht. Auch wird man nicht in jedem Fall sagen können, dass die Ersetzungsbeurkundung *offenkundig* zu keinem rechtlichen Erfolg führen kann. Immerhin ist nicht auszuschließen, dass der Gläubiger nach Darlegung der geänderten wirtschaftlichen Situation des Schuldners der Herabsetzung im Ergebnis zustimmt, indem er den (neuen) Titel entgegennimmt und inhaltlich akzeptiert.

Legt allerdings der beurkundungswillige Schuldner **auf Befragen** dar, dass **fruchtlose streitige Verhandlungen mit der Gläubigerseite vorausgingen**, bei denen der von ihm als angemessen betrachtete und der gewünschten Titulierung zugrunde zu legende Unterhalt von dort aus kategorisch abgelehnt wurde, dürfte nach den oben unter Rn. 36 dargelegten Grundsätzen eine Pflicht zur Auf-

467

nahme der Erklärung nicht bestehen. Denn der gewünschte einseitige Beurkundungsakt könnte absehbar keinen rechtlichen Erfolg haben.

468 Eindeutig ist hingegen die dritte Fallvariante: Über die Herabsetzung ist **mit dem gesetzlichen Vertreter des Kindes Einvernehmen** erzielt worden und dies wird der Urkundsperson als Begründung für den Beurkundungswunsch des Kindesvaters dargelegt. An diesem in der Praxis nicht seltenen Fall wird deutlich, wie verfehlt die Meinung wäre, die Urkundsperson dürfe überhaupt keine titelersetzenden Beurkundungen mit einem niedrigeren Betrag vornehmen. Jedoch kann es nicht oft genug betont werden: Das vorherige Einverständnis der Gläubigerseite mag der Idealfall solcher Konstellationen sein; eine zwingende **Voraussetzung für das Tätigwerden der Urkundsperson ist es nicht.**

Nochmals: Die Verweigerung der Amtshandlung wäre nur bei bereits jetzt offensichtlicher Ablehnung des Schuldnervorhabens einer Titelersetzung zu seinen Gunsten durch die Gläubigerseite gerechtfertigt.

Vielfach wird ein Beistand von sich aus die Urkundsperson bereits verständigt haben oder zur Beurkundung mit erschienen sein. Auch dann sind zwar die Erklärungen des Unterhaltspflichtigen über die Herabsetzung des bisher beurkundet gewesenen oder sonst titulierten Betrages auf das niedrigere Niveau **nur als einseitige zu beurkunden**. Wollten beide Beteiligte vertragliche Übereinstimmung als solche beurkundet haben, müssten sie – es sei nochmals erwähnt – an den Notar verwiesen werden. Die Urkundsperson des Jugendamts wird jedoch in solchen Fällen die Beurkundung in der Gestalt vornehmen dürfen, dass der Schuldner erklärt, die Neubeurkundung sei mit dem gesetzlichen Vertreter des Kindes abgesprochen und solle an die Stelle des bisherigen Titels treten, und dass der Pflichtige weiterhin als seine Erklärung aufnehmen lässt, die vollstreckbare Ausfertigung der gegenwärtigen Urkunde solle dem gesetzlichen Vertreter des Kindes erteilt werden.

469 Wird der frühere Titel – etwa auch hinsichtlich noch bestehender Rückstände – vollständig durch die Neubeurkundung ersetzt oder ist der Schuldner mit seinen Zahlungen auf dem laufenden, kann dies auch mit der Maßgabe verbunden werden, dass **der bisherige Titel zuvor an ihn herauszugeben** wäre und die Erteilung der vollstreckbaren Ausfertigung der neuen Urkunde an den Gläubiger vom Nachweis seiner Empfangsquittung für den Alttitel abhängig sei.

470 Wäre die Darstellung des Kindesvaters über das angeblich erzielte **Einverständnis unzutreffend,** entstünde durch die Beurkundung dennoch kein Schaden. Der gesetzliche Vertreter des Kindes **verweigert dann die Entgegennahme des herabstufenden Titels**; der ursprüngliche gilt weiter.

Allerdings mag zu Recht die **Frage** gestellt werden, ob allen gesetzlichen Vertretern unterhaltsberechtigter Kinder diese **Zusammenhänge klar** sind. Dies dürfte zumeist nicht auf den vertretungsberechtigten Elternteil zutreffen. Aber selbst Jugendamtsbedienstete, die im Sachgebiet Beistandschaft tätig sind, scheinen manchmal verunsichert zu sein, wie mit forsch beurkundeten einseitigen Herabsetzungserklärungen des Schuldners umzugehen ist, zumal wenn sie mit anwaltlicher Begleitpost angekündigt werden.

Nun bezieht sich die **Belehrungspflicht der Urkundsperson** gemäß § 17 Abs. 1 bis 2a BeurkG nur auf den Kreis der „Beteiligten", also der formell an der Beurkundung beteiligten Personen, die erschienen sind, um im eigenen oder fremden Namen Erklärungen aufnehmen zu lassen, ggf. auch der materiell Beteiligten (dazu oben Rn. 204 f.). Zu diesen gehört das unterhaltsberechtigte Kind regelmäßig nicht: Es ist in diesem Sinne Dritter; allerdings werden seine rechtlichen und wirtschaftlichen Interessen nach der besonderen Natur des Amtsgeschäfts ganz erheblich durch die Beurkundung berührt (vgl. hierzu oben Rn. 206).

Dies kann die Urkundsperson bei der Erfüllung ihrer Amtspflichten nicht völlig ignorieren. Deshalb erscheint es vertretbar, eine **Befugnis, wenn nicht gar** eine **Verpflichtung** der Urkundsperson zu bejahen, in geeigneten Fällen die Gläubigerseite auf die rechtliche Bedeutung einer offenbar einseitigen und nicht mit ihr abgesprochenen Herabsetzungsbeurkundung hinzuweisen. Hierzu besteht besonders dann Anlass, wenn die Urkundsperson Grund zur Annahme haben muss, der das Kind vertretende Elternteil werde womöglich aus rechtlicher Unerfahrenheit nicht erkennen, dass die „Herabsetzungsbeurkundung" ohne seine Zustimmung keine Wirkung entfalten kann (Dass sich bei bekannter anwaltlicher Vertretung des Kindes ein solcher Hinweis erübrigt, bedarf keiner Hervorhebung. Dasselbe gilt grundsätzlich auch bei bestehender Beistandschaft, obwohl Unsicherheiten in der jugendamtlichen Praxis beim Umgang mit derartigen „Schuldnerinitiativen" offenbar nicht nur höchst vereinzelt zu beobachten sind).

Praxistipp

 Es kann daher für die Urkundsperson angeraten sein, in geeigneten Fällen bei vermuteter besonderer Schutzbedürftigkeit der Gläubigerseite die vom Schuldner bewilligte Übersendung der – vollstreckbaren – Ausfertigung an den Gläubiger mit einem kurzen informatorischen Schreiben zu verbinden, das sinngemäß folgenden Inhalt haben könnte:

„Herr/Frau ... hat hier eine Unterhaltsverpflichtung beurkunden lassen, mit der ausdrücklich ein bereits bestehender Titel ersetzt werden soll. Er/Sie hat bewilligt, dass Ihnen als gesetzlichem Vertreter des Kindes eine vollstreckbare Ausfertigung zu erteilen sei.

Diese wird Ihnen hiermit übersandt mit dem vorsorglichen Hinweis, dass der bestehende Unterhaltstitel für das Kind nicht einseitig gegen Ihren Willen ersetzt werden kann. Sollten Sie mit der Herabsetzung der Höhe des Unterhalts nicht einverstanden sein, können Sie das alsbald dem Unterhaltspflichtigen mitteilen. Sie sollten gleichzeitig die vollstreckbare Ausfertigung dem Schuldner übersenden mit einem kurzen Hinweis, dass Sie an dem bisherigen Titel festhalten wollen.

> *Wenn Sie das unterlassen, könnte Ihr Schweigen auf die heutige Zusendung seitens des Schuldners womöglich dahingehend gedeutet werden, dass Sie mit seiner Herabsetzungserklärung einverstanden seien. Das könnte Ihre Rechtsposition deutlich erschweren, wenn es später darauf ankommt, ob der ursprüngliche Titel noch gilt oder etwa mit Ihrem stillschweigenden Einverständnis durch eine Neubeurkundung ersetzt wurde."*

472 Klarstellend sei angemerkt: Aus den in Rn. 204 ff. gegebenen Hinweisen sollte deutlich werden, dass dies *nicht* Teil der in § 17 Abs. 1 und 2 BeurkG vorgegebenen **Belehrungspflicht** ist. Es kann auch nicht als allgemein herrschende Auffassung angesehen werden, dass die Urkundsperson eine **Amtspflicht** zu einer derartigen nachgeschalteten Information des durch die Beurkundung betroffenen Dritten träfe. Ob deren Unterlassen zu einer Amtshaftung führen könnte, erscheint deshalb zweifelhaft.

Jedoch ist umgekehrt der Urkundsperson der entsprechende **Hinweis keineswegs untersagt**. Auch bei Wahrung der ihr obliegenden Neutralität kann sie es durchaus als Teil ihres Amtsverständnisses begreifen, mutmaßlich wenig gewandten und darum in besonderem Maße schutzbedürftigen gesetzlichen Vertretern von Kindern eine kurze sachbezogene Aufklärung über die Rechtslage zukommen zu lassen. Das gilt umso mehr, als die Urkundsperson infolge der vom Schuldner bewilligten Erteilung einer vollstreckbaren Ausfertigung ohnehin mit der Gläubigerseite in Kontakt treten muss und darum auch vorausschauend überlegen kann, welche Wirkung bzw. zumindest Zweifel voraussichtlich dort ihre amtliche Mitteilung über die Beurkundung ohne zusätzliche Erläuterung auslösen kann.

q) Prüfung der Angemessenheit des vom Verpflichtungswilligen zugestandenen Unterhalts?

473 Der Urkundsperson steht **keine sachliche Prüfung** dahingehend zu, ob der **Unterhaltsbetrag,** den der Verpflichtungswillige zu übernehmen bereit ist, unter Zugrundelegung seiner eigenen Angaben und bei Anwendung der gebräuchlichen Tabellen genügend ist oder nicht. Erst recht ist sie weder berechtigt noch verpflichtet, die Richtigkeit jener Angaben zu prüfen. Sie hat zu **beurkunden, was zugestanden werden soll**. Denn in dieser Höhe hat das Kind dann jedenfalls den Vorteil eines Titels (bei Unterwerfung unter die sofortige Zwangsvollstreckung).

Verlangt es mehr, müsste es in entsprechender Höhe gerichtliche Festsetzung beantragen (zur Art des Antrags vgl. Rn. 370 f.).

Ebenso wenig bindet eine im Beurkundungsersuchen eines auswärtigen Jugendamts vorgegebene Unterhaltsziffer dergestalt, dass die Beurkundung abzulehnen wäre, wenn der Unterhaltsschuldner unter Verweigerung einer Verpflichtung auf einen solchen Unterhalt einen niedrigeren Betrag urkundlich anerkennen will.

474 Die Urkundsperson darf **nicht einmal** – wie in der Praxis gelegentlich vorgekommen – auf die Ausweichmöglichkeit verfallen, das vom Verpflichtungswilligen Zugestandene **als „Teilbetrag"** des Unterhalts zu beurkunden. Jedenfalls dürfte sie das nicht aus eigener Machtvollkommenheit: Sie kann nicht auf diese Weise dem Unterhaltspflichtigen ein rechtsförmliches **Anerkenntnis aufnötigen, dass in Wahrheit mehr geschuldet** werde. Was allenfalls beurkundet werden kann (aber nicht muss), wäre das Zugestandene als „Teilbetrag" des „Verlangten", nicht: des Geschuldeten.

Dass die Urkundsperson zuvor über die nach ihrer Auffassung geschuldete Höhe des Unterhalts zu **belehren** hat – namentlich wenn sie hierum gebeten worden ist (oben Rn. 208) –, aber auch ihre Bedenken nicht verschweigen darf, wenn das vom Verpflichtungswilligen Zugestandene auffällig von dem offensichtlich Geschuldeten abweicht, ist selbstverständlich und würde sich bereits aus § 17 Abs. 1 BeurkG ergeben. Je besser sie ihre Neutralität wahrt, umso eher besteht Aussicht, dass, wenn nicht der Amtsbeistand/Amtsvormund, so doch sie selbst den Unterhaltspflichtigen zu einem freiwilligen Eingehen auf die Höhe des nach den Umständen geschuldeten Unterhalts veranlassen kann. Andernfalls hätte sie auf das Risiko eines gerichtlichen Festsetzungsverfahrens bzw. einer baldigen Abänderung des jetzt errichteten Titels (Rn. 371) aufmerksam zu machen. **475**

r) Fälle mit Auslandsberührung

aa) Allgemeines

Die Übernahme einer Verpflichtung zur Zahlung von Unterhalt für das **hier mit gewöhnlichem Aufenthalt lebende Kind** wirft für die Urkundsperson keine besonderen Schwierigkeiten auf: Sie wird so beurkundet, als spiele der Fall nach allen Richtungen **in innerdeutschen Verhältnissen**. Das gilt somit ohne Rücksicht auf eine ausländische Staatsangehörigkeit des Schuldners oder des Kindes, geschweige denn auf die unterhaltsrechtliche Lage nach einem ihrer Heimatrechte. Zu beachten ist das namentlich auch bei Übernahme der Unterhaltspflicht durch Großeltern, Urgroßeltern oder durch eine barunterhaltspflichtige Mutter, die das Kind nicht persönlich betreut. **476**

Dieses Ergebnis war bis zum 17. Juni 2011 verhältnismäßig einfach zu erschließen, nämlich aus der kollisionsrechtlichen Regelung in Art. 18 a.F. EGBGB (mochte sie auch nur deklaratorisch die Rechtslage wiedergeben). Seither ist diese – zumindest auf den ersten Blick – etwas schwieriger zu durchschauen

Bei grenzüberschreitenden Sachverhalten richtet sich die **Anknüpfung des Unterhaltsstatuts** zwischen „Unterhaltsberechtigtem" und „Unterhaltsverpflichtetem" nunmehr umfassend nach dem Protokoll über das auf Unterhaltspflichten anzuwendende Recht **(HUntProt)** vom 23. November 2007. **477**

Das HUntProt 2007 (ABl EG Nr. L 331 vom 16. Dezember 2009 S. 19 = www.bundesanzeiger-verlag.de/beurkundungen I. Nr. 8) ist **mit Wirkung vom 18. Juni 2011** an die Stelle des „Haager Übereinkommen über das auf Unterhaltspflichten anwendbare Recht" vom 2. Oktober 1973 (BGBl 1986 II S. 837) getreten. Es **ersetzt** auch **Art. 18 aF EGBGB**, der dieses Übereinkommen lediglich wiedergab und daher folgerichtig nunmehr vom Gesetzgeber aufgehoben wurde.

Die ungewöhnliche **Bezeichnung als Protokoll** hat keine technische Bedeutung, sondern sollte nur andeuten, dass ein Zusammenwirken mit dem parallel verabschiedeten *prozessualen* „Haager Unterhaltsübereinkommen" erwünscht ist (gemeint ist das Übereinkommen über die internationale Geltendmachung der Unterhaltsansprüche von Kindern und anderen Familienangehörigen vom 23. November 2007 – **HUntVollstrÜbk 2007, für Deutschland in Kraft getreten durch Gesetz vom 20. Februar 2013, BGBl I, 273 m.W. vom 26. Februar 2013;** www.bundesanzeiger-verlag.de/beurkundungen I Nr. 9).

Es handelt sich jedoch beim HUntProt 2007 um ein **eigenständiges völkerrechtliches Übereinkommen** (BeckOK / *Heiderhoff* – Stand 1.5.2015 –, Art. 18 EGBGB Rn. 1).

478 Die EU hat zwar die „Verordnung (EG) Nr. 4/2009 des Rates vom 18. Dezember 2008 über die Zuständigkeit, das anwendbare Recht, die Anerkennung und Vollstreckung von Entscheidungen und die Zusammenarbeit in Unterhaltssachen" – **EuUnterhVO** – erlassen (www.bundesanzeiger-verlag.de/beurkundungen I Nr. 5). Sie ist am 30. Januar 2009 in Kraft getreten; nach ihrem Art. 76 ist sie jedoch im Wesentlichen erst ab dem 18. Juni 2011 anwendbar. Die EuUnthVO gilt inzwischen für alle EU-Mitgliedstaaten, wenngleich mit gewissen Besonderheiten bezüglich Irland und Dänemark sowie – noch – Großbritannien,

Jedoch wurden die Inhalte des HUntProt 2007 durch **Verweisung in Art. 15 EU-UnterhaltsVO in das EU-Recht aufgenommen,** anstatt eine eigene Regelung des Unterhaltskollisionsrechts vorzulegen. So sollte eine weltweite Vereinheitlichung ermöglicht werden (BeckOK / *Heiderhoff*, Art. 18 EGBGB Rn. 2). Das HUntProt 2007 muss aus deutscher Sicht wie EU-Recht behandelt werden. Denn es ist Teilstück der EuUnterhVO.

In Dänemark und – noch – Großbritannien gilt das HUntProt 2007 nicht. Da das HUntProt 2007 Gegenseitigkeit nicht voraussetzt, hat das allerdings aus deutscher Sicht kaum eine Bedeutung. Auch im Verhältnis zu Dänemark und Großbritannien muss das HUntProt 2007 angewendet werden (BeckOK BGB/ *Heiderhoff*, Art. 18 EGBGB Rn. 9).

Die **Ausführung** der EU-UnterhVO sowie der verfahrensrechtlichen Übereinkommen ist mit Wirkung zum 18. Juni 2011 nunmehr einheitlich im **AUG** (Auslandsunterhaltsgesetz – Gesetz zur Geltendmachung von Unterhaltsansprüchen im Verkehr mit ausländischen Staaten vom 23. Mai 2011, BGBl I, 898) geregelt (www.bundesanzeiger-verlag.de/beurkundungen II Nr. 2).

479 Die **wesentlichen Kollisionsnormen** sind in Art. 3 Abs. 1, Art. 4 Abs. 3 HUntProt 2007 enthalten. Im Regelfall gilt das **Recht am gewöhnlichen Aufenthaltsort des Unterhaltsberechtigten.** Das am Gerichtsstand maßgebende Recht („lex fori") tritt nach Art. 4 Abs. 3 HUntProt 2007 allerdings dann an erste Stelle, wenn ein Unterhaltsberechtigter iSd Art. 4 HUntProt 2007 (insbesondere Kinder und Eltern) im Aufenthaltsstaat des Unterhaltspflichtigen Klage erhebt.

Ergänzend stehen verschiedene Ausweichregeln zur Verfügung, nämlich über die Wahl des anzuwendenden Rechts in Art. 7 und 8 HUntProt.

480 Das HUntProt 2007 ist insgesamt sehr viel **deutlicher** als das HUntÜbk 1973 (www.bundesanzeiger-verlagbundesanzeiger-verlag.de/beurkundungen I Nr. 11) **auf die Anwendbarkeit der lex fori** (= Recht des Gerichtsorts) **ausgerichtet**. Das Gericht wird auch nach Art. 3 in den meisten Fällen die lex fori anwenden dürfen, da der Berechtigte üblicherweise in seinem Aufenthaltsstaat Klage erhebt (Art. 3 lit a EU-UnterhVO).

Wie auch schon das HUntÜbk 1973 gilt das Protokoll nach Art. 2 **allseitig**. Es kommt also aus deutscher Sicht nicht darauf an, ob der Fall Bezüge zu einem weiteren Vertragsstaat aufweist. Eine Anwendung scheidet nur aus gegenüber den Vertragsstaaten des HUntÜbk 1956, die nicht ihrerseits das neue HUntProt 2007 ratifiziert haben. Das sind nur noch Liechtenstein und das chinesische Verwaltungsgebiet Macao. Ferner hat das deutsch-iranische Niederlassungsabkommen Vorrang vor dem HUntProt (zum Ganzen BeckOK / *Heiderhoff,* Art. 18 EGBGB Rn. 7).

481 Art. 11 HUntP legt den **Geltungsbereich des anzuwendenden Rechts** fest.

Das auf die Unterhaltspflicht anzuwendende Recht bestimmt insbesondere,

a) ob, in welchem Umfang und von wem die berechtigte Person Unterhalt verlangen kann;

b) in welchem Umfang die berechtigte Person Unterhalt für die Vergangenheit verlangen kann;

c) die Grundlage für die Berechnung des Unterhaltsbetrags und für die Indexierung;

d) wer zur Einleitung des Unterhaltsverfahrens berechtigt ist, unter Ausschluss von Fragen der Prozessfähigkeit und der Vertretung im Verfahren;

e) die Verjährungsfristen oder die für die Einleitung eines Verfahrens geltenden Fristen;

f) den Umfang der Erstattungspflicht der verpflichteten Person, wenn eine öffentliche Aufgaben wahrnehmende Einrichtung die Erstattung der der berechtigten Person anstelle von Unterhalt erbrachten Leistungen verlangt.

482 Dass eine hiernach übernommene **Zahlungsverpflichtung vollstreckbar** gemacht werden kann, indem der Verpflichtungswillige sich der sofortigen Zwangsvollstreckung unterwirft, versteht sich aus der Regelungskompetenz eines jeden Staates für die in seinem Hoheitsgebiet durchzuführenden Vollstreckungen. Die Anerkennungsfähigkeit derartiger Titel im Ausland braucht wiederum die Urkundsperson jedenfalls bei ihrer Errichtung nicht zu interessieren. Deshalb richten sich auch die für die Zustellung des Schuldtitels nach § 60 Satz 3 SGB VIII (Rn. 496) und die Klauselerteilung (Rn. 499 ff.) maßgebenden Verfahrensmodalitäten nach deutschem Recht. Ihm ist in gleicher Weise der Anspruchsübergang nach § 33

Abs. 1 SGB II, § 94 SGB XII, § 37 BAföG und § 7 Abs. 1 UVG unterstellt. Das folgt aus Art. 10 HUntProt, der „für das Recht einer öffentliche Aufgaben wahrnehmenden Einrichtung, die Erstattung einer der berechtigten Person anstelle von Unterhalt erbrachten Leistung zu verlangen", das Recht für maßgebend, „dem diese Einrichtung untersteht". Hinzu tritt die bereits angesprochene Regelung in Art. 11 lit. f HUntProt über den Umfang der Erstattungspflicht in diesen Fällen.

483 Auch auf **der Verpflichtetenseite** gilt das **Sachrecht des Aufenthaltsstaates des Kindes** (vgl. Art. 3 Abs. 1 HUntProt). Deshalb kann, anders als in der Anerkennung der Vaterschaft, der 18 Jahre alt gewordene Kindesvater sich auf die Unterhaltspflicht selbstständig auch dann verpflichten, wenn er nach dem Recht seines Heimatstaates noch nicht volljährig sein sollte und deshalb der Zustimmung seines gesetzlichen Vertreters bedürfte. Dass der Katalog des Art. 11 HUntProt dies nicht anspricht, ist steht nicht entgegen, da er keineswegs abschließend ist („insbesondere"). Ob der „Ausschluss von Fragen der Prozessfähigkeit und der Vertretung im Verfahren" in Art. 11 lit. d zu einer anderen Beurteilung zwingen könnte, erscheint zweifelhaft.

bb) Anrechnung von Kindergeld bei im Ausland lebenden Elternteilen

484 Zunächst ist nochmals daran zu erinnern, dass es seit der Neuregelung der unterhaltsrechtlichen Berücksichtigung des Kindergeldes durch § 1612b Abs. 1 BGB zum 1. Januar 2008 (vgl. oben Rn. 409b) auf die Frage einer **Kindergeldberechtigung des barunterhaltspflichtigen Elternteils** insoweit nicht mehr ankommt. Das gilt auch dann, wenn sich der barunterhaltspflichtige Elternteil im Ausland aufhält (Wendl/Dose/*Klinkhammer*, § 2 Rn. 735).

485 Aus EU-Recht (Art. 76 VO 1408/71, Art. 67 VO 883/2004) folgt, dass der Wohnstaat – bei Kindern, die sich gewöhnlich bei einem in Deutschland lebenden Elternteil aufhalten, also die Bundesrepublik – **vorrangig für das Kindergeld einzustehen** hat, während der Kindergeldanspruch gegen den Staat, dem der andere Elternteil angehört, in Höhe des deutschen Kindergeldes ruht (*Eichenhofer*, FamRZ 2004, 1639; ausführliche Erläuterungen im **Merkblatt** „Kindergeld in grenzüberschreitenden Fällen [Europäische Union, Europäischer Wirtschaftsraum und Schweiz]" der Bundesagentur für Arbeit, aufrufbar im Internet mit dem gleichlautenden Suchbegriff). In einem solchen Fall bestehen keine Bedenken, das in Deutschland gezahlte Kindergeld nach Maßgabe des § 1612b Abs. 1 BGB entweder zur Hälfte oder in voller Höhe auf den sich nach deutschem Recht richtenden Unterhaltsanspruch bedarfsmindernd anzurechnen (Wendl/Dose/*Klinkhammer*, § 2 Rn. 735; zur Gesamtproblematik auch *Rieck*, NJW 2014, 1905).

486 Wie zu verfahren ist, wenn der **andere Elternteil in einem Staat erwerbstätig** ist, der **nicht der Europäischen Union** oder dem Europäischen Wirtschaftsraum angehört, kann derzeit noch Fragen aufwerfen. Nach § 65 Abs. 1 Satz 1 Nr. 2 EStG wird Kindergeld nicht für ein Kind gezahlt, wenn Kindergeld oder eine vergleichbare Leistung im Ausland gewährt werden. Wird eine solche Leistung im Ausland gewährt, oder wäre sie bei entsprechender Antragstellung zu gewähren, schließt dieser kindbezogene ausländische Anspruch den innerstaatlichen Kindergeldanspruch grundsätzlich aus. Gesetzlicher Regelungszweck ist es, eine doppelte Inanspruchnahme von inhaltlich gleichgerichteten Leistungsansprüchen zu vermeiden.

Hat der Elternteil in einem „Drittstaat" Anspruch auf dort gewährtes Kindergeld bzw. eine diesem vergleichbare Leistung, muss er diese im Land seiner Beschäftigung beantragen und an den anderen Elternteil weiterleiten. Weigert er sich, einen Antrag zu stellen und wird demgemäß im Ausland kein Kindergeld gezahlt, kann im Inland Kindergeld bezogen werden (EuGH, 14.10.2010, C-16/09 = FamRZ 2010, 2049 m. Anm. *Romeyko*). Familienleistungen können nämlich nur dann als nach den Rechtsvorschriften eines Staates geschuldet gelten, wenn das Recht dieses Staates dem Familienangehörigen, der dort arbeitet, einen Anspruch auf Gewährung von Leistungen verleiht. Der Betroffene muss folglich alle in den internen Rechtsvorschriften dieses Staates aufgestellten – formellen und materiellen – Anspruchsvoraussetzungen erfüllen, zu denen ggf. auch die Voraussetzung gehören kann, dass ein Antrag auf Gewährung dieser Leistungen gestellt wird (EuGH, 14.10.2010 a.a.O.). **487**

2. Die Unterwerfung unter die sofortige Zwangsvollstreckung, § 60 SGB VIII

a) Rechtsnatur, Anwendungsfälle

Die beurkundete Unterwerfung unter die sofortige Zwangsvollstreckung § 60 Satz 1 SGB VIII krönt die aus freiem Willen des Schuldners zu Protokoll gegebene Zahlungsverpflichtung durch Ausrüstung mit der **Kraft eines vollstreckbaren Titels**. **488**

Sie ist eine **einseitige Willenserklärung verfahrensmäßigen Inhalts**. Die korrekte Unterwerfungsformel nach der gesetzlichen Fassung lautet:

> „Wegen des [genau zu bezeichnenden Anspruchs] unterwerfe ich mich der sofortigen Zwangsvollstreckung."

Hierbei bedeutet **„sofortige"** Zwangsvollstreckung nicht etwa – wie juristische Laien meinen könnten –, dass die Vollstreckung unmittelbar, ohne Rücksicht auf eine etwa später eintretende Fälligkeit, beginnen dürfe. Gemeint ist lediglich: Die **Zwangsvollstreckung** darf ohne **vorangegangenes gerichtliches Verfahren** stattfinden. Die Verpflichtungsurkunde mit der Unterwerfung unter die sofortige Zwangsvollstreckung ersetzt also den Beschluss des Richters oder Rechtspflegers (vgl. RG, 9.2.1931 – IV 320/30, RGZ 132, 6; Stein/Jonas/*Münzberg* § 794 ZPO Rn. 105).

Der **vom Gesetz vorgeschriebene Ausdruck** ist daher **unglücklich**, zumal der Begriff „sofortig" nicht nur sprachlich unschön, sondern auch schlichtweg überflüssig ist (zutreffend *Wolfsteiner*, Rn. 11.35). Andererseits bringt die gesetzlich vorgegebene Formulierung nicht deutlich genug zum Ausdruck, dass *die Urkunde* Vollstreckungstitel sein soll und die Zwangsvollstreckung also aus der Urkunde stattzufinden habe. Deshalb können zur Verdeutlichung der Unterwerfungsformel die Worte „aus dieser Urkunde" beigefügt werden (*Wolfsteiner*, a.a.O.)

Eine Unterwerfung unter die sofortige Zwangsvollstreckung ist bei einer jeden nach § 59 Abs. 1 Satz 1 Nr. 3 (aber auch Nr. 4) SGB VIII aufgenommenen Zahlungsverpflichtung möglich.

b) Erfordernisse nach § 60 Satz 1 SGB VIII. Simultangebot für Verpflichtung und Unterwerfung?

489 Rechtsgrundlage ist § 60 Satz 1 SGB VIII. Er ist dem § 794 Abs. 1 Nr. 5 ZPO nachgebildet. Die Unterwerfung unter die sofortige Zwangsvollstreckung muss danach die **Zahlung eines bestimmten Geldbetrags** zum Gegenstand haben. Die Verwendung des Singulars ist generalisierend gemeint; selbstverständlich können auch *laufende Zahlungen jeweils bestimmter Beträge* den Gegenstand bilden. Ferner muss die Unterwerfung, wie bei jedem Vollstreckungstitel, von einem mit vollem Namen und Anschrift zu bezeichnenden Schuldner erklärt sein. Sie muss sich schließlich – auch das gehört zu einem jeden Vollstreckungstitel – auf einen namentlich benannten Gläubiger beziehen.

490 Die Verpflichtung auf laufende Beträge muss, um dem Bestimmtheitserfordernis zu genügen, den **Verpflichtungszeitraum,** mindestens den Beginn desselben enthalten. Nicht notwendig ist dabei eine Datierung nach dem Kalender, sofern nur das Datum sich anderweit durch öffentliche oder öffentlich beglaubigte Urkunden belegen lässt (§ 726 Abs. 1 ZPO). Beispiel (DAVorm 1990, 491): Beginn „nach Rechtskraft der Scheidung" – für die Vollstreckungsklausel ist das Scheidungsurteil mit dem Rechtskraftattest beizubringen –; der Wortlaut der Klausel (unten Rn. 499) erhält den Zusatz: „Die Rechtskraft des Scheidungsbeschlusses ist am .... eingetreten.".

491 Tritt für den sich Verpflichtenden bei der Erklärung der Unterwerfung unter die sofortige Zwangsvollstreckung ein **Bevollmächtigter** auf, bedarf es hierfür keiner öffentlich beglaubigten Vollmacht (vgl. hierzu oben Rn. 178). Die zu verlangende Vollmachtsurkunde – oder die Genehmigung des Schuldners, wenn sein Vertreter zunächst als ein solcher ohne Vollmacht gehandelt hatte – kann auch noch nach der Beurkundung nachgereicht werden. Denn da die Unterwerfung unter die sofortige Zwangsvollstreckung keine Erklärung materiellen Rechts ist, sondern **prozessrechtlichen Charakter** hat (Rn. 488), ist nicht § 180 BGB, sondern § 89 ZPO entsprechend anwendbar (vgl. Rn. 178).

Doch gilt die Möglichkeit nachträglicher Genehmigung samt deren Nachweis nur für die Unterwerfung unter die sofortige Zwangsvollstreckung. Die **Verpflichtungserklärung als solche bleibt materiell-rechtlich**, unterliegt deshalb dem § 180 BGB und wäre unwirksam, schon die Beurkundung also abzulehnen (Rn. 181), wenn der Erschienene von vornherein erklärt, ohne Vollmacht handeln und die Genehmigung zur Verpflichtungsübernahme nachreichen zu wollen.

492 Ebenso wie der rechtsgeschäftlich Bevollmächtigte hat der **gesetzliche Vertreter** seine **Legitimation durch Vorlage der Bestellungsurkunde** vor der Klauselerteilung nachzuweisen, sofern dies nicht schon früher geschehen ist oder die Verhältnisse amtsbekannt sind. Gemeint sind hiermit die Fälle, in denen dieser gesetzliche Vertreter im Namen des Kindes/Mündels die Unterwerfung unter die sofortige Zwangsvollstreckung ausspricht oder sie genehmigt, wenn sie von dem in der Geschäftsfähigkeit Beschränkten ausgesprochen wurde.

Elterliche Sorgerechtsinhaber unterliegen der gleichen Nachweispflicht dann (vgl. *Winkler*, § 12 BeurkG Rn. 11 und oben Rn. 185), wenn das Alleinvertretungsrecht des einen Elternteils sich aus einem gerichtlichen Ausspruch nach der Scheidung oder Trennung (§§ 1671, 1672 BGB) oder einem Ruhensbeschluss nach § 1674 Abs. 1, § 1675, § 1678 Abs. 1 Satz 1 BGB ergibt. Der Nachweis ist durch Vorlage der Beschlussausfertigung zu führen. **493**

Dasselbe gilt für einen rechtlichen Betreuer i.S.v §§ 1896 ff. BGB, der sich durch seinen Betreuerausweis gem. § 290 Nr. 2 FamFG legitimieren muss.

Weder der elterliche Sorgeinhaber noch der Betreuer benötigen eine **gerichtliche Genehmigung für die Titulierung einer Unterhaltsverpflichtung** in gesetzlicher Vertretung, da es sich hierbei um ein einseitig schuldbestätigendes Anerkenntnis handelt (vgl. Kammergericht Berlin, 11.11.1970 −1 W 5721/70, NJW 1971, 474; vgl. auch unten Rn. 498 zur Unterwerfung unter die sofortige Zwangsvollstreckung). Hierfür ist in § 1822 BGB weder die Genehmigung des Familiengerichts noch – in entsprechender Anwendung der Vorschrift nach § 1908i Abs. 1 Satz 1 BGB – des Betreuungsgerichts erforderlich (ausführlich oben Rn. 453).

Für den wohl seltenen Fall, dass das Betreuungsgericht ausdrücklich einen **Einwilligungsvorbehalt** i.S.v. § 1903 BGB BGB angeordnet hat mit dem Inhalt, die Abgabe einer Unterhaltsverpflichtung durch den Betreuten bedürfe der vorherigen Zustimmung des Betreuers, kann im Ergebnis nichts anderes gelten. Eine Genehmigung des Betreuungsgerichts ist in keinem Fall erforderlich (hierzu näher DIJuF-Rechtsgutachten 25.11.2014, JAmt 2014, 619, www.bundesanzeiger-verlag.de/ beurkundungen IV Nr. 15).

Das Gesetz scheint nach seinem Wortlaut zu fordern, dass die **Unterwerfung „in der Urkunde"** erklärt sein müsse, nämlich derjenigen nach § 59 Abs. 1 Satz 1 Nr. 3, 4 SGB VIII, die die Verpflichtungserklärung enthält. Es fragt sich, wie ein solches Simultangebot zu verstehen sei. Unter Rn. 246 f., ist ausgeführt, dass auf unserem Gebiet mehrere Stellen in der Aufnahme von Verpflichtungserklärungen und Erklärungen über die Unterwerfung unter die sofortige Zwangsvollstreckung konkurrieren: Urkundsperson des Jugendamts, Rechtspfleger, Notare, Konsularbeamte; deren Funktionen sind gegeneinander austauschbar. Ist es danach zulässig, dass zunächst eine Verpflichtungserklärung aufgenommen und die **Unterwerfung unter die sofortige Zwangsvollstreckung in einer späteren Urkunde** – von der Urkundsperson desselben Jugendamts, eines anderen Jugendamts, einer sonstigen unter den vorgenannten Stellen – bezugnehmend auf die bereits vorliegende Verpflichtungserklärung beurkundet wird? Beide Urkunden würden ja dem gesetzlichen Formerfordernis genügen. **494**

Das Reichsgericht (23.11.1911 – V 427/11, RGZ 77, 415 [418]) und der BGH (21.1.1976 – VIII ZR 148/74, NJW 1976, 567 [568]) **lassen die Aufspaltung zu**: **495**

In der Unterwerfung unter die sofortige Zwangsvollstreckung könne, was die betreffende Forderung anlangt, auf eine vorausgegangene, in der gleichen Form (des § 794 Abs. 1 Nr. 5 ZPO) errichtete Verpflichtungsurkunde schlicht Bezug genommen werden; siehe dazu: § 13a BeurkG. Doch ist das heftig umstritten (Nachw. des Streitstandes bei Stein/Jonas /*Münzberg*, § 794 ZPO Rn. 91). Nach der Gegenmeinung soll die Bezugnahme allenfalls zur näheren Individualisierung des Gegenstandes der Unterwerfung, d.h. des Schuldgrundes, ausreichen, wenn der Umfang derselben, insbesondere der **bezifferte Betrag bei der Unterwerfungsformel wiederholt** wird; oder aber die frühere Urkunde müsste anlässlich der Beurkundung der Unterwerfung nicht nur in Bezug genommen, sondern vorgelesen und der Niederschrift nach den Bestimmungen des BeurkG als Anlage beigefügt werden. Mindestens die erste dieser Alternativen sollte zur besseren Sicherheit befolgt werden. Denn eine lediglich in Bezug genommene Verpflichtungsurkunde müsste sonst bei der Zwangsvollstreckung ohnehin dem Vollstreckungsorgan eingereicht werden, wenn nicht sogar nach § 750 ZPO dem Schuldner mit zugestellt sein.

In der Beurkundungspraxis der Jugendämter dürfte die zuletzt geschilderte Problematik allerdings wohl kaum eine Rolle spielen, da zumeist die übernommene **Unterhaltsverpflichtung mit der Unterwerfung unter die sofortige Zwangsvollstreckung verbunden** wird und isolierte Unterwerfungen kaum vorkommen dürften.

c) Die über § 794 Abs. 1 Nr. 5 ZPO maßgebenden Bestimmungen des zivilprozessualen Vollstreckungsrechts. Die Wartefrist des § 798 ZPO insbesondere

496 § 794 Abs.1 Nr. 5 ZPO ist nicht nur Modellvorschrift für § 60 Satz 1 SGB VIII. Im Weiteren übernimmt § 60 Satz 3 SGB VIII auch im Detail alle diejenigen Bestimmungen aus dem Achten Buch der ZPO, welche „für die Zwangsvollstreckung aus gerichtlichen Urkunden nach § 794 Abs.1 Nr. 5 der Zivilprozessordnung" gelten. § 795 ZPO fasst sie zusammen durch eine Verweisung auf die §§ 724 bis 793 ZPO, „soweit nicht in den §§ 795a bis 800 abweichende Vorschriften enthalten sind". Von dieser Verweisung interessiert vor allem § 798 ZPO. Danach kann die Vollstreckung aus einer Urkunde mit Unterwerfung unter die sofortige Zwangsvollstreckung erst beginnen, nachdem sie **zwei Wochen zuvor dem Schuldner zugestellt** worden ist: sog. Wartefrist. Dann aber beginnt sie gleichsam aus dem Stand heraus. Im Übrigen sind von den §§ 724 bis 793 ZPO für die Urkundsperson des Jugendamts von Interesse die §§ 724 bis 734, 750, 767, 768, 792 ZPO; außerdem § 797 Abs. 3 bis 5 ZPO, welcher die Einwendungen gegen die Zulässigkeit der Vollstreckungsklausel (§ 732 ZPO), gewisse Besonderheiten der Vollstreckungsgegenklage (§ 767 Abs. 2 ZPO), und die Klage auf Erteilung der Vollstreckungsklausel (§ 731 ZPO) betrifft.

d) Belehrungen

497 Gerade hier ist vorweg eine eindringliche Belehrung dessen, der sich der sofortigen Zwangsvollstreckung unterwerfen will, besonders angebracht. Er muss wissen, dass er ohne gerichtliches Verfahren und ohne gerichtliche Prüfung binnen zwei

Wochen, nachdem ihm die Verpflichtungsurkunde mit der Vollstreckungsklausel (unten Rn. 541 ff.) zugestellt worden ist, die **Pfändung seines Arbeitseinkommens**, den Besuch des **Gerichtsvollziehers**, bei Grundeigentum sogar eine Sicherungshypothek und damit letztlich einen **Antrag auf Zwangsversteigerung** zu erwarten hat. Ihm muss ferner klar sein, dass es seine Sache bliebe, sich mit dem Vollstreckungsgegenantrag gemäß § 767 ZPO zu wehren, wenn er glaubt, entgegen einer etwa irrtümlich übernommenen Zuvielverpflichtung in dieser Höhe nichts zu schulden oder aber seiner Zahlungspflicht nachgekommen zu sein. Zu belehren ist daher auch über die Notwendigkeit, bei Veränderung der Umstände zu seinen Ungunsten mit einem Abänderungsantrag nach § 239 FamFG vorgehen zu müssen. Zu den Voraussetzungen der Abänderung, die auch rückwirkend geltend gemacht werden kann, eingehend DIJuF/*Knittel/Birnstengel*, „Abänderung von Vergleichen und Urkunden im Unterhaltsrecht," Themengutachten TG-1141, Erstveröffentlichung in www.kijup-online.de = www.bundesanzeiger-verlag.de/beurkundungen III Nr. 12).

e) Die Unterwerfung unter die sofortige Zwangsvollstreckung im Falle der beschränkten Geschäftsfähigkeit und der Geschäftsunfähigkeit des sich Verpflichtenden. Genehmigung des Familien- /Betreuungsgerichtsgerichts?

Einigkeit herrscht im Wesentlichen darüber, dass die Unterwerfung unter die sofortige Zwangsvollstreckung **nicht der Genehmigung des Betreuungsgerichts** bedarf, wenn sie von Seiten eines geschäftsunfähigen Schuldners durch dessen Betreuer als gesetzlichen Vertreter ausgesprochen wird. Die Vorschrift des § 1822 Nr. 5 BGB ist nicht etwa entsprechend anzuwenden (vgl. Kammergericht Berlin, 11. 11. 1970 – 1 W 5721/70, DAVorm 1970, 428 = FamRZ 1971, 41; Staudinger/*Veit*, § 1822 BGB Rn. 117 m.w.N.; Palandt/*Götz*, § 1822 BGB Rn. 14). Besteht für den Betroffenen eine Betreuung, obwohl er geschäftsfähig ist, was freilich in der Praxis eher die Ausnahme sein dürfte, kann die Erklärung durch den Schuldner persönlich – im Fall des § 1903 BGB nur mit Einwilligung des Betreuers – abgegeben werden oder in seinem Namen durch den Betreuer. **498**

Ebenfalls keiner Genehmigung nach § 1822 Nr. 5 BGB durch das hierfür grundsätzlich zuständige **Familiengericht** bedarf die Unterwerfungserklärung eines minderjährigen und deshalb in der Geschäftsfähigkeit beschränkten Schuldners (durch dessen gesetzlichen Vertreter oder mit dessen Genehmigung durch den Schuldner selbst).

f) Die Vollstreckungsklausel und ihre Erteilung

Die Zwangsvollstreckung, nachdem der Schuldner sich ihr unterworfen hat, geschieht aufgrund der vollstreckbaren Ausfertigung der Verpflichtungsurkunde (§ 724 ZPO). Das ist die Ausfertigung, die mit der sog. **Vollstreckungsklausel** versehen ist. Deren Wortlaut und Form richten sich nach § 725 ZPO: „Vorstehende Ausfertigung wird dem ... (Bezeichnung des Gläubigers) zum Zwecke der Zwangsvollstreckung erteilt". **499**

500 Die **Vollstreckungsklausel** gibt den Weg von der Titulierung zur Vollstreckung frei. Sie **bezeugt**, dass die **Vollstreckung ihren Lauf nehmen** kann, wenn nur zwei letzte Stadien durchlaufen sein werden, nämlich die **Zustellung des Titels** an den Schuldner (§ 750 ZPO; dazu unten Rn. 541 ff.) und die Einhaltung einer von da an laufenden zweiwöchigen **Wartefrist** (§ 798 ZPO; Rn. 546). Eine Bezeugung wiederum ist notwendig, weil unter Umständen noch materiell-rechtliche Voraussetzungen einer Vollstreckung vorliegen müssen, deren Erfüllung der Titel vorgeschrieben haben kann; dies wäre durch öffentliche oder öffentlich beglaubigte Urkunden nachzuweisen (§ 726 ZPO – namentlich behördliche Bescheide/Bescheinigungen –):

Solche Voraussetzungen können sein:

- **zeitliche**, als außerkalendarische (höherer Unterhalt „ab Einschulung" – über die Fassung der Vollstreckungsklausel, s. Rn. 490). Hingegen wäre ein kalendarisch festgelegter Leistungsbeginn bereits aus dem Titel ersichtlich; da er den Vollstreckungsbeginn nach § 751 ZPO steuert, steht er einer vorherigen Erteilung der Vollstreckungsklausel nicht entgegen;

- **sachliche** (Bedingungen; Beispiel: Verpflichtung auf eine höhere Unterhaltszahlung, „wenn das Kind das geplante Auslandsstudium aufnimmt" – weitere Beispiele Rn. 276, 505);

- **persönliche** (Identität des Titelgläubigers mit dem Vollstreckungsgläubiger, des Titelschuldners mit dem Vollstreckungsschuldner – dies ist der in Rn. 547 ff. zu behandelnde Sonderfall der Klauselerteilung für und gegen den Rechtsnachfolger – § 727, § 750 Abs. 1 ZPO –; Legitimation eines bei Titelerrichtung aufgetretenen Vertreters –; dazu Rn. 175 ff., 491 ff.).

501 Denn über diese Punkte muss demnächst das **Vollstreckungsorgan Gewissheit** haben, ehe es den Eingriff in die Rechtssphäre des Schuldners vornimmt. Die **Vollstreckungsklausel nimmt** ihm diese **Prüfung ab**. Die Prüfung obliegt bei den im Jugendamt aufgenommenen vollstreckbaren Urkunden der Urkundsperson (Rn. 502). Denn sie hat die Vollstreckungsklausel zu der Verpflichtungsurkunde auf Grund der von ihr protokollierten Unterwerfung unter die sofortige Zwangsvollstreckung zu erteilen. Ihr sind die **Nachweise** vorstehender Art, soweit sie notwendig werden, **in öffentlicher oder öffentlich beglaubigter Form** (außerkalendarische Zeitmomente, Bedingungen: § 726 ZPO) beizubringen.

In Ausnahmefällen kann auch die Amtskundigkeit der zu belegenden Tatsache genügen (arg. § 291 ZPO). Bei der Beurkundung noch zu Protokoll offen gelassene Ungewissheiten oder Zweifel hinsichtlich der **Identität oder der Legitimation der Erschienenen** müssen spätestens jetzt urkundlich behoben sein. Gelingt das nicht, kann der Gläubiger Klage auf Erteilung der Vollstreckungsklausel nach § 731 ZPO erheben (vgl. hierzu näher Rn. 618 ff.). Sind solche ergänzenden Nachweise nicht erforderlich, weil die Titulierung aus sich heraus und nach allen vorgenannten Richtungen „blanco" vollstreckbar ist, muss die Klausel gleichwohl beantragt werden und hat dann die Bedeutung eines Unbedenklichkeitsattestes.

Die Erteilung der Vollstreckungsklausel ist nach alldem eine **echte Entscheidung**, die die Urkundsperson zu treffen hat – die einzige, die ihr obliegt (abgesehen von Ausnahmefällen einer berechtigten Verweigerung der Amtsätigkeit, vgl. oben Rn. 36 ff.). Wer sie trifft, trägt eine gewichtige Verantwortung. Wird die Klausel ohne die Erfüllung der gesetzmäßigen Voraussetzungen erteilt, so eröffnet sie gleichwohl die Möglichkeit der Vollstreckung und damit die Gefahr schwer absehbarer Haftungsfälle. **502**

Die jeweilige Entscheidung der Urkundsperson unterliegt der **Anfechtung**. Lehnt sie die Vollstreckungsklausel ab, steht dem Gläubiger die Beschwerde nach § 54 BeurkG offen (dazu eingehend oben Rn. 239 ff.). **503**

Erteilt die Urkundsperson die Vollstreckungsklausel, ist hiergegen der Rechtsbehelf der sog. **„Klauselerinnerung"** gemäß **§ 732 ZPO** eröffnet (wobei diese Bezeichnung rechtssystematisch missverständlich ist, da es sich nicht um eine Erinnerung im Sinne des § 573 Abs. 1 Satz 1 ZPO handelt; zutreffend *Wolfsteiner*, Rn. 47.29). Der Antrag kann ohne Anwaltszwang und nach h. M. unbefristet (vgl.: Stein/Jonas/*Münzberg*, § 732 ZPO Rn. 8) angebracht werden. Bei Jugendamtsurkunden entscheidet gemäß § 60 Abs. 3 Nr. 2 SGB VIII „das für das Jugendamt zuständige Amtsgericht", also im Sinne des § 797 Abs. 3 ZPO dasjenige, in dessen Bezirk das Jugendamt seinen Sitz hat.

Über den Rechtsbehelf entscheidet mangels anderweitiger Zuweisung stets der **Richter** (OLG Naumburg, 9.7.2002 – 3 WF 146/02, FamRZ 2003, 695); zu näheren Einzelheiten Rn. 622a.

Das Gericht entscheidet nach § 732 Abs. 1 Satz 2 ZPO durch **Beschluss**, wobei eine mündliche Verhandlung nicht zwingend vorgeschrieben ist. Der Gläubiger ist aber in jedem Fall zu hören.

Soweit die **Erinnerung begründet** ist, **erklärt** das Gericht **die Zwangsvollstreckung aus der Klausel** – nicht etwa aus dem Titel wie bei § 767 ZPO – **für unzulässig** (*Wolfsteiner*, Rn. 47.49). Der Richter darf sich nicht darauf beschränken, die Klausel aufzuheben und die Sache zur anderweitigen Entscheidung an die Urkundsperson zurückzuverweisen (ebenso Wieczorek/Schütze/*Salzmann*, § 732 ZPO Rn. 4; allerdings ist das str.; vgl. die Nachweise bei *Wolfsteiner*, Rn. 47.49 in Fn. 69).

Ist die **Erinnerung unbegründet**, so hat der Richter seine ablehnende Entscheidung mit Gründen zu versehen. Die jeweilige Entscheidung ist den Parteien in jedem Fall zuzustellen, denn sie bildet zwar keinen Vollstreckungstitel, unterliegt aber der sofortigen Beschwerde (§ 329 Abs. 3 ZPO).

Die Voraussetzungen der **sofortigen Beschwerde** sind in §§ 567 ff. ZPO geregelt. Zuständig ist in der Regel das Landgericht. Gegen die Beschwerdeentscheidung findet gemäß § 574 Abs. 1 Nr. 2 ZPO die fristgebundene Rechtsbeschwerde statt, wenn sie vom Beschwerdegericht zugelassen worden ist.

Bei der **erstmaligen Erteilung** der Vollstreckungsklausel durch die Urkundsperson beim Jugendamt wird **kaum jemals eine Klauselerinnerung** nach § 732 ZPO in Betracht kommen, weil der Schuldner die Erteilung bewilligt und sich danach in der Regel kein Anlass zu einem Rechtsbehelf bietet. Praktisch bedeutsam werden kann die Klauselerinnerung aber bei der Erteilung einer **Rechtsnachfolgeklausel** (§ 727 ZPO i.V. m. § 60 Satz 3 ZPO), wenn der Schuldner sich gegen die Voraussetzungen der Rechtsnachfolge wendet.

Auf der anderen Seite: Wird der Titel in klauselfähiger Form vorgelegt, weil

- sich dessen Gläubiger- und Schuldnerbezeichnung für die Vollstreckung nicht geändert haben und auch
- etwa erforderliche sonstige Nachweise der oben dargestellten Art geführt sind,

ist die Klausel zu erteilen. **Einwendungen, die der Schuldner mit der Vollstreckungsklage (§ 767 ZPO) geltend machen könnte,** hat die Urkundsperson selbst dann **nicht zu berücksichtigen**, wenn sie hierüber im Bilde wäre. Es handelt sich insoweit um Umstände, die außerhalb des Verfahrens der Klauselerteilung liegen und den Titel nach seinem Inhalt in Frage stellen, wie z.B. Erfüllung oder Verjährung (s. auch Rn. 597 ff.).

504 Zur Erteilung der Vollstreckungsklausel ist **zuständig** jede zur Beurkundung von Verpflichtungserklärungen ermächtigte Urkundsperson desjenigen Jugendamtes, bei dem das **Original bestimmungsgemäß verwahrt** wird (§ 797 Abs. 2 ZPO). Dies ist auch durch den Wortlaut des § 60 Satz 3 Nr. 1 SGB VIII klargestellt. Die Zuständigkeit knüpft an den Tatbestand der Verwahrung an und besteht daher fort, solange er gegeben ist. Sie überdauert also u.U. die Beistandschaft für das Kind, dessen Unterhalt den Gegenstand der Beurkundung bildete. Das sei zur Vermeidung gelegentlich bei Jugendämtern aufgetretener Missverständnisse bemerkt. Es kann z.B. sein, dass auch nach Volljährigkeit des Kindes noch Unterhaltsrückstände bestehen und wegen dieser eine Rechtsnachfolgeklausel für den Sozialhilfeträger oder das Jobcenter, ggf. auch das Amt für Ausbildungsföderung (unten Rn. 547 ff., 561 ff.) erteilt werden muss.

Die Erteilung der vollstreckbaren Ausfertigung ist, ebenso wie die Erteilung der Ausfertigung als solcher, **auf der Urschrift** unter Angabe von Datum und Empfänger **zu vermerken**, § 734 ZPO. Vorgelegte Nachweise nach § 726 ZPO (oben Rn. 500) sind der Urschrift beizufügen oder unter Einbehaltung einer beglaubigten Abschrift zurückzugeben, ggf. eine als ausreichend erachtete Amtskundigkeit in einem Vermerk festzuhalten. Eine einfache Abschrift der Nachweise ist der Zustellung der Verpflichtungsurkunde zum Zweck der Zwangsvollstreckung an den Schuldner (Rn. 541) beizufügen, § 750 Abs. 2 ZPO.

g) Die Erteilung der Vollstreckungsklausel gegen den Vater in der Abhängigkeit vom Wirksamwerden seiner Vaterschaftsfeststellung (Vaterschaftsanerkennung)

505 Verpflichtungen des „ehelichen" Vaters auf Unterhalt bieten keine spezifischen Probleme. Bei Unterhaltsverpflichtungen zugunsten seines „nichtehelichen" Kindes ist jedoch zu beachten, dass der sich Verpflichtende die Verpflichtung nur in seiner Eigenschaft als „nichtehelicher" Vater abgegeben hat. Das ist abermals problemlos, wenn die Vaterschaft bereits rechtskräftig festgestellt worden ist. Die Vollstreckungsklausel für eine mit *Anerkennung der Vaterschaft* verbundene Verpflichtung auf den Unterhalt **darf** hingegen **erst erteilt werden, nachdem die Anerkennung wirksam geworden ist.**

Es könnte sonst eintreten, dass die endgültige Feststellung der Vaterschaft durch Ausbleiben der Zustimmung der Mutter aus welchen Gründen auch immer nicht zustande kommt und auch ein Verfahren nach §§ 169 ff. FamFG den Anerkennenden nicht mehr (womöglich posthum) als Vater feststellt. Inzwischen wäre vollstreckt, das Beigetriebene zum Unterhalt verbraucht und eine Rückerstattung nicht durchzusetzen.

506 Die Vollstreckbarkeit einer bei der Anerkennung der Vaterschaft übernommenen Unterhaltspflicht – und damit die Erteilung der Vollstreckungsklausel – hängt ab vom Wirksamwerden der Anerkennung durch die Zustimmung der Mutter bzw. ggf. des Kindes. Dass der sich Verpflichtende als Vater i.S. der §§ 1594 ff. oder 1600e Abs. 1 BGB „feststeht", muss der Urkundsperson grundsätzlich **vor Erteilung der vollstreckbaren Ausfertigung nachgewiesen sein.** Im Einzelnen ist hierbei zu differenzieren.

507 Am einfachsten liegt der Fall, wenn in ein und derselben Verhandlung der Mann die Vaterschaft anerkannt hat, sich zur Zahlung verpflichtet und die anwesende sorgeberechtigte Mutter die Zustimmung zur Anerkennung der Vaterschaft erteilt. Dasselbe gilt für das Kind bzw. seinen gesetzlichen Vertreter, dessen Zustimmung bei fehlender Sorge der Mutter ebenfalls erforderlich ist (§ 1595 Abs. 2 BGB). Denn damit ist die Vaterschaftsanerkennung auf der Stelle wirksam geworden; die Vollstreckungsklausel kann ohne weiteres erteilt werden.

508 **Stand dagegen die Zustimmung der Mutter bzw. auch des Kindes noch aus,** so muss mindestens ihre Nachholung, je nach den Erfordernissen auch die Genehmigung des gesetzlichen Vertreters hierzu *vor der Klauselerteilung* nachgewiesen sein. Denn die Erteilung der vollstreckbaren Ausfertigung setzt einen Antrag des Kindes als des Gläubigers voraus (Rn. 512 ff.), und das Kind kann den Antrag nicht stellen, wenn es über die Klausel sich die Vollstreckung für einen Unterhalt eröffnen will, ohne dass die Zustimmungserfordernisse zur Anerkennung der Vaterschaft erfüllt sind. Sonst läge nämlich ein Verstoß gegen die Sperrvorschriften in § 1594 Abs. 1, § 1600d Abs. 4 BGB vor: Mit der Erwirkung der Vollstreckungsklausel würde ein solches Kind die Rechtswirkungen der Vaterschaft – und dies sogar in der schärfsten Form – gegen einen Mann geltend machen, bevor dessen Vaterschaft überhaupt festgestellt ist und obwohl er sich erkennbar nur als (demnächst) festgestellter Vater, nicht aber unabhängig hiervon, hat verpflichtet wissen wollen. Dass er u.U. von sich aus und schon jetzt zahlt, weil er von seiner Vaterschaft und der noch ausstehenden Zustimmung der Mutter bzw. auch des Kindes überzeugt sein mag, steht auf einem anderen Blatt: Die Zahlungen geschehen dann aber freiwillig; ihre Rückforderung wäre allenfalls wegen einer ungerechtfertigten Bereicherung des Kindes möglich, weil der mit der Leistung bezweckte Erfolg nicht eintreten konnte (§ 812 Abs. 1 Satz 2, Hs. 2 BGB).

509 Um sicherzugehen, wäre dem Anerkennenden, der sich zugleich zum Unterhalt verpflichtet, die **Protokollierung eines Vorbehalts** zu empfehlen, dass eine *vollstreckbare Ausfertigung* erst erteilt werden dürfe, wenn die Zustimmung nachgewiesen sei, je nach Erfordernis auch die Genehmigung des gesetzlichen Vertreters hierzu (*Münzberg*, DAVorm 1987, 175; dass dem Kinde überhaupt eine Ausfertigung zum Zwecke der Klauselerteilung zustehen solle, hat ohnehin der Schuldner zu bewilligen; s. unten Rn. 514 ff.).

510 Wieder anders liegen Fälle, in denen eine Verpflichtung auf den Unterhalt **in isolierter Verhandlung** – also ohne unmittelbar im selben Termin vorangegangene Anerkennung der Vaterschaft – übernommen werden soll, wobei der Verpflichtungswillige erklärt, als Vater bereits festgestellt zu sein, und zwar nach Anerkennung der Vaterschaft vor einem anderen Jugendamt. Wenn daraufhin das Kind zu einer solchen Verpflichtungserklärung mit Unterwerfung unter die sofortige Zwangsvollstreckung die Klausel beantragt, macht es sich damit die Darstellung des Mannes über das Festgestelltsein der Vaterschaft zu Eigen. Das enthebt die Urkundsperson der Obliegenheit, den Nachweis hierüber zu verlangen. Denn das Einverständnis über die Grundlagen eines Anspruchs ist, wie überall sonst im Zivilprozess, stärker als die Notwendigkeit des Beweises. Die Urkundsperson wird die Klausel erteilen, wenn das Kind den entsprechenden Antrag stellt.

511 Vorausgesetzt ist in allen vorgenannten Fällen der Rn. 509 und 510, dass die **Wirksamkeit der zur Anerkennung der Vaterschaft abgegebenen Erklärungen als solcher außer Zweifel** steht. Fragen des Identitätsnachweises (Rn. 147) und der Legitimation aufgetretener – gesetzlicher oder rechtsgeschäftlicher – Vertreter (Rn. 175 ff.), die bei der Beurkundung hatten zurückgestellt werden dürfen, müssen spätestens jetzt geklärt sein. Erforderliche Genehmigungen, welche beizubringen waren, müssen jetzt vorliegen, ehe die Klausel erteilt und damit der Weg in die Vollstreckung geöffnet werden kann.

Das bezieht sich insbesondere auf Fälle mit **Auslandsberührung**. In aller Regel wird allerdings die Abstammung des Unterhalt begehrenden Kindes deutschem Recht unterliegen, weil es seinen gewöhnlichen Aufenthalt im Inland hat (Art. 19 Abs. 1 Satz 1 EGBGB). Ist das ausnahmsweise nicht der Fall, bleibt der Urkundsperson folgende Prüfung nicht erspart: Wie weit kann eine Vaterschaft zu einem im Ausland lebenden und im Inland seinen Unterhalt beanspruchenden Kind nach den Erfordernissen des Heimatrechts des Anerkennenden oder der Kindesmutter und unter Beachtung des Art. 23 EGBGB gleichwohl als festgestellt gelten? Überbrücken lassen sich die Notwendigkeiten der Klarstellung oft durch **Beiziehung einer Geburtsurkunde** des Kindes: Enthält sie den Beischreibungsvermerk, so darf die Urkundsperson der Beweiskraft des § 54 PStG vertrauen und die Vaterschaft als festgestellt ansehen. Hat sich eine Behebung der Zweifel auch auf diesem Wege nicht erreichen lassen oder sind sie sonst ausweglos offen geblieben, hätte die Urkundsperson die Erteilung der Klausel abzulehnen und auf den Beschwerdeweg des § 54 BeurkG zu verweisen (Rn. 239 ff.). Das Beschwerdegericht hat Möglichkeiten der beweismäßigen Klärung, die der Urkundsperson nicht zur Verfügung stehen.

h) Die Erteilung der Vollstreckungsklausel als antragsgebundener Akt. Antragsberechtigungen

Die vorbezeichneten Nachweise hat derjenige zu führen, dem die vollstreckbare Ausfertigung auf seinen Antrag hin zu erteilen ist. Das ist, wie nach allgemeinem Vollstreckungsrecht, der Gläubiger kraft Titels, hier also das unterhaltsberechtigte Kind (oder der sonst Forderungsberechtigte, zu dessen Gunsten die Verpflichtungserklärung abgegeben worden ist, etwa die Kindesmutter wegen ihrer Ansprüche aus § 1615l BGB). Denn es ist ein allgemeiner vollstreckungsrechtlicher Grundsatz, dass eine **vollstreckbare Ausfertigung nur dem Gläubiger erteilt werden** kann und **dessen Antrag voraussetzt** (vgl. hierzu: Zöller/*Stöber*, § 724 ZPO Rn. 3 m.w.N. sowie dort Rn. 8). **512**

Umstritten ist, wie dem Antrag des Gläubigers entsprochen werden kann. **513**

Die Klausel, deren Erteilung er beantragt, ist ein Zusatz zu der Ausfertigung (Rn. 499). Hierbei ist unter **„Ausfertigung"** inhaltlich nichts Anderes zu verstehen als eine Abschrift, der materiell aber nach außen die Wirkungen wie bei einer Urschrift zukommen. In der Form unterscheidet sie sich von der beglaubigten Abschrift dadurch, dass sie als „Ausfertigung" bezeichnet ist; in der **Wirkung gleicht sie der beglaubigten Abschrif**t, soweit es darauf ankommt, den Wortlaut der Urschrift festzustellen. Jedoch kann sie – anders als die beglaubigte Abschrift – die Urschrift auch dort ersetzen, wo es auf den Besitz der Urschrift ankommt, etwa bei Vollmachten (vgl. zum Ganzen *Lerch*, § 47 BeurkG Rn. 2 sowie oben Rn. 87 ff.).

In **§ 51 BeurkG** wird allgemein geregelt**, wer Ausfertigungen einer Niederschrift verlangen** kann. Danach kann bei Niederschriften über Willenserklärungen jeder eine – einfache – Ausfertigung verlangen, der eine Erklärung im eigenen Namen abgegeben hat oder in dessen Namen eine Erklärung abgegeben worden ist (§ 51 Abs. 1 Nr. 1 BeurkG). Das trifft hier zweifelsfrei auf den *Schuldner* zu. **514**

Hingegen kann ein *Unterhaltsgläubiger,* zu dessen Gunsten eine Verpflichtungserklärung abgegeben wurde, aus § 51 Abs. 1 BeurkG **kein eigenes Recht** auf eine Ausfertigung ableiten. Allerdings kann gemäß Abs. 2 der Vorschrift der Erklärende in der Niederschrift oder durch besondere Erklärung gegenüber der zuständigen Stelle **etwas anderes bestimmen**.

Für **vollstreckbare Ausfertigungen** trifft **§ 52 BeurkG** eine Sonderregelung: Sie „werden nach den dafür bestehenden Vorschriften erteilt." Es ist strittig, was das im Einzelnen bedeutet. **515**

Nach einer in der Literatur vertretenen Meinung (*Lerch*, Rn. 1 ff.; *Winkler*, Rn. 3, 32 ff., je zu § 52 BeurkG) soll dies inhaltlich besagen, dass sich die Voraussetzungen für die Erteilung einer vollstreckbaren Ausfertigung **nicht aus den Vorschrif-**

ten des BeurkG, sondern aus denen der ZPO ergeben. Denn die Zwangsvollstreckung setze voraus, dass dem Gläubiger eine vollstreckbare Ausfertigung – also eine mit der Vollstreckungsklausel versehene Ausfertigung – erteilt und vorher dem Schuldner zugestellt werde, vgl. §§ 724, 795, 798 ZPO. Die Vorschrift des § 52 BeurkG bringe zum Ausdruck, dass für die vollstreckbare Ausfertigung nicht die vorausgehenden Bestimmungen über die Ausfertigung gelten, sondern die dafür bestehenden Vorschriften, d.h. der ZPO.

Damit solle klargestellt werden, dass die **Erteilung der Ausfertigung nach § 51 BeurkG nicht automatisch einen Anspruch auf eine vollstreckbare Ausfertigung** einschließe. Die Regelung beziehe sich ihrem Wortlaut nach allgemein auf die Erteilung der vollstreckbaren Ausfertigung und nicht nur, wie in der Begründung zum Regierungsentwurf in BT-Drucks. V/3282 S. 41 ausgeführt, auf die Erteilung der Vollstreckungsklausel (*Winkler, § 52 BeurkG* Rn. 3 m.w.N. zum Meinungsstand).

516 Die **Konsequenz dieser Meinung** ist: Es ist gleichgültig, ob der Gläubiger gem. § 51 BeurkG berechtigt ist, eine Ausfertigung der Urkunde zu verlangen, in der sich der Schuldner der sofortigen Zwangsvollstreckung unterworfen hat. In der **Unterwerfungserklärung gewähre der Schuldner dem Gläubiger ein Vollstreckungsrecht**, das dieser (nur) ausüben könne, wenn er für die Klausel eine einfache Ausfertigung der Urkunde erhält oder bereits hat. Diese dürfe der Notar bzw. die Urkundsperson deshalb ohne weiteres erteilen, sobald die Niederschrift abgeschlossen ist.

Ein **späterer Widerspruch des Schuldners** hiergegen sei **unbeachtlich.** Unterwirft sich der Schuldner der sofortigen Zwangsvollstreckung, so müsse der Berechtigte hiervon und damit auch von der Erklärung erfahren, um das Recht auf Erteilung einer Vollstreckungsklausel überhaupt durchsetzen zu können. Der Schuldner wisse auch, dass der Berechtigte hiervon erfahre. Dem Schuldner stehe es frei, **von vornherein den Notar bzw. Urkundsperson anzuweisen**, die Unterwerfungserklärung bzw. vollstreckbare Ausfertigung dem Gläubiger **nur unter bestimmten Voraussetzungen oder erst später auszuhändigen** (zum Ganzen *Winkler,* § 52 BeurkG Rn. 33 f.).

517 Demgegenüber legt die **h. M.** (z.B. Armbrüster/Preuß/Renner/*Preuß,* § 52 BeurkG Rn. 2; Zöller/*Stöber,* § 797 ZPO Rn. 2, jeweils m.w.N.) zugrunde, dass die Urkunde gemäß § 794 Abs. 1 Nr. 5 ZPO zwar ein Vollstreckungstitel im Sinne der ZPO sei, **als notarielle Urkunde aber nach den Vorschriften des BeurkG** geschaffen werde. Deshalb sei der Anspruch auf Erteilung einer einfachen **Ausfertigung nur den nach § 51 BeurkG ausdrücklich berechtigten Personen** eingeräumt.

Der Gläubiger, der nicht selbst eine Erklärung in der Urkunde abgegeben habe, könne hiernach nur dann eine Ausfertigung verlangen, wenn der **Schuldner** eine entsprechende **Bestimmung nach § 51** Abs. 2 **BeurkG** getroffen habe (z.B. OLG Düsseldorf, 30.3.2001 – 3 Wx 73/01, RNotZ 2001, 298 [299]: „Die Unterwerfungserklärung des Schuldners als solche räumt dem Gläubiger nicht bereits unwiderruflich die Befugnis ein, sich vom Notar gemäß §§ 795, 724 ZPO eine vollstreckbare Ausfertigung erteilen zu lassen. Denn durch die bloße Beurkundung wird dem Gläubiger als Adressaten der Erklärung dieselbe nicht zugänglich gemacht, weil er nach § 51 Abs. 1 Nr. 1 BeurkG eine Ausfertigung und damit auch eine vollstreckbare Ausfertigung erst verlangen kann, wenn derjenige, der die Unterwerfung erklärt, dies bestimmt (§ 51 Abs. 2 BeurkG). Die Bestimmung kann in der Urkunde selbst oder gesondert gemäß § 51 Abs. 2 BeurkG nur gegenüber dem Notar erklärt werden. Wirksam wird die Unterwerfungserklärung allerdings erst dann, wenn entweder der Notar auf Weisung des Schuldners dem Gläubiger tatsächlich eine Ausfertigung erteilt oder wenn der Schuldner selbst dem Gläubiger eine auf diesen lautende Ausfertigung übergibt (OLG Hamm, NJW-RR 1987, 1404). **Hat der nicht mit Willen des Schuldners im Besitz einer einfachen Ausfertigung befindliche Gläubiger demnach nicht nach § 51 BeurkG Anspruch auf Erteilung einer solchen, so darf ihm auch eine vollstreckbare Ausfertigung nicht erteilt werden** (OLG Celle, DNotZ 1974, 484; OLG Frankfurt, DNotZ 1970, 162; OLG Hamburg, DNotZ 1987, 356; OLG Hamm, NJW-RR 1987, 1404; OLG Schleswig, MDR 1983, 761)."

518 Die – oben in Rn. 515 zuvor dargestellte – **gegenteilige Ansicht** stütze sich nach Ansicht des OLG Düsseldorf,a.a.O. vornehmlich auf den Wortlaut des § 52 BeurkG, der nicht nur von „Vollstreckungsklausel", sondern von der „vollstreckbaren Ausfertigung" spreche, demnach nicht zwischen Ausfertigung und Vollstreckungsklausel trenne, weshalb für vollstreckbare Ausfertigungen nicht die vorausgehenden Bestimmungen über die Ausfertigung (u.a. § 51 BeurkG) zu gelten hätten, sondern die Vorschriften der ZPO. Dieser Auffassung könne **schon deshalb nicht beigetreten** werden, weil der Gesetzgeber trotz der insoweit weitergehenden Formulierung in § 52 BeurkG **allein wegen der Erteilung der Vollstreckungsklausel auf die Bestimmungen der ZPO Bezug** nehmen wollte. Dies ergebe sich aus der amtlichen Begründung des Entwurfs zum Beurkundungsgesetz („Die Vollstreckungsklausel bezeugt, daß ein Titel vollstreckbar ist. Ihre Erteilung ist nicht Gegenstand des Entwurfs und soll sich weiterhin nach den dafür bestehenden Vorschriften richten." – BT-Drs. V/3282, 41). Im übrigen regle auch § 724 Abs. 2 ZPO die Erteilung der „vollstreckbaren Ausfertigung", obwohl darunter – wie § 725 ZPO zeige – nur die Anbringung der Vollstreckungsklausel auf der als vorhanden vorausgesetzten Ausfertigung zu verstehen sei (OLG Celle, 17.1.1974 – 8 Wx 28/73, DNotZ 1974, 484; OLG Schleswig, 27.4.1983 – 2 W 26/83, MDR 1983, 761; OLG Hamm, 24.6.1987 – 15 W 97/87; vgl. auch OLG Hamburg 23.4.1986 – 2 W 61/85. DNotZ 1987, 356).

Die **Konsequenz der h.M.** ist: Sofern der Schuldner den Notar bzw. die Urkundsperson nicht ausdrücklich **ermächtigt** hat, dem Gläubiger eine Ausfertigung – als Vorstufe zur anschließenden Vollstreckungsklausel – oder gleich eine vollstreckbare Ausfertigung zu erteilen, kann der Gläubiger eine solche nicht beanspruchen.

519 Im Übrigen kann die dem Notar bzw. in entsprechender Anwendung der Vorschrift gem. § 1 Abs. 2 BeurkG der Beurkundungsperson – gegebene **Ermächtigung bis zur Erteilung einer Ausfertigung an den Gläubiger vom Schuldner**

widerrufen werden (vgl. OLG Hamm, 24.6.1987 – 15 W 97/87, MDR 1987, 943). Das entspricht auch der in § 183 Satz 1 BGB getroffenen Regelung, dass grundsätzlich die Einwilligung zur Vornahme eines Rechtsgeschäfts (bzw. wie hier einer Rechtshandlung) bis zur Vornahme des Rechtsgeschäfts oder der Rechtshandlung widerruflich ist. Mit dem Zugang des Widerrufs entfällt die Ermächtigung an die Urkundsperson. Sie darf deshalb dem Gläubiger keine Vollstreckungsklausel erteilen mit der Folge, dass die beurkundete Unterhaltsverpflichtung zwar weiterhin existent bleibt – sie kann als solche nicht widerrufen werden –, aber für das Unterhaltsverhältnis ohne Bedeutung ist.

Der **Gläubiger** ist also nicht an einer **gerichtlichen Festsetzung** des Unterhalts gehindert. Er kann sogar ein vereinfachtes Verfahren nach §§ 249 ff. FamFG einleiten. Zwar findet das vereinfachte Verfahren gemäß § 249 Abs. 2 FamFG u.a. nicht statt, soweit über den Unterhaltsanspruch „ein zur Zwangsvollstreckung geeigneter Schuldtitel errichtet worden ist". Hier hat der Schuldner eine Verpflichtungserklärung mit Unterwerfung unter die sofortige Zwangsvollstreckung aufnehmen lassen. Wenn er aber dem Gläubiger durch Widerruf der ursprünglichen Ermächtigung die Erteilung einer Vollstreckungsklausel verweigert, ist der Titel auch nicht zur Zwangsvollstreckung geeignet und kann deshalb einem vereinfachten Verfahren nicht entgegenstehen.

520 Erteilt wird die für das Kind beantragte vollstreckbare Ausfertigung **„dem Kinde zu Händen seines gesetzlichen Vertreters"**, wobei der Zusatz „zur Annahme befugten" vorzugswürdig wäre (vgl. oben Rn. 433). Wer das ist (die Vertretungsverhältnisse können sich seit der Protokollerstellung geändert haben und sich im Lauf der Vollstreckung noch ändern), wird in der Klausel nicht zum Ausdruck gebracht. Es bleibt Sache der Urkundsperson, sich zu vergewissern, wem sie die vollstreckbare Ausfertigung auszuhändigen oder zu übermitteln hat.

521 Besondere Aufmerksamkeit ist geboten, **wenn Eltern die gemeinsame Sorge** für das Kind **obliegt**. Nach § 1629 Abs. 2 Satz 2 BGB ist bei gemeinsamer Sorge stets der Elternteil zur Geltendmachung von Unterhalt allein vertretungsberechtigt, in dessen Obhut sich das Kind befindet. Hierbei ist gleichgültig, ob es sich um miteinander verheiratete oder nicht verheiratete Eltern handelt und ob der Unterhaltsanspruch während bestehender Ehe (vgl. dann aber § 1629 Abs. 3 BGB) oder nach Ehescheidung der Eltern geltend gemacht werden soll. Die Neuregelung der Vorschrift durch das KindRG bezweckte vor allem, dass derjenige Elternteil, der unter den genannten Voraussetzungen Unterhalt für das Kind geltend machen will, nicht zunächst den Entzug der Sorge des barunterhaltspflichtigen Teils betreiben muss (*Lipp/Wagenitz*, § 1629 BGB Rn. 3). In diesem Fall ist aber jedenfalls die Formulierung „dem Kinde zu Händen seines gesetzlichen Vertreters" ohne kennzeichnenden Zusatz ungeeignet, da das Kind bei gemeinsamer Sorge von beiden Eltern vertreten wird (zur Problematik vgl. *DIV-Gutachten* DAVorm 1998, 110). Dann sollte von vornherein die entsprechende Formulierung lauten **„dem Kinde zu Händen seiner Mutter … /seines Vaters …"**.

Zwar können sich theoretisch auch in dieser Konstellation die Verhältnisse dadurch ändern, dass entweder das Kind in die Obhut des anderen Elternteils wechselt, der bisher barunterhaltspflichtige Elternteil die alleinige Sorge erhält, oder – wohl eher selten – beiden Elternteilen die Sorge entzogen und auf einen Vormund übertragen wird. In allen Fällen dürfte aber der Titel zukunftsgerichtet zumeist ohnehin nicht mehr inhaltlich unverändert verwendbar sein: Im Fall der Alleinsorge des bisher barunterhaltspflichtigen Elternteils wird dieser wohl in aller Regel auch den Unterhalt in anderer Weise erbringen. Entfällt die Sorge beider Eltern und wird z.B. eine Fremdunterbringung des Kindes notwendig, kann u.U. auch eine anteilige Barunterhaltspflicht beider Elternteile in Betracht kommen, wodurch ohnehin eine Neutitulierung erforderlich wäre. Ist dies hingegen nicht der Fall, mag Abhilfe durch eine Titelumschreibung im Wege der Rechtsnachfolge (z.B. in den Fällen von § 94 SGB XII) geschaffen werden.

522 **Keinesfalls** darf die für den Gläubiger bestimmte **vollstreckbare Ausfertigung dem Schuldner ausgehändigt** werden. Dies wird zwar in der Praxis gelegentlich anders gehandhabt, sollte aber unbedingt unterlassen werden.

Für die oben in Rn. 515 ff. dargestellte **Mindermeinung** stellt sich das Problem von vornherein nicht. Mit der Unterwerfung unter die sofortige Zwangsvollstreckung wird **unwiderruflich der vollstreckbare** Titel geschaffen. Ausschließlich hierauf beruht das **Recht allein des Gläubigers,** auch die Vollstreckungsklausel zu erhalten. Die Vorschrift des § 51 FamFG, die dem Schuldner ein Recht auf „Ausfertigungen" zuspricht, ist hierauf von vornherein nicht anwendbar.

Nach **h. M.** bleibt auch für die vollstreckbare Ausfertigung die Regelung in **§ 51 BeurkG maßgebend**. Das bedeutet jedenfalls, dass *der Gläubiger* nicht ohne die Zustimmung des Schuldners die vollstreckbare Ausfertigung erhalten kann (vgl. oben Rn. 518).

523 Für die hier in Rede stehenden Konfliktfälle sind **zwei Varianten klar zu unterscheiden:**

- Der Schuldner hat die Urkundsperson **bereits ermächtigt**, eine einfache Ausfertigung zu erteilen, wodurch er den Anspruch des Gläubigers auf eine vollstreckbare Ausfertigung begründet. Er verspricht der Urkundsperson, diesen Anspruch selbst zu erfüllen, indem er die vollstreckbare Ausfertigung **als Bote** weiterleitet, vergisst das aber oder überlegt es sich anders.

- Der Schuldner hat die Urkundsperson **noch nicht zur einfachen Ausfertigung ermächtigt**. Er will den weiteren Ablauf steuern, indem er die Übermittlung der vollstreckbaren Ausfertigung von Handlungen oder Erklärungen der Gläubigerseite abhängig macht.

524 Unabhängig davon, welche der letztgenannten Fallvarianten vorliegt, erscheint es **sinnwidrig,** *dem Schuldner* **eine vollstreckbare Ausfertigung auszuhändigen**. Denn die Vollstreckungsklausel hat nach § 725 ZPO, der gem. § 795 Abs. 1 ZPO auf Urkunden entsprechend anwendbar ist, den Wortlaut: „**Vorstehende Ausfertigung wird dem usw. (Bezeichnung der Partei) zum Zweck der**

Zwangsvollstreckung erteilt". Es wäre eine vollständige Vermischung der Kategorien „Anspruch auf Ausfertigung" (§ 51 BeurkG) und Voraussetzungen der Zwangsvollstreckung (§§ 724 ff., § 795 Abs. 1 ZPO), wenn man aus dem Anspruch des Schuldners, eine Ausfertigung zu erhalten, zugleich folgern wollte, dass er auch eine *vollstreckbare* Ausfertigung verlangen könne.

525 Dies wird **in der Literatur** zwar erwogen von *Wolfsteiner*, Rn. 11.57, und 35.12 ff., wo bezüglich der vollstreckbaren Ausfertigung in Rn. 35.12 „nur der Schuldner und der Gläubiger sowie deren angebliche Rechtsnachfolger" als antragsberechtigt angesehen werden. Der Schuldner und seine Rechtsnachfolger seien nur antragsberechtigt, solange der Gläubiger (oder seine Rechtsnachfolger) noch keinen unentziehbaren Ausfertigungsanspruch erlangt haben. Habe der Schuldner dem Notar gemäß § 51 Abs. 2 BeurkG einseitig gestattet, dem Gläubiger Ausfertigung zu erteilen, ohne diesem aber ein Recht auf Ausfertigung zu verschaffen, so sei sein Antrag, ihm vollstreckbare Ausfertigung zu erteilen, als **Widerruf der Ausfertigungsberechtigung** zu verstehen (*Wolfsteiner*, Rn. 35.13)

In Rn. 11.57 meint *Wolfsteiner*, dass der Schuldner „diese Situation…**instrumentalisieren"** könne, indem er sich die (an den Gläubiger adressierte) vollstreckbare Ausfertigung aushändigen lasse, um sie dem Gläubiger erst **Zug um Zug** zu übergeben z.B. gegen Auszahlung der Darlehensvaluta oder auch eines früheren Titels. Selbst wenn der Gläubiger in diesem Fall später einen eigenen Ausfertigungsanspruch erwerben sollte (z.B. durch Übergabe einer einfachen Ausfertigung), könne er i.d.R. gegen den Willen des Schuldners keine eigene vollstreckbare Ausfertigung bekommen, weil sich dabei um eine „weitere" im Sinne des § 733 ZPO handeln würde. *Wolfsteiner* bemerkt allerdings a.a.O. auch: „Eine solche Situation sollte allerdings vermieden werden; will der Schuldner die Vollstreckbarkeit zunächst in der Hand behalten, sollte er dafür sorgen, dass der Gläubiger nicht vorzeitig einen eigenen Ausfertigungsanspruch erhält."

Soweit ersichtlich ist dies allerdings die **einzige Fundstelle in der Literatur**, die so weit geht, **auch dem Schuldner einen ausdrücklichen Anspruch auf eine vollstreckbare Ausfertigung** einzuräumen, mit dem Ziel, die Urkunde den Gläubiger zu einem späteren Zeitpunkt auszuhändigen. Auf die Risiken und Nebenwirkungen eines solchen Vorgehens weist aber *Wolfsteiner*, a.a.O. selbst hin.

526 Wie bereits oben unter Rn. 512 angesprochen und belegt, ist es aber ein **allgemeiner vollstreckungsrechtlicher Grundsatz**, dass eine **vollstreckbare Ausfertigung** *nur dem Gläubiger* **bzw. seinem Rechtsnachfolge**r erteilt werden kann. Die Aushändigung an den Schuldner, den diese vollstreckbare Ausfertigung bis zur endgültigen Erfüllung des titulierten Anspruchs – wenn er Herausgabe des Titels vom Gläubiger verlangen kann – nichts angeht, ist jedenfalls ein Verstoß gegen diesen Grundsatz und damit systemwidrig (vgl. auch oben Rn. 524).

Zumindest in Fällen, in den die Weitergabe der dennoch ausgehändigten vollstreckbaren Ausfertigung durch den Schuldner an den Gläubiger aus Nachlässigkeit oder Böswilligkeit unterbleibt, obwohl bereits ein Anspruch des Gläubigers auf eine vollstreckbare Ausfertigung besteht, ist der **Ärger mit der Gläubigerseite**

vorprogrammiert: Eine weitere vollstreckbare Ausfertigung könnte entsprechend § 733 ZPO nur mit Ermächtigung des Amtsgerichts erteilt werden (vgl. Rn. 530). Dies ist grundsätzlich bei Verlust der vollstreckbaren Ausfertigung möglich (OLG Düsseldorf, 10.11.1993 – 1 WF 216/93, FamRZ 1994, 1271). Es ist umstritten, ob auch die unrechtmäßige oder versehentliche Aushändigung an den Schuldner einen Grund zur Erteilung einer weiteren vollstreckbaren Ausfertigung darstellt. Das wird von einem Teil der Rechtsprechung bejaht (so OLG Hamm, 5.7.1979 – 2 W 15/79, Rpfleger 1979, 431). Abgelehnt wurde hingegen die Erteilung einer weiteren vollstreckbaren Ausfertigung in diesem Fall z.B. vom LG Hechingen (28.11.1983 – 2 T 56/83, Rpfleger 1984, 151) und vom LG Dortmund (10.12.1993 – 11 T 58/93, Rpfleger 1994, 308), sofern nicht der Gläubiger beweist, dass noch eine Vollstreckung aus dem Titel möglich ist; vgl. im Übrigen die bei Baumbach/Lauterbach/*Hartmann*, § 733 ZPO Rn. 3 zitierte einschränkende Rechtsprechung. In jedem Fall ist nicht sichergestellt, dass das zuständige Amtsgericht ohne weiteres die Erteilung einer weiteren vollstreckbaren Ausfertigung bewilligen würde. Zumindest könnte dies zu erheblichen zeitlichen Verzögerungen führen, soweit dem Schuldner gem. § 733 Abs. 1 ZPO rechtliches Gehör gewährt werden sollte.

Solange aber der Schuldner die vollstreckbare Ausfertigung in Händen hat, kann er eine **Vollstreckung durch den Gläubiger blockieren.** Der Gläubiger seinerseits wäre gehindert, einer Verzögerungstaktik des Schuldners durch Einleitung eines vereinfachten Verfahrens gem. §§ 249 ff. FamFG zu begegnen, da die Existenz der Urkunde der Zulässigkeit des Antrags entgegenstünde (§ 249 Abs. 2 ZPO). Schon häufiger sahen sich Urkundspersonen Dienstaufsichtsbeschwerden oder gar angedrohten Amthaftungsansprüchen der Gläubigerseite gegenüber, wenn sie den Grundsatz nicht beachtet haben, vollstreckbare Ausfertigungen keinesfalls dem Schuldner auszuhändigen, *auch wenn dieser die sofortige Weiterleitung an den Gläubiger verspricht.* 527

Selbst wenn es nur **selten zu einem endgültigen Schaden** des Gläubigers kommen wird, weil dieser letztlich doch noch auf anderem Weg zu einem vollstreckungsfähigen Titel kommen wird, ist das aber auch **nicht völlig ausgeschlossen,** wie an folgendem **fiktiven Beispiel** gezeigt werden kann: 528

> Ein Vater beurkundet eine Unterhaltsverpflichtung im Juni 2016 (auch Rückstände von 5.000 EUR), bewilligt die Erteilung der vollstreckbaren Ausfertigung an den Gläubiger und erklärt: „Ich nehme die vollstreckbare mit und übergebe sie selbst der Mutter." Die Urkundperson händigt ihm die vollstreckbare Ausfertigung aus. Die Mutter erfährt durch die einfache Ausfertigung, die ihr die Urkundsperson aufgrund Bewilligung durch den Schuldner geschickt hat, dass sie den Anspruch auf die vollstreckbare hat und wundert sich, wo diese bleibt. Der Vater verweigert die Übergabe, weil er inzwischen mit der Mutter zerstritten ist. Diese beantragt im August bei der Urkundsperson eine weitere vollstreckbare Ausfertigung nach § 733 ZPO; das Amtsgericht lehnt die Bewilligung ab, so dass der Urkundsperson die Hände gebunden sind.

Im September beantragt die Mutter Festsetzung nach § 249 ff. FamFG. Der Vater wendet ein: „Es gibt schon einen Urkundstitel, wie das Jugendamt bestätigen kann." Das Familiengericht lehnt ein vereinfachtes Verfahren ab.

Die verärgerte Mutter beantragt im Oktober gerichtliche Festsetzung im allgemeinen Verfahren. Im Dezember erhält sie einen Versäumnisbeschluss. Als sie im Januar 2017 damit vollstrecken will, erfährt sie, dass der Vater noch vor Jahresende Hals über Kopf nach Südostasien ohne Hinterlassung einer Adresse ausgewandert ist und sein Grundstück, auf das im letzten Jahr noch eine Zwangshypothek hätte eingetragen werden können, längst verkauft ist. Den Erlös hat er ins Ausland mitgenommen.

Hätte die Mutter den Titel im Juni 2016 in die Hand bekommen, wie vom Vater auch bewilligt, aber von der Urkundsperson durch „blauäugige" Aushändigung der vollstreckbaren Ausfertigung an ihn vereitelt wurde, wären die Rückstände noch leicht durch eine Zwangshypothek zu sichern gewesen. Jetzt sind dem Kind mehr als 6.500 EUR Schaden entstanden.

529 Macht der Schuldner ein vermeintliches **Interesse an einer verzögerten oder Zug um Zug zu gewährenden Aushändigung** an den Gläubiger geltend, ohne dass er bereits die Urkundsperson zu einer Übermittlung der einfachen Ausfertigung an den Gläubiger ermächtigt und damit dessen Anspruch auf die „vollstreckbare" begründet hat, greifen zwar die vorgenannten Erwägungen nicht. Deshalb ist dann auch kein Konflikt mit der Gläubigerseite zu befürchten. Dennoch verstieße die Aushändigung an den Schuldner gegen die wiederholt angesprochene Systematik und sollte allein deshalb unterbleiben. Wenn der Schuldner den Vorgang steuern will, steht es ihm frei, die **Urkundsperson anzuweisen**, die einfache und die vollstreckbare Ausfertigung **erst zu einem späteren von ihm zu benennenden Zeitpunk**t an den Gläubiger zu übermitteln.

i) **Mehrere vollstreckbare Ausfertigungen**

530 Unter Umständen müssen mehrere vollstreckbare Ausfertigungen erteilt werden, gleichzeitig oder nacheinander. Die Erste vollstreckbare Ausfertigung kann verloren gegangen sein, oder es werden Vollstreckungsversuche zugleich an mehreren Stellen notwendig (Lohnpfändung durch das Vollstreckungsgericht, Sachpfändung durch den Gerichtsvollzieher; hierzu Kammergericht Berlin, 16.3.2011 – 17 WF 32/11, JAmt 2012, 173). Die Möglichkeit einer Erteilung mehrerer vollstreckbarer Ausfertigungen ist **in § 733 ZPO vorgesehen**.

Die Erteilung einer weiteren vollstreckbaren Ausfertigung nach dieser Vorschrift setzt voraus, dass der Gläubiger ein berechtigtes Interesse glaubhaft macht und bei der gebotenen Abwägung überwiegende Interessen des Schuldners nicht entgegenstehen (OLG Celle, 24.11.2008 – 4 W 149/08, MDR 2009, 827 m.w.N.). Denn Zweck der Vorschrift ist es, bei gleichzeitiger Wahrung der berechtigten Belange des Gläubigers den Schuldner vor mehrfacher Zwangsvollstreckung aus demselben Titel zu bewahren (OLG Frankfurt, 25.2.1987 – 20 W 27/87, NJW-RR 1988, 512 m.w.N.), wie sich unter Berücksichtigung von § 757 ZPO zeigt (Musielak/Voit/*Lackmann*, § 733 ZPO Rn. 1).

Die Erteilung einer weiteren vollstreckbaren Ausfertigung kann nicht schon mit der Begründung verweigert werden, es bestehe für den Schuldner die Gefahr einer Doppelvollstreckung. Denn diese Gefahr ist bei Existenz einer weiteren Ausfertigung immer gegeben. Vielmehr kommt es darauf an, ob das Durchsetzungsinteresse des Gläubigers überwiegt (OLG Karlsruhe, 30.3.1999 – 10 W 13/99, InVo 2000, 353).

Der **Gläubiger** hat die weitere vollstreckbare Ausfertigung zu **beantragen.** Der Antrag ist nach ganz herrschender Meinung für notarielle Urkunden beim Notar zu stellen, bei jugendamtlichen Urkunden stets **bei der Urkundsperson beim Jugendamt.** Diese erteilen jeweils die vollstreckbare Ausfertigung. Deshalb muss sie auch bei ihnen beantragt werden (und nicht etwa beim Amtsgericht, dessen Mitwirkung sogleich zu erörtern ist).

Der Gläubiger hat die **Voraussetzung** für die Erteilung der weiteren vollstreckbaren Ausfertigung **glaubhaft zu machen** (vgl. z.B. OLG Frankfurt, 23.12.1977 – 20 W 1009/77, Rpfleger 1978, 104). Allerdings dürfen die Anforderungen dabei – insbesondere bei Verlust der Ausfertigung – nicht überspannt werden; sie ergeben sich aus den Umständen des Einzelfalls (OLG Saarbrücken, 15.5.2007 –5 W 74/07, Rpfleger 2007, 673). Im Falle des Verlusts reicht auf Grund der regelmäßig auftretenden Beweisschwierigkeiten eine anwaltliche Versicherung aus, wenn nicht der Einzelfall weitere Nachweise gebietet (OLG Saarbrücken, 15.5.2007 a.a.O.; Zöller/*Stöber* § 733 ZPO, Rn. 12).

531

Im gleichen Sinne hat das OLG Düsseldorf (10.11.1993 – 1 WF 216/93, FamRZ 1994, 1271 [1272]) ausgeführt:

> „In Anbetracht dessen kann von dem Gläubiger beim Verlust des Titels nicht der – **praktisch kaum zu führende – Nachweis** verlangt werden. Auch die Ansicht des Beklagten, die Klägerin müsse darlegen, wie ihr der Titel abhanden gekommen ist, geht zu weit. Denn eine solche Erklärung kann für die Unauffindbarkeit einer Urkunde typischerweise nicht gegeben werden. In dieser Situation muss die anwaltliche Versicherung des Prozeßbev. der Klägerin …, es befinde sich keine vollstreckbare Ausfertigung mehr bei seinen Akten, nachdem noch im September 1990 ein Pfändungs- und Überweisungsbeschluß beantragt worden sei, als ausreichend angesehen werden, zumal sich daraus ergibt, daß der Klägerin selbst, die lediglich über eine einfache Ausfertigung verfügen soll, anlässlich der Zustellung der ersten vollstreckbaren Ausfertigung am 18. Mai 1989 diese nicht ausgehändigt worden ist."

Ist der Gläubiger nicht anwaltlich vertreten, muss ggf. seine **schlüssig erscheinende Erklärung im Sinne einer „Versicherung"** ausreichen, dass er nicht mehr über die vollstreckbare Ausfertigung verfüge. Es wäre überzogen, von ihm zu verlangen, dass er erstmals einen Anwalt beauftrage, um eine solche Versicherung – mit vermeintlich höherer Glaubwürdigkeit durch ein Organ der Rechtspflege – einzureichen. Der Anwalt könnte aus eigener Wahrnehmung nichts zu der Frage erklären, ob die Gläubigerseite noch über eine vollstreckbare Ausfertigung verfüge.

532

Die **eidesstattliche Versicherung** nach § 294 ZPO ist **nicht zulässig,** weil das Gesetz in § 733 ZPO die Glaubhaftmachung nicht ausdrücklich anordnet (MüKo/*Prütting*, § 294 ZPO Rn. 4; Musielak/Voit/*Huber*, § 294 ZPO Rn. 2; *Wolfsteiner*, Rn. 41.33). § 294 ZPO setzt aber voraus, dass eine solche *gesetzliche* Pflicht zur Glaubhaftmachung bestehe. Die abschließende Regelung des § 294 ZPO kann nicht auf andere Fälle der Beweisführung angewendet werden (MüKo/*Prütting*, § 294 ZPO Rn. 4; Zöller/*Greger*, § 294 ZPO Rn. 1 unter Hinw. auf BGH, 29.11.1972 – VIII ZR 229/71, VersR 1973, 186 [187]).

Wenn ein Gläubiger (oder sein Rechtsanwalt) die erste vollstreckbare Ausfertigung eines Zwangsvollstreckungstitels **bewusst vernichtet** hat, besteht eine tatsächliche Vermutung dahin, dass die titulierte Forderung erledigt ist. Bei einer solchen Sachlage kann der Gläubiger sein Interesse an der Erteilung einer weiteren vollstreckbaren Ausfertigung nur dadurch begründen, dass er im einzelnen **darlegt, dass und warum** er sich **geirrt** hat (OLG Schleswig, 2.11.1999 – 16 W 169/99, OLG-Report Schleswig 2000, 128).

533 Entsprechend § 733 Abs. 1 ZPO **kann der Schuldner gehört** werden. Die Anhörung führt ggf. das „Klauselorgan" durch, also der Notar oder die Urkundsperson. Das ergibt sich daraus, dass § 733 Abs. 1 ZPO, der unmittelbar für die Erteilung von weiteren vollstreckbaren Ausfertigungen gerichtlicher Entscheidungen gilt, dies als Bestandteil des einschlägigen Verfahrens vorsieht und das entsprechend auch vom Notar oder der Urkundsperson zu beachten ist.

Allerdings liegt die Anhörung nach dem Gesetzeswortlaut ebenso in deren **Ermessen** wie die nach § 730 ZPO vor der Erteilung einer Rechtsnachfolgeklausel (a.A. OLG Celle, 24.11.2008 – 4 W 149/08, MDR 2009, 827, das eine Anhörungspflicht als Voraussetzung der gebotenen Abwägung mit den Schuldnerinteressen annimmt).

Ob eine Anhörung darüber hinaus etwa **verfassungsrechtlich geboten** ist, ist **strittig**. Das wird verneint von *Wolfsteiner*, Rn. 41.36 weil auch bei Erteilung der weiteren vollstreckbaren Ausfertigung – wegen der Benachrichtigungspflicht entsprechend § 733 Abs. 2 ZPO sogar in verbesserter Form – die nachträgliche Gewährung rechtlichen Gehörs im Erinnerungsverfahren den verfassungsrechtlichen Anforderungen genüge. Allerdings zitiert er auch Gegenstimmen, die – wenngleich nicht mit äußerster Entschiedenheit und z.T. mit Einschränkungen wie „nicht bei Eilbedürftigkeit" – ein entsprechendes verfassungsrechtliches Anhörungsgebot im Grundsatz bejahen.

534 Unabhängig davon **empfiehlt sich die Anhörung grundsätzlich**, jedenfalls in allen zweifelhaften Fällen (Stein/Jonas/*Münzberg*, § 733 ZPO Rn. 14). Im Gegensatz zu den Fällen des § 730 ZPO, in denen es um die formalisierte Beweiskraft bestimmter Urkunden geht, muss hier das Klauselorgan nach pflichtgemäßem Ermessen Beweise erheben, die ggf. vom Schuldner gegen das Ausfertigungsinteresse angeboten werden. Auch hier darf dies aber nicht zu einer Überspannung der materiellen Voraussetzungen führen und insbesondere nicht die Nachprüfung

des Rechtsschutzbedürfnisses in eine Überprüfung des dem Titel zugrunde liegenden Anspruchs münden (*Wolfsteiner*, Rn. 41.37).

Bei **unbekanntem Aufenthalt des Schuldners** ist zu bedenken: Wenn man die Anhörung des Schuldners nicht als obligatorisch, sondern nur als zweckmäßig ansieht, begrenzt das zugleich die Ermittlungspflichten. Andernfalls müsste selbstverständlich die Urkundsperson entsprechende Nachforschungsbemühungen entfalten und könnte sich nicht darauf zurückziehen, dass die Gläubigerseite keine Information hierzu beitragen könne. **535**

Im Übrigen muss der die Urkundsperson den Schuldner **entsprechend § 733 Abs. 2 ZPO** von der Erteilung der weiteren vollstreckbaren Ausfertigung **benachrichtigen**. Die Vorschrift begründet eine Amtspflicht, deren Verletzung ggf Amtshaftungsansprüche auslöst, die weitere vollstreckbare Ausfertigung jedoch weder unwirksam noch anfechtbar macht (BeckOK/*Ulrici*, – Stand 1.3.2017 – § 733 ZPO Rn. 8). Dieses gesetzliche Gebot kann nur erfüllt werden, wenn die Urkundsperson entweder die Anschrift des Schuldners kennt oder aber zumutbare Bemühungen – z.B. Anfragen beim Einwohnermeldeamt – unternimmt, um sie festzustellen, auch um etwaigen späteren Haftungsansprüchen von vornherein vorzubeugen.

Praxistipp

 Wenn die Urkundsperson den Schuldner anhört, sollte dies mit dem sinngemäßen Hinweis verbunden werden:

„Die Erteilung der zweiten vollstreckbaren Ausfertigung stellt den Schuldner nicht schlechter als im Fall der Geltendmachung der Gläubigerforderung mit der ursprünglich erteilten ersten vollstreckbaren Ausfertigung. Das Prüfungsverfahren dient lediglich der Feststellung, ob die gesteigerte Gefahr einer doppelten Vollstreckung besteht, wenn dem Gläubiger die beantragte weitere vollstreckbare Ausfertigung erteilt wird. Vor der Entscheidung hierüber wird nicht geprüft, ob die Forderung bereits erfüllt ist oder ob sonstige Einwendungen des Schuldners gegen den Anspruch bestehen. Diese sind ggf. mit der Vollstreckungsgegenklage gem. § 767 ZPO gegen eine Vollstreckung aus dem Titel durch den Gläubiger vorzubringen (so auch OLG Koblenz FamRZ 2010, 1366 [Ls.])".

Dies kann womöglich den Schuldner davon abhalten, sich umfänglich zur materiellen Rechtslage zu äußern, auf die es nicht ankommt.

Jedoch darf die Urkundsperson aus eigener Entschließung nur *eine* – die „Erste Ausfertigung", die deshalb auch als solche im Kopf zu bezeichnen ist – vollstreckbar erteilen, § 60 Satz 3 Nr. 1 SGB VIII. **536**

Soll eine weitere erteilt werden, muss sie diesen Fall **der Entscheidung durch das Amtsgericht** unterbreiten. Das ist ihre Sache und obliegt nicht etwa den Beteiligten (OLG Düsseldorf, 9.2.1977 – 3 W 29/77, Rn. 14, DNotZ 1977, 571; BayObLG, **537**

27.10.1999 – 3Z BR 281/99, Rn. 11, DNotZ 2000, 370, m.w.N., jeweils zum Notar).

Nach § 60 Satz 3 Nr. 2 SGB VIII entscheidet „das für das Jugendamt zuständige Amtsgericht". Die vergleichbare für Notare und bestimmte Behörden geltende Regelung in § 797 Abs. 3 ZPO erklärt das Amtsgericht für zuständig, in dessen Bezirk der Notar oder die Behörde „den Amtssitz hat". Erstreckt sich der Zuständigkeitsbereich des Jugendamts über mehrere Amtsgerichtbezirke, kommt es auf den Sitz des Jugendamts an.

Nicht etwa wird die weitere vollstreckbare Ausfertigung *vom Amtsgericht* erteilt (wie oft irrig angenommen wird). Die von Notar oder Urkundsperson jeweils zu beantragende Entscheidung des Amtsgerichts nach § 797 Abs. 3 ZPO bzw. § 60 S. 3 Nr. 2 SGB VIII hat lediglich eine **verfahrensinterne Bedeutung** im Sinne einer gespaltenen funktionellen Zuständigkeit, die zum Schutz des Schuldners eine zusätzliche Prüfung des Rechtsschutzinteresses für die weitere Ausfertigung gewährleisten soll (vgl. *Wolfsteiner,* Rn. 41.24 ff., 41.30 m.w.N.).

538 Das Amtsgericht hat ggf. die **Urkundsperson** anzuweisen, die **weitere Ausfertigung zu erteilen.** Die hierauf lautende Entscheidung ergeht nach gerichtlicher Prüfung, ob die Belange des Schuldners durch das Vorhandensein mehrerer vollstreckbarer Ausfertigungen nicht über Gebühr beeinträchtigt würden. Hierauf beschränkt sich die Prüfungskompetenz des Rechtspflegers. Nicht etwa kann er Einzelformulierungen der Vollstreckungsklausel beanstanden – etwa ob diese „dem Kinde zu Händen seiner gesetzlichen Vertreter" oder dem gesetzlichen Vertreter des Kindes erteilt werde (vgl. hierzu oben Rn. 520).

Um diese Entscheidung, von der § 60 Satz 3 Nr. 2 SGB VIII spricht, herbeizuführen, hat die Urkundsperson ihre Vorgänge nebst einer beglaubigten Abschrift der Urschrift der Verpflichtungsurkunde dem Amtsgericht vorzulegen.

Praxistipp

 Unbedingt sollte darauf geachtet werden, dass die Urschrift aus diesem Anlass nicht – ob mit Bedacht oder versehentlich – an das Gericht übersandt wird. Geht sie im Geschäftsgang verloren, kann das erhebliche Probleme bei ihrer Rekonstruktion aufwerfen.

Die Entscheidung des Gerichts wird jedenfalls wesentlich erleichtert, wenn die Urkundsperson den Schuldner **bereits angehört** oder dies zumindest versucht hat.

Sieht die Urkundsperson von einer Schuldneranhörung ab, obwohl diese grundsätzlich möglich wäre, ist nach Praxiserfahrungen absehbar, dass das Amtsgericht die Akte mit einer entsprechenden Aufforderung zurückreichen könnte. Zwar könnte die Urkundsperson den Standpunkt einnehmen: Als Klauselorgan entscheide sie nach eigenem Ermessen über die Anhörung. Halte sie diese nicht für geboten, möge das Amtsgericht in eigener Zuständigkeit den Schuldner hören. Jedoch führt dies ggf. nur fruchtlosen Erörterungen und Verzögerungen, zumal

– wie ausgeführt – die Anhörung ohnehin in der Regel zweckmäßig ist (und nach einer in der Rechtsprechung vertretenen Ansicht sogar geboten, Rn. 533).

Genehmigt das Gericht die Erteilung der weiteren vollstreckbaren Ausfertigung durch die Urkundsperson, wird die entsprechende Klausel zu lauten haben: **539**

> „Vorstehende Ausfertigung wird dem Gläubiger zum Zwecke der Zwangsvollstreckung hiermit als Zweite auf Grund der Entscheidung des Amtsgerichts X vom .... – Aktenzeichen: .... – erteilt".

Nach § 733 Abs. 2 ZPO, der hier entsprechend anzuwenden ist, hat die Urkundsperson den Schuldner von der Erteilung in Kenntnis zu setzen (vgl. schon oben Rn. 535).

Eine erneute Zustellung (im Folgenden Rn. 541) an ihn ist nicht erforderlich.

Strittig ist, welche **Rechtsbehelfe gegen die Entscheidung des Amtsgerichts** eröffnet sind. Teilweise wird angenommen, die Ablehnung der Genehmigung durch das Amtsgericht sei unmittelbar für den Gläubiger im Verfahren nach § 54 BeurkG anfechtbar (so BayObLG, 27.10.1999 – 3Z BR 281/99, Rpfleger 2000, 74 und 6.8.2003 – 3Z BR 137/03, ZNotP 2004, 73; Musielak/Voit/*Lackmann*, § 797 ZPO Rn. 9). **540**

Konsequent und verfahrensökonomisch ist es hingegen, eine *selbstständige Anfechtbarkeit der Entscheidung zu verneinen*. Vielmehr hat dann die Urkundsperson bindend die Erteilung abzulehnen; ihre Entscheidung ist anschließend mit der Beschwerde nach § 54 BeurkG anfechtbar (so MüKo/*Wolfsteiner*, § 797 ZPO Rn. 5).

Dasselbe gilt sinngemäß im umgekehrten Fall, wenn das Amtsgericht die Urkundsperson bzw. den Notar zur Erteilung der weiteren vollstreckbaren Ausfertigung anweist. Es findet dann die Erinnerung nach § 732 ZPO nur gegen die Ausfertigung des Notars bzw. der Urkundsperson statt (MüKo/*Wolfsteiner*, a.a.O. auch m.N. zur h.M., die eine Beschwerde nach § 11 Abs. 1 RPflG bzw. eine Erinnerung nach § 11 Abs. 2 RPflG für statthaft halten will).

Praxistipp

 In einem entsprechenden Fall sollte mit dem Amtsgericht geklärt werden, ob es die Entscheidung den Beteiligten mitteilt und welche Rechtsbehelfsbelehrung es ihnen erteilt. Geht das Amtsgericht von einer Außenwirkung seiner Entscheidung aus, sollte die Urkundsperson die Anweisung zur Erteilung der weiteren vollstreckbaren Ausfertigung erst befolgen, wenn die Rechtskraft eingetreten ist.

Hält das Amtsgericht hingegen seine Entscheidung nur für eine intern wirkende Anweisung an die Urkundsperson, sollte sie sogleich befolgt und das Ergebnis den Beteiligten bekannt gegeben werden. Angesichts der strittigen Rechtslage sollte dies mit einer Rechtsbehelfsbelehrung verbunden werden (Gläubiger ggf. § 54 BeurkG; Schuldner ggf. § 732 ZPO).

Anfechtungsberechtigt ist in beiden Fällen selbstverständlich nicht die Urkundsperson, welche die nach außen wirkende Entscheidung selbst getroffen hat (MüKo/*Wolfsteiner*, a.a.O.).

j) Die Zustellung der vollstreckbaren Unterhaltsverpflichtung

541 Die Zustellung der die vollstreckbare Unterhaltsverpflichtung enthaltenden Urkunde an den Schuldner ist **Voraussetzung für den Beginn der Zwangsvollstreckung** (§§ 750, 798 ZPO). Sie zu veranlassen ist an sich nicht Sache der Urkundsperson; grundsätzlich obliegt es dem Vollstreckungsgläubiger, damit den Gerichtsvollzieher zu beauftragen. Doch sieht das Gesetz hier eine Vereinfachung vor: Nach § 60 Satz 2 SGB VIII kann **auch die Urkundsperson die Zustellung** in Anlehnung an die zivilprozessuale Zustellung an der Amtsstelle (§ 173 ZPO) **vornehmen.** Gedacht ist dies namentlich für eine im unmittelbaren Anschluss an die Anerkennung der Vaterschaft aufgenommene, vollstreckbare Unterhaltsverpflichtung, wenn in derselben Verhandlung die erforderliche Zustimmung zu der Vaterschaftsanerkennung erklärt wurde. Aber auch bei isolierten Unterhaltsverpflichtungen, zu deren Zeitpunkt die Vaterschaft ersichtlich bereits wirksam feststeht, kann so verfahren werden.

542 Die Zustellung wird dann so vollzogen, dass die Urkundsperson dem damit endgültig zum rechtlichen Vater und Unterhaltsschuldner gewordenen Mann eine **beglaubigte Abschrift der Verhandlung aushändigt,** in gleicher Weise also, wie dies der Gerichtsvollzieher nach § 750 Abs. 1 Satz 1, § 795 ZPO zu bewirken hätte. Eine Erteilung der Vollstreckungsklausel brauchte in diesem Falle die beglaubigte Abschrift an sich nicht mit zu umfassen, so wenig wie bei Zustellung durch den Gerichtsvollzieher. Der Unterhaltsschuldner weiß ja, dass seine Vaterschaftsanerkennung bereits wirksam geworden und die Unterhaltsverpflichtung dadurch endgültig vollstreckbar geworden ist. Deshalb kann die Klausel jederzeit erteilt werden und er hat mit einer Zwangsvollstreckung nach Ablauf der verbleibenden Wartefrist des § 798 ZPO (Rn. 496) zu rechnen. Doch schadet es natürlich nicht, wenn die beglaubigte Abschrift der dem Schuldner ausgehändigten Verpflichtungsurkunde den Wortlaut der Klausel mit aufführt.

543 **Stünde dagegen die Zustimmung der Mutter** und ggf. des Kindes **zur Vaterschaftsanerkennung noch aus**, ist die Erteilung der Vollstreckungsklausel in gleicher Weise hinausgeschoben, wie wenn die Unterhaltsverpflichtung unter einer Bedingung übernommen worden wäre (Rn. 506 und *Münzberg*, DAVorm 1987, 187). In diesem Falle hätte deshalb die Zustellung der Verpflichtungsverhandlung an den Kindesvater die erteilte Klausel mit zu umfassen (§ 750 Abs. 2 i.V.m. § 726 Abs. 1 ZPO). Die Zustellung könnte also erst nach Erteilung der Klausel geschehen, oder aber die Klausel wäre nach Erteilung nachträglich zuzustellen.

544 Praktisch empfiehlt sich die **Zustellung erst nach Klauselerteilung.** Denn da die nachträgliche Zustellung „der Klausel" nur als Zustellung der nunmehrigen vollstreckbaren Ausfertigung durchführbar ist, wäre eine Vorab-Zustellung der ausgefertigten Verpflichtungsverhandlung vor Erteilung der Klausel ohnehin wenig sinnvoll. Sie wäre darüber hinaus nicht einmal unbedenklich: Denn sie erweckt beim Gläubiger den (unzutreffenden) Eindruck, als könne, wenn nur die Klausel später als zwei Wochen danach erteilt wird, aus dem Stand heraus und ohne die Wartefrist des § 798 ZPO vollstreckt werden. In Wahrheit braucht der Anerkennende, der sich gleichzeitig zur Unterhaltszahlung verpflichtet hat, mit einer Vollstreckung erst zu rechnen (und will damit auch erst zu rechnen brauchen), sobald seine Vaterschaft durch die wirksam erteilte Zustimmung endgültig feststeht, und auch dann erst nach Ablauf jener Wartefrist, die überhaupt erst jetzt einen Sinn hat.

Freilich müsste der Kindesvater für diesen nunmehrigen Zustellungsakt, wenn er an Amtsstelle geschehen soll, sich erneut im Jugendamt einfinden. Das mag er mit der Urkundsperson absprechen. Möglicherweise hat er ein Interesse daran, als Verheirateter nicht die Gefahr einer Ersatzzustellung an seine Ehefrau durch den Gerichtsvollzieher einzugehen.

545 Liegt der in Rn. 541 a.E. dargestellte Fall vor – isolierte Unterhaltsverpflichtung auf der Grundlage einer als festgestellt betrachteten Vaterschaft –, könnte die Zustellung der Verpflichtungsverhandlung sogleich an Amtsstelle geschehen. Denn hier kann der Schuldner, nicht anders als bei einer vorbehaltlosen Verurteilung, mit der Erteilung der Klausel ohne weiteres rechnen.

546 Da nach § 60 Satz 2 Hs. 2 SGB VIII die Vorschrift des § 173 ZPO entsprechende Anwendung finden soll, ist in der Urschrift oder einer Anlage hierzu und außerdem auf dem ausgehändigten Schriftstück der **Tag der Aushändigung zu vermerken**; der Vermerk ist von der Urkundsperson zu unterschreiben. Daneben aber wird, was § 60 Satz 2 SGB VIII nicht ausdrücklich sagt, die Bestimmung des § 169 Abs. 1 ZPO entsprechende Anwendung zu finden haben. Danach **bescheinigt** die Urkundsperson **auf Antrag des Gläubigers den Zeitpunkt** der durch die Aushändigung an den Schuldner vollzogenen Zustellung. Zweckmäßig geschieht das durch einen Zusatz zu der Klausel auf der vollstreckbaren Ausfertigung. Denn der Gläubiger muss, um demnächst vollstrecken zu können, die bewirkte Zustellung dem Vollstreckungsorgan (Gerichtsvollzieher, Rechtspfleger in der Forderungs-, insbesondere der Lohn- oder Gehaltspfändung) nachweisen (§ 750 Abs. 1 ZPO). Zudem muss er schon wegen der Wartefrist des § 798 ZPO (Rn. 500) über diesen Zeitpunkt unterrichtet sein.

546a Deshalb ist es ein korrektes Vorgehen, wenn die Urkundsperson diese Art und den Zeitpunkt der **Zustellung an Amtsstelle in die Vollstreckungsklausel aufnimmt**. Hierbei sollte § 60 Satz 2 SGB VIII zitiert und ergänzend auf § 173 Satz 2 und 3 ZPO hingewiesen werden. An sich überflüssig wäre die zusätzliche ausdrückliche Angabe, dass die Zustellung an den Schuldner bewirkt wurde, weil sich dies aus dem Zusammenhang und den zitierten Vorschriften ergibt. Liegen aber Anhaltspunkte dafür vor, dass Rechtspfleger/innen des örtlichen Vollstreckungsgerichts noch nicht hinreichend vertraut mit der spezifischen Materie sind (wie im Fall, der dem *DIJuF-Rechtsgutachten* 16.3.2015, JAmt 2015, 141, www.bundesanzeiger-verlag.de/beurkundungen IV Nr. 16, zugrunde lag) wäre die entsprechende Präzisierung keinesfalls schädlich und vermutlich eher nützlich.

546b Es erscheint nicht erforderlich, den Zustellungsnachweis durch **ein Empfangsbekenntnis des Schuldners** dergestalt zu führen, dass dieses mit der ersten vollstreckbaren Ausfertigung verbunden wird. Das Gesetz geht in der entsprechend anwendbaren Vorschrift des § 173 Satz 2 und 3 ZPO davon aus, dass der Nachweis der Zustellung u.a. „in den Akten" vermerkt wird und dass die Urkundsperson – ebenso wie die Geschäftsstelle in § 169 Abs. 1 ZPO – diese Zustellung bescheinigen kann, etwa in der Vollstreckungsklausel. Deshalb genügt es, wenn das Datum und die Art und Weise der Zustellung auf der Niederschrift vermerkt sind und die Urkundsperson dies in der beschriebenen Weise bescheinigt. Dann ist es aber überflüssig, auch noch zusätzlich oder alternativ in irgendeiner Weise mit dem vom Schuldner unterschriebenen Empfangsbekenntnis zu operieren. Allenfalls könnte der Vermerk über die Zustellung dahingehend ergänzt werden, dass der Schuldner ein solches Empfangsbekenntnis mündlich erteilt habe. Weiteres erscheint nicht geboten.

k) Klauselerteilung in Fällen von Rechtsnachfolge bei Vollübergang der Forderung

aa) Allgemeines und Gemeinsames

547 Unter Umständen ist die im Jugendamt beurkundete Forderung (des Kindes, der „nichtehelichen" Mutter nach § 1615l BGB) auf einen Rechtsnachfolger übergegangen, oder es muss die Vollstreckung gegen einen Rechtsnachfolger des Schuldners durchgeführt werden.

Ein Übergang auf den Rechtsnachfolger **auf Seiten des Kindes** kommt insbesondere in den Fällen von § 33 SGB II, § 94 SGB XII, § 7 UVG, § 37 BAföG in Betracht, aber auch nach § 1607 Abs. 2 Satz 2 und Abs. 3 BGB bei einer stellvertretenden Erbringung des Unterhalts durch Verwandte oder den Scheinvater.

548 Nach § 1607 Abs. 2 Satz 2 BGB geht der Unterhaltsanspruch nur dann auf einen Verwandten, insbesondere einen **Großelternteil,** über, wenn er zur Gewährung des Unterhalts deshalb verpflichtet ist, weil „die **Rechtsverfolgung** gegen *[einen Elternteil]* **im Inland ausgeschlossen oder erheblich erschwert** ist" (§ 1607 Abs. 2 Satz 1 BGB).

Ausgeschlossen ist die Rechtsverfolgung namentlich dann, wenn die Vaterschaft eines nichtehelich geborenen Kindes bisher nicht durch Anerkennung oder gerichtliche Entscheidung festgestellt ist (vgl. BGH, 17.2.1993 – XII ZR 238/91, FamRZ 1993, 696).

Erheblich erschwert ist die Rechtsverfolgung, wenn der Aufenthaltsort des primär unterhaltspflichtigen Elternteils unbekannt ist (BGH, 26.4.1989 – IVb ZR 42/88, FamRZ 1989, 850), der Schuldner einen Wohnsitz im Ausland hat oder den inländischen Wohnsitz häufig wechselt (vgl. AG Alsfeld, DAVorm 1974, 519). Dasselbe gilt, wenn der Unterhaltsberechtigte mit einem – auf der Zurechnung fiktiven Einkommens beruhenden – Vollstreckungstitel keinen Unterhalt erlangen kann, weil der Unterhaltspflichtige kein vollstreckungsfähiges Vermögen besitzt oder von dem Berechtigten nicht erwartet werden kann, die Zwangsvollstreckung in auch ihm dienende Vermögenswerte – etwa ein von ihm mitbewohntes Haus – zu betreiben (vgl. BGH, 8.6.2005 – XII ZR 75/04, JAmt 2006, 154; OLG Hamm, 12.6.2003 – 3 UF 460/02, FamRZ 2005, 57; MüKo/*Born,* § 1607 BGB Rn. 9).

Im Fall der **„normalen" Ersatzhaftung nach § 1607** Abs. 1 **BGB** wegen fehlender Leistungsfähigkeit der vorrangig haftenden Eltern ist eine **Rechtsnachfolge** von vornherein im Gesetz **nicht vorgesehen.** Dasselbe gilt erst recht, wenn Großeltern tatsächlich bestehende Unterhaltspflichten erfüllen für Zeiträume, in denen der vorrangig haftende Elternteil sich *nicht* zu Recht auf Leistungsunfähigkeit berufen kann (z.B. bei bloß fiktiver Leistungsfähigkeit) und *ohne, dass die Voraussetzungen des § 1607* Abs. 2 Satz 1 *BGB vorliegen,* also wenn die Rechtsverfolgung im Inland grundsätzlich möglich und nicht erschwert gewesen wäre: Dann kommt allenfalls ein **Ersatzanspruch aus Geschäftsführung ohne Auftrag gem. §§ 677 ff., 683 BGB** in Betracht. Sollte der Vater ausdrücklich mit der Übernahme der Unterhaltszahlungen durch die eigenen Eltern nicht einverstanden sein, wäre dies gem. § 679 BGB unbeachtlich, weil es um die rechtzeitige Erfüllung einer gesetzlichen Unterhaltspflicht des „Geschäftsherrn" geht. Ein aus diesem Grund unbeachtlicher Wille des Vaters als Geschäftsherr kann aber den Aufwendungsersatzanspruch des Geschäftsführers nicht hindern, wie § 683 Satz 2 BGB ausdrücklich betont. 549

Die Großeltern können somit Unterhaltsbeträge, die sie an Stelle des Vaters in Zeiten von dessen Leistungs*fähigkeit* erbracht haben, später als Aufwendungsersatzanspruch nach den zuletzt genannten BGB-Vorschriften zurückfordern. Dieser Anspruch muss aber von ihnen **gesondert geltend gemacht** werden; ein gesetzlicher Forderungsübergang, welcher Voraussetzung für eine Rechtsnachfolge und damit eine mögliche Titelumschreibung gem. § 727 ZPO wäre, ist hierfür nicht vorgesehen. 550

Soweit Großeltern für Zeiträume, in denen der Vater leistungs*unfähig* ist, Unterhaltszahlungen erbringen, können sie auch nicht nach §§ 677 ff., 683 BGB Ersatz verlangen. Denn die Zahlung eines von dem Pflichtigen nicht geschuldeten Unterhalts ist kein Geschäft, welches nach § 677 BGB *für den Verpflichteten* erbracht werden kann. Insoweit trifft die Großeltern – sofern sie selbst leistungsfähig sein sollten – eine eigenständige nachrangige Unterhaltspflicht, für welche aus gutem Grund kein gesetzlicher Rückgriff vorgesehen ist.

Die vorstehenden Ausführungen gelten sinngemäß **auch für den anderen Elternteil.** Er kann nur unter den Voraussetzungen des § 1607 Abs. 2 Satz 2 BGB einen Anspruchsübergang für vorgeleisteten Unterhalt geltend machen. Ist der barunterhaltspflichtige Elternteil hingegen leistungsunfähig oder „nur" leistungsunwillig, ohne dass eine Erschwerung der Rechtsverfolgung hinzutritt, geht nach erbrachten Ausfallersatzleistungen durch den anderen Elternteil der Unterhaltsanspruch des Kindes *nicht* auf diesen über. Der einspringende Elternteil hat vielmehr einen **familienrechtlichen Ausgleichsanspruch** gegen den vorrangig verpflichteten Elternteil (BGH, 26.6.1968 – IV ZR 601/68, BGHZ 50, 266 und 27.4.1988 – IVb ZR 56/87, BGHZ 104, 224; Palandt/*Brudermüller,* § 1606 BGB Rn. 18 m.w.N.; 551

eingehend *Zwirlein,* FamRZ 2015, 896). Dieser muss aber ggf. eigenständig geltend gemacht und eingeklagt werden. Die Umschreibung eines zu Gunsten des Kindes bestehenden Titels ist dann mangels Rechtsnachfolge ausgeschlossen (gegen doppelte Inanspruchnahme auch aus dem zuvor zugunsten des Kindes errichteten Titel kann sich der Schuldner ggf. mit einer Vollstreckungsabwehrklage nach § 767 ZPO wehren, weil der titulierte Bedarf des Kindes durch Leistungen des betreuenden Elternteils gedeckt worden ist). Die Geltendmachung des eigenen Ausgleichsanspruchs der Mutter ist dann – abweichend von der Regel – so zu deuten, dass sie ihre Vorleistungen auf den Kindesunterhalt angerechnet wissen will.

552 Allerdings kann z.B. das volljährige Kind seinen noch nicht erfüllten Unterhaltsanspruch **an die Mutter abtreten**. Wird die Abtretung unter notarieller Beglaubigung (§ 129 BGB) der Unterschriften von Mutter und Kind unter der Abtretungsvereinbarung im Sinne von §§ 398 ff. BGB vollzogen, liegt eine öffentlich beglaubigte Urkunde über die Rechtsnachfolge vor. Diese erfüllt die Voraussetzungen einer Rechtsnachfolgeklausel gemäß § 727 Abs. 1 ZPO für die Mutter (*DIJuF-Rechtsgutachten* 20.2.2012, www.bundesanzeiger-verlag.de/beurkundungen IV Nr. 17).

553 Ein gesetzlicher Forderungsübergang tritt auch dann ein, wenn ein **Scheinvater** anstelle des Vaters Unterhalt leistet (§ 1607 Abs. 3 Satz 2 BGB).

Ausnahmsweise ist schließlich eine Rechtsnachfolge möglich durch **Abtretung** eines Unterhaltsanspruchs an den, der *auf freiwilliger Basis* für den Unterhalt eingetreten ist, ohne zum Kreis der in § 1607 Abs. 2 und 3 BGB bestimmten Übergangsgläubiger zu gehören. Dasselbe gilt bei Abtretung von Ansprüchen der Mutter nach § 1615l BGB.

554 Hingegen kann **auf Seiten des Schuldners** der Erbe als Rechtsnachfolger in die vollstreckbar beurkundete Zahlungsverpflichtung einrücken, wenn der Schuldner stirbt und bei seinem Tode noch Rückstände vorhanden sind, die gegen den Nachlass vollstreckt werden sollen.

bb) Vorgang der „Umschreibung"; Antrag und vorzulegende Erstausfertigung

555 Hier muss eine Klausel für bzw. gegen den Rechtsnachfolger erteilt, der Titel auf oder gegen ihn **„umgeschrieben"** werden. Den Begriff der Umschreibung kennt das Gesetz nicht; er hat ist aber in der Praxis gebräuchlich. Der Sache nach handelt es sich um die Rückgabe der alten vollstreckbaren Ausfertigung an Notar bzw. Urkundsperson und die Erteilung einer neuen Vollstreckungsklausel für und gegen den Rechtsnachfolger (*Wolfsteiner,* Rn. 42.23 m.w.N.). Die Umschreibung ist **bei der Urkundsperson** vom Rechtsnachfolger in die Forderung des Gläubigers (bzw. vom Gläubiger gegen den Rechtsnachfolger des Schuldners) zu beantragen (Rn. 512).

Die bisher erteilte vollstreckbare Ausfertigung ist der Urkundsperson einzureichen; bei Umschreibung auf einen Rechtsnachfolger des Gläubigers mag dieser seinen Rechtsvorgänger, den Urgläubiger, dazu anhalten; den Anspruch hierauf gibt ihm § 402 BGB. Grundsätzlich muss der Rechtsnachfolger dafür Sorge tragen, dass die vollstreckbare Erstausfertigung eingereicht wird, bevor umgeschrieben werden kann.

Zwar ist vereinzelt angezweifelt worden, dass die **vollstreckbare Erstausfertigung einzureichen** sei, bevor umgeschrieben werden könne (OLG Stuttgart, 19.10.1989 – 8 WF 79/89, DAVorm 1990, 483). Anders, aber mit Recht schon zuvor Kammergericht Berlin (5.3.1985 – 17 WF 5709/84, FamRZ 1985, 627) und OLG Frankfurt (25.2.1987 – 20 W 27/87, NJW-RR 1988, 512), weil durch ein **unkontrolliertes Nebeneinander zweier vollstreckbarer Ausfertigungen** die Belange des Schuldners ungebührlich gefährdet würden. Das Gegenargument des OLG Stuttgart, der Schutz des Schuldners sei ausreichend (?) dadurch gewahrt, dass er gegen einen Missbrauch Vollstreckungsgegenklage erheben könne, vermag schwerlich zu überzeugen (vgl. auch Rn. 557). Allerdings hat das **OLG Jena** (3.9.1999 – 6 W 298/99, Rpfleger 2000, 76) **differenzierend** die Vorlage der ersten vollstreckbaren Ausfertigung für entbehrlich gehalten, „wenn eine Doppelvollstreckung nach den Umständen des Einzelfalls unwahrscheinlich ist". Dies könnte insbesondere auf folgenden Sonderfall zutreffen: Die bisher in Unterhaltsbelangen allein vertretungsberechtigte Kindesmutter hat inzwischen den Vater geheiratet. Deshalb hat sie weder ein Interesse an einer Vollstreckung gegen ihn aus dem bei ihr verbliebenen Titel noch die entsprechende Befugnis hierzu (gemeinsame Sorge, gemeinsame Obhut, vgl. § 1629 Abs. 2 Satz 2 BGB). Dann erscheint es aber ausnahmsweise vertretbar, vor einer Titelteilung auf die Vorlage der ersten vollstreckbaren Ausfertigung zu verzichten.

556

Zuweilen wird, als vermeintlich allgemeinen Grundsatz, auf eine Entscheidung des **OLG Hamm** (22.10.1990 – 10 WF 424/90, FamRZ 1991, 965) verwiesen, die mit folgendem Leitsatz veröffentlicht wurde: „Vor der Erteilung einer weiteren auf den Rechtsnachfolger umgeschriebenen vollstreckbaren Ausfertigung an diesen bedarf es nicht der Rückgabe der dem ursprünglichen Gläubiger bereits erteilten vollstreckbaren Ausfertigung." Jedoch geht auch dieser Beschluss von dem Grundsatz aus: Bei Nichtvorlage der ursprünglich erteilten vollstreckbaren Ausfertigung vor der Titelumschreibung sei eine weitere vollstreckbare Ausfertigung nach § 733 ZPO zu erteilen. Diese kann **bei gerichtlichen Entscheidungen von dem zuständigen Rechtspfleger des Gerichts** unproblematisch erteilt werden. Insoweit lässt sich dem Beschluss des OLG Hamm, a.a.O. leider nicht entnehmen, welche konkreten Bedenken der damals tätig gewordene Rechtspfleger gegen die von ihm erwartete Verfahrensweise hatte, bevor ihn der Senat anwies, „von seinen Bedenken wegen der Nichtvorlage der bereits erteilten vollstreckbaren Ausfertigung Abstand zu nehmen." Diese Entscheidung bezieht sich aber – es sei nochmals betont – auf das Vorgehen bei einer beantragten Umschreibung eines gerichtlichen Urteils oder Beschlusses unmittelbar durch den zuständigen Rechtspfleger.

556a

Für die Urkundsperson beim Jugendamt ergibt sich aber aus der eindeutigen gesetzlichen Regelung in § 60 Satz 3 Nr. 2 SGB VIII, dass die Erteilung einer – für die Umschreibung für notwendig gehalten (vgl. oben Rn. 556) – weiteren vollstreck-

556b

baren Ausfertigung **stets nur aufgrund einer vorangegangenen Genehmigungsentscheidung** des zuständigen Amtsgerichts möglich ist. Wenn ein Gläubiger als Rechtsnachfolger ohne Berücksichtigung dieser speziellen Rechtslage meint, aus der zitierten Entscheidung herauslesen zu können, die Urkundsperson könne in der hier erörterten Fallkonstellation gewissermaßen freihändig den Titel umschreiben, ohne zuvor das Amtsgericht zu beteiligen, geht dies fehl. Insoweit liegt ein wesentlicher Unterschied vor zwischen der Verfahrensweise eines Gerichts, welches unmittelbar aufgrund von § 733 ZPO selbst die Erteilung einer weiteren vollstreckbaren Ausfertigung mit der Titelumschreibung verbinden kann, und den Obliegenheiten der Urkundsperson, welche nur im Zusammenwirken mit dem Amtsgericht vorgehen kann.

557 Wenn der **ursprüngliche Gläubiger sich weigert,** die bei ihm verbliebene **vollstreckbare Ausfertigung herauszugeben**, darf dies jedenfalls nicht zu Lasten des Rechtsnachfolgers gehen. Allerdings ist es nicht Sache der die Rechtsnachfolgeklausel erteilenden Stelle, die erste vollstreckbare Ausfertigung „einzuziehen". Hierzu hat weder das Amtsgericht noch die Urkundsperson beim Jugendamt eine rechtliche Handhabe. Sofern nicht der Rechtsnachfolger etwa im Klagewege vom Rechtsvorgänger die Herausgabe der ersten vollstreckbaren Ausfertigung erwirkt, bleibt nur eine Möglichkeit: Die Erteilung einer weiteren vollstreckbaren Erstausfertigung gem. § 733 Abs. 1 ZPO mit Genehmigung des zuständigen Amtsgerichts (vgl. § 60 Satz 3 Nr. 2 SGB VIII; dazu eingehend Rn. 530 ff.). Das Gesetz nennt in § 733 Abs. 1 ZPO ausdrücklich die Möglichkeit der Erteilung einer weiteren vollstreckbaren Ausfertigung, wenn nicht die zuerst erteilte Ausfertigung zurückgegeben wird (vgl. Zöller/*Stöber*, § 733 ZPO Rn. 3 m.w.N.).

558 Sobald in diesem Fall der zuständige Rechtspfleger „grünes Licht" für die Erteilung der weiteren vollstreckbaren Ausfertigung gibt, kann sodann der Titel geteilt und dem **Rechtsnachfolger eine entsprechende Teilausfertigung** gegeben werden. Im Hinblick darauf, dass die mit amtsgerichtlicher Genehmigung erstellte Teilausfertigung an sich an die Stelle der ursprünglichen Titelausfertigung tritt, hätte der gesetzliche Vertreter des Kindes Anspruch auf Übermittlung der betreffenden Teilausfertigung, allerdings nur Zug um Zug gegen Rückgabe der bei ihm infolge seiner verweigerten Mitwirkung verbliebenen ursprünglichen vollstreckbaren Ausfertigung. Gleichwohl sollte aus „erzieherischen Gründen" und im Hinblick auf mögliche weitere Umschreibungen zunächst der ausdrückliche Antrag auf Herausgabe der Teilausfertigung abgewartet werden.

Zur Vermeidung von Missverständnissen: **Diese Fallgestaltung ist die absolute Ausnahme**. Im Regelfall liegt die zunächst dem Urgläubiger erstmals erteilte vollstreckbare Ausfertigung der Urkundsperson bei der Umschreibung vor.

559 Die Umschreibung mit der entsprechenden Klausel kann **auf die ursprüngliche Ausfertigung gesetzt** werden. Es kann aber auch eine neue – umgeschriebene – Ausfertigung unter Einbehaltung der ursprünglichen erstellt werden. In diesem Fall sind von der Urschrift der Urkunde zwei Abschriften anzufertigen, wobei der Vermerk über die erste Ausfertigungs- und Vollstreckungsklausel nicht zu überneh-

men ist. Zum Vorgehen bei Titelteilung wegen Teilumschreibungen eingehend Rn. 616.

cc) Grundsätzliches zum Nachweis der Rechtsnachfolge

Die Erteilung der Rechtsnachfolgeklausel setzt den **Nachweis der Rechtsnachfolge** voraus. Einschlägig ist § 727 ZPO. Der Nachweis ist durch öffentliche oder öffentlich beglaubigte Urkunden zu führen. Er ist nur entbehrlich, wenn die Rechtsnachfolge **amtsbekannt** („bei dem Jugendamt offenkundig") ist. Dies setzt aber – in Anlehnung an die „Gerichtskundigkeit" im Sinne von § 291 ZPO – voraus, dass die Urkundsperson die zugrunde liegenden Tatsachen aus ihrer jetzigen oder früheren amtlichen Tätigkeit kennt. Entscheidend ist, dass die Kenntnis nicht erst durch Einsicht in Akten oder ein Register verschafft werden muss (Zöller/*Greger* Rn. 1; Baumbach/Lauterbach/*Hartmann*, Rn. 5, jeweils zu § 291 ZPO m.w. Nachw.). Nicht offenkundig ist eine – nicht allgemein bekannte – Tatsache, die die Urkundsperson außerhalb ihrer dienstlichen Tätigkeit durch Privatbeobachtung wahrgenommen hat (vgl. Zöller/*Greger*, a.a.O.). Für die „Amtskundigkeit" genügt es somit nicht, dass die maßgebenden Kenntnisse *im Jugendamt* aktenkundig oder *irgendeinem* Mitarbeiter bekannt sind; es kommt auf die **amtliche Kenntnis der Urkundsperson** an (vgl. hierzu ein instruktives *DIJuF-Rechtsgutachten* 31.8.2012, www.bundesanzeiger-verlag.de/beurkundungen IV Nr. 18).

560

l) Fortsetzung: Die Klauselerteilung bei Rechtsnachfolge auf der Gläubigerseite

aa) Nicht erforderlich: Bewilligungsbescheid

Sowohl bei der Erbringung von Unterhaltsersatzleistungen durch die öffentliche Hand (§ 33 SGB II, § 94 SGB XII, § 7 UVG, § 37 BAföG) als auch bei zum Rechtsübergang führender stellvertretender Unterhaltserbringung nach § 1607 Abs. 2 Satz 2 und Abs. 3 Satz 2 ist **nachweisbedürftig** der **Tatbestand der jeweilig erbrachten Leistung** (Rn. 571 ff.). Die Form des Nachweises schreibt § 727 ZPO vor (Rn. 560).

561

Soweit in früheren Auflagen noch die Meinung vertreten worden war, die Urkundsperson müsse auch auf der **Vorlage des Bewilligungsbescheids** bestehen (6. Aufl. Rn. 389 ff.), wird daran nicht festgehalten. Es ist **nicht erforderlich**, „die für den Rechtsübergang beanspruchte besondere Rechtsstellung, Unterhalts- oder Unterhaltsersatzleistung mit der vom Gesetz dafür gewährten Wirkung eines Einrückens in die abgegoltene Unterhaltsforderung erbringen zu können" nachzuweisen.

562

Zwar wird in einigen obergerichtlichen Entscheidungen, welche sich mit der Rechtsnachfolgeklausel zu gerichtlichen Titeln befassen, ausdrücklich erwähnt: vom antragstellenden Sozialleistungsträger sei auch der Bewilligungsbescheid vorgelegt worden, so z.B. OLG Dresden, 28.5.1998 – 10 WF 160/98, DAVorm 1999, 713 zu § 7 UVG; OLG Stuttgart, 9.10.2007 – 8 WF 128/07, Rn. 3 FamRZ 2008, 290 zu § 33 SGB II. Ob aber dessen Vorlage tatsächlich geboten ist, wird in diesen Beschlüssen nicht gesagt.

563 Ausdrücklich dieser Meinung ist das LG Frankenthal (20.2.1986 – 1 T 74/86, ZfJ 1986, 320) in einem Beschluss, der zu § 7 UVG ergangen war. So verstanden werden könnte womöglich das OLG Zweibrücken (16.11.1998 –5 WF 119/98, FamRZ 2000, 964), wenn es erwähnt, das beschwerdeführende Land habe „auf der Grundlage eines entsprechenden Bewilligungsbescheids Leistungen nach dem UVG erbracht". **Missverständlich formuliert** ist hingegen **ein Leitsatz des OLG Köln** (20.7.1993 –25 WF 79/93, FamRZ 1994, 52: „Hat der ursprüngliche Gläubiger des Unterhaltstitels BAföG-Leistungen erhalten und beantragt das Land deshalb die Erteilung einer vollstreckbaren Ausfertigung nach ZPO § 727, so muss das Land nicht nur die Bewilligung, sondern auch die Auszahlung der betreffenden Leistungen nachweisen."

Denn die **Gründe des Beschlusses besagen das Gegenteil** dessen, was vermeintlich aus dem Leitsatz herausgelesen werden kann: „Im Übrigen ist hier darauf hinzuweisen, dass das Gesetz selbst nicht die Bewilligung einer BAföG-Leistung, sondern die Auszahlung als die den Rechtsübergang auslösende Tatsache festgelegt hat. Wäre der Gesetzgeber davon ausgegangen, dass schon der Bewilligungsbescheid die den Rechtsübergang rechtfertigende Tatsache wäre und die nachfolgende Auszahlung allenfalls noch Bedeutung für den Umfang der kraft Gesetzes übergehenden Unterhaltsansprüche hätte, dann hätte nichts näher gelegen, als eine entsprechende Regelung zu treffen."

564 Diese Überlegung trifft aber **auch für die übrigen gesetzlichen Anspruchsübergänge** zu, nämlich § 7 Abs. 1 UVG, § 33 Abs. 1 SGB II und § 94 Abs. 1 SGB XII.

Alle drei Regelungen stellen darauf ab, dass „die Unterhaltsleistung gezahlt" bzw. „Leistungen erbracht" werden. Die **Bewilligung wird nicht als Voraussetzung der Rechtsnachfolge genannt** (wobei in aller Regel auch eine Bewilligung vorausgeht; die Leistungserbringung ohne vorausgehenden Verwaltungsakt dürfte ein atypischer und ohnehin zu vernachlässigender Fall sein).

565 Nun ließe sich das Verlangen nach Vorlage eines Bewilligungsbescheids womöglich allenfalls dann rechtfertigen, wenn die **Rechtmäßigkeit der Leistungserbringung Voraussetzung für die Rechtsnachfolge** wäre. Zwar könnte diese dann im Rahmen der Erteilung der Rechtsnachfolgeklausel ohnehin nicht umfassend von der hierfür zuständigen Stelle (Gericht oder Urkundsperson als jeweiliger Titelurheber) überprüft werden. Ein Ansatzpunkt wäre dann aber immerhin, dass zumindest die ordnungsgemäße Bewilligung für den beanspruchten Rechtsnachfolgezeitraum als Grundvoraussetzung feststehen müsste.

Jedoch entspricht es der ganz h.M. jedenfalls zu § 7 UVG, dass es **für den Anspruchsübergang nicht darauf ankommt**, ob die Voraussetzungen für die Gewährung von Unterhaltsvorschuss nach § 1 Abs. 1 UVG gegeben waren. Nach der Rechtsprechung findet ein Übergang auch dann statt, wenn die Unterhaltsvorschusskasse ohne deren Vorliegen geleistet hat (BGH, 18.6.1986 –IVb ZR 43/85, FamRZ 1986, 878; ebenso OLG Hamm, 24.8.1987 – 4 WF 286/87, DAVorm 1988, 86; OLG Karlsruhe, 19.7.2007– 16 WF 131/07, FamRZ 2008, 1457; Sächs.OVG, 17.11 2005 – 5 B 553/04 und FG Sachsen-Anhalt, 17.12.2009 – 5 K 1157/04, jeweils juris; *Grube*, UVG, 1. Aufl. 2009, § 7 Rn. 6; offengelassen von BVerwG 22.6.2006 – 5B 42/06, juris, als nachgehende Instanz zu Sächs.OVG a.a.O.).

Es besteht dann aber für die Urkundsperson kein Anlass, auf der Vorlage des Bewilligungsbescheids zu bestehen, wenn hieraus ohnehin keine Konsequenzen zu ziehen sind.

Ob die Vorfrage der Rechtmäßigkeit der Leistungserbringung **bei § 33 SGB II bzw.** **566** **§ 94 SGB XII anders zu sehen** ist, mag in diesem Zusammenhang **dahinstehen**. Die Rechtsansichten in dieser Frage sind weiterhin streitig (siehe z.B. die Nachweise bei Eicher/Spellbrink/*Link*, § 33 SGB II Rn. 15a sowie bei Wendl/Dose/*Klinkhammer*, § 8 Rn. 77 und 244). Zumindest für § 94 SGB XII könnten Zweifel daraus folgen, dass die Vorschrift vom „Hilfeberechtigten" spricht (ähnlich zuvor § 91 BSHG: „Hilfeempfänger"), woraus womöglich der Schluss gezogen werden könnte, dass die gesetzlichen Grundlagen für die Hilfe vorliegen müssen, um den Anspruch übergehen zu lassen (hierauf hatte die 6. Aufl. in Rn. 391 hingewiesen).

Jedoch lassen sich hieraus **allein aus dem Bewilligungsbescheid keine Rückschlüsse ziehen,** wenn man zu Recht die Auffassung vertritt, dass es nicht Aufgabe der für die Titelumschreibung zuständigen Stelle ist, die materiellen Voraussetzungen der Leistungsbewilligung zu überprüfen. Ob der Schuldner beim Rückgriff nach §§ 33 SGB oder § 94 SGB XII – anders als bei § 7 UVG, s.o. – einen entsprechenden Einwand erheben kann, wäre ggf. im Wege einer Vollstreckungsgegenklage zu prüfen.

Wenn aber somit der Bewilligungsbescheid keinerlei konkrete Schlussfolgerungen für die Urkundsperson zulässt, welche sie im Rahmen ihrer Prüfung der Voraussetzungen des Anspruchsübergangs verwerten dürfte, erscheint es auch überflüssig, auf dessen Vorlage zu bestehen (so im Ergebnis auch: Zöller/*Stöber*, § 727 ZPO Rn. 22 unter Hinw. auf OLG Bamberg, 22.9.1982 – 2 WF 141/82, JurBüro 1983, 141 und OLG Hamm, 9.2.1981 – 8 WF 674/80, FamRZ 1981, 915 sowie auf weitere Rspr.).

bb) Allgemeiner Rechtsnachfolge-Nachweis bei privaten Gläubigern

Beim beanspruchten Rechtsübergang auf private Gläubiger, die Kindesunterhalt **567** erbracht haben, ist für die grundsätzliche Voraussetzung der Rechtsnachfolge zu differenzieren:

Der **Rechtsübergang nach § 1607** Abs. 3 Satz 2 **BGB** ist nur an die Tatsache der Unterhaltserbringung aufgrund der **Scheinvaterbeziehung** zum Kinde geknüpft. Aber schon im Fall des § 1607 Abs. 2 Satz 2 BGB ist der Rechtsübergang ausgeschlossen, wenn der Unterhalt etwa von Seiten der Großeltern in der Zweck- und Willensrichtung gewährt wird, den Rechtsübergang auf sich selbst gerade *nicht* in Anspruch zu nehmen, weil sie dem Kind die Befriedigung seiner materiellen Bedürfnisse vor allem aus sittlicher Bindung und deshalb unbeschadet der ihm belassenen Unterhaltsforderung gegen den Erzeuger zukommen lassen wollen (so zu § 1615b BGB a.F.: BGH, 21.6.1968 – V ZR 33/65, BGHZ 50, 260 [271]; LG Saarbrücken, 5.6.1991 – 2 S 152/90, DAVorm 1991, 867; Palandt/*Diederichsen*, 57. Aufl., § 1615b BGB a.F. Rn. 2).

568 Im Fall des § 1607 Abs. 2 BGB – Unterhaltserbringung durch den nachrangig Haftenden – hat der Rechtsübergang noch zur Voraussetzung, dass die Rechtsverfolgung gegen den vorrangig Unterhaltsverpflichteten im Inland ausgeschlossen oder erheblich erschwert war (oben Rn. 548). Die Frage ist, ob und, wenn ja, **welche Nachweise** in der öffentlichen oder öffentlich beglaubigten Form die Urkundsperson auf dem Felde solcher **privatrechtlicher Ausschlussgründe** bzw. **zusätzlicher Voraussetzungen** in Ansehung des Rechtsübergangs zu fordern hat, sofern nicht die Tatsache der Rechtsnachfolge ausnahmsweise amtsbekannt ist.

569 Die Antwort lautet unterschiedlich. Der **Ausschlussgrund der Unterhaltsgewährung aufgrund sittlicher Bindung** ohne „Rechtsnachfolgewillen" entzieht sich seiner Natur nach des Nachweises in der qualifizierten Form. Er soll auch nach BGH, 21.6.1968 a.a.O. als der Erfahrung des Lebens entsprechend unterstellt werden dürfen. Dieser Fall steht ohnehin in der Regel nicht zur Prüfung an, weil der Antrag auf Titelumschreibung dann von der Kindesmutter oder deren Eltern nicht gestellt werden wird; allenfalls könnte das Kind, wenn Unterhalt gewährende Großeltern inzwischen verstorben sind und ihre Erben die Rechtsnachfolgeklausel beantragen, dem unter Berufung auf den seinerzeit gewollten Ausschluss des Rechtsübergangs entgegentreten. Der Weg zur Durchsetzung dieses Standpunkts führt (§ 402 BGB) über die Ablehnung der Herausgabe der dem Kind erteilten vollstreckbaren Ausfertigung zum Zwecke der Umschreibung (oben Rn. 557) und die Weigerung eines in öffentlich beglaubigter Form zu erteilenden Anerkenntnisses betreffend die erhaltenen Unterhaltsleistungen (unten Rn. 587); daraufhin wird der Streit mit dem Rechtsnachfolgeprätendenten im Vorfeld ausgetragen, anderenfalls durch Klage nach § 731 ZPO (vgl. Rn. 618 ff.).

570 Im Falle des § 1607 Abs. 2 Satz 2 BGB ließe sich der **Nachweis der mangelnden Leistungsfähigkeit des Ersthaftenden** durch Vorlage eines Protokolls über die Abgabe der Vermögensauskunft (§ 802e ZPO) führen, falls dieser Umstand der Urkundsperson nicht ausnahmsweise amtsbekannt sein sollte. Auch der andere hier einschlägige Tatbestand – **Undurchführbarkeit oder erhebliche Erschwerung der Rechtsverfolgung gegen den Ersthaftenden im Inland** – wird manchmal amtskundig sein. Sonst wäre der Nachweis nach § 727 ZPO allenfalls noch durch eine öffentlich beglaubigte Abtretung des Unterhaltsanspruchs (unten Rn. 594) zu überbrücken. Gelingt die eine oder die andere Nachweismöglichkeit nicht, hätte die Urkundsperson von der Erteilung der Rechtsnachfolgeklausel abzusehen und eine **Klage auf Erteilung der Klausel nach § 731 ZPO** anheim zu geben. Alsdann kann der Nachweis vor dem Gericht durch die diesem offenstehenden weitergehenden Beweismittel geführt werden.

cc) Nachweis der vom Rechtsnachfolger erbrachten Leistungen

Ist die Rechtsnachfolger-Qualifikation – soweit im Rahmen von § 1607 BGB erforderlich – ausreichend dargetan, so ist der **Rechtsübergang** aufgrund und **nach Maßgabe des erbrachten Unterhalts** detailliert für Zeitpunkte, Umfang und Empfänger zu belegen. **571**

Hierfür **genügt** – entgegen einer ursprünglich in der Rechtsprechung vertretenen Ansicht – **nicht eine privatschriftliche Bestätigung des Berechtigten,** dass ihm z.B. Unterhaltsleistungen nach dem UVG in bestimmter Höhe und während einer bestimmten Zeit gezahlt worden sind (vgl. OLG Karlsruhe, 4.3.1987 – 16 WF 245/86, FamRZ 1987, 852; OLG Stuttgart, 8.4.1986 – 8 WF 16/86, ZfJ 1986, 427 m. Anm. *Brüggemann* = FamRZ 1987, 81; OLG Koblenz, 19.3.1986 –13 WF 347/86, FamRZ 1987, 83). Allenfalls könnte der Nachweis der Zahlung durch eine **notariell beglaubigte Privaturkunde** – z.B. eine Empfangsbestätigung der Kindesmutter – erbracht werden (OLG Stuttgart, 8.4.1986 a.a.O. unter Hinweis auf *de Grahl* DAVorm 1982, 631 [641]; vgl. auch Rn. 582). **572**

Wird keine formgerechte Empfangsbestätigung des Leistungsempfängers beigebracht, bedarf es einer **Bestätigung der auszahlenden Stelle** – sei es der Unterhaltsvorschusskasse, des Jobcenters oder Sozialamts –, aus der hervorgeht, wann genau und in welcher jeweiligen Höhe Barauszahlungen geleistet wurden oder die überweisende Bank mit der Zahlung beauftragt wurde (OLG Karlsruhe, 4.3.1987 a.a.O.; OLG Stuttgart, 8.4.1986 a.a.O.; OLG Düsseldorf, 24.7.1996 – 3 WF 27/96, FamRZ 1997, 826; OLG Dresden, 28.5.1998 – 10 WF 160/98, DAVorm 1999, 713. In dem letztgenannten Beschluss wurde „großzügigerweise" erkannt: „Der Nachweis der Gutschrift des Geldes auf dem Konto der Mutter ist nicht notwendig.").

Nach Auffassung des OLG Hamm (9.11.1998 – 7 WF 510/98, FamRZ 1999, 999) reicht **die urkundliche Erklärung des Sozialamts über die erbrachten Leistungen** nach dem BSHG bzw. nunmehr SGB XII aus; es wird **nicht etwa noch zusätzlich eine Kassenbestätigung** gefordert (ebenso OLG Zweibrücken, 8.1.1997 – 2 WF 80/96, FamRZ 1997, 1092 und 18.4.2007 – 5 WF 16/07, NJW 2007, 2779; OLG Köln, 22.8.1996 – 10 WF 132/96, MDR 1997, 369; OLG Karlsruhe, 1.8.2003 – 5 WF 88/03, FamRZ 2004, 125). Als Nachweis genügt allerdings nicht die bloße Vorlage von Computerauszügen über das beim Land geführte Forderungskonto (OLG Naumburg, 8.8.2013 – 8 WF 170/13, juris).

Es erscheint deshalb nicht überzeugend, wenn für die Umschreibung nach einem Anspruchsübergang gem. § 7 Abs. 1 UVG statt einer beurkundeten Aufstellung der UV-Stelle eine **Bestätigung der auszahlenden Stelle** (z.B. „Stadtkämmerei, Abt. Stadtkasse") verlangt werden soll (vgl. z.B. OLG Stuttgart, 17.9.1992 – 8 WF 56/92, FamRZ 1993, 227 und 8.4.1986 – 8 WF 16/86, FamRZ 1987, 81 sowie OLG Karlsruhe, 4.3.1987 – 16 WF 245/86, FamRZ 1987, 852). Sachliche Gründe für unterschiedliche Voraussetzungen bei Rechtsnachfolgeklauseln im Unterhaltsvorschussrecht einerseits und im Sozialhilferecht auf der anderen Seite sind wohl schwerlich zu finden. Es ist zu hoffen, dass hier vielleicht noch einmal eine obergerichtliche Entscheidung differenziert auf das Problem eingeht und für Klarheit **573** sorgt. Folgt man aber beim Anspruchsübergang nach § 7 Abs. 1 UVG den Anforderungen der vorstehend zitierten Rechtsprechung, erscheint es wohl entbehrlich, neben (!) der Bestätigung der auszahlenden Kasse auch noch eine urkundliche Aufstellung der UV-Stelle über die entsprechenden Anweisungen vorzulegen.

574 Hinzuweisen ist auf einen **Sonderfall** einer möglichen Umschreibung: Das **Sozialamt bzw. Jobcenter** hat **Leistungen erbracht**, das Kind hätte aber **Anspruch auf Unterhaltsvorschuss gem. § 7** Abs. 1 **UVG** gehabt. Unterhaltsvorschuss ist vorrangig vor Sozialhilfe zu erbringen (vgl. hierzu näher UVG-RL Nr. 7.11). Ist der Sozialhilfeträger in Vorlage getreten, kann er ggf. Erstattung vom Land, vertreten durch die Unterhaltsvorschussbehörde, verlangen. Hierbei ist die Vorschrift des **§ 107** Abs. 1 **SGB X** zu beachten: „Soweit ein Erstattungsanspruch besteht, gilt der Anspruch des Berechtigten gegen den zur Leistung verpflichteten Leistungsträger als erfüllt". Allein das *Bestehen eines Erstattungsanspruchs* des Sozialhilfeträgers gegen das Land führt somit zur Fiktion der Erfüllung des UV-Anspruchs des Kindes und damit zum Anspruchsübergang gegen den barunterhaltsverpflichteten Elternteil gem. § 7 Art. 1 UVG.

Ein Erstattungsanspruch besteht, wenn der nachrangig verpflichtete Sozialhilfeträger eine Leistung an den Berechtigten erbracht hat (vgl. von Wulffen/Schütze/*von Wulffen*, § 107 SGB X Rn. 3). Daher muss die Urkundsperson auch dann, wenn die UVG-Stelle eine Titelumschreibung auf das Land als Rechtsnachfolger beantragt, einen **urkundlichen Nachweis der Zahlungen** *durch das Sozialamt* verlangen, den naturgemäß nur diese Behörde selbst erstellen kann. Die UVG-Stelle muss sich darum bemühen, dass das Sozialamt diese Aufstellung in derselben urkundlichen Form beibringt, die erforderlich wäre, wenn eine Rechtsnachfolgeklausel für den Sozialhilfeträger infolge eines Anspruchsübergangs auf diesen gem. § 94 SGB XII beantragt würde.

575 Diese Bestätigung erbrachter Leistungen muss in allen vorgenannten Fällen **in Form einer öffentlichen Urkunde nach § 418 ZPO** erteilt werden. Sie muss also von einer zuständigen Behörde innerhalb der Grenzen ihrer Amtsbefugnisse errichtet werden und eine Handlung der Behörde oder eine auf eigener Wahrnehmung der Behörde beruhende Tatsache bekunden (OLG Stuttgart, 17.9.1992 – 8 WF 56/92, Rn. 8, FamRZ 1993, 227; OLG Hamm, 9.2.1981 – 8 WF 674/80, FamRZ 1981, 915 und 10.7.2014 –11 WF 95/14, FamRZ 2015, 430 [Ls.]). Diese Urkunde muss **mit Dienstsiegel und Unterschrift des verantwortlichen Bediensteten** versehen sein. Bei Eigenerklärungen einer Behörde muss der handelnde Beamte zur Unterzeichnung und Benutzung des Dienstsiegels berechtigt sein (vgl. BGH, 20.6.1966 – IV ZB 60/66, BGHZ 45, 362 [372]).

575a Die Rechtsprechung neigt allerdings manchmal zu **begrifflicher Unschärfe**, indem bezüglich dieser Schriftstücke davon gesprochen wird, es liege eine **„Beglaubigung"** vor (z.B. OLG Zweibrücken, 18.4.2007 – 5 WF 16/07, Rn. 13, NJW 2007, 2779: „beglaubigte Aufstellung"; vgl. auch OLG Hamm, 10.7.2014 a.a.O.: „Der entsprechende Nachweis der Rechtsnachfolge auf die Stadt … ist durch die zu den Akten gereichte, monatlich spezifiziert aufgeschlüsselte beglaubigte Aufstellung ... erbracht. Insofern ist anerkannt, dass eine solche Aufstellung des Trägers der Sozialhilfe eine öffentliche Urkunde im Sinne des § 418 ZPO darstellt"). Eine Behörde kann in diesem Zusammenhang zwar durch Siegelung eine öffentliche Urkunde herstellen, nicht aber die zugrunde liegende Aufstellung „öffentlich beglaubigen" (vgl. hierzu grundsätzlich § 129 BGB). Amtliche – nicht öffentliche – Beglaubigungen gem. § 70 BeurkG, §§ 33, 34 VwVfG beziehen sich vornehmlich auf Dokumente zur Verwendung in Verwaltungsverfahren. Sie lassen keine öffentliche Urkunde entstehen, wie sie aus einer öffentlichen Beurkundung hervorgeht, weil die Beweiskraft auf den im Beglaubigungsvermerk genannten Verwendungszweck beschränkt ist (§ 65 Satz 2 BeurkG; vgl. *Ahrens*, Der Beweis im Zivilprozess, Kap. 25 Rn. 63).

576 In der Praxis wirft es ein Problem auf, dass das **Jobcenter** als „gemeinsame Einrichtung" von Bundesagentur für Arbeit und Kommune nach § 44b Abs. 1 Satz 2 SGB II zwar Verwaltungsakte und Widerspruchsbescheide erlassen darf, aber **in der Regel kein Siegel** führt. Es läge an sich nahe, dem Jobcenter angesichts seiner „Behördenqualität" auch eine Siegelführungsbefugnis einzuräumen. Sofern dies bisher nicht geschehen ist, kann diese gemeinsame Einrichtung, also das Jobcenter, selbst keine Schriftstücke mit Urkundenqualität im Sinne von §§ 415 ff. ZPO verfassen und somit keinen Nachweis gem. § 727 Abs. 1 ZPO für die Voraussetzungen einer Rechtsnachfolge durch gesiegelte Erklärung führen.

Als „Hilfskonstruktion" erscheint es vertretbar, wenn die an der gemeinsamen Einrichtung beteiligten **Träger jeweils getrennte und gesiegelte Leistungsaufstellungen** als Urkunden vorlegen (so schon *DIJuF-Rechtsgutachten* 29.5.2008, JAmt 2008, 362 = www.bundesanzeiger-verlag.de/beurkundungen IV Nr. 19); dies wird auch verbreitet so gehandhabt. Werden der Urkundsperson ungesiegelte Leistungsaufstellungen des Jobcenters vorgelegt, muss sie die Titelumschreibung ablehnen und auf die genannte Möglichkeit hinweisen.

577 Bei den erforderlichen Aufstellungen ist eine **genaue Spezifizierung erforderlich**. Es genügt nicht, die Leistungen für den gesamten Leistungszeitraum in einer Summe zusammengerechnet zu bescheinigen (OLG Düsseldorf, 11.3.1986 – 9 UF 52/86, DAVorm 1986, 914; vgl. auch die oben zu Rn. 572 zit. Rspr.). Sind Leistungen an mehrere Empfänger (z.B. Geschwister) in einer Summe bezahlt worden, ist es unumgänglich, die **auf die einzelnen Empfänger entfallenen Beträge** aufzuschlüsseln. Soweit dies der auszahlenden Kasse nicht möglich ist, müssten ihr die Bewilligungsbescheide für alle beteiligten Leistungsempfänger vorgelegt werden, um durch Vergleich mit den Auszahlungsnachweisen die Aufschlüsselung vornehmen zu können. Schon ein etwaiger Sammeltitel hätte ja nach der Person der Berechtigten und den ihnen zustehenden Ansprüchen getrennt zu lauten. Sonst wäre eine Umschreibung ohnehin blockiert.

Man beachte: Zur Empfangnahme von Unterhaltsvorschussleistungen nach dem UVG ist der Beistand eines Kindes nicht legitimiert. Eine auf ihn als Auszahlungsempfänger lautende Bescheinigung könnte nicht Grundlage für die Erteilung der Rechtsnachfolgeklausel für den Landesfiskus sein.

578 Zwar lässt § 727 Abs. 1 ZPO auch den Nachweis durch **„öffentlich beglaubigte"
Urkunden** zu. In einem bekannt gewordenen Fall wurden von einer – auch außerhalb des § 59 SGB VIII zu Beglaubigungen ermächtigten – Urkundsperson Ausfertigungen der Zahlungsaufstellungen der UV-Stelle öffentlich beglaubigt. Es erscheint aber zweifelhaft, ob dies ausreicht, nachdem die **Behörde eine Zeugnisurkunde i.S.v. § 418 ZPO** ausstellen kann. Die Möglichkeit der öffentlichen Beglaubigung steht regelmäßig Privatgläubigern offen, welche nicht selbst entsprechende öffentliche Urkunden errichten können. Die Rechtsprechung hat deshalb – wie betont – auch bisher eine entsprechende Behördenurkunde zum Nachweis des Forderungsübergangs verlangt; von einer „Beglaubigung" entsprechender Erklärungen war – außerhalb bloßer sprachlicher Ungenauigkeit, vgl. oben Rn. 575 – soweit ersichtlich, keine Rede.

Soweit man überhaupt eine öffentliche Beglaubigung für ausreichend halten würde – mit der lediglich die Übereinstimmung von Unterschrift und bezeichnetem Urheber der Urkunde bestätigt, nicht aber eine erhöhte Beweiskraft für die inhaltliche Richtigkeit der Urkunde gewährleistet wird –, bestünden aber erhebliche **Bedenken gegen das praktizierte formelle Verfahren**. Wenn die Urkundsperson außerhalb des Zuständigkeitskatalogs des § 59 Abs. 1 Satz 1 SGB VIII zu Beglaubigungen ermächtigt ist und eine entsprechende Beglaubigung zum Nachweis einer Rechtsnachfolge für eine von ihr zu erteilende Vollstreckungsklausel dienen soll, könnte dies als unzulässige Vorbefassung i.S.v. § 3 Abs. 1 Nr. 8 BeurkG zu werten sein.

579 Die nicht zu verkennende Umständlichkeit eines Nachweises durch öffentliche Urkunde der auszahlenden Stelle lässt sich entgegen einem missverständlichen Hinweis in früheren Auflagen (dort Rn. 292) nicht ersparen, wenn die nachweisbedürftigen Daten und Fakten „bei dem Jugendamt", dessen Urkundsperson die Rechtsnachfolgeklausel zu erteilen hat, **amtsbekannt** sind. Es kommt allein auf die **amtliche Kenntnis der Urkundsperson** an (vgl. oben Rn. 560). Nicht genügend ist also, dass es sich um Auszahlungsvorgänge handelt, die von einer Kasse der Trägerkörperschaft eben dieses Jugendamts vorgenommen worden sind.

580 Problematisch kann sein, wie der **erbrachte Unterhalt von einem Verwandten**, der sich auf den Anspruchsübergang nach § 1607 Abs. 2 Satz 2 berufen will, **nachgewiesen** werden kann.

Denn allein die schlüssige Darlegung der Tatbestandsmerkmale der Vorschrift, welche die Rechtsnachfolge bewirkt, genügt nicht für die „Offenkundigkeit" (OLG Bamberg, 26.5.1993 – 8 W 26/93, JurBüro 1994, 615). Auch der Nachweis durch öffentliche Urkunde kann nicht gelingen: Die Mutter bzw. der Großelternteil kann höchstens den Sachverhalt in einer privatschriftlich verfassten Erklärung darlegen. Einer solchen Privaturkunde i.S.v. § 416 ZPO kommt aber ungeachtet einer notariellen Beglaubigung nicht der Beweiswert zu, den eine öffentliche Urkunde i.S.v. § 415 Abs. 1 ZPO hat. Denn nach dieser Vorschrift wird mit der öffentlichen Urkunde einer Behörde der volle Beweis des beurkundeten Vorgangs angetreten. Allerdings genügt es nach wohl einhelliger Auffassung, wenn der **Schuldner vor**

B.II. Beurkundung von Unterhaltsverpflichtungen

Erteilung einer Rechtsnachfolgeklausel angehört wird und hierbei ausdrücklich die Tatsachen zugesteht, welche die Rechtsnachfolge begründen (Zöller/*Stöber*, § 727 ZPO Rn. 20).

Hingegen war früher **umstritten,** ob es ausreicht, wenn dem Schuldner vor der Umschreibung rechtliches Gehör gewährt wird und er **hierzu schweigt.** Noch in der 6. Aufl. (Rn. 405 ff.) wurde erwogen, insoweit die Vorschrift des **§ 138 Abs. 3 ZPO** heranzuziehen. Nach dieser gilt im Zivilprozess eine nicht ausdrücklich bestrittene Tatsache als zugestanden. Allerdings wurde bereits darauf hingewiesen, dass die Anwendbarkeit dieser Vorschrift bei der Titelumschreibung höchst umstritten ist.

581

Mittlerweile hat sie der **BGH** (5.7.2005 – VII ZB 16/05, Rpfleger 2005, 610; 23.10.2008 – I ZR 158/07, JurBüro 2009, 163) **endgültig verneint**: Eine vom Antragsteller behauptete Tatsache könne nicht gemäß § 138 Abs. 3 ZPO deshalb als zugestanden angesehen werden, weil der Schuldner zu dem Umschreibungsantrag geschwiegen habe. Im Klauselerteilungsverfahren bestehe für den Schuldner keine Erklärungslast (so auch Zöller/*Stöber*, § 727 ZPO Rn. 20 unter Hinweis auf *Münzberg*, NJW 1992, 201 [204]), wie sie für das Erkenntnisverfahren in § 138 Abs. 1 ZPO bestimmt ist. Die Vorschrift des § 138 Abs. 3 ZPO komme daher nicht zum Tragen.

Dann bleibt nur der Weg, die Voraussetzungen der Rechtsnachfolge als nachgewiesen anzusehen durch das **öffentlich beglaubigte Anerkenntnis des gesetzlichen Vertreters des Kindes,** den Unterhalt – in welcher Form und zu welchen Zeitpunkten – vom Leistenden erhalten zu haben (vgl. schon oben Rn. 572). Verbunden hiermit muss das Anerkenntnis sein, dass dadurch die Unterhaltsforderungen des Kindes „bis zur Höhe des vom Kindesvater geschuldeten Unterhalts" auf den Unterhaltsgewährenden kraft Gesetzes übergegangen seien (§ 412 BGB i.V.m. analoger Anwendung des § 403 Satz 1 BGB; vgl. MüKo/*Roth*, § 402 BGB Rn. 2 sowie § 403 BGB Rn. 3 und RG, HRR 1932, 2141). Denn der bisherige Gläubiger ist verpflichtet, dem neuen Gläubiger die zur Geltendmachung der Forderung nötige Auskunft zu erteilen und ihm die zum Beweis der Forderung dienenden Urkunden, soweit sie sich in seinem Besitz befinden, auszuliefern (§ 402 BGB). Der bisherige Gläubiger hat dem neuen Gläubiger auf Verlangen eine öffentlich beglaubigte Urkunde über die Abtretung auszustellen. Bei entsprechender Anwendung der Vorschrift im Fall der gesetzlichen Rechtsnachfolge ist Inhalt der geschuldeten öffentlich beglaubigten Urkunde die „bestätigende Verlautbarung des Übergangs" (MüKo/*Roth* § 403 BGB Rn. 3).

582

Das gilt namentlich für die Scheinvater-Fälle des § 1607 Abs. 3 Satz 2 BGB. **Naturale Unterhaltsgewährung** durch den Ehemann der Kindesmutter oder den Scheinvater müssten dabei mit ihrem entsprechenden Geldwert **veranschlagt werden.** Zur **Beglaubigung** eines solchen **Anerkenntnisses** ist die Urkundsperson nicht ermächtigt. Ist der gesetzliche Vertreter des Kindes ein Amtsvormund, so könnte dieser die Erklärung unter Beidruck seines Dienstsiegels abgeben. Denn diese Form ist der öffentlichen Beurkundung gleichwertig (Rn. 85). Sonst wäre für eine Beglaubigung nur der Notar zuständig.

dd) Entbehrlichkeit des Nachweises der Rechtswahrungsanzeige

583 Nicht erforderlich zum Nachweis der *Rechtsnachfolge* ist die **Rechtswahrungsanzeige** nach § 7 Abs. 2 UVG bzw. § 33 Abs. 1 SGB II oder§ 94 Abs. 3 Satz 1 SGB XII (ebenso Zöller/*Stöber,* § 727 ZPO Rn. 21 a.E. unter Hinw. auf OLG Stuttgart, 17.9.1992 – 8 WF 56/92, NJW-RR 1993, 580: a.A. unzutr. *Helwich,* Rpfleger 1983, 226).

Ihr kommen zwei wesentliche **materiell-rechtliche Wirkungen** zu:

- Sie ermöglicht ab ihrem Zugang die Inanspruchnahme des Schuldners für den Kindesunterhalt **("Warnfunktion")**. Dies hat besonders dann Bedeutung, wenn der Pflichtige bisher nicht von Seiten des Kindes als Gläubiger i.S.v. § 1613 Abs. 1 Satz 1 BGB zur Auskunft aufgefordert, gemahnt oder verklagt wurde (vgl. BGH, 19.2.2003 – XII ZR 67/00, FamRZ 2003, 860). Dann ist der Zugang der Rechtswahrungsanzeige die unabdingbare Voraussetzung dafür, dass der Verpflichtete in diesem Sinne „rückwirkend" zu Unterhaltszahlungen herangezogen werden kann. **Liegt** aber **bereits ein Titel vor,** ist diese Rechtswirkung **ohne Bedeutung,** weil damit die Unterhaltspflicht ab dem im Urteil, Prozessvergleich oder der Urkunde genannten Zeitpunkt zwingend festgelegt wurde (vgl. hierzu auch OLG Stuttgart, 17.9.1992 – 8 WF 56/92, DAVorm 1992, 1361 = FamRZ 1993, 227 zu § 7 UVG und LG Düsseldorf, 20.2.1984 – 20 T 60/83, FamRZ 1984, 923 zu § 91 BSHG).

- Die Rechtswahrungsanzeige bewirkt als **Anzeige des Gläubigerwechsels**, dass der Schuldner nicht mehr mit befreiender Leistung Unterhaltszahlungen an das Kind erbringen kann. Denn grundsätzlich muss zwar der neue Gläubiger eine Leistung, die der Schuldner nach der Abtretung bzw. dem gesetzlichen Forderungsübergang an den bisherigen Gläubiger erbringt, gegen sich gelten lassen. Dies gilt aber nicht, wenn der Schuldner die Abtretung bzw. den Forderungsübergang bei der Leistung kennt (§ 407 Abs. 1 i.V.m. § 412 BGB). Die Beweislast für die Kenntnis hat der Rechtsnachfolger. Ist aber dem Schuldner eine Abtretungsanzeige oder Rechtswahrungsanzeige zugegangen, wird vermutet, dass er Kenntnis von der Abtretung bzw. dem Forderungsübergang hatte (BGH, 5.3.1997 – VIII ZR 118/96, BGHZ 135, 39; BGH, 28.3.1979 – IV ZR 58/78, NJW 1979, 1456).

Behauptet der Schuldner unwiderlegbar, *keine* **Rechtswahrungsanzeige erhalten** und deshalb ohne Kenntnis des Forderungsübergangs für den UV-Bewilligungszeitraum Zahlungen an das Kind als Gläubiger erbracht zu haben, wäre dieser Einwand anlässlich der Titelumschreibung nach § 727 ZPO allerdings unbeachtlich. Wie sich aus § 732 Abs. 1 ZPO ergibt, kann der Schuldner mit einem Rechtsbehelf gegen die Erteilung der Vollstreckungsklausel nur vorbringen, dass diese nicht zulässig gewesen sei. Materielle Einwendungen gegen den im Titel festgestellten Anspruch selbst, z.B. Erfüllung, auch Erlass, Stundung usw., können nur mit der Vollstreckungsabwehrklage nach § 767 ZPO geltend gemacht werden (Zöller/*Stöber*, § 732 ZPO Rn. 13 m.w.N.; näher unten Rn. 597 ff.). Sie sind deshalb auch von der Urkundsperson bei der Titelumschreibung außer Acht zu lassen.

Eine **darüber hinausgehende Bedeutung hat die Rechtswahrungsanzeige nicht**. Sie ist insbesondere **nicht konstitutiv** für den Anspruchsübergang nach § 7 Abs. 1 UVG. Es besteht auch kein Anlass, dies für den Forderungsübergang nach § 33 Abs. 1 SGB II oder § 94 Abs. 1 SGB XII abweichend zu beurteilen. 584

ee) Zur Frage einer sozialrechtlichen Vergleichsberechnung

Fraglich ist, ob die Urkundsperson vor einer Titelumschreibung auf den Sozialhilfeträger oder das Jobcenter eine **sozialrechtliche Vergleichsberechnung** fordern **muss**. Das Problem hat folgenden Hintergrund: 585

(1) Ein unterhaltsrechtlich bestehender Anspruch des Kindes muss nicht in jedem Fall nach einer SGB II-Leistung auf den Träger übergehen, weil § 33 SGB II dieser Rechtsnachfolge in verschiedener Hinsicht Grenzen setzt. Dasselbe gilt für § 94 SGB XII.

(a) Zum einen ist auch bei § 33 SGB II zu beachten, dass ein Anspruchsübergang dann ausgeschlossen ist, wenn die **Leistungsfähigkeit des Schuldners lediglich aufgrund fiktiver Annahmen** (etwa zur Verletzung einer Erwerbsobliegenheit) bejaht werden kann (BGH, 23.10.2013 – XII ZB 570/12, Rn. 23, FamRZ 2013, 1962 m.w.N.).. Insoweit gilt nichts anderes als bei § 94 SGB XII (bzw. zuvor § 91 BSHG), wozu der BGH ausdrücklich die Berücksichtigung lediglich fiktiver Einkünfte für den Anspruchsübergang ausgeschlossen hat (vgl. z.B. BGH, 31.5.2000 – XII ZR 119/98, DAVorm 2000, 604 = FamRZ 2000, 1358; anders hingegen zu § 7 Abs. 1 UVG: BGH, 14.3.2001 – XII ZR 57/99, JAmt 2001, 241).

(b) Zum anderen liegt formell eine Begrenzung des Anspruchsübergangs vor durch die Bestimmung des **§ 33** Abs. 2 Satz 3 **SGB II**. Sie lautet: „Der Anspruch geht nur über, soweit das Einkommen und Vermögen der unterhaltsverpflichteten Person das nach den §§ 11 und 12 zu berücksichtigende Einkommen und Vermögen übersteigt."

Diese Regelung hat den gleichen Sinn wie die Vorschrift des § 94 Abs. 3 Nr. 1 SGB XII, welche besagt: „Ansprüche nach Absatz 1 und 2 gehen nicht über, soweit die unterhaltspflichtige Person Leistungsberechtigte nach dem Dritten Kapitel ist oder bei Erfüllung des Anspruchs würde." Durch diese Vorschriften soll der Unterhaltspflichtige in gleicher Weise wie der Leistungsempfänger geschützt werden. Ihnen liegt in verfassungsrechtlicher Hinsicht der Gedanke zugrunde, dass der Unterhaltspflichtige im Hinblick auf Achtung und Schutz seiner Menschenwürde (Art. 1 Abs. 1 GG) und das Sozialstaatsprinzip (Art. 20 Abs. 1 GG) durch den Rückgriff des Staates auf die Unterhaltsforderung des Leistungsempfängers nicht selbst zum Empfänger staatlicher Leistungen werden soll (BGH, 23.10.2013 – XII ZB 570/12, Rn. 12, FamRZ 2013, 1962 m.w.N.).

So führen auch die Fachlichen Hinweise der Bundesagentur für Arbeit zu § 33 SGB II unter „Vergleichsberechnung" (33.32) aus:

> „(4) Nach Sinn und Zweck des § 33 Abs. 2 Satz 3 soll der oder dem Unterhaltsverpflichteten mindestens ein Einkommen verbleiben, das zur Deckung ihres oder seines individuellen Bedarfs nach dem SGB II ausreicht ...".

586 (2) Die Vorschrift im Rahmen des § 33 SGB II ist aber **bezüglich des Einkommens unglücklich formuliert (ebenso *Wersig*, NzFam 2017, 80)**: Denn das nach § 11 SGB II zu berücksichtigende Einkommen besagt für sich allein genommen nicht, ob und in welchem Umfang der Betroffene Anspruch auf Leistungen nach diesem Gesetz hätte (so auch Wendl/Dose/*Klinkhammer*, § 8 Rn. 248). Das ergibt sich erst durch eine **Gegenüberstellung seines Einkommens mit der Hilfebedürftigkeit** i.S.v. § 9 SGB II: Es kommt also darauf an, ob sein Einkommen höher liegt als die Summe aus der Regelleistung (§ 20 SGB II) von derzeit – Stand 2017 – 409 EUR, den angemessenen Kosten der Unterkunft (§ 22 SGB II) und ggf. weiteren zu berücksichtigenden besonderen Bedarfspositionen. z.B. nach § 21 SGB II.

Nur wenn das **bereinigte Einkommen höher liegt als der Bedarf**, geht der Unterhalt in entsprechender Höhe über. Reduziert sich hingegen der übergehende Unterhalt – ggf. bis auf Null – muss zusätzlich dann aber das Vermögen des Pflichtigen so gering sein, dass es nach Maßgabe des § 12 SGB II seinem eigenen Anspruch auf ALG II nicht entgegenstünde. Das bedeutet aber nicht, dass *in jedem Fall* beide Voraussetzungen zu prüfen wären. Steht nämlich fest, dass der Schuldner aufgrund seines Einkommens heranzuziehen ist, bedarf es keiner Vermögensprüfung mehr.

587 (3) Von besonderer Bedeutung für die Höhe des anzurechnenden Einkommens sind die **Freibeträge, die nach § 11b** Abs. 2 **und 3 SGB II** dem Schuldner zugutekommen müssen.

Ohne hier auf Einzelheiten der Berechungsgrundlagen eingehen zu können, nur so viel: Liegt das Bruttoeinkommen zwischen 100 EUR und 1.000 EUR, bleiben dem ALG II-Empfänger davon 20% (also maximal 180 EUR). Von dem Einkommen, das darüberliegt, sind 10 % anrechnungsfrei. Bei 1.100 EUR Brutto-Verdienst ergäbe das z.B. einen Freibetrag von: 100 EUR (Grundfreibetrag) + 180 EUR (20 % von 900 EUR) + 10 EUR (1x 10 % von 100 EUR), also insgesamt 290 EUR. Ab einem Bruttoeinkommen von 1.200 EUR (mit Kindern 1.500 EUR) wird jeder weitere Euro voll auf das ALG II angerechnet.

588 Die Grenze von 1.500 EUR gilt stets, wenn in der Bedarfsgemeinschaft ein minderjähriges Kind (auch Stiefkind) vorhanden ist. Minderjährige Kinder außerhalb der Bedarfsgemeinschaft können nur berücksichtigt werden, wenn entsprechende Nachweise (z.B. Geburtsurkunde, Unterhaltstitel) vorliegen (vgl. BA-Hinweise zu § 33 SGB II 6.6.3.3: „Weitere Stufen. Grundfreibetrag").

Beispiel

 Ergibt sich bei einem Bruttoeinkommen von 1.100 EUR insbesondere unter Berücksichtigung der vorgenannten Freibeträge im Ergebnis ein freizuhaltendes Einkommen des alleinlebenden Schuldners von 750 EUR, ist dieses mit dessen konkretem Bedarf zu vergleichen, den er nach dem SGB II hätte. Kommen neben der Regelleistung von 409 EUR nur noch angemessene Kosten der Unterkunft in Höhe von 340 EUR als weitere Bedarfsposition in Betracht, liegt der sozialrechtliche Bedarf des Unterhaltspflichtigen mit 749 EUR um 1 EUR unter dem zu berücksichtigenden Einkommen von 750 EUR. Nur in dieser Höhe kann der Unterhaltsanspruch übergehen.

Das ist der **Sinn der Einschränkung nach § 33** Abs. 3 Satz 2 **SGB II** mit der Verweisung auf § 11 SGB II.

588a Lebt der Unterhaltsschuldner mit anderen in einer **Bedarfsgemeinschaft**, muss er sein zu berücksichtigendes Einkommen und Vermögen nicht nur zur Deckung seines eigenen sozialrechtlichen Bedarfs einsetzen, sondern auch für den Bedarf der Mitglieder der Bedarfsgemeinschaft verwenden (§ 9 Abs. 1 und Abs. 2 Satz 1 SGB II). Reichen Einkommen und Vermögen dafür nicht aus, **gilt jede Person der Bedarfsgemeinschaft als hilfebedürftig,** und zwar im Verhältnis des eigenen Bedarfs zum Gesamtbedarf (§ 9 Abs. 2 Satz 3 SGB II). Einkommen und Vermögen der Mitglieder der Bedarfsgemeinschaft sind somit in die Vergleichsberechnung nach § 33 Abs. 2 Satz 3 SGB II einzubeziehen (Wendl/Dose/*Klinkhammer*, § 8 Rn. 250 m.w.N. in Fn. 126). Erst wenn der Gesamtbedarf gedeckt ist und noch weiteres nach §§ 11, 12 SGB II zu berücksichtigendes Einkommen und Vermögen verbleibt, kann der Unterhaltsanspruch des Gläubigers auf die Träger der Grundsicherung übergehen. Der BGH hat dementsprechend entschieden, dass in die grundsicherungsrechtliche Vergleichsberechnung unabhängig vom Bestehen oder vom Rang bürgerlich-rechtlicher Unterhaltspflichten **auch die Angehörigen der Bedarfsgemeinschaft einzubeziehen** sind, in der die unterhaltspflichtige Person lebt (BGH, 23.10.2013 – XII ZB 570/12, BGHZ 198, 305 = FamRZ 2013, 1962).

588b Hierbei ist **zunächst der sozialrechtliche Bedarf** des Unterhaltspflichtigen bzw. der Bedarf der Bedarfsgemeinschaft, in der er lebt, gem. §§ 20 ff. SGB II (Regelbedarf, Bedarf für Unterkunft und Heizung und evtl. Mehrbedarfe) zu ermitteln. Dann müssen **die um die Freibeträge bereinigten Einkünfte** der einzelnen Mitglieder der Bedarfsgemeinschaft gem. §§ 11 ff. SGB II festgestellt und diese horizontal auf alle Mitglieder der Bedarfsgemeinschaft verteilt werden (vgl. hierzu ausführlich Eicher/Luik/*Mecke*, § 33 SGB II Rn 46 f.). Erst aufgrund dieser sozialrechtlichen Vergleichsberechnung aller mit dem Unterhaltspflichtigen in einer Bedarfsgemeinschaft lebenden Personen kann festgestellt werden, ob ein Anspruchsübergang nach § 33 Abs. 2 Satz 3 SGB II ausgeschlossen ist (*Mecke*, FamRB 2014, 88).

589 Ggf. ist dann noch zusätzlich zu prüfen, ob das **Vermögen** des Schuldners nach Maßgabe des § 12 SGB II herangezogen werden kann.

590 (4) Fraglich ist, welche **Folgerungen hieraus für die Darlegungslast des Jobcenters** als Antragsteller auf eine Rechtsnachfolgeklausel – bzw. auf eine gerichtliche Festsetzung des Unterhalts – zu ziehen sind:

aa) Nach einer in der Rechtsprechung vertretenen Auffassung (z.B. OLG Stuttgart, 5.12.2000 – 8 WF 84/00, Rn. 9 ff, FamRZ 2001, 838 m.w.N.; ebenso *Brudermüller,* FamRZ 1995, 1033) handle es sich bei den Einschränkungen des Anspruchsübergangs **nicht lediglich um Einwendungen**, die vom Schuldner gem. §§ 732, 768 ZPO und in dessen Rahmen gem. § 767 Abs. 1 und 3 ZPO geltend zu machen sind und bei einer Klauselumschreibung nach § 727 ZPO unbeachtet bleiben können, sondern um **Voraussetzungen des Anspruchsübergangs**. Würde demgegenüber dem Unterhaltsverpflichteten überlassen, die sich aus § 91 Abs. 1 und 2 BSHG bzw. nunmehr § 33 Abs. 3 Satz 2 SGB II ergebenden Übergangs-Ausschlusstatbestände gem. § 768 ZPO zu verfolgen, so könnte es – sei es durch zu spätes Erheben oder Nicht-Erheben der Klage gem. § 768 ZPO, sei es durch mangelhafte Prozessführung – dazu kommen, dass trotz der genannten Übergangs-Ausschlussvorschriften Sozialhilfebedürftigkeit des Unterhaltsverpflichteten eintrete, also ein Zustand, der gerade im öffentlichen Interesse vermieden werden solle. Daher könne die Erreichung dieses öffentlichen Interesses nicht in das Belieben von Privatpersonen gestellt werden, zumal diese in den hier interessierenden Fällen vielfach nicht sehr geschäftsgewandt seien. Dieses öffentliche Interesse sei nur sichergestellt, wenn der Sozialhilfeträger die Voraussetzungen für die Erteilung der Rechtsnachfolgeklausel **auch insoweit in der in § 727 ZPO vorgeschriebenen Form nachweisen** müsse, als es um das Fehlen der Ausschlusstatbestände beim Anspruchsübergang gehe.

Es ist aber fraglich, wie der Sozialleistungsträger die negativen Voraussetzungen des Anspruchsübergangs *urkundlich* nachweisen kann. *Wersig* (NzFam 2017, 80) hält eine derartige Anforderung zu Recht für praxisfern.

591 Vom selben Ausgangspunkt schien es daher folgerichtig und praxisgerechter, lediglich eine nicht i.S.von § 727 ZPO formgebundene **sozialrechtliche Vergleichsberechnung zu fordern**, wenn eine Klage bzw. ein Antrag gegen den Schuldner eingereicht (vgl. hierzu OLG Düsseldorf, 17.6.1998 – 4 UF 280/97, FamRZ 1999, 885 [886] zur Sozialhilfe) oder ein Titel umgeschrieben werden soll, insoweit also statt eines gar nicht zu erbringenden urkundlichen Nachweises (hierzu näher die 6. Aufl. Rn. 412 f.; s.a. DIJuF-Rechtsgutachten JAmt 2003, 189; ebenfalls jeweils zur Vergleichsberechnung bei der Sozialhilfe).

Das OLG Düsseldorf (17.6.1998 a.a.O.) forderte eine „**fiktive Bedürftigkeitsberechnung nach Sozialhilferecht**..., wobei sich die Heranziehungsmaßstäbe und Einkommensgrenzen nach den für den Hilfeempfänger (Unterhaltsgläubiger) geltenden Vorschriften richten, die Berechnung selbst aber auf die persönlichen Verhältnisse des Unterhaltspflichtigen abzustellen ist (vgl. u.a. *Schellhorn* FuR 1995, 10, [11])". Hierbei seien ggf. auch Einkünfte von Angehörigen oder des nichtehelichen Lebenspartners zu berücksichtigen (nach damaligem Recht gem. §§ 28, 122 BSHG).

Im gleichen Sinne zur Bedeutung einer sozialhilferechtlichen Vergleichsberechnung z.B. BGH, 11.3.1998 – XII ZR 190/96, Rn. 10 f. FamRZ 1998, 818, sowie OLG Saarbrücken, 12.3.1998 – 6 UF 72/97, FamRZ 1999, 1024; OLG Koblenz, 18.1.1999 –13 UF 950/98, MDR 1999, 1330.

bb) Jedoch wurde in der Rechtsprechung verbreitet auch die Ansicht vertreten: Für die Ausnahme vom gesetzlichen Übergang als Regelfall ist **derjenige darlegungs- und beweispflichtig, der die Ausnahme,** nämlich die eigene Bedürftigkeit zur Abwendung des Überganges, **geltend machen** will (z.B. OLG Karlsruhe, 1.8.2003 – 5 WF 88/03, FamRZ 2004, 125; ebenso OLG Zweibrücken, 8.1.1997 – 2 WF 80/96, FamRZ 1997, 1092). Diese Beweislastverteilung gelte schon deswegen, weil infolge der sog. Sphärentheorie ein außenstehender Dritter (hier der Sozialhilfeträger) keine Kenntnis über eine angebliche Leistungsunfähigkeit des Unterhaltsschuldners habe und diese auch nicht von Amts wegen ermitteln könne bzw. müsse. Vielmehr obliege es dem Unterhaltsschuldner selbst, eine inzwischen vorliegende Leistungsunfähigkeit darzulegen, wozu sich insbesondere das Verfahren nach § 730 ZPO eigne. **592**

cc) Jedenfalls nach den **zum 1. Januar 2005 eingetretenen Rechtsänderungen im Sozialhilferecht** erscheint eine unaufwändige und am Wortlaut und Sinn des Gesetzes orientierte Lösung wie folgt möglich (vgl. OLG Stuttgart, 9.10.2007 – 8 WF 128/07, FamRZ 2008, 290 und 13.8.2012 – 8 WF 88/11, FamRZ 2013, 655 m.w.N.): Zu dem genannten Stichtag hat der Gesetzgeber in § 94 SGB XII die jetzt in Abs. 3 Satz 2 enthaltene Ergänzung eingefügt: „Der Träger der Sozialhilfe hat die Einschränkung des Übergangs nach Satz 1 zu berücksichtigen, wenn er von ihren Voraussetzungen durch vorgelegte Nachweise oder auf andere Weise Kenntnis hat". Hieraus ist die **Intention des Gesetzgebers** erkennen, dass die sozialhilferechtlichen Schuldnerschutzvorschriften **nicht ohne weiteres zum Ausschluss des Forderungsübergangs führen sollen,** soweit der Sozialhilfeträger die Leistungsfähigkeit nicht nachweisen kann. Vielmehr muss seine Versicherung, von einer bestehenden oder drohenden Sozialhilfebedürftigkeit des Unterhaltsschuldners keine Kenntnis zu haben, ausreichen. **593**

Auch wenn § 33 Abs. 2 SGB II der in § 94 Abs. 3 Satz 2 SGB XII enthaltene Zusatz nicht eingefügt worden ist, lässt sich doch deren Sinn und Zweck auch dorthin übertragen (OLG Stuttgart, 9.10.2007 a.a.O, unter Aufgabe früherer anderslautender Rechtsprechung). Versichert das Jobcenter, dass der Schuldner auf sein Auskunftsersuchen nicht reagiert habe und keine Leistungen nach dem SGB II beziehe, was bundesweit mittels der zentralen Personendatenverwaltung überprüft worden sei, kann damit ein weiterer, dem Jobcenter nicht möglicher, Nachweis nicht verlangt werden (OLG Stuttgart, 9.10.2007 a.a.O.).

Allerdings ist diese praxisgerechte Anschauung nicht unbestritten geblieben. Eine **ausdrücklich andere Ansicht** hat das **OLG Dresden** (8.11.2016 – 20 UF 683/16, NZFam 2017, 80 mit Praxishinweis *Wersig*) mit folgendem Leitsatz vertreten: „**§ 33 Abs. 2 Satz 3 SGB II** regelt eine **Tatbestandsvoraussetzung für den Übergang** des Unterhaltsanspruchs auf den Leistungsträger, deren Eintritt dieser ggf. urkund- **593a** lich zu beweisen hat, wenn er im Verfahren nach § 727 ZPO für sich als Rechtsnachfolger die Erteilung einer titelübertragenden Klausel begehrt".

Der Senat gesteht a.a.O. in Rn. 14 zwar zu, dass der Nachweis der Voraussetzungen des § 33 Abs. 2 Satz 3 SGB II durch eine öffentliche oder öffentlich beglaubigte Urkunde **kaum je möglich** sein werde. Dies gelte umsomehr, als nach Ansicht des BGH (oben Rn. 588a) nicht lediglich auf das Einkommen und die Vermögensverhältnisse *des Unterhaltsverpflichteten* abzustellen sei, sondern auf die Mitglieder der *Bedarfsgemeinschaft*, in der er lebt. Hierüber werde der Leistungsträger zumeist keine Kenntnis haben.

593b Das ändere aber nichts daran, dass die **Gegenauffassung dem klaren Gesetzeswortlaut widerspreche**. Hiernach seien alle Voraussetzungen für den Anspruchsübergang durch öffentliche oder öffentlich beglaubigte Urkunden nachzuweisen. § 33 Abs. 2 Satz 3 SGB II setze ausdrücklich voraus, dass das Einkommen und Vermögen der unterhaltsverpflichteten Person das nach den §§ 11 und 12 SGB II zu berücksichtigende Einkommen und Vermögen übersteigt. Der Normtext spreche – anders als die von der Gegenauffassung herangezogene Regelung in § 94 Abs. 3 Satz 2 SGB XII – zudem dafür, dass die **Beweislast hierfür nicht der Unterhaltsschuldner** habe, sondern derjenige, der sich auf den Forderungsübergang beruft (was freilich an der subsidiären Darlegungslast des Unterhaltsschuldners im Streitverfahren nichts ändere). Das sei auch sachgerecht: Träfe den Schuldner die Beweislast, und könne er nicht nachweisen, dass die Forderung nach dieser Vorschrift nicht übergegangen sei, würde im Verhältnis zum Leistungsträger dann der Forderungsübergang festgestellt werden. Begehrt gleichzeitig der Unterhaltsberechtigte selbst den Unterhalt, könnte der – hier in jedem Fall beweisbelastete – Unterhaltsschuldner den Übergang wiederum nicht nachweisen. Er müsste weiterhin an den Unterhaltsberechtigten leisten. Er könnte bei dieser Beweislastverteilung also doppelt in Anspruch genommen werden (OLG Dresden, 8.11.2016 – 20 WF 683/16, Rn. 15).

593c Die Tatsache, dass nach dieser vom OLG Dresden, a.a.O. vertretenen Auffassung die Umschreibung eines Unterhaltstitels auf das Jobcenter wegen eines Anspruchsübergangs gemäß § 33 Abs. 2 SGB II im vereinfachten Verfahren nach § 727 ZPO **im Ergebnis schwer möglich sein** wird, **stehe dem nicht entgegen**. § 727 ZPO stelle ein vereinfachtes, formalisiertes Verfahren zur Verfügung für Fälle, in denen sämtliche Voraussetzungen für den Anspruchsübergang entweder offenkundig sind oder durch öffentliche oder öffentlich beglaubigte Urkunden nachgewiesen werden. Die Vereinfachung des Verfahrens, zu einem vollstreckbaren Titel zu gelangen, lasse sich nur dadurch rechtfertigen, dass dem so geltend gemachten Anspruchsübergang nur **in sehr seltenen Ausnahmefällen etwas entgegengehalten** werden könne. Das komme kaum in Betracht, wenn eine Voraussetzung durch öffentliche Urkunde nachgewiesen werden könne. Jedenfalls werde der für die Klauselerteilung zuständige Rechtspfleger bei einer (zumal freigestellten) Anhörung des Schuldners im Verfahren nach § 730 ZPO kaum in der Lage sein, die Einkommens- und Vermögensverhältnisse des Schuldners darauf zu überprüfen, ob er durch den Regress des Leistungsträgers selbst hilfsbedürftig werde (OLG Dresden, 8.11.2016 – 20 WF 683/16, Rn. 16).

Auch dürfe der **Schutz nicht übergangen** werden, den das in diesem Fall an sich einzuleitende Streitverfahren gemäß **§ 731 ZPO** (Klage auf Erteilung der Vollstreckungsklausel, dazu unten Rn. 618 ff.) bieten würde. Hierbei wird in einem kontradiktorischen Verfahren festgestellt, ob die Forderung übergegangen ist. Die Durchführung der nach § 33 Abs. 2 Satz 3 SGB II erforderlichen Vergleichsberechnung sei von Amts wegen Aufgabe des Leistungsträgers und nicht des Rechtspflegers im Klauselverfahren oder gar des Unterhaltsschuldners, der dazu einen vollstreckungsrechtlichen Rechtsbehelf zu ergreifen hätte (mit dem Risiko, dass die Vergleichsberechnung unterbleibe, wenn der Schuldner diese Initiative unterlässt). Es sei auch kein seltener Ausnahmefall, dass ein Unterhaltsschuldner durch die Zahlung des Unterhalts selbst mit seiner Bedarfsgemeinschaft anspruchsberechtigt nach dem SGB II werde (z.B. in Fällen des Zusammenlebens des Unterhaltsschuldners mit einem neuen Partner und ggf. dessen Kindern, wenn der Partner lediglich ein geringes oder kein Einkommen hat; OLG Dresden, 8.11.2016 – 20 WF 683/16, Rn. 17).

593d

Es sei die **Entscheidung des Gesetzgebers,** den gesetzlichen Anspruchsübergang in § 33 Abs. 2 SGB II so kompliziert auszugestalten, dass in den häufig beengten finanziellen Verhältnissen, in denen sich Unterhaltsschuldner befinden, die **konkrete Berechnung des übergegangenen Betrages sehr aufwändig und kompliziert** sein kann. In solchen Fällen müsse für jeden Monat getrennt eine vollständige Bedarfsberechnung der Bedarfsgemeinschaft des Unterhaltsverpflichteten durchgeführt werden. Die hierzu erforderlichen Tatsachen wären (selbst im ordentlichen Streitverfahren) oft nur schwer darzustellen.Eine konkrete Prüfung sei aber schon deswegen erforderlich, weil in den Fällen, in denen die Übergangsvoraussetzungen des § 33 Abs. 2 Satz 2 SGB II nicht vorliegen, der Anspruch nicht etwa erlischt. Vielmehr steht der Kindesunterhaltsanspruch dann trotz des Leistungsbezugs weiterhin dem unterhaltsberechtigten Kind zu (OLG Dresden, 8.11.2016 – 20 WF 683/16, Rn. 18 unter Hinw. auf BGH, 17.3.1999 – XII ZR 139/97, juris).

593e

Folgt man dem in Rn. 590 dargestellten Ausgangspunkt, wonach es zu den Tatbestandsvoraussetzungen des Anspruchsübergangs gehöre, dass im Fall des Rückgriffs der Schuldner bzw. Mitglieder seiner Bedarfsgemeinschaft nicht selbst sozialleistungsbedürftig werden, ist die **Ansicht des OLG Dresden, a.a.O. in gewisser Weise folgerichtig.** Freilich führt sie im Ergebnis dazu, dass eine Rechtsnachfolgeklausel durch die Urkundsperson in den Fällen des § 33 Abs. 2 Satz 3 SGB II **fast nie erteilt werden kann.** Denn zum einen wird das Jobcenter häufig kaum in der Lage sein, die wirtschaftlichen Verhältnisse des Schuldners und seiner Bedarfsgemeinschaft, die womöglich Leistungen von einem anderen Jobcenter erhalten, hinreichend genau darzustellen, und noch dazu Monat für Monat (!) synchron mit dem jeweiligen Anspruchsübergang. Zum anderen **entzieht sich eine solche**

593f

Darlegung – wäre sie denn möglich – **einer öffentlichen Beurkundung** zugunsten des Jobcenters als Rechtsnachfolgeprätendenten.

Dieses kann zwar bspw. eigene Leistungen in gesiegelter und damit urkundlicher Form bezeugen, weil dies **Gegenstand eigener Tätigkeit und eigener Wahrnehmung** der Behörde ist (oben Rn. 575). Hingegen wäre es eher fernliegend, die bestenfalls auf Angaben des Schuldners beruhenden sozialrechtlichen Vergleichsberechnungen in urkundlicher Gestalt vorzulegen. Es handelt sich letztlich um eine Berechnung und nicht um die Bezeugung einer Tatsache.

593g In letzter Konsequenz müsste die Urkundsperson aus diesem Grund die **Erteilung der Rechtsnachfolgeklausel ablehnen** und das Jobcenter auf die **Klage auf Erteilung der Vollstreckungsklausel gemäß § 731 ZPO verweisen**. In diesem kontradiktorischen Verfahren könnten die Voraussetzungen des § 33 Abs. 2 Satz 3 SGB II auch anhand einer nicht urkundlich vorzulegenden Vergleichsberechnung geprüft werden. Dass dies freilich zu einer **erheblichen Erschwerung des sozialrechtlichen Rückgriffs** im Rahmen der Grundsicherung führen und zudem die Gerichte nicht unwesentlich belasten würde, muss deutlich gesehen werden. Es erscheint nicht zwingend, dass sich die Urkundsperson beim Jugendamt die zuletzt dargelegte strenge Auffassung des OLG Dresden, a.a.O. zu eigen macht. Vor allem überzeugt nicht die Annahme, dass der Gesetzgeber bewusst den zum Schuldnerschutz gedachten Ausschluss des Anspruchsübergangs im Sozialhilferecht anders – nämlich zulasten des Schuldners enger – geregelt haben wollte als auf dem Gebiet der Grundsicherung. Das OLG Stuttgart (oben Rn. 593) verweist auf die in 2005 in Kraft getretene Änderung des § 94 Abs. 3 Satz 2 SGB XII und leitet hieraus ein allgemeines Prinzip ab. Hingegen will das OLG Dresden, a.a.O. gerade aus dem Fehlen einer entsprechenden Regelung in § 33 Abs. 2 SGB II schließen, dass das Jobcenter strengeren Nachweisanforderungen unterliege als das Sozialamt. Hierfür ist aber kein überzeugender Grund ersichtlich.

Praxistipp

 Mit Bezug auf die in den Beschlüssen des OLG Stuttgart, a.a.O. vertretene Rechtsauffassung kann auch die Urkundsperson davon absehen, von dem Jobcenter eine sozialrechtliche Vergleichsberechnung zu verlangen. Allerdings muss dieses die **Versicherung, von einer bestehenden oder drohenden Sozialhilfebedürftigkeit des Unterhaltsschuldners keine Kenntnis** *zu haben, vorlegen. Da ohnehin die Leistungsaufstellung in urkundlicher Form zu übermitteln ist, kann diese Erklärung unschwer hierin eingefügt werden.*

Ferner empfiehlt es sich für die Urkundsperson, in den einschlägigen Fällen von der Möglichkeit einer **Anhörung des Schuldners gem. 730 ZPO**, *die nicht zwingend vorgeschrieben, sondern in ihr Ermessen gestellt ist (Rn. 595), Gebrauch zu machen.*

Es unterliegt der **Entschließungsfreiheit der Urkundsperson**, *wie sie reagiert, wenn das Jobcenter unaufgefordert eine* **sozialrechtliche Ver-**

gleichsberechnung vorlegt. Bei strikt formaler Betrachtung würde dies selbst dann nicht die Titelumschreibung ermöglichen, wenn aus ihr hervorgeht, inwieweit *„das Einkommen und Vermögen der unterhaltsverpflichteten Person das nach den §§ 11 bis 12 zu berücksichtigende Einkommen und Vermögen übersteigt"*. Denn eine solche schlichte Berechnung ist – anders als eine vom Jobcenter gefertigte Aufstellung über die erbrachten eigenen Leistungen – **der Möglichkeit einer Abfassung in urkundlicher Form entzogen**, weil sie nicht eigene Handlungen bzw. Wahrnehmungen der Behörde wiedergibt und deshalb den Anforderungen des § 418 ZPO entspricht (oben Rn. 575).

Die theoretisch gegebene Möglichkeit, die Titelumschreibung allein deshalb abzulehnen und die Behörde auf die Klage nach § 731 ZPO zu verweisen, würde wohl auf deren Unverständnis – und vermutlich auch auf dasjenige des Gerichts – stoßen. Angesichts der nach überwiegender Ansicht missglückten und praxisfernen Vorschrift des § 33 Abs. 2 Satz 3 SGB II muss die Urkundsperson entscheiden, ob sie **gleichwohl eine solche inhaltlich genügende Vergleichsberechnung als ausreichend ansieh**t, obwohl sie nicht den Formanforderungen des § 727 Abs. 1 ZPO entspricht (und auch gar nicht entsprechen kann). Hier muss eine Abwägung zwischen strikter Beachtung von Formanforderungen und deren Praktikabilität vorgenommen werden, zumal bereits die Leistungsaufstellung gesiegelt und damit formgerecht vorliegt.

Ist der Schuldner mit der auf diese Weise erteilten Rechtsnachfolgeklausel nicht einverstanden, steht ihm der **Rechtsbehelf der Erinnerung** gemäß § 732 ZPO i.V.m. § 60 S. 3 Nr. 2 SGB VIII offen (dazu näher unten Rn. 622a).

ff) Rechtsnachfolge durch Abtretung

Eine Rechtsnachfolge durch **Abtretung** ist im gegebenen Falle durch öffentlich beglaubigte bzw. vom Amtsvormund gesiegelte Abtretungserklärung (§ 403 BGB) nachzuweisen (vgl. näher hierzu oben Rn. 85). Ob die Abtretung den tatsächlichen Gegebenheiten entspricht, hat die Urkundsperson nicht zu prüfen. Der Unterhaltsanspruch ist ungeachtet seiner Unpfändbarkeit abtretbar, sofern der Abtretungsempfänger derjenige ist, der beim Ausbleiben des Unterhalts aus freien Stücken hierfür eingetreten ist (Nachw. der Rechtsprechung bei Palandt/*Grüneberg*, § 400 BGB Rn. 3). Hiervon wird die Urkundsperson ausgehen dürfen, sofern die Abtretungserklärung einen solchen Grund ersichtlich macht. Eine Anhörung des Schuldners nach § 730 ZPO kann sich empfehlen, wenn Anlass zu der Annahme besteht, der Urgläubiger könnte den Anspruch vor der jetzt beglaubigten Abtretungserklärung bereits an einen anderen Zessionar abgetreten haben.

594

gg) Anhörung des Schuldners vor Umschreibung

595 Für die **Anhörung des Schuldners** vor Erteilung einer vollstreckbaren Ausfertigung – auch an den Rechtsnachfolger nach § 727 ZPO – gilt die Bestimmung des § 730 ZPO. Danach **kann** der Schuldner in diesen Fällen gehört werden. Das bedeutet: Er kann nach dem Ermessen der Urkundsperson schriftlich oder mündlich gehört werden (BGH, 5.7.2005 – VII ZB 23/05, Rpfleger 2005, 611). Damit wird ihm Gelegenheit gegeben, seine Einwendungen gegen den Nachweis der Voraussetzungen der Rechtsnachfolge zu erheben.

Jedenfalls ist aus der Vorschrift nach ganz überwiegender Meinung keine Anhörungs**pflicht** abzuleiten. Eine mündliche oder schriftliche Anhörung des Schuldners ist vielmehr zulässig, aber nicht notwendig, es sei denn, das pflichtgemäße Ermessen („kann") gebietet die Anhörung (vgl. OLG Hamm, 12.6.1990 – 29 W 1/90, Rpfleger 1991, 161 mit im Erg. zust. Anm. *Münzberg*; Thomas/Putzo/*Seiler*, 730 ZPO Rn. 1; Baumbach/Lauterbach/*Hartmann*, 730 ZPO Rn. 1). Dies kann auch vor einer ablehnenden Entscheidung über die Vollstreckungs- bzw. Rechtsnachfolgeklausel der Fall sein. Denn immerhin gibt die Anhörung dem Schuldner auch Gelegenheit, die nachzuweisenden Tatsachen zuzugestehen (vgl. OLG Hamm, 12.6.1990 a.a.O.; OLG Stuttgart, 12.10.2004 – 8 W 245/04, Rpfleger 2005, 207; LG München I, 3.2.1997 – 13 T 1799/97, Rpfleger 1997, 394).

596 Insbesondere dann, wenn bei eindeutiger Sachlage – vor allem zweifelsfreiem Nachweis der Voraussetzungen der Rechtsnachfolge – keine möglichen Einwendungen gegen die Titelumschreibung ersichtlich sind, bedarf es nicht zwingend einer Anhörung des Schuldners Zöller/*Stöber*, § 730 ZPO Rn. 1). Deshalb kann die Titelumschreibung regelmäßig nicht an einer unbekannten Anschrift des Schuldners scheitern.

Falls die Urkundsperson im Einzelfall eine Anhörung für geboten hält, gibt es hierfür keine gesetzlich festgelegte Frist. Aus der Vorschrift des § 798 ZPO über die Wartefrist vor der Vollstreckung aus den dort genannten Titeln dürfte aber mittelbar abzuleiten sein, dass eine **Frist von zwei Wochen angemessen und ausreichend** ist.

hh) Mögliche Einwendungen des Schuldners

597 Äußert sich der Schuldner, kann er – wie sich aus § 732 Abs. 1 ZPO ergibt – nur Einwendungen vorbringen, welche die Zulässigkeit der **Vollstreckungsklausel** betreffen. Er kann insbesondere das Vorliegen eines wirksamen bzw. vollstreckbaren Titels bestreiten oder auch den Nachweis der Rechtsnachfolge nach § 727 ZPO. Zum Sonderfall der Voraussetzungen des § 33 Abs. 2 Satz 3 SGB II vgl. oben Rn. 585 ff).

Sachliche Einwendungen gegen den Anspruch selbst sind keine Einwendungen i.S.v. § 732 Abs. 1 ZPO (vgl. OLG Oldenburg, 29.1.1990 – 3 WF 10/89, FamRZ 1990, 899).

598 Wird eine Rechtsnachfolgeklausel für eine beurkundete Unterhaltsforderung beantragt, hat die Urkundsperson, wie ein Notar in vergleichbarer Lage, lediglich zu prüfen, **ob bezüglich der Forderung tatsächlich Rechtsnachfolge eingetreten** ist. Die Titelumschreibung ist nicht etwa davon abhängig, dass die Forderung auch materiell-rechtlich – noch – besteht, also nicht etwa z.B. durch Erfüllung oder Erlass erloschen ist (OLG Oldenburg, 29.1.1990 a.a.O.).

Daran hat das **LG Bielefeld** (18. Oktober 2010 – 23 T 676/10, juris Rn. 16 ff.) wie folgt erinnert: „Der Notar hat bei Erteilung einer vollstreckbaren Ausfertigung im Grunde die gleichen Aufgaben wie der Urkundsbeamte der Geschäftsstelle bei der Erteilung der Rechtsnachfolgeklausel nach § 727 Abs. 1 ZPO. Er hat **nur die formellen Voraussetzungen für die Klauselerteilung** zu prüfen, das heißt, das Vorliegen eines Antrags, eines wirksamen Vollstreckungstitels und seiner Vollstreckungsreife sowie den Nachweis der Rechtsnachfolge durch öffentliche oder öffentlich beglaubigte Urkunde. Grundsätzlich nicht zu prüfen hat der Notar die Frage, ob der der Vollstreckung zugrunde liegende materielle Anspruch besteht oder ob Einwendungen dagegen bestehen (BayObLG, DNotZ 1998, 194)."

599 Bereits zuvor hatte der **BGH** (4.10.2005 – VII ZB 54/05, NJW-RR 2006, 567) erkannt: „Ob der Kaufpreisanspruch der Gläubigerin entstanden ist, ist im Klauselerinnerungsverfahren regelmäßig unbeachtlich. Der Notar prüft lediglich nach den allgemeinen Regeln, ob ein formell wirksamer Titel mit vollstreckungsfähigem Inhalt vorliegt. Eine weitere Prüfungsbefugnis steht dem Notar nicht zu (BGH, Beschluss vom 5. Juli 2005 – VII ZB 27/05, in Juris dokumentiert). Es kann dahinstehen, ob von diesem Grundsatz eine Ausnahme zu machen ist, wenn für den Notar offenkundig ist, dass der materiellrechtliche Anspruch nicht besteht (vgl. z.B. BayObLG, DNotZ 1998, 194, 195; BayObLG, DNotZ 1997, 77, 79; OLG Frankfurt/M., JurBüro 1997, 544, 546). Dies ist hier nicht der Fall."

600 Deshalb hat die Urkundsperson auch nicht **etwa eine Rückstandsberechnung zu verlangen,** um danach die **Rechtsnachfolgeklausel inhaltlich einzuschränken**, etwa ...abzüglich bereits gezahlter x EUR." Dies überschritte von vornherein ihre Kompetenz (vgl. dazu näher unten Rn. 606).

601 Die entsprechende Einwendung muss der Schuldner ggf. im Wege der **Vollstreckungsgegenklage** vorbringen, wenn der Rechtsnachfolger aus dem umgeschriebenen Titel vollstrecken sollte (vgl. OLG Düsseldorf, 29.10.1976 – 3 W 197/76, Rpfleger 1977, 67; OLG München, 23.1.1990 – 2 WF 1318/89, FamRZ 1990, 653). Dasselbe gilt erst recht für die Einrede der **Verjährung;** denn ist eine Forderung verjährt, geht sie nicht etwa rechtlich unter. Der Schuldner kann lediglich nach Erhebung der entsprechenden Einrede die Leistung verweigern (214 Abs. 1 BGB).

Daher darf die Urkundsperson nicht etwa die beantragte Titelumschreibung ablehnen, wenn sie feststellt, dass die zugrundeliegende Forderung u. U. erfüllt, verjährt oder eventuell verwirkt sein könnte. Ob die beiden letztgenannten Fälle jeweils eingetreten sind, lässt sich ohnehin nicht stets aus der Urkunde selbst sicher erschließen, weil es z.B. darauf ankommt, ob und wann der Schuldner zur Zahlung aufgefordert wurde, Vollstreckungshandlungen des früheren Gläubigers versucht wurden usw.

602 Gleichwohl empfinden es Urkundspersonen zuweilen als unbefriedigend, wenn sie den Eindruck haben, ein vermutlich **rechtlich wenig gewandter Schuldner** könnte möglicherweise nicht erkennen, dass er die Leistung auf den umgeschriebenen Titel (z.B. bei inzwischen eingetretener Verjährung) ggf. verweigern dürfe.

In diesen Fall bietet sich ein Ausweg an: Die Urkundsperson kann dem Schuldner vor der Umschreibung schriftlich **Gehör gewähren** (was in § 730 ZPO als Möglichkeit vorgesehen, aber nicht zwingend vorgeschrieben ist, Rn. 595). Bei dieser Gelegenheit könnte sie den **Schuldner darauf hinweisen**, dass dieser gegen die beantragte Rechtsnachfolgeklausel nur Argumente vorbringen könne, welche die Rechtsnachfolge im Sinne von § 727 ZPO selbst betreffen. **Einwendungen, welche sich auf den Bestand der Forderung** beziehen, insbesondere auch die Erfüllung, Verjährung oder Verwirkung, habe die Urkundsperson nicht zu prüfen; diese müsse der Schuldner ggf. im Fall einer Vollstreckung aus dem Titel durch den Rechtsnachfolger geltend machen, nämlich durch Klage nach § 767 ZPO.

Zur Klarstellung sei aber nochmals betont, dass die Urkundsperson zu einem derartigen Vorgehen nicht verpflichtet ist. Sie kann ohne weiteres bei Nachweis der entsprechenden Voraussetzungen auch den Titel umschreiben, ohne den Schuldner vorher anzuhören, wenn sie hierbei nicht die vorstehend angesprochenen Skrupel empfindet.

603 Wenn die Urkundsperson aber, womöglich aus anderen Gründen als der oben beschriebenen „guten Absicht" den Schuldner ohnehin anhört, sollte auch in diesem Fall sinnvoller Weise bereits in dem Anschreiben an den Schuldner auf ihre beschränkte Prüfungskompetenz **hingewiesen** werden, um diesen nicht zu unbeachtlichen Einwendungen zu veranlassen (z.B. angeblich überhöhte Festsetzung des Unterhalts oder Leistungsunfähigkeit für den maßgebenden Zeitraum, Behauptung zwischenzeitlicher Zahlung usw.; vgl. im Übrigen die ähnliche Lage bei § 733 ZPO, dazu oben Rn. 535 mit Formulierungsvorschlag).

Falls der Schuldner ungeachtet einer derart eindeutigen Belehrung dennoch unzulässige Einwendungen bringt, **erscheint es nicht geboten, diese nochmals ausdrücklich zurückzuweisen.** Der Schuldner mag dann ein – voraussichtlich unbegründetes – Rechtsmittel nach § 732 ZPO i.V.m. § 60 Satz 3 Nr. 2 SGB VIII erheben, nämlich die sog. „Klauselerinnerung" zu dem für das Jugendamt zuständigen Amtsgericht (oben Rn. 503). Auch eine Information des Antragstellers zu offensichtlich unbegründeten Einwendungen erscheint nicht geboten.

603a Es kann vorkommen, dass der gesetzliche Vertreter des Kindes einem begründeten Herabsetzungsverlangen des Schuldners bezüglich des künftig geschuldeten Unterhalts entsprochen hat, um ein andernfalls absehbares gerichtliches Abänderungsverfahren, nach §§ 238 ff. FamFG zu vermeiden (hierzu näher DIJuF/*Knittel/Birnstengel*, Vollstreckungsverzicht bei begründetem Herabsetzungsverlangen des Schuldners, Themengutachten TG-1020, Erstveröffentlichung in www.kijup-online.de = www.bundesanzeiger-verlag.de/beurkundungen III Nr. 11). Ein solcher Vollstreckungsverzicht bzw. Verzicht auf die Rechte aus dem Titel bindet auch den späteren Rechtsnachfolger im Fall der Erbringung von Sozialleistungen, obwohl es manchen UVG-Stellen oder Jobcentern offenbar schwerfällt, diese spezifische Einsicht zu akzeptieren.

Auf den ersten Blick könnte die zuvor in Rn. 597 ff. erörterte Unbeachtlichkeit materiellrechtlicher Einwendungen. dafür sprechen, die Frage eines Teilverzichts auf die Forderung als damit vergleichbar anzusehen, weshalb sich die Urkundsperson hierfür nicht zu interessieren habe.

Anderseits gehören – wie bereits angesprochen – zu den relevanten Einwendungen des Schuldners solche, welche die **Zulässigkeit der Vollstreckungsklausel** betreffen. Der Schuldner kann insbesondere das Vorliegen eines wirksamen bzw. vollstreckbaren Titels bestreiten oder auch den Nachweis der Rechtsnachfolge nach § 727 ZPO (oben Rn. 597). **603b**

Jedenfalls dann, wenn die Gläubigerseite einen (Teil-)Verzicht auf die Vollstreckung aus dem Titel erklärt hat, erscheint es gut vertretbar, hierin ein Hindernis dafür zu sehen, dass die Urkundsperson die begehrte Rechtsnachfolgeklausel in vollem Umfang erteilt. Denn ist ein Titel durch einen wirksam erklärten Vollstreckungsverzicht (widerruflich oder dauerhaft) umgestaltet worden, ist der diesbezügliche ursprüngliche Inhalt auch nicht mehr uneingeschränkt vollstreckungsfähig. Das hätte erst recht dann zu gelten, wenn die Gläubigerseite in bestimmtem Umfang nicht nur auf die Vollstreckung, sondern weitergehend sogar auf die Rechte aus dem Titel als solchen verzichtet hat.

Insoweit sollte zur Abgrenzung einleuchten: In dieser Fallkonstellation gibt die Gläubigerseite **unmittelbar auf den Titel bezogene Erklärungen** ab. Dies hat für die Frage der Vollstreckbarkeit des Titels eine andere Bedeutung als lediglich anderweitig bekundete allgemeine Äußerungen zum materiell-rechtlichen Bestand der Forderung, etwa durch Erklärung eines Teilerlasses, der aber nicht in einem unmittelbaren Zusammenhang mit dem Inhalt und der Vollstreckungsfähigkeit des Titels steht.

Die **Vollstreckungsklausel im Fall eines durch Teilverzicht eingeschränkten Titels** müsste dann sinngemäß und beispielhaft etwa **wie folgt lauten** (im Vorgriff auf die späteren ausführlichen Erläuterungen in Rn. 616): **603 c**

> „Zum ersten Mal ausgefertigt und dem Land X, vertreten durch … als Rechtsnachfolger hinsichtlich einer Forderung von monatlich 100 EUR (in Worten einhundert EUR) aus dem Zeitraum vom … bis … zum Zwecke der Zwangsvollstreckung erteilt. Die Rechtsnachfolge ist gem. § 7 des Unterhaltsvorschussgesetzes kraft Gesetzes eingetreten und urkundlich nachgewiesen.
>
> Die Vollstreckbarkeit des Titels ist eingeschränkt durch den auch den Rechtsnachfolger bindenden teilweisen Vollstreckungsverzicht (bzw. Verzicht auf die Rechte aus dem Titel) vom …"

Es empfiehlt sich, eine beglaubigte Abschrift der betreffenden Verzichtserklärung in urkundenmäßiger Form mit der hierdurch erteilten ersten vollstreckbaren Teilausfertigung zu verbinden.

604 Eine **Information des bisherigen Gläubigers** vor Eintritt der Rechtsnachfolge über den Antrag auf Titelumschreibung ist **entbehrlich**, soweit nicht ausnahmsweise das rechtliche Gehör gemäß Art. 103 Abs. 1 GG zu gewähren ist (BGH, 5.7.2005 – VII ZB 23/05, Rpfleger 2005, 611). Schließlich ist der Urkundsperson die zunächst dem ersten Gläubiger erteilte Erste vollstreckbare Ausfertigung (ursprüngliche Ausfertigung) einzureichen. Wenn aber der Rechtsnachfolger die vollstreckbare Ausfertigung zum Zweck einer zumindest (Teil-) Umschreibung vom Ursprungsgläubiger erhalten hat, ist dieser folglich hinreichend über die zu erwartende Titelumschreibung informiert, so dass der Grundsatz des rechtlichen Gehörs keine Anhörung gebietet, die im Übrigen auch nirgendwo in der ZPO vorgeschrieben ist.

605 Die **erteilte Klausel** hat folgenden Wortlaut:

„Vorstehende (Erste, Zweite, ...) Ausfertigung wird hiermit dem .... als Rechtsnachfolger des Gläubigers zum Zwecke der Zwangsvollstreckung erteilt"

oder, bei Verwendung der ursprünglich erteilt gewesenen vollstreckbaren Ausfertigung,

„Vorstehende Ausfertigung wird hiermit dem .... als Rechtsnachfolger des Gläubigers zum Zwecke der Zwangsvollstreckung erteilt.

Die dem Gläubiger .... erteilte Vollstreckungsklausel ist gegenstandslos"

(gegebenenfalls Zusatz zu beiden Fassungen):

„Die Rechtsnachfolge ist [z.B. gemäß § 7 Abs. 1 des Unterhaltsvorschussgesetzes] kraft Gesetzes eingetreten und urkundlich nachgewiesen [oder amtsbekannt]" –.

606 *Praxistipp*

> *Entgegen einer manchmal anzutreffenden Fehlvorstellung wird bei dieser Rechtsnachfolge-Bescheinigung nicht etwa in Betracht gezogen, ob und ggf. wieviel der Schuldner bereits auf die titulierte Forderung gezahlt hat. Es wäre verfehlt, von dem Antragsteller eine Rückstandsberechnung zu verlangen und die Umschreibung betragsmäßig einzuschränken auf die vermeintlich noch offene Forderung.*

607 Denn bei einer Titelumschreibung wird gewissermaßen **nur die „Aktivseite" betrachtet**, nämlich die Voraussetzung der Rechtsnachfolge, welche der Antragsteller durch urkundlichen Beleg der von ihm erbrachten Sozialleistung nachweisen muss (vgl. oben Rn. 571 ff.).

Ohne Interesse für die Urkundsperson ist hingegen **die „Passivseite" des Vorgangs**, nämlich die Frage, **ob die titulierte Forderung noch – in voller Höhe –**

besteht, oder ob sie inzwischen durch Erfüllung bzw. Erlass ganz oder teilweise erloschen ist oder aus sonstigen Gründen wie Verjährung oder Verwirkung nicht mehr durchsetzbar ist. Das wurde oben bereits angesprochen (Rn. 597 ff.). Die entsprechende Einwendung muss der Schuldner ggf. bei seiner Verteidigung gegen die Vollstreckung vorbringen.

Dann wäre es aber auch verfehlt, wenn ein Sozialleistungsträger bei einem vorliegenden Titel über beispielsweise 237 EUR und erbrachten Leistungen, die zu einem Vollübergang der titulierten Forderung führen, im Hinblick auf bereits monatlich geleistete Zahlungen des Schuldners von 180 EUR die Umschreibung von monatlich 71 EUR beantragt. Nochmals: Die Rechtsnachfolgeklausel wird **für die gesetzlich übergegangene Forderung insgesamt erteilt**. In welcher Höhe diese zum Zeitpunkt der Umschreibung noch besteht, bleibt bei dem Vorgang unberücksichtigt. **608**

Abgesehen von der grundsätzlichen systematischen Fehlerhaftigkeit eines hiervon abweichenden Vorgehens wäre auch zu bedenken: Was wären die Konsequenzen, wenn der Schuldner vor oder nach einer Umschreibung einwenden würde, die von der Urkundsperson zugrunde gelegte Rückstandsberechnung sei falsch, denn er habe bereits wesentlich mehr getilgt? Dann müsste die Urkundsperson in eine **materiell-rechtliche Prüfung** einerseits der vom Rechtsnachfolger als offen aufgelisteten Forderungen und andererseits der vom Schuldner angeblich hierauf bereits geleisteten Zahlungen eintreten und womöglich sogar **Beweis** hierüber erheben. Das ist aber keinesfalls Aufgabe derjenigen Person oder Stelle, welche die Voraussetzungen einer Rechtsnachfolgeklausel nach 727 ZPO festzustellen hat.

Daher hat die Urkundsperson in einschlägigen Fällen den Sozialleistungsträger ggf. darauf hinzuweisen, dass der **Antrag unrichtig gestellt** wurde. Es gehe im Beispielsfall nicht etwa darum, eine Umschreibung in Höhe von monatlich 71 EUR zu erhalten. **609**

Der Träger kann nur eine Rechtsnachfolgeklausel für den Titel nach **Maßgabe der erbrachten Sozialleistungen** erhalten. In welcher Höhe die Forderung letztlich noch besteht, muss im Verhältnis zwischen ihm und dem Schuldner geklärt werden, ggf. im Wege eines gerichtlichen Verfahrens um die Vollstreckung. Es ist nicht Sache der Urkundsperson, dies im Rahmen der Rechtsnachfolgeklausel zu bewerten.

Die somit erteilte **vollstreckbare Ausfertigung** muss **dem Schuldner erneut zugestellt** werden; ebenso sind zuzustellen die die Rechtsnachfolge nachweisenden **Urkunden** (§ 750 Abs. 2 ZPO). Dem Schuldner müssen also die öffentlichen oder öffentlich beglaubigten Urkunden, auf denen die Erteilung der Klausel beruht, in vollständiger Abschrift zugestellt werden (LG Stuttgart, 5.4.2001 – 2 T 126/01, DGVZ 2001, 120; LG Saarbrücken, 18.2.2004 – 5 T 47/04, DGVZ 2004, 93; AG Bochum, 18.4.2002 – 50 M 3177/01, DGVZ 2003, 63; nur so erhält der am Klauselerteilungsverfahren wegen § 730 ZPO nicht notwendig beteiligte Schuldner alle Informationen, die er zur Wahrung seiner Rechte mit den Rechtsbehelfen der §§ 732, 768, 797 benötigt). **610**

Eine **Beglaubigung der zuzustellenden Abschrift** ist nicht ausdrücklich vorgeschrieben. Gleichwohl ist mit einer in der Literatur verbreiteten Auffassung die Beglaubigung zu verlangen, da andernfalls der Schuldner nicht die Richtigkeit der Abschrift prüfen kann (*MüKo/Heßler*, Rn. 73; Stein/Jonas/*Münzberg*, Rn. 43; Musielak/Voit/*Lackmann*, Rn. 21, je zu § 750 ZPO). Denn die Vorschrift soll gewährleisten, dass der Vollstreckungsschuldner zuverlässige Kenntnis davon erhält, aufgrund welcher Unterlagen die Titelumschreibung vorgenommen wurde (OLG Hamm, 24.8.1993 – 11 W 12/93, Rpfleger 1994, 173 unter Hinw. auf *Stephan*, Rpfleger 1968, 106).

611 Erübrigt sich ausnahmsweise der Nachweis, weil die **Rechtsnachfolge der Urkundsperson amtsbekannt** war, hat die Klausel einen **Vermerk hierüber** zu enthalten (§ 727 Abs. 2 ZPO). Auch diese Zustellung genießt dann, wenn sich das ermöglichen lässt, die erleichterte Möglichkeit der Vornahme im Jugendamt nach § 60 Satz 2 SGB VIII. Sie ist ansonsten durch den Rechtsnachfolger zu veranlassen. An ihn sind deshalb die Nachweise über die Rechtsnachfolge zusammen mit der umgeschriebenen vollstreckbaren Ausfertigung zurückzugeben.

612 Auch die Erteilung der Rechtsnachfolgeklausel (wann, an wen) hat die Urkundsperson **in der Urschrift zu vermerken**. Für die anschließende Vollstreckung hat der Rechtsnachfolger die Wartefrist des § 798 ZPO erneut einzuhalten.

613 Zuweilen besteht Unklarheit darüber, **in welchen Zeitabständen** Sozialleistungsträger als Rechtsnachfolger eine **Titelumschreibung verlangen** können. In einem vom DIJuF e.V. begutachteten Fall (vgl. dazu DIJuF/*Knittel/Birnstengel*, Titelumschreibung durch die Urkundsperson bei Rechtsnachfolge nach erbrachten Sozialleistungen, Themengutachten TG-1122, Erstveröffentlichung in www.kijuponline.de = www.bundesanzeiger-verlag.de/beurkundungen, III Nr. 13) meinte eine Urkundsperson, das Land könne doch bis zur endgültigen Einstellung der Leistung warten, bevor es eine Rechtsnachfolgeklausel nach 7 Abs. 1 UVG beantragt.

Hierzu wurde in der einschlägigen DIJuF-Stellungnahme zutreffend auf folgendes hingewiesen:

Da es **keinerlei zeitbezogene gesetzliche Regelungen** für diese Fallgruppen gebe, könne theoretisch der (aufgrund monatlicher Zahlungen jeweils Monat für Monat in die Gläubigerstellung für den Kindesunterhalt eintretende) Sozialleistungsträger auch nach Ablauf eines jeden Monats eine Rechtsnachfolgeklausel verlangen. Zwar seien solche Anträge zu Recht als unsinnig, unökonomisch und wohl auch missbräuchlich zu werten. Jedoch fiele dieses Unwerturteil schon schwerer, wenn die Anträge in nur halbjährigem Rhythmus gestellt werden. Spätestens beim Verlangen auf Titelumschreibung bezüglich eines einjährigen Rückstandszeitraums gerate hingegen die Urkundsperson in Erklärungsnot, wenn sie dies wegen vermeintlich unziemlicher Mehrarbeit verweigern wollte.

Hinzu komme: **ohne Titelumschreibung** könne das Land nicht gegen den Schuldner vorgehen (wobei die Möglichkeit der treuhänderischen Rückübertagung einmal außer Betracht bleiben soll). Dann drohe aber der spätere Rückgriff womöglich an **Verjährung oder Verwirkung** zu scheitern.

In Übereinstimmung mit der Auffassung des zitierten Gutachtens ist ein Verlangen eines Sozialleistungsträgers als Rechtsnachfolger auf Umschreibung eines – zugunsten des Kindes bestehenden – **Unterhaltstitels nach jeweils 10 bis 12 Monaten bezüglich der inzwischen aufgelaufenen Rückstände** als durchaus angemessen anzusehen. Es gibt jedenfalls kein Argument, mit dem die Urkundsperson dies überzeugend ablehnen könnte.

m) Rechtsnachfolgeklausel bei Teilübergang der Forderung

Gegebenenfalls – so meist bei Rechtsübergang nach § 94 SGB XII, § 7 UVG, § 33 SGB II, § 37 BAföG – wird eine **Teilumschreibung** erforderlich werden, weil der **Übergang der Unterhaltsansprüche** sich **schrittweise nach Maßgabe der laufenden Leistungen der öffentlichen Hand** vollzieht. Für sie wird – aus der Urschrift der Verpflichtungsverhandlung – ein **gesondertes Exemplar** erstellt. Auf ihm ist die Vollstreckungsklausel dahin abzuwandeln, dass sie 614

„dem .... als Rechtsnachfolger des Gläubigers zum Zwecke der Zwangsvollstreckung wegen der Ansprüche aus der Zeit vom ... bis ... in Höhe von [ggf. monatlich:] ... EUR"

erteilt werde.

Das ist *nicht* der Fall der Erteilung einer „weiteren vollstreckbaren Ausfertigung" nach § 733 ZPO, die der Urkundsbeamte nur mit Ermächtigung des Amtsgerichts vornehmen dürfte (Rn. 530 ff.). Vielmehr **spaltet sich die Erste vollstreckbare Ausfertigung nur in zwei Teilausfertigungen** *(Baumbach/Lauterbach/ Hartmann, Rn. 6; Thomas/Putzo/Seiler, Rn. 1, je zu § 733 ZPO).* Auf der zunächst erteilt gewesenen Ersten vollstreckbaren Ausfertigung (ursprünglichen Ausfertigung), die dem Urkundsbeamten einzureichen ist – der Übergangsgläubiger mag das Kind bzw. dessen gesetzlichen Vertreter hierzu veranlassen (oben Rn. 557) –, ist nämlich die Erteilung der Rechtsnachfolgeklausel und deren Umfang mit Unterschrift und Dienstsiegel zu bescheinigen (Kammergericht Berlin KGJ 44, 13); dadurch beschränkt sich die Vollstreckbarkeit aus der ursprünglichen Ausfertigung ohne weiteres auf den Rest. 615

Die **einzelnen Schritte der Erteilung der Rechtsnachfolgeklausel** bei Teilübergang der Forderung seien nochmals am Beispiel eines nach § 7 Abs. 1 UVG übergegangenen Anspruchs erläutert: 616

1. Nachdem ggf. dem Schuldner rechtliches Gehör gewährt wurde, sind von der Urschrift der Urkunde zwei Abschriften anzufertigen, wobei der Vermerk über die Ausfertigungs- und Vollstreckungsklausel *nicht* zu übernehmen ist.

2. Auf die gemäß Ziffer 1 gefertigten Abschriften ist – soweit Platz vorhanden – **folgende Ausfertigungs- und Vollstreckungsklausel** zu setzen (wenn kein Platz vorhanden, ist diese Ausfertigungs- und Vollstreckungsklausel zweimal auf Urkundspapier zu schreiben):

   „Zum 1. Male ausgefertigt und dem Land .... vertreten durch .... als Rechtsnachfolger hinsichtlich einer Forderung von [monatlich] .... EUR (in Worten .... EUR) aus dem Zeitraum vom .... bis .... zum Zwecke der Zwangsvollstreckung erteilt.

   Anmerkung:

   Nochmals zur Erinnerung: Die genannte Forderung bezieht sich nur auf die vom Träger erbrachten Leistungen, die zum Anspruchsübergang führten! Welche Tilgungen ggf. bereits erbracht wurden, ist vollständig unerheblich (Rn. 606). Ob die Monatsbeträge genannt oder deren Summe aufgeführt wird, ist Geschmackssache. Die Summenangabe verleitet aber leichter zu Fehlern im soeben angesprochenen Sinne. Im übrigen ist auf die Übereinstimmung der Formulierung mit jener im nachfolgenden 6. und 8. Schritt zu achten!

   Die Rechtsnachfolge ist gemäß § 7 des Unterhaltsvorschussgesetzes kraft Gesetzes eingetreten und urkundlich nachgewiesen (bzw. offenkundig).

   .... den ....

   als Urkundsperson"

3. Eine der beiden Abschriften ist nunmehr als Original im Kopf mit den Worten

   „Erste vollstreckbare Teilausfertigung"

   zu versehen.

4. Die andere der gemäß Ziffer 1 und 2 erstellten Abschriften ist im Kopf mit den Worten

   „Beglaubigte Abschrift Erste vollstreckbare Teilausfertigung"

   zu versehen. Außerdem wird folgender **Beglaubigungsvermerk** auf diese Kopie gesetzt:

   „Die Übereinstimmung mit der Ersten vollstreckbaren Teilausfertigung wird bestätigt".

   Anmerkung: Warum an dieser Stelle besser das Wort „beglaubigt" vermieden werden sollte: oben Rn. 90.

5. Sobald die **Ausfertigungs- und Vollstreckungsklausel geschrieben** wurde, ist diese mit dem Original, das die Erste vollstreckbare Teilausfertigung ist (vgl. Ziff. 3), **fest zu verbinden** und die Verbindung **mit Siegel** zu versehen. Die Durchschrift der Ausfertigungs- und Vollstreckungsklausel ist an die Durchschrift im Sinne von Ziff. 4 zu heften.

6. Auf **Urkundspapier** ist einmal folgender **Ausfertigungsvermerk** zu schreiben:

   „Erste vollstreckbare Teilausfertigung der vorstehenden Niederschrift ist dem Land .... vertreten durch .... hinsichtlich einer Forderung von [monatlich] .... EUR (in Worten .... EUR) aus dem Zeitraum vom .... bis .... erteilt worden.

   Die Rechtsnachfolge ist gemäß § 7 des Unterhaltsvorschussgesetzes kraft Gesetzes eingetreten und urkundlich nachgewiesen (bzw. amtskundig).

   .... den ....

   als Urkundsperson"

7. Der Ausfertigungsvermerk zu Ziffer 6 ist mit der Urschrift der Urkunde **fest zu** verbinden und die Verbindung **mit Siegel** zu versehen.

8. Auf **Urkundspapier** ist einmal folgender **Ausfertigungsvermerk** zu schreiben:

   „Die Forderung des Gläubigers aus der ersten vollstreckbaren Ausfertigung des .... vom .... Beurk.- Reg.-Nr. .... hinsichtlich der Zeit vom .... bis .... verringert sich um [monatlich] .... EUR (in Worten .... EUR). In dieser Höhe ist dem Land .... vertreten durch .... als Rechtsnachfolger eine Erste vollstreckbare Teilausfertigung erteilt worden.

   Die Rechtsnachfolge ist gemäß § 7 des Unterhaltsvorschussgesetzes kraft Gesetzes eingetreten und urkundlich nachgewiesen (bzw. offenkundig).

   .... den ....

   als Urkundsperson"

9. Der Ausfertigungsvermerk gem. Ziffer 8 ist mit der Ersten vollstreckbaren Ausfertigung der Urkunde **fest zu verbinden** und die Verbindung **mit Siegel** zu versehen.

10. Dem Antragsteller der Rechtsnachfolgeklausel sind nun folgende Unterlagen zu übersenden:

    a) Erste vollstreckbare Teilausfertigung

    b) Abschrift der Teilausfertigung

    c) Erste vollstreckbare Ausfertigung der Urkunde

    d) Empfangsbekenntnis

11. Nach Eingang des Empfangsbekenntnisses ist dieses zusammen mit sonstigem Schriftverkehr mit dem Antragsteller zu den Nebenakten zu nehmen. Von diesem eingereichte Schriftstücke mit Urkundenqualität i.S.v. § 727 Abs. 1 ZPO (vor allem die gesiegelte Aufstellung über die erbrachten Sozialleistungen als Voraussetzung des Anspruchsübergangs) sind mit der Urkunde zu verwahren.

Will nun der Rechtsnachfolger aus der Ersten vollstreckbaren Teilausfertigung vollstrecken, muss dieser die **Zustellung der Abschrift der Teilausfertigung an den Schuldner** veranlassen. Dazu ist dem Gerichtsvollzieher die Erste vollstreckbare Teilausfertigung und die Abschrift der Teilausfertigung zu übersenden und die Zustellung zu beantragen.

617 Es ist möglich, wenngleich es selten vorkommen wird, dass **für den ursprünglichen Gläubiger** noch **keine vollstreckbare Ausfertigung** erteilt wurde, jedoch **Rechtsnachfolger** (Sozialhilfeträger, Land bei UVG- Leistungen) für spätere Zeiträume bereits **vollstreckbare Teilausfertigungen** erhalten haben. Dies hindert nicht die nachträgliche Erteilung einer vollstreckbaren Ausfertigung an den ursprünglichen Gläubiger für zurückliegende Zeiträume, die nicht vom Anspruchsübergang erfasst werden (vgl. unv. *DIJuF-Rechtsgutachten* 19.9.2001, www.bundesanzeiger-verlag.de/beurkundungen IV Nr. 20).

Auch steht der Rechtsnachfolgeklausel nicht entgegen, dass der **ursprüngliche Titel dem Gläubiger noch nicht zugestellt** worden war. Vielmehr muss in jedem Fall der Rechtsnachfolger gem. § 750 Abs. 2 ZPO die Ausfertigung der Urkunde zustellen mit einer auf ihn lautenden Vollstreckungsklausel sowie einer beglaubigten Abschrift der Urkunden, welche die Rechtsnachfolge belegen. Ohne diese ausdrücklich gesetzlich vorgeschriebene Zustellung darf die Zwangsvollstreckung nicht beginnen. Hierfür ist es aber unerheblich, ob dem Schuldner bereits in der Vergangenheit von dem ursprünglichen Gläubiger der Titel nach § 750 Abs. 1 ZPO zugestellt wurde.

n) Klage auf Erteilung der Vollstreckungsklausel, § 731 ZPO

618 Wie oben dargelegt, muss die Urkundsperson die Titelumschreibung auf einen Rechtsnachfolger, der Sozialleistungen erbracht hat, ablehnen, wenn der Nachweis der Zahlungen nicht geführt wurde. Es ist in Einzelfällen möglich, dass die **Vorlage bzw. der Nachweis nicht mehr möglich** sind, z.B. weil die Akten nicht mehr vollständig erhalten sind.

In einem solchen Fall könnte der Rechtsnachfolger (Sozialhilfeträger, Jobcenter, Amt für Ausbilderungsförderung, Land im Fall des § 7 Abs. 1 UVG) gegen den Schuldner eine **Klage nach § 60** Satz 3 **SGB VIII i.V.m. § 731 ZPO** erheben Die letztgenannte Vorschrift lautet: „Kann der nach dem § 726 Abs. 1 und den §§ 727 bis 729 ZPO erforderliche Nachweis durch öffentliche oder öffentlich beglaubigte Urkunden nicht geführt werden, so hat der Gläubiger bei dem Prozessgericht des ersten Rechtszugs aus dem Urteil auf Erteilung der Vollstreckungsklausel Klage zu erheben."

Soweit es um die Rechtsnachfolge bei Urkundstiteln geht, wird diese Regelung durch § 797 Abs. 5 ZPO wie folgt modifiziert: Für Klagen auf Erteilung der Vollstreckungsklausel ist das Gericht zuständig, bei dem der Schuldner im Inland seinen allgemeinen Gerichtsstand hat, und sonst das Gericht, bei dem nach § 23 ZPO gegen den Schuldner Klage erhoben werden kann.

Zur Klarstellung: Diese **Klage ist abzugrenzen von dem Rechtsbehelf der Beschwerde entsprechend § 54 BeurkG** (vgl. oben Rn. 239 ff.). Die Beschwerde wird einzulegen sein, wenn der Rechtsnachfolger öffentliche oder öffentlich beglaubigte Urkunden zum Nachweis der Voraussetzungen des § 727 ZPO vorlegt, die Urkundsperson aber Beanstandungen diesbezüglich oder in sonstiger Weise erhebt. Hingegen ist die Klage auf Erteilung der Vollstreckungsklausel nach § 731 ZPO das Mittel der Wahl, wenn der Gläubiger ausnahmsweise nicht in der Lage ist, den geforderten urkundlichen Nachweis zu führen. Dasselbe wird dann zu gelten haben, wenn Streit darüber besteht, ob der Nachweis der Rechtsnachfolge gemäß § 33 Abs. 2 Satz 3 SGB II geführt worden ist (vgl. dazu oben Rn. 585 ff.).

Die Klage ist nach h.M. eine **prozessuale Feststellungsklage** des Rechtsnachfolge-Gläubigers gegen den Schuldner (str.; für Gestaltungsklage BeckOK/*Ulrici* – Stand 1.2.2017 –, § 731 ZPO Rn. 3 f. m.N. zum Streitstand. Die Kontroverse ist ohne praktische Bedeutung). Nach überwiegender Meinung erteilt das Gericht die Klausel nicht, sondern stellt nur fest, dass die Erteilung der Klausel zulässig ist (LG Hildesheim, 25.2 1964 – 5 T 98/64, NJW 1964, 1232; Zöller/*Stöber*, § 731 ZPO Rn. 4). 619

Das Gericht muss hierbei den erforderlichen Nachweis der tatsächlich erbrachten Zahlungen des Gläubigers als Voraussetzung der Rechtsnachfolge verlangen. Zwar könnte es insoweit auch Beweis durch Zeugenvernehmung erheben. Wenn aber insoweit die tatsächlichen Grundlagen der Leistungsgewährung für den zuständigen Sachbearbeiter noch feststellbar sind, ist nicht recht einzusehen, warum die Behörde hierüber nicht gleich eine formgerechte Urkunde zwecks Titelumschreibung erstellen und insoweit weitere Beweiserhebungen ersparen kann.

Im Übrigen darf sich der Kläger aller zulässigen Beweismittel bedienen; ein Anerkenntnis bzw. Geständnis des Schuldners ersetzen den Beweis (vgl. Zöller/*Stöber*, § 731 ZPO Rn. 4). Das kann insbesondere für die Kostenentscheidung des Gerichts von Bedeutung sein. Denn hat der Beklagte nicht durch sein Verhalten zur Erhebung der Klage Veranlassung gegeben und erkennt er den Anspruch sofort an, so fallen dem Kläger die Prozesskosten zur Last (§ 93 ZPO). 620

Die Urkundsperson ist zwar nicht gesetzlich verpflichtet, bei Ablehnung der Titelumschreibung eine **„Rechtsbehelfsbelehrung"** zu erteilen. Nachdem aber das oben angesprochene **Verfahren nach § 731 ZPO** verhältnismäßig selten vorkommt und daher auch in der jugendamtlichen Praxis weitgehend unbekannt ist, entspräche es einem Gebot der Fairness, etwa folgende Hinweise zu geben: 621

> „Vermag der Gläubiger den nach § 727 ZPO erforderlichen Nachweis der Rechtsnachfolge durch öffentliche oder öffentlich beglaubigte Urkunden nicht zu führen, so kann er eine Klage auf Erteilung der Vollstreckungsklausel erheben (§ 60 Satz 3 SGB VIII i.V.m. § 731 ZPO). Die Klage richtet sich gegen den Schuldner. Bei vollstreckbaren Urkunden ist zuständig das Gericht, bei dem der Schuldner im Inland seinen allgemeinen Gerichtsstand hat, und sonst das Gericht, bei dem nach § 23 ZPO gegen den Schuldner Klage erhoben werden kann (§ 797 Abs. 5 ZPO). Der Klageantrag muss in einem derartigen Fall sinngemäß lauten:

> 'Dem Kläger ist die Vollstreckungsklausel zu der vollstreckbaren Urkunde der Urkundsperson des Jugendamts ... vom ... zur Zwangsvollstreckung gegen den Beklagten zu erteilen'".

622 Die **Titelumschreibung** ist **zulässig,** wenn das **Anordnungsurteil rechtskräftig** ist. Eine Zustellung ist nicht nötig. Zu ihm selbst wird auch keine Vollstreckungsklausel erteilt. Das Urteil ist aber in der Vollstreckungsklausel, die auf die Ausfertigung der Verpflichtungsurkunde zu setzen ist, zu vermerken, z.B. in folgender Weise „ ... erteilt aufgrund Urteils des Amtsgerichts ... vom ... über die Feststellung der Rechtsnachfolge".

o) Rechtsbehelf des Schuldners gegen Erteilung der Vollstreckungsklausel: Erinnerung gemäß § 732 ZPO

622a Ist der Schuldner mit der Erteilung der Vollstreckungsklausel durch die Urkundsperson nicht einverstanden, kann er hiergegen – ohne Anwaltszwang, § 78 Abs. 3 ZPO – **Erinnerung gemäß § 732 Abs. 1 ZPO einlegen**. Über diese „Klauselerinnerung" entscheidet das für das Jugendamt zuständige Amtsgericht (§ 60 Satz 3 Nr. 2 SGB VIII). Zur Entscheidung berufen ist das Amtsgericht als Streitgericht, nicht hingegen das Vollstreckungsgericht, in Familiensachen daher das Familiengericht. (OLG Naumburg, 9.7.2002 – 3 WF 146/02, FamRZ 2003, 695). Die Urkundsperson kann der Erinnerung abhelfen (vgl. OLG Koblenz, 7.2.2002 – 3 W 44/02, FamRZ 2003, 108).

Die Klauselerinnerung ist vor allem dann begründet, wenn **Fehler formeller Art bezüglich des Titels** vorliegen oder dieser **mangels Bestimmtheit nicht vollstreckbar** ist (eingehend hierzu Thomas/Puto/*Seiler* § 732 ZPO Rn. 7 m. Rspr.-Nachw.). Eine zulässige Rüge wäre auch, dass die Voraussetzungen einer Rechtsnachfolgeklausel nicht in der gesetzlich vorgesehenen Form gem. § 727 Abs. 1 ZPO nachgewiesen wurden. Hingegen kann der Schuldner mit der Klauselerinnerung keine materiellen Einwendungen gegen den Bestand der Forderung vorbringen (vgl. oben Rn. 597 ff.).

622b Die Entscheidung ergeht durch **richterlichen Beschluss** (§ 732 Abs. 1 Satz 2 ZPO). Die **Formel** und dementsprechend der zugrunde liegende Antrag lauten: „Die von der Urkundsperson beim Jugendamt ... am ... gegen den Erinnerungsführer erteilte vollstreckbare Ausfertigung zur Urkunde vom ... und die Zwangsvollstreckung aus ihr sind unzulässig."

In diesem Fall ist die **Rechtsfolge,** dass Zwangsvollstreckungsmaßnahmen einzustellen oder zu beschränken sind (§ 775 Nr. 1 ZPO) und bereits eingeleitete Vollstreckungsmaßregeln aufzuheben sind (§ 776 ZPO).

Andernfalls wird die Erinnerung zurückgewiesen.

p) Mehrere Rechtsnachfolge-Prätendenten, rückwirkende Abänderung des umgeschriebenen Titels durch Gerichtsbeschluss

623 Solange eine erteilte Rechtsnachfolgeklausel nicht gültig aufgehoben ist, kann sie **einem anderen, der die Rechtsnachfolge für sich in Anspruch nimmt, nicht**

erteilt werden. Das vereinfachte Klauselumschreibungsverfahren nach § 727 ZPO ist auf einen so genannten Prätendentenstreit auf Gläubigerseite nicht anwendbar (OLG Stuttgart, 27.1.2000 – 8 W 715/99, OLG-Report Stuttgart 2000, 217). Über die Frage in welchem Verfahren der Streit zwischen solchen Prätendenten zu entscheiden sei: Stein/Jonas/*Münzberg*, § 727 ZPO Rn. 55–57.

623a Es kann vorkommen, dass der zugrunde liegende Titel nach Erteilung einer Rechtsnachfolgeklausel **durch Gerichtsbeschluss gem. § 239 FamFG zugunsten des Schuldners abgeändert** wird, z.B. durch Herabsetzung auf null ab einem bestimmten Zeitpunkt, der noch in den Umschreibungszeitraum fällt. Grundsätzlich bedürfte es dann keiner Korrektur der von der Urkundsperson erteilten Rechtsnachfolgeklausel. Denn die rückwirkende Abänderung des einschlägigen Titels durch den Gerichtsbeschluss bewirkt, dass die Urkunde für den entsprechenden Zeitraum gegenstandslos geworden ist. Wenn die Urkunde aber insoweit nicht mehr Grundlage der Zwangsvollstreckung sein kann – was sich sowohl für den ursprünglichen Gläubiger als auch den Rechtsnachfolger und ebenso für den Schuldner eindeutig aus dem Gerichtsbeschluss ergibt –, folgt hieraus zwangsläufig, dass auch eine **Rechtsnachfolgeklausel im selben Umfang gegenstandslos geworden** ist.

Da aber absehbar ist, dass in einem einschlägigen Streitfall jeder weitere Meinungsaustausch mit den Beteiligten hierüber zeitaufwändiger wäre als das nachfolgend vorgeschlagene Vorgehen, hat das DIJuF e.V. zu Recht der Urkundsperson insoweit empfohlen:

Sie bittet den Rechtsnachfolger – im konkreten Fall das Land, vertreten durch die UVG-Stelle – um Rückgabe der erteilten vollstreckbaren Teilausfertigung und stellt ihm eine **neue Rechtsnachfolgeklausel** aus, die auf den Zeitraum **bis zum Wirksamwerden der Herabsetzung begrenzt** ist, ggf. mit dem sinngemäßen Zusatz „im Hinblick auf den Beschluss des Amtsgerichts … vom ….".

Hierbei handelt es sich um einen **rein deklaratorischen Vorgang**, der zwar formal überflüssig ist, aber bei Beharren aller Beteiligten auf ihren jeweiligen Standpunkten zu einer allseitigen „Zeitverschwendung durch Rechthaberei" führen würde, die in keinem Verhältnis zur inhaltlichen Bedeutung der Meinungsverschiedenheit stünde. Die Urkundsperson vergibt sich nichts, wenn sie dem Ansinnen der UVG-Stelle und damit indirekt auch des in gleicher Weise fehlargumentierenden Amtsgerichts mit einem Zeitaufwand von wenigen Minuten nachkommt, wodurch sie den lästigen Streitfall dauerhaft beendet.

q) Fortsetzung: Rechtsnachfolge auf der Schuldnerseite

624 **Rechtsnachfolger des Schuldners** aus einem gegen ihn gerichteten Titel nach § 59 Abs. 1 Satz 1 Nr. 3, 4 SGB VIII kann der Erbe sein, aber nur bezüglich von im Erbfall noch vorhandenen Unterhaltsrückständen.

Den Nachweis der Erbeneigenschaft ermöglicht dem Gläubiger der **Erbschein**, den er nach § 792 ZPO für Zwecke der Zwangsvollstreckung erwirken kann. Soll in den Nachlass vollstreckt werden, der der Verwaltung eines Testamentsvollstreckers unterliegt, müsste die Klausel gegen den Testamentsvollstrecker erteilt werden; an die Stelle des Erbscheins tritt für den Nachweis der Testamentsvollstrecker-Eigenschaft das Zeugnis des Nachlassgerichts nach § 2368 BGB.

Wortlaut der Klausel:

„Vorstehende (Erste, Zweite usw.) Ausfertigung wird hiermit dem Gläubiger zum Zwecke der Zwangsvollstreckung

– gegen den – die – Erben des Schuldners:

– laut Erbschein des Amtsgerichts ....

– gegen den ....

als Testamentsvollstrecker über den Nachlass des Schuldners

laut Testamentsvollstreckerzeugnis des Amtsgerichts ....

erteilt."

Die genannten Nachweise erübrigen sich, wenn der oder die Erbe(n) bzw. die Testamentsvollstreckung amtsbekannt sind. Dann hätte die Klausel einen Hinweis hierauf zu enthalten (§ 727 Abs. 2 ZPO). Wegen der Zustellung der Klausel, der Wartefrist, des Vermerks auf dem Original der Verpflichtungsverhandlung gilt das in Rn. 610 Ausgeführte entsprechend.

r) Beurkundung „freitragender" Unterhaltsverpflichtungen von Seiten des nicht festgestellten Kindesvaters?

625 Eine Unterhaltsverpflichtung von Seiten eines Mannes, der seine Erzeugerschaft zu dem Kinde behauptet, ohne – wie er einräumt – als Vater festgestellt zu sein, der aber andererseits aus familiären Gründen nicht bereit oder durch eine bestehende Ehe der Kindesmutter rechtlich gehindert ist, seine Vaterschaft wirksam zur Niederschrift anzuerkennen, dürfte die Urkundsperson **auch auf Verlangen nicht beurkunden**. So etwas ist denkbar (und auch schon vorgekommen; dazu DAVorm 1987, 173 ff.), wenn der Betreffende auch ohne Vaterschaftsanerkennung das Kind angemessen, vielleicht sogar reichlich zu alimentieren und auch erbvertraglich für den Fall seines Todes zu sichern wünscht: Doch wenn er daraufhin, unter dem offenen Eingeständnis des Fehlens seiner Vaterschaftsfeststellung und bei gleichzeitiger Weigerung, dem durch Anerkennung der Vaterschaft abzuhelfen, gleichwohl eine Unterhaltspflicht „als Vater" – wie § 1607 Abs. 3 Satz 2 BGB es in anderem Zusammenhang formuliert – übernehmen will, würde er damit die Rechtswirkungen der Vaterschaft entgegen § 1594 Abs. 1, § 1600d Abs. 4 BGB geltend machen. Das dürfte die Urkundsperson nicht durch Niederschrift sanktionieren.

Ein für sich gesehen honoriger Verpflichtungswille lässt sich natürlich trotzdem nicht blockieren. Nur geht seine Verwirklichung in einem solchen Falle nicht über das Jugendamt – zumal die Urkundsperson nicht einmal das zuständige Jugendamt über das Vorkommnis verständigen dürfte angesichts der Pflicht zur Beachtung des Amtsgeheimnisses und zur Wahrung ihrer Neutralität. Sie hätte vielmehr den Weg zum **Notar** zu weisen. Der Notar vermöchte, was der Urkundsperson durch die Grenzen ihrer Ermächtigung verwehrt ist: ein abstraktes Schuldversprechen (§ 780 BGB) oder einen Leibrentenvertrag mit der Kindesmutter zugunsten (§ 328 BGB) des Kindes über monatliche Zahlungen in Höhe des in Aussicht genommenen Unterhalts vollstreckbar aufzunehmen. Den Verpflichtungsgrund stellte die sittliche Pflicht dar, das Kind auch ohne Vaterschaftsfeststellung zu alimentieren (§ 814 BGB). Der Erbvertrag könnte ohnehin nur vor dem Notar abgeschlossen werden. Der gleiche Weg müsste übrigens gewählt werden, wenn der Erzeuger eines (noch) „scheinehelichen" Kindes dessen Unterhalt schon jetzt vollstreckbar übernehmen will.

3. Mitwirkung der Urkundsperson bei der Vorbereitung der Auslandsvollstreckung

a) Allgemeine Vorbemerkung 625a

Die fortschreitende verbesserte Zusammenarbeit innerhalb der Europäischen Union gerade auch auf dem justiziellen Sektor hat im Rahmen eines teilweise langwierigen und schwierigen Abstimmungsprozesses innerhalb der beiden letzten Jahrzehnte zu erfreulichen Fortschritten geführt, die insbesondere die **Anerkennung und Vollstreckung gerichtlicher und urkundlicher Titel wesentlich erleichtert** haben. Die folgende Darstellung kann diese Entwicklung nur in Grundzügen nachzeichnen und dabei die Mitwirkungspflichten der Urkundspersonen bei den Optionen für die erleichterte Vollstreckbarkeit von Urkundstiteln im Ausland darstellen (namentlich durch Ausstellung bestimmter Bescheinigungen für die jeweiligen Gläubiger sowie durch die Bezifferung dynamischer Unterhaltstitel). Während letzteres eine Daueraufgabe bleibt, hängt die Erteilung der genannten Bescheinigungen einerseits ab vom zeitlichen Geltungsbereich der jeweiligen Verordnungen bzw. Übereinkommen („Alttitel"). Anderseits gelten diese Rechtsquellen z.T. nicht einheitlich für den gesamten EU-Bereich, wobei – noch – Großbritannien, Dänemark und Kroatien besonders hervorzuheben sind.

Eine Hilfestellung zur besseren Einordnung liefern sehr informative Merkblätter des AG Warendorf, die im Internet allgemein verfügbar sind und im Folgenden an den jeweils einschlägigen Textstellen mit Verweis auf die Fundstelle unter www.bundesanzeiger-verlag.de/beurkundungen zitiert werden.

b) Grundsatz Exequaturverfahren

Will ein Gläubiger aus einem deutschen Vollstreckungstitel im Ausland die **625b** Zwangsvollstreckung betreiben, weil der Schuldner dort über pfändbares Vermögen verfügt, ist dies nicht ohne weiteres möglich. Das galt bis in die jüngere Vergangenheit auch für die Staaten der Europäischen Union. Der Gläubiger muss grundsätzlich den im Inland erlangten Vollstreckungstitel durch das zuständige

Gericht im Vollstreckungsstaat erst einmal für vollstreckbar erklären lassen (sog. Exequaturverfahren).

Grundsätzlich greifen hierfür die autonomen Anerkennungs- und Vollstreckungsvorschriften des **Vollstreckungsstaats**. Im Geltungsbereich des UN-Übereinkommens vom 20. Juni 1956 über die Geltendmachung von Unterhaltsansprüchen im Ausland (BGBl. 1959 II 149, 1971 II 1074) kann die **Rechtshilfe nach dem AUG** genutzt werden, die große Vorteile bringen kann (BeckOK/*Heiderhoff*, Art. 18 EGBGB Rn. 133, 159). In Deutschland dient das Bundesamt für Justiz in Bonn als zentrale Behörde i.S.d. § 4 Abs. 1 AUG als Empfangs- und Übermittlungsbehörde (zu den Einzelheiten *Heger/Selg*, FamRZ 2011, 1101 [1103 f.]).

Ansonsten kommt es – außerhalb des EU-Bereichs – darauf an, ob **staatsvertragliche Regelungen** bestehen. So ist es z.B. im Verhältnis zu Island, Norwegen und der Schweiz mit dem revidierten Lugano-Übereinkommen vom 30. Oktober 2007 (ww.bundesanzeiger-verlag.de/beurkundungen I Nr. 10).

Die Vollstreckung eines in Deutschland erwirkten Unterhaltstitels gegen einen türkischen Staatsangehörigen **in der Türkei** kann gemäß dem Haager Übereinkommen über die Anerkennung und Vollstreckung von Unterhaltsentscheidungen vom 2. Oktober 1973 (BGBl. 1986 II S. 826; ww.bundesanzeiger-verlag.de/beurkundungen I Nr. 2) erwirkt werden.

Wichtige länderspezifische Hinweise sind oft in einschlägigen Merkblättern der jeweiligen Deutschen Botschaft enthalten.

c) Vollstreckbarerklärung nach der EuGVO

626 Einen ersten großen Fortschritt innerhalb der EU brachte die am **1. März 2002** in Kraft getretene **EG-Verordnung** Nr. **44/2001**. Ihre volle Bezeichnung lautet: „Verordnung des Rates über die gerichtliche Zuständigkeit und die Anerkennung und Vollstreckung von Entscheidungen in Zivil- und Handelssachen." Geläufige Kurznamen sind: **EuGVVO, EuGVO oder Brüssel I-Verordnung.** Sie stammt vom 22. Dezember 2000 und ist veröffentlicht im Amtsblatt der Europäischen Gemeinschaften L 12/01 S. 1 vom 16 .Januar 2001; ww.bundesanzeiger-verlag.de/beurkundungen I Nr. 2) .Die Verordnung regelt die Zuständigkeit von Gerichten in Zivil- und Handelssachen. Ihr zufolge werden in einem Mitgliedstaat getroffene Entscheidungen in den anderen Mitgliedstaaten außer in strittigen Fällen **ohne ein weiteres Verfahren anerkannt**. Die Erklärung zur Vollstreckbarkeit einer Entscheidung ist nach einer einfachen formalen Überprüfung der vorgelegten Dokumente abzugeben. Hierbei kann die Gerichtsbarkeit nicht *von Amts wegen* einen in der Verordnung enthaltenen Grund für die Nichtvollstreckbarkeit berücksichtigen.

In Art. 57 EuGVO ist die Vollstreckbarerklärung inländischer öffentlicher Urkunden für die Verwendung im Ausland geregelt. Das gilt nach Abs. 2 der Vorschrift auch für jugendamtliche Urkunden. Nach Art. 57 Abs. 4 EuGVO ist dem Antragsteller eine „Bescheinigung unter Verwendung des Formblattes in Anhang 6 dieser Verordnung" auszustellen.

Am **10. Januar 2015** ist die **Neufassung der Brüssel I-Verordnung** in Kraft getreten. Die überarbeitete Verordnung (EU VO Nr. 1215/2012 = www.bundesanzeiger- verlag/beurkundungen I Nr. 3), die auch als **Brüssel Ia – VO** bezeichnet wird, bringt zahlreiche wichtige Änderungen mit sich: Eine der wichtigsten Neuerungen ist die Abschaffung des sog. ExequaturVerfahrens. Seither werden Entscheidungen nationaler Gerichte in allen anderen Mitgliedsstaaten **nicht nur anerkannt, sondern auch vollstreckt**, ohne dass es einer Vollstreckbarerklärung durch nationale Gerichte bedarf (Art. 39 Brüssel Ia VO). Gleiches gilt im Grundsatz **auch für öffentliche Urkunden** und gerichtliche Vergleiche (Art 58 Brüssel Ia – VO). Ein ausländischer Titel muss unter den gleichen Bedingungen vollstreckt werden, wie ein Titel eines Gerichts des Mitgliedsstaates, in dem die Entscheidung vollstreckt wird. **626a**

Zu beachten ist allerdings die seit 2011 geltende **Sonderregelung für Unterhaltstitel** durch die EuUnterhVO (Rn. 644 ff.), welche grundsätzlich auch der Brüssel Ia-VO vorgeht. Zu näheren Einzelheiten wird verwiesen auf die Info des Amtsgerichts Warendorf, „Wie vollstrecke ich die Forderung aus der Entscheidung/dem Vergleich in einem anderen EU-Mitgliedstaat?", www.bundesanzeiger-verlag.de/beurkundungen V Nr. 4.

c) Bestätigung von Urkunden als Europäischer Vollstreckungstitel gem. §§ 1079 ff. ZPO

aa) Begriff des Europäischen Vollstreckungstitels

Seit 21. Oktober 2005 gilt die EG-Verordnung Nr. 805/2004 über einen Europäischen Vollstreckungstitel für unbestrittene Forderungen (EuVTVO; www.bundesanzeiger-verlag.de/beurkundungen I Nr. 1). Seither entfiel **zwischen den EU-Mitgliedsstaaten (mit Ausnahme Dänemarks**, das gemäß Art. 2 Abs. 3 der Verordnung ausgenommen wurde) für bestimmte Titel über unbestrittene Geldforderungen das Vollstreckbarerklärungs-Verfahren, das bis zum 18. Juni 2011 allgemein der Vollstreckung aus ausländischen Titeln vorgeschaltet war (zur aktuellen Rechtslage vgl. unten Rn. 644). Mit der EuVTVO wurde ein neuer **transnationaler Vollstreckungstitel** geschaffen; er wird in den genannten EU-Mitgliedsstaaten wie ein jeweils dort ergangener Titel vollstreckt. Voraussetzung ist eine im Ursprungsmitgliedstaat formgerecht ausgestellte **Bestätigung als Europäischer Vollstreckungstitel**. Sie ist zu erteilen, wenn der Titel den Anforderungen der VO entspricht (zur aktuellen praktischen Bedeutung vgl. aber Rn. 644, 647). **627**

Der Gläubiger muss dann den zuständigen Behörden **im Vollstreckungsmitgliedstaat** nur eine Ausfertigung des Titels, eine Ausfertigung der Bestätigung als Europäischer Vollstreckungstitel und ggf. eine beglaubigte Übersetzung der Bestätigung übermitteln. Ein als Europäischer Vollstreckungstitel bestätigter Titel wird **unter den gleichen Bedingungen vollstreckt** wie ein im Vollstreckungsmit- **628** gliedstaat geschaffener (Art. 20 EuVTVO). Allerdings bleiben materielle Einwendungen gegen den titulierten Anspruch uneingeschränkt zulässig, selbst wenn dieser als Europäischer Vollstreckungstitel bestätigt wurde. Die Einwendungen kann der Schuldner bei deutschen vollstreckbaren Urkunden im Wege der Vollstreckungsabwehrklage gemäß § 767 ZPO vorbringen.

Ausführlich zu Voraussetzungen und Verfahren nach der EuVTVO *Rellermeyer,* Rpfleger 2005, 389; *Wagner,* IPrax 2005, 189 und 401; *Gebauer,* FPR 2006, 252; *Knittel,* JAmt 2006, 477 sowie Bayer. Staatsministerium der Justiz, „Erläuterungen zur Verordnung (EG) Nr. 805/2004 des Europäischen Parlaments und des Rates vom 21. April 2004 zur Einführung eines Europäischen Vollstreckungstitels für unbestrittene Forderungen (EuVTVO)" – Stand: 20. Dezember 2005 – abzurufen unter http://www. justiz. bayern.de/imperia/md/content/stmj_internet/nbuergerservice/fachinfo/merkblatt/leitfadeneuvtvo.pdf, 15. April 2017. Ausführliche Erläuterungen enthält ferner die Info des Amtsgerichts Warendorf, „Wie vollstrecke ich die Forderung aus der als Europäischer Vollstreckungstitel bestätigten Entscheidung/Vergleich in einem anderen EU-Mitgliedstaat?"; www.bundesanzeiger-verlag.de/beurkundungen V Nr. 5.

629 Die VO ist **nur auf vollstreckbare Urkunden anwendbar,** die **seit dem 21. Januar 2005** errichtet worden sind (Art. 26 EuVTVO). Maßgeblich ist das Datum der Entstehung der Urkunde als öffentliche, also die Unterschrift des Notars oder der Urkundsperson. Wurde die Urkunde vorher errichtet, unterfällt sie nicht allein deshalb der EuVTVO, weil die Voraussetzungen für eine vollstreckbare Ausfertigung nach dem Stichtag eingetreten sind (*Wolfsteiner,* Rn. 54.32).

630 Die EuVTVO erfasst nach ihrem Art. 2 alle in Zivil-und Handelssachen ergangenen Titel, mithin **auch Titel in Unterhaltssachen.** Der Begriff des Titels umschließt nach Art. 3 Abs. 1 EuVTVO u.a. die nach ihrem In-Kraft-Treten errichteten öffentlichen Urkunden über unbestrittene Forderungen. In den Begriff der öffentlichen Urkunde bezieht die Legaldefinition des Art. 4 Nr. 3 EuVTVO ausdrücklich die **von einer Verwaltungsbehörde beurkundete Unterhaltsverpflichtung** ein. Damit sind auch erfasst die vor dem Jugendamt aufgenommenen vollstreckbaren Unterhaltstitel nach § 60 SGB VIII sowie die durch einen deutschen Notar vollstreckbar beurkundeten Unterhaltsverpflichtungen (§ 794 Abs. 1 Nr. 5 ZPO). Der Titel muss eine Forderung auf Zahlung einer bestimmten Geldsumme betreffen (Art. 4 Nr. 2 EuVTVO). Ob dies für dynamisierte Forderungen zutrifft, ist unklar. Deshalb empfiehlt sich vor der Bestätigung als Europäischer Vollstreckungstitel die **Bezifferung gem. § 245 FamFG** (vgl. unten Rn. 648). Ferner muss die Forderung nach Art. 4 Nr. 2 EuVTVO fällig oder ihr Fälligkeitsdatum im Vollstreckungstitel angegeben sein. Die Forderung muss unbestritten sein. Das trifft jedenfalls zu für solche Forderungen, die in öffentlicher Urkunde ausdrücklich anerkannt wurden (Art. 3 Abs. 1 Buchst. d EuVTVO).

bb) Deutsche Verfahrensregelungen

Die Regelungen der neuen EG-Verordnung sind zwar unmittelbar anwendbar, bedurften jedoch der Ergänzung durch innerstaatliche Verfahrensvorschriften. Diese sind in Deutschland durch das **Ausführungsgesetz** (vom 18. August 2005, BGBl I 2477) zu der genannten EG-Verordnung geschaffen worden. Von besonderer Bedeutung hieraus für die Arbeit der Urkundsperson sind namentlich **§§ 1079 bis 1081 ZPO** sowie **§ 245 FamFG** (seit 1. September 2009 anstelle von § 790 a.F. ZPO). **631**

cc) Antrag und Zuständigkeit

Die Bestätigung eines von der Verordnung erfassten Titels als EuVT wird auf **nicht fristgebundenen Antrag des Gläubigers** erteilt. Zuständig hierfür sind gemäß § 1079 ZPO in Deutschland die Stellen, denen die Erteilung einer vollstreckbaren Ausfertigung obliegt (§§ 794, 797 ZPO). Für die Beurkundungstätigkeit beim Jugendamt wurde § **60** Satz 3 Nr. 1 **SGB VIII** dahingehend ergänzt, dass die **Bestätigung nach § 1079 ZPO von der Urkundsperson** erteilt wird. Die Voraussetzungen der Bestätigung ergeben sich aus Art. 6 Abs. 1 Buchst. a und c EuVTVO. Die öffentliche Urkunde muss vollstreckbar sein (Art. 24 Abs. 1, Art. 25 Abs. 1 EuVTVO). Insbesondere muss sie mit einer ordnungsgemäßen Vollstreckungsklausel versehen sein, weil die Bestätigung nach zutreffender Ansicht nicht die Funktion der Klausel übernimmt (*Wolfsteiner*, Rn. 54.14 m.w.N.). **632**

dd) Erteilung der Bestätigung

Die Bestätigung selbst wird gem. **§ 1080** Abs. 1 Satz 1 **ZPO** unter Verwendung der **Formblätter** in der Verordnung (EG) Nr. 1869/2005 ausgestellt, und zwar in der Sprache, in der der Titel abgefasst ist (Art. 9 EuVTVO). Für von der Urkundsperson beim Jugendamt aufgenommene Unterhaltsverpflichtungen ist deshalb die Bestätigung stets in deutscher Sprache zu erteilen. **633**

Das Gesetz ordnet ausdrücklich an, dass dies **„ohne Anhörung des Schuldners"** zu geschehen habe. Eine solche Anhörung widerspräche dem Sinn und Zweck der EVTVO (Zöller/*Geimer* § 1080 ZPO Rn. 1; vgl. aber zur Gewährung des rechtlichen Gehörs vor einer Bezifferung nach § 245 FamFG unten Rn. 655).

Für die Erteilung der Bescheinigung nach § 1079 ZPO ist ein **Amtlicher Vordruck** vorgesehen. Er kann im Internet über das Europäische Justizportal abgerufen werden: https://e-justice.europa.eu > Europäisches Justizportal > Dynamische Formulare > Formulare – europäischer Vollstreckungstitel; dort kann das entsprechende Formular (als Online-Formular oder als PDF-Dokument) abgerufen werden. **634**

Erster Titel: Beurkundungen im Jugendamt – B. Besonderer Teil

Der Vordruck ist wie folgt gestaltet:

BESTÄTIGUNG ALS EUROPÄISCHER VOLLSTRECKUNGSTITEL - ÖFFENTLICHE URKUNDE

1. Ursprungsmitgliedstaat:

☐ Belgien	☐ Tschechische Republik	☐ Deutschland	☐ Estland
☐ Griechenland	☐ Spanien	☐ Frankreich	☐ Irland
☐ Italien	☐ Zypern	☐ Lettland	☐ Litauen
☐ Luxemburg	☐ Ungarn	☐ Malta	☐ Niederlande
☐ Österreich	☐ Polen	☐ Portugal	☐ Slowakei
☐ Slowenien	☐ Finnland	☐ Schweden	☐ Vereinigtes Königreich

Formularende

2. Gericht/befugte Stelle, das/die die Bestätigung ausgestellt hat

   2.1. Bezeichnung:

   2.2. Anschrift:

   2.3. Tel./Fax/E-Mail:

3. Falls abweichend, Gericht/befugte Stelle, das/die die öffentliche Urkunde aufgenommen oder registriert hat

   3.1. Bezeichnung:

   3.2. Anschrift:

   3.3. Tel./Fax/E-Mail:

4. Öffentliche Urkunde

   4.1. Datum:

   4.2. Aktenzeichen:

   4.3. Parteien

      4.3.1. Name(n) und Anschrift(en) des/der Gläubiger(s):

      4.3.2. Name(n) und Anschrift(en) des/der Schuldner(s):

B.II. Beurkundung von Unterhaltsverpflichtungen

5. Geldforderung laut Bestätigung

   5.1. Betrag:

   5.1.1. Währung:
   - Euro ☐
   - tschechische Krone ☐
   - Pfund Sterling ☐
   - Litas ☐
   - maltesische Lira ☐
   - schwedische Krone ☐
   - Tolar ☐
   - Zypern-Pfund ☐
   - estnische Krone ☐
   - Forint ☐
   - Lats ☐
   - Zloty ☐
   - slowakische Krone ☐

   andere Währung (bitte angeben) [ ]

   5.1.2. Falls sich die Geldforderung auf eine wiederkehrende Leistung bezieht

   5.1.2.1. Höhe jeder Rate:

   5.1.2.2. Fälligkeit der ersten Rate:

   5.1.2.3. Fälligkeit der nachfolgenden Raten:
   - wöchentlich ☐
   - monatlich ☐
   - andere Zeitabstände (bitte angeben) [ ]

   5.1.2.4. Laufzeit der Forderung

   5.1.2.4.1. Derzeit unbestimmt ☐ oder
   5.1.2.4.2. Fälligkeit der letzten Rate:

   5.2. Zinsen

   5.2.1. Zinssatz

   5.2.1.1. [ ]% oder

   5.2.1.2. [ ]% über dem Basissatz der EZB (1)

   5.2.1.3. Anderer Wert (bitte angeben):

   5.2.2. Fälligkeit der Zinsen:

5.3. Höhe der zu ersetzenden Kosten, falls in der öffentlichen Urkunde angegeben:

6. Die öffentliche Urkunde ist im Ursprungsmitgliedstaat vollstreckbar ☐

Geschehen zu: [ ]
Am: [ ]
Unterschrift und/oder Stempel: [ ]

(1) Von der Europäischen Zentralbank auf ihre Hauptrefinanzierungsoperationen angewendeter Zinssatz.

ee) Bekanntgabe

635 Dem **Gläubiger** wird die Ausfertigung der Bestätigung **formlos** mitgeteilt. Hingegen ist dem **Schuldner** nach § 1080 Abs. 1 Satz 2 ZPO eine Ausfertigung der Bestätigung **von Amts wegen zuzustellen**. Das ist eine Bestimmung des nationalen deutschen Rechts, die keine Entsprechung in der EuVTVO hat. Sie wirkt sich deshalb auch auf die Vollstreckbarkeit im Ausland nicht aus (vgl. Österr. OGH, 22.2.2007 – 3 Ob 253/06 = IPrax 2008, 440 mit zust. Besprechung *Bittmann*). Gleichwohl können sich Notar bzw. Urkundsperson der Zustellungspflicht nicht entziehen (*Wolfsteiner,* Rn. 54 18; a. A. *Strasser,* Rpfleger 2007, 249 [250 f.] und ein Gutachten des Deutschen Notarinstituts in DNotI-Report 2007, 121, das dem Notar nahelegt, den Gesetzesbefehl nicht zu befolgen).

636 Die Zustellung in einem anderen EU-Staat richtet sich nach der **Europäischen Zustellungsverordnung – EuZustVO – vom 13. November 2007** (ww.bundesanzeiger-verlag.de/beurkundungen I Nr. 6). Nach Art. 2 EuZustVO zu übermittelnde Schriftstücke sind der vom Ausgangsstaat benannten Übermittlungsstelle übergeben. Für die Zustellung außergerichtlicher Schriftstücke im Ausland regelt § 1069 Abs. 1 Nr. 2 ZPO, welche **Amtsgerichte als Übermittlungsstelle** zuständig sind. Bei notariellen Urkunden ist es auch dasjenige Amtsgericht, in dessen Bezirk der beurkundende Notar seinen Amtssitz hat. Obwohl die Urkundsperson beim Jugendamt nicht ausdrücklich genannt ist, dürfte die Vorschrift wegen der Vergleichbarkeit ihrer Tätigkeit mit der notariellen entsprechend anwendbar sein.

Sonderzuständigkeiten kraft landesrechtlicher Konzentration bestehen für Hamburg nach § 1 Nr. 8 ZustAGHamburgVO idF vom 17. Juli 2001, GVBl. 2001, 249 (AG Hamburg) und für Nordrhein-Westfalen nach § 3 ZStVO EUZHA vom 6. Januar 2004, GVBl. 2004, 24 (AG Essen, Gelsenkirchen, Herne, Mönchengladbach).

Das nach Art. 4 Abs. 3 EuVTVO beizufügende Formblatt mit dem Antrag wird unmittelbar vom Amtsgericht als Vermittlungsstelle ausgefüllt und zusammen mit der zustellenden Bestätigung der Empfangsstelle des Anfangsstaates übermittelt (*Wolfsteiner,* Rn. 54.19).

637 Nach verbreiteter Auffassung soll auch eine **Zustellung durch die Post** nach Art. 14 EuZustVO jetzt allgemein möglich sein, nachdem der frühere Vorbehalt entfallen ist (*Wolfsteiner,* Rn. 54.20; Musielak/Voit/*Wittschier*, § 1068 ZPO Rn. 1; Notare und folgerichtig auch Urkundspersonen können demnach jetzt direkt ins Ausland zustellen, wenn sie einen Rückschein oder gleichwertigen Beleg i.S.v. § 1068 Abs. 1 ZPO verwenden (a.A. Zöller/*Geimer,* § 1069 ZPO Rn. 3 m.w.N.: Auch die Zustellung durch die Post sei nach wie vor nur den Amtsgerichten als Übermittlungsstellen eingeräumt).

ff) Rechtsbehelfe

(1) Wird der **Antrag auf Ausstellung einer Bestätigung zurückgewiesen**, gelten nach § 1080 Abs. 2 ZPO die Vorschriften zur Anfechtung der Entscheidung über die Erteilung einer Vollstreckungsklausel entsprechend. Bezüglich des Notars und folgerichtig auch der Urkundsperson wird damit gem. **§ 54 BeurkG** – wie bei der Ablehnung der Erteilung einer Vollstreckungsklausel – die Beschwerde zur Zivilkammer des zuständigen Landgerichts eröffnet (*Rellermeyer*, Rpfleger 2005, 389; Musielak/Voit/*Lackmann*, § 1080 ZPO Rn. 3; vgl. auch oben Rn. 239 ff.). **638**

Auch insoweit soll das „Verbot rechtlichen Gehörs für den Schuldner" in § 1080 Abs. 1 Satz 1 ZPO gelten (*Wolfsteiner*, Rn. 54.29).

(2) Wird die **Bestätigung antragsgemäß erteilt**, ist ein Rechtsbehelf gegen die Bestätigung als solche nicht statthaft (Art. 10 Abs. 4 EuVTVO). Allerdings sieht Art. 10 Abs. 1 EuVTVO ein **Berichtigungs- oder Widerrufsverfahren** vor. Hierbei handelt es sich der Sache nach doch um einen Rechtsbehelf, auch wenn er von Art. 10 Abs. 4 EuVTVO nicht als solcher verstanden wird (*Wolfsteiner*, Rn. 54.22). **638a**

Hierfür ist nach Art. 10 Abs. 3 Anhang VI ein Formular vorgesehen, dessen Verwendung aber nicht zwingend ist (abzurufen ebenfalls auf den Seiten des Europäischen Justizportals, vgl. oben Rn. 634):

Erster Titel: Beurkundungen im Jugendamt – B. Besonderer Teil

ANHANG VI

ANTRAG AUF BERICHTIGUNG ODER WIDERRUF DER BESTÄTIGUNG ALS EUROPÄISCHER VOLLSTRECKUNGSTITEL

(Artikel 10 Absatz 3)

DER FOLGENDE EUROPÄISCHE VOLLSTRECKUNGSTITEL

1. Ursprungsmitgliedstaat:

Belgien ☐	Bulgarien ☐	Tschechische Republik ☐
Deutschland ☐	Estland ☐	Griechenland ☐
Spanien ☐	Frankreich ☐	Kroatien ☐
Irland ☐	Italien ☐	Zypern ☐
Lettland ☐	Litauen ☐	Luxemburg ☐
Ungarn ☐	Malta ☐	Niederlande ☐
Österreich ☐	Polen ☐	Portugal ☐
Rumänien ☐	Slowakei ☐	Slowenien ☐
Finnland ☐	Schweden ☐	Vereinigtes Königreich ☐

2. Gericht/befugte Stelle, das/die die Bestätigung ausgestellt hat

2.1. Bezeichnung:

2.2. Anschrift:

2.3. Tel./Fax/E-Mail:

3. Falls abweichend, Gericht/befugte Stelle, das/die die Entscheidung erlassen hat/das/die den gerichtlichen Vergleich erlässt/das/die die öffentliche Urkunde aufgenommen oder registriert hat (*)

3.1. Bezeichnung:

3.2. Anschrift:

3.3. Tel./Fax/E-Mail:

4. Entscheidung/Gerichtlicher Vergleich/Öffentliche Urkunde (*)

4.1. Datum:

/ /

4.2. Aktenzeichen:

4.3. Parteien

4.3.1. Name(n) und Anschrift(en) des/der Gläubiger(s):

4.3.2. Name(n) und Anschrift(en) des/der Schuldner(s):

_____

(*)Unzutreffendes streichen.

B.II. Beurkundung von Unterhaltsverpflichtungen

5. MUSS BERICHTIGT WERDEN, da aufgrund eines materiellen Fehlers der Europäische Vollstreckungstitel und die zugrunde liegende Entscheidung/der zugrunde liegende gerichtliche Vergleich/die zugrunde liegende öffentliche Urkunde folgende Abweichung aufweisen (bitte darlegen) ☐

6. MUSS WIDERRUFEN WERDEN, da

6.1. die bestätigte Entscheidung einen Verbrauchervertrag betrifft, jedoch in einem Mitgliedstaat ergangen ist, in dem der Verbraucher keinen Wohnsitz im Sinne von Artikel 59 der Verordnung (EG) Nr. 44/2001 hat ☐

6.2. die Bestätigung als Europäischer Vollstreckungstitel aus einem anderem Grund eindeutig zu Unrecht erteilt wurde (bitte darlegen) ☐

Geschehen zu: am: / /

Unterschrift und/oder Stempel:

639 Der Rechtsbehelf **entspricht der Klauselerinnerung nach § 732 ZPO** (vgl. oben Rn. 503). Sein Umfang ist in gleicher Weise wie dort beschränkt; das ergibt sich auch aus § 1081 Abs. 3 Satz 2 ZPO („Gründe ..., weshalb die Bestätigung eindeutig zu Unrecht erteilt worden ist"). Damit scheidet insbesondere der Erfüllungseinwand aus (vgl. *Wolfsteiner,* Rn. 54.24).

Gegenstand der Berichtigung kann nur sein, ob die Bestätigung und der Titel „aufgrund eines materiellen Fehlers voneinander abweichen". Damit sind Fälle gemeint, in denen Angaben aus dem Titel, z.B. durch falsche Schreibweise des Namens oder der Anschrift des Gläubigers oder Schuldners, unzutreffend in die Bestätigung übertragen wurden. Es handelt sich somit um Sachverhalte, bei denen nach deutschem Zivilprozessrecht eine Berichtigung gem. § 319 ZPO möglich wäre.

Ein **Widerruf** findet statt, wenn die Bestätigung „eindeutig zu Unrecht erteilt wurde". Das bezieht sich auf jede materielle Unrichtigkeit, insbesondere die Bestätigung einer Urteilsentscheidung, die nicht unbestritten gemäß Art. 3 Abs. EuVTVO ist oder bei der die Mindestverfahrensvorschriften der Art. 12 ff. der VO nicht eingehalten wurden. In der Praxis werden bezüglich der Bestätigung zu Urkundstiteln vermutlich kaum Widerrufsbegehren gestellt, weil aus Rechtsgründen ein objektiver Anlass für einen Widerruf bei der Bestätigung einer Urkunde eher selten vorliegen dürfte. Im Übrigen ist nach Art. 10 Abs. 4 der EG-Verordnung ein Rechtsbehelf gegen die Bestätigung ausgeschlossen. Der Schuldner kann allerdings gegen den der Bestätigung zugrunde liegenden Titel im Ursprungsmitgliedstaat mit den gegebenen Rechtsbehelfen vorgehen (vgl. oben Rn. 628).

640 Art. 10 Abs. 1 EuVTVO, der nach Art. Abs. 3 entsprechend für öffentliche Urkunden gilt, ordnet an, dass der **Antrag auf Berichtigung oder Widerruf an den Aussteller der Bestätigung** als Europäischer Vollstreckungstitel zu richten ist.

§ 1081 Abs. 1 ZPO trifft deshalb eine entsprechende Regelung. In den Fällen notarieller oder behördlicher Urkunden **entscheidet das Gericht**, in dessen Bezirk die Stelle, die die Bestätigung ausgestellt hat, ihren Sitz hat. Das entspricht der Regelung in § 797 Abs. 3 ZPO, wonach bei notariellen Urkunden die Entscheidung über Einwendungen, welche die Zulässigkeit der Vollstreckungsklausel betreffen, von dem Amtsgericht getroffen wird, in dessen Bezirk der Notar den Amtssitz hat. Für die Urkundsperson beim Jugendamt ist dies durch **Ergänzung des § 60** Satz 3 Nr. 2 **SGB VIII** im gleichen Sinne geregelt worden. Die Notare und Urkundspersonen haben den Antrag auf Berichtigung oder Widerruf dem Amtsgericht unverzüglich zuzuleiten.

641 § 1081 Abs. 2 Satz 1 und 2 ZPO legt die **Frist zur Beantragung eines Widerrufs** durch den Schuldner fest. Der Antrag auf Widerruf durch den Schuldner ist nur binnen eines Monats zulässig. Ist die Bestätigung im Ausland zuzustellen, beträgt die Frist zwei Monate. Sie ist eine Notfrist und beginnt mit der Zustellung der Bestätigung, jedoch frühestens mit der Zustellung des Titels, auf den sich die Bestätigung bezieht. Diese Regelung stellt sicher, dass dem Schuldner, selbst wenn der Titel erst nach der Bestätigung zugestellt wird, die volle Frist zur Verfügung steht, um anhand von Bestätigung und Titel das Vorliegen eines Widerrufsgrundes zu prüfen. Ein zeitliches Auseinanderfallen der Zustellung der Bestätigung und des Titels kann insbesondere bei einer Parteizustellung des Titels vorkommen. In dem Antrag auf Widerruf sind die **Gründe darzulegen**, weshalb die Bestätigung eindeutig zu Unrecht erteilt worden ist (§ 1081 Abs. 2 Satz 3 ZPO).

Der **Berichtigungsantrag** ist in Anlehnung an § 319 Abs. 1 ZPO an **keine Frist** gebunden.

642 Nach § 20 Nr. 11 RPflG entscheidet der **Rechtspfleger** (*Wagner*, IPrax 2005, 401; krit. hierzu *Wolfsteiner*, Rn. 54.26). Auf das Verfahren der Berichtigung und des Widerrufs findet § 319 Abs. 2 und 3 ZPO entsprechend Anwendung (§ 1081 Abs. 3 ZPO). Das bedeutet: Der Beschluss, der eine Berichtigung ausspricht, wird **auf der Urkunde und den Ausfertigungen vermerkt** (§ 319 Abs. 2 ZPO entsprechend; auch insoweit krit. *Wolfsteiner*, Rn. 54.27 im Hinblick auf den Nutzen für den Schuldner: Die mit der Bestätigung versehene vollstreckbare Ausfertigung ist dem Gläubiger längst ausgehändigt und kann nicht von ihm zurückgefordert werden. Widerruf und Berichtigung kann der Schuldner nur dadurch zur Geltung bringen, dass er im Vollstreckungsstaat dem Vollstreckungsorgan den Widerrufs- oder Berichtigungsbeschluss [mit Rechtskraftvermerk?] vorlegt).

643 Gegen den Beschluss des Rechtspflegers – gleich ob stattgebend oder ablehnend – findet die **befristete Erinnerung** nach § 11 Abs. 2 RpflG statt. Weist der Rechtspfleger einen Antrag auf Widerruf der Bestätigung als Europäischer Vollstreckungstitel zurück und weist auch der Richter die dagegen gerichtete Erinnerung zurück, ist gegen dessen Entscheidung kein Rechtsmittel gegeben. Widerruft dagegen der Richter auf die Erinnerung gegen die den Widerruf ablehnende Entscheidung des Rechtspflegers die Bestätigung als Europäischer Vollstreckungstitel,

ist gegen die Entscheidung des Richters die sofortige Beschwerde nach § 567 Abs. 1 Nr. 2 ZPO statthaft (BGH, 21.7.2011 – I ZB 71/09, NJW 2012, 858).

d) Auswirkungen der EG-Unterhaltsverordnung (EuUnterhVO).

Seit 18. Juni 2011 ist die EG-Unterhaltsverordnung – **EuUnterhVO – anzuwenden**. Ihre Langbezeichnung und Fundstelle lauten: „VO (EG) Nr. 4/2009 des Rats vom 18. Dezember 2008 über die Zuständigkeit, das anwendbare Recht und die Anerkennung und Vollstreckung von Entscheidungen und die Zusammenarbeit in Unterhaltssachen (ABl. L/71 vom 1. Oktober 2009; www.bundesanzeiger-verlag.de/beurkundungen I Nr. 3, dazu *Gruber*, IPrax 2010, 128; *Hoff/Schmidt*, JAmt 2011, 433; *Heger/Selg*, FamRZ 2011, 1101). Sie umfasst nach Art. 48 Abs. 1 auch vollstreckbare Urkunden. In Umsetzung dieser Verordnung hat der Bundestag das **Auslandsunterhaltsgesetz – AUG** – vom 23. Mai 2011 (BGBl. I 898) beschlossen. 644

Mit Verordnung und Ausführungsgesetz hat eine **neue Phase im internationalen Unterhaltsverfahrensrecht** begonnen. Für die Durchsetzung von Unterhaltstiteln sind von da ab fast im gesamten EU-europäischen Raum keine Zwischenverfahren mehr erforderlich, so dass sie dort **wie in Deutschland vollstreckbar** sind. Es bedarf nach Art. 17 Abs. 2 EuUnterhVO für Entscheidungen und gem. **Art. 48 Abs. 1 und 2 EuUnterhVO auch für öffentliche Urkunden** weder einer Bestätigung aus dem Herkunftsstaat noch einer inländischen Vollstreckbarkeitserklärung (*Wolfsteiner*, Rn. 54.33; *Gsell/Netzer*, IPrax 2010, 403). Die genannte Vorschrift lautet: „Eine in einem Mitgliedstaat, der durch das Haager Protokoll von 2007 gebunden ist, ergangene Entscheidung, die in diesem Staat vollstreckbar ist, ist in einem anderen Mitgliedstaat vollstreckbar, ohne dass es einer Vollstreckbarerklärung bedarf." Art. 48 Abs. 1 und 2 der VO ergänzen das wie folgt: „Die im Ursprungsmitgliedstaat vollstreckbaren gerichtlichen Vergleiche und öffentlichen Urkunden sind in einem anderen Mitgliedstaat ebenso wie Entscheidungen gemäß Kapitel IV anzuerkennen und in der gleichen Weise vollstreckbar. Die Bestimmungen dieser Verordnung gelten, soweit erforderlich, auch für gerichtliche Vergleiche und öffentliche Urkunden." 645

Art. 48 Abs. 3 EuUnterhVO schreibt vor: „Die **zuständige Behörde** des Ursprungsmitgliedstaats erstellt auf Antrag jeder betroffenen Partei einen **Auszug** des gerichtlichen Vergleichs oder der öffentlichen Urkunde unter Verwendung, je nach Fall, der in den Anhängen I und II oder in den Anhängen III und IV vorgesehenen Formblätter". Die Urkundsperson hat also ggf. bei öffentlichen Urkunden, die keinen weiteren Vollstreckbarkeitsvoraussetzungen unterliegen, einen Auszug nach Anhang III zu erteilen, im Übrigen einen Auszug nach Anhang IV. 646

Das gilt **auch für Titel, die vor dem 18. Juni 2011, aber nach dem 1. März 2002** (vgl. Rn. 626) errichtet wurden. Denn die Vollstreckbarerklärung – nach früherem EU-Recht noch erforderlich, aber an das jetzt geltende Verfahren angepasst – würde sich dann entsprechend Art 23 ff. EuUnterhVO gestalten; hierfür wäre der genannte Titelauszug unter Verwendung des vorgesehen Formulars nach

Anhang IV von der Urkundsperson auszustellen und vom Gläubiger für die Anerkennung und Vollstreckbarerklärung im EU-Ausland vorzulegen.

647 Nur im Verhältnis zu – noch – **Großbritannien und Dänemark** bleibt es bei den **bisherigen Regelungen.**

Soll eine deutsche vollstreckbare **Urkunde in Großbritannien vollstreckt** werden, ist sie mit ihrer Bestätigung als **Europäischer Vollstreckungstitel** zu versehen.

Im Verhältnis zu **Dänemark** sind deutsche Urkundstitel vollstreckbar, nach

- dem Europäischen Gerichtsstands- und Vollstreckungsübereinkommen (EuGVÜ), das seit 1968 für alle Mitgliedsstaaten der EG galt (www.bundesanzeiger-verlag.de/beurkundungen, I Nr. 1). Das Verfahren ist dort in Art. 50 geregelt (näher hierzu *Wolfsteiner*, Rn. 53.83 ff.)

und

- der Europäischen Gerichtsstands- und Vollstreckungsverordnung (EuGVO) EG-Verordnung Nr. 44/2001 vom 22. Dezember 2000 (oben Rn. 626; (www.bundesanzeiger-verlag.de/beurkundungen, I Nr. 2).

Diese Verordnung gilt für und **im Verhältnis zu Dänemark nicht unmittelbar**, sondern auf der Grundlage des am 1. Juli 2007 in Kraft getretenen Abkommens vom 19. Oktober 2005 zwischen der Europäischen Gemeinschaft und dem Königreich Dänemark über die gerichtliche Zuständigkeit und die Anerkennung und Vollstreckung von Entscheidungen in Zivil- und Handelssachen (ABl. Nr. L 299 vom 16. November 2005, S. 62, ABl. Nr. L 94 vom 4. April 2007, S. 70). „Für die Zwecke dieses Abkommens" wird die Anwendung der Bestimmungen der Verordnung geändert. Zu diesen Anwendungsmaßgaben zählt die Unanwendbarkeit von Artikel 1 Absatz 3.

Gemäß Art. 3 des Abkommens sind Änderungen der Verordnung vorbehaltlich eines neuen Abkommens nicht für Dänemark anwendbar. Für und im Verhältnis zu Dänemark gilt also die Verordnung mit Rechtsstand von 2005 (vgl. aber auch das Merkblatt zur Geltendmachung und Beitreibung von Unterhaltsansprüchen in Dänemark, Stand: April 2017, der Deutschen Botschaft Kopenhagen www.bundesanzeiger-verlagbundesanzeiger-verlag.de/beurkundungen V. Nr. 6).

e) Bezifferung von Urkunden gem. § 245 FamFG

aa) Zweck und Gegenstand der Bezifferung

648 Auf der Grundlage des § 1612a BGB **dynamisierte Titel** sind ausreichend konkret für das deutsche Vollstreckungsrecht. Im **Ausland** wird die Vollstreckung hieraus häufig **Probleme** bereiten: Der genaue zu vollstreckende monatliche Betrag ergibt sich nicht bereits aus dem Titel. Nicht erwartet werden kann, dass dem ausländischen Organ der Zwangsvollstreckung die deutschen Rechtsgrundlagen einer Bezifferung des vollstreckbaren Betrags bekannt sind oder von ihm unschwer beschafft werden können. Deshalb besteht die Gefahr, dass die Vollstreckung dieser Titel im Ausland wegen mangelnder Bestimmtheit abgelehnt werden könnte (Schulte-Bunert/Weinreich/*Klein*, § 245 FamFG Rn. 1).

Auch bei später notwendiger Vollstreckung im Ausland hat aber das Kind als Gläubiger ein Interesse daran, einen dynamisierten Unterhaltstitel zu bekommen. Dem trägt die Vorschrift des **§ 245 FamFG** Rechnung (bereits vor dem 1. September 2009 inhaltsgleich § 790 a.F. ZPO): „Soll ein Unterhaltstitel, der den Unterhalt nach § 1612a BGB als Prozentsatz des Mindestunterhalts festsetzt, im Ausland vollstreckt werden, ist nach Abs. 1 der Vorschrift **auf Antrag der geschuldete Unterhalt auf dem Titel zu beziffern."** Die Gesetzesbegründung (BT-Drs. 15/5222, 12) hebt ausdrücklich und zutreffend hervor, dass die Bezifferung eine Umrechnung zum Zweck der Vollstreckung im Ausland darstellt. Der Charakter des Titels als „dynamisch" bleibt hiervon unberührt. Er nimmt also auch an den nächstfolgenden Anpassungen des Mindestunterhalts teil. Wird die zuvor vorgenommene Bezifferung hierdurch unrichtig, muss erneut beziffert werden. 649

Diese Bestimmung ist auf **alle Vollstreckungen im Ausland** anwendbar, somit auch für diejenigen, für die das Gesetz zur Geltendmachung von Unterhaltsansprüchen im Verkehr mit ausländischen Staaten (Auslandsunterhaltsgesetz – AUG) vom 23. Mai 2011 (BGBl. I 898; www.,bundesanzeiger-verlag.de/beurkunungen II Nr. 2) gilt. **§ 72 AUG** ordnet dies an. Im Hinblick auf den schon umfassenden Wortlaut des § 245 FamFG dürfte dem aber nur deklaratorische Wirkung zukommen. 650

Die Bezifferung hat zugleich den Vorteil, dass der **Titel, – soweit noch erforderlich** – als **europäischer Vollstreckungstitel** nach der Verordnung (EG) Nr. 805/2004 (Vollstreckungstitel-Verordnung www.bundesanzeiger-verlag.de/beurkundungen I Nr. 4) bestätigt werden kann (Schulte-Bunert/Weinreich/*Klein*, § 245 FamFG Rn. 2). Denn es ist zumindest unklar, ob ohne Bezifferung dynamisierte Unterhaltstitel die Voraussetzungen des Art. 4 Nr. 2 EuVTVO erfüllen, wonach der Titel die Zahlung einer „bestimmten Geldsumme" betreffen muss (Zöller/*Lorenz*/*Geimer*, § 245 FamFG Rn. 2; verneinend: MüKo/*Pasche*, § 245 FamFG Rn. 2). Die Bezifferung vermeidet von vornherein jede Diskussion über diesen Punkt. 651

§ 245 FamFG nennt ausdrücklich Titel, die **auf den Mindestunterhalt bezogen** sind. Bereits vorliegende dynamisierte Titel, die den Kindesunterhalt noch als Prozentsatz des jeweiligen Regelbetrags nach der Regelbetrag-Verordnung festsetzen, sind durch Umrechnung nach § 36 Nr. 3 EGZPO zunächst auf den Mindestunterhalt umzustellen. Sodann können sie konkret beziffert werden (Haußleiter/*Fest*, § 245 FamFG Rn. 5; dazu unten Rn. 658). Soweit nach dem Titel eine Berücksichtigung des Kindergeldes nach § 1612b BGB in dynamisierter Form möglich ist, muss ebenfalls der genaue Betrag errechnet und in die Bezifferung einbezogen werden. 652

bb) Zuständigkeit und Verfahren

653 Für die Bezifferung sind die Gerichte, Behörden oder Notare zuständig, denen die Erteilung einer vollstreckbaren Ausfertigung des Titels obliegt (§ 245 Abs. 2 FamFG). Für Jugendamtsurkunden gilt insoweit § 60 Satz 3 Nr. 1 und 2 SGB VIII. Die **Urkundsperson** erteilt die vollstreckbare Ausfertigung und hat auch **die Bezifferung gemäß § 245 FamFG** vorzunehmen.

654 Beziffert wird der Urkundstitel regelmäßig nur **auf Antrag des Unterhaltsgläubigers**. Aber auch der Schuldner ist antragsbefugt, wenn er insoweit ein Rechtsschutzinteresse hat. Dieses kann vorliegen, wenn ein bereits bezifferter Titel zu seinen Gunsten neu beziffert werden muss, beispielsweise wegen einer Kindergelderhöhung oder einer, wohl in Zukunft unwahrscheinlichen, Senkung des Mindestunterhalts (*MüKo/Pasche*, § 245 FamFG Rn. 9). Der Antrag muss die materiellen Voraussetzungen für eine Bezifferung gem. § 245 FamFG anführen. Er muss also den dynamisierten **Titel benennen** und angeben, dass eine **Vollstreckung im Ausland erforderlich** ist, weil der Schuldner dort seinen gewöhnlichen Aufenthalt oder Vermögen hat. Die Bezifferung geschieht dann von Amts wegen; sie muss nicht im Antrag vorgegeben werden, da es sich nur um einen **Verfahrensantrag** handelt (*Musielak/Borth*, Rn. 3; Schulte-Bunert/Weinreich/*Klein*, Rn. 2; Johannsen/Henrich/*Maier*, Rn. 3, je zu § 245 FamG).

655 Soll für **die Vergangenheit vollstreckt** werden, muss die Bezifferung auch diese Zeiträume erfassen (Haußleiter/*Fest*, Rn. 4; Musielak/Borth, Rn. 3, je zu § 245 FamFG). Der Gläubiger muss also ein Rechtsschutzbedürfnis für die Bezifferung bezüglich von Rückstandszeiträumen darlegen, indem er die Absicht bekundet, auch wegen dieser Rückstände vollstrecken zu wollen. Ob die Rückstände tatsächlich bestehen, ist nicht zu prüfen, und zwar weder von Amts wegen noch auf entsprechenden Schuldnereinwand.

Dem **Unterhaltsschuldner** ist vor der Bezifferung **rechtliches Gehör** zu gewähren. Das ist zwar nicht ausdrücklich gesetzlich vorgeschrieben, wird aber überwiegend aus dem in Art. 103 Abs. 1 GG verfassungsrechtlich gewährleisten Anspruch hierauf abgeleitet (Prütting/Helms/*Bömelburg*, § 245 FamFG Rn. 7 m.w.N.). Wird die Bezifferung gleichzeitig mit einem Antrag auf **Bestätigung als Europäischer Vollstreckungstitel** verlangt – was künftig und auf begrenzte Zeit nur noch im Verhältnis zu **Großbritannien** eine Rolle spielt (vgl. oben Rn. 647), führt das zu einem merkwürdigen Normenkonflikt: § 1080 Abs. 1 ZPO verbietet ausdrücklich die Anhörung des Schuldners vor der Bestätigung als EuVT. Hingegen ist sie zur Bezifferung des Titels vor der Bestätigung verfassungsrechtlich geboten. Da sehr häufig beide Anträge in einem einzigen Schriftsatz zusammengefasst werden, ist auch eine Trennung nicht möglich; die Absurdität einer etwaigen Schwärzung des auf die Bestätigung als EuVT bezogenen Antragsteils verbietet sich von vornherein. Der Urkundsperson bleibt deshalb nichts anderes übrig, als in einschlägigen Fällen den praktisch nicht ausführbaren Gesetzesbefehl des § 1080 Abs. 1 ZPO zu ignorieren.

Da der Gläubiger nicht gehalten ist, die Höhe der Bezifferung im Antrag anzugeben (siehe oben Rn. 654), erfordert eine sinnvolle Gewährung des rechtlichen Gehörs, dass die Urkundsperson **dem Schuldner mitteilt, in welcher Höhe** sie die dynamische Unterhaltsverpflichtung zu **beziffern** beabsichtigt. Andernfalls wird der Unterhaltspflichtige mit einer für ihn etwas rätselhaft bleibenden Form der Anhörung wenig anfangen können. Ein weiterer Akt der Fairness wäre die Übermittlung der einschlägigen Fassung der Düsseldorfer Tabelle, oder zumindest ein Hinweis auf eine gängige Internet-Fundstelle (z.B. das Portal des Deutschen Familiengerichtstags e.V.). Ferner sollte der Schuldner darauf hingewiesen werden, dass sich die Bezifferung auf die urkundlich übernommene Unterhaltsverpflichtung für den Zeitraum beziehe, für den der Gläubiger die Absicht der Vollstreckung mitgeteilt habe. Ob und in welcher Höhe diese Schuld in der Vergangenheit bereits erfüllt wurde, sei anlässlich der Bezifferung nicht zu prüfen. Ein derartiger Einwand müsse ggf. im Rahmen einer Zwangsvollstreckung geklärt werden. Durch eine solche Erläuterung können Irritationen und unnötige Einwendungen vermieden werden. **656**

Obwohl der Schuldner sich in den Anwendungsfällen des § 245 FamFG normtypischerweise **im Ausland** aufhalten wird, sind im Übrigen keine besonderen **Anforderungen an die Anhörung** zu beachten. Weder bedarf es einer Übersetzung der Mitteilung der Urkundsperson noch sind Förmlichkeiten einer Zustellung zu wahren. Die schlichte Übermittlung als Postsendung genügt. Will die Urkundsperson sichergehen, dass der Anspruch des Schuldners auf rechtliches Gehör in bestmöglicher Weise gewahrt werde, kann sie allerdings überobligatorisch die Zusendung gegen Rückschein oder einen vergleichbaren Beleg wählen.

cc) Rechtsnatur der Bezifferung

Während Gerichte im Rahmen des § 245 FamFG durch Beschluss entscheiden, ist die Bezifferung durch den Notar als **Amtshandlung** anzusehen (MüKo/*Pasche*, § 245 FamFG Rn. 11; Thomas/Putzo/*Hüßtege*, § 245 FamFG Rn. 6). Dasselbe dürfte für die Urkundsperson des Jugendamts gelten. Die Annahme, dass diese einen Verwaltungsakt erlasse (so aber wohl MüKo/*Pasche* a.a.O.: „Behörde"), wäre allenfalls plausibel in Zusammenhang mit der Auslegung, für die Anfechtbarkeit eines Handelns der Urkundsperson sei der Verwaltungsrechtsweg eröffnet (vgl. hierzu oben Rn. 231 und unten Rn. 665). Es führt aber kaum zu einem einleuchtenden Ergebnis, wenn über die Frage, ob und in welcher Höhe der Mindestunterhaltsanspruch zu beziffern sei, ein fachfremdes Verwaltungsgericht zu entscheiden hätte. Folgerichtig sollte die Bezifferung durch die Urkundsperson als Amtshandlung mit der **Überschrift „Vermerk"** versehen werden. Das entspricht am ehesten dem Sprachgebrauch des BeurkG, wie die Kapitelbezeichnung vor §§ 39 ff. belegt. **657**

Die Bezifferung wird **auf dem Titel oder auf einem mit diesem festverbundenen Dokument** vermerkt. Damit soll schon der Anschein vermieden werden, dass ein weiterer Vollstreckungstitel geschaffen werde (Zöller/*Lorenz*/*Geimer*, Rn. 5 und

Prütting/ Helms/*Bömelburg,* Rn. 6, je zu § 245 FamFG und jeweils unter Hinw. auf BT-Drs. 15/5222, 12).

dd) Wortlaut der Bezifferung

658 Die **Bezifferung kann etwa wie folgt lauten**:

(Im nachfolgenden Beispiel wurde Unterhalt für ein am 10. Juli 2005 geb. Kind ab 1. März 2014 nach Einkommensgruppe 3 DT tituliert. Behauptet werden Rückstände seit Januar 2017. Beziffert wird im Juni 2017. Der Altersstufenwechsel steht zum 1. Juli 2017 an):

„Auf Antrag des Gläubigers wird gemäß § 245 FamFG der Betrag des Unterhalts, der sich aus dem in Nr. 3 der Urkundsverpflichtung vom ... genannten Prozentsatz des Mindestunterhalts gem. § 1612a BGB abzüglich des hälftigen gesetzlichen Kindergeldes für ein erstes Kind ergibt, wie folgt beziffert:

Für den Zeitraum ab 1. Januar 2017 bis 30. Juni 2017 auf 337 EUR.

Für den Zeitraum ab 1. Juli 2017 auf 410 EUR."

Handelt es sich um einen **vor 2008 errichteten Regelbetrags-Titel**, könnte die oben stehende Eingangsformulierung im Hinblick auf die erforderliche Umrechnung in den Mindestunterhalt (vgl. dazu Rn. 652) wie folgt lauten:

„... wird gemäß § 245 FamFG der Betrag des Unterhalts, der sich aus dem in Nr. 3 der Urkundsverpflichtung vom ... genannten Prozentsatz des Regelbetrages gem. § 1612a BGB nach Umrechnung in den Mindestunterhalt gem. § 36 Nr. 3 ZO abzüglich des hälftigen gesetzlichen Kindergeldes für ein erstes Kind ergibt, wie folgt beziffert ..."

659 Eine weitere Konsequenz aus der bloßen Bezifferung der im Übrigen unverändert bleibenden Titel-Formulierung für den vom Gläubiger gewünschten Zeitraum: Während bei erstmaliger Schaffung eines Titels die **bereits fälligen Rückstände** in einer Summe zusammengefasst werden könnten und sollten, erlaubt dies § 245 FamFG nicht. Die vorgeschriebene Bezifferung der festgelegten Beträge schließt eine Umformulierung der Verpflichtung in diesem Sinne aus.

660 Es erscheint empfehlenswert, **auch die nachfolgenden Angaben aufzunehmen**, obwohl sie nur deklaratorisch/klarstellend wirken und nicht Teil der Bezifferung im engeren Sinne sind. Sie werden aber im Vordruck für die Bestätigung als Europäischer Vollstreckungstitel verlangt und können auch für die Vollstreckung in Ländern außerhalb der EU hilfreich sein:

„Die erste Rate ist fällig am ... Die nachfolgenden Raten sind jeweils fällig am ... Die Laufzeit der Unterhaltsforderung ist derzeit unbestimmt" (oder ausnahmsweise bei zeitlich begrenztem Unterhaltstitel: „Die letzte Rate ist fällig am ...").

661 Eine **Begründung** für die vorgenommene Amtshandlung – innerhalb oder außerhalb des Vermerks – ist **nicht erforderlich**. Die Angabe der Rechtsvorschrift sowie die Bezugnahme auf den bereits vorliegenden Urkundentext sollten genügen. Das gilt auch dann, wenn der Schuldner Einwendungen erhoben hat, namentlich die Beanstandung der antragsgemäßen Bezifferung des Titels trotz – nach seinen Angaben – erbrachter Zahlungen in der Vergangenheit, und zwar insbesondere dann, wenn er bereits anlässlich seiner Anhörung auf die Unbeachtlichkeit dieses Einwands hingewiesen worden war (oben Rn. 656).

Es ist selbstverständlich, dass die **Bezifferung jeweils nur den aktuellen Rechtsstand erfassen** kann, der sich aus der Höhe des in § 1612a BGB definierten Mindestunterhalts sowie der Höhe des nach § 1612b BGB anzurechnenden Kindergeldes ergibt. Entsprechende Änderungen werden in leicht zugänglicher Form vor Beginn des jeweiligen Änderungsjahres in der jeweils aktuellen **Düsseldorfer Tabelle** vermerkt. Wird ein Bezifferungsantrag verhältnismäßig **zeitnah zu der** dem Grunde, **nicht** aber **der Höhe nach absehbaren Änderung** der vorgenannten Bezugsgrößen gestellt, sollte dem Gläubiger bedeutet werden, dass eine **Zurückstellung** der Bezifferung um wenige Wochen sinnvoll wäre, um ein anschließend notwendiges erneutes Bezifferungsverfahren zu vermeiden. **662**

Unklar ist, ob die Entscheidung über die Bezifferung **auch dem Schuldner von Amts wegen förmlich bekanntzugeben** ist, womöglich im Wege der Auslandszustellung. Das dürfte zu verneinen sein, weil § 245 Abs. 3 FamFG auch insoweit einen Gleichlauf mit der Erteilung der Vollstreckungsklausel erkennen lässt (vgl. dazu unten Rn. 664). Diese wird dem Schuldner ebenfalls nicht von Amts wegen zugestellt, sondern ist – im deutschen Vollstreckungsrecht – vom Gläubiger mit angemessenem Vorlauf zu veranlassen (§ 750 Abs. 3 ZPO). Es besteht kein überzeugender Grund, dies bei der Entscheidung über die Bezifferung abweichend zu handhaben. **663**

ee) Rechtsbehelfe

Auf die Anfechtung der Entscheidung über die Bezifferung sind die Vorschriften über die **Anfechtung der Entscheidung über die Erteilung einer Vollstreckungsklausel** entsprechend anzuwenden (§ 245 Abs. 3 FamFG). Erhebt der Schuldner Einwendungen gegen die Zulässigkeit der Bezifferung oder beanstandet er ihre Höhe, ist das als Rechtsbehelf entsprechend § 732 ZPO i.V. m. § 245 Abs. 3 FamFG zu behandeln (vgl. oben Rn. 503). **664**

Hierüber entscheidet ein **Familienrichter** des für das Jugendamt zuständigen Amtsgerichts (vgl. § 60 Satz 3 Nr. 2 SGB VIII; so auch Zöller/*Geimer/Lorenz*, § 245 FamFG Rn. 6). Eine **Abhilfe seitens der Urkundsperson ist nicht möglich**. Zwar erwächst ihre Entscheidung über die Bezifferung nicht in Rechts- oder Bestandskraft, so dass sie diese theoretisch bei berechtigten Einwänden abändern könnte. Sie kann aber den Gläubiger nicht zur Herausgabe der vollstreckbaren Ausfertigung mit dem unrichtigen Bezifferungsvermerk zwingen. Die rechtlichen Handhaben zu einer etwaigen Einstellung der Zwangsvollstreckung auf der zweifelhaften oder gar offensichtlich unrichtigen Grundlage hat allein das Familiengericht.

Verweigert die Urkundsperson **die Bezifferung** oder setzt sie einen **zu niedrigen Betrag** fest, ist dem Gläubiger wie gegenüber einer entsprechenden Entscheidung des Notars (vgl. hierzu Keidel/*Giers* § 245 FamFG Rn. 3) der Rechtsbehelf entsprechend § 54 BeurkG eröffnet, nämlich die Anrufung der zuständigen **665**

Kammer des Landgerichts (Zöller/*Geimer/Lorenz*, § 245 FamFG, Rn. 7 m.w.N.; vgl. dazu näher oben Rn. 239). Denn § 245 Abs. 3 FamFG verweist auch insoweit auf die einschlägige Rechtslage. Das Ergebnis ist allerdings auch hier strittig (vgl. die Darstellung des Streitstandes bei Prütting/Helms/*Bömelburg*, § 245 FamFG Rn. 8 m.w.N.).

III. Sonstige Urkundsgeschäfte im Jugendamt, § 59 Abs. 1 Nr. 2, 4, 6 bis 9 SGB VIII

1. Beurkundung der Verpflichtung zur Erfüllung von Ansprüchen zwischen den Eltern nach § 1615l BGB (§ 59 Abs. 1 Nr. 4 SGB VIII)

a) „Nichtehelicher" Vater als Schuldner des Anspruchs. Voraussetzungen der Erteilung der Vollstreckungsklausel bei Unterwerfung unter die sofortige Zwangsvollstreckung

666 Der Vater hat der Mutter für die Dauer von sechs Wochen vor und acht Wochen nach der Geburt des Kindes Unterhalt zu gewähren und haftet ggf. auch für die Kosten von Schwangerschaft und Entbindung außerhalb dieses Zeitraums (§ 1615l Abs. 1 BGB). Ferner schuldet der Vater Unterhalt, sofern die Mutter unmittelbar oder krankheitsbedingt mittelbar infolge der Schwangerschaft nicht erwerbstätig sein kann (§ 1615l Abs. 2 Satz 1 BGB).

Von besonderer Bedeutung ist der Anspruch der Mutter auf **Betreuungsunterhalt,** soweit von ihr wegen der Pflege oder Erziehung des Kindes eine Erwerbstätigkeit nicht erwartet werden kann (§ 1615l Abs. 2 Satz 2 BGB; näher hierzu DIJuF/*Knittel/Birnstengel* „Betreuungsunterhalt (§ 1615 l BGB) – Voraussetzungen und Höhe", Themengutachten TG-1092, Erstveröffentlichung in www.kijup-online.de = www.bundesanzeiger-verlag.de/beurkundungen, I Nr. 14). Die Unterhaltspflicht beginnt frühestens vier Monate vor der Geburt und besteht für mindestens drei Jahre nach der Geburt. Sie verlängert sich, solange und soweit dies der **Billigkeit** entspricht. Dabei sind insbesondere die Belange des Kindes und die bestehenden Möglichkeiten der Kinderbetreuung zu berücksichtigen (§ 1615l Abs. 2 Satz 3 bis 5 BGB).

666a **Sinn und Zweck der gesetzlichen Regelung** ist es, nichtehelichen Kindern die gleichen Bedingungen für ihre leibliche und seelische Entwicklung sowie ihre Stellung in der Gesellschaft zu schaffen wie ehelichen Kindern (BVerfG, 28.2.2007 – 1 BvL 9/04, BVerfGE 118, 45 = FamRZ 2007, 965 m. Anm. *Born*). Für die Dauer der ersten drei Lebensjahre des Kindes hat der betreuende Elternteil die freie Wahl, ob er die Betreuung und Erziehung des Kindes in dieser Zeit selbst wahrnehmen möchte oder – um eine eigene Erwerbstätigkeit zu ermöglichen – andere Betreuungsmöglichkeiten und hierbei staatliche Hilfen in Anspruch nehmen will (BGH, 16.7.2008 – XII ZR 109/05, FamRZ 2008, 1739). Übt der betreuende Elternteil sein **Wahlrecht** dahin aus, dass er eine Erwerbstätigkeit aufnimmt und das Kind in einer Kita oder von einer Tagesmutter betreuen lässt, ist zur Rechtfertigung des

Unterhaltsanspruchs zu beachten, dass ein Betreuungsbedarf des Kindes auch über die durch Fremdbetreuung abgedeckten Zeiten hinaus besteht (vgl. BGH, 16.7.2008 – XII ZR 109/05, FamRZ 2008, 1739).

Hierbei ist es nicht erforderlich, dass die **Kinderbetreuung der alleinige Grund für die Nichterwerbstätigkeit** ist. Ein Anspruch nach § 1615l Abs. 2 Satz 2 BGB besteht auch dann, wenn die Mutter schon zuvor arbeitslos war oder wegen Krankheit keiner Erwerbstätigkeit nachgehen kann (OLG Frankfurt, 14.11.2011 – 3 UF 57/11, FamFR 2012, 322; der betreuende Elternteil ist deswegen jederzeit berechtigt, eine Berufstätigkeit während der ersten drei Lebensjahre des Kindes aufzugeben und sich ganz dessen Pflege und Erziehung zu widmen (BGH, 15.12.2004 – XII ZR 121/03, JAmt 2005, 258). Entscheidend ist, dass von dem betreuenden Elternteil wegen der Pflege oder Erziehung des gemeinsamen Kindes eine **Erwerbstätigkeit nicht erwartet** werden kann. Ob andere Gründe den betreuenden Elternteil an der Ausübung einer Erwerbstätigkeit hindern, ist im Rahmen von § 1615l Abs. 2 BGB unbeachtlich. Denn andere Unterhaltstatbestände, wie sie die §§ 1572 und 1573 BGB, aber auch § 1575 BGB für den nachehelichen Unterhalt zusätzlich vorsehen, kennt § 1615 l BGB nicht (vgl. BGH, 16.12.2009 – XII ZR 50/08, Rn 54, BGHZ 184,13 = FamRZ 2010, 357). **666b**

Beim Unterhaltsanspruch wegen **Betreuung von Kindern ab der Altersgrenze von drei Jahren** ist zunächst der individuelle Umstand zu prüfen, ob und in welchem Umfang die Kindesbetreuung auf andere Weise gesichert ist oder gesichert werden könnte (BGH, 18.3.2009 – XII ZR 74/08, FamRZ 2009, 770). An die für eine Verlängerung des Betreuungsunterhalts insbesondere **aus kindbezogenen Gründen** erforderlichen Darlegungen (etwa bei drei minderjährigen Kindern und von der Unterhaltsberechtigten zu leistenden Fahrdiensten an den Nachmittagen) sind **keine überzogenen Anforderungen** zu stellen (BGH, 15.6.2011 – XII ZR 94/09, FamRZ 2011, 1375). **667**

Zur Beurteilung einer **überobligationsmäßigen Belastung** im Rahmen der Verlängerung des Betreuungsunterhalts ist auch der Aspekt einer gerechten Lastenverteilung zwischen unterhaltsberechtigtem und unterhaltspflichtigem Elternteil zu berücksichtigen (BGH, 21.4.2010 – XII ZR 134/08, FamRZ 2010, 1050 und 18.4.2012 – XII ZR 65/10, Rn. 23 f., BGHZ 193, 78 = FamRZ 2012, 1040).

Die **Höhe** des nach § 1615 l Abs. 2 BGB zu gewährenden Unterhalts bestimmt sich nach der **Lebensstellung der Mutter**. War sie vor der Geburt des Kindes erwerbstätig, ist ihr früheres, **bis zur Geburt nachhaltig erzieltes Einkommen** für ihren jetzigen Unterhaltsbedarf maßgebend (vgl. BGH, 16.7.2008 – XII ZR 109/05, FamRZ 2008, 1739). Andernfalls ist mindestens ein Bedarf in Höhe des Selbstbehalts für Nichterwerbstätige anzusetzen (vgl. hierzu die jeweiligen Leitlinien der Oberlandesgerichte unter Nr. 18, aufzurufen, im Internetportal des Deutschen Familiengerichtstags – DFGT – e.V.). **668**

Nach der Rechtsprechung des BGH (1.12.2004 – XII ZR 3/03, FamRZ 2005, 354) ist der **Eigenbedarf des Schuldners** nicht – wie zuvor von der h. M. angenommen – mit dem angemessenen Selbstbehalt anzusetzen, sondern mit einem Betrag, der zwischen diesem und dem niedrigeren notwendigen Selbstbehalt nach § 1603 Abs. 2 BGB liegt (vgl. auch insoweit Nr. 21.3.2 der OLG-Leitlinien; näher hierzu und zur Bedeutung des **Halbteilungsgrundsatzes** für die Leistungsfähigkeit des Pflichtigen: *DIJuF-Rechtsgutachten* 22.10.2012 www.bundesanzeiger-verlag.de/beurkundungen IV Nr. 21; ein Vorschlag für die **Belehrung des Schuldners** ist unter www.bundesanzeiger-verlag.de/beurkundungen V Nr. 2 verfügbar).

Zur Berücksichtigung von Kindesunterhalt und zum Wegfall des Anspruchs bei Heirat vgl. BGH 17.11.2004 – XII ZR 183/02, FamRZ 2005, 347; zum Zusammentreffen des Anspruchs mit gleichrangigen Ansprüchen des Ehegatten vgl. BGH 7.12.2011 – XII ZR 151/09, FamRZ 2012, 281 und *DIJuF-Gutachten* JAmt 2012, 210 www.bundesanzeiger-verlag.de/beurkundungen IV Nr. 22)

668a *Beispiel*

*Eine beurkundete Unterhaltsverpflichtung könnte **beispielhaft folgenden Wortlaut** haben:*

„Ich bin gesetzlich verpflichtet, Frau A. F., der Mutter meines Kindes P. F., geb. am 1.1.2017, Unterhalt gem. § 1615 l Abs. 2 BGB zu leisten.

Ich verpflichte mich hiermit, an Frau A. F. rückständigen Unterhalt für den Zeitraum von Januar bis April 2017 i.H.v. 1.700 EUR zu zahlen, sowie ab Mai 2017 monatlich 425 EUR. Der laufende Unterhalt ist monatlich im Voraus jeweils zum Ersten eines Monats fällig, die Rückstände sind sofort fällig.

Bei der Höhe des Unterhaltsbetrags wurde ein monatlicher Unterhaltsanspruch in Höhe von 800 EUR zugrunde gelegt, der sich wegen meiner vorrangigen Unterhaltsverpflichtung gegenüber meinem Kind sowie meines Selbstbehalts auf den vorstehend genannten Betrag vermindert.

Wegen der vorgenannten Zahlungsverpflichtung unterwerfe ich mich der sofortigen Zwangsvollstreckung in mein gesamtes Vermögen."

Zur **Vertiefung** sei verwiesen jeweils auf DIJuF/*Knittel/Birnstengel*, Betreuungsunterhalt (§ 1615 l BGB): „Voraussetzungen und Höhe", Themengutachten TG-1092; „Anspruchs- und Haftungskonkurrenz", Themengutachten TG-1099; „Verlängerung, Befristung, Verwirkung, Beratung und Unterstützung, Beurkundung", Themengutachten TG-1059, Erstveröffentlichung in www.kijup-online.de = www.bundesanzeiger-verlag.de/beurkundungen III Nr. 14 bis 16.

669 Die aufgeführten Ansprüche setzen nach § 1615l Abs. 1 BGB als Verpflichteten den „nichtehelichen" Vater voraus. Dessen **Vaterschaft** muss also **wirksam festgestellt** sein. Eher darf zumindest die Vollstreckungsklausel nicht erteilt werden. Deshalb gilt für die Prüfung des Wirksamwerdens einer Anerkennung der Vaterschaft das in Rn. 508 ff. Ausgeführte. Darüber, wer die Vollstreckungsklausel zu beantragen bzw. zu bewilligen hat, vgl. Rn. 513.

Eine Ausnahme macht nur die Verpflichtung auf die schon **vor der Entbindung anstehenden Ansprüche,** sowie auf die **nach Tot- oder Fehlgeburt.** Denn auch sie ist beurkundungsfähig; § 1615n BGB nimmt auf § 1615l BGB Bezug. Die Ansprüche bestehen gegen den biologischen Vater. Er wird sich als solcher in der Verpflichtungsurkunde zu bekennen haben; die Beurkundung ist daraufhin ohne weiteren Nachweis vorzunehmen und die Vollstreckungsklausel nach Unterwerfung unter die sofortige Zwangsvollstreckung erteilbar. Eine Anerkennung der Vaterschaft – vorgeburtlich oder zu dem totgeborenen Kind (vgl. Rn. 256 a.E.) – ist nicht vorausgesetzt.

Betreut der Vater das Kind, steht ihm der Unterhaltsanspruch nach § 1615l Abs. 2 gegen die Mutter zu (§ 1615l Abs. 5 BGB). Die nachstehenden Ausführungen gelten demnach für **beide Elternteile.** 670

Die Verpflichtungserklärung kann auch durch einen **Bevollmächtigten** abgegeben werden (Rn. 175). 671

Zulässig ist, eine Verpflichtungserklärung **ohne Bezifferung** (die vielleicht noch nicht möglich ist) zu beurkunden. Eine Unterwerfung unter die sofortige Zwangsvollstreckung lässt sich damit freilich nicht verbinden. Die Verpflichtungserklärung hat immerhin eine erhöhte Beweiskraft; sie wirkt als deklaratorisches (bestätigendes) Anerkenntnis des Anspruchs als solchen (seinem Grunde nach).

b) Die Verpflichtungserklärung des beschränkt Geschäftsfähigen und des Geschäftsunfähigen

Verpflichtet sich ein in der Geschäftsfähigkeit beschränkter Elternteil urkundlich, so gilt das in Rn. 450, und, wenn er sich der sofortigen Zwangsvollstreckung unterwirft, das in Rn. 491 Gesagte sinngemäß. Für den geschäftsunfähigen Elternteil kann nur sein Vormund bzw. Betreuer mit vorher erteilter Einwilligung des Familien – bzw. Betreuungsgerichts auftreten; vgl. zu den entsprechenden Fragen des Kindesunterhalts Rn. 452 a.E. Ein unter Betreuung stehender, geschäftsfähiger Elternteil gibt eine Verpflichtungserklärung entweder persönlich ab mit Einwilligung des Betreuers, wenn eine solche nach § 1903 BGB vorbehalten ist –, sonst der Betreuer in seinem Namen. 672

c) Die Vererblichkeit des Anspruchs und die Verpflichtungserklärung des Erben

Da die Ansprüche in vollem Umfange vererblich sind (beachte § 1615l Abs. 1, Abs. 3 Satz 5 BGB!), kann auch der Erbe des berechtigten Elternteils die auf ihn übergegangenen Forderungen im Jugendamt beurkunden lassen. Bei Mehrheit von Erben gilt das Gleiche wie im Falle eines beim Tode des Kindesvaters rückständig gebliebenen untitulierten Unterhalts (oben Rn. 271). 673

d) Fälle mit Auslandsberührung

Ansprüche der „nichtehelichen" Mutter gegen den Erzeuger, wenn sie zum Gegenstand der Beurkundung gemacht werden sollen und die Kindesmutter Ausländerin ist, richten sich nach dem Recht des Staates, in dem die Mutter ihren ge- 674 wöhnlichen Aufenthalt hat (Art. 19 Abs. 2 EGBGB). **Im Regelfall** wird deshalb bei Beurkundungen nach § 59 Abs. 1 Satz 1 Nr. 4 SGB VIII unproblematisch **deutsches Recht** anwendbar sein.

675 Für die wohl äußerst seltenen Fälle, in denen eine Beurkundung zugunsten einer **Mutter mit ausländischem gewöhnlichen Aufenthalt** gewünscht wird, ist zu bedenken: Die Beurkundungsermächtigung in § 59 Abs. 1 Satz 1 Nr. 4 SGB VIII gilt entsprechend dem dortigen Klammerzusatz für Ansprüche nach dem „§ 1615l des Bürgerlichen Gesetzbuchs". Es ist unter dem nunmehrigen international-privatrechtlichen Blickwinkel nicht sicher, wieweit darunter nur eine generelle Kennzeichnung solcher Ansprüche ihrem Wesen nach oder aber eine stringente Bezugnahme auf die Rechtsquellen zu verstehen sei. Darum könnte zweifelhaft sein, wieweit die Urkundsperson hier überhaupt zur Beurkundung ermächtigt ist. Hinge das davon ab, ob die auslandsrechtlichen Ansprüche (voll? oder doch im Wesentlichen?) mit dem deutschen Recht inhaltsgleich sind, so hätte die Urkundsperson zuvor entsprechende Feststellungen zu treffen, die ihr aber ohnedies nicht obliegen (Rn. 195). Allenfalls bestünden die Zweifel dann nicht, wenn das Internationale Privatrecht des Heimatstaates der Kindesmutter seinerseits auf das deutsche Recht zurückverweist und Letzteres damit wieder anwendbar wird (Art. 4 Abs. 1 Satz 2 EGBGB). Aber nicht einmal hierüber sich zu vergewissern wäre die Urkundsperson gehalten. Solange jene Zweifelsfrage durch die Rechtsprechung nicht geklärt ist, wird sie deshalb den verpflichtungswilligen Erzeuger über die Ungewissheit der Rechtslage und über die Möglichkeit einer **zweifelsfrei wirksamen Beurkundung beim Notar** zu belehren habe. Wünscht der Erschienene gleichwohl die Beurkundung im Jugendamt (weil sie für ihn kostenfrei ist), so geschieht das dann auf sein Risiko, dass ein Vollstreckungsorgan die Beurkundung – weil die Ermächtigung der Urkundsperson überschreitend – als ungültig ansieht und die Kindesmutter daraufhin den Weg der familiengerichtlichen Festsetzung beschreitet.

e) Beurkundung zugunsten des Rechtsnachfolgers

676 Mit der Ergänzung der Vorschrift durch das Unterhaltsvorschussentbürokratisierungsgesetz vom 3. Mai 2013 (BGBl. I 1108) m.W.v. 1. Juli 2013 wurde auch § 59 Abs. 1 Satz 1 Nr. 4 SGB VIII dahingehend ergänzt, dass die Beurkundung der Verpflichtung zur Erfüllung von Ansprüchen auf Unterhalt (§ 1615l des Bürgerlichen Gesetzbuchs) auch diejenigen des gesetzlichen Rechtsnachfolgers umfasst. Zur Bedeutung der Neuregelung vgl. die Erläuterungen zu § 59 Abs. 1 Satz 1 Nr. 3 SGB VIII in Rn. 381 ff.

2. Beurkundung der Anerkennung der Mutterschaft, § 59 Abs. 1 Satz 1 Nr. 2 SGB VIII

a) Grundsätzliches

677 Gem. § 59 Abs. 1 Satz 1 Nr. 2 SGB VIII ist die Urkundsperson beim Jugendamt befugt, eine Anerkennung der Mutterschaft zu beurkunden. Ebenso kann die etwa

erforderliche Zustimmung des gesetzlichen Vertreters der Mutter zur Mutterschaftsanerkennung beurkundet werden. Es besteht kein Unterschied zwischen „ehelicher" und „nichtehelicher" Mutterschaft.

Bis zum 30. Juni 1998 unterlag die Abstammung eines nichtehelichen Kindes aus der Sicht des deutschen IPR gemäß Art. 20 Abs. 1 Satz 1 a.F. EGBGB dem Recht des Staats, dem die Mutter bei der Geburt des Kindes angehört. Sah das Heimatrecht der Mutter eine Mutterschaftsanerkennung vor, war diese auch erforderlich, wenn das Kind seinen gewöhnlichen Aufenthalt in Deutschland hatte. **678**

Seit Inkrafttreten des KindRG zum 1. Juli 1998 wird auch im Hinblick auf die Abstammung nicht mehr zwischen ehelichen und nichtehelichen Kindern unterschieden. Gemäß Art. **19** Abs. 1 Satz 1 **EGBGB** unterliegt die Abstammung eines Kindes dem Recht des Staats, in dem das Kind seinen g.A. hat. Nach Abs. 1 Satz 2 der Vorschrift kann die Abstammung im Verhältnis zu jedem Elternteil auch nach dem Recht des Staats bestimmt werden, dem dieser Elternteil angehört. Sofern die Mutter verheiratet ist, kann die Abstammung gem. Art. 19 Abs. 1 Satz 3 EGBGB ferner nach dem Recht bestimmt werden, dem die allgemeinen Wirkungen ihrer Ehe bei der Geburt nach Art. 14 Abs. 1 EGBGB unterliegen. Zur Maßgeblichkeit des sog. **Günstigkeitsprinzips** für das anzuwendende Sachrecht vgl. oben Rn. 308.

Die Abstammung eines Kindes, das seinen g.A. in Deutschland hat, kann damit – unabhängig davon, ob es sich um ein eheliches oder ein nichteheliches Kind handelt – gem. Art. 19 Abs. 1 Satz 1 EGBGB **in jedem Fall nach deutschem Recht beurteilt** werden. Im Verhältnis zur Mutter wird das deutsche Recht regelmäßig als günstig im vorgenannten Sinne anzusehen sein, da eine **Mutterschaftsanerkennung hier nicht erforderlich** ist. Mutter eines Kindes ist nach § 1591 BGB die Frau, die es geboren hat. Grundsätzlich muss – sofern das Kind seinen g.A. in Deutschland hat – damit auch eine Mutter, die eine ausländische Staatsangehörigkeit besitzt, die Mutterschaft nicht ausdrücklich anerkennen. **679**

Möchte die Mutter dies dennoch tun, etwa weil sie beabsichtigt, später mit dem Kind in ihr Heimatland zurückzukehren, darf ihr dies jedoch nicht verwehrt werden. Denn nach ausländischem IPR kann die Abstammung eines Kindes nach dem Heimatrecht des Kindes im Zeitpunkt seiner Geburt zu beurteilen sein (vgl z.B. für Italien Art. 33 Abs. 1 des Gesetzes Nr. 218 vom 31. Mai 1995 über die Reform des italienischen Systems des internationalen Privatrechts), sodass es in diesem Fall auf ein wirksames Anerkenntnis der Mutterschaft ankommt. Dies gilt insbesondere, da einige Rechtssysteme an die Anerkennung der Mutterschaft namens- und/oder sorgerechtliche Folgen knüpfen.

b) In Betracht kommende ausländische Rechtsordnungen

680 In *Europa* kennen nur noch **Frankreich** (Art. 334-8 Abs. 1 Code Civile) und **Italien** (Art. 250 Abs. 1 Codice Civile) eine Mutterschaftsanerkennung (Hinzuweisen ist auf die deutschsprachige Übersetzung des ital. Codice im Internet unter http://www.provinz.bz.it/avvocatur a /0302/downloads/2010/ProvBZ_ZGB_Fassung_ Stand_24_11 2010_de.pdf).

In Frankreich ist das Erfordernis der Mutterschaftsanerkennung aber abgemildert durch die Rechtsfigur der sogenannten **"possession d'etat"**. Nach Art. 337 C.C. hat die Geburtsurkunde, die den Namen der Mutter enthält, die Wirkung einer Anerkennung, wenn ihr Inhalt durch die „possession d'etat" bestätigt wird, d.h. wenn zwischen Mutter und Kind eine gelebte Eltern-Kind-Beziehung besteht (vgl. hierzu *Eschbach*, S. 13 m.w.N. in Fn. 40).

Sowohl in Frankreich als auch in Italien hat die **Reihenfolge**, in der beide Eltern das Kind anerkennen, noch Bedeutung für den Namen des Kindes. Und zwar bekommt das Kind den Familiennamen des Elternteils, der es als erster anerkennt (Art. 334 Abs. 1 frzC.C., Art. 262 Abs. 1 italC.C.). Die Bedeutung, die diese Reihenfolge früher noch für das Sorgerecht hatte, haben die beiden Länder längst selbst aufgegeben (Art. 374 frzC.C., Art. 317 *bis* Abs. 2 italC.C.).

681 Einen Überblick darüber, welche **außereuropäischen Rechtsordnungen** (praktisch nur noch in Lateinamerika) die Anerkennung der Mutterschaft vorsehen, gibt das *DIJuF-Rechtsgutachten* in JAmt 2010, 66. Danach bestehen entsprechende Regelungen in Bolivien (Art. 195 ff. BGB), Costa Rica (Art. 84 ff. ZGB), Ecuador (Art. 24 Buchst. b ZGB), Haiti (Art. 305 ff. Gesetz Nr. 8), Honduras (Art. 110 FamGB), Nicaragua (Art. 221 BGB), Paraguay (Art. 230 ff. ZGB) und Uruguay (Art. 233 ff. BGB). Dasselbe gilt für die mexikanischen Provinzen Jalisco (Art. 435 f. ZGB), Oaxaca (Art. 394 f. ZGB); San Luis Potosi (Art. 341 ZGB), Tabasco (Art. 366 f. ZGB), Tamaulipas (Art. 344 f. ZGB) und Tlaxcala (Art. 215 f. ZGB).

c) Voraussetzungen

682 Die Urkundsperson wird nur die **ausländische Staatsangehörigkeit** der Mutter, des Kindes oder des Mannes, von dem das Kind in festgestellter Weise abstammt oder nach Angaben der Mutter abstammen soll, sich nachweisen lassen müssen. Ob das Heimatrecht des ausländischen Elternteils die Anerkennung der Mutterschaft vorsieht, und wer ggf. als gesetzlicher Vertreter zuzustimmen hätte, hat sie dagegen nicht zu prüfen, weil die Kenntnis des ausländischen Rechts von ihr nicht verlangt wird (Rn. 195). Sie hat darauf hinzuweisen, dass sie die Rechtslage nach ausländischem Recht insoweit nicht beurteilen könne, diesen Hinweis zu Protokoll zu nehmen und die Beurkundung danach so, wie gewünscht, vorzunehmen (vgl. auch Rn. 314, 317).

d) Beurkundung der Zustimmung des Vaters zur Mutterschaftsanerkennung

Fraglich ist, ob die Urkundsperson auch eine **Zustimmung des „nichtehelichen" Kindesvaters zur Anerkennung der Mutterschaft** beurkunden darf. Sie ist z.B. in Italien vorgesehen, wenn die Anerkennung des Vaterschaft vorausgegangen ist (Art. 250 C.C.)

683

Das Problem entschärft sich nach italienischem Recht in jedem Fall, wenn die Eltern gemeinsam beim Jugendamt vorsprechen und dabei *die Mutter als erste* ihre Erklärung abgibt. Denn dann ist die Mutterschaft wirksam auch ohne Zustimmung des Vaters, der zu diesem Zeitpunkt als solcher rechtlich noch gar nicht feststeht. Für die spätere Anerkennung der Vaterschaft, welche die Zustimmung der Mutter erfordert, ist von vornherein die Zuständigkeit der Urkundsperson unstritten, weil ihr ausdrücklich auch die Aufnahme von solchen Zustimmungserklärungen aufgetragen ist (§ 59 Abs. 1 Satz 1 Nr. 1 SGB VIII).

Praxistipp

Sollten italienische Eltern vor einem deutschen Jugendamt bzw. Standesamt die Anerkennung der Mutterschaft sowie die Anerkennung der Vaterschaft beurkunden lassen wollen, empfiehlt es sich deshalb, die Erklärung der Mutter zuerst aufzunehmen, weil sich dann die Problematik einer Zustimmung des Vaters hierzu überhaupt nicht mehr stellt.

Für die Fragestellung verbleiben somit diejenigen Fälle, in denen die **Mutter in Deutschland eine Anerkennung der Mutterschaft** beurkunden lassen will, **nachdem bereits der Vater seine Vaterschaft** nach italienischem Recht – sei es in Italien, vor einem italienischen Konsulat oder vor einer zur Niederschrift befugten deutschen Stelle – urkundlich anerkannt hat. Das werden nicht besonders viele Fälle sein; sie können aber immerhin vorkommen und müssen rechtlich zweifelsfrei beurteilt werden.

684

Dasselbe gilt für den noch wesentlich selteneren Fall, dass eine Mutterschaft nach italienischem Recht *in Deutschland* (!) anzuerkennen ist, nachdem das *Kind bereits das sechzehnte Lebensjahr* (!) *vollendet* hat. In diesem Fall bedarf die Anerkennung der Mutterschaft auch der Zustimmung des Kindes (Art. 250 italC.C.). Dass ein Kind fast – oder bereits – volljährig ist, ehe endlich die Mutterschaft rechtlich geklärt ist, dürfte ohnehin selten vorkommen. Dass dann ausgerechnet in Deutschland das Bedürfnis dafür entstehen soll, die Zustimmung des Kindes zu beurkunden, verringert die Wahrscheinlichkeit des Auftretens solcher Konstellationen nochmals erheblich.

Für die **Form** einer solchen Zustimmung des Vaters oder des Kindes ist auf ein früheres DIV-Gutachten, veröffentlicht in ZfJ 1989, 135 zu verweisen, in dem für den Fall der nachträglichen Beurkundung *der Zustimmung einer Mutter zur Anerkennung der Vaterschaft* nach italienischem Recht bemerkt wird:

685

„Damit bleibt die Frage übrig, in welcher Form die Mutter ihre Zustimmung zur Vaterschaftsanerkennung eines italienischen Vaters erklären sollte, falls sie eine solche Zustimmung erklärt. Da diese Zustimmung – wie erwähnt – nur vom Standpunkt des Heimatlandes des Vaters aus interessiert, interessieren hier auch nur die italienischen Vorschriften. In Italien gibt es bekanntlich keine Vorschrift, die die Form der Zustimmung der Mutter regelt. Man ist sich jedoch weithin darüber einig, dass die **Formvorschrift des Art. 254 ital. BGB,** die an sich nur für die Anerkennung selbst gilt, **auf die Zustimmung zur Anerkennung entsprechend anzuwenden** ist, so Finocchiaro/Finocchiaro, Diritto di famiglia, Art. 250 c.c., n. 8, am Ende, mit weiteren Nachweisen."

686   Sind somit die einschlägigen Fälle eingegrenzt und steht fest, dass die ggf. notwendige Zustimmung förmlich beurkundet werden muss – und nicht etwa stillschweigend zum Ausdruck gebracht werden kann, indem etwa der schon als Vater feststehende Mann die Mutter zu einem Beurkundungstermin begleitet und dort schlüssig sein Einverständnis signalisiert –, bleibt nur noch die **Problematik der Zuständigkeitsvorschrift** zu klären.

Es ist richtig, dass die einschlägige Vorschrift des § 59 Abs. 1 Satz 1 Nr. 2 SGB VIII nach ihrem Wortlaut die Urkundsperson nur ermächtigt „die Erklärung, durch die die Mutterschaft anerkannt wird, sowie die etwa erforderliche Zustimmung des gesetzlichen Vertreters der Mutter zu beurkunden (§ 44 Abs. 2 des Personenstandsgesetzes)."

687   Hieraus ist aber zu schließen: Der deutsche Gesetzgeber wollte einerseits der Urkundsperson – wie in der Parallelregelung des PStG auch dem Standesbeamten – ermöglichen, *wirksame* Anerkennungen der Mutterschaft zu beurkunden. Er hat dies auch auf eine bestimmte Art der Zustimmung zu dieser Anerkennung erstreckt, die er ausdrücklich im Blick hatte. Hingegen war **dem deutschen Gesetzgeber offenbar nicht geläufig,** dass es in bestimmten Konstellationen des ausländischen Rechts auch einer Zustimmung des Vaters bzw. ggf. sogar des Kindes bedarf, um die Wirksamkeit einer Mutterschaftsanerkennung herbeizuführen.

Insoweit liegt eine **unbewusste, planwidrige Lücke des Gesetzes** vor. Denn es ist nicht davon auszugehen, dass der Gesetzgeber – für den von ihm offenbar gar nicht erkannten Fall der Notwendigkeit weiterer Zustimmungen zur Anerkennung – der Urkundsperson bzw. dem Standesbeamten verwehren wollte, auch die zur Wirksamkeit der Mutterschaftsanerkennung erforderlichen zusätzlichen Erklärungen aufzunehmen.

Nach allgemeinen juristischen Auslegungsgrundsätzen kann eine solche planwidrige Lücke des Gesetzes, die also der Gesetzgeber nicht offensichtlich gewollt oder in Kauf genommen hat, durch entsprechende Anwendung einer anderen Vorschrift geschlossen werden (Staudinger/*Honsell,* Neubearb. 2013 – B. Einleitung zum BGB, Rn. 61).

Der hier naheliegende **Analogieschluss** kann nur lauten: Der Gesetzgeber wollte nicht nur die Beurkundung der Mutterschaftsanerkennung ermöglichen, sondern hat auch im Fall der erforderlichen Zustimmungserklärung eines gesetzlichen Vertreters der Mutter die Urkundsperson ausdrücklich dazu ermächtigt, auch dessen Zustimmung aufzunehmen. Wenn der vom Gesetzgeber offenbar nicht erkannte und deshalb planwidrig nicht geregelte Fall auftritt, dass weitere Zustimmungen zur Mutterschaftsanerkennung erforderlich sind, muss die gesetzliche Lücke dadurch geschlossen werden, dass die Urkundsperson **in Analogie** zu der Formulierung „sowie die etwa erforderliche Zustimmung **des gesetzlichen Vertreters der Mutter**" auch die **Zustimmung des Vaters bzw. gegebenenfalls des Kindes** beurkunden darf.

3. Bereiterklärung zur Annahme eines zur internationalen Adoption vorgeschlagenen Kindes

a) Rechtlicher Zusammenhang der Erklärung

Nach § **59** Abs. 1 Satz 1 Nr. 5 **SGB VIII** kann die Urkundsperson die Bereiterklärung der Adoptionsbewerber zur Annahme eines ihnen **zur internationalen Adoption vorgeschlagenen Kindes** (§ 7 Abs. 1 des Adoptionsübereinkommens-Ausführungsgesetzes) beurkunden. **688**

Die Vorschrift wurde eingefügt durch Art. 4 Abs. 6 des „Gesetzes zur Regelung von Rechtsfragen auf dem Gebiet der internationalen Adoption und zur Weiterentwicklung des Adoptionsvermittlungsrechts" vom 5. November 2001 (BGBl. I 2960; www.bundesanzeiger-verlag.de/beurkundungen, II Nr. 1).

Art. 1 des vorgenannten Gesetzes enthält das „Gesetz zur Ausführung des Haager Übereinkommens vom 29. Mai 1993 über den Schutz von Kindern und die Zusammenarbeit auf dem Gebiet der internationalen Adoption – Adoptionsübereinkommensausführungsgesetz – AdÜbAG."

Eine **internationale Adoption** liegt vor, wenn das Kind oder der Adoptionsbewerber seinen gewöhnlichen Aufenthalt im Ausland hat oder das Kind innerhalb von 2 Jahren vor Beginn der Vermittlung ins Inland verbracht wurde (§ 2a Abs. 1 AdVermG). Eine nach § 4 AdVermG anerkannte Auslandsvermittlungsstelle kann deshalb nur Adoptionen von Kindern, die ihren gewöhnlichen Aufenthalt im Ausland haben, an Adoptionsbewerber mit gewöhnlichem Aufenthalt im Inland vermitteln (§ 2 Abs. 1 AdÜbAG).

b) Inhalt und Rechtsfolgen der Bereiterklärung

Hat die Adoptionsbewerbung Erfolg und wird den Bewerbern ein bestimmtes Kind vorgeschlagen, so obliegt es ihnen nach § **5** Abs. 3 Satz 1 **AdÜbAG,** eine **Erklärung über ihr Einverständnis mit diesem Vorschlag** abzugeben. **689**

§ **7 AdÜbAG** trifft u.a. **nähere Regelungen** über

- die Erklärung zur Bereitschaft der Bewerber, das ihnen vorgeschlagene Kind anzunehmen, sowie

- eine aus dieser Erklärung folgende Verpflichtung zur Erstattung öffentlicher Mittel, die für das Kind aufgewandt werden (vgl. hierzu den RegE in BT-Drs. 14/6011, 42).

Nach § 7 Abs. 1 Satz 1 AdÜbAG ist die Bereiterklärung zur Adoption **gegenüber dem für den Hauptwohnsitz der Adoptionsbewerber zuständigen Jugendamt** abzugeben. Das bezeichnet aber nur den Adressaten der Erklärung und legt nicht etwa – abweichend von § 87e SGB VIII – eine besondere örtliche Zuständigkeit für die Beurkundung (unten Rn. 690) fest.

Für die **örtliche Zuständigkeit** desjenigen Jugendamts, welches im Rahmen seiner adoptionsbezogenen Befugnisse die Erklärung entgegenzunehmen sei, wird dabei abgestellt auf den Zeitpunkt der Aufforderung an die Adoptionsbewerber durch die Auslandsvermittlungsstelle gemäß § 5 Abs. 3 Satz 1 AdÜbAG. Diese Anknüpfung bringt zugleich zum Ausdruck, dass eine vor dieser Aufforderung abgegebene Erklärung die Tatbestandsmerkmale des § 7 Abs. 1 Satz 1 AdÜbAG nicht erfüllt.

Das den Adoptionsbewerbern vorgeschlagene Kind, welches ihnen zu diesem Zeitpunkt noch nicht namentlich bekannt sein wird (§ 5 Abs. 2 Satz 2 AdÜbAG), muss in der Erklärung durch ein von der Auslandsvermittlungsstelle zu vergebendes **Identifikationsmerkmal** bezeichnet werden. Ähnlich geschieht dies bei der Inlandsadoption in der Einwilligungserklärung der Eltern, die sich auf die Annahme des Kindes durch bestimmte, den Eltern jedoch nicht namentlich bekannte Annehmende beziehen muss („Inkognitoadoption" im Gegensatz zur unzulässigen „Blankoadoption", vgl. hierzu Staudinger/*Frank*, § 1747 BGB Rn. 30).

690 § 7 Abs. 1 Satz 2 AdÜbAG verlangt für die Erklärung die Form der **öffentlichen Beurkundung**. Sie kann damit jedenfalls auch vor einem Notar bzw. deutschen Konsularbeamten erklärt werden. Lediglich der Zugang bei dem in Satz 1 der Vorschrift genannten Jugendamt ist zwingend vorgegeben.

Die Urkundsperson des Jugendamts hat die Adoptionsbewerber **zu belehren** über **die rechtliche Tragweite ihrer Erklärung,** namentlich also über hieraus folgende Verpflichtung zur Erstattung öffentlicher Aufwendungen für das Kind und über die Pflicht des Jugendamts zu entsprechender Unterrichtung öffentlicher Stellen (§ 7 Abs. 2 und 3 AdÜbAG). Gemäß Abs. 1 Satz 3 der Vorschrift setzt das Jugendamt die Auslandsvermittlungsstelle von der Abgabe der Bereiterklärung der Adoptionsbewerber durch Übersendung einer beglaubigten Abschrift in Kenntnis (diese Aufgabe obliegt somit nicht der Urkundsperson).

§ 7 Abs. 2 Satz 1 AdÜbAG knüpft an die Bereitschaftserklärung der Adoptionsbewerber die gesetzliche Folge einer **Pflicht zur Erstattung öffentlicher Leistungen für den Lebensunterhalt des Kindes.** Die Adoptionsbereitschaftserklärung erfüllt insoweit eine ähnliche Funktion wie eine **Verpflichtungserklärung i.S. des § 68 AufenthG**. Die Verpflichtung der Adoptionsbewerber, für den Lebensunterhalt des Kindes aufzukommen, erstreckt sich vom Zeitpunkt der Einreise des Kindes an auf einen Zeitraum von sechs Jahren. Die Regelung dient dazu, das **wirt-**

schaftliche Risiko eines Scheiterns der geplanten Adoption zwischen den Adoptionsbewerbern einerseits und den öffentlichen Haushalten andererseits angemessen zu verteilen, und berücksichtigt, dass das Adoptionsvorhaben nach dem Übereinkommen von den zuständigen Stellen im Heimat- und im Aufnahmestaat nach eingehender fachlicher Prüfung befürwortet worden ist.

§ 7 Abs. 2 Satz 2 AdÜbAG stellt in Anlehnung an § 84 Abs. 1 Satz 1 AuslG die im Ausgangspunkt umfassende Reichweite der Erstattungspflicht der Adoptionsbewerber klar. Satz 3 der Bestimmung nimmt hiervon solche öffentlichen Aufwendungen aus, die getätigt wurden, während die Adoptionsbewerber das Kind rechtmäßig in ihrer Obhut hatten und die auch bei Bestehen des beabsichtigten Annahmeverhältnisses angefallen wären, wie etwa Kindergeld oder Leistungen der Familienkrankenversicherung. Die Vorschrift verdeutlicht, dass den Adoptionsbewerbern lediglich eine **Ausfallhaftung für solche öffentlichen Aufwendungen** auferlegt wird, die **aus dem Scheitern der Adoptionspflege resultieren**, namentlich für die Kosten der Unterbringung des Kindes in einer anderen Pflegefamilie oder in einem Heim. Dementsprechend lässt § 7 Abs. 2 Satz 4 AdÜbAG die Haftung der Adoptionsbewerber mit der Adoption des Kindes (durch diese oder – nach endgültigem Scheitern der Adoptionspflege – durch andere Adoptionsbewerber) enden. **691**

§ 7 Abs. 3 **AdÜbAG 3** regelt in Anlehnung an § 84 Abs. 2 Satz 3 und Abs. 4 AuslG Einzelheiten des öffentlich-rechtlichen Erstattungsanspruchs gegenüber den Adoptionsbewerbern sowie Mitteilungspflichten des Jugendamts, die die praktische Realisierung der Verpflichtung der Adoptionsbewerber erleichtern.

Nützliche **Arbeitsmaterialien für die Urkundsperson** sind insoweit **692**

- das Merkblatt zur Beurkundung von Erklärungen nach § 59 Ziff. 5 SGB VIII i.V.m. § 7 Abs. 1 AdÜbAG- die Blanko-Urkunde Erklärung nach § 7 Abs. 1 AdÜbAG
- die Muster-Urkunde Erklärung nach § 7 Abs. 1 AdÜbAG

aufzurufen im Internetportal des Deutschen Instituts für Jugendhilfe und Familienrecht e. V. unter „Praxismaterialien" (enthalten auch in www.bundesanzeiger-verlag.de/beurkundungen, V Nr. 3).

Praxistipp

 Einerseits haben die Adoptionsbewerber selbst für den Zugang ihrer beurkundeten Bereiterklärung zu sorgen. Anderseits benötigt das insoweit zuständige Jugendamt eine beglaubigte Abschrift für die Auslandsvermittlungsstelle (Rn. 690). Daher sind den Adoptionsbewerbern jeweils eine Ausfertigung für sie selbst, eine zur Einreichung beim insoweit zuständigen Jugendamt sowie eine beglaubigte Abschrift zu übergeben.

Auch dann, wenn sich das zuständige Sachgebiet im selben Haus wie die Urkundsperson befindet, sollte den Adoptionsbewerbern die Abgabe – bzw. Zuleitung ihrer soeben beurkundeten Erklärung dorthin – überlassen wer-

> den. So wird verdeutlicht, dass die Bereiterklärung noch nicht mit der Niederschrift vor der Urkundsperson wirksam wird, sondern erst mit dem Zugang beim eigentlichen Adressaten.

4. Beurkundung des Widerrufs der Einwilligung in die Adoption durch das Kind im Falle des § 1746 Abs. 2 BGB (§ 59 Abs. 1 Satz 1 Nr. 6 SGB VIII)

693 Es handelt sich um den Widerruf, den der Jugendliche, weil er das **14. Lebensjahr vollendet** hat, **ohne Zustimmung** des gesetzlichen Vertreters bis zum Wirksamwerden der Adoption erklären kann. Der Widerruf ist **„gegenüber dem Familiengericht"** zu erklären: das ist in der Niederschrift zum Ausdruck zu bringen.

In diesem Falle dürfte es Aufgabe der Urkundsperson sein, die Ausfertigung der Niederschrift dem Familiengericht unmittelbar zu übersenden. Eine Aushändigung an den Jugendlichen zur Weiterleitung an das Gericht ist wohl unzweckmäßig und daher unangebracht; doch sollte ausdrücklich in das Protokoll aufgenommen werden, dass der Jugendliche die Weiterleitung wünsche.

694 Fälle mit **Auslandsberührung:**

§ 59 Abs. 1 Satz 1 Nr. 6 SGB VIII benennt diesen Widerruf des Kindes in die Adoption als den „nach dem § 1746 Abs. 2 des Bürgerlichen Gesetzbuchs". Die Adoption als solche untersteht nach Art. 22 EGBGB dem Heimatrecht des Annehmenden, bei Annahme durch einen oder beide Ehegatten dem sog. Ehewirkungsstatut des Art. 14 EGBGB, u.U. also einem ausländischen Recht. Besonderes gilt jedoch für die Notwendigkeit, dass das Kind der Adoption zustimmen muss. Wenn sein Heimatrecht eine solche Zustimmung erfordert, bleibt dieses dafür maßgebend (Art. 23 EGBGB). Das Kind soll nicht ungefragt aus seinem angestammten Rechtsverband herausgelöst werden können, nur weil das Recht des oder der Annehmenden seine Zustimmung nicht vorsieht.

695 Daraus folgt: Hat das **Kind die deutsche Staatsangehörigkeit**, so ist die Verweisung auf das deutsche Recht gleichbedeutend mit einer Inbezugnahme des § 1746 Abs. 2 BGB. Das Kind muss zustimmen und, wenn es widerrufen will, auch widerrufen können. Die Beurkundungsbefugnis der Urkundsperson steht außer Zweifel.

Ist das **Kind ausländischer Staatsangehörigkeit,** so würde es zunächst darauf ankommen, ob sein Heimatrecht nicht nur die Zustimmung, sondern auch die Möglichkeit eines Widerrufs durch das Kind vorsieht. Doch da **Art. 23** Satz 2 **EGBGB** in jedem Falle „für die Erforderlichkeit der Erteilung der Zustimmung" die **Anwendung des deutschen Rechts** vorschreibt, insoweit es zum Wohle des Kindes geboten ist, wird auch über diese Auffangvorschrift die Bestimmung des **§ 1746** Abs. 2 **BGB anwendbar** und die Beurkundungsbefugnis der Urkundsperson außer Frage gestellt. Die Offenhaltung der Widerrufsmöglichkeit dient grundsätzlich und stets dem Persönlichkeitsschutz und damit dem Wohl des widerrufenden Kindes.

5. Beurkundung des Verzichts des „nichtehelichen" Vaters im Adoptionsverfahren auf die Übertragung der Sorge gem. § 1747 Abs. 3 Nr. 3 BGB (§ 59 Abs. 1 Satz 1 Nr. 7 SGB VIII)

Auch dieser Verzicht ist „gegenüber dem Familiengericht" zu erklären, was die Niederschrift zum Ausdruck zu bringen hat. Die **Ausfertigung** der Verhandlung ist **dem Vater auszuhändigen**, damit er sie dem Familiengericht einreicht. Der Verzicht wird erst mit Eingang bei Gericht wirksam (§ 1747 Abs. 3 Nr. 3 Satz 3 i.V.m. § 1750 Abs. 1 und 3 BGB), und damit unwiderruflich (§ 1747 Abs. 3 Nr. 3 Satz 3, § 1750 Abs. 2 Satz 2 BGB). Der Vater muss es also in der Hand haben, ob und wann er sie dem Familiengericht einreichen will. **696**

Die erforderlichen **Belehrungen** müssen nach § 51 Abs. 3 SGB VIII bereits stattgefunden haben, soweit sie nicht gleichzeitig mit der Beurkundung erteilt werden.

An die 8-Wochen-Frist des § 1747 Abs. 2 BGB ist der Verzicht nicht gebunden.

Fälle mit Auslandberührung sind differenziert zu sehen: **697**

Ist das für die Adoption maßgebende Recht (Rn. 694) ein ausländisches, so könnte zwar zu fragen sein, ob dieses Auslandsrecht eine Vorgriffsposition des „nichtehelichen" Vaters gegenüber dem Adoptionsbegehren Dritter und ferner die Möglichkeit einer bindenden Verzichtserklärung hierauf überhaupt kennt. Doch wäre das dann keine Sperrbefugnis nach § 1747 Abs. 3 Satz 1 Nr. 2 BGB und keine Verzichtsmöglichkeit „nach § 1747 Abs. 3 Satz 1 Nr. 3 BGB", solange nicht das Internationale Privatrecht des betreffenden ausländischen Staates auf das deutsche Recht zurückverweist. Die **Möglichkeit einer Beurkundung im Jugendamt** ist deshalb aus den gleichen Gründen wie oben Rn. 439 **zweifelhaft**. Doch mag sie nach entsprechender Belehrung vorgenommen werden; ein **Schaden kann nicht entstehen**, ungünstigenfalls ginge die Beurkundung des „Verzichts" ins Leere, da eine Ausübung der Vorgriffsrechte durch den ohnedies Verzichtswilligen auch bei Unwirksamkeit der Beurkundung nicht zu erwarten ist. Deshalb braucht es die Urkundsperson auch nicht zu kümmern, ob der (ausländische) „nichteheliche" Vater, der auf sein Vorgriffsrecht auf Übertragung der Sorge Verzicht leisten will, nicht schon nach dem maßgebenden Recht von einer Erlangung der elterlichen Sorge ausgeschlossen wäre (vgl. Art. 21 EGBGB; hat das zu adoptierende Kind seinen gewöhnlichen Aufenthalt im Inland, ist insoweit allerdings ohnehin deutsches Recht maßgebend). Erst recht kümmert es sie nicht, wenn die laufende Adoption durch Drittbewerber dem deutschen Recht untersteht; der Verzicht ist immer nur ein solcher auf „etwaige" Rechte.

6. Beurkundung der Sorgeerklärungen der nicht miteinander verheirateten Eltern gem. § 1626a Abs. 1 Nr. 1 BGB (§ 59 Abs. 1 Satz 1 Nr. 8 SGB VIII)

a) Alleinsorge der ne. Mutter; Begründung der gemeinsamen Sorge

Bei Geburt eines „nichtehelichen" Kindes hat die **Mutter die alleinige Sorge** (§ 1626 a Abs. 3 BGB). Allerdings können die nicht miteinander verheirateten El- **698** tern durch die Erklärung, dass sie die Sorge gemeinsam übernehmen wollen (Sorgeerklärungen), die **gemeinsame Sorge begründen** (§ 1626a Abs. 1 Nr. 1 BGB). Ob die Eltern des Kindes zusammenleben oder nicht, ist dafür ebenso belanglos wie die Frage, ob ein oder beide Elternteile mit anderen Partnern zusammenleben oder verheiratet sind (*Lipp/Wagenitz*, § 1626 BGB Rn. 8; Staudinger/*Coester*, § 1626a BGB Rn. 42).

Grundlegende Voraussetzung ist allerdings, dass der Mutter tatsächlich die alleinige Sorge zusteht (zur Problematik bei Geburt des Kindes im Ausland und anschließendem Umzug des Kindes nach Deutschland vgl. unten Rn. 738 ff.).

699 Freilich konnte der Vater zunächst das Mitsorgerecht **grundsätzlich nicht gegen den Willen der Mutter** erlangen, etwa durch eine nicht vorgesehene gerichtliche Ersetzung ihrer Sorgeerklärung (vgl. BGH, 4.4.2001 – XII ZB 3/00, JAmt 2001, 357 = FamRZ 2001, 907). Die noch im Gesetzgebungsverfahren zur Kindschaftsrechtsreform zum 1. Juli 1998 politisch sehr umstrittenen Erweiterungen der gemeinsamen Sorge konnten seinerzeit nur eingeführt werden, weil der Gesetzgeber eine gemeinsame Sorge nicht miteinander verheirateter Eltern gegen den Willen der Mutter ausdrücklich ausgeschlossen hatte. Ob diese Entscheidung des Gesetzgebers, begründet mit der Unterschiedlichkeit der Lebensverhältnisse, in die nichteheliche Kinder hineingeboren werden, verfassungsgemäß war, blieb von Anfang strittig. Das BVerfVG hatte dies zunächst bejaht (29.1.2003 – 1 BvL 20/99 u.a., BVerfGE 107, 150 = JAmt 2003, 90 = FamRZ 2003, 285). Es hatte jedoch dem Gesetzgeber auferlegt, die tatsächliche Entwicklung zu beobachten und zu prüfen, ob die gesetzlichen Annahmen auch vor der Wirklichkeit Bestand haben.

700 Eine **Ausnahme** galt im weiteren Verlauf zunächst nur für Eltern, die sich vor In-Kraft-Treten des Kindschaftsrechtsreformgesetzes zum 1. Juli 1998 getrennt hatten und für die zuvor nicht die Möglichkeit der Begründung gemeinsamer Sorge bestand. Das BVerfG a.a.O. hat zwar die geltende gesetzliche Regelung zum Sorgerecht nicht miteinander verheirateter Eltern in § 1626a BGB im Wesentlichen für verfassungskonform erklärt. Zugleich hat es dem Gesetzgeber aber aufgegeben, bis zum 31. Dezember 2003 eine **Übergangsregelung** für Eltern zu schaffen, die mit ihrem nichtehelichen Kind zusammengelebt, sich aber nach Einführung der Neuregelung des Sorgerechts zum 1. Juli 1998 getrennt haben.

Diese Übergangsregelung ist mit Gesetz vom 13. Dezember 2003 (BGBl. I 2547) durch Anfügung der Absätze 3 bis 5 in Art. 224 § 2 EGBGB geschaffen worden und am 31. Dezember 2003 in Kraft getreten.

Zielgruppe der gesetzlichen Neuregelung waren die nicht miteinander verheirateten Eltern, die vor ihrer Trennung vor dem 1. Juli 1998 mit ihrem Kind ein **Familienleben** im Sinne einer **tatsächlichen gemeinsamen elterlichen Verantwortung** geführt haben, ohne jedoch Letztere wegen der damals geltenden Gesetzeslage durch Sorgeerklärungen rechtlich absichern zu können. Ein gemeinsames Tragen der elterlichen Verantwortung über längere Zeit sollte in der Regel vorliegen, wenn die Eltern mindestens sechs Monate mit dem Kind zusammengelebt haben (Art. 224 § 2 Abs. 3 Satz 2 EGBGB).

Die Übergangsregelung wollte diese Gesetzeslücke – wenngleich zeitlich verlagert – für die Fälle schließen, in denen bei einem Elternteil angesichts der nunmehrigen Trennungssituation keine Bereitschaft mehr für übereinstimmende Sorgeerklärungen nach § 1626a Abs. 1 Nr. 1 BGB besteht. Sie ist inzwischen mit Wirkung vom 19. Mai 2013 durch das „Gesetz zur Reform der elterlichen Sorge nicht miteinander verheirateter Eltern" weggefallen.

Mit Urteil vom 3.12. 2009 (Az.: 22028/04, FamRZ 2010, 103 = JAmt 2010, 155) hat allerdings der **Europäische Gerichtshof für Menschenrechte** (EGMR) den generellen Ausschluss einer gerichtlichen Entscheidungsmöglichkeit bei Uneinigkeit nichtehelicher Eltern über das gemeinsame Sorgerecht als Diskriminierung der Väter gerügt. Der Ausschluss einer gerichtlichen Einzelfallprüfung der Alleinsorge der Mutter gemäß § 1626a Abs. 2 BGB verstoße gegen Art. 14 EMRK i. V. mit Art. 8 EMRK, da die Ungleichbehandlung von Vätern außerehelich geborener Kinder im Vergleich zu *geschiedenen* Vätern nicht durch das Kindeswohl gerechtfertigt sei. **701**

Mit seinem Urteil vom 21.6.2010 (1 BvR 420/09, FamRZ 2010, 1403 = JAmt 2010, 313) hat auch das **BVerfG** über seine bisherigen Erkenntnisse hinaus die gesamte Konzeption der §§ 1626a ff. BGB, soweit sie die Begründung einer gemeinsamen Sorge gegen den Willen der Mutter ausschließen, für verfassungswidrig erklärt und eine **gesetzliche Neuregelung gefordert.** Übergangsweise hat es zugelassen, dass bereits derzeit in einschlägigen Fällen ein Elternteil das Familiengericht anrufen kann, welches dann über die elterliche Sorge entscheidet und diese entweder beiden Eltern oder auch dem Vater als Antragsteller allein übertragen kann. **702**

Eine vom Verfassungsrecht geforderte Neuregelung hat das **Gesetz zur Reform der elterlichen Sorge nicht miteinander verheirateter Eltern** vom 16. April 2016 (BGBl. I 795) eingeführt. Es sieht in **§ 1626a** Abs. 1 Nr. 3 **nF BGB** vor, dass eine weitere Möglichkeit zur Begründung der **gemeinsamen Sorge nichtehelicher Eltern durch gerichtliche Entscheidung** geschaffen wird. Dementsprechend lautet der neu eingefügte Abs. 2 der Vorschrift „Das Familiengericht überträgt gemäß Absatz 1 Nummer 3 auf Antrag eines Elternteils die elterliche Sorge oder einen Teil der elterlichen Sorge beiden Eltern gemeinsam, wenn die Übertragung dem Kindeswohl nicht widerspricht. Trägt der andere Elternteil keine Gründe vor, die der Übertragung der gemeinsamen elterlichen Sorge entgegenstehen können, und sind solche Gründe auch sonst nicht ersichtlich, wird vermutet, dass die gemeinsame elterliche Sorge dem Kindeswohl nicht widerspricht."

b) Rechtsnatur der Sorgeerklärung; Wirksamwerden

Gleichwohl ist der Normalfall der Begründung der gemeinsamen Sorge nicht miteinander verheirateter Eltern noch immer die einvernehmliche Abgabe von Sorgeerklärungen. **703**

Für alle Sorgeerklärungen gilt: Sie sind **einseitige, formgebundene, nicht empfangsbedürftige Willenserklärungen.** Ihr besonderer Charakter schließt nach § 1626e BGB den Rückgriff auf die allgemeinen Vorschriften regelmäßig aus

(*Lipp/Wagenitz*, § 1626a BGB Rn. 3). Insbesondere Willensmängel (Anfechtung wegen Irrtums!) sollen außer Betracht bleiben (BT-Drs. 13/4899, 95). Nach überwiegender Meinung wird jedoch die Anfechtung wegen arglistiger Täuschung oder widerrechtlicher Drohung gemäß § 123 BGB nicht erfasst; sie soll demnach möglich bleiben, allerdings aus Gründen der Rechtssicherheit keine Rückwirkung haben (MüKo/*Huber*, § 1626e BGB Rn. 22 m.w.N.).

704 Als nicht empfangsbedürftige Willenserklärung wird die Sorgeerklärung **mit formgerechter Abgabe wirksam**. Die nach § 1626d BGB beurkundende Stelle ist nicht Empfängerin der Erklärung; vielmehr kommt ihr lediglich Urkundsfunktion zu.

Die Sorgeerklärungen müssen **nicht bei gleichzeitiger Anwesenheit** beider Elternteile abgegeben werden. Sie können vielmehr auch nacheinander, selbst vor verschiedenen zuständigen Stellen, beurkundet werden.

Allerdings verursacht das unnötige **Rechtsunsicherheit:** So erfährt der ersterklärende Elternteil nicht notwendig, wann das gemeinsame Sorgerecht beginnt, und auch der Nachweis des Sorgerechts nach außen gestaltet sich umständlich. Empfehlenswert ist deshalb die *gemeinschaftliche Abgabe* der Sorgeerklärungen durch die Eltern in einer einheitlichen Urkunde (Staudinger/*Coester*, § 1626a BGB Rn. 54).

705 Solange nicht Sorgeerklärungen beider Elternteile vorliegen, kann die einzelne Erklärung **widerrufen** werden. Das muss aber jedenfalls *vor* der Abgabe der Sorgeerklärung des anderen Teils geschehen. Soweit es im Einzelfall darauf ankommt, muss der Widerruf auch erklärt werden *vor* der nach § 1626c Abs. 2 Satz 1 BGB erforderlichen Zustimmung des gesetzlichen Vertreters oder deren gerichtlicher Ersetzung gem. § 1626c Abs. 2 Satz 3 BGB. Widerruflichkeit ist auch zu bejahen, wenn und solange die Sorgeerklärungen der Eltern **schwebend unwirksam** sind (etwa mangels Eintritts einer Rechtsbedingung wie Wirksamwerden der Vaterschaftsanerkennung, vgl. BGH, 11.2.2004 – XII ZB 158/02, JAmt 2004, 259 = FamRZ 2004, 802).

Auch der zulässige **Widerruf** muss wegen der im Interesse des Kindeswohls gebotenen Formstrenge **öffentlich beurkundet** werden (BGH, 11.2.2004 a.a.O. Rn. 18, JAmt 2004, 259 = FamRZ 2004, 802; MüKo/*Huber* § 1626a BGB Rn. 13; *Hammer*, FamRZ 2005, 1209 [1216]). Allerdings ist der Widerruf einer Sorgeerklärung nicht im Zuständigkeitskatalog des § 59 Abs. 1 Satz 1 SGB VIII enthalten. Die Urkundsperson hätte demnach einen Elternteil, der eine von ihm abgegebene Sorgeerklärung widerrufen will, an einen **Notar** zu verweisen.

706 Der Widerruf ist **ausgeschlossen,** wenn und sobald auch die wirksame **Sorgeerklärung des anderen Elternteils** einschließlich erforderlicher Zustimmungen (Rn. 724), vorliegt. Denn ab diesem Zeitpunkt ist die gemeinsame Sorge begründet und kann weder durch eine übereinstimmende noch gar durch eine einseitige Erklärung seitens der Eltern aufgehoben werden (*Lipp/Wagenitz*, § 1626a BGB Rn. 10).

Die Eltern haben somit nur die Entscheidung darüber, **ob** sie die gemeinschaftliche Sorge ausüben. Haben sie diese herbeigeführt, ist ihre Änderung nur über das Familiengericht möglich. Dieser Punkt bedarf einer besonders eingehenden **Belehrung** insbesondere der Kindesmutter. **707**

c) Inhalt der Sorgeerklärung

Für eine Sorgeerklärung i.S.v. § 1626a Abs. 1 Nr. 1 BGB ist keine ausschließlich verbindliche **Formulierung** vorgeschrieben. Das Gesetz definiert die „Sorgeerklärung" als Erklärung dahingehend, dass die Eltern „die Sorge gemeinsam übernehmen wollen". Jede Erklärung, die wörtlich oder sinngemäß diesen Inhalt hat, entspricht deshalb den gesetzlichen Anforderungen. Die Erklärungen müssen ihrem objektiven Inhalt nach gleich sein und sich auf ein bestimmtes Kind beziehen (Staudinger/*Coester*, § 1626a BGB Rn. 56 f.; MüKo*Huber*, § 1626a BGB Rn. 4 f.). **708**

Über Sorgeerklärungen können Eltern grundsätzlich nur die gemeinsame Sorge begründen**, nicht** aber **inhaltlich bindende Absprachen** mit rechtsgeschäftlich zugewiesenen Verantwortungsbereichen treffen (etwa hinsichtlich der Aufenthaltsbestimmung). **709**

Die Unzulässigkeit derartiger Gestaltungen hat der **BGH** (15.11.2007 – XII ZB 136/04, FamRZ 2008, 251) hervorgehoben. Die Regelung wolle nichtehelichen Kindern eine gleiche Sorgerechtslage ermöglichen wie ehelichen. Jedoch haben **auch die Eltern ehelicher Kinder** von deren Geburt an das in § 1626 Abs. 1 BGB definierte Sorgerecht **vollumfänglich gemeinsam** inne, ohne dass dies ihrer Disposition unterläge. Nach der Konzeption des Gesetzes bleibe die Teilung des Sorgerechts auf Antrag eines Elternteils den in §§ 1671, 1672 BGB besonders geregelten Ausnahmefällen vorbehalten, die eine gerichtliche Entscheidung erfordern. Bei Bestehen eines gemeinsamen Sorgerechts bleibe es unter den Voraussetzungen des § 1687 Abs. 1 Satz 2 BGB im Übrigen in Angelegenheiten des täglichen Lebens bei der Alleinentscheidungsbefugnis desjenigen Elternteils, bei dem sich das Kind gewöhnlich aufhält bzw. im Einzelfall bei der Entscheidungsmöglichkeit des Familiengerichts nach § 1628 BGB. Der Gesetzgeber habe bei der Begründung der gemeinsamen Sorge nach §§ 1626, 1626a BGB ein **partielles gemeinsames Sorgerecht vermeiden** und dies einer richterlichen **Entscheidung im Einzelfall vorbehalten** wollen; das liege im Rahmen seiner Befugnis zur Ausgestaltung des Elternrechts aus Art. 6 Abs. 2 GG und begegne auch unter Berücksichtigung der Kindesinteressen keinen verfassungsrechtlichen Bedenken.

Die gemeinsame Sorge obliegt den Eltern somit **in ungeteilter Zuständigkeit**. **710**

Eine einschränkende Abrede in Sorgeerklärungen wäre unwirksam; den Eltern würde das Sorgerecht insgesamt zustehen, da die Vorschrift des § 139 BGB insoweit nicht anwendbar ist (OLG Düsseldorf, 22.2.2008 – 8 UF 267/07, JAmt 2008, 492 = FamRZ 2008, 1552; MüAnwHB-FamR/*Knittel* 3. Aufl., § 13 Rn. 12).

Unberührt bleibt freilich die sinnvolle Möglichkeit, mit nur interner Bindung durch Elternvereinbarungen die Ausübung der Sorge zu regeln, etwa bezüglich Aufenthalts- oder Besuchsregelungen, Abweichungen von § 1687 BGB, Entscheidungen in Grundfragen wie Schulwahl, das Verhältnis zu neuen Partnern der Eltern usw. (Staudinger/*Coester* § 1626a BGB Rn. 76; *Hammer,* FamRZ 2005, 1209) und sich in diesem Rahmen Vollmachten zu erteilen (*Hoffmann,* ZKJ 2009, 156 und FamRZ 2011, 1544; *DIJuF-Rechtsgutachten* 18.12.2015, JAmt 2016, 82).

Allerdings gefährden Eltern womöglich durch unklare Formulierungen die Wirksamkeit ihrer Sorgeerklärungen, so dass auf eine **deutliche Trennung der Sorgeerklärungen von den sonstigen Absprachen** zu achten ist. Hier liegt ein Verantwortungsschwerpunkt der Urkundsperson (Staudinger/*Coester,* § 1626b BGB, Rn. 5).

711 Auch eine **rechtsgeschäftliche Abänderung der gemeinsamen Sorge** nach der Abgabe von Erklärungen ist nicht möglich. Leben die Eltern getrennt, so bleibt nur die Möglichkeit, auf Antrag die Sorge – teilweise – einem Elternteil durch das Familiengericht gemäß § 1671 BGB allein zuzuweisen.

Es ist im Übrigen **nicht Aufgabe des Jugendamts**, für notariell beurkundete Sorgeerklärungen ein **Wirksamkeitszeugnis** zu erteilen. Bittet, wie vorgekommen, ein Notar das Jugendamt um eine entsprechende Stellungnahme – z.B. wegen der von ihm für zweifelhaft gehaltenen Einschränkung der gemeinsamen Sorge in Teilbereichen –, käme dem nur die Qualität einer unverbindlichen Meinungsäußerung zu. Eine Verpflichtung zu einer derartigen Beurteilung trifft das Jugendamt nicht.

d) Unzulässigkeit von Bedingung oder Befristung; vorgeburtliche Sorgeerklärung

712 Sorgeerklärungen können **weder unter einer Bedingung noch befristet** abgegeben werden (§ 1626b Abs. 1 BGB). In einem solchen Fall ist die Erklärung selbst unwirksam, nicht die unzulässige Bedingung oder Befristung (*Lipp/Wagenitz,* Rn. 1; MüKo/*Huber,* Rn. 1, je zu § 1626b BGB). Wird eine Sorgeerklärung unmittelbar nach einer Vaterschaftsanerkennung beurkundet, hängt ihre Wirksamkeit vom Wirksamwerden der Vaterschaft ab, also dem Vorliegen erforderlicher Zustimmungen.

Im Falle der qualifizierten („scheidungsakzessorischen") Vaterschaftsanerkennung nach § **1599** Abs. 2 **BGB** kann eine Sorgeerklärung auch schon **vor rechtskräftiger Scheidung der Mutter beurkundet** werden (BGH, 11.2.2004 – XII ZB 158/02, JAmt 2004, 259 = FamRZ 2004, 802). Sie ist dann schwebend unwirksam und kann ggf. in öffentlich beurkundeter Form widerrufen werden. Die Wirksamkeit tritt mit der Rechtskraft der Scheidung ein, sofern die für die Vaterschaftsanerkennung erforderlichen Zustimmungen der Mutter und deren früheren Ehemannes vorliegen. Es handelt sich jeweils nicht um unzulässige willensabhängige Bedingungen der Sorgeerklärung, sondern um Voraussetzungen der beabsichtigten Rechtswirkung, also um sogenannte „Rechtsbedingungen" (BGH, 11.2.2004, a.a.O.).

Wie die Vaterschaftsanerkennung (vgl. § 1594 Abs. 4 BGB) kann auch eine **Sorgeerklärung** schon **vor der Geburt des Kindes** abgegeben werden (dies stößt allerdings in der Praxis häufig auf Schwierigkeiten, weil hier das künftige „Geburtsjugendamt", dem die Erklärung nach § 1626d Abs. 2 BGB zu übersenden ist, noch nicht feststeht; vgl. hierzu *Fleischer/Kalnbach* DAVorm 1998, 771 und zur gleichartigen Problematik bei der vorgeburtlichen Anerkennung der Vaterschaft oben Rn. 334a). Die Eltern sollten besonders eindringlich darüber belehrt werden, dass sie die Geburt der Urkundsperson mitzuteilen haben, da andernfalls deren gesetzliche Benachrichtigungspflicht nicht erfüllt werden könne. Sanktionen gegen die Eltern stehen der Urkundsperson aber nicht zur Verfügung. Jedoch mag der belehrende Appell besonders beim Vater fruchten, wenn ihm verdeutlicht wird, dass bei unterbliebener Benachrichtigung des Sorgeregisters womöglich später zu *seinem* Nachteil ein Negativattest gemäß § 58a SGB VIII an die Mutter erteilt werden könnte, wenn sie dies wahrheitswidrig und im Vertrauen auf das dortige Informationsdefizit beantragen sollte.

713

e) Keine entgegenstehende gerichtliche Sorgeregelung

Gemeinsame Sorge durch Sorgeerklärungen ist aber nur möglich, solange **keine abweichende gerichtliche Entscheidung über die elterliche Sorge ergangen** ist (§ 1626b Abs. 3 BGB). Dies kann entweder ein Eingriff in eine schon bestehende gemeinschaftliche Sorge nach § 1671 BGB oder in die Alleinsorge der Mutter nach § 1672 BGB sein oder schließlich ein Gerichtsbeschluss, der eine solche Entscheidung nach § 1696 Abs. 1 erneut geändert hat.

714

Die Bestimmung bezweckt, das **Interesse des Kindes an der Kontinuität seiner Sorgebeziehungen** zu wahren. Hat das Familiengericht nach einer Prüfung des Kindeswohls (die von jeder der in Abs. 3 genannten Vorschriften vorausgesetzt wird, wenn auch mit unterschiedlichen Maßstäben) die ursprünglich gegebene Verteilung der elterlichen Sorge geändert und die Sorge neu zugewiesen, soll diese Regelung einen gewissen Bestandsschutz genießen. Das Gesetz will ein „Hin und Her" der elterlichen Sorge vermeiden. Damit wäre es nicht vereinbar, wenn die Eltern die gerichtliche Zuweisung einfach durch die Abgabe von Sorgeerklärungen nach § 1626a Abs. 1 Nr. 1 BGB korrigieren könnten, ohne dass eine erneute gerichtliche Kindeswohlprüfung stattfände (so *MüKo/Huber*, § 1626b BGB Rn. 18).

Damit stehen **andere als die in § 1626b** Abs. 3 **BGB genannten gerichtlichen Entscheidungen** der Abgabe von Sorgeerklärungen nicht entgegen (MüKo/ Huber, a.a.O. Rn. 24, wenngleich differenzierend zu Eingriffen nach § 1666 BGB, die einer vorherigen Aufhebung bedürfen; hierzu näher unten Rn. 716 ff.). Das gilt namentlich dann, wenn das Gericht die elterliche Sorge gar nicht abgeändert, sondern die **Alleinsorge der Mutter** nach einem gegenläufigen Antrag des Vaters **bestätigt** hat. In diesem Fall ist weder der Wortlaut noch der Zweck der gesetzlichen Einschränkung erfüllt.

715

Zur speziellen Frage, ob ein Vater, dem zwischenzeitlich das Aufenthaltsbestimmungsrecht entzogen wurde, Anspruch auf Ausstellung einer **erneuten Ausfertigung der ihm ursprünglich ausgehändigten uneingeschränkten Sorgeerklärung** hat, wenn er die Erstausfertigung nicht mehr findet: *DIJuF-Rechtsgutachten* 20.7.2010, JAmt 2010, 361 = www.bundesanzeiger-verlag.de/beurkundungen IV Nr. 23.

f) Keine anderweitigen Unwirksamkeitsgründe; vorangegangener Sorgeeingriff gegenüber der Mutter

716 Die besonderen Formvorschriften und Wirksamkeitsvoraussetzungen von Sorgeerklärungen sind abschließend in §§ 1626b bis 1626d BGB geregelt. Sorgeerklärungen sind nur unwirksam, wenn sie den darin enthaltenen Erfordernissen nicht genügen. Das bedeutet im Umkehrschluss, dass eine **Sorgeerklärung nicht deshalb von vornherein unwirksam** ist, weil das Gericht eine Entscheidung über die elterliche Sorge nach **§§ 1666, 1666a** BGB getroffen hat. Denn diese Vorschriften sind in § 1626b Abs. 3 nicht erwähnt. Die Bestimmung handelt nur von gerichtlichen Entscheidungen nach §§ 1671, 1672 oder Abänderungsentscheidungen nach § 1696 Abs. 1 BGB.

717 Ist der **Mutter** zuvor die **Sorge ganz oder teilweise** – etwa hinsichtlich des Aufenthaltsrechts – **entzogen** worden, kann sie nicht über Sorgeerklärungen eine uneingeschränkte gemeinsame Sorge mit dem Vater herstellen (vgl. hierzu *DIJuF-Rechtsgutachten* 24.10.2000, JAmt 2001, 231 und 13.3.2001, JAmt 2001, 233). Wäre dies anders, ließe sich jeder noch so fundiert begründete Eingriff in die elterliche Sorge einfach dadurch aushebeln, dass der betroffene Elternteil gemeinsam mit dem anderen Elternteil Sorgeerklärungen abgibt.

718 Folgerichtig hat dies auch insoweit zu gelten, als **nicht etwa der andere Elternteil** nach Abgabe des Sorgeerklärungen **uneingeschränkt mitsorgeberechtigt** wird, während der ursprünglich alleinsorgeberechtigte Elternteil die gemeinsame Sorge nur mit den aus dem gegen ihn gerichteten gerichtlichen Eingriff folgenden Beschränkungen ausüben kann. Die gemeinsame Sorge entsteht vielmehr **nur unter Ausschluss des dem zunächst alleinsorgeberechtigten Elternteil entzogenen Bereichs** (vgl. BGH, 25.5.2005 – XII ZB 28/05, JAmt 2005, 527 = FamRZ 2005, 1469; zuvor schon OLG Nürnberg, 29.2.2000 – 11 UF 244/00, FamRZ 2000, 1035; Kammergericht Berlin, 8.8.2003 – 13 UF 55/03, JAmt 2003, 606; OLG, Koblenz 14.2.2005 – 13 UF 785/04 = BeckRS 2005, 08366; vgl. auch NK/*Rakete-Dombek*, § 1626a BGB Rn. 24; Staudinger/*Coester*, § 1626a BGB Rn. 74).

Praxistipp **719**

 Wenn der **Urkundsperson der Sachverhalt von vornherein bekannt** ist, müssen die Eltern nicht nur entsprechend belehrt werden. Es ist auch notwendig, die **Sorgeerklärung eingeschränkt** zu formulieren. Das könnte etwa wie folgt lauten:

„Ich erkläre hiermit, gemeinsam mit ... die elterliche Sorge für unser Kind ... .., geb. am..., übernehmen zu wollen. Hiervon ausgenommen bleibt das Recht zur Gesundheitssorge, zur Aufenthaltsbestimmung und zur Beantragung von Hilfen zur Erziehung im Hinblick auf den Beschluss des Amtsgerichts M. vom ....Gz. ..."

Hierdurch wird von vornherein eine **Irreführung des Rechtsverkehrs** – nicht zuletzt auch im Kindesinteresse – **vermieden**. Die ausdrückliche Erwähnung des Gerichtsbeschlusses in der Einschränkung erscheint erforderlich, obgleich hierdurch der vorausgegangene Sorgerechtsentzug praktisch offen gelegt wird. Denn da ansonsten eine freiwillige Ausklammerung von Teilen der Sorge durch die Eltern unzulässig ist (vgl. oben Rn. 709), bedarf es einer Klarstellung in der Erklärung. Andernfalls könnte für den Rechtsverkehr der unzutreffende Eindruck entstehen, die Eltern hätten die Sorge in unwirksamer Weise aufgeteilt, weshalb ihnen die gemeinsame Sorge insgesamt zustünde (vgl. oben Rn. 710).

Erfährt die Urkundsperson nachträglich von einem Teilentzug der Sorge gegenüber der Mutter, der bereits vor Aufnahme der Sorgeerklärungen gerichtlich angeordnet worden war, ist zu beachten: Die Sorgeerklärungen sind **teilweise nichtig**, nämlich in dem Umfang, in welchem sie gegen die Sperrwirkung der gerichtlichen Entscheidung verstoßen. Das ist allerdings für den Rechtsverkehr **nicht erkennbar**. Die Urkundsperson sollte einen Nachtragsvermerk gem. § 44a Abs. 2 BeurkG verfassen, der sinngemäß festhält, dass nachträglich der Inhalt der gerichtlichen Entscheidung vom ...bekannt wurde, aus der sich ergebe, dass die darin genannten Teilbereiche von der Begründung der elterlichen Sorge durch die beurkundeten Sorgeerklärungen ausgenommen worden seien. **720**

Sodann sollten die Sorgeerklärungen mit diesem Nachtragsvermerk **nochmals ausgefertigt** und den Eltern zugeschickt werden. Zugleich sollten sie ersucht werden, die bereits erteilten Ausfertigungen an die Urkundsperson zurückzugeben. Allerdings hat diese **keine Zwangsmittel** zur Verfügung, falls die Eltern der entsprechenden Aufforderung nicht nachkommen.

Es bleibt also grundsätzlich das Risiko, dass diese im Rechtsverkehr über den Umfang der ihnen zustehenden Vertretungsmacht für das Kind täuschen könnten. Allerdings ist dieses Risiko aus den nachfolgenden Gründen doch verhältnismäßig begrenzt:

Die Urkundsperson sollte den **Ergänzungspfleger** von dem Vorgang **verständigen** (zur datenschutzrechtlichen Zulässigkeit vgl. oben Rn. 54 a.E.) Wenn dieser Kenntnis von den Sorgeerklärungen hat und sich der theoretischen Gefahr be- **721** wusst ist, dass die Eltern durch Vorlage dieser Erklärungen gegenüber Dritten, denen die Einschränkung nicht bekannt ist, den Eindruck einer unbeschränkten Sorge erwecken könnten, kann er ggf. **vorbeugende Schritte** einleiten (z.B. Information der Einrichtung, in welcher das Kind derzeit untergebracht ist) oder notwendige Gegenmaßnahmen ergreifen.

Jedenfalls dann, wenn die Einschränkung sich etwa mit der **Aufenthaltsbestimmung** und dem Recht zur Beantragung von Jugendhilfemaßnahmen auf einen relativ engen Bereich erstreckt, in welchem sofort ein Konflikt mit den entsprechenden Befugnissen des Ergänzungspflegers offenbar würde, sollte diese Gefahr nicht allzu hoch eingeschätzt werden.

Etwas schwieriger zu beurteilen ist das für die **Gesundheitssorge,** weil abstrakt nicht absehbar ist, welchen Schaden die Eltern für das Kindeswohl anrichten können, wenn sie von der ihnen tatsächlich nicht zustehenden Befugnis Gebrauch machen.

Auch insoweit liegt es aber in der **Verantwortung des Ergänzungspflegers**, den Eltern ins Gewissen zu reden und eventuell notwendige Gegenstrategien (z.B. Verständigung behandelnder Ärzte) zu überlegen. Im Übrigen dürfte durch im Fall einer der Unterbringung des Kindes auch insoweit eine gewisse Kontrolle hinsichtlich der Notwendigkeit sowie der Art und des Umfangs von Heilbehandlungen gewährleistet sein.

722 Ob die für die Führung des **Sorgeregisters** zuständige Stelle auf die nachträgliche Veränderung hingewiesen werden sollte, erscheint nach derzeitigem Recht – Stand Juli 2017 – fraglich. Denn für deren eigentliche Aufgabe, über die Erteilung von Negativattesten nach § 58a SGB VIII zu entscheiden, kann es naturgemäß bislangkeine Rolle spielen, welchen *Umfang* die tatsächlich abgegebenen Sorgeerklärungen haben. Gleichwohl kann es jedenfalls nichts schaden, wenn die Urkundsperson die Tatsache der Neuausfertigung auch dem Sorgeregister mitteilt.

Sollte allerdings in Zukunft die Änderung des § 58a SGB VIII durch das Kinder- und Jugendstärkungsgesetz (KJSG) in Kraft treten (dazu näher unten, Rn. 746a), ändern sich die rechtlichen Vorgaben: Nach Abs. 1 Nr. 3 der geplanten Vorschrift ist dann auch einzutragen, dass die elterliche Sorge aufgrund einer rechtskräftigen gerichtlichen Entscheidung der Mutter ganz oder zum Teil entzogen worden ist. Dann erscheint es aber folgerichtig, zur Vervollständigung des Sorgeregisters diesem auch die Mitteilung über die nachträglich modifiziert ausgefertigten Sorgeerklärungen zukommen zu lassen.

g) Höchstpersönlichkeit der Erklärung; Zustimmungserfordernisse

723 Sorgeerklärungen sind **höchstpersönlich** abzugeben (§ 1626c Abs. 1 BGB). Sie können also weder durch einen Vertreter erklärt noch durch das Familiengericht nach § 1666 Abs. 3 BGB ersetzt werden.

724 Die Sorgeerklärung eines **minderjährigen** und damit **beschränkt geschäftsfähigen Elternteils** (vgl. hierzu *DIJuF-Rechtsgutachten* 15.3.2004, JAmt 2004, 188)

bedarf der Zustimmung seines gesetzlichen Vertreters (§ 1626c Abs. 2 Satz 1 BGB). Diese ist ebenfalls höchstpersönlich, bedingungsfrei und unbefristet zu erklären und kann auch schon vor der Geburt des Kindes abgegeben werden (§ 1626c Abs. 2 Satz 2 BGB). Auf Antrag des beschränkt geschäftsfähigen Elternteils hat das Familiengericht die Zustimmung zu ersetzen, wenn die Sorgeerklärung dem Wohl dieses Elternteils nicht widerspricht (§ 1626c Abs. 2 Satz 3 BGB).

Ob eine etwa **fehlende Geschäftsfähigkeit der Mutter** der Abgabe einer Sorgeerklärung entgegensteht, ist dem Gesetz nicht zweifelsfrei zu entnehmen. An sich gilt der Grundsatz: „Die Willenserklärung eines Geschäftsunfähigen ist nichtig" **(§ 105** Abs. 1 **BGB).** Unterstellt man, dass die Äußerung einer Geschäftsunfähigen im Hinblick auf diese Vorschrift keine Sorgeerklärung sein kann, wäre ihr die Begründung der gemeinsamen Sorge verschlossen. **725**

Andererseits legt aber **§ 1626e BGB fest:** „Sorgeerklärungen und Zustimmungen sind nur unwirksam, wenn sie den Erfordernissen der vorstehenden Vorschriften nicht genügen". Die Sorgeerklärung eines Geschäftsunfähigen wäre bei strikter Normanwendung wirksam, da ein Rückgriff auf § 104 Nr. 2 BGB durch § 1626e BGB gesperrt wäre.

Für eine solche Auslegung wird zum Teil vorgebracht, dass sie eine **Schlechterstellung** von nicht miteinander verheirateten Eltern **verhindere**: Die Geschäftsunfähigkeit eines Elternteils führt nämlich zum Ruhen der elterlichen Sorge (§ 1673 Abs. 1, § 1675 BGB) mit der Folge, dass die Ausübung der elterlichen Sorge dem anderen bereits mitsorgeberechtigten Elternteil obliegt. Bei nicht miteinander verheirateten Eltern, von denen ein Teil geschäftsunfähig ist, bliebe aber der Vater in jedem Fall von der Sorge ausgeschlossen: Betrifft die Geschäftsunfähigkeit ihn selbst, bliebe ihm die Teilhabe mangels eigener Erklärungsfähigkeit versagt. Ist hingegen die Mutter geschäftsunfähig, könnte ihrerseits eine solche Erklärung nicht abgegeben werden und der Vater nicht auf diesem Weg an der Sorge beteiligt werden. **726**

Deshalb soll nach einer im Schrifttum vertretenen Auffassung die **Geschäftsfähigkeit nicht Voraussetzung einer Sorgeerklärung** sein (so *Dickerhof-Borello,* FuR 1998, 70 [72] und 159; *Lipp/Wagenitz,* § 1626a Rn. 7). Es gehe hierbei nur um die Dokumentation der elterlichen Sorgebereitschaft, nicht um eine spezifische rechtsgeschäftliche Erklärung. Erst die Ausübung des Sorgerechts verlange rechtsgeschäftliches Handeln, Willensbildung und Entscheidungsfähigkeit (§ 1627 Satz 2, §§ 1628, 1629). Allerdings soll nach *Lipp/Wagenitz,* a.a.O. eine „Sorgerechtsfähigkeit" im Sinne einer natürlichen Einsichtsfähigkeit in die Bedeutung einer Sorgeerklärung verlangt werden (a.A. *Dickerhof-Borello,* a.a.O.).

Eine andere Meinung befürwortet eine Analogie zu **§ 1626c** Abs. 2 **BGB**: Der geschäftsunfähige Elternteil könne **mit Zustimmung seines gesetzlichen Vertreters** die Sorgeerklärung abgeben (Staudinger/*Coester,* Rn. 20; Johannsen/Henrich/*Jaeger Rn. 5*; NK-BGB/*Rakete-Dombek,* Rn. 9, jeweils zu § 1626c BGB; Erman/*Döll,* § 1626e BGB Rn. 2). **727**

Zum Teil wird aber auch § 1596 Abs. 1 Satz 3 analog angewendet: Demnach könne **(nur) der gesetzliche Vertreter** die Sorgeerklärung abgeben, bedürfe aber der Genehmigung des (Betreuungs-)Gerichts (*Coester-Waltjen*, § 57 Rn. 138). Hiergegen wird aber zutreffend eingewandt, dass in § 1626c BGB nur die Sorgeerklärung eines Minderjährigen geregelt ist und die §§ 104 ff. BGB einen stärkeren Schutz des Geschäftsunfähigen als des beschränkt Geschäftsfähigen vorsehen (*MüKo/Huber*, § 1626e BGB Rn. 17; *BeckOK /Veit* – Stand 1.2.2017 –, § 1626c BGB Rn. 5). Gegen das „Genehmigungsmodell" spricht zudem, dass es dem Gedanken des FamFG, alle Familiensachen beim FamG zu zentrieren, zuwiderliefe (*BeckOK/Veit*, a.a.O. unter Hinw. auf BT-Drs. 16/6308, 168).

728 Nach einer dritten und strengsten Meinung soll der **Schutz Geschäftsunfähiger** über §§ 104, 105 BGB **absoluten Vorrang** genießen. Der offensichtlich bestehende Normenkonflikt lasse sich nur durch eine am Gesetzeszweck orientierte einschränkende Auslegung („teleologische Reduktion") von § 1626e BGB dahingehend erreichen, dass von dieser Norm die § 104 Nr. 2, § 105 Abs. 1 BGB nicht erfasst werden (*MüKo/Huber*, § 1626e BGB Rn. 16; *BeckOK/Veit* – Stand 1.2.2017 –, § 1626c BGB Rn. 5; *Palandt/Götz*, § 1626e BGB Rn. 1; *Zimmermann*, DNotZ 1998, 404 [417 f]; *Rauscher*, Familienrecht Rn. 975; *Schwab*, Familienrecht Rn. 531).

729 Die Problematik **ist in der Rechtsprechung bisher nicht entschieden** worden. Die Schwierigkeit bei der Abwägung der Argumente liegt – neben der nicht eindeutigen Gesetzeslage – vor allem in der **Wertungsfrage**, ob strikt der Schutz Geschäftsunfähiger bei der Abgabe von Willenserklärungen in den Vordergrund gestellt wird oder ob man annimmt, dass es „vor allem um die psychologische und symbolische Einbindung geschäftsunfähiger Elternteile gehe und dass die Sorgeerklärungen keine echten rechtsgeschäftlichen Willenserklärungen sind, sondern die Rechtsfolge des gemeinsamen Sorgerechts ex lege eintritt" (so *Staudinger/Coester*, § 1626c BGB Rn. 20). Wenn man dem letztgenannten Ansatzpunkt zuneigt, ist aber nicht recht ersichtlich, weshalb dann nicht gleich die Sorgeerklärungen auch eines Geschäftsunfähigen als wirksam angesehen werden und stattdessen über die auch von *Staudinger/Coester*, a.a.O. befürwortete Analogielösung ein Zustimmungserfordernis eingeführt werden soll.

Festhalten lässt sich jedoch, dass **nach ganz überwiegender Meinung eine von einem geschäftsunfähigen Elternteil abgegebene Sorgeerklärung keine Wirksamkeit** entfaltet, weil sie entweder als unheilbar nichtig angesehen oder aber ein Zustimmungserfordernis hierfür angenommen wird. Im Übrigen ist zu beachten, dass der Vater bei Geschäftsunfähigkeit der allein sorgeberechtigten Mutter für die Teilhabe an der Sorge nicht zwingend auf eine Sorgeerklärung angewiesen ist, da ihm in diesem Fall bereits nach § 1678 Abs. 2 BGB die Sorge zu übertragen ist, wenn dies dem Wohl des Kindes dient (*Erman/Döll*, § 1626e BGB Rn. 2; vgl. dazu unten Rn. 733).

Ob allerdings im Einzelfall eine Mutter zum Zeitpunkt der Beurkundung **tatsächlich als geschäftsunfähig anzusehen** ist, kann schwierig zu beurteilen sein. Allein die Einrichtung einer Betreuung lässt hierauf keinen sicheren Rückschluss zu.

730

Das seit 1992 geltende Betreuungsrecht kennt – anders als die zuvor maßgebenden Vorschriften über die Entmündigung – keinen konstitutiven Eingriff in die Geschäftsfähigkeit. Ob der oder die Betroffene geschäftsunfähig ist, richtet sich allein nach den natürlichen Gegebenheiten, d.h. den Voraussetzungen des § 104 Nr. 2 BGB („die freie Willensbestimmung ausschließender Zustand krankhafter Störung der Geistestätigkeit, sofern nicht der Zustand seiner Natur nach ein vorübergehender ist"). Diese Voraussetzungen können nur durch das Gutachten eines hierzu qualifizierten ärztlichen Sachverständigen nachgewiesen werden. Ein derartiges Gutachten ist Voraussetzung jeder Betreuerbestellung (§ 280 FamFG). Da ein Betreuer nicht gegen den freien Willen eines Volljährigen bestellt werden kann (§ 1896 Abs. 1a BGB), enthalten die einschlägigen Gutachten zumeist auch Ausführungen zu diesem Punkt und lassen daher zumindest Rückschlüsse auf die Geschäftsfähigkeit zu, wenn sie nicht ohnehin diese ausdrücklich erörtern.

Hat die Urkundsperson womöglich **in Unkenntnis des genauen Sachverhalts eine Sorgeerklärung einer Mutter beurkundet,** deren Betreuer nachträglich ihre Geschäftsunfähigkeit zu diesem Zeitpunkt behauptet, kann dieser nicht etwa verlangen, die Sorgeerklärung **„für nichtig zu erklären".** Hierfür gibt es keine Rechtsgrundlage.

731

Ebenso wie der Notar hat die Urkundsperson beim Jugendamt zwar – jedenfalls bei gegebenem Anlass oder bei ersichtlichen Anhaltspunkten – grundsätzlich eine Prüfungspflicht dahingehend, ob ein Beteiligter unter dem Blickwinkel des § 104 Nr. 2 BGB in der Lage ist, eine wirksame Willenserklärung abzugeben. Wird dies aber bejaht und treten nachträglich Zweifel an der Geschäftsfähigkeit auf, ist es nicht Sache der beurkundenden Stelle, ggf. die etwa eingetretenen Folgen zu beseitigen. Für eine „Nichtigerklärung" gäbe es schon deshalb keinen Anlass, weil die Unwirksamkeit gem. § 105 Abs. 1 BGB von Gesetzes wegen vorliegen würde und nicht etwa vom Notar oder der Urkundsperson konstitutiv festzustellen wäre (sofern überhaupt die tatsächlichen Voraussetzungen zweifelsfrei erwiesen wären).

Die Urkundsperson mag allenfalls das **Sorgeregister über den Vorgang informieren**, damit dort die erkennbar gewordenen Zweifel an der Wirksamkeit der Sorgeerklärung festgehalten werden können. Praktische Auswirkungen wird dies allerdings kaum haben, weil nur die Mutter befugt ist, zum Nachweis einer Alleinsorge eine jugendamtliche Auskunft zu beantragen, welche mit Hilfe des gem. § 58a SGB VIII geführten Registers erteilt werden kann. Sollte die Mutter die Sorgeerklärungen für wirksam halten, wird sie kaum ein Negativattest beantragen. Will sie sie umgekehrt deren Unwirksamkeit geltend machen, kann ihr dies ggf. mit Hilfe vorliegender Gutachten gelingen. Auch insoweit ist keine Registerauskunft erforderlich oder auch nur hilfreich.

732

733 Allerdings sollte das **Familiengericht** – zweckmäßigerweise durch den Betreuer – **verständigt** und eine Prüfung dahingehend angeregt werden, welche Auswirkungen die geistige Beeinträchtigung auf die Befähigung der Mutter hat, die elterliche Sorge für das Kind wahrzunehmen. Sollte nämlich die Mutter tatsächlich geschäftsunfähig sein und ihre elterliche Sorge deshalb gemäß § 1673 Abs. 1 BGB ruhen, wäre sie nach § 1675 BGB nicht berechtigt, diese auszuüben. Das **Kind hätte derzeit keinen gesetzlichen Vertreter**.

Der rechtliche Betreuer der Mutter kann es nicht sein: Die Wahrnehmung der elterlichen **Sorge** gehört nicht zu den *eigenen* Angelegenheiten eines Elternteils und kann daher **nicht Gegenstand einer rechtlichen Betreuung** gem. §§ 1896 ff. BGB sein (BayObLG, 28.7.2004 – 3Z BR 98/04, BtPrax 2004, 239 m.w.N.; *Dodegge*, FPR 2005, 233; zur elterlichen Sorge von Betreuten *Walter*, FamRZ 1991, 765). Deshalb ist das Erziehungsversagen eines Elternteils auch ohne Bedeutung für die tatsächlichen Voraussetzungen der Bestellung eines rechtlichen Betreuers; es kann allenfalls Anlass für familiengerichtliche Maßnahmen nach §§ 1666, 1666a BGB sein, soweit das Kindeswohl gefährdet sein sollte (Mü-AnwHB-FamR/*Knittel,* 3. Aufl. § 13 Rn. 50).

Das Familiengericht hätte deshalb zu prüfen, ob die elterliche Sorge dem Vater zu übertragen ist, wenn das dem Wohl des Kindes dient (§ 1678 Abs. 2 BGB). Kann dies nicht festgestellt werden, wäre die **Bestellung eines Vormunds** erforderlich.

h) Beurkundung und Belehrung

734 Sorgeerklärungen müssen **öffentlich beurkundet** werden (§ 1626d Abs. 1 BGB). Neben dem nach § 59 Abs. 1 Satz 1 Nr. 8 SGB VIII zuständigen Jugendamt kann auch der Notar gemäß § 20 Abs. 1 BNotO sowie der Konsularbeamte nach § 10 KonsG (dazu unten Rn. 738) die Erklärung beurkunden. Seit Einfügung des § 155a FamFG m.W.v. 19. Mai 2013 können nach Abs. 5 der Vorschrift „Sorgeerklärungen und Zustimmungen des gesetzlichen Vertreters eines beschränkt geschäftsfähigen Elternteils auch im Erörterungstermin zur Niederschrift des Gerichts erklärt werden".

Der Zweck dieser Beurkundung ist vor allem die vorangehende Belehrung nach §§ 1, 17 BeurkG (BT-Drs. 13/4809, 95).

Die **Belehrung** sollte neben den **allgemeinen Folgen** der Sorgeerklärung und ihrer nur gerichtlichen Abänderbarkeit (vgl. oben Rn. 711) insbesondere die Kindesmutter darauf hinweisen, dass es höchst zweckmäßig ist, vor Eintritt der gemeinsamen Sorge einen **Unterhaltstitel** gegen den Vater zu errichten. Nicht gesetzlich erforderlich, aber erwägenswert ist eine schriftliche, merkblattartige Belehrung, die den Eltern anschließend überlassen wird – gelegentlich sogar von diesen unterschrieben werden soll, vgl. *Fleischer/ Kalnbach* DAVorm 1998, 771.

735 Besonderer Anlass zur Belehrung besteht über die **namensrechtlichen Optionen** der Begründung der gemeinsamen Sorge und die hierbei zu beachtenden **Fristen**.

Als **Grundsatz** gilt: Führen die Eltern keinen Ehenamen und steht ihnen die Sorge gemeinsam zu, so bestimmen sie durch Erklärung gegenüber dem Standesamt den Namen, den der Vater oder die Mutter zur Zeit der Erklärung führt, zum Geburtsnamen des Kindes. Eine nach der Beurkundung der Geburt abgegebene Erklärung muss öffentlich beglaubigt werden. Die Bestimmung der Eltern gilt auch für ihre weiteren Kinder (§ 1617 Abs. 1 BGB).

Zu beachten ist, dass bei **vorgeburtlicher Begründung** der gemeinsamen Sorge die Erklärung **binnen eines Monats** nach der Geburt abgegeben werden muss; andernfalls überträgt das Familiengericht die Entscheidungsbefugnis einem der beiden Elternteile (§ 1617 Abs. 2 BGB).

Wird die elterliche **Sorge erst nach der Geburt** des Kindes begründet, so dass diese bereits den Namen der Mutter als Geburtsnamen führt, kann der Name des Kindes grundsätzlich binnen drei Monaten nach der Begründung der gemeinsamen Sorge neu bestimmt werden (§ 1617b Abs. 1 Satz 1 BGB).

Praxistipp

*Es muss strikt darauf geachtet werden, dass die **Belehrung die vorgenannten Fälle klar unterscheidet**. Wenn das Kind bei vorgeburtlichen Sorgeerklärungen zunächst nach der Geburt den Namen des Vaters erhält, besteht nicht etwa die Möglichkeit, dies binnen drei Monaten nach der Geburt – noch dazu durch einseitige Erklärung der Mutter – zu ändern (so aber die falsche Belehrung einer Urkundsperson in einem vom DIJuF begutachteten Fall (**DIJuF-Rechtsgutachten** 3.12.2010, JAmt 2011, 19 = www.bundes anzeiger-verlag.de/beurkundungen IV Nr. 24 mit instruktiven Ausführungen zur Namensbestimmung allgemein sowie zur fehlenden Anfechtbarkeit der Erklärungen).*

Vgl. im Übrigen den ausführlichen Mustertext zu einer Belehrung vor der Beurkundung von Sorgeerklärungen (auch in Englisch und Hocharabisch) im Internet-Portal des DIJuF e.V. unter „Formulare für Mitglieder"; siehe auch www.bundesanzeiger-verlag.de/beurkundungen V Nr. 2.

Öffentlich zu beurkunden ist auch die im Einzelfall notwendige **Zustimmung zur Sorgeerklärung** (§ 1626d Abs. 1 BGB). Diese ist nach Ergänzung des § 59 Abs. 1 Satz 1 Nr. 8 SGB VIII durch das Kinderrechteverbesserungsgesetz auch vor der Urkundsperson des Jugendamts möglich. 736

Bei der Beurkundung ist es **nicht erforderlich,** eine **Geburtsurkunde** des Kindes vorzulegen (vgl. DIJuF-Rechtsgutachten JAmt 2003, 472 und allgemein oben Rn. 159). Zwar kann eine Beurkundung unter Einbeziehung der Geburtsurkunde eine höhere Gewähr für die inhaltliche Richtigkeit der aufgenommenen Daten geben. Es liegt aber letztlich in der Verantwortung des *Erklärenden,* ob die abgegebene und von der Urkundsperson aufgenommene Erklärung inhaltlich richtig und damit für den angegebenen Zweck verwertbar ist. Dies hat ohnehin diejenige Stelle, der die Ausfertigung der Urkunde vorgelegt wird (z.B. Standesamt, Schule, 737

Meldebehörden, Gerichte usw.) in eigener Verantwortung zu prüfen. Für vorgeburtliche Vaterschaftsanerkennungen bzw. Sorgeerklärungen liegt es überdies in der Natur der Sache, dass eine Geburtsurkunde noch nicht vorgelegt werden kann.

Im Regelfall werden sich auch keine gravierenden Folgewirkungen ergeben, wenn beurkundete Erklärung und Geburtsurkunde des Kindes nicht übereinstimmen. Denn ein Elternteil kann mit einer isolierten Sorgeerklärung nicht viel anfangen. Falls seine Mitsorgeberechtigung in Rede steht, bedarf es zumindest auch der Vorlage der Sorgeerklärung des anderen Elternteils. Soweit die Stelle, der diese Erklärungen vorgelegt werden, Anlass zu entsprechender Überprüfung sieht, kann sie für die konkrete Amtshandlung oder Entscheidung auch die Vorlage der Geburtsurkunde verlangen. Sollten sich hierbei Abweichungen ergeben, ist ggf. die unstimmige Urkunde zu berichtigen.

738 Auch die **deutschen Auslandsvertretungen** können wirksam Sorgeerklärungen beurkunden. Allerdings ist hinsichtlich ihrer Wirksamkeit zu beachten:

Maßgebend ist nunmehr das **Haager Übereinkommen vom 19. Oktober 1996** über die Zuständigkeit, die Vollstreckung und die Zusammenarbeit auf dem Gebiet der elterlichen Verantwortung und der Maßnahmen zum Schutz von Kindern – **KSÜ** –, das für Deutschland am 1. Januar 2011 in Kraft getreten (BGBl II 2010, 152; www.bundesanzeiger-verlag.de/beurkundungen, I Nr. 12). Dieses hat das zuvor einschlägige Haager Minderjährigenschutzabkommen abgelöst, welches über seinen Art. 3 in seinem Geltungsbereich ggf. zur Wirksamkeit einer nach deutschem Recht durch Sorgeerklärungen begründeten gemeinsamen Sorge führen konnte, wenn das Kind die deutsche Staatsangehörigkeit hatte (vgl. näher hierzu die 6. Aufl. in Rn. 465 ff.).

739 Wer Inhaber der **elterlichen Sorge kraft Vereinbarung** ist, bestimmt nach Art. 16 Abs. 2 KSÜ das Recht des Staates, in dem das Kind *zum Zeitpunkt des Wirksamwerdens der Vereinbarung* seinen **gewöhnlichen Aufenthalt** hat. Damit ist deutsches Recht auf Sorgeerklärungen im Ausland nur dann anzuwenden, wenn das Kind bei Wirksamwerden der Erklärungen seinen gewöhnlichen Aufenthalt in Deutschland hat. Die Anwendbarkeit deutschen Rechts ist insbesondere denkbar, wenn sich das Kind (ggf. mit einem Elternteil) in Deutschland gewöhnlich aufhält und der andere Elternteil im Ausland eine Sorgeerklärung abgibt.

Lässt das anwendbare ausländische Recht eine gemeinsame elterliche Sorge unverheirateter Eltern durch Sorgeerklärungen nicht zu, sind unter der vorgenannten Voraussetzung **dennoch abgegebene Sorgeerklärungen** bei der Beurteilung durch deutsche Stellen als **unwirksam** anzusehen. Umgekehrt bleibt eine im Ausland durch eine nach dortigem Recht wirksame Vereinbarung begründete gemeinsame Sorge auch dann bestehen, wenn die Eltern ihren gewöhnlichen Aufenthalt nach Deutschland verlegen (§ 16 Abs. 3 KSÜ; vgl. am Beispiel Finnlands *DIJuF-Rechtsgutachten* vom 12.9.2012, www.bundesanzeiger-verlag.de/beurkundungen, IV Nr. 25).

Auch wenn möglicherweise nach deutschem Recht abgegebene Sorgeerklärungen für den ausländischen Rechtsbereich (evtl. wegen abweichender kollisionsrechtlicher Anknüpfung) Wirkung entfalten können, sollten **Sorgeerklärungen** durch deutsche Urkundspersonen grundsätzlich nur dann aufgenommen werden, wenn deutsches Recht auch aus deutscher Sicht zur Anwendung gelangt. 740

Am **Beispiel der Schweiz**: Hat das Kind seinen gewöhnlichen Aufenthalt in der Schweiz, beurteilt sich das Sorgeverhältnis aus deutscher Sicht nach Schweizer Recht (vgl. Art. 21 EGBGB). Dieses entscheidet über die Anknüpfung an die Rechtsordnung ebenfalls nach dem g.A. des Kindes (Art. 82 Abs. 1 des Bundesgesetzes über das Internationale Privatrecht). Damit nimmt das Schweizer Kollisionsrecht die Verweisung des deutschen Internationalen Privatrechts an, so dass im Ergebnis Schweizer Sachrecht anwendbar ist. Sind die Eltern nicht miteinander verheiratet, steht danach das Sorgerecht grundsätzlich der Mutter zu (Art. 298 Abs. 1 ZGB). Auf gemeinsamen Antrag besteht die Möglichkeit der gemeinsamen Sorge von nicht miteinander verheirateten Eltern, wenn diese sich in einer genehmigungsfähigen Vereinbarung über die Anteile an der Kindesbetreuung sowie die Unterhaltskosten verständigt haben und die gemeinsame Sorge mit dem Kindeswohl vereinbar ist (§ 298a ZGB). Die Entscheidung hierüber trifft die Vormundschaftsbehörde.

Die Beurkundung von Sorgeerklärungen nach deutschem Recht würde jedenfalls nicht zu dem von den Eltern gewünschten Ergebnis führen, weil sie keine Auswirkungen für das Schweizer Recht hätte.

Ausnahmsweise kann aber eine Sorgerechtserklärung **nach deutschem Recht trotz gewöhnlichem Aufenthalt des Kindes im Ausland** beurkundet werden, wenn die Antragsteller darlegen, dass diese Sorgerechtserklärung für sie erforderlich und ein Zuwarten bis nach der Übersiedlung nach Deutschland nicht zumutbar ist. Ein solcher Ausnahmefall kann beispielsweise vorliegen, wenn das Kind seinen gewöhnlichen Aufenthalt in einem Nichtvertragsstaat des KSÜ hat, nach dessen Recht deutsches Sorgerecht anzuwenden wäre, insbesondere dann, wenn nach dem aus deutscher Sicht anwendbaren Recht des Gastlands gemeinsame Sorge kraft Gesetzes besteht und die Sorgeerklärung dazu dient, das „hinkende Sorgerechtsverhältnis" so weit wie möglich zu beseitigen. Auch kann ausnahmsweise eine vorsorgliche Beurkundung mit Blick auf eine geplante Übersiedlung nach Deutschland vorgenommen werden, wenn begründet wird, warum mit der Beurkundung nicht bis nach dem Aufenthaltswechsel gewartet werden kann. 741

Die Erklärung kann aus deutscher Sicht erst Wirkung entfalten, sobald deutsches Recht anwendbar ist.

Hatte das Kind zur Zeit der Abgabe der Sorgeerklärungen seinen **gewöhnlichen Aufenthalt** im Inland und wird dieser **nachträglich ins Ausland verlegt,** so gelten die vorstehenden Überlegungen spiegelbildlich. Art. 16 Abs. 3 KSÜ bestimmt, dass die elterliche Verantwortung nach dem Recht des Staates des gewöhnlichen Aufenthalts des Kindes auch nach dem Wechsel dieses gewöhnlichen Aufenthalts in einen anderen Staat fortbesteht. Eine nach deutschem Recht durch Sorgeerklä- 742 rungen begründete gemeinsame Sorge ist deshalb jedenfalls im Geltungsbereich des KSÜ auch nach einer Aufenthaltsverlegung des Kindes anzuerkennen.

743 Nicht selten wünscht ein zur **Anerkennung der Vaterschaft** erschienener Mann daneben auch die Aufnahme einer Sorgeerklärung. Es ist aus datenschutzrechtlichen Gründen **nicht unbedenklich,** dies **in einer einzigen Niederschrift zu verbinden.** Zum einen erfährt der Standesbeamte durch Erhalt der Ausfertigung stets von der Sorgeerklärung, auch wenn er diese Kenntnis nicht benötigt (etwa zur Namensbestimmung des Kindes durch die Eltern). Zum anderen wäre ein Scheitern des Versuchs zur Begründung der gemeinsamen Sorge – weil die nicht erschienene Mutter keine entsprechende Erklärung abgibt – dauerhaft in der auch zum Nachweis der Vaterschaftsanerkennung geschaffenen Urkunde dokumentiert (vgl. *DIJuF- Rechtsgutachten* vom 13. 1. 2003, www.bundesanzeiger-verlag.de/beurkundungen, IV Nr. 27). Daher sollte grundsätzlich die Sorgeerklärung getrennt von der Anerkennung der Vaterschaft beurkundet werden.

i) Mitteilungspflicht; Sorgeregister

744 Notar oder beurkundendes Jugendamt trifft eine **Mitteilungspflicht** nach § 1626d Abs. 2 BGB. Sie haben die Abgabe von Sorgeerklärungen und Zustimmungen unter Angabe von Geburtsort, Geburtsdatum und Namen des Kindes zur Zeit der Beurkundung seiner Geburt dem nach § 87c Abs. 6 Satz 2 SGB VIII zuständigen Jugendamt mitzuteilen. Dasselbe ist für in gerichtlicher Verhandlung gem. § 155a Abs. 5 FamFG protokollierte Sorgeerklärungen geregelt.

Adressat der Mitteilung ist grundsätzlich das für den **Geburtsort des Kindes** zuständige Jugendamt. Liegt der Geburtsort im **Ausland** oder kann er nicht festgestellt werden, so ist das Land **Berlin** zuständig (§ 87c Abs. 6 Satz 2 Hs. 2 i.V.m. § 88 Abs. 1 Satz 2 SGB VIII). Dieses hat das **Landesjugendamt** insoweit zur zuständigen Behörde erklärt. Die Anschrift lautet: Senatsverwaltung für Bildung, Jugend und Familie, Landesjugendamt, Bernhard-Weiß-Str. 6, 10178 Berlin.

Die Zuständigkeit des LJA Berlin besteht in diesen Fällen auch dann, wenn das Kind nicht die deutsche Staatsangehörigkeit hat (vgl. *DIJuF-Rechtsgutachten* 15.1.2007, JAmt 2007, 137).

745 Es entspricht offenbar einer verbreiteten Übung in der Praxis der Jugendämter, die nach § 1626d Abs. 2 BGB vorgeschriebene Benachrichtigung durch **Übersendung einer Abschrift** der jeweils beurkundeten Sorgeerklärung vorzunehmen. Dabei sind aus der Urkunde im Regelfall Name, Anschrift, Geburtsdatum, Staatsangehörigkeit und ggf. Personalausweisnummer des betreffenden Elternteils ersichtlich. Die Kenntnis dieser Angaben ist für das registerführende Jugendamt jedenfalls von Nutzen, weil hierdurch Zweifel über die Zuordnung der jeweiligen Sorgeerklärungen zu einem bestimmten Kind ausgeräumt werden können. Zumindest in Großstädten ist es kein ganz seltener Ausnahmefall, dass am selben Tag Kinder geboren werden, die jeweils denselben häufig vorkommenden Vor- und Nachnamen tragen.

Die **Form der Mitteilung ist in § 1626d** Abs. 2 **BGB** nicht vorgeschrieben. Es erscheint grundsätzlich nicht ausgeschlossen, eine solche Mitteilung auch durch Übersendung einer Abschrift der Urkunde mit dem oben bezeichneten Inhalt zu bewirken. Die gegenteilige Auffassung, die eine datenschutzrechtliche Befugnisnorm vermisst, weil § 1626d BGB abschließend die zu übermittelnden Daten regle, erscheint nicht zwingend. In § 1626d Abs. 2 BGB ist lediglich festgelegt, dass der Geburtsort und das Geburtsdatum des Kindes sowie der Name, den das Kind zur Zeit der Beurkundung seiner Geburt geführt hat, mitzuteilen ist. Dies kann auch so verstanden werden, dass dies Mindestanforderungen an die Mitteilung sind. Der Umkehrschluss, dass keine weiteren Daten im Rahmen der Beurkundung mitgeteilt werden dürften, kann so nicht gezogen werden.

Die Mitteilung bezweckt, dass die Mutter eines „nichtehelichen" Kindes ihre **Alleinsorge nachweisen** kann. Denn diese kann von dem nach § 58a SGB VIII zuständigen Jugendamt – regelmäßig dasjenige des Ortes, an dem sie ihren gewöhnlichen Aufenthalt hat, vgl. § 87c Abs. 6 Satz 1 i.V.m. Abs. 1 Satz 1 SGB VIII – eine **schriftliche Auskunft** verlangen. Diese bezog sich nach der ursprünglichen Gesetzesfassung nur darauf, dass Sorgeerklärungen nach § 1626a Abs. 1 Nr. 1 BGB nicht abgegeben wurden. **746**

Mit Wirkung vom **19. Mai 2013** hat das **Gesetz zur Reform des Sorgerechts** nicht miteinander verheirateter Eltern den § 58a SGB VIII neu gefasst. Seither werden im Sorgeregister **auch gerichtliche Entscheidungen** eingetragen, mit denen die elterliche Sorge den Eltern **ganz oder zum Teil gemeinsam übertragen** wird (§ 1626a Abs. 2 BGB). § 155a Abs. 3 und 5 FamFG sehen vor, dass das Familiengericht sowohl eine Entscheidung über die Übertragung der gemeinsamen Sorge auf beide Eltern als auch im Erörterungstermin protokollierte Sorgeerklärungen dem nach § 87c Abs. 6 Satz 2 SGB VIII zuständigen Jugendamt mitzuteilen habe, um insoweit keine Lücke in der Registerführung entstehen zu lassen.

Eine zusätzliche Erweiterung der in das Sorgeregister aufzunehmenden Angaben sieht das **Kinder-und Jugendstärkungsgesetz – KJSG** – vor. Das auf dem RegE in BT-Drs. 18/12330 beruhende Gesetz war bei Redaktionsschluss dieser Auflage zwar vom Bundestag beschlossen worden, jedoch hatte der Bundesrat die erforderliche Zustimmung noch nicht erteilt. **746a**

Hinweis:

 Die nachfolgenden Ausführungen stehen deshalb unter dem Vorbehalt, dass die Neuregelung künftig in Kraft treten kann.

Nach § 58a Abs. 1 Nr. 3 SGB VIII – n.F. – ist dann auch einzutragen, dass die elterliche Sorge aufgrund einer rechtskräftigen gerichtlichen Entscheidung **der Mutter ganz oder zum Teil entzogen worden** ist. Damit sind auch familiengerichtliche (Teil-)Eingriffe nach § 1666 BGB sowie – ggf. differenzierte – Regelungen der gemeinsamen Sorge anlässlich der Trennung gem. § 1671 Abs. 2 und 3 BGB zu registrieren.

Die **von der Mutter zu beanspruchende schriftliche Auskunft** (statt, wie bisher, „Bescheinigung über Nichtvorliegen von Eintragungen im Sorgeregister" oder kurz „Negativattest") geht grundsätzlich dahin, dass keine Sorgeerklärungen oder gerichtliche Entscheidungen registriert sind, aufgrund derer ihr nicht mehr die Alleinsorge zusteht (§ 58a Abs. 2 Satz 1 SGB VIII n.F.). Bezieht sich eine gerichtliche Entscheidung auf die Übertragung oder den Entzug der Sorge nur auf Teile der elterlichen Sorge, so erhält die mit dem Vater des Kindes nicht verheiratete Mutter auf Antrag eine schriftliche Auskunft darüber, dass **Eintragungen nur in Bezug auf die durch die Entscheidung betroffenen Teile der elterlichen Sorge** vorliegen (§ 58a Abs. 2 Satz 3 SGB VIII in der ggf. ab 1.Januar 2018 geltenden Fassung).

746b Das von der Mutter um Auskunft angegangene (Wohnsitz-)Jugendamt hat wiederum das für den Geburtsort des Kindes zuständige Jugendamt um **Mitteilung über das Vorliegen oder Nichtvorliegen von Sorgeerklärungen** bzw. von ggf. einschlägigen Gerichtsentscheidungen zu ersuchen (§ 87c Abs. 6 Satz 3 SGB VIII). Dieses registerführende Jugendamt teilt daraufhin dem anfragenden Jugendamt mit, ob ihm Mitteilungen nach § 1626d Abs. 2 BGB, Mitteilungen nach § 155a Abs. 3 Satz 3 bzw. Abs. 5 Satz 2 FamFG oder Mitteilungen nach § 50 Abs. 3 SGB VIII vorliegen. Betrifft die gerichtliche Entscheidung nur Teile der elterlichen Sorge, so enthalten die Mitteilungen auch die Angabe, in welchen Bereichen die elterliche Sorge der Mutter entzogen wurde, den Eltern gemeinsam übertragen wurde oder dem Vater allein übertragen wurde.

747 Die Bereitstellung des „Aufenthaltsort-Jugendamts" als ortsnaher Ansprechpartner ist als Rechtswohltat für die jeweilige Mutter gedacht. Wendet sich diese stattdessen **unmittelbar an das „Geburtsort-Jugendamt"**, um die Bescheinigung aus dem Sorgeregister gemäß § 58a SGB VIII zu beantragen, wäre es kleinlich und bürgerunfreundlich, sie darauf zu verweisen, zunächst den Antrag nochmals bei dem für sie örtlich zuständigen Jugendamt zu stellen. Hierfür gäbe es keinen sachlich überzeugenden Grund. In diesem Fall sollte der Antrag *mit der entsprechenden Information aus dem Register* dem eigentlich für die Auskunft gesetzlich zuständigen Jugendamt zugeleitet werden, verbunden mit der Bitte, der Mutter von dort aus den Bescheid zu erteilen.

748 Das **Sorgeregister** genießt **keinen öffentlichen Glauben**. Es dient also nicht dazu, anderen Personen oder Stellen auf Anfrage mitzuteilen, ob für ein Kind die gemeinsame Sorge begründet wurde (dazu näher *Hoffmann/Knittel*, JAmt 2014, 117). Dies muss gegebenenfalls durch Befragen der Eltern festgestellt werden. Das Sorgeregister soll vielmehr **der Mutter** eine leicht zugängliche Möglichkeit zum **Nachweis der *Nichtabgabe* von Sorgeerklärungen** (bzw. zum Fehlen einschlägiger gerichtlicher Entscheidungen) eröffnen. Denn diese hat zwar im Regelfall nach § 1626a Abs. 3 BGB bei der Geburt die Alleinsorge, könnte aber zwischenzeitlich womöglich durch Abgabe von Sorgeerklärungen mit dem Vater die gemeinsame Sorge begründet haben. Ebenso könnte ggf. die gemeinsame Sorge ganz oder teilweise durch gerichtliche Entscheidung nach § 1626a Abs. 2 BGB begründet worden sein.

Bei der Auskunft aus dem Sorgeregister sollte darauf geachtet werden, dass diese formal korrekt, aber auch für den Rechtsverkehr verständlich ist. Hierbei sollte im Blick behalten werden, dass es sich zum einen um eine **Momentaufnahme** handelt, da sich die Verhältnisse schon kurze Zeit nach der Auskunft geändert haben können (die Mutter hat sich doch zur Abgabe einer Sorgeerklärung mit dem Vater entschlossen; das Familiengericht hat inzwischen kraft Entscheidung die gemeinsame Sorge begründet). Zum anderen wurden bisher nicht erfasst Entscheidungen, mit denen der Mutter die alleinige Sorge ganz oder teilweise durch eine gerichtliche Entscheidung nach § 1632 Abs. 4 oder § 1666 BGB entzogen wurde (vgl. insoweit zur derzeit noch begrenzten Aussagekraft des Sorgeregisters *DIJuF-Rechtsgutachten* 22.3.2011, JAmt 2011, 191; zur Änderung ab 1. Januar 2018: vgl. oben Rn. 746a). 749

Eine Bescheinigung des zuständigen Jugendamts auf Antrag der Mutter könnte im Regelfall wie folgt lauten (bereits unter Berücksichtigung des ab 1. Januar 2018 geplanten Gesetzestexts, insoweit durch Unterstreichung hervorgehoben): 749a

> „**Schriftliche Auskunft gem. § 58a Abs. 2 SGB VIII**
>
> Für das Kind, …, geb. am … in … wurden nach Mitteilung des für die Führung des Sorgeregisters zuständigen Jugendamts.… zum Erkenntnisstand vom (Datum der Mitteilung) weder Sorgeerklärungen registriert noch eine rechtskräftige gerichtliche Entscheidung, mit der die gemeinsame Sorge den Eltern ganz oder zum Teil gemeinsam übertragen wurde. Ferner ist keine rechtskräftige gerichtliche Entscheidung verzeichnet, mit der das Sorgerecht von Frau … ganz oder teilweise entzogen worden wäre.
>
> [Wird das Sorgeregister bei dem die Bescheinigung ausstellenden Jugendamt geführt, muss der obige einleitende Satz lauten: „…wurde ausweislich des beim hiesigen Jugendamt geführten Sorgeregisters zum Erkenntnisstand vom …" usw.]
>
> Deshalb ist die mit der Geburt des Kindes gem. § 1626a Abs. 3 BGB begründete alleinige elterliche Sorge der Mutter, Frau …., bis zu dem genannten Datum nicht durch eine der genannten rechtlichen Möglichkeiten beendet oder eingeschränkt worden".

Dies könnte durch folgende **Hinweise ergänzt** werden:

> „(1) Wenn keine Sorgeerklärungen abgegeben wurden, steht die elterliche Sorge grundsätzlich der Mutter zu (§ 1626a Abs. 3 BGB), es sei denn, die Eltern heiraten einander (§ 1626a Abs. 1 Nr. 2 BGB) oder das Familiengericht überträgt auf Antrag eines Elternteils die Sorge oder einen Teil hiervon beiden Eltern gemeinsam (§ 1626a Abs. 2 BGB). Weiterhin können Einschränkungen der mütterlichen Alleinsorge auf einem (Teil-)Entzug nach § 1666 BGB beruhen oder einer gerichtlichen Regelung anlässlich der Trennung (§ 1671 Abs. 2 und 3 BGB).
>
> (2) Ist das Kind im Ausland geboren, werden sorgerechtliche Konsequenzen, die sich aus anderen Rechtsvorschriften (z.B. auch ausländischen Vorschriften) oder aus gerichtlichen Entscheidungen ergeben, durch diese Auskunft nicht berührt.

(3) Diese schriftliche Auskunft wurde nach bestem Wissen erteilt. Wenn der Geburtsort des Kindes/des Jugendlichen in einem anderen Jugendamtsbezirk liegt, ist das dortige Sorgeregister für die zugrunde liegende Information zuständig. Bei im Ausland geborenen Kindern ist es das Landesjugendamt Berlin. Die schriftliche Auskunft beruht dann auf der Nachricht aus einer dieser Stellen. Trotz größter Sorgfalt bei der Führung der Sorgeregister können dort nur solche beurkundeten Sorgeerklärungen oder gerichtlichen Entscheidungen verzeichnet werden, die auch tatsächlich dorthin gemeldet werden. Sollte höchst ausnahmsweise eine Information bzw. eine darauf beruhende schriftliche Auskunft aus diesem Grund unrichtig sein, kann dies keine Haftung der beteiligten Jugendämter begründen".

749b Ist im Sorgeregister eine **gerichtliche Entscheidung** verzeichnet, mit der die elterliche Sorge **teilweise zulasten der Mutter geregelt** wurde (§ 58a Abs. 2 Satz 3 SGB VIII – n.F., für den Fall des Inkrafttretens des KJSG –), hätte eine entsprechende Auskunft z.B. zu lauten:

„Für das Kind, …, geb. am … in … liegt nach Mitteilung des für die Führung des Sorgeregisters zuständigen Jugendamts … zum Erkenntnisstand vom … eine rechtskräftige gerichtliche Entscheidung vor, derzufolge der Mutter Frau …, mit Wirkung ab … .das Aufenthaltsbestimmungsrecht nicht mehr zusteht. Über den vorgenannten Umfang hinaus ist die mit der Geburt des Kindes gem. § 1626a Abs. 3 BGB begründete alleinige elterliche Sorge von Frau … bis zu dem Datum der Registerauskunft hinaus nicht anderweitig durch Sorgeerklärungen beendet worden, da solche nicht verzeichnet worden sind."

Hieran können sich ebenfalls die in Rn. 749 vorgeschlagenen Hinweise anschließen.

750 Zwar sind **unwirksame Sorgeerklärungen** nicht in das Sorgeregister einzutragen. Dies kann aber nur für eindeutige Fälle der Unwirksamkeit gelten. Bei zweifelhafter Rechtslage ist es nicht Aufgabe des registerführenden Jugendamts, über die Wirksamkeit einer Sorgeerklärung zu entscheiden.

Hat bisher nur der Mann eine Erklärung zur Anerkennung der Vaterschaft und eine zur gemeinsamen Sorge abgegeben und ist er daher nicht als rechtlicher Vater des Kindes anzusehen, ist seine Erklärung zur gemeinsamen Sorge im Sorgeregister mit dem **Zusatz „derzeit noch schwebend unwirksam"** zu vermerken (so auch *DIJuF Rechtsgutachten* 17.12.2015, JAmt 2016, 126).

Heiraten die Eltern, die zuvor Sorgeerklärungen abgegeben haben, sind die Eintragungen im Sorgeregister zu löschen. Denn die Sorgeerklärungen werden nunmehr durch den weiteren Begründungstatbestand in § 1626a Abs. 1 Nr. 2 BGB überlagert.

751 Das Sorgeregister sollte zweckmäßigerweise **von der Urkundsperson** des Jugendamtes geführt werden, aber **getrennt vom Beurkundungsregister** (hierzu *Fleischer/Kalnbach* DAVorm 1998, 771 [774]). Gegen eine elektronische Datenspeicherung bestehen keine datenschutzrechtlichen Bedenken (vgl. DIV-Rechtsgutachten ZfJ 1998, 118). Zur sachgerechten EDV-Integration des Sorgeregisters *Fleischer/Kalnbach* a.a.O.

j) Sonderfall: Umzug einer Mutter mit einem im Ausland geborenen Kind ins Bundesgebiet

752 Hatte eine Mutter eines im **Ausland geborenen Kindes das alleinige Sorgerecht,** behält sie es auch nach einem Umzug des Kindes nach Deutschland.

753 Nach **Art. 16** Abs. 1 **KSÜ** bestimmt sich „die Zuweisung oder das Erlöschen der elterlichen Verantwortung kraft Gesetzes ohne Einschreiten eines Gerichts oder einer Verwaltungsbehörde" nach dem Recht des Staates des gewöhnlichen Aufenthalts des Kindes. Dieser lag zunächst im Ausland. Zwar ist grundsätzlich das Statut durch Verlegung des gewöhnlichen Aufenthalts mit Wirkung für die Zukunft wandelbar (BGH, 16.3.2011 – XII ZB 407/10, FamRZ 2011, 796, unter Hinw. auf *Finger,* FamRBint 2010, 95, [99] und *Schwarz,* NDV 2011, 39, [40]). Jedoch ordnet die spezielle Regelung des Art. 16 Abs. 3 KSÜ den Fortbestand der zunächst konkret maßgebend gewesenen Sorgerechtsregelung auch bei einem Wechsel des Aufenthalts an.

754 Die Mutter kann allerdings nunmehr hier mit dem Vater die gemeinsame Sorge nach den deutschen Rechtsvorschriften gem. §§ 1626a ff. BGB begründen, wie sich aus Art. 16 Abs. 1 KSÜ ergibt.

Am Beispiel Englands: War nach dem zunächst maßgebend gewesenen englischen Recht die gemeinsame Sorge von Gesetzes wegen eingetreten, weil – entsprechend dem praktisch inzwischen weit überwiegenden Regelfall – der ne. Vater ab 1. Dezember 2003 die Geburt des Kindes gemeinsam mit der Mutter standesamtlich angemeldet hat, gilt dies ebenfalls nach dem Umzug nach Deutschland fort (§ 16 Abs. 3 KSÜ).

Dasselbe trifft schließlich dann zu, wenn das Sorgerecht in England durch Vereinbarung mit der Mutter („parental responsibility agreement"; Vertragsmuster abrufbar unter http://www.writewills.co.uk/parentengland.pdf) erworben wurde, wofür § 16 Abs. 2 KSÜ ebenfalls die Anwendbarkeit des Rechts am gewöhnlichen Aufenthaltsort festlegt und aus Abs. 3 der Vorschrift die weitere Gültigkeit der Vereinbarung in Deutschland abzuleiten ist.

755 Allgemein ist darauf hinzuweisen, dass **für die Staaten der Europäischen Union das Internet-Portal „Europäisches Justizielles Netz für Zivil und Handelssachen"** zum Stichwort „Elterliche Verantwortung" jeweils eine kurz gefasste und in der Regel zuverlässige Beschreibung des maßgebenden Rechtszustandes in einem EU-Mitgliedsstaat (wenn auch ohne Zitieren einzelner Vorschriften) enthält.

756 Fraglich ist allerdings, wie im Einzelfall das im Ausland begründete und in Deutschland fortbestehende Sorgerechtsverhältnis gegenüber deutschen Gerichten und Behörden sowie dem allgemeinen Rechtsverkehr **nachgewiesen werden** kann.

Unproblematisch ist dies jedenfalls für Sorgerechtsregelungen, die durch **Vereinbarung gemäß den Anforderungen des ausländischen Rechts** getroffen worden sind. Dann genügt es, eine Übersetzung – am besten durch professionelle vereidigte Übersetzer – fertigen zu lassen und dies gegebenenfalls mit einer Ausfertigung der Originalurkunde vorzulegen. Verbleibende Zweifel könnten durch einen Ausdruck einer Fundstelle aus dem „Europäischen Justiziellen Netz für Zivil und Handelssachen" ausgeräumt werden.

757 Schwieriger ist der Nachweis des **Eintritts der gemeinsamen Sorge kraft Gesetzes**, namentlich durch die gemeinsame Geburtsanmeldung durch die Eltern.

Zwar können nach **Art. 40 KSÜ** die Behörden des Vertragsstaats, in dem das Kind seinen gewöhnlichen Aufenthalt hat oder in dem eine Schutzmaßnahme getroffen wurde, insbesondere dem Träger der elterlichen Verantwortung auf dessen Antrag hin eine **Bescheinigung** über seine Berechtigung zum Handeln und die ihm übertragenen Befugnisse ausstellen.

Ob die Vertragsstaaten solche Bescheinigungen ausstellen, ist ihnen überlassen (BT-Drs. 16/12063, 7, im Anschluss an den Erläuternden Bericht zum KSÜ von *Lagarde* in BT-Drs. 16/12068, 33 ff. Rn. 154). Der **deutsche Gesetzgeber** hat von dieser Möglichkeit **bewusst keinen Gebrauch** gemacht. Es sei nämlich schwer vorstellbar, dass eine solche Bescheinigung die Rechtslage jederzeit vollständig und zutreffend wiedergebe (so *Wagner/Janzen*, FPR 2011, 110, 115 unter Hinw. auf BT-Drs. 16/12063, 7 f. sowie darauf, dass angesichts dieser Problematik nach Art. 40 Abs. 2 KSÜ die Richtigkeit der Bescheinigung bis zum Beweis des Gegenteils lediglich „vermutet" werde).

758 Deshalb können Eltern zunächst nur darauf verwiesen werden, dass sie – wiederum am Beispiel Englands – die **Kopie der Geburtsanmeldung** für das Kind, im Idealfall in Übersetzung durch vereidigte Übersetzer/innen, vorlegen, aus der sich die gemeinschaftliche Anmeldung ergibt (vgl. hierzu den in England vorgesehenen Vordruck unter http://www.nidirect.gov.uk/gro4_birth_registration_form.pdf) und zusätzlich die **Bedeutung der Geburtsbeurkundung für das Sorgerecht erläutern**, indem sie einen einschlägigen Ausdruck aus dem Europäischen Justiziellen Netz beifügen. Andere Möglichkeiten, als den Eltern einen entsprechenden Rat zu geben, hat das Jugendamt nicht, da eine offizielle Bescheinigung der Rechtslage nicht in seiner Zuständigkeit liegt.

759 In Betracht kommen könnte allenfalls, dass die Eltern nochmals **Sorgeerklärungen** gem. § 1626a Abs. 1 Nr. 1 BGB vor der Urkundsperson beim Jugendamt aufnehmen lassen. Dies wäre allerdings ein **rein deklaratorischer Akt**, da die gemeinsame Sorge der Eltern ja bereits aufgrund der in England gegebenen und insoweit in Deutschland weiterhin zu respektierenden Rechtslage eingetreten ist. Außerdem würde das dem Sinn des Art. 16 Abs. 3 KSÜ widersprechen, der gerade die unproblematische Fortgeltung zuvor eingetretener Rechtsfolgen bezüglich des Sorgerechts auch in dem Land des neuen gewöhnlichen Aufenthalts gewährleisten will.

Da aber der deutsche Gesetzgeber bei der Umsetzung des KSÜ davon abgesehen hat, die grundsätzlich vorgesehene Möglichkeit eines Nachweises durch eine in Deutschland ausgestellte Bescheinigung über die im Ausland begründete Sorgerechtslage einzuführen, stellt er die Eltern im Einzelfall womöglich vor ein **prakti-**

sches Problem, die gemeinsame Sorge im Rechtsverkehr zu belegen. Sollte sich herausstellen, dass der primär den Eltern zu gebende Rat eines Vorgehens wie oben beschrieben auf Akzeptanzprobleme stößt, könnte in begründeten Einzelfällen daran gedacht werden, die bei ausschließlich formaler Betrachtung der Rechtslage eigentlich überflüssige **Beurkundung von Sorgeerklärungen als Ausweg** zu wählen. Jedenfalls ist es nicht grundsätzlich unzulässig, eine bereits aufgrund anderweitiger ausländischer Vorschriften bestehende Rechtsfolge nochmals durch einen Akt des deutschen Rechts zu bekräftigen. Wenn es die Eltern ausdrücklich wünschen und vor allem glaubhaft machen, dass allein die Vorlage der Geburtsbeurkundung *mit Erläuterungen anhand einer Sekundärquelle* nicht in allen Fällen die gewünschte Überzeugungskraft hatte, mag eine solche deklaratorische Beurkundung von Sorgeerklärungen in Erwägung gezogen werden.

Besonders schwierig für eine Mutter ist der **Nachweis der Alleinsorge für ein im Ausland geborenes Kind,** welches erst in späteren Jahren in das Bundesgebiet gekommen ist. Das entsprechende Negativattest nach § 58a SGB VIII kann nur zum Ausdruck bringen, dass seither keine Sorgeerklärungen abgegeben wurden (die Bescheinigung des Landesjugendamts Berlin wird auch dementsprechend vorsichtig zurückhaltend formuliert mit dem sinngemäßen Hinweis, damit werde nicht zum Ausdruck gebracht, dass nicht aufgrund anderweitiger Bestimmungen, insbesondere eines ausländischen Rechts, bereits die gemeinsame Sorge entstanden sein könne; vgl. hierzu *DIJuF-Rechtsgutachten* 15.1.2007, JAmt 2007, 127). 759a

Gleichwohl ist der deutsche Rechtsverkehr wohl häufig bereit, mangels anderer Erkenntnismöglichkeiten einem solchen Negativattest eine erhebliche Indizwirkung für die Alleinsorge der Mutter zuzumessen. Dies wäre allerdings fatal, wenn die Mutter sich – ob arglos oder gar in böswilliger Täuschungsabsicht – eine Bescheinigung nach § 58a SGB VIII verschafft, obwohl im Ausland bereits die gemeinsame Sorge begründet worden war.

Deshalb empfiehlt es sich für das Jugendamt, welches auf Antrag der Mutter das beim Landesjugendamt Berlin geführte Sorgeregister konsultiert, bei einer von dort aus erwartungsgemäß vermeldeten Fehlanzeige **nicht unbesehen das Negativattest auszustellen**. Will sich das Jugendamt vergewissern, ob nicht womöglich bereits die gemeinsame Sorge im Ausland begründet worden sein könnte, bietet sich jedenfalls bei Mitgliedsstaaten der Europäischen Union folgender Ausweg an: 759b

Für den EU-Bereich hält die Kommission im Internet auf dem **Europäischen Justizportal** zum Stichwort „Elterliche Verantwortung" unter https://e-justice.europa.eu/content_parental_responsibility-302-de.do eine einheitlich aufgebaute Übersicht für alle Mitgliedsstaaten aufgrund deren Selbstauskunft (wenn auch ohne Angabe der einschlägigen Vorschriften) bereit.

Leider ist diese derzeit – Stand August 2017 – wegen zwischenzeitlicher Überarbeitung der Texte noch nicht für alle Mitgliedsstaaten in deutscher Übersetzung verfügbar. Dem Verfasser wurde jedoch auf Anfrage versichert, dass man eifrig hierum bemüht sei, ohne jedoch einen genauen Termin nennen zu können.

Für **Frankreich** z.B. findet sich in einer früheren Version im Europäischen Justizportal zur Frage „Wem obliegt in der Regel die elterliche Sorge für ein Kind?" folgende Information:

> „Sobald die kindschaftsrechtliche Abstammung gegenüber jedem Elternteil vor Vollendung des ersten Lebensjahres des Kindes festgestellt wurde, obliegt die elterliche Sorge beiden Elternteilen grundsätzlich gemeinsam, unabhängig davon, ob diese verheiratet sind oder nicht, ob sie zusammen oder getrennt leben.
>
> In allen anderen Fällen übt der Elternteil, dessen Eltern-Kind-Verhältnis festgestellt ist, die elterliche Sorge allein aus. Diese kann durch gemeinsame Erklärung beider Elternteile vor dem leitenden Urkundsbeamten des Bezirksgerichts oder durch Entscheidung des Familiengerichts gleichwohl gemeinschaftlich ausgeübt werden."

Will demnach eine Mutter nachweisen, dass sie auch nach ausländischem Recht die Alleinsorge behalten hat, obwohl die betreffende Rechtsordnung eine gemeinsame Sorge unter bestimmten Voraussetzungen vorsieht, ist sie auf eine **Bestätigung der ausländischen Behörden – vergleichbar dem deutschen Negativattest** – verwiesen. Ob solche Bescheinigungen jeweils ausgestellt werden, wird leider im Europäischen Justizportal a.a.O. nicht vermerkt. Das müsste jeweils durch Rückfrage z.B. bei einem ausländischen Jugendamt geklärt werden. Auf die Sinnhaftigkeit, das genannte Internetportal um entsprechende Informationen zu ergänzen, hat das DIJuF e.V. die zuständige Stelle innerhalb der EU-Kommission bereits vor mehreren Jahren hingewiesen, ohne hierauf eine Resonanz zu erhalten.

759c Zumindest könnte im Beispielsfall Frankreich **der Mutter aber vorgehalten werden,** dass im Regelfall einer Feststellung der Abstammung im ersten Lebensjahr des Kindes die **gemeinsame Sorge** eintritt. Wenn die Mutter eines in Frankreich geborenen Kindes gleichwohl ein Negativattest nach § 58a SGB VIII beantragt, muss sie besonders auf Folgendes hingewiesen werden: Wenn und solange eine überwiegende Wahrscheinlichkeit für die nach ausländischem Recht begründete und über Art. 16 KSÜ hier weiter geltende gemeinsame Sorge spricht, wäre ein **Negativattest zwar *wahr*** (die Mutter hat hier tatsächlich keine Sorgeerklärungen abgegeben). Es wäre aber womöglich **nicht *wahrhaftig***, weil es dem Rechtsverkehr eine tatsächlich nicht bestehende Alleinsorge vorspiegeln könnte.

Die Mutter könnte zugleich um Stellungnahme dazu gebeten werden, aus welchem Grund sie der Meinung sei, sie habe gleichwohl nach französischem – und über Art. 16 Abs. 2 KSÜ in Deutschland weiterwirkendem – Recht die Alleinsorge. Ist die Mutter nicht in der Lage, eine befriedigende Erklärung abzugeben, z.B. eine gerichtliche Entscheidung hierzu vorzulegen, drängt sich die Vermutung auf: Die Mutter will das von ihr vorgelegte Negativattest benutzen, um ihre **tatsächlich nicht bestehende Alleinsorge zu behaupten.**

759d Freilich muss den Müttern in einem solchen Fall womöglich **nicht stets ein unlauteres Motiv zu unterstellen** sein. Vielleicht glauben manche in Unkenntnis der seit 2011 durch das KSÜ bestehenden Rechtslage, dass nach einem Wechsel des gewöhnlichen Aufenthalts allein das Sachrecht des Inlands maßgebend sei und ihnen deshalb gem. § 1626a Abs. 3 BGB die Alleinsorge zustehe, weshalb ein Negativattest durchaus einen guten Sinn habe. In diesem Fall würde die Rückfrage dazu beitragen, einen **Irrtum aufzuklären** und die Mutter rechtzeitig auf gleichartige Zweifel im Rechtsverkehr – soweit dieser über Art. 16 KSÜ orientiert ist – vorzubereiten.

Zur Klarstellung sei angemerkt: Es **geht nicht darum, dem Jugendamt quasi-staatsanwaltschaftliche Ermittlungen aufzubürden**, wenn für ein im Ausland geborenes Kind ein Negativattest beantragt wird. Ist aber dem Jugendamt positiv bekannt – und sei es auch nur aufgrund einer gezielten fallbezogenen Recherche –, dass nach einer bestimmten ausländischen Rechtsordnung die gemeinsame Sorge der praktisch ganz überwiegende Regelfall ist und wird gleichwohl ein Negativattest nach deutschem Recht begehrt, ist es **verantwortungsbewusst, die Mutter hiermit zu konfrontieren**. Denn die Erleichterungen, die das KSÜ durch den Fortbestand ausländischer Sorgeverhältnisse im Inland bringen wollte, haben naturgemäß eine Kehrseite: Mütter, denen das bestehende Ergebnis nicht gefällt oder die es für zu beschwerlich halten, den im Ausland lebenden Vater nunmehr weiterhin an der Ausübung der Sorge im Inland zu beteiligen, können sich nicht einfach hiervon lösen, indem sie ein Negativattest beantragen und hoffen, der deutsche Rechtsverkehr werde ihnen deshalb – wegen der weithin akzeptierten Bedeutung solcher Bescheinigungen – die Alleinsorge „abnehmen". Auch wenn es keine allgemeine behördliche Gegenkontrolle hierzu gibt, sollte doch **wenigstens in den Fällen eines vermuteten offensichtlichen Missbrauchs** im Rahmen des § 4 BeurkG auf die beschriebene Weise gegengesteuert werden. Insoweit ist nicht nur der Rechtsverkehr schutzwürdig; ebenso sind es die betreffenden im Ausland lebenden Väter.

7. Beurkundung einer Erklärung des auf Unterhalt in Anspruch genommenen Elternteils nach § 252 FamFG (§ 59 Abs. 1 Satz 1 Nr. 9 SGB VIII)

Das zum 1. Juli 1998 in Kraft getretene Kindesunterhaltsgesetz hat mit §§ 645 ff. a.F. ZPO – nunmehr §§ 249 ff. FamFG – ein vereinfachtes Verfahren für die Erstfestsetzung des Unterhalts eingeführt. Auf Antrag wird der Unterhalt eines minderjährigen Kindes, das mit dem in Anspruch genommenen Elternteil nicht in einem Haushalt lebt, im vereinfachten Verfahren festgesetzt. Hierdurch kann ein monatlicher Unterhaltsbetrag begehrt werden, der ohne Anrechnung des Kindergeldes das 1,2-fache des Mindestunterhalts nach § 1612a BGB nicht übersteigt (§ 249 Abs. 1 FamFG; vgl. zu Einzelheiten des Verfahrens die Kommentarliteratur zu §§ 249 ff. FamFG).

760

Andere Einwendungen kann der Antragsgegner nur erheben, wenn er zugleich erklärt, inwieweit er zur Unterhaltsleistung bereit ist und dass er sich insoweit zur Erfüllung des Unterhaltsanspruchs verpflichtet (§ 252 Abs. 2 FamFG). Den Einwand eingeschränkter oder fehlender Leistungsfähigkeit kann er nach Abs. 4 der Vorschrift nur geltend machen, wenn er zugleich Auskunft über seine Einkünfte und sein Vermögen erteilt und für die letzten zwölf Monate seine Einkünfte belegt. Ein Antragsgegner, der Leistungen zur Sicherung des Lebensunterhalts nach dem

SGB II oder SGB XII bezieht, muss den aktuellen Bewilligungsbescheid darüber vorlegen. Bei Einkünften aus selbständiger Arbeit, Gewerbebetrieb sowie Land- und Forstwirtschaft sind als Belege der letzte Einkommensteuerbescheid und für das letzte Wirtschaftsjahr die Gewinn- und Verlust-Rechnung oder die Einnahmenüberschussrechnung vorzulegen.

761 Der Sinn dieser Regelung ist, dem Kind entweder zu einem durch den Rechtspfleger rasch nach § 253 Abs. 1 FamFG antragsgemäß festzusetzenden Titel zu verhelfen oder aber den **Schuldner zur Offenlegung seiner maßgebenden wirtschaftlichen Verhältnisse,** insbesondere seines Einkommens, **zu zwingen.** Das Kind muss dann nicht – wie im Normalfall der Verfolgung von Unterhaltsansprüchen – zunächst sein auf § 1605 Abs. 1 BGB gestütztes Auskunftsverlangen notfalls gerichtlich durchsetzen. Vielmehr ist der Schuldner gehalten, zur Vermeidung der Unzulässigkeit seiner Einwendungen über seine angeblich nicht ausreichende Leistungsfähigkeit diese Informationen von sich aus zu liefern und zu belegen.

Eine Verpflichtungserklärung kann von einem Unterhaltsschuldner nur dann verlangt werden, wenn er sich im Stande sieht, den Unterhaltsanspruch zu erfüllen. Bei **insgesamt bestehender Leistungsunfähigkeit entfällt daher die Verpflichtung** zur Abgabe der Erklärung nach § 252 Abs. 2 FamFG (OLG Bamberg 25.4.2017 – 2 WF 107/17, juris).

762 Nach § 59 Abs. 1 Satz 1 Nr. 9 SGB VIII ist das Jugendamt auch dafür zuständig, „eine Erklärung des auf Unterhalt in Anspruch genommenen Elternteils nach § 252 FamFG aufzunehmen". Hierbei handelt es sich aus den nachfolgend näher erläuterten Gründen nicht um eine echte Beurkundung, die mit den Katalogfällen in Satz 1 Nr. 1 bis 8 vergleichbar ist. Man könnte eher von einer **„Einwendungsprotokollierung"** sprechen. Der Vorgang wird *nicht ins Beurkundungsregister eingetragen.*

763 Nach Wegfall anderer einschlägiger Tatbestände in § 252 FamFG zum 1. Januar 2017 kann es **sich nur noch um die Verpflichtungserklärung nach § 252 Abs. 2 FamFG handeln.** Hierbei ist hervorzuheben, dass diese **nicht zwingend beurkundet** werden muss und unmittelbar gegenüber dem Familiengericht erklärt werden kann. Der Sinn der erst vom Rechtsausschuss während der Beratungen zum Kindesunterhaltsgesetz vom 6. April 1998 eingefügten Regelung (vgl. hierzu BT-Drs. 13/9596, 39) lag ursprünglich vielmehr wohl in Folgendem: Das Bundesministerium der Justiz hatte aufgrund der Ermächtigung in § 259 a.F. FamFG Formulare für das Vereinfachte Verfahren eingeführt (die letzte Fassung durch die Vierte Verordnung zur Änderung der Kindesunterhalt-Formularverordnung – KindUFV vom 17. Juli 2009, BGBl. I 2134). Darunter befand sich als Anlage 2 zur KindUFV der Vordruck für die Erhebung von Einwendungen gegen die Festsetzung des Unterhalts nach § 252 FamFG.

764 Gemäß § 2 Abs. 1 Satz 1 KindUFV waren Einwendungen gegen die Festsetzung des Unterhalts nach § 252 FamFG mittels Anlage 2 der KindUFV als Formularsatz **auszuführen,** der aus drei gleichlautenden Stücken bestand. . Für die Erhebung der Einwendung der Leistungsunfähigkeit konnte die Darstellung der Einkünfte in

einem Schriftsatz unter Beifügung von Belegen die Vorlage entsprechend ausgefüllter Vordrucke nicht ersetzen (OLG Nürnberg, 20.10.2003 – 11 WF 2581/03, FamRZ 2004, 475).

Nach ganz überwiegender Auffassung war das **Formular so umfangreich, unübersichtlich und schwer verständlich**, dass für den juristischen Laien zur zweckentsprechenden Rechtsverteidigung die Inanspruchnahme fachlicher Hilfe, z.B. durch die Beiordnung eines Anwalts im Wege der Verfahrenskostenhilfe gem. § 121 Abs. 2 ZPO, geboten erschien (z.B. OLG Frankfurt, 13.3.2007 – 2 WF 111/07, FamRZ 2008, 420; OLG Oldenburg, 14.12.2010 – 13 WF 154/10, FamFR 2011, 36 m. Anm. *Bastian-Holler*). 765

Deshalb entsprach es der Erwartung des Gesetzgebers, dass der Schuldner **von der Urkundsperson des Jugendamts eine kostenfreie und besonders kompetente Belehrung erhalten** könne.

Dieser Sachgrund ist allerdings dadurch praktisch entfallen, dass der Gesetzgeber mit Wirkung vom 1. Januar 2017 den Formularzwang für die nach § 251 FamFG zu erhebenden Einwendungen des Schuldners abgeschafft hat. Seither kann der Schuldner diese Einwendungen formfrei erheben (vgl. hierzu *Birnstengel*, JAmt 2016, 1 [2]). Wenn die eingeschränkte Leistungsfähigkeit behauptet wird, ist eine formlose Auskunft über das Einkommen abzugeben (zum Inhalt gem. § 252 Abs. 4 FamFG oben, Rn. 760). 766

Die Bundesregierung hat den Vorschlag des Bundesrats (BR-Drs. 358/15, 2), im Hinblick auf die erwirkten Vereinfachungen die Hilfeleistung des Jugendamts zu streichen, abgelehnt mit dem Hinweis, der Vorschlag betreffe nicht die Neuregelung des Gesetzentwurfs (BT-Drs. 18/6287, 13). In der Abschrift des Festsetzungsantrags für den Antragsgegner ist daher **weiterhin der Hinweis enthalten, dass das Jugendamt kostenfrei die Einwendungen aufnimmt**.

Die dabei ggf. zu erteilende Belehrung darf freilich die Grenze zur Beratung nicht überschreiten. Sie wird aber die Möglichkeit einschließen, dem Schuldner die Höhe des nach der maßgeblichen Unterhaltstabelle und den anzurechnenden kindbezogenen Leistungen sich ergebenden Unterhaltsbetrages zu nennen (vgl. oben Rn. 208).

In jedem Fall sollte aber ein zu einer Beurkundung nach § 252 FamFG erscheinender Unterhaltspflichtiger **über die Möglichkeit belehrt werden, sogleich einen vollstreckbaren Titel** nach § 59 Abs. 1 Satz 1 Nr. 3, § 60 SGB VIII zu errichten. Jedenfalls dann, wenn die Leistungsbereitschaft des Schuldners mit seiner tatsächlichen Leistungsfähigkeit übereinstimmt, führt dies zu einer wesentlichen Verfahrensverkürzung.

Wird hingegen eine lediglich für das vereinfachte Verfahren bestimmte **nicht vollstreckbare Verpflichtungserklärung** gemäß § 252 FamFG aufgenommen, ist die Urkundsperson in entsprechender Anwendung des § 129a Abs. 2 ZPO verpflichtet, diese **unverzüglich an das zuständige Gericht zu übersenden** oder 767 die Übersendung nach einer entsprechenden Belehrung des unterhaltsverpflichteten Elternteils mit dessen Zustimmung diesem zu überlassen.

Hierbei ist die **Monatsfrist** des § 251 Abs. 1 Satz 2 Nr. 3 FamFG zu beachten: Besteht hierzu Anlass, muss die Erklärung des Schuldners vorab **per Fax** an das zuständige Gericht übermittelt werden.

Die Beurkundungsbefugnis nach § 59 Abs. 1 Nr. 9 SGB VIII hatte schon in der Vergangenheit **nur eine sehr geringe Bedeutung**. Dies dürfte erst recht für die nunmehr geltende Rechtslage nach Fortfall des Vordruckzwangs für die Erhebung der Einwendungen des Schuldners im vereinfachten Verfahren zutreffen.

Zweiter Titel: Beurkundungen anderer Stellen

1. Abschnitt: Notare, Konsuln

I. Grundlagen der Befugnisse des Notars

Der **Notar** hat die **Zuständigkeit** für öffentliche Beurkundungen und öffentliche Beglaubigungen schlechthin und uneingeschränkt. Das stellt § 20 Abs. 1 Satz 1 BNotO klar: „Die Notare sind zuständig, Beurkundungen jeder Art vorzunehmen sowie Unterschriften, Handzeichen und Abschriften zu beglaubigen." Das gilt auch für Kindschaftssachen, nur dass hier in einzelnen Teilbereichen neben dem Notar und konkurrierend mit ihm auch andere Stellen zur Beurkundung befugt sind: am weitesten unter diesen die Urkundsperson des Jugendamts. Doch auch da, im Verhältnis zum Jugendamt, wirkt sich die **vorrangige Zuständigkeit des Notars** aus. Die Ausführungen des I. Titels haben bereits an verschiedenen Stellen die Grenzen gezeigt, die der Urkundstätigkeit im Jugendamt in Kindschaftsangelegenheiten gesetzt sind und die nur der Notar überschreiten darf; sie werden unten in Rn. 777 ff. nochmals zusammengefasst. Zwar mag in der Anerkennung der Vaterschaft nebst Unterhaltsverpflichtung die Urkundstätigkeit im Jugendamt praktisch überwiegen und die Tätigkeit des Notars hier von bescheidenem Umfang bleiben; gleichwohl gibt es Bereiche, in denen schon aus rechtstechnischen Notwendigkeiten nun doch der Notar statt des an sich bereitstehenden Jugendamts herangezogen wird. So namentlich für die Aufnahme vollstreckbarer Unterhaltsverpflichtungen gegenüber „ehelichen" Kindern in der einverständlichen Scheidung (§ 133 Abs. 1 Nr. 2 FamFG), wenn die Beurkundung neben dem Kindesunterhalt andere Gegenstände (z.B. Rechtsverhältnisse an Wohnung und Hausrat) zu regeln pflegt.

768

II. Im Einzelnen

1. Konkurrierende Zuständigkeit

Überall da, wo im Katalog des § 59 Abs. 1 Satz 1 SGB VIII die Urkundsperson im Jugendamt zur Urkundstätigkeit berufen ist, ist es auch der Notar. Beider Wirkungsweisen und Verantwortlichkeiten sind die gleichen. Für die formale und inhaltliche Gestaltung des Urkundsakts, die Belehrung, die urkundentechnische Abwicklung kann daher auf die Erläuterungen im Besonderen Teil des I. Titels (Rn. 254 bis 613) Bezug genommen werden; einer Unterrichtung über allgemeines Beurkundungsrecht (Allgemeiner Teil des I. Titels, insbes. Rn. 69 bis 210) wird es bei einem Notar nicht bedürfen.

769

Ergänzend ist lediglich zu bemerken:

770 1. In den Fällen einer im Gesetz vorgesehenen **öffentlichen Beglaubigung – Einbenennungen** nach § 1618 BGB **und sonstige Namensbestimmungen** nach §§ 1617a bis 1617c ff., 1618 BGB – kann der Notar auch mit dem Entwurf der Erklärung, deren Unterzeichnung er daraufhin zu beglaubigen hat, beauftragt sein. Für solche **Entwurfstätigkeit** gibt § 19 Abs. 1 Satz 1 Hs. 1 DONot die Direktive, eine beglaubigte Abschrift des Entwurfs zur Urkundensammlung zu nehmen; auch ist in den hier in Betracht kommenden Fällen das **Geburtsstandesamt** des Kindes – wenn dieses außerhalb des Bundesgebiets liegt: das Standesamt I in Berlin – in der Form des § 45 Abs. 2 PStG **zu benachrichtigen** unter Vermerk auf der zurückbehaltenen beglaubigten Abschrift des Entwurfs. In allen diesen Fällen sollte der Notar anlässlich der Fertigung des Entwurfs darauf aufmerksam machen, dass die Namensbestimmung wirksam wird mit dem Zugang der sie betreffenden Erklärung und der vorgeschriebenen Zustimmung(en) bei dem Standesamt, demgegenüber sie abgegeben werden. Maßgeblich ist somit die Einreichung durch den oder die Beteiligten, denen zu diesem Zweck das Original auszuhändigen ist.

771 **Beschränkt** sich die Tätigkeit des Notars dagegen auf **die bloße Unterschriftsbeglaubigung**, weil der Text der Erklärung bereits vorgefertigt mitgebracht wird, so entfallen Prüfungs- und Belehrungspflichten (bis auf die Prüfung, ob der Text Veranlassung dazu gebe, die Urkundstätigkeit ablehnen zu müssen; § 4 BeurkG) und die Benachrichtigung des Standesamts. Die Bestimmung des § 45 Abs. 2 PStG läuft hier leer. Es bleibt bei dem durch § 19 Abs. 2 DNotO vorgeschriebenen **Vermerkblatt zur Urkundensammlung**. Wird die namensrechtliche Erklärung nicht nur beglaubigt, sondern zum Gegenstand einer Beurkundung gemacht: darüber unten Rn. 777 f.

772 2. Erklärungen über die **Anerkennung der Vaterschaft** werden gelegentlich im Zusammenhang mit der Errichtung eines **notariellen Testaments**, oder, wenn ein gemeinsames voreheliches Kind beider Vertragsteile anerkannt werden soll, in einem **Ehevertrag** abgegeben.

773 Unproblematisch ist allerdings nur die **Anerkennung im Rahmen eines Ehevertrages**. Denn der Notar muss, in welchem Zusammenhang auch immer die Anerkennung der Vaterschaft ausgesprochen und beurkundet wird, den **Benachrichtigungspflichten aus § 1597** Abs. 2 **BGB** genügen. Er hat also beglaubigte Abschriften desjenigen Teils seiner Verhandlung, der die Anerkennung der Vaterschaft zum Gegenstand hat, zu übersenden: nicht nur der Mutter des Kindes – das mag sich im Falle des Ehevertrags erübrigen – und ggf. zusätzlich dessen gesetzlichem Vertreter, womöglich also dem Jugendamt, sondern auch dem Geburtsstandesamt des Kindes. Denn dieses nimmt demnächst, wenn die Zustimmung der Mutter und im gegebenen Fall des Kindes hinzukommt, die Beischreibung im Geburtenbuch vor. Bei der Beurkundung wäre darauf Bedacht zu nehmen, dass die **Anerkennung der Vaterschaft als streng einseitige** verlautbart wird (Rn. 257), mithin nicht im Erklärungszusammenhang gegenüber den anwesenden Vertragspartnern. Sie ist denn auch unabhängig vom etwaigen Schicksal des Vertrages im

Übrigen (arg. § 1597 Abs. 3 BGB), vielmehr mit Abschluss des Protokollierungsvorgangs aus sich heraus bestandskräftig (Rn. 258). Hierauf, und auf den weiteren, vorstehend beschriebenen, Gang der Benachrichtigungen hat sich die **Belehrung** durch den Notar zu erstrecken, unbeschadet derjenigen über die Wirkungen der Anerkennung (Rn. 330).

Bei der **Anerkennung der Vaterschaft in einem notariellen Testament** ist Folgendes zu beachten: Manchmal ist das Kind vom Testator gegenüber seiner Familie bisher **geheim gehalten**; er beabsichtigt, seine Vaterschaft zwar urkundlich zu machen, aber so, dass sie erst **nach seinem Tode ihre Wirksamkeit entfalten** soll. Solche letztwillige Anerkennung gibt es in nicht wenigen ausländischen Rechten (z.B. Schweiz, Italien, Spanien, Slowenien). Deshalb kann ein Angehöriger der genannten Staaten in einem unter den Anforderungen des Art. 26 EGBGB gültig errichteten und deshalb in Deutschland wirksamen Testament eine Vaterschaft anerkennen, die daraufhin nach Art. 19 Abs. 1 Satz 2 – und unter den weiteren Anforderungen des Art. 23 – EGBGB nach dem Tod des Anerkennenden erstmals ihre Wirkung entfaltet. Bei einer **dem deutschen Recht unterliegenden Anerkennung** im Rahmen eines notariell beurkundenden Testaments ist der Notar aber an die Benachrichtigungspflichten des § 1597 Abs. 2 BGB gebunden, nachdem die Wirksamkeit der Anerkennung nicht auf den Todesfall hinausgeschoben werden kann (vgl. § 1594 Abs. 3 BGB). Dass das Geburtsstandesamt – und auch das Jugendamt als gesetzlicher Vertreter des Kindes im Fall einer Beistandschaft oder Amtsvormundschaft – von dem Sachverhalt schon jetzt Kenntnis zu erhalten hätte und das Kind durch Erteilung der Zustimmung der Mutter und gegebenenfalls auch des Kindes die Beischreibung im Geburtenbuch erreichen wird, müsste der Testator also in Kauf nehmen.

774

Wenn der Testator dieses Ergebnis nicht wünscht, könnte der Notar ihm allenfalls raten, eine **Erklärung** abzugeben, durch die er – unter Verwahrung gegen eine Ausdeutung als status-begründende und status-verbindliche Erklärung – sich **zu dem Kinde „bekennt"** mit dem Wunsch, dass nach seinem Tode die **Vaterschaft posthum** im Verfahren nach §§ 169 ff. FamFG festgestellt werde (an dieser Stelle kommt zum Tragen, dass die rechtsförmliche Anerkennung der Vaterschaft Willenserklärung, nicht bloße Wissenserklärung [oben Rn. 255] ist). Für ein solches Verfahren bleibt dann seine gegenwärtige Erklärung ein entscheidendes Indiz. Er kann die Versorgung für das Kind durch eine testamentarische Leibrente sichern (Hinweis auf die erbschaftssteuerliche Problematik!), nachdem er der Mutter schon zu Lebzeiten einen laufenden Kindesunterhalt zukommen lässt, vielleicht mit interner Titulierung, wie oben unter Rn. 625 ausgeführt. Es sollte dann ausdrücklich klargestellt werden, dass das „Bekenntnis" nicht als status-begründende rechtsförmliche Anerkennung der Vaterschaft zu verstehen ist.

775

3. Für die sog. **Legitimanerkennung** eines Kindes durch einen Vater aus dem **islamischen Rechtskreis** – der eine Legitimierung durch nachfolgende Ehe der Eltern nicht kennt, auch eine Anerkennung der Vaterschaft zu einem „nichteheli-

776

chen" Kinde nicht zulässt – empfehlen *Kersten/Bühling* S. 1281, Rn. 860, 861 folgende Formulierung:

> „Ich erkenne das Kind ... nach dem in Ägypten für Muslime geltenden Recht [oder nach dem Recht des Stammes XY] als mein legitimes Kind an".

Zur Legitimanerkennung vgl. im Übrigen *DIV-Gutachten* ZfJ 1986, 404 und DAVorm 1990, 655; *Wengler,* StAZ 1985, 269; *Voss,* StAZ 1985, 62; *Reichard,* StAZ 1986, 194.

2. Die verbleibende Alleinzuständigkeit des Notars

a) Im Rahmen von § 59 Abs. 1 Satz 1 SGB VIII

777 Den Katalog des § 59 Abs. 1 Satz 1 SGB VIII schöpft erst der Notar voll aus mit bestimmten Urkundstätigkeiten, die der Urkundsperson im Jugendamt nicht gestattet sind: Er darf **in einer fremden Sprache** urkunden (ohne dazu allerdings verpflichtet zu sein, § 15 Abs. 1 Satz 2 BNotO), wenn er ihrer hinreichend mächtig ist, und braucht dann keinen Dolmetscher zuzuziehen (§ 5 Abs. 2 BeurkG). Zieht er einen **Dolmetscher** zu, kann er ihn **selbst vereidigen**; die Situation verlangt keinen Verzicht der Beteiligten auf Zuziehung eines allgemein vereidigten Dolmetschers (§ 16 Abs. 3 Satz 3 BeurkG). In den namensrechtlichen Erklärungen der §§ 1617 f. BGB – hier allerdings wäre auch der Standesbeamte zur Beglaubigung zuständig – kann er **anstelle der Beglaubigung mit gleicher Wirkung** (§ 129 Abs. 2 BGB) **eine** *Beurkundung* vornehmen, wenn es gewünscht wird oder ein Zusammenhang mit anderen notariellen Akten es nahe legt.

Muss der Nachweis geführt werden, dass eine Rechtsnachfolge in einen Titel über Kindesunterhalt auf einer Abtretung beruht, um die Rechtsnachfolgeklausel gemäß § 727 ZPO erwirken zu können (Rn. 594), kann der Notar (und nur er) die **Abtretungserklärung öffentlich beglaubigen** (§ 129 Abs. 1 BGB). Wiederholt sei aus dem I. Titel: An den Notar wird das volljährige Kind für die Zustimmung zur Vaterschaftsanerkennung verwiesen (Rn. 351). Endlich können **nur vom Notar beurkundet** werden vollstreckbare Unterhaltsverpflichtungen, wenn von der Anerkennung einer Vaterschaft abgesehen werden soll (Rn. 625).

778 **Beurkundete Erklärungen namensrechtlichen Inhalts** (Rn. 810) sind übrigens in gleicher Weise wie mit Entwurfsfertigung beglaubigte nach § 45 Abs. 2 PStG dem in Rn. 813 bezeichneten **Standesamt mitzuteilen**. Die Mitteilung geschieht in beglaubigter Abschrift. Allerdings können die Beteiligten den Notar beauftragen, stattdessen die Einreichung einer Ausfertigung in ihrem Namen zu veranlassen (§ 24 Abs. 1 Satz 2 BNotO), womit die namensrechtlichen Wirkungen mit Eingang der Ausfertigung beim Standesamt eingetreten sind.

b) Im Adoptionsrecht

Diese Fälle sind schon äußerlich dadurch gekennzeichnet, dass das Gesetz nicht nur von der *öffentlichen,* sondern mit bedachter Wortwahl von *notarieller* Beurkundung spricht. Es sind dies

779

- der Antrag auf Kindesannahme (§ 1752 Abs. 2 Satz 2 BGB) und die hierzu nach §§ 1746, 1747 und 1749 BGB erforderlichen Einwilligungen (§ 1750 Abs. 1 Satz 3 BGB),
- der Antrag auf Aufhebung des Kindesannahme-Verhältnisses (§ 1762 Abs. 3 BGB).

aa) Adoptionsantrag

Die Beurkundung des Adoptionsantrags wird üblicherweise nicht vor Abschluss der erforderlichen Ermittlungen der Adoptionsvermittlungsstelle vorgenommen, wenn der Vorgang daraufhin in der Sache „adoptionsreif" ist. Es empfiehlt sich, der **Formulierung des Antrags** eine Darstellung der bestehenden Personenstandsverhältnisse voranzuschicken, nicht zuletzt im Hinblick auf die Eventualitäten aus § 1756 BGB, einer Stiefvateradoption oder einer „Hinzuadoption" des § 1742 BGB. Zum Antrag gehören die Angaben über Lebensalter des bzw. der Annehmenden (§ 1743 BGB), und die Darlegung der Gründe, warum ein verheirateter Antragsteller ausnahmsweise allein adoptieren dürfen soll (§ 1741 Abs. 2 Satz 4 BGB). Darüber hinaus ist es zweckmäßig, kurz auf die sachliche Begründetheit des Adoptionswunsches einzugehen. Dabei kann wegen der Einzelheiten auf das Gutachten der Adoptionsvermittlungsstelle oder die gutachtliche Äußerung des Jugendamts nach § 189 FamFG Bezug genommen werden.

780

Etwaige **Wünsche auf eine vom gesetzlichen Regelfall abweichende Gestaltung des Familiennamens oder des Vornamens** des Kindes (§ 1757 Abs. 4 BGB) sollten im Antrag aufgeführt werden (wenngleich dieser Punkt bis zur Entscheidung über den Adoptionsantrag noch nachgeschoben werden kann). Denn auch dieser, auf die Gestaltung des Familien- und des Vornamens zielende Antrag bedarf der notariellen Form. Letzteres ist zwar im Gesetz nicht ausgesprochen – die Gesetzesmaterialien des Adoptionsgesetzes schweigen –, aber wohl mit dem BayObLG (12.10.1979 – BReg 1 Z 54/79, StAZ 1980, 65) anzunehmen (siehe dazu auch *Brüggemann,* ZfJ 1988, 101 [102] f.).

781

Erforderlich ist schließlich (Belehrung!) eine **Bestimmung des Geburtsnamens** des Kindes, falls die Adoptierenden keinen Ehenamen führen (§ 1757 Abs. 2 Satz 1 BGB). Hat das Kind das 5. Lebensjahr vollendet, muss es sich dieser **Namensbestimmung** *anschließen,* um ihr zur Wirksamkeit zu verhelfen (§ 1757 Abs. 2 Satz 2 BGB); bis zum vollendeten 14. Lebensjahr durch den gesetzlichen Vertreter, d.h. regelmäßig den Amtsvormund des § 1751 Abs. 1 Satz 2 Hs. 1 BGB – mit Genehmigung des Familiengerichts; ab dann bis zur Volljährigkeit in persönlicher Erklärung mit Zustimmung des gesetzlichen Vertreters. Die Bestimmung des Geburtsnamens könnte in den Antrag auf Adoption einbezogen werden. Anderenfalls wäre sie **bis**

782

zum **Ausspruch der Adoption nachzubringen**, wofür dann eine öffentliche Beglaubigung (Notar, Standesbeamter) genügt. Der gleichen Form der öffentlichen Beglaubigung unterliegt auch die Anschließungserklärung des Kindes nebst Zustimmung des gesetzlichen Vertreters; sie ist gegenüber dem Familiengericht zu erklären und bis zum Ausspruch der Adoption bei diesem einzureichen.

783 Die Notwendigkeit einer **Belehrung** über die **Wirkungen der ausgesprochenen Adoption** bedarf keiner Hervorhebung. Auch über die **Endgültigkeit** und die **Unabänderlichkeit** des Adoptionsbeschlusses gem. § 197 Abs. 3 FamFG sollte belehrt werden, in geeigneten Fällen auch auf die Möglichkeit der Rücknahme der gestellten Anträge bis zur Entscheidung des Familiengerichts hingewiesen werden. Sie ist nach h.M. formfrei (BayObLG, 10.9.1981 – BReg 1 Z 96/81, ZblJugR 1981, 537 [539] und BayObLG, 20.9.1982 – BReg 1 Z 31/82, BayObLGZ 1983, 318 [320 ff.]; MüKo/*Maurer*, § 1752 BGB Rn. 13 m.w.N.).

Der Notar kann beauftragt werden, den Antrag namens des Antragstellers bzw. der Antragsteller beim Familiengericht einzureichen (§ 24 Abs. 1 Satz 2 BNotO). Wenn ein solcher Auftrag erteilt worden war, vermag der Tod des Adoptierenden den (dann rückwirkenden) Ausspruch der Adoption nicht mehr zu hindern (§ 1753 Abs. 2 BGB).

784 In der **Volljährigen-Adoption** muss der Antrag von dem Annehmenden und vom Anzunehmenden gestellt sein (§ 1768 Abs. 1 BGB). Gleichzeitigkeit wird vom Gesetz nicht gefordert. Auch kann jeder von beiden den Antrag selbstständig bis zur Entscheidung des Familiengerichts zurücknehmen. Der Antrag ist in den Fällen des § 1772 Abs. 1 BGB gegebenenfalls dahin zu modifizieren, dass die beantragte Adoption als eine solche mit den Wirkungen einer Annahme Minderjähriger auszusprechen sei.

785 Da bei dem angenommenen Volljährigen das Rechtsband zu seinen leiblichen Verwandten, insbesondere seinen leiblichen Eltern, nicht erlischt (§ 1770 Abs. 2 BGB), können sich Häufungen von Unterhaltspflichten und gesetzlichen Erbberechtigungen ergeben. Solche Komplikationen werden von MüKo/*Maurer*, § 1770 BGB Rn. 7 ff. erörtert. Auf sie wird der Notar hinzuweisen haben.

bb) Einwilligung

786 Die **Beurkundung der Einwilligungen** – des minderjährigen Kindes bzw. seines gesetzlichen Vertreters (§ 1746 BGB), der leiblichen Eltern (§ 1747 BGB), des Ehegatten (§ 1749 BGB) – kann mit derjenigen des Adoptionsantrages verbunden werden. Bei der Formulierung ist darauf zu achten, dass die Einwilligung jeweils „gegenüber dem Familiengericht" erklärt wird (§ 1750 Abs. 1 Satz 1 BGB). Mit dem **Eingang beim Familiengericht** werden die Einwilligungen **wirksam** (§ 1750 Abs. 1 Satz 3 BGB), und zugleich **unwiderruflich** (§ 1750 Abs. 2 Satz 2 Halbs. 1; Belehrung!). Sie müssen deshalb vom Notar **in Ausfertigung** dem Gericht **eingereicht** werden. Hierauf aufmerksam zu machen besteht Veranlassung, weil in einem Fall des OLG Hamm (15.10.1981 – 15 W 196/81, NJW 1982, 1002)

die Einreichung in bloß beglaubigter Abschrift die Adoption durch alsbald eingetretenen Fristablauf aus § 1750 Abs. 4 Satz 2 BGB zum Scheitern gebracht hat.

Von der Unwiderruflichkeit besteht eine **Ausnahme** für die **namens des Kindes erteilte Einwilligung**: 14 Jahre alt geworden, kann es sie (bis zum Ausspruch der Adoption) noch gegenüber dem Familiengericht **widerrufen**, und zwar ohne Zustimmung seines gesetzlichen Vertreters (§ 1746 Abs. 2 BGB). Dieser Widerruf kann allerdings ausnahmsweise auch im Jugendamt beurkundet werden (oben Rn. 693 ff.).

Einer Einwilligung des minderjährigen Kindes bedarf es auch für die **abweichende Gestaltung seines Familien- oder des Vornamens**. Die Zustimmung muss **öffentlich beglaubigt** sein; die eingeschränkte Verweisung auf § 1617c Abs. 1 Satz 2, nicht auf Satz 3 Halbs. 2 BGB beruht auf einem Redaktionsversehen (BeckOK/*Enders* – Stand 1.2.2017 –, § 1757 BGB Rn. 5 m.w.N.). Im Gegensatz zur Einwilligung der leiblichen Eltern und des Ehegatten ist aber diese Einwilligung – die des Kindes in die Namensgestaltung – bis zum Adoptionsausspruch widerruflich: nicht nur für das Kind nach Vollendung des 14. Lebensjahres (arg. § 1746 Abs. 2 BGB), sondern auch schon vorher durch den gesetzlichen Vertreter, weil der Gesichtspunkt des Vertrauensschutzes hier nicht das gleiche Gewicht hat wie bei § 1750 Abs. 2 Satz 2 Halbs. 1 BGB. Zu dieser Frage siehe *Brüggemann*, ZfJ 1988, 101 (103).

787

Belehrungen an den Amtsvormund bei einem unter Amtsvormundschaft stehenden Kinde dürften sich erübrigen. Steht das Kind unter der uneingeschränkten elterlichen Sorge der Mutter (§ 1626a Abs. 2 BGB), so muss aus ihrer Zustimmungserklärung ersichtlich sein, dass sie diese sowohl aus eigenem Recht wie auch als gesetzliche Vertreterin des Kindes abgibt; durch § 181 BGB ist sie hieran nicht gehindert.

788

cc) Auslandsberührung

Die nicht seltenen Fälle von **Adoptionen mit Auslandsberührung** bergen für den Notar eigene Fragestellungen.

789

Das **Adoptionsstatut** ist bei der Kindesannahme durch einen Ausländer dessen **Heimatrecht** (Art. 22 Satz 1 EGBGB); bei Annahme durch einen oder beide **Ehegatten** nach Art. 22 Satz 2 EGBGB das **Ehewirkungsstatut** mit der so genannten „Kegelschen Leiter" des Art. 14 Abs. 1 EGBGB. Der Notar ist zwar nicht verpflichtet, über den Inhalt eines danach in Frage kommenden Auslandsrechts zu belehren (§ 17 Abs. 3 Satz 2 BeurkG). Nimmt er die **Beurkundung unter einem** solchen, ihm nicht bekannten Recht vor, so hätte er gleichwohl zuvor die ihm hierfür zur Verfügung stehenden **Informationsquellen** nach bestem Vermögen auszuschöpfen. In Betracht kommen etwa: das Sammelwerk „Internationales Ehe- und Kindschaftsrecht" *von Bergmann/Ferid/Henrich*, oder die Einholung von Auskünften bei den in DNotZ 1974, 133 und 1979, 130 nachgewiesenen Stellen. In jedem Falle ist aber sowohl auf die Tatsache, dass (und welches) ausländisches Recht zur

Anwendung kommt, wie auch auf verbleibende Zweifel **hinzuweisen**; dies ist auch in der Niederschrift zu vermerken (§ 17 Abs. 3 Satz 1 BeurkG).

Erfordert das Adoptionsstatut eine **Zustimmung des Kindes** nicht, wohl aber dessen **Heimatrecht**, ist nach Art. 23 Satz 1 EGBGB dem letzteren Genüge zu tun. Das kommt also namentlich zum Zuge bei **Adoption eines deutschen Kindes durch einen Ausländer**. Eine Zustimmung nach Heimatrecht des Kindes würde dann unter den Form- und Fristbestimmungen dieses Rechts stehen müssen (Staudinger/*Henrich*, Art. 23 EGBGB Rn. 9). Bei **unterschiedlicher Staatsangehörigkeit des Annehmenden und des Kindes** bedarf eine notwendige Kindeszustimmung der Genehmigung des Familiengerichts (§ 1746 Abs. 1 Satz 4 Hs. 1 BGB), gegebenenfalls des deutschen Familiengerichts in der internationalen Zuständigkeit des § 99 FamFG bzw. einer etwa nach § 97 Abs. 1 FamFG vorrangigen völkerrechtlichen Regelung (eingehend hierzu Keidel/*Engelhardt*, § 99 FamFG Rn. 2 ff.). Dies gilt allerdings seit der Neufassung der Bestimmung durch das KindRG nicht, wenn die Annahme deutschem Recht unterliegt (§ 1746 Abs. 1 Satz 4 Hs. 2 BGB), weil das Familiengericht dann nach § 1741 Abs. 1 Satz 1 BGB bereits das Kindeswohl zu beachten hat und eine unnötige Doppelprüfung durch dasselbe Gericht vermieden wird.

790 Es gibt noch **fremde Rechte**, die für die Adoption nicht, wie das deutsche (seit 1976), das Dekretsystem, sondern das Vertragssystem befolgen, z.B. Österreich. Ist ein solches Recht das Adoptionsstatut, ergibt sich für den Notar die Notwendigkeit, den **Adoptionsvertrag nach Maßgabe des betreffenden Rechts zu beurkunden** (Beispiel für ein Vertragsmuster aus Österreich: www.vorarlberg.at/doc/adoption-vertrg-antrg-mus.doc). Eine wie immer geartete behördliche oder gerichtliche Sanktion solcher Adoptionen, wie sie durch das Adoptionsabkommen des Europarats gefordert wird – in Österreich: gerichtliche „Bewilligung" der vertraglich geschlossenen Adoption –, würde in Deutschland durch ein nach § 99 FamFG oder vorrangiger supranationaler Regelung zuständiges Familiengericht ausgesprochen werden können, weil dieser Ausspruch als der Adoptionsentscheidung deutschen Rechts sachlich verwandt angesehen wird (Erman/*Hohloch*, Rn. 22; Palandt/*Thorn*, Rn. 9, je zu Art. 22 EGBGB).

dd) Antrag auf Aufhebung der Adoption

791 Schließlich unterliegt auch der Antrag auf Aufhebung des Adoptionsverhältnisses der notariellen Beurkundung (§ 1762 Abs. 3 BGB). Die Antragstellung ist fristgebunden (§ 1762 Abs. 2 BGB). Die Belehrung hat sich an den Bestimmungen der §§ 1764, 1765 BGB zu orientieren. Die Zuständigkeit des Familiengerichts beurteilt sich nach § 186 Nr. 3 i.V.m. § 187 Abs. 1 und 2 FamFG; primär also nach dem gewöhnlichen Aufenthalt des oder eines der Annehmenden, hilfsweise nach dem g.A. des Kindes. Der Aufhebungsbeschluss unterliegt nach allgemeinen Regeln der Beschwerde nach §§ 58 ff. FamFG.

c) Ergänzend

Wegen der Obliegenheit zur Gebührennachsicht gegenüber kostenzahlungsunfähigen und gemindert zahlungsfähigen Beteiligten (vgl. § 17 Abs. 2 BnotO) sind Beurkundungen, die die Gegenstände des § 59 SGB VIII betreffen, z.T. auch beim Notar gebühren- (und, in gewissen Grenzen, auslagen-) frei. Das ergab sich früher aus §§ 55a, 141, 143 KostO (vgl. OLG Düsseldorf, 9.8.1999 – 10 W 79/99, ZNotP 1999, 454 m. Anm. *Tiedtke* zur Gebührenbefreiung bei der Beurkundung einer Unterhaltsverpflichtung gegenüber einem Kind im Rahmen einer Scheidungsfolgenvereinbarung sowie OLG Zweibrücken, 10.7.2013 – 3 W 1/12, ZNotP 2013, 358 m. Anm. *Tiedtke*). Seit 1. August 2013 ist dies an etwas versteckter Stelle geregelt: Die Anlage 1 (zu § 3 Abs. 2 GNotKG) enthält ein Kostenverzeichnis, dessen Teil 2 sich auf Notargebühren bezieht. In der Vorbemerkung 2 Abs. 3 zu Teil 2 (Notargebühren) dieses Kostenverzeichnisses wird bestimmt: „(3) Beurkundungen nach § 62 Abs. 1 des Beurkundungsgesetzes und die Bezifferung dynamisierter Unterhaltstitel zur Zwangsvollstreckung im Ausland sind gebührenfrei."

792

Die Gebührenbefreiung umfasst alle Verpflichtungen, aus denen dem Kind ein unmittelbarer Anspruch erwächst. Eine Vereinbarung, die lediglich Unterhaltspflichten im Innenverhältnis der Eltern regelt, unterfällt demgegenüber nicht dem Gebührenprivileg (*Tiedtke* a.a.O; s. auch OLG Hamm, 30.11.1995 – 15 W 375/95, FamRZ 1996, 1562: Gebührenbefreiung bei der Beurkundung von Unterhaltsverpflichtungen gegenüber ehelichen Abkömmlingen, sofern sie zum Zeitpunkt der Beurkundung das 21. Lebensjahr noch nicht vollendet haben).

Gegen die **Versagung der Urkundstätigkeit** ist die Beschwerde an die Zivilkammer des Landgerichts gegeben, in dessen Bezirk der Notar seinen Sitz hat (§ 15 Abs. 1 BNotO), unbeschadet der Sondervorschrift in § 54 BeurkG über die Ablehnung der Erteilung einer Vollstreckungsklausel oder bestimmter Amtshandlungen (zu näheren Einzelheiten des Verfahrens vgl. oben Rn. 241 ff.).

793

IV. Konsularbeamte

Im Ausland tritt an die Stelle des Notars der mit der Urkundsfunktion beauftragte Beamte der deutschen konsularischen Vertretung **(§ 10 KonsG)**; grundlegend zum konsularischen Beurkundungswesen: *Bindseil*, DNotZ 1993, 5.

794

Der Konsularbeamte unterliegt nach § 10 Abs. 1 KonsG **keiner Beurkundungspflicht**. Vielmehr hat er nach pflichtgemäßem Ermessen zu entscheiden, ob er im Rahmen seiner Möglichkeiten von seiner Beurkundungsbefugnis Gebrauch macht oder nicht (*Bindseil*, a.a.O. S. 14). Ein wesentlicher Gesichtspunkt hierbei ist die Berührung des deutschen Interessenbereichs, also der Bezug zur Bundesrepublik Deutschland oder zu einem deutschen Staatsangehörigen (*Bindseil*, a.a.O. S. 13).

Ebenso wie der Notar ist der Konsularbeamte nach **§ 4 BeurkG** verpflichtet, seine Amtstätigkeit zu versagen, wenn die Urkundstätigkeit nicht mit seinen **Amtspflichten** in Einklang steht. Allerdings ist hier sorgfältig darauf zu achten, dass im

794a

konkreten Fall nur die Amtspflichten nach dem BeurkG gewahrt werden. Wenn sich etwa der Konsularbeamte weigert, die Vaterschaftsanerkennung eines ausländischen Staatsangehörigen zur Niederschrift aufzunehmen, weil er vermutet, dass diesem hiermit womöglich eine Wiedereinreise in die Bundesrepublik Deutschland zum Zweck des Aufenthalts erleichtert würde, wäre dies nur ausnahmsweise dann gerechtfertigt, wenn mit der Anerkennung **„erkennbar unerlaubte oder unredliche Zwecke"** i.S. des § 4 BeurkG verfolgt würden (vgl. hierzu näher Rn. 42 ff.). Hingegen wäre es ein Fehlverständnis, wenn der Konsularbeamte meinen sollte, ihn treffe in erster Linie aus Loyalität zu seinem Dienstherrn die Pflicht, in Zweifelsfällen Beurkundungen gar nicht erst vorzunehmen, die womöglich dem Beteiligten im Ergebnis zu einem Aufenthaltsrecht verhelfen könnten.

794b Aber auch das **Erfordernis, komplexe Rechtsfragen** beantworten zu müssen, kann die Versagung der Amtstätigkeit rechtfertigen (*Hoffmann/Gliesch* § 10 Nr. 1.5; vgl. auch *Bindseil*, a.a.O. S. 14 f.). Zu bedenken ist hierbei auch, dass dem Konsularbeamten zwar eine umfassende Beurkundungsbefugnis eingeräumt ist, er allerdings für eine Vielzahl der in der notariellen Praxis vorkommenden Urkundsgeschäfte nicht über hinreichendes Spezialwissen verfügt, um den Beurkundungsanforderungen, insbesondere der Belehrungspflicht nach § 17 BeurkG, gerecht werden zu können. Nimmt der Konsularbeamte gleichwohl wegen besonderer Dringlichkeit und örtlicher Gebundenheit der Beteiligten ein ihm besonders schwierig erscheinendes Urkundsgeschäft vor, sollte er seine eingeschränkten Möglichkeiten offen legen und die besonderen Umstände der Beurkundung in der Niederschrift darlegen *(Huhn/von Schuckmann/von Schuckmann/Preuß*, 4. Aufl,. § 4 BeurkG Rn. 38).

Allerdings muss die **„Komplexität" der Rechtsfrage** grundsätzlich von einem objektiven Standpunkt aus beurteilt werden. Auch von Konsularbeamten ist zu erwarten, dass sie mit Grundfragen des einschlägigen deutschen Rechts einschließlich des IPR vertraut sind (vgl. oben Rn. 195) oder sich im Zweifel zumindest die entsprechenden Kenntnisse fallbezogen verschaffen können.

Wenn etwa ein Konsularbeamter – wie tatsächlich vorgekommen – erklärt, er habe im Fall einer gewünschten Vaterschaftsanerkennung eines ausländischen Mannes zu einem in Deutschland lebenden Kind einer ausländischen Mutter „Schwierigkeiten, deutsches Recht anzuwenden", offenbart dies nur eine unzureichende Kenntnis der einschlägigen Regelung des Art. 19 Abs. 1 EGBGB (vgl. dazu oben Rn. 307 ff.). Ein solches Wissen – oder zumindest die Fähigkeit, es sich durch Nachlesen in einschlägigen Erläuterungswerken anzueignen – muss aber als selbstverständliche Anforderung an die Qualifikation eines Konsularbeamten vorausgesetzt werden.

794c Der Konsularbeamte kann auf Verlangen Urkunden **auch in einer anderen als der deutschen Sprache** aufnehmen; Dolmetscher braucht er nicht zu vereidigen. **Vollstreckbare Ausfertigungen** einer von **ihm aufgenommenen Urkunde kann er nicht erteilen**. Dafür müsste das Original zuvor dem Amtsgericht Schöneberg in Berlin zur amtlichen Verwahrung übersandt worden sein, welches daraufhin die vollstreckbare Ausfertigung zu erteilen hätte; die Übersendung hat entweder der Konsulatsbeamte zu veranlassen, wenn einer der Beteiligten es verlangt hat, oder aber der Gläubiger, dem sie mangels anderweitiger Weisung zuvor bestimmungsgemäß ausgehändigt worden ist (§ 10 Abs. 3 Nr. 1, 2, 4, 5 KonsG).

Nochmals zur Verdeutlichung: Das Amtsgericht Schöneberg in Berlin ist somit das Gericht, das bei Beurkundungen vor deutschen Konsularbeamten im Ausland zur amtlichen Verwahrung berufen ist. Entweder kann das Konsulat auf ausdrückliches Verlangen eines Beteiligten die Urschrift gleich dorthin schicken (Nr. 4 Satz 2) oder es händigt die Urschrift dem Gläubiger aus (Nr. 4 Satz 3). Wenn dieser eine vollstreckbare Ausfertigung benötigt, muss er zunächst die Urschrift an das Amtsgericht Schöneberg zur amtlichen Verwahrung schicken. Danach ist dieses Gericht befugt, vollstreckbare Ausfertigungen zu erteilen (Nr. 5 Satz 2).

Keinesfalls sollte der Konsularbeamte die **Urschrift nach der Aufnahme der Unterhaltsverpflichtung dem Schuldner übergeben**, auch wenn dieser verspricht, sie an die Gläubigerseite weiterzureichen. Das ist im Gesetz nicht vorgesehen und kann im Übrigen zu ähnlichen Problemen führen wie bei der unbedachten Aushändigung der vollstreckbaren Ausfertigung durch die Urkundsperson an den Schuldner (vgl. dazu oben Rn. 522 ff.).

794d

Theoretisch könnte die **Gläubigerseite wie folgt vorsorgen:** Bei der Beurkundungsaufforderung an den Schuldner in Kenntnis der voraussichtlichen Niederschrift vor einem deutschen Konsulat formuliert sie einen separaten Antrag auf amtliche Verwahrung (oder auf Zusendung an das Jugendamt als Gläubigervertreter, damit es die Urkunde selbst nach Berlin leiten kann) und schickt diese dem Schuldner mit. Wenn er sich daran hält, *dieses Schriftstück* dem Konsularbeamten auszuhändigen, wäre damit klar, dass dieser die Urschrift an das AG Schöneberg (oder je nach konkret geäußertem Wunsch z.B. an das Jugendamt als Beistand) zu übermitteln hat. Eine Gewähr dafür, dass der Schuldner dies dem Konsularbeamten vorlegt, besteht freilich nicht.

In geeigneten Fällen – bei denen insbesondere feststeht, welches Konsulat demnächst beurkunden wird – könnte auch daran gedacht werden, dass das Jugendamt als Beistand **unmittelbar das Konsulat anschreibt** und mitteilt:

> „Voraussichtlich wird Herr X demnächst dort vorsprechen um Unterhalt für sein Kind Y vollstreckbar zu beurkunden. Vorsorglich wird ausdrücklich beantragt, die Urschrift danach in amtliche Verwahrung beim AG Schöneberg zu geben."

Auch wenn insbesondere bei kleineren Konsulaten Urkundsverpflichtungen kein Massengeschäft sind und eine gewisse Chance besteht, dass der vorsorglich gestellte Antrag zu gegebener Zeit aufgefunden und beachtet wird, ist aber auch dies nicht garantiert. Sicherheitshalber könnte versucht werden, **beide soeben angesprochenen Vorgehensweisen zu kombinieren.** Wenn aber weder der Schuldner den Antrag dem Konsularbeamten aushändigt noch dieser über den vorsorglich gestellten Vorabantrag informiert ist, bleibt auch dies vergebens.

794d

Für diese Fälle ist besonders wichtig, dass die Konsularbeamten über die vorstehend beschriebene Rechtslage informiert sind und nicht etwa die Urschrift versehentlich dem Schuldner aushändigen.

2. Abschnitt: Gerichte (Amtsgericht, Verfahrensgericht der Vaterschaftsfestellung)

795 1. Die **Amtsgerichte** haben nach § 67 Abs. 1 BeurkG – n.F. – die Befugnis, konkurrierend mit dem Jugendamt zu beurkunden: Erklärungen über die Anerkennung der **Vaterschaft** (Nr. 1); die Verpflichtung zur Erfüllung von **Unterhaltsansprüchen eines Kindes** (Nr. 2); die Verpflichtung zur Erfüllung von **Unterhaltsansprüchen nach § 1615l BGB** (Nr. 3).

796 Die bis 31. Dezember 2008 durch § 29b Abs. 3 a.F. PStG eröffnete Möglichkeit, die Anerkennung der **Mutterschaft** samt Zustimmung des gesetzlichen Vertreters der Mutter hierzu auch vor dem Amtsgericht beurkunden zu lassen, ist entfallen. Statt der früheren weiten Gesetzesfassung („… können … von denselben Stellen beurkundet werden, die eine Anerkennung der Vaterschaft beurkunden können") räumt § 44 Abs. 2 PStG diese Befugnis ausdrücklich nur noch „den Standesbeamten" ein (hiervon unberührt bleibt die spezielle Befugnis nach § 59 Abs. 1 Satz 1 Nr. 2 SGB VIII).

797 a) Der **Umfang der** Nr. 1 deckt sich mit demjenigen der Nr. 1 des Katalogs in § 59 Abs. 1 Satz 1 SGB VIII, da sie die dortige Legaldefinition übernimmt. Sie umfasst deshalb auch die Zustimmungserklärung der Mutter sowie die etwa erforderliche Zustimmungserklärung des Mannes, der zum Zeitpunkt der Geburt mit der Mutter verheiratet ist (vgl. § 1599 Abs. 2 BGB), des Kindes, des Jugendlichen oder eines gesetzlichen Vertreters zu einer solchen Erklärung. Dies gilt auch dann, wenn eine dieser Erklärungen etwa aus dem Heimatrecht der Mutter oder des Kindes (Art. 23 EGBGB) zusätzlich erforderlich sein sollte.

Der Wortlaut der Vorschrift erfasst nicht **Widerrufserklärungen** nach § 1597 Abs. 3 BGB. Grziwotz/Heinemann/*Heinemann*, § 62 BeurkG – a. F. – Rn. 3 will die Zuständigkeit des Amtsgerichts „entsprechend § 180 Satz 1 FamFG, § 59 Abs. 1 Satz 1 SGB VIII, § 44 Abs. 1 Satz 2 PStG" auch hierauf erstrecken. Zwar mag die entsprechende Gesetzeslücke nicht auf plangemäßen Überlegungen des Gesetzgebers beruhen, zumal auch § 59 Abs. 1 Satz Nr. 1 SGB VIII erst nachträglich in diesem Sinne ergänzt wurde. Jedoch erscheint ein Bedürfnis für einen Analogieschluss zweifelhaft, nachdem alternative niederschwellige Beurkundungsmöglichkeiten jedenfalls beim Jugend- und Standesamt eingeräumt sind.

798 Im Übrigen aber ist die Aufzählung in **§ 67 BeurkG** – n.F. – **enger als der Katalog des § 59 Abs. 1 SGB VIII**. Sie umfasst nicht die im Jugendamt zulässige Beurkundung adoptionsrechtlicher Erklärungen nach § 1746 Abs. 2 und § 1747 Abs. 3 Nr. 3 BGB, die Bereiterklärung der Adoptionsbewerber zur Annahme eines ihnen zur internationalen Adoption vorgeschlagenen Kindes, die Sorgeerklärungen nach

§ 1626a Abs. 1 Nr. 2 BGB sowie die Erklärung des Unterhaltsschuldners im vereinfachten Verfahren nach § 252 FamFG.

b) **Örtlich zuständig** ist für die Beurkundung – auch ohne Ausspruch im Gesetz, aber aus in der Sache liegenden Gründen und entsprechend der Regelung im Jugendhilferecht – jedes beliebige Amtsgericht. Es wird **gebührenfrei** tätig, wie sich seit 1. August 2013 aus einer etwas verschachtelten Regelung ergibt: Die Anlage 1 (zu § 3 Abs. 2 GNotKG) enthält ein Kostenverzeichnis, dessen Teil 2 sich auf Notargebühren bezieht. In der Vorbemerkung 2 Abs. 3 zu Teil 2 (Notargebühren) dieses Kostenverzeichnisses wird bestimmt: „(3) Beurkundungen nach § 67 Abs. 1 des Beurkundungsgesetzes und die Bezifferung dynamisierter Unterhaltstitel zur Zwangsvollstreckung im Ausland sind gebührenfrei." Für die Gerichtsgebühren in Teil 1 des Kostenverzeichnisses lautet die entsprechende Vorbemerkung in Abs. 2: „Für eine Niederschrift, die nach den Vorschriften des Beurkundungsgesetzes errichtet wird, (…) erhebt das Gericht Gebühren nach Teil 2." Damit ist die für das Notariat geltende Gebührenbefreiung (dazu oben Rn. 792) auch auf die Gerichte anwendbar.

799

c) Die **funktionale Zuständigkeit** im Amtsgericht liegt für die Beurkundungen beim **Rechtspfleger** (§ 3 Nr. 1 Buchst. f RPflG). Wo § 22 BeurkG die Zuziehung eines zweiten Notars vorsieht, ist hier ein zweiter Rechtspfleger gemeint.

800

Eine **Vorlage an den Richter** nach § 5 Abs. 1 Nr. 2, 3 RPflG bei rechtlichen Zweifeln (mit Bindung an dessen Rechtsauffassung) oder in Fällen mit Auslandsberührung ist hier ausgeschlossen (a.A. *Lerch*, Rn. 3, Armbrüster/Preuß/Renner/*Armbrüster*, je zu § 62 BeurkG a.F.; *Winkler*, Rpfleger 1971, 348). Das gebietet die Analogie zu § 24 Abs. 3 RPflG, welcher die Richtervorlage bei der Aufnahme von Erklärungen ausschließt. Der Grund: Hier wie dort sind die Beteiligten erschienen, um Erklärungen (die vielleicht eilbedürftig sind) aufnehmen zu lassen, so dass eine Einschaltung des (welchen?) Richters und Herbeiführung seiner Entscheidung auf eine mit den Umständen nicht zu vereinbarende Verzögerung hinausliefe. Die Gegenauffassung ist nicht überzeugend: Auch die Urkundsperson im Jugendamt kann sich ja nicht auf eine „Vorlage" zurückziehen.

Gegen eine **Ablehnung der Urkundstätigkeit** wäre, da „das Amtsgericht" als das Urkundsorgan bestimmt ist, die **innerdienstliche Aufsicht** anzurufen, die allerdings den Rechtspfleger nur anweisen könnte, tätig zu werden, ohne ihm hierfür sachliche Weisungen erteilen zu können (siehe oben Rn. 29); lehnt der Rechtspfleger daraufhin ein Tätigwerden durch förmlichen Beschluss ab, wäre hiergegen der Rechtbehelf der Erinnerung nach § 11 RPflG eröffnet.

Dass der Rechtspfleger im Rahmen von Zahlungsverpflichtungen (§ 67 Abs. 1 Nr. 2, 3 BeurkG n.F.) auch eine **Unterwerfung unter die sofortige Zwangsvollstreckung** beurkunden kann, ist im Gesetz nicht ausgesprochen. Von selbst verstünde es sich, angesichts des Katalogs des § 20 RpflG, nicht; § 62 Abs. 2 BeurkG setzt es offenbar voraus. Auch die Vollstreckungsklausel erteilt der Rechtspfleger – und nicht, wie sonst allgemein (§ 725 ZPO) der Urkundsbeamte der Geschäftsstelle – jedenfalls für Verpflichtungen, die eine festgestellte Vaterschaft vorausset-

801

Zweiter Titel: Beurkundungen anderer Stellen

zen, weil deren Nachweis durch die öffentlich beurkundete Zustimmung der Mutter die Titulierung auf die Stufe des § 726 Abs. 1 ZPO hebt (oben Rn. 499, 506): § 20 Nr. 12 RPflG. Die gleiche Zuständigkeit besteht auch für die Erteilung der Rechtsnachfolgeklausel.

802 Die vorgenannte Zuständigkeit des Rechtspflegers schließt nach § 67 Abs. 2 BeurkG diejenige zur **Zustellung des Titels an den Schuldner** durch Aushändigung einer beglaubigten Abschrift an Amtsstelle ein, nach dem Vorbild des § 173 ZPO (wie schon § 60 Satz 2 SGB VIII). Wegen der Einzelheiten kann daher auf die Darstellung in Rn. 541 bis 546 Bezug genommen werden. Darüber, dass auch hier der *Urkundsbeamte der Geschäftsstelle*, trotz § 168 Abs. 1 Satz ZPO, den Rechtspfleger nicht verdrängt, vgl. Zöller/*Stöber*, § 173 ZPO Rn. 5. Doch bleibt der Urkundsbeamte der Geschäftsstelle **zuständig für die einfache Ausfertigung** (§ 48 BeurkG: Fälle Rn. 335, 677), wie überhaupt für die **geschäftliche Abwicklung des Urkundsvorgangs** (Rn. 334; insbesondere also die vorgeschriebenen Benachrichtigungen), und für die vollstreckbare Ausfertigung dort, wo sie eine nachweisbedürftige Feststellung der Vaterschaft nicht voraussetzt (Rn. 669). In der innergerichtlichen Hierarchie spalten sich Funktionen zwischen mittlerem und gehobenem Dienst, die im Jugendamt die Urkundsperson in sich vereinigt.

803 Nicht erforderlich dagegen ist ein Verfahren, wie es die Urkundsperson des Jugendamts für die Erteilung einer **zweiten vollstreckbaren Ausfertigung** (§ 733 ZPO) nach § 60 Satz 3 Nr. 2 SGB VIII einzuhalten hat. Der Rechtspfleger des Amtsgerichts ist in § 20 Nr. 13 RPflG auch für die Erteilung von weiteren vollstreckbaren Ausfertigungen ausdrücklich für zuständig erklärt worden. Er braucht nicht einmal der nach der Geschäftsverteilung für Angelegenheiten des Vollstreckungsgerichts Zuständige zu sein, wie der Vergleich mit der für den Notar maßgebenden Vorschrift des § 797 Abs. 3 ZPO zeigt; das dort genannte „Amtsgericht" ist nicht das Vollstreckungsgericht (arg. § 724 Abs. 2 ZPO).

804 2. Das **Verfahrensgericht** – aller Instanzen – **in der Vaterschaftsfeststellung** kann nach § 180 Satz 1 FamFG in einem Erörterungstermin zu Protokoll beurkunden: die Anerkennung der Vaterschaft und die Zustimmung der Mutter sowie gegebenenfalls des Kindes. Das Gleiche gilt nach Satz 2 der Vorschrift für die etwa erforderliche Zustimmung des Mannes, der im Zeitpunkt der Geburt mit der Mutter des Kindes verheiratet ist (vgl. § 1599 Abs. 2 BGB). Schließlich kann nach Satz 1 auch der Widerruf der Anerkennung im Fall des § 1597 Abs. 3 BGB, wenn die Anerkennung ein Jahr nach ihrer Beurkundung noch nicht wirksam geworden ist, auf diese Weise beurkundet werden – ein wohl eher theoretischer Fall.

Durch die gerichtliche Protokollierung entstehen **keine zusätzlichen Gebühren**. Sie wird durch die Verfahrensgebühr nach § 1, § 3 Abs. 2 FamGKG i.V.m. Nr. 1320 des KV abgegolten.

805 a) Die Erklärungen werden vor dem Verfahrensgericht **in einem Erörterungstermin** abgegeben. Für die einzuhaltende Form gelten zwar nicht die Vorschriften des Beurkundungsgesetzes (an deren Stelle treten die Anforderungen an den Vermerk über Termine und persönliche Anhörungen in § 28 Abs. 4 FamFG). Wohl aber gelten sachlich die Grundsätze des materiellen Rechts, wie sie unter Rn. 255 bis 314 dargestellt sind. **Belehrungspflichten** werden sich bei Mitwirkung von Anwälten meist erübrigen. Man beachte, dass die in der mündlichen Verhandlung abzugebenden Erklärungen, weil sie dem materiellen Recht angehören, nur **jeweils höchstpersönlich**, nicht aber von den Verfahrensbevollmächtigten zu Protokoll gegeben werden können.

b) Eine im Zusammenhang mit der Anerkennung der Vaterschaft vor dem Verfahrensgericht gewünschte **Anerkennung der Unterhaltspflicht** ließe sich nur in Gestalt eines hiermit zu verbindenden gerichtlichen Vergleichs bewerkstelligen. Das Statusverfahren hat sich als solches erledigt (und wird als in der Hauptsache erledigt erklärt); es lässt sich nicht in ein gewöhnliches Zahlungsverfahren überleiten, auch nicht mit dem Ziel des Erlasses eines Anerkenntnisbeschlusses. Anhängig bliebe allenfalls, soweit nicht die Unterhaltsfrage durch Vergleich erledigt wird, ein Verbundantrag auf Festsetzung des Unterhalts in Höhe des Mindestunterhalts nach § 237 FamFG. 806

Anders als nach der früheren Regelung gem. § 640c Abs. 1, § 653 ZPO a.F. kann das Unterhaltsverfahren gem. § 237 FamFG **als selbstständiges Verfahren betrieben** werden, wobei allerdings eine Verbindung mit dem Abstammungsverfahren möglich ist. Auch bei einer derartigen Verbindung bleibt das Verfahren gem. § 237 FamFG eine Unterhaltssache, auf welche die hierfür geltenden Verfahrensvorschriften anzuwenden sind und nicht etwa diejenigen des Abstammungsverfahrens (OLG Hamm, 11.5.2011 – II-8 UF 257/10, FamRZ 2012, 146 [Ls.]). Deshalb kann ein Anerkenntnisbeschluss ergehen (anders zum früheren Recht BGH, 23.1.1974 – IV ZR 181/72, NJW 1974, 751; OLG Brandenburg, 21.11.2002 – 9 UF 27/02, FamRZ 2003, 617 m.w.N.).

„Anerkennung der Vaterschaft" ist in § 180 FamFG (wie auch sonst) das **Bekenntnis des Vaters zum Kind**, nicht auch das Bekenntnis des Kindes zum Vater. Deshalb kann das Kind, wenn nach Verweigerung der Zustimmung der Vaterschaftsanerkennung (durch die Mutter!) der Vater die Feststellung der Vaterschaft beantragt hat, dort keine „Anerkennung" des bisher abgelehnten Vaters erklären. Nicht einmal eine verfahrensrechtliche Anerkennung des Antragsbegehrens i.S.v. § 307 ZPO für den Zivilprozess wäre möglich. Das Verfahren müsste bis zum gerichtlichen Endbeschluss fortgeführt werden, wenn es nicht nunmehr zu einer nach § 180 FamFG beurkundeten Anerkennung der Vaterschaft mit Zustimmung der Mutter käme (und das Verfahren daraufhin für erledigt erklärt wird). 807

Ob auch **Sorgeerklärungen** im Rahmen eines „Vergleichs" vor dem Familiengericht beurkundet werden können, wurde für das vormalige Recht zunächst kontrovers diskutiert: verneinend *DIJuF-Rechtsgutachten* JAmt 2004, 315; vgl. aber auch *DIJuF-Rechtsgutachten* JAmt 2004, 127. Die Annahme, dies sei im Rahmen von § 127a BGB möglich (so BGH, 16.3.2011 – XII ZB 407/10 Rn. 35, FamRZ 2011, 796) überzeugt nicht, weil die elterliche Sorge nicht einer vergleichsweisen Regelung der Eltern zugänglich ist (zutreffend Grziwotz/Heinemann/*Heinemann* § 62 BeurkG –a.F.- Rn. 4). 808

Die Problematik ist z.T. entfallen, weil der Gesetzgeber durch das „Gesetz zur Reform der elterlichen Sorge nicht miteinander verheirateter Eltern" mit Wirkung ab 19. Mai 2013 in **§ 155a Abs. 5 FamFG** eine ausdrückliche Rechtsgrundlage zur Abgabe von **Sorgeerklärungen und Zustimmungen hierzu im Erörterungstermin** zur Niederschrift des Familiengerichts eingeführt hat. Die Niederschrift des Gerichts ersetzt die nach § 1626d Abs. 1 BGB erforderliche öffentliche Beurkundung. Jedoch ist es auch insoweit unzulässig, eine gemeinsame elterliche Sorge allein für bestimmte Bereiche zu erklären (oben Rn. 710). Eine teilweise gemeinsame elterliche Sorge kann allein durch eine familiengerichtliche Entscheidung entstehen (*DIJuF-Rechtsgutachten* 17.12.2013, JAmt 2014, 27).

Werden Sorgeerklärungen und (ggf. erforderliche Zustimmungen) in dem Erörterungstermin zur Niederschrift des Gerichts abgegeben, ist das Gericht nach § 155a Abs. 5 Satz 2 i.V.m. § 1626d Abs. 2 BGB verpflichtet, dies **dem Geburtsjugendamt mitzuteilen.** So erhält das für die Führung des Sorgeregisters zuständige Jugendamt Kenntnis davon, dass die Mutter nicht mehr alleinige Inhaberin der elterlichen Sorge ist.

Allerdings ist auch unter der Geltung des nunmehrigen Rechts zu beachten, dass das Gericht nur „Sorgeerklärungen" zu Protokoll nehmen kann. Die Form des § 1626d Abs. 1 BGB wird **nicht durch einen schriftlich gebilligten Vergleich erfüllt,** selbst wenn man § 127a BGB neben § 155a Abs. 5 Satz 1 FamFG für anwendbar hielte (a.A. unzutreffend AG Ludwigslust, 24.8.2015 – 13 F 126/15, FamRZ 2015, 1976 m. abl. Anm. *Hammer*).

3. Abschnitt: Standesämter

809 1. Konkurrierend mit Notar, Jugendamt und Gericht sind die Standesämter zu folgenden Beurkundungen im Kindschaftsrecht berufen:

- Nach § 44 Abs. 1 PStG zur Beurkundung der Anerkennung der Vaterschaft und der Zustimmung der Mutter, gegebenenfalls auch des Kindes (schlechthin, hier also auch des volljährigen, anders Rn. 351), zur Beurkundung der Zustimmung des gesetzlichen Vertreters zu einer dieser Erklärungen; dasselbe gilt auch für die Zustimmung des Ehemannes der Mutter zu einer solchen Erklärung im Fall des § 1599 Abs. 2 BGB; beurkundet werden kann schließlich auch der Widerruf der Anerkennung, falls diese ein Jahr nach ihrer Beurkundung noch nicht wirksam geworden ist (§ 1597 Abs. 3 BGB).

810 2. Eine „Exklusivzuständigkeit" – allerdings wiederum neben Notar und Konsularbeamten – haben Standesämter gemäß § 45 Abs. 1 PStG zur Beglaubigung oder (!) Beurkundung folgender **namensrechtlicher Erklärungen** – und jeweils auch der erforderlichen Zustimmungen –:

- die Bestimmung des Geburtsnamens durch die Eltern (Abs. 1 Satz 1 Nr. 1) sowie die Anschlusserklärung des Kindes hierzu (Abs. 1 Satz 1 Nr. 2);

- den Antrag eines Kindes auf Namenswechsel nach erfolgreicher Anfechtung der Vaterschaft (Abs. 1 Satz 1 Nr. 3) sowie den entsprechenden Antrag des Mannes, wenn das Kind das fünfte Lebensjahr noch nicht vollendet hat (Abs. 1 Satz 1 Nr. 4);
- die Anschlusserklärung des Kindes nach Änderung des Familiennamens der Eltern oder eines Elternteils (Abs. 1 Satz 1 Nr. 5);
- die Erklärungen über die Einbenennung eines Kindes durch den allein- oder mitsorgeberechtigten Elternteil und seinen Ehegatten gemäß § 1618 BGB (Abs. 1 Satz 1 Nr. 6);
- die Erteilung des Namens des anderen Elternteils durch den alleinsorgeberechtigten Elternteil gemäß § 1617a Abs. 2 BGB.

Diese Erklärungen (nicht die Zustimmungen) sind als solche „gegenüber dem Standesbeamten" (des Geburtsorts des Kindes, § 45 Abs. 2 Satz 1) abzugeben, der sie demnächst entgegenzunehmen hat (vgl. Rn. 813).

Im Bereich der namensrechtlichen Erklärungen, wo durchgehend vom materiellen Recht nur die **öffentliche Beglaubigung** verlangt wird, darf der Standesbeamte den gleichen Vorgang **auch beurkunden**. Praktische Bedeutung hat das u.a. dort, wo beispielsweise eine Einbenennung mit dem Eheschließungsakt verbunden wird. **811**

3. Das PStG enthält keine ausdrückliche Bestimmung darüber, welcher Standesbeamte im konkreten Fall die Beurkundung oder Beglaubigung vorzunehmen habe oder vornehmen dürfe. Es spricht durchgehend nur von „dem" Standesbeamten, der zu beurkunden bzw. zu beglaubigen hat. Die Formulierung ist funktional zu verstehen: **Zuständig ist jeder (beliebige) Standesbeamte** (vgl. auch Nr. 44.1 PStG-VwV). **812**

Wenn das Personenstandsgesetz für die namensrechtlichen Erklärungen (§ 45 Abs. 2) den Standesbeamten des Geburtsorts des Kindes als „zur **Entgegennahme" bestimmter**, beurkundeter oder beglaubigter statusrechtlicher **Erklärungen** beruft, hat dies eine andere Bedeutung. „Entgegennahme" ist nicht gleichbedeutend mit Vornahme des Urkundsakts, der die entgegenzunehmende Erklärung ja überhaupt erst unter vorgeschriebener Mitwirkung des Urkundsorgans zustande bringen soll (bei der Beglaubigung wird ohnedies der Inhalt der Erklärung von dem die Unterschrift beglaubigenden Urkundsorgan nicht „entgegengenommen"). Sie bezieht sich darauf, dass jene Erklärungen nach materiellem Recht – wie nach § 1617, § 1617a Abs. 2, §§ 1617b, 1617c, 1618 BGB – „gegenüber dem Standesbeamten" abzugeben sind. Die Entgegennahme **zielt auf ihn als Adressaten, nicht als Urkundsorgan**. Wer dieser Adressat-Standesbeamte sein soll, bestimmt für den Kindesnamensbereich § 45 Abs. 2 PStG (sowie für namensrechtliche Erklärung im Ehenamensbereich § 41 Abs. 2 PStG). Ihm sind deshalb die anderenorts aufgenommenen Erklärungen zu übersenden. **813**

Zweiter Titel: Beurkundungen anderer Stellen

814 Die **globale Zuständigkeit eines jeden Standesbeamten** für die hier behandelten Beurkundungen und Beglaubigungen entspricht nach allem derjenigen eines jeden Jugendamts und eines jeden Amtsgerichts. Sie wird praktisch namentlich in den Fällen einer Anerkennung der Vaterschaft oder einer Einbenennung anlässlich des Eheschließungsakts.

Die Zuständigkeitsfrage in der *vorgeburtlichen* Anerkennung der Vaterschaft wäre in der Suche nach einem „zuständigen" Standesamt auch kaum anders zu praktizieren. Die verfahrenstechnische Abwicklung derartiger Anerkennungsfälle im Standesamt regelt Nr. 44.3 PStG-VwV (Übergabe der beglaubigten Abschrift der Anerkennungsverhandlung an die Schwangere mit der Bitte, Zeit und Ort der Geburt demnächst mitzuteilen. Die früher in § 372 Abs. 6 der Dienstanweisung (DA) vorgegebene Übersendung an das Jugendamt des Wohnsitzes, hilfsweise des Aufenthalts, der Schwangeren ist entfallen).

815 4. Die Nr. 44.2.1 PStG-VwV gibt Weisungen für die Urkundstätigkeit bei der Anerkennung der Vaterschaft; das Beurkundungsrecht erschöpfend darzustellen wäre nicht ihre Aufgabe. Als spezielle Regelungen in der **Personenstandsverordnung** vom 22. November 2008 (BGBl. I 2263), welche für die Standesämter Vorgaben zu Gegenständen enthalten, die auch im BeurkG normiert sind, sind zu nennen:

- § 2 Abs. 2 Zuziehung eines Dolmetschers,
- § 3 Behinderung, Schreibunkundigkeit,
- § 5 Prüfungspflicht hinsichtlich des Sachverhalts.

Ergänzend kann auf die Erläuterungen im Ersten Titel, namentlich auch zu den Belehrungspflichten, verwiesen werden.

816 5. Beurkundungen von Verpflichtungen auf **Erfüllung von Zahlungsansprüchen**, insbesondere Unterhaltsansprüchen, fallen nicht in die Zuständigkeit und das Arbeitsgebiet des Standesbeamten. Auch mit der Erteilung vollstreckbarer Ausfertigungen ist er deshalb nicht befasst. Das wird ausdrücklich in Nr. 44.5 PStG-VwV hervorgehoben.

817 6. Für Amtshandlungen nach dem PStG und nach den auf diesem Gesetz beruhenden Rechtsvorschriften werden nach § 72 PStG **Gebühren und Auslagen nach Maßgabe von Landesrecht** erhoben (vgl. auch oben Rn. 268). Gebührenschuldner ist derjenige, der die Amtshandlung veranlasst oder, wenn ein solcher nicht vorhanden ist, derjenige, zu dessen Gunsten sie vorgenommen wird.

818 In Bayern z.B. werden auf dieser Rechtsgrundlage Gebühren in Verbindung mit dem Bayer. Kostengesetz und dem zugehörigen Kostenverzeichnis erhoben. Viele Gemeinden teilen auf ihrem Internet-Portal mit, ob und in welcher Höhe Gebühren für bestimmte Amtshandlungen des Standesamts anfallen.

Anhang I: Gesetztestexte in Auszügen

1. SGB VIII

Sozialgesetzbuch (SGB) – Achtes Buch (VIII) – Kinder- und Jugendhilfe
in der Fassung der Bekanntmachung vom 14. Dezember 2006 (BGBl. I S. 3134),
zuletzt geändert durch das Gesetz vom 20. Juli 2017 (BGBl. I S. 2780)
– Auszug: §§ 59, 60 –

§ 59 Beurkundung

(1) Die Urkundsperson beim Jugendamt ist befugt,

1. die Erklärung, durch die die Vaterschaft anerkannt oder die Anerkennung widerrufen wird, die Zustimmungserklärung der Mutter sowie die etwa erforderliche Zustimmung des Mannes, der im Zeitpunkt der Geburt mit der Mutter verheiratet ist, des Kindes, des Jugendlichen oder eines gesetzlichen Vertreters zu einer solchen Erklärung (Erklärungen über die Anerkennung der Vaterschaft) zu beurkunden,

2. die Erklärung, durch die die Mutterschaft anerkannt wird, sowie die etwa erforderliche Zustimmung des gesetzlichen Vertreters der Mutter zu beurkunden (§ 44 Abs. 2 des Personenstandsgesetzes),

3. die Verpflichtung zur Erfüllung von Unterhaltsansprüchen eines Abkömmlings oder seines gesetzlichen Rechtsnachfolgers zu beurkunden, sofern der Abkömmling zum Zeitpunkt der Beurkundung das 21. Lebensjahr noch nicht vollendet hat;

4. die Verpflichtung zur Erfüllung von Ansprüchen auf Unterhalt (§ 1615l des Bürgerlichen Gesetzbuchs), auch des gesetzlichen Rechtsnachfolgers, zu beurkunden;

5. die Bereiterklärung der Adoptionsbewerber zur Annahme eines ihnen zur internationalen Adoption vorgeschlagenen Kindes (§ 7 Absatz 1 des Adoptionsübereinkommens-Ausführungsgesetzes) zu beurkunden,

6. den Widerruf der Einwilligung des Kindes in die Annahme als Kind (§ 1746 Absatz 2 des Bürgerlichen Gesetzbuchs) zu beurkunden,

7. die Erklärung, durch die der Vater auf die Übertragung der Sorge verzichtet (§ 1747 Absatz 3 Nummer 2 des Bürgerlichen Gesetzbuchs), zu beurkunden,

8. die Sorgeerklärungen (§ 1626a Absatz 1 Nummer 1 des Bürgerlichen Gesetzbuchs) sowie die etwa erforderliche Zustimmung des gesetzlichen Vertreters eines beschränkt geschäftsfähigen Elternteils (§ 1626c Absatz 2 des Bürgerlichen Gesetzbuchs) zu beurkunden,

9. eine Erklärung des auf Unterhalt in Anspruch genommenen Elternteils nach § 252 des Gesetzes über das Verfahren in Familiensachen und in den Angelegenheiten der freiwilligen Gerichtsbarkeit aufzunehmen; § 129a der Zivilprozessordnung gilt entsprechend.

Die Zuständigkeit der Notare, anderer Urkundspersonen oder sonstiger Stellen für öffentliche Beurkundungen bleibt unberührt.

(2) Die Urkundsperson soll eine Beurkundung nicht vornehmen, wenn ihr in der betreffenden Angelegenheit die Vertretung eines Beteiligten obliegt.

(3) Das Jugendamt hat geeignete Beamte und Angestellte zur Wahrnehmung der Aufgaben nach Absatz 1 zu ermächtigen. Die Länder können Näheres hinsichtlich der fachlichen Anforderungen an diese Personen regeln.

§ 60 Vollstreckbare Urkunden

Aus Urkunden, die eine Verpflichtung nach § 59 Abs. 1 Satz 1 Nr. 3 oder 4 zum Gegenstand haben und die von einem Beamten oder Angestellten des Jugendamts innerhalb der Grenzen seiner Amtsbefugnisse in der vorgeschriebenen Form aufgenommen worden sind, findet die Zwangsvollstreckung statt, wenn die Erklärung die Zahlung einer bestimmten Geldsumme betrifft und der Schuldner sich in der Urkunde der sofortigen Zwangsvollstreckung unterworfen hat. Die Zustellung kann auch dadurch vollzogen werden, dass der Beamte oder Angestellte dem Schuldner eine beglaubigte Abschrift der Urkunde aushändigt; § 173 Satz 2 und 3 der Zivilprozessordnung gilt entsprechend. Auf die Zwangsvollstreckung sind die Vorschriften, die für die Zwangsvollstreckung aus gerichtlichen Urkunden nach § 794 Abs. 1 Nr. 5 der Zivilprozessordnung gelten, mit folgenden Maßgaben entsprechend anzuwenden:

1. Die vollstreckbare Ausfertigung sowie die Bestätigungen nach § 1079 der Zivilprozessordnung werden von den Beamten oder Angestellten des Jugendamts erteilt, denen die Beurkundung der Verpflichtungserklärung übertragen ist. Das Gleiche gilt für die Bezifferung einer Verpflichtungserklärung nach *§ 790 der Zivilprozessordnung*.

2. Über Einwendungen, die die Zulässigkeit der Vollstreckungsklausel oder die Zulässigkeit der Bezifferung nach *§ 790 der Zivilprozessordnung*[1] betreffen, über die Erteilung einer weiteren vollstreckbaren Ausfertigung sowie über Anträge nach § 1081 der Zivilprozessordnung entscheidet das für das Jugendamt zuständige Amtsgericht.

---

[1] Der in Bezug genommene § 790 ZPO wurde durch das FGG-Reformgesetz mit Wirkung zum 1.9.2009 aufgehoben und durch § 245 FamFG ersetzt.

2. Beurkundungsgesetz (BeurkG)

vom 28. August 1969 (BGBl. I S. 1513),
zuletzt geändert durch das Gesetz vom 18. Juli 2017 (BGBl. I S. 2745)[2]
– Auszug –[3]

Erster Abschnitt: Allgemeine Vorschriften

§ 1 Geltungsbereich

(1) Dieses Gesetz gilt für öffentliche Beurkundungen und Verwahrungen durch den Notar.

(2) Soweit für öffentliche Beurkundungen neben dem Notar auch andere Urkundspersonen oder sonstige Stellen zuständig sind, gelten die Vorschriften dieses Gesetzes, ausgenommen § 5 Abs. 2, entsprechend.

§ 2 Überschreiten des Amtsbezirks

Eine Beurkundung ist nicht deshalb unwirksam, weil der Notar sie außerhalb seines Amtsbezirks oder außerhalb des Landes vorgenommen hat, in dem er zum Notar bestellt ist.

§ 3 Verbot der Mitwirkung als Notar

(1) Ein Notar soll an einer Beurkundung nicht mitwirken, wenn es sich handelt um

1. eigene Angelegenheiten, auch wenn der Notar nur mitberechtigt oder mitverpflichtet ist,

2. Angelegenheiten seines Ehegatten, früheren Ehegatten oder seines Verlobten

2a. Angelegenheiten seines Lebenspartners, früheren Lebenspartners oder Verlobten im Sinne des Lebenspartnerschaftsgesetzes,

3. Angelegenheiten einer Person, die mit dem Notar in gerader Linie verwandt oder verschwägert oder in der Seitenlinie bis zum dritten Grade verwandt oder bis zum zweiten Grade verschwägert ist oder war,

4. Angelegenheiten einer Person, mit der sich der Notar zur gemeinsamen Berufsausübung verbunden oder mit der er gemeinsame Geschäftsräume hat,

5. Angelegenheiten einer Person, deren gesetzlicher Vertreter der Notar oder eine Person im Sinne der Nummer 4 ist,

6. Angelegenheiten einer Person, deren vertretungsberechtigtem Organ der Notar oder eine Person im Sinne der Nummer 4 angehört,

---

[2] Hier finden Sie die im Juni 2017 geltende Fassung. Die Änderungen durch das Gesetz vom 1. Juni 2017 (BGBl. I S. 1396) treten nicht gleichzeitig in Kraft. Am 9.6.2017 sind die Änderungen der §§ 10, 34a, 39a, 40, 41, 54a, 54b, 59 (neu), 54c, 54d, 54e, 55, 57, 58, 59, 60, 61, 62, 63, 64, 65, 66, 67, 68, 69, 70, 71 in Kraft getreten (im Folgenden *kursiv* gedruckt). Ab 1.1.2018 gelten die Änderungen in §§ 58 Absatz 3 Satz 3, 66 Absatz 4 (neu), 69 (neu). Ab 1.1.2020 gelten die Änderungen der §§ 1 Absatz 2, 49 Absatz 4, Fünfter Abschnitt, § 55 Absatz 1 und 2, 59a, 76 Absatz 1 bis 4. Die übrigen Änderungen treten am 1.1.2022 in Kraft. Die konsolidierte Fassung mit Stand 1.1.2022 finden Sie auf der Internetseite www.bundesanzeiger.de/beurkundungen, II 5.

[3] Abgesehen wurde vom Abdruck derjenigen Vorschriften, die für die Beurkundungspraxis im Kindschaftsrecht ohne Bedeutung sind.

7. Angelegenheiten einer Person, für die der Notar, eine Person im Sinn der Nummer 4 oder eine mit dieser im Sinn der Nummer 4 oder in einem verbundenen Unternehmen (§ 15 des Aktiengesetzes) verbundene Person außerhalb einer Amtstätigkeit in derselben Angelegenheit bereits tätig war oder ist, es sei denn, diese Tätigkeit wurde im Auftrag aller Personen ausgeübt, die an der Beurkundung beteiligt sein sollen,

8. Angelegenheiten einer Person, die den Notar in derselben Angelegenheit bevollmächtigt hat oder zu der der Notar oder eine Person im Sinne der Nummer 4 in einem ständigen Dienst- oder ähnlichen ständigen Geschäftsverhältnis steht, oder

9. Angelegenheiten einer Gesellschaft, an der der Notar mit mehr als fünf vom Hundert der Stimmrechte oder mit einem anteiligen Betrag des Haftkapitals von mehr als 2.500 Euro beteiligt ist.

Der Notar hat vor der Beurkundung nach einer Vorbefassung im Sinne der Nummer 7 zu fragen und in der Urkunde die Antwort zu vermerken.

(2) Handelt es sich um eine Angelegenheit mehrerer Personen und ist der Notar früher in dieser Angelegenheit als gesetzlicher Vertreter oder Bevollmächtigter tätig gewesen oder ist er für eine dieser Personen in anderer Sache als Bevollmächtigter tätig, so soll er vor der Beurkundung darauf hinweisen und fragen, ob er die Beurkundung gleichwohl vornehmen soll. In der Urkunde soll er vermerken, daß dies geschehen ist.

(3) Absatz 2 gilt entsprechend, wenn es sich handelt um

1. Angelegenheiten einer Person, deren nicht zur Vertretung berechtigtem Organ der Notar angehört,

2. Angelegenheiten einer Gemeinde oder eines Kreises, deren Organ der Notar angehört,

3. Angelegenheiten einer als Körperschaft des öffentlichen Rechts anerkannten Religions- oder Weltanschauungsgemeinschaft oder einer als Körperschaft des öffentlichen Rechts anerkannten Teilorganisation einer solchen Gemeinschaft, deren Organ der Notar angehört.

In den Fällen der Nummern 2 und 3 ist Absatz 1 Nr. 6 nicht anwendbar.

§ 4 Ablehnung der Beurkundung

Der Notar soll die Beurkundung ablehnen, wenn sie mit seinen Amtspflichten nicht vereinbar wäre, insbesondere wenn seine Mitwirkung bei Handlungen verlangt wird, mit denen erkennbar unerlaubte oder unredliche Zwecke verfolgt werden.

§ 5 Urkundensprache

(1) Urkunden werden in deutscher Sprache errichtet.

(2) Der Notar kann auf Verlangen Urkunden auch in einer anderen Sprache errichten. Er soll dem Verlangen nur entsprechen, wenn er der fremden Sprache hinreichend kundig ist.

Zweiter Abschnitt: Beurkundung von Willenserklärungen

1. Ausschließung des Notars

§ 6 Ausschließungsgründe

(1) Die Beurkundung von Willenserklärungen ist unwirksam, wenn

1. der Notar selbst,
2. sein Ehegatte,
2a. sein Lebenspartner,
3. eine Person, die mit ihm in gerader Linie verwandt ist oder war oder
4. ein Vertreter, der für eine der in den Nummern 1 bis 3 bezeichneten Personen handelt,

an der Beurkundung beteiligt ist.

(2) An der Beurkundung beteiligt sind die Erschienenen, deren im eigenen oder fremden Namen abgegebene Erklärungen beurkundet werden sollen.

§ 7 Beurkundungen zugunsten des Notars oder seiner Angehörigen

Die Beurkundung von Willenserklärungen ist insoweit unwirksam, als diese darauf gerichtet sind,

1. dem Notar,
2. seinem Ehegatten oder früheren Ehegatten,
2a. seinem Lebenspartner oder früheren Lebenspartner oder
3. einer Person, die mit ihm in gerader Linie verwandt oder verschwägert oder in der Seitenlinie bis zum dritten Grade verwandt oder bis zum zweiten Grade verschwägert ist oder war,

einen rechtlichen Vorteil zu verschaffen.

2. Niederschrift

§ 8 Grundsatz

Bei der Beurkundung von Willenserklärungen muß eine Niederschrift über die Verhandlung aufgenommen werden.

§ 9 Inhalt der Niederschrift

(1) Die Niederschrift muß enthalten

1. die Bezeichnung des Notars und der Beteiligten sowie
2. die Erklärungen der Beteiligten.

Erklärungen in einem Schriftstück, auf das in der Niederschrift verwiesen und das dieser beigefügt wird, gelten als in der Niederschrift selbst enthalten. Satz 2 gilt entsprechend, wenn die Beteiligten unter Verwendung von Karten, Zeichnungen oder Abbildungen Erklärungen abgeben.

(2) Die Niederschrift soll Ort und Tag der Verhandlung enthalten.

§ 10 Feststellung der Beteiligten

(1) *Der Notar soll sich Gewissheit über die Person der Beteiligten verschaffen.*

(2) In der Niederschrift soll die Person der Beteiligten so genau bezeichnet werden, daß Zweifel und Verwechslungen ausgeschlossen sind.

(3) Aus der Niederschrift soll sich ergeben, ob der Notar die Beteiligten kennt oder wie er sich Gewißheit über ihre Person verschafft hat. Kann sich der Notar diese Gewißheit nicht verschaffen, wird aber gleichwohl die Aufnahme der Niederschrift verlangt, so soll der Notar dies in der Niederschrift unter Anführung des Sachverhalts angeben.

§ 11 Feststellungen über die Geschäftsfähigkeit

(1) Fehlt einem Beteiligten nach der Überzeugung des Notars die erforderliche Geschäftsfähigkeit, so soll die Beurkundung abgelehnt werden. Zweifel an der erforderlichen Geschäftsfähigkeit eines Beteiligten soll der Notar in der Niederschrift feststellen.

(2) Ist ein Beteiligter schwer krank, so soll dies in der Niederschrift vermerkt und angegeben werden, welche Feststellungen der Notar über die Geschäftsfähigkeit getroffen hat.

§ 12 Nachweise für die Vertretungsberechtigung

Vorgelegte Vollmachten und Ausweise über die Berechtigung eines gesetzlichen Vertreters sollen der Niederschrift in Urschrift oder in beglaubigter Abschrift beigefügt werden. Ergibt sich die Vertretungsberechtigung aus einer Eintragung im Handelsregister oder in einem ähnlichen Register, so genügt die Bescheinigung eines Notars nach § 21 der Bundesnotarordnung.

§ 13 Vorlesen, Genehmigen, Unterschreiben

(1) Die Niederschrift muß in Gegenwart des Notars den Beteiligten vorgelesen, von ihnen genehmigt und eigenhändig unterschrieben werden; soweit die Niederschrift auf Karten, Zeichnungen oder Abbildungen verweist, müssen diese den Beteiligten anstelle des Vorlesens zur Durchsicht vorgelegt werden. In der Niederschrift soll festgestellt werden, daß dies geschehen ist. Haben die Beteiligten die Niederschrift eigenhändig unterschrieben, so wird vermutet, daß sie in Gegenwart des Notars vorgelesen oder, soweit nach Satz 1 erforderlich, zur Durchsicht vorgelegt und von den Beteiligten genehmigt ist. Die Niederschrift soll den Beteiligten auf Verlangen vor der Genehmigung auch zur Durchsicht vorgelegt werden.

(2) Werden mehrere Niederschriften aufgenommen, die ganz oder teilweise übereinstimmen, so genügt es, wenn der übereinstimmende Inhalt den Beteiligten einmal nach Absatz 1 Satz 1 vorgelesen oder anstelle des Vorlesens zur Durchsicht vorgelegt wird. § 18 der Bundesnotarordnung bleibt unberührt.

(3) Die Niederschrift muß von dem Notar eigenhändig unterschrieben werden. Der Notar soll der Unterschrift seine Amtsbezeichnung beifügen.

§ 13a Eingeschränkte Beifügungs- und Vorlesungspflicht

(1) Wird in der Niederschrift auf eine andere notarielle Niederschrift verwiesen, die nach den Vorschriften über die Beurkundung von Willenserklärungen errichtet worden ist, so braucht diese nicht vorgelesen zu werden, wenn die Beteiligten erklären, daß ihnen der Inhalt der anderen Niederschrift bekannt ist, und sie auf das Vorlesen verzichten. Dies soll in der Niederschrift festgestellt werden. Der Notar soll nur beurkunden, wenn den Beteiligten die andere Niederschrift zumindest in beglaubigter Abschrift bei der Beurkundung vorliegt. Für die Vorlage zur Durchsicht anstelle des Vorlesens von Karten, Zeichnungen oder Abbildungen gelten die Sätze 1 bis 3 entsprechend.

(2) Die andere Niederschrift braucht der Niederschrift nicht beigefügt zu werden, wenn die Beteiligten darauf verzichten. In der Niederschrift soll festgestellt werden, daß die Beteiligten auf das Beifügen verzichtet haben.

(3) Kann die andere Niederschrift bei dem Notar oder einer anderen Stelle rechtzeitig vor der Beurkundung eingesehen werden, so soll der Notar dies den Beteiligten vor der Verhandlung mitteilen; befindet sich die andere Niederschrift bei dem Notar, so soll er diese dem Beteiligten auf Verlangen übermitteln. Unbeschadet des § 17 soll der Notar die Beteiligten auch über die Bedeutung des Verweisens auf die andere Niederschrift belehren.

(4) Wird in der Niederschrift auf Karten oder Zeichnungen verwiesen, die von einer öffentlichen Behörde innerhalb der Grenzen ihrer Amtsbefugnisse oder von einer mit öffentlichem Glauben versehenen Person innerhalb des ihr zugewiesenen Geschäftskreises mit Unterschrift und Siegel oder Stempel versehen worden sind, so gelten die Absätze 1 bis 3 entsprechend.

§ 14 Eingeschränkte Vorlesungspflicht

(nicht abgedruckt)

§ 15 Versteigerungen

(nicht abgedruckt)

§ 16 Übersetzung der Niederschrift

(1) Ist ein Beteiligter nach seinen Angaben oder nach der Überzeugung des Notars der deutschen Sprache oder, wenn die Niederschrift in einer anderen als der deutschen Sprache aufgenommen wird, dieser Sprache nicht hinreichend kundig, so soll dies in der Niederschrift festgestellt werden.

(2) Eine Niederschrift, die eine derartige Feststellung enthält, muß dem Beteiligten anstelle des Vorlesens übersetzt werden. Wenn der Beteiligte es verlangt, soll die Übersetzung außerdem schriftlich angefertigt und ihm zur Durchsicht vorgelegt werden; die Übersetzung soll der Niederschrift beigefügt werden. Der Notar soll den Beteiligten darauf hinweisen, daß dieser eine schriftliche Übersetzung verlangen kann. Diese Tatsachen sollen in der Niederschrift festgestellt werden.

Anhang I: Gesetztestexte

(3) Für die Übersetzung muß, falls der Notar nicht selbst übersetzt, ein Dolmetscher zugezogen werden. Für den Dolmetscher gelten die §§ 6, 7 entsprechend. Ist der Dolmetscher nicht allgemein vereidigt, so soll ihn der Notar vereidigen, es sei denn, daß alle Beteiligten darauf verzichten. Diese Tatsachen sollen in der Niederschrift festgestellt werden. Die Niederschrift soll auch von dem Dolmetscher unterschrieben werden.

3. Prüfungs- und Belehrungspflichten

§ 17 Grundsatz

(1) Der Notar soll den Willen der Beteiligten erforschen, den Sachverhalt klären, die Beteiligten über die rechtliche Tragweite des Geschäfts belehren und ihre Erklärungen klar und unzweideutig in der Niederschrift wiedergeben. Dabei soll er darauf achten, daß Irrtümer und Zweifel vermieden sowie unerfahrene und ungewandte Beteiligte nicht benachteiligt werden.

(2) Bestehen Zweifel, ob das Geschäft dem Gesetz oder dem wahren Willen der Beteiligten entspricht, so sollen die Bedenken mit den Beteiligten erörtert werden. Zweifelt der Notar an der Wirksamkeit des Geschäfts und bestehen die Beteiligten auf der Beurkundung, so soll er die Belehrung und die dazu abgegebenen Erklärungen der Beteiligten in der Niederschrift vermerken.

(2a) Der Notar soll das Beurkundungsverfahren so gestalten, daß die Einhaltung der Pflichten nach den Absätzen 1 und 2 gewährleistet ist. Bei Verbraucherverträgen soll der Notar darauf hinwirken, dass

1. die rechtsgeschäftlichen Erklärungen des Verbrauchers von diesem persönlich oder durch eine Vertrauensperson vor dem Notar abgegeben werden und

2. der Verbraucher ausreichend Gelegenheit erhält, sich vorab mit dem Gegenstand der Beurkundung auseinanderzusetzen; bei Verbraucherverträgen, die der Beurkundungspflicht nach § 311b Absatz 1 Satz 1 und Absatz 3 des Bürgerlichen Gesetzbuchs unterliegen, soll dem Verbraucher der beabsichtigte Text des Rechtsgeschäfts vom beurkundenden Notar oder einem Notar, mit dem sich der beurkundende Notar zur gemeinsamen Berufsausübung verbunden hat, zur Verfügung gestellt werden. Dies soll im Regelfall zwei Wochen vor der Beurkundung erfolgen. Wird diese Frist unterschritten, sollen die Gründe hierfür in der Niederschrift angegeben werden. Weitere Amtspflichten des Notars bleiben unberührt.

(3) Kommt ausländisches Recht zur Anwendung oder bestehen darüber Zweifel, so soll der Notar die Beteiligten darauf hinweisen und dies in der Niederschrift vermerken. Zur Belehrung über den Inhalt ausländischer Rechtsordnungen ist er nicht verpflichtet.

§ 18 Genehmigungserfordernisse

Auf die erforderlichen gerichtlichen oder behördlichen Genehmigungen oder Bestätigungen oder etwa darüber bestehende Zweifel soll der Notar die Beteiligten hinweisen und dies in der Niederschrift vermerken.

§§ 19 bis 21

(nicht abgedruckt)

4. Beteiligung behinderter Personen

§ 22 Hörbehinderte, sprachbehinderte und sehbehinderte Beteiligte

(1) Vermag ein Beteiligter nach seinen Angaben oder nach der Überzeugung des Notars nicht hinreichend zu hören, zu sprechen oder zu sehen, so soll zu der Beurkundung ein Zeuge oder ein zweiter Notar zugezogen werden, es sei denn, daß alle Beteiligten darauf verzichten. Auf Verlangen eines hör- oder sprachbehinderten Beteiligten soll der Notar einen Gebärdensprachdolmetscher hinzuziehen. Diese Tatsachen sollen in der Niederschrift festgestellt werden.

(2) Die Niederschrift soll auch von dem Zeugen oder dem zweiten Notar unterschrieben werden.

§ 23 Besonderheiten für hörbehinderte Beteiligte

Eine Niederschrift, in der nach § 22 Abs. 1 festgestellt ist, daß ein Beteiligter nicht hinreichend zu hören vermag, muß diesem Beteiligten anstelle des Vorlesens zur Durchsicht vorgelegt werden; in der Niederschrift soll festgestellt werden, daß dies geschehen ist. Hat der Beteiligte die Niederschrift eigenhändig unterschrieben, so wird vermutet, daß sie ihm zur Durchsicht vorgelegt und von ihm genehmigt worden ist.

§ 24 Besonderheiten für hör- und sprachbehinderte Beteiligte, mit denen eine schriftliche Verständigung nicht möglich ist

(1) Vermag ein Beteiligter nach seinen Angaben oder nach der Überzeugung des Notars nicht hinreichend zu hören oder zu sprechen und sich auch nicht schriftlich zu verständigen, so soll der Notar dies in der Niederschrift feststellen. Wird in der Niederschrift eine solche Feststellung getroffen, so muss zu der Beurkundung eine Person zugezogen werden, die sich mit dem behinderten Beteiligten zu verständigen vermag und mit deren Zuziehung er nach der Überzeugung des Notars einverstanden ist; in der Niederschrift soll festgestellt werden, dass dies geschehen ist. Zweifelt der Notar an der Möglichkeit der Verständigung zwischen der zugezogenen Person und dem Beteiligten, so soll er dies in der Niederschrift feststellen. Die Niederschrift soll auch von der zugezogenen Person unterschrieben werden.

(2) Die Beurkundung von Willenserklärungen ist insoweit unwirksam, als diese darauf gerichtet sind, der nach Absatz 1 zugezogenen Person einen rechtlichen Vorteil zu verschaffen.

(3) Das Erfordernis, nach § 22 einen Zeugen oder zweiten Notar zuzuziehen, bleibt unberührt.

Anhang I: Gesetztestexte

§ 25 Schreibunfähige

Vermag ein Beteiligter nach seinen Angaben oder nach der Überzeugung des Notars seinen Namen nicht zu schreiben, so muß bei dem Vorlesen und der Genehmigung ein Zeuge oder ein zweiter Notar zugezogen werden, wenn nicht bereits nach § 22 ein Zeuge oder ein zweiter Notar zugezogen worden ist. Diese Tatsachen sollen in der Niederschrift festgestellt werden. Die Niederschrift muß von dem Zeugen oder dem zweiten Notar unterschrieben werden.

§ 26 Verbot der Mitwirkung als Zeuge oder zweiter Notar

(1) Als Zeuge oder zweiter Notar soll bei der Beurkundung nicht zugezogen werden, wer

1. selbst beteiligt ist oder durch einen Beteiligten vertreten wird,
2. aus einer zu beurkundenden Willenserklärung einen rechtlichen Vorteil erlangt
3. mit dem Notar verheiratet ist,
4. mit ihm eine Lebenspartnerschaft führt oder
5. mit ihm in gerader Linie verwandt ist oder war.

(2) Als Zeuge soll bei der Beurkundung ferner nicht zugezogen werden, wer

1. zu dem Notar in einem ständigen Dienstverhältnis steht,
2. minderjährig ist,
3. geisteskrank oder geistesschwach ist,
4. nicht hinreichend zu hören, zu sprechen oder zu sehen vermag,
5. der deutschen Sprache nicht hinreichend kundig ist; dies gilt im Falle des § 5 Abs. 2, wenn der Zeuge der Sprache der Niederschrift hinreichend kundig ist.

5. Besonderheiten für Verfügungen von Todes wegen

§§ 27 bis 35

(nicht abgedruckt)

Dritter Abschnitt: Sonstige Beurkundungen

1. Niederschriften

§ 36 Grundsatz

Bei der Beurkundung anderer Erklärungen als Willenserklärungen sowie sonstiger Tatsachen oder Vorgänge muß eine Niederschrift aufgenommen werden, soweit in § 39 nichts anderes bestimmt ist.

§ 37 Inhalt der Niederschrift

(1) Die Niederschrift muß enthalten

1. die Bezeichnung des Notars sowie

2. den Bericht über seine Wahrnehmungen.

Der Bericht des Notars in einem Schriftstück, auf das in der Niederschrift verwiesen und das dieser beigefügt wird, gilt als in der Niederschrift selbst enthalten. Satz 2 gilt entsprechend, wenn der Notar unter Verwendung von Karten, Zeichnungen oder Abbildungen seinen Bericht erstellt.

(2) In der Niederschrift sollen Ort und Tag der Wahrnehmungen des Notars sowie Ort und Tag der Errichtung der Urkunde angegeben werden.

(3) § 13 Abs. 3 gilt entsprechend.

§ 38 Eide, eidesstattliche Versicherungen

(1) Bei der Abnahme von Eiden und bei der Aufnahme eidesstattlicher Versicherungen gelten die Vorschriften über die Beurkundung von Willenserklärungen entsprechend.

(2) Der Notar soll über die Bedeutung des Eides oder der eidesstattlichen Versicherung belehren und dies in der Niederschrift vermerken.

2. Vermerke

§ 39 Einfache Zeugnisse

Bei der Beglaubigung einer Unterschrift oder eines Handzeichens oder der Zeichnung einer Namensunterschrift, bei der Feststellung des Zeitpunktes, zu dem eine Privaturkunde vorgelegt worden ist, bei Bescheinigungen über Eintragungen in öffentlichen Registern, bei der Beglaubigung von Abschriften, Abdrucken, Ablichtungen und dergleichen (Abschriften) und bei sonstigen einfachen Zeugnissen genügt anstelle einer Niederschrift eine Urkunde, die das Zeugnis, die Unterschrift und das Präge- oder Farbdrucksiegel (Siegel) des Notars enthalten muß und Ort und Tag der Ausstellung angeben soll (Vermerk).

§ 39a Einfache elektronische Zeugnisse

Beglaubigungen und sonstige Zeugnisse im Sinne des § 39 können elektronisch errichtet werden. Das hierzu erstellte Dokument muss mit einer qualifizierten elektronischen Signatur versehen werden. Diese soll auf einem Zertifikat beruhen, das auf Dauer prüfbar ist. *Der Notar muss die Signatur selbst erzeugen und die elektronischen Signaturerstellungsdaten selbst verwalten.*

(2) Mit dem Zeugnis muss eine Bestätigung der Notareigenschaft durch die zuständige Stelle verbunden werden. Das Zeugnis soll Ort und Tag der Ausstellung angeben.

(3) Bei der Beglaubigung eines elektronischen Dokuments, das mit einer qualifizierten elektronischen Signatur versehen ist, soll das Ergebnis der Signaturprüfung dokumentiert werden.

§ 40 Beglaubigung einer Unterschrift

(1) Eine Unterschrift soll nur beglaubigt werden, wenn sie in Gegenwart des Notars vollzogen oder anerkannt wird.

(2) Der Notar braucht die Urkunde nur darauf zu prüfen, ob Gründe bestehen, seine Amtstätigkeit zu versagen.

(3) Der Beglaubigungsvermerk muß auch die Person bezeichnen, welche die Unterschrift vollzogen oder anerkannt hat. In dem Vermerk soll angegeben werden, ob die Unterschrift vor dem Notar vollzogen oder anerkannt worden ist.

(4) § 10 Absatz 1, *2 und 3* Satz 1 gilt entsprechend.

(5) Unterschriften ohne zugehörigen Text soll der Notar nur beglaubigen, wenn dargelegt wird, daß die Beglaubigung vor der Festlegung des Urkundeninhalts benötigt wird. In dem Beglaubigungsvermerk soll angegeben werden, daß bei der Beglaubigung ein durch die Unterschrift gedeckter Text nicht vorhanden war.

(6) Die Absätze 1 bis 5 gelten für die Beglaubigung von Handzeichen entsprechend.

§ 41 Beglaubigung der Zeichnung einer Firma oder Namensunterschrift

Bei der Beglaubigung der Zeichnung einer Namensunterschrift, die zur Aufbewahrung beim Gericht bestimmt ist, muß die Zeichnung in Gegenwart des Notars vollzogen werden; dies soll in dem Beglaubigungsvermerk festgestellt werden. Der Beglaubigungsvermerk muß auch die Person angeben, welche gezeichnet hat. § 10 Absatz 1, 2 *und 3* Satz 1 gilt entsprechend.

§ 42 Beglaubigung einer Abschrift

(1) Bei der Beglaubigung der Abschrift einer Urkunde soll festgestellt werden, ob die Urkunde eine Urschrift, eine Ausfertigung, eine beglaubigte oder einfache Abschrift ist.

(2) Finden sich in einer dem Notar vorgelegten Urkunde Lücken, Durchstreichungen, Einschaltungen, Änderungen oder unleserliche Worte, zeigen sich Spuren der Beseitigung von Schriftzeichen, insbesondere Radierungen, ist der Zusammenhang einer aus mehreren Blättern bestehenden Urkunde aufgehoben oder sprechen andere Umstände dafür, daß der ursprüngliche Inhalt der Urkunde geändert worden ist, so soll dies in dem Beglaubigungsvermerk festgestellt werden, sofern es sich nicht schon aus der Abschrift ergibt.

(3) Enthält die Abschrift nur den Auszug aus einer Urkunde, so soll in dem Beglaubigungsvermerk der Gegenstand des Auszugs angegeben und bezeugt werden, daß die Urkunde über diesen Gegenstand keine weiteren Bestimmungen enthält.

(4) Bei der Beglaubigung eines Ausdrucks eines elektronischen Dokuments, das mit einer qualifizierten elektronischen Signatur versehen ist, soll das Ergebnis der Signaturprüfung dokumentiert werden.

§ 43 Feststellung des Zeitpunktes der Vorlegung einer privaten Urkunde

Bei der Feststellung des Zeitpunktes, zu dem eine private Urkunde vorgelegt worden ist, gilt § 42 Abs. 2 entsprechend.

Vierter Abschnitt: Behandlung der Urkunden

§ 44 Verbindung mit Schnur und Prägesiegel

Besteht eine Urkunde aus mehreren Blättern, so sollen diese mit Schnur und Prägesiegel verbunden werden. Das gleiche gilt für Schriftstücke sowie für Karten, Zeichnungen oder Abbildungen, die nach § 9 Abs. 1 Satz 2, 3, §§ 14, 37 Abs. 1 Satz 2, 3 der Niederschrift beigefügt worden sind.

§ 44a Änderungen in den Urkunden

(1) Zusätze und sonstige, nicht nur geringfügige Änderungen sollen am Schluß vor den Unterschriften oder am Rande vermerkt und im letzteren Falle von dem Notar besonders unterzeichnet werden. Ist der Niederschrift ein Schriftstück nach § 9 Abs. 1 Satz 2, den §§ 14, 37 Abs. 1 Satz 2 beigefügt, so brauchen Änderungen in dem beigefügten Schriftstück nicht unterzeichnet zu werden, wenn aus der Niederschrift hervorgeht, daß sie genehmigt worden sind.

(2) Offensichtliche Unrichtigkeiten kann der Notar auch nach Abschluß der Niederschrift durch einen von ihm zu unterschreibenden Nachtragsvermerk richtigstellen. Der Nachtragsvermerk ist am Schluß nach den Unterschriften oder auf einem besonderen, mit der Urkunde zu verbindenden Blatt niederzulegen und mit dem Datum der Richtigstellung zu versehen. Ergibt sich im übrigen nach Abschluß der Niederschrift die Notwendigkeit einer Änderung oder Berichtigung, so hat der Notar hierüber eine besondere Niederschrift aufzunehmen.

§ 45 Aushändigung der Urschrift

(1) Die Urschrift der notariellen Urkunde bleibt, wenn sie nicht auszuhändigen ist, in der Verwahrung des Notars.

(2) Die Urschrift einer Niederschrift soll nur ausgehändigt werden, wenn dargelegt wird, daß sie im Ausland verwendet werden soll, und sämtliche Personen zustimmen, die eine Ausfertigung verlangen können. In diesem Fall soll die Urschrift mit dem Siegel versehen werden; ferner soll eine Ausfertigung zurückbehalten und auf ihr vermerkt werden, an wen und weshalb die Urschrift ausgehändigt worden ist. Die Ausfertigung tritt an die Stelle der Urschrift.

(3) Die Urschrift einer Urkunde, die in der Form eines Vermerks verfaßt ist, ist auszuhändigen, wenn nicht die Verwahrung verlangt wird.

§ 46 Ersetzung der Urschrift

(1) Ist die Urschrift einer Niederschrift ganz oder teilweise zerstört worden oder abhanden gekommen und besteht Anlaß, sie zu ersetzen, so kann auf einer noch vorhandenen Ausfertigung oder beglaubigten Abschrift oder einer davon gefertigten beglaubigten Ab-

schrift vermerkt werden, daß sie an die Stelle der Urschrift tritt. Der Vermerk kann mit dem Beglaubigungsvermerk verbunden werden. Er soll Ort und Zeit der Ausstellung angeben und muß unterschrieben werden.

(2) Die Urschrift wird von der Stelle ersetzt, die für die Erteilung einer Ausfertigung zuständig ist.

(3) Vor der Ersetzung der Urschrift soll der Schuldner gehört werden, wenn er sich in der Urkunde der sofortigen Zwangsvollstreckung unterworfen hat. Von der Ersetzung der Urschrift sollen die Personen, die eine Ausfertigung verlangen können, verständigt werden, soweit sie sich ohne erhebliche Schwierigkeiten ermitteln lassen.

§ 47 Ausfertigung

Die Ausfertigung der Niederschrift vertritt die Urschrift im Rechtsverkehr.

§ 48 Zuständigkeit für die Erteilung der Ausfertigung

Die Ausfertigung erteilt, soweit bundes- oder landesrechtlich nichts anderes bestimmt ist, die Stelle, welche die Urschrift verwahrt. Wird die Urschrift bei einem Gericht verwahrt, so erteilt der Urkundsbeamte der Geschäftsstelle die Ausfertigung.

§ 49 Form der Ausfertigung

(1) Die Ausfertigung besteht in einer Abschrift der Urschrift, die mit dem Ausfertigungsvermerk versehen ist. Sie soll in der Überschrift als Ausfertigung bezeichnet sein.

(2) Der Ausfertigungsvermerk soll den Tag und den Ort der Erteilung angeben, die Person bezeichnen, der die Ausfertigung erteilt wird, und die Übereinstimmung der Ausfertigung mit der Urschrift bestätigen. Er muß unterschrieben und mit dem Siegel der erteilenden Stelle versehen sein.

(3) Werden Abschriften von Urkunden mit der Ausfertigung durch Schnur und Prägesiegel verbunden oder befinden sie sich mit dieser auf demselben Blatt, so genügt für die Beglaubigung dieser Abschriften der Ausfertigungsvermerk; dabei soll entsprechend § 42 Abs. 3 und, wenn die Urkunden, von denen die Abschriften hergestellt sind, nicht zusammen mit der Urschrift der ausgefertigten Urkunde verwahrt werden, auch entsprechend § 42 Abs. 1, 2 verfahren werden.

(4) Auf der Urschrift soll vermerkt werden, wem und an welchem Tage eine Ausfertigung erteilt worden ist.

(5) Die Ausfertigung kann auf Antrag auch auszugsweise erteilt werden. § 42 Abs. 3 ist entsprechend anzuwenden.

§ 50 Übersetzungen

(1) Ein Notar kann die deutsche Übersetzung einer Urkunde mit der Bescheinigung der Richtigkeit und Vollständigkeit versehen, wenn er die Urkunde selbst in fremder Sprache errichtet hat oder für die Erteilung einer Ausfertigung der Niederschrift zuständig ist. Für die Bescheinigung gilt § 39 entsprechend. Der Notar soll die Bescheinigung nur erteilen, wenn er der fremden Sprache hinreichend kundig ist.

(2) Eine Übersetzung, die mit einer Bescheinigung nach Absatz 1 versehen ist, gilt als richtig und vollständig. Der Gegenbeweis ist zulässig.

(3) Von einer derartigen Übersetzung können Ausfertigungen und Abschriften erteilt werden. Die Übersetzung soll in diesem Fall zusammen mit der Urschrift verwahrt werden.

§ 51 Recht auf Ausfertigungen, Abschriften und Einsicht

(1) Ausfertigungen können verlangen

1. bei Niederschriften über Willenserklärungen jeder, der eine Erklärung im eigenen Namen abgegeben hat oder in dessen Namen eine Erklärung abgegeben worden ist,
2. bei anderen Niederschriften jeder, der die Aufnahme der Urkunde beantragt hat,

sowie die Rechtsnachfolger dieser Personen.

(2) Die in Absatz 1 genannten Personen können gemeinsam in der Niederschrift oder durch besondere Erklärung gegenüber der zuständigen Stelle etwas anderes bestimmen.

(3) Wer Ausfertigungen verlangen kann, ist auch berechtigt, einfache oder beglaubigte Abschriften zu verlangen und die Urschrift einzusehen.

(4) Mitteilungspflichten, die auf Grund von Rechtsvorschriften gegenüber Gerichten oder Behörden bestehen, bleiben unberührt.

§ 52 Vollstreckbare Ausfertigungen

Vollstreckbare Ausfertigungen werden nach den dafür bestehenden Vorschriften erteilt.

§ 53 Einreichung beim Grundbuchamt oder Registergericht

(nicht abgedruckt)

§ 54 Rechtsmittel

(1) Gegen die Ablehnung der Erteilung der Vollstreckungsklausel oder einer Amtshandlung nach den §§ 45, 46, 51 sowie gegen die Ersetzung einer Urschrift ist die Beschwerde gegeben.

(2) Für das Beschwerdeverfahren gelten die Vorschriften des Gesetzes über das Verfahren in Familiensachen und in den Angelegenheiten der freiwilligen Gerichtsbarkeit. Über die Beschwerde entscheidet eine Zivilkammer des Landgerichts, in dessen Bezirk die Stelle, gegen die sich die Beschwerde richtet, ihren Sitz hat.

(§§ 55, 56 treten am 1.1.2020 bzw. am 1.1.2022 in Kraft, siehe hierzu unter www.bundesanzeiger-verlag.de/beurkundungen, II 5)

Sechster Abschnitt: Verwahrung

§§ 57 bis 62

(nicht abgedruckt)

Anhang I: Gesetztestexte

Siebter Abschnitt: Schlußvorschriften

1. Verhältnis zu anderen Gesetzen

a) Bundesrecht

§ 63 Beseitigung von Doppelzuständigkeiten

(1) u. (2) (Änderungsvorschriften)

(3) (aufgehoben)

(4) Auch wenn andere Vorschriften des bisherigen Bundesrechts die gerichtliche oder notarielle Beurkundung oder Beglaubigung oder die Erklärung vor einem Gericht oder Notar vorsehen, ist nur der Notar zuständig.

§ 64 Beurkundungen nach dem Personenstandsgesetz

Dieses Gesetz gilt nicht für Beurkundungen nach dem Personenstandsgesetz.

§ 65 Unberührt bleibendes Bundesrecht

Soweit in diesem Gesetz nichts anderes bestimmt ist, bleiben bundesrechtliche Vorschriften über Beurkundungen unberührt.

b) Landesrecht

§ 66 Unberührt bleibendes Landesrecht

(1) (nicht abgedruckt)

(2) Auf Grund dieser Vorbehalte können den Gerichten Beurkundungszuständigkeiten nicht neu übertragen werden.

(3) Auf Grund anderer bundesrechtlicher Vorbehalte kann

1. die Zuständigkeit der Notare für öffentliche Beurkundungen (§ 20 der Bundesnotarordnung) nicht eingeschränkt werden,

2. nicht bestimmt werden, daß für öffentliche Beurkundungen neben dem Notar andere Urkundspersonen oder sonstige Stellen zuständig sind, und

3. keine Regelung getroffen werden, die den Vorschriften des Ersten bis Vierten Abschnitts dieses Gesetzes entgegensteht.

(4) Die Vorschriften über die Beurkundungszuständigkeiten der Ratschreiber und sonstigen Hilfsbeamten der Grundbuchämter in Baden-Württemberg, insbesondere § 6 des badischen Grundbuchausführungsgesetzes in der Fassung der Bekanntmachung vom 13. Oktober 1925 (Badisches Gesetz- und Verordnungsblatt S. 296) sowie Artikel 32 Abs. 1, Artikel 33, 34 des württembergischen Ausführungsgesetzes zum Bürgerlichen Gesetzbuch und zu anderen Reichsjustizgesetzen vom 29. Dezember 1931 (Württembergisches Regierungsblatt S. 545), bleiben unberührt; diese Vorschriften können von den dafür zuständigen Stellen aufgehoben, geändert oder durch Vorschriften entsprechenden Inhalts ersetzt werden, die für das Land Baden-Württemberg einheitlich gelten; dabei dürfen jedoch die

Beurkundungszuständigkeiten nicht über den Umfang hinaus erweitert werden, in dem sie wenigstens in einem der Rechtsgebiete des Landes bereits bestehen; § 36 des Rechtspflegergesetzes gilt entsprechend. Unberührt bleiben ferner die Vorschriften, nach denen gegen Entscheidungen der Bezirksnotare, Ratschreiber und sonstigen Hilfsbeamten der Grundbuchämter in den Fällen des § 54 das Amtsgericht angerufen werden kann.

§ 67 Zuständigkeit der Amtsgerichte, Zustellung

(1) Unbeschadet der Zuständigkeit sonstiger Stellen sind die Amtsgerichte zuständig für die Beurkundung von

1. Erklärungen über die Anerkennung der Vaterschaft,
2. Verpflichtungen zur Erfüllung von Unterhaltsansprüchen eines Kindes,
3. Verpflichtungen zur Erfüllung von Unterhaltsansprüchen nach § 1615l des Bürgerlichen Gesetzbuchs.

(2) Die Zustellung von Urkunden, die eine Verpflichtung nach Absatz 1 Nr. 2 oder 3 zum Gegenstand haben, kann auch dadurch vollzogen werden, daß der Schuldner eine beglaubigte Abschrift der Urkunde ausgehändigt erhält; § 173 Satz 2 und 3 der Zivilprozeßordnung gilt entsprechend.

§ 68

Die Länder sind befugt, durch Gesetz die Zuständigkeit für die öffentliche Beglaubigung von Abschriften oder Unterschriften anderen Personen oder Stellen zu übertragen.

§ 69 Notare in Baden-Württemberg

Notar im Sinne dieses Gesetzes ist auch der nach dem badischen Landesgesetz über die freiwillige Gerichtsbarkeit bestellte Notar und der Bezirksnotar. Für einen solchen Notar gilt § 3 Abs. 1 Nr. 8 in Angelegenheiten des Landes Baden-Württemberg nicht allein deswegen, weil der Notar in einem Dienstverhältnis zu diesem Lande steht.

c) Amtliche Beglaubigungen

§ 70

Dieses Gesetz gilt nicht für amtliche Beglaubigungen, mit denen eine Verwaltungsbehörde zum Zwecke der Verwendung in Verwaltungsverfahren oder für sonstige Zwecke, für die eine öffentliche Beglaubigung nicht vorgeschrieben ist, die Echtheit einer Unterschrift oder eines Handzeichens oder die Richtigkeit der Abschrift einer Urkunde bezeugt, die nicht von einer Verwaltungsbehörde ausgestellt ist. Die Beweiskraft dieser amtlichen Beglaubigungen beschränkt sich auf den in dem Beglaubigungsvermerk genannten Verwendungszweck. Die Befugnis der Verwaltungsbehörden, Abschriften ihrer eigenen Urkunden oder von Urkunden anderer Verwaltungsbehörden in der dafür vorgeschriebenen Form mit uneingeschränkter Beweiskraft zu beglaubigen, bleibt unberührt.

Anhang I: Gesetztestexte

d) Eidesstattliche Versicherungen in Verwaltungsverfahren

§ 71

Dieses Gesetz gilt nicht für die Aufnahme eidesstattlicher Versicherungen in Verwaltungsverfahren.

e) Erklärungen juristischer Personen des öffentlichen Rechts

§ 72

Die bundes- oder landesrechtlich vorgeschriebene Beidrückung des Dienstsiegels bei Erklärungen juristischer Personen des öffentlichen Rechts wird durch die öffentliche Beurkundung ersetzt.

f) Bereits errichtete Urkunden

§ 73

(1) §§ 45 bis 49, 51, 52, 54 dieses Gesetzes gelten auch für Urkunden, die vor dem Inkrafttreten dieses Gesetzes errichtet worden sind. Dies gilt auch, wenn die Beurkundungszuständigkeit weggefallen ist.

(2) Eine vor dem Inkrafttreten dieses Gesetzes erteilte Ausfertigung einer Niederschrift ist auch dann als von Anfang an wirksam anzusehen, wenn sie den Vorschriften dieses Gesetzes genügt.

(3) (nicht abgedruckt)

g) Verweisungen

§ 74

Soweit in Gesetzen oder Verordnungen auf die durch dieses Gesetz aufgehobenen oder abgeänderten Vorschriften verwiesen ist, treten die entsprechenden Vorschriften dieses Gesetzes an ihre Stelle.

2. Geltung in Berlin

§ 75

(nicht abgedruckt)

3. Inkrafttreten

§ 76

Dieses Gesetz tritt am 1. Januar 1970 in Kraft.

Schlußformel

Die verfassungsmäßigen Rechte des Landes Baden-Württemberg aus Artikel 138 des Grundgesetzes sind gewahrt.

3. Konsulargesetz

**Gesetz über die Konsularbeamten, ihre Aufgaben und Befugnisse
vom 11. September 1974 (BGBl. I S. 2317),
zuletzt geändert durch das Gesetz vom 28. Juli 2016 (BGBl. I S. 1666)
– Auszug: § 10 –**

§ 10 Beurkundungen im allgemeinen

(1) Die Konsularbeamten sind befugt, über Tatsachen und Vorgänge, die sie in Ausübung ihres Amts wahrgenommen haben, Niederschriften oder Vermerke aufzunehmen, insbesondere

1. vor ihnen abgegebene Willenserklärungen und Versicherungen an Eides statt zu beurkunden,
2. Unterschriften, Handzeichen sowie Abschriften zu beglaubigen oder sonstige einfache Zeugnisse (z.B. Lebensbescheinigungen) auszustellen.

(2) Die von einem Konsularbeamten aufgenommenen Urkunden stehen den von einem inländischen Notar aufgenommenen gleich.

(3) Für das Verfahren bei der Beurkundung gelten die Vorschriften des Beurkundungsgesetzes vom 28. August 1969 (Bundesgesetzbl. I S. 1513) mit folgenden Abweichungen:

1. Urkunden können auf Verlangen auch in einer anderen als der deutschen Sprache errichtet werden.
2. Dolmetscher brauchen nicht vereidigt zu werden.
3. Die Abschrift einer nicht beglaubigten Abschrift soll nicht beglaubigt werden.
4. Die Urschrift einer Niederschrift soll den Beteiligten ausgehändigt werden, wenn nicht einer von ihnen amtliche Verwahrung verlangt. In diesem Fall soll die Urschrift dem Amtsgericht Schöneberg in Berlin zur amtlichen Verwahrung übersandt werden. Hat sich einer der Beteiligten der Zwangsvollstreckung unterworfen, so soll die Urschrift der Niederschrift dem Gläubiger ausgehändigt werden, wenn die Beteiligten keine anderweitige Bestimmung getroffen haben und auch keiner von ihnen amtliche Verwahrung verlangt hat.
5. Solange die Urschrift nicht ausgehändigt oder an das Amtsgericht abgesandt ist, sind die Konsularbeamten befugt, Ausfertigungen zu erteilen. Vollstreckbare Ausfertigungen können nur von dem Amtsgericht erteilt werden, das die Urschrift verwahrt.

4. Personenstandsgesetz (PStG)

vom 19. Februar 2007 (BGBl. I S. 122),
zuletzt geändert durch das Gesetz vom 20. Juli 2017 (BGBl. I S. 2787)
– Auszug: §§ 1–10, 44–46, 54

§ 1 Personenstand, Aufgaben des Standesamts

(1) Personenstand im Sinne dieses Gesetzes ist die sich aus den Merkmalen des Familienrechts ergebende Stellung einer Person innerhalb der Rechtsordnung einschließlich ihres Namens. Der Personenstand umfasst Daten über Geburt, Eheschließung, Begründung einer Lebenspartnerschaft und Tod sowie damit in Verbindung stehende familien- und namensrechtliche Tatsachen.

(2) Die nach Landesrecht für das Personenstandswesen zuständigen Behörden (Standesämter) beurkunden den Personenstand nach Maßgabe dieses Gesetzes; sie wirken bei der Schließung von Ehen und der Begründung von Lebenspartnerschaften mit.

(3) Die Standesämter erfüllen weitere Aufgaben, die ihnen durch Bundesrecht oder Landesrecht zugewiesen werden.

§ 2 Standesbeamte

(1) Beurkundungen und Beglaubigungen für Zwecke des Personenstandswesens werden im Standesamt nur von hierzu bestellten Urkundspersonen (Standesbeamten) vorgenommen. Gleiches gilt für die Ausstellung von Personenstandsurkunden und sonstigen öffentlichen Urkunden. Die Zuständigkeit der Notare, anderer Urkundspersonen oder sonstiger Stellen für öffentliche Beurkundungen und Beglaubigungen bleibt unberührt.

(2) Bei der Wahrnehmung ihrer Aufgaben als Urkundspersonen sind die Standesbeamten nicht an Weisungen gebunden.

(3) Zu Standesbeamten dürfen nur nach Ausbildung und Persönlichkeit geeignete Beamte und Angestellte bestellt werden.

(4) Die Funktionsbezeichnung Standesbeamter wird in weiblicher oder männlicher Form geführt.

§ 3 Personenstandsregister

(1) Das Standesamt führt für seinen Zuständigkeitsbereich

1. ein Eheregister (§ 15),

2. ein Lebenspartnerschaftsregister (§ 17),

3. ein Geburtenregister (§ 21),

4. ein Sterberegister (§ 31).

Die Registereinträge bestehen aus einem urkundlichen Teil (Haupteintrag und Folgebeurkundungen) und einem Hinweisteil.

(2) Die Personenstandsregister werden elektronisch geführt. Die Beurkundungen in den Personenstandsregistern sind jährlich fortlaufend zu nummerieren und mit der Angabe des Familiennamens des zugriffsberechtigten Standesbeamten abzuschließen. Die Identität der Person, die die Eintragung vornimmt, muss jederzeit erkennbar sein. Das Programm muss eine automatisierte Suche anhand der in die Personenstandsregister aufzunehmenden Angaben zulassen; die Register müssen jederzeit nach Jahreseinträgen ausgewertet werden können.

§ 4 *Sicherungsregister*

(1) Die Beurkundungen in einem Personenstandsregister sind nach ihrem Abschluss (§ 3 Abs. 2) in einem weiteren elektronischen Register (Sicherungsregister) zu speichern.

(2) Das Sicherungsregister ist wie das Personenstandsregister am Ende des Jahres abzuschließen. Es ist nach Fortführung des Personenstandsregisters zu aktualisieren.

§ 5 *Fortführung der Personenstandsregister*

(1) Die Registereinträge sind nach den Vorschriften dieses Gesetzes durch Folgebeurkundungen und Hinweise zu ergänzen und zu berichtigen (Fortführung).

(2) Folgebeurkundungen sind Einträge, die den Beurkundungsinhalt verändern.

(3) Hinweise stellen den Zusammenhang zwischen verschiedenen Beurkundungen her, die dieselbe Person, deren Ehegatten, Lebenspartner, Eltern oder Kinder betreffen.

(4) Die Fortführung obliegt dem für die Führung des Personenstandsregisters (§ 3 Abs. 1) zuständigen Standesamt. Öffentliche Stellen haben diesem Standesamt Anlässe, die zu einer Folgebeurkundung oder zu einem Hinweis führen, mitzuteilen.

(5) Für die Fortführung der Personenstandsregister und der Sicherungsregister gelten folgende Fristen:

1. Eheregister und Lebenspartnerschaftsregister 80 Jahre;

2. Geburtenregister 110 Jahre;

3. Sterberegister 30 Jahre.

§ 6 *Aktenführung*

Dokumente, die einzelne Beurkundungen in den Personenstandsregistern betreffen, werden in besonderen Akten (Sammelakten) aufbewahrt.

§ 7 *Aufbewahrung*

(1) Die Personenstandsregister und die Sicherungsregister sind dauernd und räumlich voneinander getrennt und vor unberechtigtem Zugriff geschützt aufzubewahren.

(2) Für die Sammelakten endet die Pflicht zur Aufbewahrung mit Ablauf der in § 5 Abs. 5 für das jeweilige Register genannten Frist.

(3) Nach Ablauf der in § 5 Abs. 5 genannten Fristen sind die Personenstandsregister, die Sicherungsregister und die Sammelakten nach den jeweiligen archivrechtlichen Vorschriften den zuständigen öffentlichen Archiven zur Übernahme anzubieten.

§ 8 Neubeurkundung nach Verlust eines Registers

(1) Gerät ein Ehe-, Lebenspartnerschafts-, Geburten- oder Sterberegister ganz oder teilweise in Verlust, so ist es auf Grund des Sicherungsregisters wiederherzustellen.

(2) Ist sowohl das Personenstandsregister als auch das Sicherungsregister in Verlust geraten, so sind beide Register wiederherzustellen. Die Beurkundungen werden nach amtlicher Ermittlung des Sachverhalts vorgenommen.

(3) Sind Eheschließung, Begründung der Lebenspartnerschaft, Geburt oder Tod einer Person mit hinreichender Sicherheit festgestellt, so ist die Neubeurkundung auch dann zulässig, wenn der Inhalt des früheren Eintrags nicht mehr zweifelsfrei festgestellt werden kann. Der Zeitpunkt der Eheschließung, der Begründung der Lebenspartnerschaft, der Geburt oder des Todes ist hierbei so genau zu bestimmen, wie es nach dem Ergebnis der Ermittlungen möglich ist.

(4) War ein Eintrag berichtigt worden, so kann die Erneuerung in der Form einer einheitlichen Eintragung, in der die Berichtigungen berücksichtigt sind, vorgenommen werden.

§ 9 Beurkundungsgrundlagen

(1) Eintragungen in den Personenstandsregistern werden auf Grund von Anzeigen, Anordnungen, Erklärungen, Mitteilungen und eigenen Ermittlungen des Standesamts sowie von Einträgen in anderen Personenstandsregistern, Personenstandsurkunden oder sonstigen öffentlichen Urkunden vorgenommen.

(2) Ist den zur Beibringung von Nachweisen Verpflichteten die Beschaffung öffentlicher Urkunden nicht oder nur mit erheblichen Schwierigkeiten oder unverhältnismäßig hohen Kosten möglich, so können auch andere Urkunden als Beurkundungsgrundlage dienen. Sind auch diese nicht einfacher zu beschaffen als die erforderlichen öffentlichen Urkunden oder können die für die Beurkundung erheblichen tatsächlichen Behauptungen der Betroffenen weder durch öffentliche noch durch andere Urkunden nachgewiesen werden, so kann der Standesbeamte zum Nachweis dieser Tatsachen Versicherungen an Eides statt der Betroffenen oder anderer Personen verlangen und abnehmen.

§ 10 Auskunfts- und Nachweispflicht

(1) Die nach diesem Gesetz zur Anzeige Verpflichteten haben die für die Beurkundung des Personenstandsfalls erforderlichen Angaben zu machen, soweit diese nicht Registern entnommen werden können, zu denen das Standesamt einen Zugang hat.

(2) Auskunftspflichtig unter den Voraussetzungen des Absatzes 1 sind weitere Personen, die Angaben zu Tatsachen machen können, die für Beurkundungen in den Personenstandsregistern benötigt werden.

(3) Absatz 1 gilt für die Beibringung von Nachweisen entsprechend.

(4) Eine Auskunfts- und Nachweispflicht besteht nicht bei einer vertraulichen Geburt nach § 25 Absatz 1 des Schwangerschaftskonfliktgesetzes.

§ 44 Erklärungen zur Anerkennung der Vaterschaft und der Mutterschaft

(1) Die Erklärung, durch welche die Vaterschaft zu einem Kind anerkannt wird, sowie die Zustimmungserklärung der Mutter können auch von den Standesbeamten beurkundet werden. Gleiches gilt für die etwa erforderliche Zustimmung des Kindes, des gesetzlichen Vertreters oder des Ehemannes der Mutter zu einer solchen Erklärung sowie für den Widerruf der Anerkennung. Der Standesbeamte soll die Beurkundung ablehnen, wenn offenkundig ist, dass die Anerkennung der Vaterschaft nach § 1600 Abs. 1 Nr. 5 des Bürgerlichen Gesetzbuchs anfechtbar wäre.

(2) Die Erklärung, durch welche die Mutterschaft zu einem Kind anerkannt wird, und die etwa erforderliche Zustimmungserklärung des gesetzlichen Vertreters der Mutter können auch von den Standesbeamten beurkundet werden.

(3) Dem Standesamt, das den Geburtseintrag des Kindes führt, ist eine beglaubigte Abschrift der Erklärungen zu übersenden. Ist die Geburt des Kindes nicht im Inland beurkundet, so ist die beglaubigte Abschrift dem Standesamt I in Berlin zu übersenden.

§ 45 Erklärungen zur Namensführung des Kindes

(1) Die Erklärung, durch die

1. Eltern den Geburtsnamen eines Kindes bestimmen,
2. ein Kind sich der Bestimmung seines Geburtsnamens durch die Eltern anschließt,
3. ein Kind beantragt, den von seiner Mutter zur Zeit seiner Geburt geführten Namen als Geburtsnamen zu erhalten, wenn es den Namen eines Mannes führt, von dem rechtskräftig festgestellt wurde, dass er nicht der Vater des Kindes ist,
4. ein Mann den Antrag nach Nummer 3 stellt, wenn das Kind das fünfte Lebensjahr noch nicht vollendet hat,
5. ein Kind sich der Änderung des Familiennamens der Eltern oder eines Elternteils anschließt,
6. der Elternteil, dem die elterliche Sorge allein oder gemeinsam mit dem anderen Elternteil zusteht, und sein Ehegatte, der nicht Elternteil des Kindes ist, oder sein Lebenspartner dem Kind ihren Ehenamen oder ihren Lebenspartnerschaftsnamen erteilen oder diesen Namen dem von dem Kind zur Zeit der Erklärung geführten Namen voranstellen oder anfügen,
7. der Elternteil, dem die elterliche Sorge allein zusteht, dem Kind den Namen des anderen Elternteils erteilt,

sowie die zu den Nummern 6 und 7 erforderlichen Einwilligungen eines Elternteils oder des Kindes können auch von den Standesbeamten beglaubigt oder beurkundet werden. Gleiches gilt für die etwa erforderliche Zustimmung des gesetzlichen Vertreters zu einer in Satz 1 genannten Erklärung.

(2) Zur Entgegennahme der Erklärungen ist das Standesamt zuständig, das das Geburtenregister, in dem die Geburt des Kindes beurkundet ist, führt. Ist die Geburt des Kindes nicht in einem deutschen Geburtenregister beurkundet, so ist das Standesamt zuständig, in dessen Zuständigkeitsbereich das Kind seinen Wohnsitz oder seinen gewöhnlichen Aufenthalt hat. Ergibt sich danach keine Zuständigkeit, so ist das Standesamt I in Berlin zuständig. Das Standesamt I in Berlin führt ein Verzeichnis der nach den Sätzen 2 und 3 entgegengenommenen Erklärungen.

(3) § 23 des Lebenspartnerschaftsgesetzes bleibt unberührt.

§ 46 Änderung einer Anzeige

Sind in der schriftlichen Anzeige einer Geburt oder eines Sterbefalls Angaben unrichtig oder unvollständig und ist der richtige oder vollständige Sachverhalt durch öffentliche Urkunden oder auf Grund eigener Ermittlungen des Standesamts festgestellt, so sind die entsprechenden Angaben unter Hinweis auf die Grundlagen zu ändern.

§ 54 Beweiskraft der Personenstandsregister und -urkunden

(1) Die Beurkundungen in den Personenstandsregistern beweisen Eheschließung, Begründung der Lebenspartnerschaft, Geburt und Tod und die darüber gemachten näheren Angaben sowie die sonstigen Angaben über den Personenstand der Personen, auf die sich der Eintrag bezieht. Hinweise haben diese Beweiskraft nicht.

(2) Die Personenstandsurkunden (§ 55 Abs. 1) haben dieselbe Beweiskraft wie die Beurkundungen in den Personenstandsregistern.

(3) Der Nachweis der Unrichtigkeit der beurkundeten Tatsachen ist zulässig. Der Nachweis der Unrichtigkeit einer Personenstandsurkunde kann auch durch Vorlage einer beglaubigten Abschrift aus dem entsprechenden Personenstandsregister geführt werden.

5. FamFG

Gesetz über das Verfahren in Familiensachen und in den Angelegenheiten der freiwilligen Gerichtsbarkeit
vom 17. Dezember 2008 (BGBl. I S. 2586, 2587),
zuletzt geändert durch das Gesetz vom 20. Juli 2017 (BGBl. I S. 2780)
– Auszug: § 245 –

§ 245 Bezifferung dynamisierter Unterhaltstitel zur Zwangsvollstreckung im Ausland

(1) Soll ein Unterhaltstitel, der den Unterhalt nach § 1612a des Bürgerlichen Gesetzbuchs als Prozentsatz des Mindestunterhalts festsetzt, im Ausland vollstreckt werden, ist auf Antrag der geschuldete Unterhalt auf dem Titel zu beziffern.

(2) Für die Bezifferung sind die Gerichte, Behörden oder Notare zuständig, denen die Erteilung einer vollstreckbaren Ausfertigung des Titels obliegt.

(3) Auf die Anfechtung der Entscheidung über die Bezifferung sind die Vorschriften über die Anfechtung der Entscheidung über die Erteilung einer Vollstreckungsklausel entsprechend anzuwenden.

6. ZPO

Zivilprozessordnung
in der Fassung der Bekanntmachung vom 5. Dezember 2005 (BGBl. I S. 3202; 2006 I S. 431; 2007 I S. 1781),
zuletzt geändert durch das Gesetz vom 18. Juli 2017 (BGBl. I S. 2745)
– Auszug: §§ 1079–1081 –

§ 1079 Zuständigkeit

Für die Ausstellung der Bestätigungen nach

1. Artikel 9 Abs. 1, Artikel 24 Abs. 1, Artikel 25 Abs. 1 und

2. Artikel 6 Abs. 2 und 3

der Verordnung (EG) Nr. 805/2004 des Europäischen Parlaments und des Rates vom 21. April 2004 zur Einführung eines Europäischen Vollstreckungstitels für unbestrittene Forderungen (ABl. EU Nr. L 143 S. 15) sind die Gerichte, Behörden oder Notare zuständig, denen die Erteilung einer vollstreckbaren Ausfertigung des Titels obliegt.

§ 1080 Entscheidung

(1) Bestätigungen nach Artikel 9 Abs. 1, Artikel 24 Abs. 1, Artikel 25 Abs. 1 und Artikel 6 Abs. 3 der Verordnung (EG) Nr. 805/2004 sind ohne Anhörung des Schuldners auszustellen. Eine Ausfertigung der Bestätigung ist dem Schuldner von Amts wegen zuzustellen.

(2) Wird der Antrag auf Ausstellung einer Bestätigung zurückgewiesen, so sind die Vorschriften über die Anfechtung der Entscheidung über die Erteilung einer Vollstreckungsklausel entsprechend anzuwenden.

§ 1081 Berichtigung und Widerruf

(1) Ein Antrag nach Artikel 10 Abs. 1 der Verordnung (EG) Nr. 805/2004 auf Berichtigung oder Widerruf einer gerichtlichen Bestätigung ist bei dem Gericht zu stellen, das die Bestätigung ausgestellt hat. Über den Antrag entscheidet dieses Gericht. Ein Antrag auf Berichtigung oder Widerruf einer notariellen oder behördlichen Bestätigung ist an die Stelle zu richten, die die Bestätigung ausgestellt hat. Die Notare oder Behörden leiten den Antrag unverzüglich dem Amtsgericht, in dessen Bezirk sie ihren Sitz haben, zur Entscheidung zu.

(2) Der Antrag auf Widerruf durch den Schuldner ist nur binnen einer Frist von einem Monat zulässig. Ist die Bestätigung im Ausland zuzustellen, beträgt die Frist zwei Monate. Sie ist eine Notfrist und beginnt mit der Zustellung der Bestätigung, jedoch frühestens mit der Zustellung des Titels, auf den sich die Bestätigung bezieht. In dem Antrag auf Widerruf sind die Gründe darzulegen, weshalb die Bestätigung eindeutig zu Unrecht erteilt worden ist.

(3) § 319 Abs. 2 und 3 ist auf die Berichtigung und den Widerruf entsprechend anzuwenden.

Anhang II: Protokollierungshilfen für Sonderfälle

1. Anerkennung der Mutterschaft

Gegenwärtig: .... Nürnberg, den 1. September 2017

Es erscheint die Auszubildende Teresa Pecci, italienische Staatsangehörige, geb. 15. November 1999 in Pescara, wohnhaft Nürnberg, ..., ausgewiesen durch Kinderausweis der Munizipalverwaltung Pescara Nr. .... vom 3. Dezember 2003, ledig und gibt an, die Mutterschaft zu dem Kinde Alessandra Pecci, geb. 20. Juli 2017 in Nürnberg, Geburtenbuch des Standesamts Nürnberg Nr. ...., bei ihr, der Erschienenen, wohnhaft, zur Niederschrift des Jugendamts anerkennen zu wollen.

Zur Begründung führt sie aus: Ich bin im Alter von 14 Jahren mit meinen Eltern in die Bundesrepublik Deutschland eingereist und habe hier das vorbezeichnete Kind geboren. Meine Eltern sind kürzlich bei einem Verkehrsunfall ums Leben gekommen. Ich habe seither Aufnahme bei hiesigen Verwandten gefunden. Von familiengerichtlichen Maßnahmen ist im Hinblick darauf, dass ich in wenigen Wochen das 18. Lebensjahr vollendet haben werde im Benehmen mit dem zuständigen italienischen Generalkonsulat Abstand genommen worden. Die hiermit vorgelegte Geburtsurkunde des Kindes weist mich zwar als seine Mutter aus. Ich bin aber genötigt, nach italienischem Recht die Mutterschaft auch noch förmlich anzuerkennen, um die Eintragung des Kindes in meinem beim Generalkonsulat zu beantragenden Pass zu erreichen, da ich so schnell wie möglich in mein Heimatland zurückkehren will. Soviel ich gehört habe, kann die Mutterschaft auch schon vor Volljährigkeit anerkannt werden.

Die Urkundsperson wies darauf hin, dass ihr die diesbezüglichen Bestimmungen des italienischen Rechts – auch hinsichtlich der Notwendigkeit einer Zustimmung des gesetzlichen Vertreters – nicht bekannt seien und sie deshalb die gewünschte Beurkundung nur mit dem Vorbehalt der Wirksamkeit der abzugebenden Erklärungen vornehmen könne.

Die Erschienene wiederholte ihren Beurkundungswunsch. Daraufhin erklärte sie:

    Ich erkenne an, die Mutter des eingangs bezeichneten Kindes zu sein.

    Über den Vater mache ich keine Angaben.

    Ich bitte, mir eine Ausfertigung dieser Verhandlung zu erteilen.

    Vorstehende Niederschrift wurde der Erschienenen vorgelesen ....[4]

---

[4] Anmerkung zur Rechtslage: Die Anerkennung der Mutterschaft ist im italienischen Recht vorgesehen (Art. 250 cc.it.). Die Mutter kann nach Vollendung des 16. Lebensjahres anerkennen. Zustimmung des gesetzlichen Vertreters ist nicht vorgeschrieben. Die Urkunde über die Anerkennung darf keine Angaben über den anderen Elternteil enthalten (Art 258 cc.it.).

Anhang II: Protokollierungshilfen für Sonderfälle

2. Fehlende Unterlagen; Vaterschaftsanerkennung durch Betreuer eines Geschäftsunfähigen

Gegenwärtig: ....

Es erscheint ....

Der Erschienene erklärt, als Betreuer des ledigen, wegen einer psychischen Erkrankung unter Betreuung stehenden .... handeln und dessen Vaterschaft zu dem von der Frau ...., wohnhaft ...., am .... lt. Geburtsbuch des Standesamts in .... (Nr. ....) am ...., geborenen Kinde .... anerkennen zu wollen. Er legte seinen Betreuerausweis vor. Ferner legte er den Beschluss des Amtsgerichts – Betreuungsgericht – in .... vom .... Aktenzeichen . . (alternativ: das im Betreuungsverfahren erstattete Gutachten des Sachverständigen Dr. A.) vor, aus dessen Gründen (bzw. Ausführungen) sich die Geschäftsunfähigkeit des .... ergibt. Der Betreuerausweis und der Beschluss (bzw. das Gutachten) wurden dem Erschienenen nach Fertigung einer Abschrift zurückgegeben.

Die Urkundsperson belehrte den Erschienenen dahin, dass die Wirksamkeit der zu erklärenden Anerkennung der Vaterschaft von der Genehmigung durch das zuständige Betreuungsgericht abhänge.[5]

Der Erschienene erklärte, er habe die Genehmigung am .... erwirkt; sie sei ihm durch den Rechtspfleger des Betreuungsgerichts mündlich eröffnet worden[6]; die Ausfertigung des Beschlusses habe sich bisher verzögert, so dass er eine solche nicht vorlegen könne. Er habe gleichwohl Gründe, mit der Anerkennung der Vaterschaft nicht zu warten.

– Es bestehe die Gefahr eines plötzlichen Ablebens des Kindesvaters nach mehreren Selbsttötungsversuchen. Der Kindesvater habe in lichten Augenblicken wiederholt und flehentlich zum Ausdruck gebracht, sein Vermögen solle nach seinem Tode seinem Kinde, und nicht seinen entfernten Seitenverwandten, zufallen.

Der Erschienene sagte zu, den Genehmigungsbeschluss des Betreuungsgerichts unverzüglich nach Erhalt nachzureichen, auch darauf hinzuwirken, dass die Ausfertigung einen Hinweis auf die am .... mündlich erfolgte Vorweg-Eröffnung enthalte.

Daraufhin wurde, nach Belehrung über die Bedeutung der Anerkennung der Vaterschaft, insbesondere in erb- und unterhaltsrechtlicher Hinsicht, und auch darüber, dass die Wirksamkeit der Vaterschaftsanerkennung noch von der Zustimmung der Mutter abhänge, von dem Erschienenen folgende Erklärung zu Protokoll gegeben:

Ich erkenne namens des von mir vertretenen Betreuten, ... (folgen die näheren Angaben zu dessen Person) an, dass dieser der Vater des vorbezeichneten Kindes ist.

Ich verpflichte mich namens des von mir vertretenen Betreuten, ... (folgt die Unterhaltsverpflichtung).

---

5 Die vorher erteilt sein muss (vgl. Rn. 304).
6 Zur Zulässigkeit § 41 Abs. 2 FamFG.

3. Zuziehung eines Dolmetschers

Gegenwärtig: ....

Es erschienen .... Wiesbaden, den 14. Februar 2017

1. der Fliesenleger Andrea Filuppi, italienischer Staatsangehörigkeit, geb. 16. Mai 1990 in Bologna, wohnhaft Wiesbaden, Mainzer Landstraße 102, ausgewiesen durch Reisepass des italienischen Generalkonsulats München, Nr. C 32 168,

2. Frau Julia Gerber, deutscher Staatsangehörigkeit, geb. am 17. November 2001, minderjährig, ausgewiesen durch PA Nr. 8543 6887, ausgestellt von der LHS Wiesbaden, wohnhaft Wiesbaden, Tulpenweg 34b, Mutter des Kindes Maria Gerber,

3. der Kreisamtmann Max Prosch vom hiesigen Jugendamt, persönlich bekannt, als Amtsvormund des Kindes Maria Gerber, geb. 2. Dezember 2016.

4. Frau Christiane Gerber, geb. Schön, geb. am 3. Mai 1972, ausgewiesen durch PA Nr. 8 3207 9422, ausgestellt von der LHS Wiesbaden, wohnhaft Wiesbaden, Tulpenweg 34b, Mutter der Frau Julia Gerber, geschieden, nach eigenen Angaben allein sorgeberechtigt

Wie der Erschienene zu 3) verlauten ließ, will der Erschienene zu 1) die Vaterschaft zu dem vorgenannten Kinde anerkennen.

Eine mit dem Erschienenen zu 1) geführte Unterredung ergab, dass er der deutschen Sprache nicht hinreichend kundig ist. Es wurde deshalb der vereidigte Dolmetscher der italienischen Sprache, Herr Dipl.-Handelslehrer Heinrich Kluge aus Wiesbaden, Rhönstr. 62, zugezogen. – [alternativ: Da ein vereidigter Dolmetscher nicht zur Verfügung stand, wurde der der italienischen Sprache in Wort und Schrift mächtige, dem Urkundsbeamten als solcher bekannte Chemigraph Wilhelm Brauer aus Wiesbaden, Kaiser-Friedrich-Ring 18, als Dolmetscher zugezogen. Die Erschienenen waren mit seiner Zuziehung einverstanden].

Unter laufender Verständigung mit Hilfe des Dolmetschers, und nach Belehrung

über die mit einer Anerkennung der Vaterschaft verbundenen Rechtsfolgen in personenrechtlicher, unterhaltsrechtlicher und erbrechtlicher Hinsicht, soweit sie deutschem Recht unterstehen,

auch darüber, dass für die verbindliche Feststellung der Vaterschaft noch die Genehmigung des gesetzlichen Vertreters der minderjährigen Erschienenen zu 2) beizubringen sei,

schließlich über die Bedeutung einer Unterwerfung unter die sofortige Zwangsvollstreckung

erklärte der Erschienene zu 1)

(folgt der Inhalt der deutschen formularmäßigen Vaterschaftsanerkennung mit Unterhaltsverpflichtung, bis auf den Verlesungs- und Genehmigungsvermerk)

Sodann erklärte die Erschienene zu 2): Ich stimme der heutigen Anerkennung der Vaterschaft durch den Erschienenen zu 1) zu.

Anhang II: Protokollierungshilfen für Sonderfälle

Sodann erklärte der Erschienene zu 3): Namens des von mir vertretenen Kindes gebe ich hiermit meine Zustimmung zu der heutigen Anerkennung der Vaterschaft des Erschienenen zu 1).

Sodann erklärte die Erschienene zu 4: Als alleinsorgeberechtigte gesetzliche Vertreterin der Kindesmutter stimme ich hiermit der soeben erklärten Zustimmung der Erschienen zu 3) zu der heutigen Anerkennung der Vaterschaft des Erschienenen zu 1) zu.

Dies wurde dem Erschienenen zu 1) durch den Dolmetscher übersetzt.

Nunmehr wurde die Niederschrift in Gegenwart der Urkundsperson

a) vorgelesen und von den Erschienenen zu 2) und 3) und 4) genehmigt;

b) dem Erschienenen zu 1) durch den Dolmetscher mündlich übersetzt. Der Urkundsbeamte fragte den Erschienenen zu 1), ob er eine Übersetzung auch in schriftlicher Form verlange. Die Frage wurde bejaht. Nunmehr erstellte der Dolmetscher die schriftliche Übersetzung der Niederschrift; die Übersetzung wurde dem Erschienenen zu 1) zur Durchsicht vorgelegt und dieser Niederschrift beigefügt. – [alternativ: Der Erschienene zu 1) verzichtete auf die schriftliche Übersetzung –]

Der Erschienene zu 1) ließ durch den Dolmetscher bestätigen, dass die Niederschrift in allen Teilen zutreffe.

Darauf wurde die Niederschrift von den Erschienenen und dem Dolmetscher eigenhändig unterschrieben wie folgt:

Stichwortverzeichnis

Die Ziffern bezeichnen Randnummern.

A

Abkommen, zwischenstaatliche 198 f.
Abkömmlinge 364
Ablehnung der Urkundstätigkeit 33, 161, 180, 192, 293
– Rechtsmittel gegen ~ 230
Abschrift, beglaubigte 118
Abtretung
– Voraussetzung der Rechtsnachfolge 564
Abtretungserklärung 553, 594, 777
Adoptionsbewerber
– Bereiterklärung 690, 798
Adoptionsverfahren 486
– Beurkundungen im Jugendamt 693
– durch den Notar 779
Adoptiveltern 353 f., 688 ff.
Adressat
– Standesbeamter
  – für namensrechtliche Erklärungen 809, 813
– Urk.-Person nicht ~ der protokollierten Erklärung 161, 179
– Urkundsperson nicht ~ der protokollierten Erklärung 257
Aktenführung
– elektronische 218c
Aktenvermerk
– über Belehrungen bei der Unterschriftsbeglaubigung 206
Alleinsorge 698, 714
– für ein im Ausland geborenes Kind 752 ff., 759a
Altersstufen
– des Mindestunterhalts 418
Amtsgeheimnis 51
Amtsgericht
– Urkundszuständigkeit 246, 795
– Zuständigkeit nach § 733 ZPO 532
Amtshilfe 53, 62, 145

Amtskundigkeit 184, 560, 579
Amtsverschwiegenheit 52
Amtsvormund/Amtsbeistand 28, 31, 82, 131, 354
Anerkennung der Mutterschaft 12, 677 ff.
Anerkennung der Unterschrift in der öff. Beglaubigung 78 f.
Anerkennung der Vaterschaft 257
– adressatlose 257
– Anfechtung 291
– Auslandsberührung 193 ff., 307, 511
– bedingungsfeindlich 275
– bei anhängiger Anfechtung 275
– Belehrungen 330, 346, 363
– durch Ausländer 321
– durch beschränkt Geschäftsfähige 301 f., 331
– durch Betreuer 305
– durch den Nichtvater 298
– durch Geschäftsunfähige 303
– durch Minderjährige 360
– durch Vormund 303 f.
– erbrechtliche Folgen und Erbstatut 333a
– geschäftliche Behandlung des Urkundenvorgangs 334
– heterologe und homologe Insemination 261
– höchstpersönliche 302, 305
– im Testament 774
– in geheimer Urkunde 293
– isolierte, ohne Unterhaltsverpflichtung 335
– Mehrlingsgeburten 265 f.
– Mitteilungen nach § 1597 Abs. 2 BGB 117, 293, 774, 334a

Stichwortverzeichnis

- qualifizierte bzw. scheidungsakzessorische nach § 1599 Abs. 2 BGB 279, 289b
- Rechtsnatur 255
- schwebende Unwirksamkeit bei anderweitig bestehender Vaterschaft 278
- unter falschem oder ungeklärtem Namen 321
- unwiderrufliche 259
- vor einer Zeugung 260
- vor notary public 252 f.
- vorgeburtliche 259a, 265, 308d, 334a
- wahrheitswidrige 39, 298
- Widerruf 289 ff.
- Wirksamwerden 258
- Wirksamwerden mit Beurkundung einschließl. Zustimmung(en) 323
- Wirksamwerden nach Tod der Mutter ohne deren Zustimmung 339
- zum adoptierten Kind 296
- zum Kind einer geschäftsunfähigen Mutter 342
- zum Kind einer minderjährigen Mutter 341
- zum volljährigen Kind 267
- Zweifel an der Identität oder Ledigkeit der ausl. Mutter 322

Anfechtung der Erklärung
- der Anerkennung der Vaterschaft 259
- der Sorgeerklärung 703
- wegen Irrtums nach allgemeinem Recht 95

Anforderungen an die Kenntnis ausländischen Rechts 195

Anhörung
- des Schuldners vor Vollstreckungsklausel 533, 582, 598, 605

Anrechnung von Unterhaltszahlungen
- bei Bezug von SGB II- Leistungen durch das Kind 440
- bei laufendem UV-Bezug des Kindes 440

Anschlussbeurkundung
- an vorausgegangene Beurkundungen 247

Anspruchsübergang 383, 482, 551, 564, 573, 580, 590, 593b f.

Ansprüche der Kindesmutter 669, 795
- Unterwerfung unter die sof. Zwangsvollstreckung 512
- vollstreckbare Ausfertigung 669

Anwendbarkeit ausländischen Rechts 193

Asylberechtigter 147, 199
- Personalstatut 199

Asylbewerber
- Ausweis durch Aufenthaltsgestattung 150

Aufbewahrungsfristen
- für Urkunden und Nebenakten 220

Aufenthaltsgestattung
- zur Identitätsfestellung 150

Aufenthaltsstatut 307

Ausfertigung
- Recht auf Erteilung 92, 514
- schlichte, außerhalb eines Vollstreckungszwecks 87
- und beglaubigte Abschrift (Abgrenzung) 117
- Wesen, Zweck 87, 118
- Zusätze, berichtigende und ergänzende 100
- Zuständigkeit für Erteilung 91

Aushändigung
- der vollstreckb. Ausfertigung an den Schuldner 526

Ausländer 150 ff., 298a, 307 ff., 312
- Beurkundung von Erklärungen eines ~s 129, 321, 333

Ausländerbehörden
- örtliche Zuständigkeit 46
- Prüfverfahren bei Verdacht missbräuchlicher Vaterschaftsanerkennung 46

Ausländerrechtliche Vorteile
- durch missbräuchliche Vaterschaftsanerkennungen 42

Stichwortverzeichnis

Ausländisches Recht 193; siehe auch *Auslandsberührung*
- Belehrung über ~ 333, 789
- Kenntnisstand der Urkundsperson 188, 195
- Kenntnisstand des Notars 789

Ausländische Urkunden 250, 252

Auslandsberührung 87, 188, 674
- Alleinsorge für ein im Ausland geborenes Kind 752
- Adoption 789, 688 ff., 694, 789 ff.
- konsularisches Urkundswesen 794 ff.
- Sorgeerklärung 738
- Vaterschaftsanerkennung 193 ff., 307 ff., 511
- Unterhaltsverpflichtungen 395, 476 ff., 511
- Zustimmung der Mutter zur Vaterschaftsanerkennung 347

Auslandsvollstreckung
- Mitwirkung der Urkundsperson 625b

Ausschließung von der Urkundstätigkeit 29, 51

Aussetzung der Beurkundung
- bei Verdacht missbräuchlicher Vaterschaftsanerkennung 46

Ausweise; siehe auch *Identität*; *Reisepass*
- ausländische 150 ff.
- Anforderung an vorzulegende 147

B

Bedingungen
- Vaterschaftsanerkennung 275 ff.

Befristung des Unterhalts auf die Minderjährigkeit 37

Beglaubigte Abschrift 117

Beglaubigung, öffentliche 77, 770, 811
- ersetzbar durch öff. Beurkundung 83, 770, 811
- Freistellung des Amtsvormunds 85
- Handzeichen 81
- Prüfung der Erklärungstexte 82, 200, 770
- Verbleib der Urkunde 86
- Vollzug 79

Behinderungen 138 ff.

Beischreibung im Geburtenbuch
- Beweiskraft 511

Belehrung
- allgemeine Grundsätze 31, 200
- des Gläubigers über Unwirksamkeit einer nicht einvernehmlichen Herabsetzungsbeurkundung 470
- im Zeichen der Neutralität der Urkundsperson. 209
- Notar 782, 785 f.
- Sorgeerklärung 734
- Unterhalt für Vergangenheit 375
- Unterhaltshöhe 473
- Unterwerfung unter die sofortige Zwangsvollstreckung 497
- Vaterschaftsanerkennung 330
- Vaterschaftsanerkennung vor US.-am. notary public 251
- Zustimmung der Mutter 346
- Zustimmung des Kindesvertreters 363
- Zweifel über Wirksamkeit 191

Belehrungspflicht 470
- Adressaten 203

Beratung
- durch das Jugendamt 208, 210
- durch den Notar 210

Berichtigung
- von Fehlern 93

Berichtigungsverhandlung 107

Berliner Ausführungsvorschriften für die Tätigkeit der Urkundspersonen des Jugendamtes – Beurkundungsvorschriften 7

Beschwerde
- gegen Entscheidungen der Urkundsperson 241

Bestimmung des Kindesnamens mit der Anmeldung der Geburt 269

Betreuer 168, 170; siehe auch *Betreute Personen*
- Vaterschaftsanerkennung durch 188, 298
- Zustimmung im Namen der Mutter 342

Betreute Personen 168 ff., 303, 356, 451, 493, 498
- Beurkundung von Unterhaltsverpflichtungen 452 f.
- Zweifel an der Geschäftsfähigkeit 168a ff.

Betreuungsgerichtliche Zustimmung 171
- als Einwilligung 304

Betreuungsgesetz
- Rechtslage nach dem 1.1.1992 303
- Rechtslage nach dem ~ 168, 171, 184, 305

Betreuungsunterhalt
- Beurkundung des Anspruchs auf ~ 666

Beurkundung
- Verstöße gegen die Schranken der Rechtsfolgen 64

Beurkundung, öffentliche
- Form (Verhandlung, Niederschrift) 70
- Unzulässigkeit nachträglicher Korrektur 107
- Verbleib der Niederschrift 86, 530
- Wirksamkeitserfordernis 69

Beurkundungsbefugnis
- bei Rechtsnachfolge im Unterhaltsanspruch 383

Beurkundungsbefugnisse; siehe auch *Urkundsperson*
- Gerichte 795 ff.
- Jugendamt 4 ff., 254 ff.
- Notar 768 ff.
- Standesamt 809 ff.

Beurkundungsregister 211

Bevollmächtigte 492
- Abgabe einer Unterhaltsverpflichtung 176

Bewilligungsbescheid
- Vorlage für Rechtsnachfolgeklausel? 563

Bezeichnung des Kindes in der Niederschrift
- vor Anmeldung der Geburt 268

Bezifferung dynamischer Unterhaltstitel 411
- Ausland 648 ff.

Bildschirm
- Beurkundungen am 70

Blinde 138

Bürgerservicebüro 27

D

Datenschutz 52
Deutsche Sprache 129
Diakritische Zeichen 75
Dienstausweis 148
Dienstordnung für Notarinnen und Notare (DONot) 5
Dienstsiegel, Dienststempel 29, 124 f.
Digitalisierung der Urschriften 218a
Dolmetscher 129, 145, 777, 794
Doppelte Vaterschaft 308
Drohung 192
Düsseldorfer Tabelle 403
- Bezugnahme auf 416

Dynamisierung des Unterhalts 394
- Anspruch des Kindes auf ~ 396
- nicht empfehlenswerte Fallgestaltungen 395

E

Eidesstattliche Versicherung
- zur Glaubhaftmachung 532

Eigenhändigkeit der Unterschrift 70, 78

Eigenständigkeit der Beurkundung im Jugenamt 28

Einbenennung 770, 809

Einseitige Erklärungen 257, 364, 773

Einwendungen des Schuldners
- gegen Rechtsnachfolge 597 ff., 603

Einwilligungsvorbehalt nach § 1903 BGB 168, 170, 305, 356, 493

Elektronische Aktenführung 218c

Empfangsberechtigter
- Bezeichnung in Unterhaltsverpflichtung 434

Erben als Verpflichtete 176, 183, 379, 624, 673

Erinnerung; siehe *Klauselerinnerung*

Erkennungszeuge
- zur Identitätsfestellung 153

Erklärungen Geschäftsunfähiger 163

Ermächtigung zur Beurkundung
- Bezugnahme im Protokoll (unter a) 70
- Erteilung 20, 30
- Geltungsbereich, Grenzen 64 f.
- geschichtliche Entwicklung 10
- Verstöße gegen die Schranken der 65

Erschleichung der Beurkundung 192

Ersetzung von Urkunden
- bei Zerstörung oder Abhandenkommen 109
- Beschwerde gegen 115

Ersetzungsbeurkundung 35
- herabstufende 464
- bei Vorliegen eines anderweitigen Titels 459

Ersttitulierung des Unterhalts
- ohne Einverständnis des Gläubigers 36

EuGVO
- Vollstreckbarerklärung nach der 626

Europäischer Vollstreckungstitel 18, 626, 627 ff., 651

EuUnterhVO
- Auswirkungen 644

Exequaturverfahren 625b

F

Fälligkeitsdatum bei Unterhaltsbeurkundung 437

Fälschungssicherheit 128

Familiäre Beziehung 295

Fehlangaben im Protokoll 100

Fehlgeburt 669

Flüchtling mit Wohnsitz im Inland nach der Genfer Flüchtlingskonvention 199

Formulare 74, 137, 260

Fremdsprache 129, 777, 794c

Fristen zur Aufbewahrung 219 ff.

Führerschein
- zur Identitätsfestellung 148

Führung von Urkundenregistern und Namensverzeichnissen 8

G

Gebärdendolmetscher 139

Gebühren
- des Notars 792

Gebührenfreiheit der Beurkundung im Jugendamt 142

Gebührensatzung aufgrund Landesrechts 143

Geburtsurkunde des Kindes
- Vorlage bei der Beurkundung der Sorgeerklärung 159

Gemeinsame Sorge 184, 520

Gemeinsame Urkundsperson für mehrere Jugendämter 21

Genehmigung
- der Vaterschaftsanerkennung des Minderjährigen 356
- der Zustimmung der minderjährigen Mutter 356
- der Zustimmung des über 14 Jahre alten Kindes 356
- des Familien-/Betreuungsgerichts 302, 498
- des gesetzlichen Vertreters in Statussachen 83, 166, 356

- des gesetzlichen Vertreters zur Vollstreckungsunterwerfung 498
- des Protokolls 74

Geschäftsfähigkeit 160, 301 ff.
- beschränkte 161, 168, 356, 450
- fehlende (Geschäftsunfähigkeit) 171 f., 343
- Maßgeblichkeit des Heimatrechts bei Ausländern 313
- Vorgehen bei Zweifeln 168a f.

Geschäftsgrundlage
- Angabe in der Unterhaltsverpflichtung 421

Geschäftsunfähigkeit 161 f., 164, 168, 301, 303, 338, 450, 498, 726, 729, 731, 168a

Gesetz über die rechtliche Stellung der nichtehelichen Kinder vom 19. August 1969 11

Gesetz zur besseren Durchsetzung der Ausreisepflicht 45

Gesetzlicher Vertreter 184
- Eltern als gesetzliche Vertreter 184
- Mitwirkung bei Unterhaltsverpflichtungen 450, 498

Großeltern
- Unterhaltsleistung aufgrund Ersatzhaftung 550
- Verpflichtung zum Enkelunterhalt 364

Günstigkeitsprinzip
- bei Anknüpfung der Vaterschaft an unterschiedliche Rechtsordnungen 308a

H

Handzeichen 138
Heftfaden
- in den Stadt- bzw. Landkreisfarben 126

Hörbehinderung 138 ff.

I

Identität der Beteiligten 70, 147
- Flüchtlinge 150a ff.
- ungewisse 157 ff.
- nachträgliche Feststellung 156

Index der Lebenshaltungskosten 446
Individualunterhalt 394
Inkognito-Anerkennung 293
Internationale Adoption 688 ff.
Internationales Privatrecht 188, 194
Inzest 49, 55

J

Jobcenter
- Siegelführung durch ~ 576

Jugendwohlfahrtsgesetz 1961 12

K

Kennzeichnungsfehler 100
Kinder- und Jugendstärkungsgesetz (KJSG) 722, 746a ff.
Kindergeld
- Anrechnung auf Unterhaltsanspruch 405
- Anrechnung bei im Ausland lebenden Unterhaltspflichtigen 484

Kinderrechteverbesserungsgesetz 17
Kindesmutter
- Unterhaltsansprüche 669

Kindschaftsangelegenheiten
- -Begriff 2

Kindschaftsrechtsreformgesetz 15, 337

Klage auf Erteilung der Vollstreckungsklausel 239, 618 ff.

Klauselerinnerung
- als Rechtsbehelf des Schuldners 503, 622a, 668

Klauselerteilungsverfahren
- Beweislast 581, 593b

Klauselumschreibung; siehe *Titelumschreibung*; *Rechtsnachfolge*

Kommunale Selbstverwaltung 7
Konsularbeamte 794 ff.
Kostenfreiheit der Urkundstätigkeit
- im Jugendamt 142, 145
Kugelschreiber
- Anforderungen an für Beurkundungen zugelassene 128

L

Landesjugendamt 11, 20
Landesrecht 11, 22
Legitimanerkennung nach islamischem Recht 776
Leihmutterschaft 84a ff.

M

Mehrlingsgeburten
- getrennte Ausfertigungen 86
- Verbundbeurkundungen (Vaterschaftsanerkennung 266
- vorgeburtliche Anerkennung möglicher ~ 260
Minderjährige 161, 169 ff.
- Mutter 194, 334dm, 341, 362a
- Vater 303
Mindestunterhalt 391
- keine Begrenzung auf Minderjährigkeit 400
- Wahlrecht des Kindes 393
Mitteilungspflichten
- ausländerrechtliche 55
Mitwirkungsverbot 56
Mussvorschriften in der Beurkundung 70
Mutterschaft
- Anerkennung 682
- Zustimmung 677, 687

N

Nachtragsvermerk 96, 103
Nachweis der Rechtsnachfolge 560

Namensänderungen 777, 809
- Namensverzeichnis 216
Neubeurkundung 99
Neutralität
- Pflicht der Urkundsperson zur ~ 31, 208, 332, 473
Nichtehelichen-Gesetz vom 19. August 1969 12, 85
Notar 184, 195, 210, 246, 447, 450, 464, 582, 625, 768
- Alleinzuständigkeit 777 ff.
notary public 252

O

Öffentliche Urkunde
- Begriff 66
- Beweiskraft 31, 67
Ortsbezeichnungen 75, 94

P

Papier
- bei Beurkundungen zu verwendendes 128
Papiertechnische Stiftung 128
Pass, Passersatzpapier 148; siehe auch *Reisepass*
PC-Drucker 128
Personalausweis 148 ff.
- ausländischer 150 ff.
Personenstandsfälschung 48, 298
Prägesiegel 124 f.
Prätendentenstreit auf Gläubigerseite 623
Prioritätsgrundsatz
- bei Anknüpfung der Vaterschaft an unterschiedliche Rechtsordnungen 308a
Prozessgericht
- in der Vaterschaftsklage, Urkundszuständigkeit 246, 804

Prüfungsobliegenheiten der Urkundspersonen
– bei Verdacht auf missbräuchliche Vaterschaftsanerkennung 47
Pseudonym 70

Q

Qualifikation
– der Urkundsperson 22
Qualifizierte bzw. scheidungsakzessorische Vaterschaftsanerkennung 279, 289b

R

Rechenfehler 95
Rechtlicher Vater 49, 307a, 750
– mehrere 308
Rechtliches Gehör 98
Rechtsbehelfsbelehrung
– bei Ablehnung der Titelumschreibung mangels urkundl. Nachw. 621
Rechtsmittel
– gegen Ablehnung einer Vollstreckungsklausel 239, 622a
– gegen die Ablehnung der Urkundstätigkeit 511, 800
Rechtsnachfolge 547 ff.
– auf der Gläubigerseite 561 ff.
– auf der Schuldnerseite 624 ff.
– durch Abtretung 601
Rechtsnachfolgeklausel
– Teilübergang der Forderung 614 ff.
Rechtspfleger
– Urkundszuständigkeit 246, 800
Rechtswahrungsanzeige 583
– Vorlage zum Nachweis der Rechtsnachfolge 583
Reichsbürger 157b
Reichsjugendwohlfahrtsgesetz vom 9. Juli 1922 11
Reiseausweis 150a ff.
Reisepass 148 ff.; siehe auch *Ausweise*
– ausländischer 150 ff.

Rückstandsberechnung
– vor Titelumschreibung 606

S

Säuglingserstausstattung 441
Scannen öffentlicher Urkunden ohne Beweisverlust 218b
Scheinerklärung bei Sorgeerklärung 50
Scheinvater
– als Rechtsnachfolger im Unterhaltsanspruch 553, 567
Scheinvaterschaften, bewusste
– Beurkundung von 40
Schleier einer Muslima
– bei Identitätsfeststellung 157a
Schreibbehinderung 138
Schreibfehler 93, 100
Schreibgeräte in der Beurkundung, zugelassene 128
Schweigen des Schuldners bei Anhörung
– als Geständnis von Tatsachen 580
Schwerbehindertenausweis
– zur Identitätsfestellung 148
Schwerkranke 172
Siegel 29, 68, 124 f.
Sollvorschriften in der Beurkundung 51, 74, 125
Sonderbedarf 375
Sorge
– Reform der Sorge nicht miteinander verh. Eltern 702, 746
Sorgeerklärung 698
– Abgabe im Ausland 738
– Anfechtung 703
– Beurkundung 734
– Geschäftsbeschränkter 724
– Geschäftsunfähiger 729
– Höchstpersönlichkeit 723
– Mitteilungspflicht 744
– Rechtsnatur 703
– unbedingte und unbefristete 714
– Unteilbarkeit 714

- Unwirksamkeitsgründe 725
- vorgeburtliche 712
- Widerruf 704
- Wirksamwerden 704

Sorgerecht, alleiniges; siehe *Alleinsorge*

Sorgeregister 748, 751
- Auskunft für aus dem Ausland zugezogene Mütter 752
- Wortlaut der schriftlichen Auskunft 749

Sozialrechtliche Vergleichsberechnung
- als Voraussetzung der Rechtsnachfolge gem. § 33 SGB II 585

Sprachunkundige (der deutschen Sprache) 129 f.

Staatenlose 199

Staatsangehörigkeit 130
- ausländische 311, 682, 694, 697
- deutsche (Erwerb durch das anerkannte Kind) 346
- Vermerk im Protokoll 130

Standesbeamter
- als Adressat namensrechtlicher Erklärungen 813
- Urkundsbefugnisse 246, 809

Statuswechsel 288

Strafanzeige
- Verpflichtung zu 55

Stummheit eines Beteiligten 138

T

Tabellenunterhalt 208, 473
Taubheit eines Beteiligten 138
Technische Hilfsmittel der Urkundspraxis 128
Tilgung von Unterhaltsrückständen 411, 437
Titelkonkurrenzen 461
Titelumschreibung 239, 521, 550, 555 ff.; siehe auch *Rechtsnachfolge*
- Anhörung des Schuldners 595 ff.
- auf das Jobcenter 593 ff.
- auf das Land 574

Totgeburt 669
Transliteration 76
Treuhänderische Rückübertragung 381

U

Übergang von Unterhaltsansprüchen 381
Überleitungsbestimmungen 10, 26
Übersetzungen fremdsprachlicher Texte 145, 250
Unerlaubte, unredliche Zwecke in der Beurkundung 33
UN-Konvention über die Rechte von Menschen mit Behinderungen 314
Unrichtigkeiten, offensichtliche 93 f.
Unterhalt als Festbetrag 394
Unterhaltsstatut
- Anknüpfung nach dem Haager Unterhaltsprotokoll 477

Unterhaltsverpflichtung 364 ff.
- Angabe einer Geschäftsgrundlage 421
- Auslandsvollstreckung 625a ff.
- bei Zurückbleiben hinter den Gläubigervorstellungen 371
- des nicht voll Geschäftsfähigen 450
- durch Bezugnahme auf die DT 416
- durch den Nachlassverwalter im Namen des Nachlasses 380
- Formulierungsvorschlag 410
- gerichtliche Genehmigung 453
- Grenzen, zeitliche 376
- isolierte, nach Anerkennung der Vaterschaft 508
- Minderjährigenunterhalt 377
- mit Einschränkungen oder Bedingungen 34
- ohne Unterwerfung unter die sofortige Zwangsvollstreckung 38
- Regelbetrag oder Prozentsatz 390
- Rückstand 377
- rückwirkend bis Geburt 375

- Störung der Geschäftsgrundlage 366a
- Tatsachengrundlage für Höhe 429
- über Minderjährigenunterhalt; Umfang der Fortgeltung in der Volljährigkeit 401a
- Unterwerfung unter die sofortige Zwangsvollstreckung 488 ff.
- unzureichende 473
- Vergangenheit 375
- vertragliche Regelung 364
- zu Mehrbedarf des Kindes 442
- zur Ersetzung eines Titels 35
- Zustellung 541 ff.

Unterhaltsverpflichtungen zugunsten eines Rechtsnachfolgers 383

Unterschrift
- Anerkennung der ~ 78 f.
- in Schriftzeichen anderer Kulturkreise 76

Unterwerfung unter die sofortige Zwangsvollstreckung 247, 488

Urkundenrolle 211 ff., 220

Urkundsakte
- ausländischer Stellen 250 f.

Urkundsbefugnis
- Inhaber 28

Urkundsfälle mit Auslandsberührung
- Adoption 789
- Anerkennung der Vaterschaft 193 ff., 307, 347
- Ansprüche der Kindesmutter 674

Urkundsfunktion
- Verhältnis zur Amtsvormundschaft/Amtsbeistandschaft 31

Urkundsperson
- Ablehnung der Urkundstätigkeit 33, 161, 180, 293, 382
- als Person öffentlichen Glaubens 31
- amtliche Bezeichnung (unter f) 74
- Ausschließung vom Amt 29, 51
- Bestellung 20, 30
- dienstrechtliche Stellung 30
- Dienstsiegel 29, 68
- Entscheidungsbefugnisse 547

- gemeinsame – für mehrere Jugendämter 20
- konkurrierende (JA/Notar) 769
- Konsulate 794 ff.
- Neutralität 31, 332, 473
- Notare 768 ff.
- Qualifikation 22
- Standesbeamte 809 ff.
- Verantwortung 32
- Weisungsfreiheit 29

Urkundsperson Zuständigkeit
- funktionelle 64
- örtliche 61
- sachliche 59
- Überschreitung 65

Urkundstätigkeit
- außerhalb des Dienstes 63
- soziale Komponente 93

Urkundszuständigkeiten
- konkurrierende 246 ff., 769

UVG 440

V

Vaterschaft
- doppelte 308
- zu einem verstorbenen Kind 256
- Zweifel an der 332

Vaterschaftsanerkennung; siehe *Anerkennung der Vaterschaft*

Vaterschaftsanerkennungen, vorgeburtliche
- zwei unterschiedliche ~ für dasselbe Kind 294

Verbindung von Urkundenblättern 125

Vereinfachtes Verfahren (§§ 249 ff. FamFG) 760

Verfälschung von Urkunden
- Sicherung vor 128

Verhinderung missbräuchlicher Vaterschaftsanerkennungen. 45

Verjährung 503

Verlesung der Niederschrift (unter c) 72

Verpflichtungserklärung nach § 252 FamFG 760
Verrechnung künftiger Zahlungen
- Anrechnung auf laufenden Unterhalt oder Rückstände 439
Verschleierung 157a
Vertragliche Verfestigung der Unterhaltshöhe
- nach Beurkundung der Verpflichtung 366
Vertrauensperson
- bei stummen oder tauben Beteiligten 138
Vertretungsmacht, fehlende 181
Verwirkung von Unterhaltsansprüchen 225
Verzugszinsen 444
Volljährige 168, 446, 777
Vollmacht 177
- Beglaubigte Abschrift der 182
- Beurkundung bei Behauptung einer 179
- Nachreichung einer 179
- zur Unterwerfung unter die sofortige Zwangsvollstrec 178
Vollstreckbare Ausfertigung
- Aushändigung an den Schuldner 526
Vollstreckbare Ausfertigung (Vollstreckungsklausel)
- Antrag 512
- für und gegen den Rechtsnachfolger (Umschreibung) 546
- Klage auf 496, 501, 569, 580
- Rechtsmittel 239, 511
- Teilumschreibung 614
- Wortlaut 499
- Zuständigkeit 504
- Zustellung 541
- Zweck 500
Vollstreckbare Ausfertigung (Zwangsvollstreckung)
- Klage auf Erteilung 624
Vollstreckbare Ausfertigungen
- Erteilung mehrerer ~ 530

Vollstreckungsgegenklage 465, 503, 601
Vollstreckungsklausel 499
- bei Rechtsnachfolge 547 ff., 561 ff.; siehe auch *Rechtsnachfolge*; *Titelumschreibung*
- Einwendungen des Schuldners gegen Zulässigkeit der ~ 597
- Klage auf Erteilung 618 ff.
Vollstreckungstitel
- durch Unterwerfung unter die sofortige Zwangsvollstreckung 368
Vollstreckungsverzicht 603a ff.
- bei begründetem Herabsetzungsverlangen des Schuldners 460c
Vorbehalt der Abänderung von Unterhaltstiteln
- Verlangen des Schuldners nach~ 447
Vorbehalte
- (Beurkundung mit ~n) wegen Zweifelhaftigkeit der Sachlage 147, 161, 172, 184, 191, 625, 674
Vorgeburtliche Sorgeerklärung 742
Vorgeburtliche Vaterschaftsanerkennung 265, 308d, 344
- Behandlung des Urkundsvorgangs 334a
- Rechtswirkungen 259a
- Widerruf 334
- zuständiges Standesamt 814
- zwei unterschiedliche ~ für dasselbe Kind 294
Vornamenserteilung 268

W

Wahrheitswidrige Tatsachenerklärungen 33, 298
Wartefrist (§ 798 ZPO) 496, 543
Weisungsfreiheit
- der Urkundsperson 29
Widerruf
- der Ermächtigung zur Erteilung einer Ausfertigung 519

Widerruf der Einwilligung in die Adoption 693
Widerruf des Anerkennenden
- öffentliche Beurkundung 290
Widerruf nach § 1746 Abs. 2 BGB 693
Widerruflichkeit, Unwiderruflichkeit
- statusrechtlicher Erklärungen 259, 345, 355
Wiederholung der ausländischen Anerkennung im Inland 320

Z

Zeuge
- zugezogener beim Beurkundungsakt 138
Zeugnisverweigerungsrecht
- nach § 383 ZPO 55
- nach § 53 StPO 55

Zusammenfassung mehrerer Gläubiger in einem Titel 266, 572
Zuständigkeit 158
- der Urkundsperson 59
Zustellung an Amtsstelle
- der vollstreckbaren Ausfertigung 546a
Zustimmung zur Vaterschaftsanerkennung
- Adressatlosigkeit 345, 355
- Belehrungen 346
- durch das Kind 347, 349
- durch den Scheinvater 284
- durch die Mutter 337 ff.
- durch gesetzlichen Vertreter 301
- öffentliche Beurkundung 306
Zwischenstaatliche Abkommen
- Notwendige Kenntnis der Urkundsperson 198